教育信息媒体技术系列教材

教育信息媒体技术实用教程

JIAOYU XINXI MEITI JISHU SHIYONG JIAOCHENG

王亚希 ◎主编

朱淑华 周红春 ◎副主编

暨南大学出版社
JINAN UNIVERSITY PRESS
中国·广州

图书在版编目（CIP）数据

教育信息媒体技术实用教程/王亚希主编；朱淑华，周红春副主编. —广州：暨南大学出版社，2010.6
（教育信息媒体技术系列教材）
ISBN 978-7-81135-522-2

Ⅰ.①教… Ⅱ.①王…②朱…③周… Ⅲ.①多媒体—计算机辅助教学—教材 Ⅳ.①G434

中国版本图书馆 CIP 数据核字（2010）第 096568 号

出版发行：暨南大学出版社

地　址：中国广州暨南大学
电　话：总编室（8620）85221601
营销部（8620）85225284　85228291　85220693（邮购）
传　真：（8620）85221583（办公室）　85223774（营销部）
邮　编：510630
网　址：http：//www.jnupress.com　http：//press.jnu.edu.cn

排　版：暨南大学出版社照排中心
印　刷：广州市怡升印刷有限公司

开　本：787mm×1092mm　1/16
印　张：29
字　数：739 千
版　次：2010 年 6 月第 1 版
印　次：2010 年 6 月第 1 次
印　数：1—2000 册

定　价：48.80 元

序

欣逢上海世博和广州亚运两大盛会之际，由暨南大学网络与教育技术中心老师们编写的《教育信息媒体技术实用教程》一书付梓出版，我甚感欣慰。这是同事们积累了多年的教育技术培训与教学经验的结晶，他们在繁忙的工作中克服各种困难，将自己的思考和实践经验付诸文字，正是由于他们的执著追求与探索，使这本书得以顺利出版，在此，谨向他们致以衷心的祝贺！

暨南大学秉承“面向海外，面向港澳台”的办学方针，是目前中国大陆高校中招收境外学生最多的高校，建校至今，共培养了来自世界五大洲128个国家和香港、澳门、台湾3个地区的各类人才20余万人，可谓声教讫于四海，俊彦遍于五洲。我校从2001年起成立了暨南大学教育技术培训中心，多年来持续坚持开展教师教育技术培训工作，目前已举办了23期教师教育技术等级培训班，培训教师近3 000人次，并为本科学生开设了《多媒体技术与应用》选修课。

教师是新知识、新技术的传播者。随着社会信息化进程的加快，教育技术能力已成为教师专业素质的重要组成部分，是教师专业化的重要体现。教师要适应信息时代教育发展的要求，肩负起推动教育改革、为国家和社会培养创新型人才的历史重任，就必须清醒地认识到除了掌握本学科的专业知识外，还必须不断地学习与信息技术相关的新知识、新观点，提高自己的教育技术能力，并将新知识渗透到教学中，以适应现代科技的高速发展。教育技术作为教育改革的突破口和制高点已逐渐成为人们的共识，并且与教育信息化、素质教育、创新型人才培养、终身教育等重大问题紧密相关。

通过对教师进行教育技术培训，提高教师应用信息技术的水平和现代信息环境下教学的能力，使得教师更新教学观念、改进教学方法和手段、创新教学模式、积极探索信息技术与学科整合规律，提高教学效果；鼓励学生利用信息技术手段主动学习、自主学习，增强运用信息技术分析、解决问题能力，拓宽学生思路，将信息技术作为支持终身学习和合作学习的手段。

由于全校师生的共同努力，经过多年的发展，暨南大学的网络与教育技术工作取得了长足的进步，近八年来我非常荣幸主管这方面工作，亲自参与并见证了这一发展历程，也与中心的老师们建立了深厚的友谊。最后，希望本书的出版能够抛砖引玉，为促进教师教育技术能力培养和提高学生的信息素养尽一份力，使得教育技术的普及水平不断提高，为推动教师专业化发展、培养创新型人才作出更大贡献！

2010 年 6 月

（陆大祥系暨南大学副校长、教授、博士生导师）

前 言

当前，人类正进入信息化时代。计算机技术、互联网技术和多媒体技术的迅速发展，使教育领域发生了巨大的变化。现代教育技术从理论和实践上促进了教育改革，包括教育观念、教育内容、教育方法和教育管理等方面的改革，并使得教育现代化与社会主义现代化相互推动和相互影响，从而令人类文明更加繁荣，人类社会更加现代化。

教育信息化将给教育领域带来很多新的变化。

现代化教育技术进入校园、课堂之后，教学环境焕然一新，为教育领域提供了全新的数字化教学环境。在新的教学环境中，教学手段更加多样化、现代化。在传统的课堂教学模式的基础上，出现了基于多媒体和网络教学环境的多元化教学模式。在数字化校园的环境中建设教学资源中心、网络学习交流平台、网络课程及学习网站，能极大地推动各学科的知识渗透，提高培养创新思维和创新人才的能力，并能在信息高速增长的时期有效地整合和合理地使用教学资源。

教育技术不仅能提高教师的现代化教学水平，也能激发学生的自主学习热情。在数字化校园的环境中，学生可以广泛地、自主地参与到教师的教学活动中去。通过卫星广播电视、多媒体计算机、因特网等，学生有机会探索丰富多彩的多媒体信息，接触外部世界，获得广阔的知识基础，养成创新思维习惯，提高实践能力，培养高效处理信息的能力，成为具有探究精神和创新意识的主动学习者。

为了使教育领域中的教师、学生和教学管理人员能紧跟时代的步伐，提高信息素养、媒体素养和信息能力。我们在结合长期对高校教师的教育技术培训以及对学生开设“多媒体技术及应用”选修课教学的基础上，编写了《教育信息媒体技术实用教程》一书，旨在介绍现代教育信息技术的基本原理及应用，以及多媒体技术的教学应用。本书强调理论与实践相结合，以适应教师、学生与教学管理人员的学习需求。

使用本书进行培训，应注重教学方法和手段的改革，宜采用混合式教学法，即传统课堂讲授＋课堂多媒体网络辅助教学＋学生课堂上机实习＋课后学生上机练习＋课后网络学习平台师生交流互动和上传作业。如使用本书对学生进行培训，课堂教学为36学时（第2章不用对学生培训，第9章和第10章向学生作简单介绍），每个课堂教学单位时间为3学时，共12次，其中有20%～30%的学时为课堂上机练习，课后自主上机实践为15～20学时。如使用本书对教师和教学管理人员进行培训，课堂教学为42学时，每个课堂教学单位时间为3学时，共14次，其中有20%～30%的学时为课堂上机练习，课后自主上机实践为25～30学时。

本书共分10章，由暨南大学网络与教育技术中心的老师合作编写。第1章由王亚希老师编写，第2章由赵海霞老师编写，第3章由陈毓超老师编写，第4章由朱淑华老师编写，第5章由周红春老师编写，第6章由黄雅老师编写，第7章由林秀曼老师编写，第8章由谢舒潇、陈毓超老师编写，第9章由温秋华老师编写，第10章由谢舒潇老师编写。

在本书的编写过程中，编者参考和引用了有关书籍和资料，在此向这些作者表示衷心的感谢。

由于作者水平有限，书中难免有不妥之处，敬请读者批评指正。

编　者

2010年4月

目　录

1　教育技术基本理论及应用概述

【学习提要】

教育技术已发展为一个特定的实践与研究领域。它已不是一般的某种教学方法的应用，而是由三种思想，即应用各种各样的学习资源、以学习者为中心、将系统方法综合运用于教育教学实践形成的一个具有特色的教育实践与研究领域。教育技术是为了促进学习，对学习的过程和资源进行设计、开发、应用、管理、评价的理论和实践。

教育技术的研究领域包括“教育媒体技术”和“教育设计技术”。现代教育技术涉及现代信息技术、计算机技术、多媒体技术、网络技术、数字音像技术、卫星广播技术、虚拟现实技术、人工智能技术等多学科的理论与应用。

多媒体计算机综合处理多种媒体信息，如文本、图形、图像、音频和视频，使多种信息建立逻辑连接，集成为一个具有多样性、集成性和交互性的系统。

教育技术网络化最明显的标志是 Internet 的广泛应用和发展。Internet 上的远程、宽带及广域通信网络技术对高等教育产生了深远的影响。这种影响不仅表现在教学手段、教学方法的改变上，而且必将引起教学模式和教育体制的根本变革。

【重点难点】

掌握教育技术的定义。理解现代教育技术的目标和任务。了解教育技术发展的特点和趋势。掌握多媒体技术的基本概念、媒体类型及多媒体系统的构成。

1.1　基本概述

教育技术是人类在教育活动中所采用的一切技术手段和方法的总和。

教育技术已发展为一个特定的实践与研究领域。它已不是一般的某种教学方法的应用，而是由三种思想，即应用各种各样的学习资源、以学习者为中心、将系统方法综合运用于教育教学实践形成的一个具有特色的教育实践与研究领域。通过应用现代教育技术可以带动教育领域各个方面的发展，主要包括教育思想、教育观念的更新，教育体制、教育结构的变化，教育内容、教育模式、教育形式和教学手段的改革。

教育技术研究的对象主要是学习过程和学习资源，研究的方法是系统方法，研究的目的是优化学习过程，提高教学质量。它注重学习者和学习过程的研究，更为注意学生的问题、学生的参与和师生间的交流，因此，教育技术使教育的研究方向和方法都有了重大的发展，对教育实现面向现代化、面向世界和面向未来将起到很好的促进作用。

1.1.1　教育技术的定义

教育技术的研究领域比较广泛，它涉及所有运用技术解决教育教学问题的理论和实践。

在教育学科中，教育技术是在视听教学、程序教学和系统设计科学基础上逐渐发展起来的一门新兴分支学科。教育技术是以现代教育理论为基础，运用系统科学和信息技术来提高教学效益、优化教育教学过程的理论和实践的技术。

教育技术随着教育的产生而产生，随着教育和科学技术的发展而发展。自从有了人类历史，就有了教育；有了教育，也就有了教育技术。在人类社会有文字记载的长达数千年的历史进程中，由于当时科学技术发展的水平比较低，所以没有对教育产生明显的影响。教育技术真正获得巨大的发展，是在第二次世界大战中。当时教育需求骤然大增，在短时间内成十倍甚至数十倍的增长，特别是在军队的训练和教育方面。而视听教育技术作为一种非常措施用于解决这个问题，取得了良好的效果，进而演变成了后来真正意义上的教育技术学。所以说教育技术学是教育技术发展到一定阶段后形成的学科，它是关于教育中如何应用教育技术的理论和实践。1970 年美国教育传播与技术协会（AECT）成立，可以认为是现代意义上的教育技术学科和研究领域形成的标志。

1.1.1.1　AECT 1994 定义

1994 年，美国教育传播与技术协会（Association for Educational Communications and Technology，AECT）发表了关于教育技术的最新定义，其表述为：“教育技术是为了促进学习，对学习的过程和资源进行设计、开发、应用、管理、评价的理论和实践。”（Instructional technology is the theory and practice of design，development，utilization，management and evaluation of processes and resources for learning.）

AECT 1994 定义具有以下特点：

1. 指出了教育技术是一门理论与实践相结合的学科

这个定义明确了教育技术研究的内涵，即同时注重“理论”和“实践”的研究。这一定义在国内外教育技术界达成基本的共识。

2. 指出了教育技术研究的目标——“优化学习”

这个定义明确了教育技术研究的目的是促进学习、提高学习质量和学习效果。也就是为教育的发展服务，使教育能在现代信息化社会中跟上时代的步伐。

3. 提出了教育技术研究的对象——“学习过程”和“学习资源”

学习过程是学习者通过与信息、环境的相互作用获取知识和技能的认知过程。对目前的学习环境而言，学习过程已经不仅包括课堂教学环节、实践教学环节，还包括网上远程教学环节以及网上自学环节；对学习方式而言，既包括有教师参与的“以教为中心”的学习过程，也包括学生参与教学过程的“以学为中心”的学习过程。所以，更确切地说，学习过程是“教与学”过程的两个方面。

学习资源是学习过程中所要利用的各种信息和环境条件，即所有支持学习的资源，应分为教学体系、教学人员和教学条件。教学体系包括教学思想、教学方法、教学模式和教学管理；教学人员包括教师、教学辅助人员和学生自学小组；教学条件包括教学环境条件和教学资源条件，如教学场地、设备、设施、工具、教育教学媒体和资源。

4. 提出了教育技术研究的领域——“教育媒体技术”和“教育设计技术”

（1）教育媒体技术。

教育媒体技术涉及的学科领域很多，主要有信息技术、通信技术、计算机技术、网络技术、卫星电视技术等。教育信息主要从以下四方面为现代化的教学服务：

①教育信息的传播与传输过程。教学资源需要借助于媒体承载并传输这种传递方式实现资源建设、资源获取与资源共享。传播与传输方式有计算机网络光纤系统、计算机无线网络系统、卫星电视系统等，它可以实现资源共享，并具有时空无限的特性。

②教育信息的存储与检索过程。随着多媒体技术与网络技术在教育中的应用与发展，存储与检索技术也显得越来越重要，它是建立和利用教学资源库的基础。

③教育信息的加工与处理过程。信息的加工与处理是教育技术的核心内容，其主要技术有多媒体技术和网络技术。计算机多媒体技术集文、声、形于一体，多媒体系统的形象性与交互性使学习者能主动地、创造性地学习。网络技术实现了计算机的联网，能使教学资源共享，信息交换与处理能力增强。

④教育信息的显示过程。教育信息显示质量的优劣直接影响教学效果的好坏，它不仅与教育信息显示设备有关，还要考虑学习者的认知特点、生理特点及教学规律。

（2）教育设计技术。

教育设计技术涉及的学科领域很广泛，包括教育学、心理学、管理学、哲学、美学等。它是指将多学科的知识综合运用在教育教学的整体设计中，使教学过程达到最优化。教育设计技术主要反映在以下两个方面：

①教育系统技术。它是运用信息论、系统论、控制论的观点来研究教学过程的技术。从现代教育技术的观点来看，“教学”是对信息和环境的安排和协调，其目的是优化学习过程、提高学习效率。“学习”是指学习者通过与信息和环境的相互作用而得到知识和技能的提高。

②教育过程技术。它主要是指教育思想、方法和管理方面的技术，即把学习理论、认知心理学和教育结合起来的技术。现代教育技术的发展已经使学习过程变成多渠道、多模式和多元化的过程，也使教育过程技术变得更加广泛，教与学的过程更加融为一体。

5. 指出了教育技术研究的五个重要范畴

这个定义明确提出了教育技术的研究内容包括学习过程以及学习资源的设计、开发、利用、管理和评价五个重要范畴，是通过系统方法对具体的资源和活动进行操作的整个工作流程的各个阶段。

（1）设计。

设计的具体研究内容包括教学系统设计、教学信息设计、教学策略和学习者特征四个方面。教学系统设计是一个包括分析、设计、实施和评价教学等步骤的有组织的过程。教学信息设计与媒体和学习任务的性质有关，主要是指设计传递信息与反馈信息的呈现内容、呈现方式以及人机交互等。教学策略是对具体的教学内容、教学活动程序、方法、媒体等因素的总体考虑。学习者特征是指影响学习过程有效性的学习者经验背景的各个方面，包括智力因素、非智力因素以及文化背景等。

（2）开发。

开发的具体研究内容包括印刷技术、视听技术、基于计算机的辅助教学技术和综合技术四个方面。印刷技术应包括传统纸质教材和数字化电子教材的制作，包括文本、图形和图像等形式的呈现以及多媒体数字音像教材的开发。视听技术主要是指通过电子设备来进行制作以呈现听觉和视觉信息的方法。基于计算机的辅助教学技术是指利用基于微处理器和有关的教学资源来制作和发送材料的方法。把信息资源、在线帮助、监测系统和教学管理等功能都综合在一个系统环境中，这种方法就是综合技术。这种技术的特征是学习者可以在各种信息资源中进行高度的交互活动。

（3）利用。

利用是指通过教与学的过程和资源来促进学习者的学习活动过程。在教学活动中要有效、合理地使用媒体资源，制定相关的信息资源知识产权的政策，保证信息提供者与信息获取者的合法规范行为。它强调对各类媒体和各种最新的信息技术手段的充分利用与传播，使其能有效地推动信息成果的推广和实施。

（4）管理。

管理内容包括项目管理、资源管理、教学系统管理和信息管理四个方面。项目管理是指对课程教学研究项目、创新教学改革项目及其他新的教学设备应用项目的管理。资源管理是指对教学资源的建设和使用管理，并控制资源分配以支持教学系统和教学服务。教学系统管理是指对整个教学过程中的制度建设、教学流程设计、教学行为实施以及在此过程中产生的教学信息资源管理，能使教学系统有序和有效地运行。信息管理是指对教学信息（纸质的和数字化的）的获取、存储、传输、共享和处理，并能保证教学信息的安全性。

（5）评价。

评价是指对教育教学系统的总结性评价，但更要注重形成性评价，并以此作为质量监控的主要措施。为此，应及时对教育教学过程中存在的问题进行分析，并参照规范的要求（标准）进行定量的测量与比较。评价范畴包括问题分析、标准参照测量、形成性评价和总结性评价四个方面。

1.1.1.2　教育技术定义的新发展

由于近年来教育新理论和新技术不断涌现，AECT 1994 定义所界定的内容已经落后于时代的发展。

美国教育传播与技术协会在 2005 年发布了新定义：

“教育技术是通过创建、使用、管理合适的技术性的过程和资源，以促进学习和提高绩效为目的，合乎职业道德规范的研究和实践。”（Educational technology is the study and ethical practice of facilitating learning and improving performance by creating，using，and man-aging appropriate technological processes and resources.）

AECT 2005 新定义指出，教育技术的研究对象是与技术相关的过程和资源，把与技术无关的资源排除在教育技术的研究领域之外，这样就清楚地界定了教育技术与教学论、课程论以及其他学科研究对象的区别。

新定义把 AECT 1994 定义中的五个研究范畴合并为三个：“创建”、“使用”、“管理”。

“创建”指的是在各种不同的、正式或非正式的环境中，创建学习情境所涉及的研究、理论和实践。“创建”包括设计、开发、创建学习材料、创建学习环境、创建知识管理数据库、创建在线探索数据库、创建自动帮助系统和创建评价档案袋等领域。

“使用”是指将学习者带入学习环境，接触学习资源所涉及的理论和实践。它主要包括学习材料的利用、推广革新、整合、制度化四个子领域。

“管理”是教育技术领域最基本的职责之一，包括项目管理、资源管理、传送系统管理、人事管理和信息管理。这些管理是指组织工作人员设计和控制管理过程，以及进行管理过程中的信息存储和处理。

AECT 2005 新定义特别强调了“学习绩效”与“符合职业道德规范”。“学习绩效”指的是学习者的能力及其在新环境中的迁移能力和应用能力。“符合职业道德规范”是指教育技术领域人员要维持较高的行业行为规范和准则，不仅要具备知识产权和版权意识等，更应重视社会责任感。

1.1.2 现代教育技术的定义

美国教育传播与技术协会的 AECT 1994 定义和 AECT 2005 新定义在我国教育技术界都产生了较大的影响。我国教育技术界的学者对这一定义进行了深入的学习和研究，并且纷纷发表了自己对它的认识，在此基础上，根据我国的实际情况又发表了众多的定义。我国一般称教育技术为现代教育技术，下面是有关现代教育技术定义的几种表述：

（1）运用现代教育媒体，并与传统教育媒体结合，传递教育信息，以实现教育的最优化。

（2）电化教育就是在现代教育思想、理论的指导下，运用现代教育技术进行教育活动，以实现教育过程的最优化。

（3）教育技术就是运用现代教育理论和现代信息技术，通过对教与学过程及教与学资源的设计、开发、利用和评价，实现教学最优化的理论和实践。

现代教育技术与教育技术相比较，并没有本质的区别，都是指为了解决教育教学问题所使用的物化形态技术和智能形态技术。现代教育技术更注重研究、利用与现代科学技术成果、课题有关联的学习资源，包括现代科学方法论和现代化的教育传播媒体特性等的研究与应用；更多地注意探讨与现代科学技术有关的课题，传播教育信息，为教育提供丰厚的基础；以现代教与学的理论为依据，并用系统方法去调动、协调、处理好教学系统中的各要素，使教育技术更有时代特色，更加科学化和系统化。

1.2 现代教育技术的发展趋势

1.2.1 现代教育技术与教育现代化

在跨世纪的教育改革中，各国都在加快教育现代化的步伐。教育现代化显然是一个不断发展的过程，并与社会主义现代化相适应。教育现代化的目的是要突破传统教育的观念，构建超越性的教育新机制，使教育由传统形态向现代形态转化。从当代社会的部门或行业发展来看，虽然情况各异，但都有一个共同的特征，即必须完成一个历史性的转变，也就是说从劳动密集型转变为资本和技术密集型。教育是人类自身再生产、再创造的复杂的系统工程，是社会大系统的一个子系统。至今大多数教师还仅靠一本书、一支粉笔、一张嘴来工作。从这个事实来看，教育部门也属于劳动密集型行业，这与教育事业承担的历史责任很不相称。要想从根本上改革这种状况，我国教育领域必须加速实现从劳动密集型行业向资本和技术密集型行业的转变。

这场历史性的变革将彻底改革千百年来以教师讲授、课堂灌输为基础，劳动强度大，效率低的传统教育教学，并使学校教育同家庭教育、社会教育融为一体，实现人力、物力资源的多层次开发与合理的配置。因此，将教育领域信息技术化的程度纳入学校教育和区域教育发展的目标体系和评价体系之中，有利于加速我国教育现代化的进程。通过变革和创新旧的范式或体系，更好地落实教育优先发展的战略地位，走出误区和困境，有效地提高教育改革的成效，尽快培养出一大批能适应21世纪信息化社会的优秀人才。

1.2.2 现代教育技术的发展特点

教育技术属于交叉学科，是连接教育、心理、信息技术等学科的桥梁。作为交叉学科，首先体现在它需要技术的支持，特别是信息技术的支持。教育技术的发展与技术的进步密不可分，在未来的发展中，信息科学和人工智能将发挥越来越重要的作用，教育技术应该关注如何更有效地使用技术以及如何利用技术来促进学习。

1. 网络化

教育技术网络化最明显的标志是Internet的广泛应用和发展。Internet上的远程、宽带及广域通信网络技术，会对未来的高等教育产生深远的影响。这种影响不仅表现在教学手段、教学方法的改变上，而且必将引起教学模式和教育体制的根本变革。

近年来，我国互联网用户达到3.6亿，普及率达到27.1%，移动互联网用户已达1.92亿，境内网站达到320万个。改革开放以来，我国信息产业实现了跨越式发展。经过十多年的发展，我国的网络基础设施日益完善，技术水平不断提高，信息资源和业务应用不断丰富。互联网基础资源规模不断扩大，IP地址达到1.23亿个，为全球第二；CN域名注册量达500万，为全球第一。

2. 多媒体化

“多媒体”不是多种媒体的简单集合，而是以计算机为中心把处理多种媒体信息的技术集成在一起，用来扩展人与计算机交互的多种技术的综合。它具有传输信息量大、速度快、信息的传输质量高、应用范围广、操作简单方便以及交互性强等特点。

进入20世纪90年代以后，多媒体技术的开发与应用迅猛发展，尤其是在教育领域中的应用，其势头更是锐不可当。为了适应这种形势，各国政府都在调整或制定新的政策。

近年来，在关于教育技术的国际性刊物或国际学术会议上所发表的论文中有70%~80%都与多媒体有关，多媒体教育应用正在迅速成为教育技术中的主流技术，换句话说，目前国际上的教育技术正在迅速走向多媒体化。

3. 重视教育技术的实践意义

教育技术是一门理论和实践并重的交叉学科，需要理论指导实践，在实践中进行理论研究。目前，教育技术研究最前沿的两个领域是信息技术与课程整合和网络教育，在信息技术和网络技术快速发展的今天，在实践中推进本学科的发展，意义尤为重要。其实践内容应围绕着如何促进学习展开所有工作。正因为如此，人们将会越来越重视教育技术的实践性和支持性研究，主要包括教师培训和教学资源建设。开展教师培训是促进教育技术应用于实践的有效措施，主要解决谁来支持和如何支持的问题。世界各国都很重视教师培训。如何对教师进行教育技术培训，特别是如何制定切实可行的培训大纲和用现代化的教学方法和手段实施有效的培训，还有待于教育技术工作者在实践中进行不断的探索和改进。

4. 重视教育技术理论的构建

教育技术学是一门多学科交叉且发展很快的学科，在其诞生还不到一百年的历史进程中，各相关学科的概念、理论、方法都被引入，各种不同的思维方式和研究方法同生共长。

另外，教育技术学在中国至今还是一个“重技术、轻理论”的领域，基础理论和方法论的研究经常被边缘化。因此，对教育技术理论的构建目前还是教育技术工作者的一项艰巨的任务。

教育技术学是包含了多学科的理论，如教育学、传播学、心理学、信息科学与技术、系统科学、认知科学、计算机科学与技术等，都在这一领域的研究中占有一席之地，发挥了不可忽视的作用，并形成了学科发展中不同的理论基础。在教育技术学研究中，方法的选择和应用显然要受到方法论的指导，并自觉或不自觉地受到其认识论、本体论基础的决定和制约。

近年来，国际教育技术界在大力推广应用教育技术的同时日益重视并加强对教育技术理论基础的研究，突出表现在重视教育技术自身理论基础的研究和加强建构主义学习理论应用于教育技术实际的研究。建构主义学习理论在教育技术的发展中开始逐渐占主导地位，它主要涉及现代教育技术中学习环境和教学模式的设计、教学媒体的设计和学生模型的设计。

5. 关注技术环境下的学习心理研究和学习活动的设计

随着技术的进步以及技术环境下学习心理研究的深入，教育技术领域的研究将不再只满足于技术的简单应用，适应性学习和协作学习环境的创设必将成为前沿研究的焦点。因此，教育技术需要研究不同的人在面对技术进行学习时的差异性，以及技术环境下人的学习行为特征和心理过程特征、人与技术环境如何实现交互以及什么因素影响学习者的心理等。未来的技术所支持的学习环境将真正体现出开放、共享、交互、协作等特点，更注重学习者内部情感等非智力因素，更注重社会交互在学习中的作用。教学设计将不仅重视学习资源和学习过程的设计，而且更重视学习活动的设计和支持。

6. 重视教育技术的混合学习应用模式

教育技术的应用要根据教育需求和具体教学条件划分不同的层次，采用不同的应用模式。目前，教育技术的应用模式更趋向于面对面的传统教学模式与多媒体网络化的 e-learning 模式相结合，称为混合学习（blended learning）。混合学习的思想是通过选择“恰当媒体”，并充分发挥网络学习的优势，找出解决特定教学问题的独特而有效的方法，以补充教师传统教学的不足，最大限度地提高教学效率及教学质量。

传统教学模式不论在我国还是发达国家，在今后一段时间内仍然是教育技术应用的主要模式。在重视传统教学模式的同时，要发展和应用多媒体模式和网络模式等现代模式，并提倡混合教学模式。因为混合教学模式代表着现代教育技术应用的发展方向和未来。

7. 在媒体技术、理论基础的应用方面更趋向于整体融合

教育技术交叉学科的特性决定了其研究和实践主体的多元化。多种媒体的综合运用，各种技术的整体融合将成为教育技术发展的重要特色。教育、心理、信息技术、艺术等不同学科背景的专家和学者共同研究和实践，并进行开放式的讨论与合作研究已成为教育技术学科学术发展的趋势。

1.2.3　现代教育技术的发展趋势

随着教育技术在教育领域中的不断深入，教育技术将会在以下几个方面得以发展：

1. 下一代互联网的发展对教育的影响

与目前互联网正在使用的 IPv4 协议相比，下一代互联网协议（IPv6）最显著的特征是通过采用128位的地址空间替代IPv4的32位地址空间来提高下一代互联网的地址容量。由于互联网协议IPv4可提供的IP地址大约为40多亿个，导致目前IPv4的地址近乎枯竭，预计到2012年左右将全部分配完毕。

目前飞速增长的IP地址需求与现有地址不足的矛盾正逐渐成为制约国内互联网发展的瓶颈。按保守方法估算IPv6实际可分配的地址，整个地球每平方米面积上可分配1 000多个地址。同时，由于IPv6的网络可以采取对服务分级和根据网速调整传输内容质量等多种技术手段解决传输质量问题，下一代互联网将比现在的网络传输速度提高1 000~10 000倍，并增加了网络层的安全机制和采用层次化的地址结构，可为用户提供最佳安全性和移动性的互联网连接。

Web 2.0是相对Web 1.0而言的新的一类互联网应用的统称。Web 1.0的主要特点在于用户通过浏览器获取信息。Web 2.0则更注重用户的交互作用，用户既是网站内容的浏览者，也是网站内容的制造者。所谓网站内容的制造者，是指互联网上的每一个用户不再仅仅是互联网的读者，同时也成为互联网的作者；不再仅仅是在互联网上"冲浪"，同时也成为"波浪"的制造者；在模式上由单纯的"读"向"写"以及"共同建设"发展；由被动地接收互联网信息向主动创造互联网信息发展，从而更加人性化。

现在的Web 2.0网站所提供的不仅仅是以文字为主的日志，更多的是音乐、图片和视频方面的内容，这些内容更加丰富和吸引用户。下一代互联网将给网民更多实现自我和表现自我的机会，有利于调动网民的积极性和创造性。

在上述教育网络环境下，既可以进行个别化教学，又可以进行协作型教学（即可以开展集体讨论或辩论），还可以将"个别化"与"协作型"二者结合起来，所以是一种全新的网络教学模式。这种教学模式是完全按照个人的需要进行的，不论是教学内容、教学时间、教学方式还是指导教师都可以按照学习者自己的意愿或需要进行选择。学习者可以在家里或是在办公室学习（通过工作站），也可以在旅途中学习（通过便携式多功能微机）。

我们可以看到一种全新的教育方式与教学模式。这种教育方式不受时间、空间和地域的限制，通过计算机网络可扩展至全社会的每一个角落，甚至是全世界，这是真正意义上的开放式大学；在这种教育方式下，每个人既是学生又是教师，不仅在不同的教学过程中可以一身二任，就是在同一教学过程中也可以既是学生又是教师，这是真正意义上的师生平等；在这种教育方式下，工作与学习完全融为一体，上班工作和下班学习的界线被打破，每个人可以在任意时间、任意地点通过网络自由地学习、工作或娱乐；在这种教育方式下，每一个人，不管贫富贵贱都可以得到每个学科一流老师的指导，都可以向世界上最权威的专家"当面"请教，都可以借阅世界上最著名图书馆的藏书甚至拷贝下来，都可以从世界上的任何角落获取到最新的信息和资料……由于是基于信息高速公路的多媒体教育网络，所有这些都可以在瞬息之间完成，你所需要的老师、专家、资料和信息，都是远在天边，但又近在眼前的。世界上的每一个公民，不管其家庭出身、地位、财富如何，都可以享受到这种最高质量的教育，这是真正意义上的全民教育。

2. 立体化教材的建设

传统教材包括主教材、教师参考书、学习指导书、试题库等。

立体化教材的表现形式有纸介质教科书、音像制品、电子和网络出版物等。其中电子和网络出版物可以分为电子教案、电子图书、CAI课件、试题库、网络课程和资料库六类。

多媒体技术在教育领域的重要应用，就是电子出版物——以数字代码方式将有知识性、思想性内容的信息编辑加工后存储在固定物理形态的磁、光、电等介质上，通过电子阅读及显示、播放设备读取使用的大众传播媒体，包括只读光盘（CD－ROM，DVD－ROM 等）、一次写入光盘（CD－R，DVD－R 等）、可擦写光盘（CD－RW，DVD－RW 等）、软磁盘、硬磁盘、集成电路卡等。例如，电子大百科全书、电子词典、电子刊物等。在电子大百科全书中，它的每个条目不仅有文字说明，还有声音、图形甚至活动画面的配合。电子出版物与传统的印刷出版物相比至少有以下几方面的优越性：

（1）信息量大，存取速度快，而且可以实现快速地查询和检索。

（2）信息表现形式多种多样。由于存储容量大，使得声音和活动影像的存储也成为可能，因而可具有声音、图像、文字和活动映象等多种信息表现形式，使电子出版物同时具有报纸、杂志、无线电广播和彩色电视的全部效果。

（3）有形象直观的演示功能。在传统的印刷出版物中，涉及具体操作或抽象思想观念的说明时，往往显得枯燥无味并难以理解；而这些内容在电子出版物中则可通过现场操作表演和具体形象的实例并配合声音加以说明，使读者获得第一手的感性认识，因而使有关内容变得易于理解。

（4）不易损坏，占用空间小，而且寿命长，不会变质，不易损坏，因此可以长久保存。

电子和网络出版物的分类：

（1）电子教案是为教师在多功能教室课堂教学和学生课后复习服务的，将教学内容提纲挈领地以幻灯片的形式展现给使用者，通常用 PowerPoint 开发，用光盘或网络服务器存储。它的最大优点在于开放性好，教师在拿到范本后可以随意修改，可满足不同层次、不同类型的教学需要，受到广大教师的欢迎。

（2）电子图书又叫 e-book，它将教材用特殊的数据格式数字化后存储在网络服务器或存储卡中，用软件或硬件阅读器阅读，可以有效地解决教学信息的携带和存储问题。目前已经有很多产品问世，正在逐步扩大市场，可能会给传统的出版界带来冲击。

（3）CAI 课件是可以单独运行的教学软件，通常用专用的开发工具开发或者直接用高级语言编程。其主要目的是用动画、仿真等技术讲解课程中的重点和难点，强调教学方法和教学策略，辅助教师和学生完成教学任务，提高教学效果。

（4）试题库包括试题管理系统和大量在科学的指标体系控制之下的试题，在成卷策略和教学大纲的要求下，完成试卷的抽取工作，为制卷做好准备或者提供给学生进行在线测试。这样做的最大好处是可以提高教学质量评价的客观性，在某种程度上也可以减少教师的工作量。

（5）网络课程是网络时代出现的一种新的教学资源，它是通过网络表现的某门课程，并按一定的教学目标、教学策略组织教学内容及实施的教学活动的总和。它存储在网络服务器中以 Web 页的形式呈现给使用者，支持学生自主式学习、探索式学习、协作式学习等先进的学习方法。学生通过联网 PC 的浏览器访问网络课程、浏览教学内容、检索相关知识、进行模拟仿真实验和自我测试，可以在学习本门课程的同时有效地培养在信息化社会中的学习能力与素质。网络课程可以为远程教育和学校内的网络化教育提供有力的支持。

（6）资料库是采用数据库技术在教学资源管理方面的应用系统，按学科或课程将教学资料以知识点为单位、以微小课件或不同媒体（文字、图形、图像、音频、视频、动画、流媒体等）为载体的文件为表现形式，按科学的存储策略组织起来，用光盘或网络的方式提供给使用者。其主要目的是供教师在备课、开发电子教案和网络课程时根据需要检索、下载使用，支持教师提高教学手段现代化的水平。

3. 信息技术与课程整合

从国际教育技术发展的历程来看可分为三个阶段，目前正在逐步进入第三个阶段，即信息技术与课程整合阶段。

第一个发展阶段：计算机辅助教学（computer-assisted instruction，CAI）阶段。大约是从20世纪50年代至80年代中后期。此阶段主要是利用计算机的快速运算、图形动画和仿真等功能辅助教师解决教学中的某些重点、难点。这些CAI课件大多以演示为主。

第二个发展阶段：计算机辅助学习（computer-assisted learning，CAL）阶段。大约是从80年代中后期至90年代中后期。此阶段逐步从以教为主转向以学为主，也就是强调如何利用计算机作为辅助学生学习的工具，如用计算机帮助搜集资料、辅导自学、讨论答疑、安排学习计划等，即不仅用计算机辅助教师的教，更强调用计算机辅助学生的学。

第三个发展阶段：信息技术与课程整合（integrating information technology into the curriculum，IITC）阶段。大约从90年代中后期开始。此阶段不仅将以计算机为核心的信息技术用于辅助教或辅助学，而且更强调要利用信息技术创建理想的学习环境及全新的学习方式、教学方式，从而彻底改变传统的教学结构与教育本质。

从国际潮流来看，当前的教育技术发展正在逐步进入第三个阶段。在进入这个阶段后，实际上信息技术就不再仅仅是辅助教或辅助学的工具，而是要从根本上改变传统的教学结构和教学模式，达到培养创新精神、实践能力的要求，即与素质教育的目标结合在一起。

信息技术与课程整合可以分为两个层面：浅层整合与深层整合。浅层整合在于教学方法、教学手段和教学内容的信息化。深层整合在于教学观念信息化，从而产生创新型教学模式和教学改革。只有结合两个层面进行信息技术与课程整合，才能更好地培养出创新型人才。

应用信息技术与课程整合的基本原则：

（1）要以先进的教育思想、教学理论为指导。

信息技术与课程相整合的过程决不仅仅是现代信息技术手段的运用过程，它必将伴随着教育教学领域的一场深刻变革。整合必须要有先进的理论作指导，没有理论指导的实践是盲目的实践，将会事倍功半甚至劳而无功。运用建构主义理论对整合作指导有特别的针对性——它所强调的“以学生为中心”、让学生自主建构知识意义的教育思想和教学观念，将对多年来一统我国学校课堂的传统教学结构与教学模式产生极大的冲击。

（2）要提高教师的教育技术意识与能力。

信息技术与各学科课程整合的效果如何，还取决于教师的教育技术意识与能力。对教育技术理论、媒体、手段、方法的认识及情感态度，决定了教师是否愿意、会不会、善不善于用信息技术与各学科课程进行整合。只有教师有了教育技术的意识，才有进行课程整合的意愿，才能进行课程整合。

要增强教师的教育技术意识，首先，应倡导通过信息技术与课程整合后所产生的教学效果与传统教学效果的巨大反差，引导教师逐步转变教育观念，以全新的视野审视当前信息技术与课程整合的大趋势，同时反思和认识传统教学方法、教学手段以及教学模式的局限，用全新的认识拓宽视野。其次，使教师充分认识到提高自身教育技术的重要性和紧迫性，引导他们自觉地学习教育技术理论和方法，学习并掌握现代化教学媒体的使用和操作技能，学会根据教学内容和学生的认知水平、心理特点选择和设计各种教学软件，不断探索和创造新的教学模式。

教育技术以计算机、网络等信息技术为重要支撑，因此，教师的信息技术素养与能力是课程整合的基础和必要条件。信息能力指有效利用信息设备和信息资源获取信息、加工处理信息以及创造新信息的能力。主要包括：信息工具的使用能力，指会使用文字处理工具、浏览器和搜索引擎工具、网页制作工具、电子邮件等；识别信息的能力，指根据自己的需要，运用科学的方法，采用多种方式从外界载体无数的信息中提取有用信息；加工处理信息的能力，指根据特定的目的和新的需要，对所获得的信息进行整理、鉴别、筛选、重组，提高信息的使用价值；创造、传递新信息的能力，指在对所掌握的信息从新角度、深层次加工的基础上，进行信息创新，同时通过各种渠道传递出去，与他人交流、共享，从而促进更多的新思想、新知识产生。

（3）要紧紧围绕“新型教学结构”的创建，培养创新型人才的有效途径来进行整合。

教师在进行课程整合的教学设计工作中，要密切注意教学系统的四个要素（教师、学生、教材、教学媒体）的地位与作用，紧紧围绕这些问题进行分析，并作出相应的调整，使得通过教学设计所建构的教学模式能较好地体现新型教学结构的要求，这样的整合才是有意义的。

目前流行的教学设计理论主要有“以教为主”的教学设计和“以学为主”的教学设计两大类。由于这两种教学设计理论均有其各自的优势与不足，因此，最理想的办法是将二者结合起来，互相取长补短，形成优势互补的“学教并重”教学设计理论；而且这种理论也正好能适应“既要发挥教师主导作用，又要充分体现学生学习主体作用的新型教学结构”的创建要求。在运用这种理论进行教学设计时，要充分注意的是，对于以计算机为基础的信息技术，不能把它仅仅看作是辅助教师“教”的演示教具，而应当更强调把它作为促进学生自主学习的认知工具与情感激励工具，利用信息技术所提供的自主探索、多重交互、合作学习、资源共享等学习环境，把学生的主动性、积极性充分调动起来，使学生的创新思维与实践能力在整合过程中得到有效的锻炼，这正是创新型人才培养所需要的。

（4）要高度重视各学科的教学资源建设，这是实现课程整合的必要前提。

没有丰富的高质量的教学资源，就谈不上让学生自主学习，更不可能让学生进行自主发现和自主探索；教师主宰课堂、学生被动接受知识的状态就难以改变。新型教学结构的创建落不到实处，创新人才的培养自然也就落空。

要重视自有资源的开发和外来优质资源的引进。教师要逐步积累课程教学的资料与教材，开发建设立体化教材；也要重视学生在学习中产生的交流互动资料，并予以保存、归纳和整理。另外，要重视引进国内外优质的教学资源。要整合各学科的资源建立网上校级教学资源库，并与各高校的教学资源中心进行网络链接。

（5）要注意结合各学科的特点，建构易于实现学科课程整合的新型教学模式。

教学模式一般属于教学方法、教学策略的范畴，但又不等同于教学方法或策略。这是因为后者往往只是指某种单一的教学方法或策略，而前者（教学模式）则要涉及若干种教学方法与策略。为了达到某种教学目的（如建构一种新型教学结构）或取得某种教学效果，教师往往将多种教学方法、策略结合在一起，加以综合运用，如果这种运用方式趋于相对稳定，这就变成一种模式。

能体现新型教学结构要求的教学模式很多，而且因学科而异。每位教师都应结合各自的学科特点去建构既能实现信息技术与课程整合，又能较好地体现新型教学结构要求的新型教学模式。所以模式的类型是多种多样的，不应将其简单化。但是若从最有利于创新型人才培养的角度考虑，则有两种基于信息技术的教学模式最值得我们去深入研究和探索，即"研究性"学习模式（也叫"探究性"学习模式）和"协作式"学习模式（也叫"合作式"学习模式）。

4. 虚拟现实

虚拟现实技术（virtual reality，VR）是20世纪末兴起的一门崭新的综合性信息技术，它是一种多通道的新型人机交互接口，人们可以通过视觉、听觉、触觉和加速度感等多种感觉通道感知计算机模拟的虚拟世界，也可以通过移动、语言、表情、手势及视线等自然方式，使操作者与虚拟世界进行交互，创造出一种身临其境的完全真实体验。虚拟现实技术是计算机技术、传感器技术、人机交互技术、人工智能技术等多种技术的综合发展。

（1）虚拟现实技术的三个基本特征。

① 沉浸性：是根据人类视觉、听觉的生理心理特点，由计算机产生逼真的三维立体图像，使用者戴上头盔显示器和数据手套交互设备，便可将自己置身于虚拟环境中，如同在现实世界中的感觉一样。

②交互性：虚拟现实系统中的人机交互是一种近乎自然的交互，可以通过键盘、鼠标、头盔、数据手套等设备进行交互。使用者通过自身的语言、身体运动或动作等自然技能，对虚拟环境中的对象进行触摸或操作。

③多感知性：是指用户沉浸在多维信息空间中，依靠自己的感知和认知能力全方位地获取知识，发挥主观能动性，寻求解答，形成新的概念。

（2）虚拟现实的应用前景。

虚拟现实的应用前景很广泛，目前已经在军事、医学、教育、娱乐、制造业、工程培训等方面得到应用，它被认为是当前及将来影响人们生活的重要技术之一。

例如，在教育培训中，为了使医学院实习者获得更深刻的体验，虚拟现实系统还可仿真各种外科手术，其内容包括一般的开刀直至复杂的人体器官替换。这种虚拟环境使医学院的大学生不必冒任何医疗事故的风险就可以反复进行病房中的各种实际操作，对某种技能进行训练，并可尝试选择不同的技术处理方案以检验自己的判断是否正确。

VR技术在教育中应用的另一个例子是创建一种虚拟的物理实验室。物理学按其本身的性质提出了许多"如果……将会怎样"的问题，这些问题最好通过直接观察物理作用力对各种客体的作用效果来进行探索。休斯敦大学和NASA（美国国家航空和宇航局）约翰逊空间中心的研究人员建造了一种被称为"虚拟物理实验室"的系统，利用该系统可以直观地研究重力、惯性这类物理现象。使用该系统的学生可以做包括万有引力定律在内的各种实验，可以控制、观察由于改变重力的大小、方向所产生的种种现象及其对加速度的影响。这样，学生就可以获得第一手的感性材料（直接经验），从而达到对物理概念和物理定律的较深刻理解。

VR技术在化学教学中也取得了显著效果。北卡罗莱纳大学的科学家们已经研制了一种可以让用户用手操纵分子运动的 VR 系统。用户戴上头盔并通过数据手套进行反馈控制，可以使分子按某种方式结合在一起。不难看出，这种 VR 系统不仅在教学上有重要意义（如可直接观察到蛋白质的分子结构），而且在科学研究上也有重大的价值，按某种新方式结合在一起的分子结构很有可能是治疗某种疾病的新药或是工业上所需要的某种特殊材料。

除此以外，VR 技术还可应用于历史学的学习与研究，使学生和研究人员可以重新回到历史中去亲身体验当时的事件；还可通过仿真热带雨林来了解和研究生态学。总之，VR 技术可以应用于大、中、小学各门课程的研究与学习。

在教育领域，虚拟现实技术具有广泛的作用和影响。亲身去经历、感受比空洞、抽象的说教更具说服力。主动地去交互与被动地观看有质的差别。这门崭新的技术，会带给我们崭新的教育思维，解决我们以前无法解决的问题，将给我们的教育带来一系列的重大变革，尤其在科技研究、虚拟仿真校园、虚拟教学、虚拟实验、教育娱乐等方面有更为广泛的应用。

随着宽带时代的来临，三网合一即将成为现实。与网络技术、多媒体技术并驾齐驱的虚拟现实技术，必将具有更加广阔的应用领域和发展前景，在教育领域亦是如此，我们需要紧密关注，大胆应用，才能为我们的教育事业增添强大的生命力。

5. 移动学习

移动学习（m-learning）是继数字化学习后出现的又一新学习模式，是教育技术领域研究的又一个新热点。移动学习在数字化学习的基础上通过有效结合移动计算技术可带给学习者随时随地学习的全新感受。移动学习被认为是一种未来的学习模式，或者说是未来学习不可缺少的一种学习模式。由于移动学习还是一个新生儿，作为一个全新的研究领域，还有许多问题有待我们去发现、去思考、去解决。如何充分、有效地使用移动计算技术辅助教学和学习成为这个领域研究的中心。

目前对移动学习并没有一个确切的定义，该领域内的专家学者各抒己见，从不同的角度去理解和诠释移动学习。国外有专家对移动学习作了一个较具体的定义：移动学习是一种在移动计算设备帮助下能够在任何时间、任何地点发生的学习，移动学习所使用的移动计算设备必须能够有效地呈现学习内容，并且提供教师与学习者之间的双向交流。

可以从以下几点理解移动学习的内涵：

（1）移动学习是在数字化学习的基础上发展起来的，是数字化学习的扩展，它有别于一般学习。

（2）移动学习除具备了数字化学习的所有特征之外，还有它独一无二的特性，即学习者不再被限制在电脑桌前，可以自由自在、随时随地进行不同目的、不同方式的学习。学习环境是移动的，教师、研究人员、技术人员和学生都是移动的。

（3）移动学习实现的技术基础是移动计算技术和互联网技术，即移动互联技术；实现的工具是小型化的移动计算设备。

从来没有一项技术像移动电话这样被如此广泛地应用。今天，全世界的移动电话普及率已高达50%，中国移动电话用户数已达 5 亿。与此同时，各类便携的、易用的、高性能的移动终端不断出现，移动网络所提供的服务和容量正不断扩展。“移动”正成为未来技术发展和社会变化的主题，移动学习——“移动”与“教育”的联结也自然成为教育技术应用的重要发展方向。

从世界范围看，移动学习的研究和应用已有一定基础，涉及中小学、大学、职业培训、远程教育、非正式学习等不同教育层次和学习形态，覆盖各级各类学校、工作场所、博物馆、城市和农村等不同场景。在国内，移动学习开始得到越来越多的关注，但是与移动技术在其他领域，如办公、家庭、交通等领域的应用和推广相比，教育还是被移动技术应用所忽略的领域，与移动学习相关的理论和应用研究也还刚刚起步。如何理解移动学习？移动学习涉及哪些技术？移动学习有哪些应用模式？如何设计和开发移动学习项目和系统？未来技术的发展和教育的变革会对移动学习产生什么影响？这些都是需要研究者和实践者深入思考的问题。

6. 卫星宽带教学

卫星宽带高速接入因特网的业务正在渐渐兴起。卫星宽带接入与光缆宽带接入不会构成竞争，它们之间只是一种补充关系。

卫星宽带高速接入因特网的最大优势在于它广阔的覆盖性。从理论上讲，卫星宽带接入可以到达任何地方，特别是到达光缆宽带接入达不到的地方，如地广人稀或地貌复杂的地方，这些地方铺设光缆的费用极大，而且居住区分散，利用效率不高，成本过高，如果使用卫星通信，则完全可以用低得多的成本更好地满足需要。

卫星的作用不可能被其他通信手段完全替代，它是地面网很重要的补充。另外，地面网容易受到破坏，而空间网不容易受到破坏。再加上卫星最大的特点就是具有一点对多点的广播功能，比地面网经济得多。

20 世纪 90 年代，国内部分高校开始通过建设卫星电视接收系统接收卫星电视节目，将接收的数字卫星信号存储到服务器中，进行教学资源库建设、网络直播、VOD 视频点播等，丰富了数字化校园中的教学资源，并为高校的外语教学、学科教学和校园生活提供了很好的信息来源。

7. 远程教育

远程教育是学生与教师、学生与教育组织之间主要采取多种媒体方式进行系统教学和通信联系的教育形式，是将课程传送给校园外的一处或多处学生的教育。现代远程教育则是指通过音频、视频（直播或录像）以及包括实时和非实时在内的计算机技术把课程传送到校园外的教育。现代远程教育是随着现代信息技术的发展而产生的一种新型教育方式。计算机技术、多媒体技术、通信技术的发展，特别是因特网的迅猛发展，使远程教育的手段有了质的飞跃，成为高新技术条件下的远程教育。现代远程教育是以远程教育手段为主，兼容面授、函授和自学等传统教学形式，多种媒体优化组合的教育方式。

（1）远程教育的特点。

现代远程教育可以有效地发挥远程教育的特点，是一种相对于面授教育的师生分离、非面对面组织的教学活动，是一种跨学校、跨地区的教育体制和教学模式。它的特点如下：学生与教师分离、采用特定的传输系统和传播媒体进行教学、信息的传输方式多种多样、学习的场所和形式灵活多变。与面授教育相比，远程教育的优势在于它可以突破时空的限制，提供更多的学习机会，扩大教学规模，提高教学质量，降低教学的成本。基于远程教育的特点和优势，许多有识之士已经认识到发展远程教育的重要意义和广阔前景。

（2）远程教育的发展阶段。

由于信息传送方式和手段不同，远程教育的发展经历了三个阶段：第一是以邮件传输的纸介质为主的函授教育阶段；第二是以广播电视、录音录像为主的广播电视教学阶段；第三是通过计算机、多媒体与远程通信技术相结合的网上远程教育阶段。随着电视、电话、计算机、互联网的逐步普及，网上远程教育离我们已越来越近。

（3）远程教育的类型。

目前，参加网校学习的人员正在逐步增多，按学习的目标不同分为学历学位、职业培训、网上充电三种类型。学习方式主要分为集体开班和个体学习两种。另外，在互联网上各种各样的网校也随处可见，有正规大学开办的经过国家教委认可其学历的本科、研究生教育的网校，有全国知名重点中学针对高考辅导的以应试教育为主的网校，还有一些商业网站针对网上充电者举办的职业技术培训的网校，等等。如北大商学网是北京大学管理类远程教育的教学执行机构，属第一类。

（4）远程教育对学习者的要求。

远程教育的特点决定了远程学习以自学为主，学生的大部分学习时间与教师、同学是分离的，没有教室，更没有课堂的氛围，这些特点使得许多刚刚开始远程学习的学生不可避免地遇到一些困难或有些不习惯。因此远程学习要求学习者首先应具备两方面的能力：

①始终保持自发的学习动力。参加远程学习的学生绝大部分是成人，他们的学习动机各式各样，包括提高学历、增加技能、在职充电、扩展职业范围等。他们一般具有较强的学习动机、较明确的学习目的，但是在以后长达几年的学习过程中能否保持学习动力是决定其学习成败的关键。

②主动探索的精神。成人学生应该有能力自己确定在学习上投入多少时间，制订自己的学习计划，选择并逐渐适应一种学习方法。学会学习已成为21世纪教育的四大支柱之一；对于远程学习者来说，这同样具有非常重大的意义。在具体的学习过程中，面对一个问题，积极的学习者不会只接受一个答案或是等待老师告诉自己该持什么样的观点或立场；也不会只局限于到某本书或教材的某章某节上去寻找答案。积极的学习者会主动尝试多种解决方法，建立自己的想法，经过主动探索后决定自己要做什么，该怎么做。

（5）远程教育的学习观念。

随着信息化社会、学习型社会的形成和知识经济时代的来临，教育正在经历深刻的变革。参加远程教育的学习，有必要更新自己的学习观念和认识。

①虽然面授时间少了，自主学习的要求高了，但通过这种新的学习形式，可以提高自己的学习能力。

②在信息化社会中，人们生活、工作环境的变化越来越快，需要面对不断出现的新知识、新技术。一次性的学校教育，越来越不能满足个人终身的社会需要，只有不断学习才能跟上生活、工作的节奏。

③现代远程教育为所有求学者提供了平等的学习机会，使接受高等教育不再是少数人享有的权利，而是个体生存的基本条件。教育资源、教育对象、教育时空的广泛性，为大众的终身学习提供了可能性。

④接受教育不光是学习知识，还要学会学习，为以后继续学习培养良好的学习习惯，掌握必要的学习技能。学会利用现代信息技术进行自主学习，对今后不断地获取知识和提高教育层次将是非常有益的。

1.3 学习理论

行为主义、认知主义和建构主义是教育技术领域的三大学习理论基础。20 世纪 60 年代，教育技术主要以行为主义学习理论为指导。行为主义理论基于操作性条件反射和强化理论，强调学习起因于外部刺激，只要控制刺激并给以适当强化，就能控制和预测行为。行为主义理论提倡小步子的程序教学，忽视了学习者的内部心理过程，把学习看作是纯粹的被动接受和强化训练。

到了 80 年代，随着认知主义学习理论的成熟，人们开始重视认知学习理论在教育技术领域的应用。认知学习理论看重知识结构的建立，认为人的认识不是由外界刺激直接给予的，而是外界刺激和内部心理过程相互作用的结果。

进入 90 年代，作为认知主义理论一个分支的建构主义学习理论又得到了进一步发展，它的基本观点概括起来有四个方面："情境"、"协作"、"会话"和"意义建构"。它强调学习者的主动性，学习者是通过自身的意义建构而获取知识。行为主义偏重于教师的教，认知主义侧重于学生的学，而建构主义看重协作学习和教学情境的创设。

1.3.1 行为主义学习理论

行为主义者认为，学习是刺激与反应之间的联结，他们的基本假设是：行为是学习者对环境刺激所作出的反应。他们把环境看成是刺激，把伴随的有机体行为看作是反应，认为所有行为都是习得的。行为主义学习理论应用在学校教育实践上，就是要求教师掌握塑造和矫正学生行为的方法，为学生创设一种环境，尽可能最大限度地强化学生的合适行为，消除不合适行为。

美国心理学家约翰·华生在20 世纪初创立了行为主义学习理论，在格思里、赫尔、桑代克、斯金纳等的影响下，行为主义学习理论在美国占据主导地位长达半个世纪之久。斯金纳更是将行为主义学习理论推向了高峰，他提出了操作性条件作用原理，并对强化原理进行了系统的研究，使强化理论得到了完善的发展。他根据操作性条件作用原理设计的教学机器和程序教学曾经风靡世界。

行为主义的主要观点是心理学不应该研究意识，只应该研究行为，把行为与意识完全对立起来。在研究方法上，行为主义主张采用客观的实验方法，而不使用内省法。

行为主义学习理论有以下一些局限性：第一，否定了人的复杂性、丰富性，认为通过环境的刺激就能使学习者获得知识，得到发展。认为学习者学习的过程就是刺激与反应联结的过程。第二，强调了知识的本质性，认为学习者就是掌握知识的，只能对刺激作被动的反应。知识就是理性的存在。第三，强调了强化在学生学习过程中的作用，而忽视了学生自身的心理发展变化。如有名的戴尔的经验之塔所强调的正是媒体技术在对学生的学习过程中所起的促进作用，但它并没有认识到学生自身的复杂性。它一味地强调二元性，认为环境与学习者都是确定的，忽视了二者之间可能存在的某种关联性，而所有这一切都是后现代主义所不能接受的。

1.3.2 认知主义学习理论

20世纪60年代，行为主义心理学的统治地位被认知心理学所代替，认知学习理论得到快速发展。其中，皮亚杰的建构主义学习理论、布鲁纳的认知结构学习理论、奥苏贝尔的认知同化学习理论、信息加工的学习理论等都有很大影响。认知主义又名认知学派，是一种学习理论，与行为主义学派的理论相对。认知学派学者认为学习是人们通过感觉、知觉得到的，是由人脑主体的主观组织作用而实现的，并提出学习是依靠顿悟，而不是依靠尝试与错误来实现的观点。该理论关于“学习”的观点是：关于学习的心理现象，否定刺激与反应的联系是直接的、机械的。他们认为人们的行为是以“有机体内部状态”——意识为中介环节，受意识支配的，并以S－O－R这一公式代替S－R这个公式（O为中介环节）；认为学习并不在于形成刺激与反应的联结，而在于依靠主观的构造作用形成“认知结构”。

例如，皮亚杰认为，儿童的智慧和道德结构都不是环境直接内化的结果，而是环境与个体图式（即认知结构）之间建立联系，通过内部的协调、创造而得到建构的，这是一个个体利用自己已有图式与环境进行相互作用，通过同化和顺应而达到与环境的动态平衡的过程。布鲁纳认为，学生不是被动的知识接受者，而是积极的信息加工者，他在对知觉和思维、认知和发展进行深入研究的基础上提出了发现学习理论，认为教师应当通过指导发现法，引导学生通过主动探索而解决问题，从而形成自己的智慧或认知生长。奥苏贝尔认为，影响学习的最重要因素是学生已有的认知结构，他强调学生的学习应该是有意义的接受学习，这种学习是通过新知识与学生认知结构中的有关观念相互作用而进行的，其结果是新旧知识意义的同化。

认知主义在强调外界环境刺激的同时，也强调了学习者对知识的加工过程，也就是说它开始重视人在学习过程中的复杂性及丰富性。认知主义显然在行为主义的基础上得到了长足的发展，但是仍然没能摆脱客观主义的束缚，它认为知识是客观的，仍然存在着某种权威，知识是理性的反应，我们是能够把握事物的本质的。

1.3.3 建构主义学习理论

建构主义学习理论是行为主义发展到认知主义后的进一步发展。建构主义本来是源自关于儿童认知发展的理论，由于个体的认知发展与学习过程密切相关，因此利用它可以比较好地说明人类学习过程的认知规律，即能较好地说明学习如何发生、意义如何建构、概念如何形成，以及理想的学习环境应包含哪些主要因素等等。总之，在建构主义思想指导下可以形成一套新的比较有效的认知学习理论，并在此基础上实现较理想的建构主义学习环境。下面我们就从“学习的含义”（即关于“什么是学习”）与“学习的方法”（即关于“如何进行学习”）这两个方面简要说明建构主义学习理论的基本内容。

在研究儿童认知发展基础上产生的建构主义，不仅形成了全新的学习理论，也正在形成全新的教学理论。如上所述，这种学习理论强调以学生为中心，不仅要求学生由外部刺激的被动接受者和知识的灌输对象转变为信息加工的主体、知识意义的主动建构者，而且要求教师由知识的传授者、灌输者转变为学生主动建构意义的帮助者、促进者。这就意味着教师应当在教学过程中采用全新的教学模式、全新的教学方法和全新的教学设计思想，因而必然要对传统的教学理论、教学观念提出挑战，从而在形成新一代学习理论——建构主义学习理论的同时，也逐步形成了与建构主义学习理论、建构主义学习环境相适应的新一代教学模式、教学方法和教学设计思想。

教学模式是指在一定的教育思想、教学理论和学习理论指导下的，在某种环境中展开的教学活动进程的稳定结构形式。教学活动进程的简称就是通常所说的“教学过程”。众所周知，在传统教学过程中包含教师、学生、教材三个要素。但在现代化教学中，通常要运用多种教学媒体，所以还应增加“媒体”这个要素。这四个要素在教学过程中不是彼此孤立、互不相关地简单组合在一起，而是彼此相互联系、相互作用，形成一个有机的整体。既然是有机的整体，就必定具有稳定的结构形式，由教学过程中的四个要素所形成的稳定的结构形式，就称为“教学模式”。例如，传统的教学模式是“以教师为中心，教师利用讲解、板书和各种媒体作为教学的手段和方法向学生传授知识；学生则被动地接受教师传授的知识”。在这种模式下，教师是主动的施教者（知识的传授者、灌输者），学生是外界刺激的被动接受者、知识灌输的对象，教材是教师向学生灌输的内容，媒体则是教师向学生灌输的方法、手段。教师、学生、教材、媒体四要素各自的作用清楚，彼此之间的关系明确，从而成为教学活动进程的一种稳定结构形式，即教学模式。

建构主义学习理论提倡的学习方法是教师指导下的、以学生为中心的学习；建构主义学习环境包含情境、协作、会话和意义建构四大要素。因此可以将与建构主义学习理论以及建构主义学习环境相适应的教学模式概括为：“以学生为中心，在整个教学过程中由教师起组织者、指导者、帮助者和促进者的作用，利用情境、协作、会话等学习环境要素充分发挥学生的主动性、积极性和首创精神，最终达到使学生有效地实现对当前所学知识的意义建构的目的。”在这种模式下，学生是知识意义的主动建构者；教师是教学过程的组织者、指导者，意义建构的帮助者、促进者；教材所提供的知识不再是教师传授的内容，而是学生主动建构意义的对象；媒体也不再是帮助教师传授知识的手段、方法，而是用来创设情境、进行协作学习和会话交流，即作为学生主动学习、协作式探索的认知工具。显然，在这种场合，教师、学生、教材和媒体四要素与传统教学相比，各自有完全不同的作用，彼此之间有完全不同的关系，因而成为教学活动进程的另外一种稳定结构形式，即建构主义学习环境下的教学模式。

在建构主义的教学模式下，已开发出的、比较成熟的教学方法主要有以下几种：

1. 支架式教学（scaffolding instruction）

支架式教学被定义为：“支架式教学应当为学习者建构对知识的理解提供一种概念框架（conceptual framework）。这种框架中的概念是为发展学习者对问题的进一步理解所需要的，为此，事先要把复杂的学习任务加以分解，以便于把学习者的理解逐步引向深入。”这种教学思想来源于苏联著名心理学家维果斯基的“最邻近发展区”理论。维果斯基认为，在儿童智力活动中，对于所要解决的问题和原有能力之间可能存在差异，通过教学，儿童在教师帮助下可以消除这种差异，这个差异就是“最邻近发展区”。可见儿童的第一个发展水平与第二个发展水平之间的状态是由教学决定的，即教学可以创造“最邻近发展区”。因此教学绝不应消极地适应儿童智力发展的已有水平，而应当走在发展的前面，不停顿地把儿童的智力从一个水平引导到另一个新的更高的水平。建构主义者正是从维果斯基的思想出发，借用建筑行业中使用的“脚手架”（scaffolding）作为上述概念框架的形象化比喻，其实质是利用上述概念框架作为学习过程中的脚手架。也就是说，该框架应按照学生智力的“最邻近发展区”来建立，因而可通过这种脚手架的支撑作用（或“支架作用”）不停顿地把学生的智力从一个水平提升到另一个新的更高的水平，真正做到教学走在发展的前面。

2. 抛锚式教学（anchored instruction）

这种教学要求建立在有感染力的真实事件或真实问题的基础上。确定这类真实事件或问题被形象地比喻为“抛锚”，因为一旦这类事件或问题被确定了，整个教学内容和教学进程也就被确定了（就像轮船被锚固定一样）。建构主义认为，学习者要想完成对所学知识的意义建构，即达到对该知识所反映事物的性质、规律以及该事物与其他事物之间联系的深刻理解，最好的办法是让学习者到现实世界的真实环境中去感受、去体验（即通过获取直接经验来学习），而不是仅仅聆听别人（如教师）关于这种经验的介绍和讲解。由于抛锚式教学要以真实事例或问题为基础（作为“锚”），所以有时也被称为“实例式教学”或“基于问题的教学”。

3. 随机进入教学（random access instruction）

在教学中应注意对同一教学内容，要在不同的时间、情境下，为不同的教学目的，用不同的方式加以呈现。换句话说，学习者可以随意通过不同途径、不同方式进入同一教学内容的学习，从而获得对同一事物或同一问题多方面的认识与理解，这就是所谓的“随机进入教学”。这里的每次进入都有不同的学习目的和问题的侧重点。因此多次进入的结果，绝不仅仅是对同一知识内容的简单重复和巩固，而是使学习者获得对事物全貌的理解与认识上的飞跃。

随机进入教学的基本思想源自建构主义学习理论的一个新分支——“弹性认知理论”（cognitive flexibility theory）。这种理论的宗旨是要提高学习者的理解能力和知识迁移能力（即灵活运用所学知识的能力）。不难看出，随机进入教学对同一教学内容，在不同的时间、情境下，为不同的教学目的，用不同的方式加以呈现的要求，正是针对发展和促进学习者的理解能力和知识迁移能力而提出的，也就是根据弹性认知理论的要求而提出的。

教育技术越来越重视学习者的主体地位和主观能动性的发挥，适应了信息社会教育教学的发展和要求。在提出一种新理论的同时并非意味着对其他理论的否定，正如上面所分析的，任何一种理论都有它存在的价值和优势。教育技术提倡行为主义、认知主义和建构主义三种学习理论的综合运用。

1.4 现代教育技术与教学改革

1.4.1 新型的教学理念

1. 素质教育的观念

教育技术由原来教师在教学中用于突出重点、突破难点的工具转变成了学生认知发展的工具，推动了学校教育和教学的革新。学校变成充满活力和创意的学习场所，并使我们真正树立培养学生具备现代社会发展所需要的多方面素质的教育观念。

在教育技术的支持下，学生可以广泛、自主地参与到教师的教学活动中去。通过卫星广播电视、多媒体计算机、因特网等，学生有机会探索丰富多彩的多媒体信息，接触外部世界，获得广博的知识，培养正确的世界观，激发和培养创新意识，养成创造性思维习惯，提高实践能力，培养高效、迅速地处理信息的能力，成为具有探究精神和创新意识的主动学习者。

2. 终身教育的观念

传统观念认为教学只是在学校里进行的。而实际上，人类总是自觉或不自觉地、终身不断地学习和训练自己，尤其是随着知识经济的到来，进入信息化社会后知识更新速度加快，新的信息层出不穷，终身学习更成为生活的必需。

1.4.2 新型的教学环境

教育技术的环境是指在教与学的活动中，涉及相关的系统化信息技术的条件。这就是要通过运用现代信息技术，建立一种能实现教学信息显示多媒体化，实现教学资源的共享，有利于学生主动参与和协商讨论，有利于信息反馈和教师调控的现代化教学环境。

建设教学环境不仅仅要建立现代化的硬件教学环境和软件教学环境，还要建立现代化的潜件环境。这种潜件环境除了教学思想、教学方法和教学管理外，还要健全师生之间或学生之间具有的某种交互作用，即个别化教学模式或协作型教学模式，这也是非常重要的。

教育技术进入课堂之后，教学环境焕然一新，为教育领域提供了全新的数字化教学环境。在新的教学环境中，教学手段更加多样化、现代化。

新的数字化教学环境有如下类型：

1. 计算机多媒体网络教室

多媒体电教室的主要硬件设备有多媒体液晶投影机、电动屏幕、视频展台、录像机、影碟机、功率放大器、音箱、麦克风、中央控制系统、微型监视器、投影机吊架、多媒体计算机。

多媒体电教室的主要功能：中央控制系统将所有的设备通过有线控制面板进行控制。它主要可控制讲台电子锁开启、投影机开关、屏幕升降、计算机开（关）机、辅助教学设备切换、教室音量控制等设备，并能监测反馈显示设备状态，实现多媒体教室的网络化集中管理和控制。

管理人员还可以通过互联网在控制室以外的任何地方对多媒体教室的设备进行监控，管理系统提供身份认证和权限管理，只要在可以上互联网的地方，就可以随时随地对中控系统进行监控。网络中控的IC卡系统与已有校园“一卡通”系统兼容。对IC卡的管理，系统提供三种不同的管理权限（超级管理员、一般管理员、教师卡）。刷卡记录能在中控系统的数据库中长期保存，并能方便地进行统计和查询。IC卡管理系统的数据可通过中控的网络接口传到总控室，实现对IC卡的统一管理，刷卡记录可以在总控室远程读取。它还可对课程表进行管理：课程表生成；课程表可以和IC卡配合使用，也可以脱离IC卡使用，中控系统可以根据课程表对教室讲台和设备进行自动控制。网络中控内置IP电话，可进行IP电话对讲报障。

多媒体教室设备还具备安防和监控功能、教学及设备数据采集和统计功能、音视频的监控及对讲功能，并进行课堂实录。

2. 校园网及教学资源建设

建设全校性的教学资源中心和有利于教和学的各类大平台，能有效地促进教学改革，改变传统的教学模式，发挥学生自主学习的能力，推动各学科的知识渗透，提高培养创新思维和创新人才的能力，并能在信息高速增长的时期有效地整合和使用教学资源。主要建设的大平台应是有利于教师备课和学生学习的教学资源大平台，有利于辅助课堂教学和师生交流互动的教学学习大平台，有利于教师教研参考和学生参考及自主学习的电子图书馆、教学参考资源平台及精品课程资源中心。

（1）网络教学资源中心。

网络教学资源中心的建设是高校教育信息化的基础，其建设目标是集中建设学校内各学科专业的优质教学资源，并引进校外的优质教学资源，构建一个教学资源丰富、面向教学服务的高效实用、检索方便的大型共享教学资源服务中心，为实现资源共享、提高教学质量、培养创新型人才提供信息支持。

网络教学资源中心可以划分为学院—系—专业—教研室—课程等不同的层次，根据资源种类分为不同的类型，以资源数据库的相关性分为不同级别，并以多用户进行分布式管理的大型教学资源管理系统。可以结合学校的特点和要求，建立教学资源子库和不同专业的资源库，方便师生进行教学资源的上传、下载、分类、检索与共享等，在教学中发挥重要的作用。

（2）网络教学平台。

网络教学平台是专门用于加强网络教学、辅助课堂教学并提供互动、交流的教学平台，使教师可以有效地管理课程、制作内容、创建和布置作业、加强协作，使学生可以轻松学习、快乐交流、热情参与，帮助学校实现网络教学的管理与监控，使教与学更富乐趣、更有效果，不再受空间和时间的限制。其主要功能如下：

①支持个性化学习：教学管理平台可从课程的分析设计开始，涉及课程的制作、编辑、发布、管理，还有针对学生设计的学习单元设定、个人信息管理等功能，使教师不必再为网络课程建设耗费太多的精力，使学生不必在学习课程外再额外学习平台的使用方法。

②课程管理：可创建和设置课程、复制和循环使用课程、导入和导出课程，进行课程存档和备份。

③课程内容制作：提供具有丰富编辑界面的文本编辑器，提供快速编辑功能，帮助教师迅速在编辑界面和浏览界面之间切换，支持教师将由外部制作工具（如 Macromedia Dreamweaver）生成的内容导入到课程中。

④教学内容发布：支持教师根据课程内容和活动制定教学路径，如先学什么再学什么，哪些用户学什么等，有选择地将内容发布给学生。

⑤同步交流（虚拟课堂）和异步交流（讨论板）：突破时间和空间的限制，帮助师生实现随时随地沟通交流、传递资源信息、答疑解惑、分享心得、创造革新。同时通过增加协作工具，教师可以把学生分成不同的小组，为各个小组配备合作工具，确保学习和项目分工可以高效、顺利地进行，并提供文本聊天、协作白板、小组页面浏览、问题和解答集锦等协作交流。

（3）精品课程资源中心。

精品课程资源中心分为国家级的资源中心和各高校的资源中心两个级别，其目的都是为了展示优质课程资源，推动课程建设上水平、上质量。各高校的精品课程资源中心的课程可分为国家级、省级和校级精品课程，起到了很好的带动和辐射作用。由于各高校的精品课程资源中心资源有限，同类专业课程参考借鉴的力度还不够大，教育部在高教厅函〔2007〕

32 号文件中批准设立国家精品课程资源中心，面向全国高校广大教师和学生提供国家级优质教育资源，研究制定国家精品课程共建共享信息技术标准与规范、共享与应用机制，实现对精品课程内容的快速访问和个性化主动服务。

（4）教学参考资源管理平台。

教学参考资源管理平台的主要目的就是把教师课堂教学和图书馆丰富的文献资源进行整合，对学生进行有效的导读。随着计算机技术在图书馆应用的深入，图书馆关于教学参考资源的服务方式也随之发生了改变：由盲目、单一、被动的服务转变为明确、多向、主动的服务。现今教学参考资源管理平台在高校中的地位不断得到提升，各高校图书馆都在不断引进或完善自己的教学参考资源管理平台，教师和学生对依据图书馆雄厚的文献资源保障建立资源管理平台也越来越重视。因此，如何利用教学参考资源管理平台帮助"图书馆—教师—学生"之间进行有机沟通，成为所有高校图书馆面临且必须要解决的一个首要问题。

教学参考资源管理平台是一个基于网络、以教学信息及文献参考资源为核心、以学科领域其他相关教学资源为补充的资源平台。该平台依据学科分类体系收集和调用各种教学参考资源，同时收录与教学参考资源相关的主要信息资源链接，并按学科分类标准加以组织，提供分类导航、关键词搜索、个性化定制等功能，还可以成为虚拟化的研讨交流中心，并为开放式教学及远程教学提供强大的信息支撑。

3. 远程教学环境

远程教育是跨越校园且借助传统或最新信息媒介进行的教学活动。它将学校教育向社会延伸，为各种类型的社会成员提供了"终身教育"的机会。在当今知识更新、科技发展极为迅速的信息社会里，远程教育必将受到越来越多的重视。

远程教育是利用广播电视和计算机网络等进行教学活动的。计算机网络具有形象生动和交互功能强的优点，是当今信息社会中进行远程教育最有前景的一种形式。

采用计算机网络形式的远程教育主要有两种类型：一种是由教育部批准的部分高校，通过专线双向 CATV 系统及 Internet 系统，以远程教育学院的形式向社会招生，给学习期满且成绩合格者颁发该校（远程教育）的毕业文凭；另一种则是遍及全国的各种类型的网校，主要是利用 Internet 进行教学活动。

4. 电子阅览室、电子图书馆

电子阅览室、电子图书馆即传统图书馆或资料室的发展。其一般提供两方面服务：一是将图书馆的书籍、报纸杂志做成索引，便于师生查阅；二是将一些借阅频率较高或其他重要的教学资料制成"电子资料"，存放在专用的图书资料网上，供师生在电子阅览室提供的阅读机（带密码的 PC 机）上阅读。一个或多个城市中各个学校的图书资料可以互联，以便师生最大限度地享受"资源共享"的优越性。

5. 虚拟现实仿真教学环境

虚拟现实技术是利用计算机生成一个具有逼真视觉、听觉及嗅觉的模拟现实的环境，学生可以与这一虚拟的现实环境进行交互作用。交互作用的结果与学生在相应的真实环境中所体验的结果相似或相同。

现代教育强调学生的动手实践能力，培养学生解决实际问题的能力以及在生产第一线进行现场技术指导和管理的能力。虚拟现实仿真教学系统可以虚拟出真实环境中难以实现的环境，可使学生"真刀真枪"地参加生产实践。它使学生在计算机与网络上生成的模拟现实的环境中直接得到技能训练。

1.4.3　新型的教学模式

1. 新型教学模式的出现

发展现代教育技术，不能只是简单地理解为加大投入、增购设备、建设硬件环境，而首要的、核心的任务是研究如何运用现代教育技术，探索和建构新型的教学模式。随着教育技术的发展，在传统的课堂教学模式的基础上，出现了基于多媒体教室环境的多媒体组合教学、基于多媒体计算机环境的个别化自主交互学习、基于多媒体教室网络环境的协商学习、基于校园网络的资源利用与问题探究、基于互联网的远程教学、基于虚拟社区环境的远程协作学习等教学模式。

新型课堂教学模式应具有如下特征：

（1）教师角色的转变。教师从原来以教师为中心的讲解者转变为学生学习的指导者和学生活动的导演者，由以教师为中心、强调教法研究转变为以学生为中心、强调学法研究。

（2）学生地位的转变。学生由原来的单纯听讲、接受灌输的被动地位转变为有机会主动参与、发现、探究的主体地位。教师是主导，学生是主体，要增加学生与教师的双边活动。

（3）媒体作用的转变。使教学媒体从教师手中转移到学生手中，使媒体由作为教师的讲解工具转变为学生的认知工具。

（4）教学过程的转变。使教学过程由传统的完成认识性任务、钻研教材和设计教学过程转变为以意义建构理论为指导的教学过程。建构主义学习理论认为，知识不是通过教师传授得到的，而是学习者在一定的情境下借助他人（教师和学习伙伴）的帮助，利用必要的学习资源，通过意义建构的方式获得的。

2. 教学方式、方法的变化

传统教育的教学方式是以教师为中心，教师在整个教学过程中作为主讲者，而学生则是接受灌输的被动群体。教育技术进入教学领域后，教师要从主讲者转变为学生学习活动的设计者、指导者；教学媒体要由作为教师的讲解工具转变为学生的认知工具；学生要从接受灌输的被动地位转变为有机会参与教学、参与操作、掌握知识的主动地位。教师要把以教为主转变为以学为主；学生要把以被动学习为主转变为以主动学习为主，把“要我学”转变成“我要学”。

3. 教学内容的变化

（1）注重学生创新精神和创造能力的培养。

借助于教育技术，学生认识世界的领域拓宽了，进行创新的机会增多了。在多媒体网络教学环境中，学生面对的是非线性的相互关联性很强的大量信息，能够最充分地占有资料，可以进行独立的分析、思考，也可以和同伴一起对问题进行研究，相互协作，有继承、有分析、有比较、有鉴别。学生在充分占有前人资料和学习前人经验的基础上提出自己独特的观点和看法，发挥自己的主观能动性，创造出有自己特点的作品。

（2）更加注意教学内容的先进性和针对性。

随着知识经济时代的来临，知识更新速度加快，新知识、新技能层出不穷，将使过去一套教材沿用一二十年的情形成为历史，特别是现在多媒体计算机技术更新换代速度的加快，带来教学信息处理、教材的形态以及教学环境的变化，学生的学习内容将是动态的，并更具先进性。这就要求我们启动各级各类学校教育面向21世纪的课程体系和教学内容的改革，逐步建立和完善适应现代科技、文化教育发展趋势的新的教学内容体系。

（3）注重教学内容的整体性、全面性和大容量。

以往向学生提供的教学内容是线性结构的，而借助于教育技术提供的教学内容则是超文本结构的，这种超文本特性可以实现对教学信息最有效的组织和管理。

认知心理学的研究表明，人类思维具有联想的特征，人在阅读和思考问题的过程中，经常由于联想而从一个概念或主题转移到另一个相关的概念或主题上。超文本的结构，有利于学生在原有知识的基础上同化新知识，形成新的认知结构，有利于培养学生的发散性思维和创造性思维能力。在网络的支持下，学生面对的知识是全面的、无限的，更具系统性。学生所做的工作就是从这些大容量的信息中搜集自己所需要的，并进行分析、综合、消化，纳入自己已有的知识体系。

1.4.4 现代化教师队伍的建设

通过现代教育技术培养一支具有较高专业水平、能掌握现代教育理论和现代教育技术的现代化教师队伍，他们不仅能使用现代化教学手段，还能利用现代教育思想和教学理论、运用教学设计理论和方法设计教学过程和教学资源。

对教师的培训要重视以下几方面：

（1）提高教师队伍信息技术的意识和素养，适应时代发展要求。

在高等教育信息化建设不断发展的今天，对高校教师在信息意识和素养方面有更高的要求。教师必须具备较强的获取、储存、加工处理和选择利用信息的能力，不断更新自己的知识，才能赶上时代的发展。

（2）研究和制定教师队伍应用教育技术的标准。

根据不同类型院校教师的需求，制定相应的培训标准和大纲。可以根据不同层次的需求分若干个等级的培训大纲，如基础技能培训、高级技能培训、专项技能培训、高级理论技能案例培训等等。

（3）运用先进的教育观念做好教育技术培训工作。

要充分应用教育技术的先进教育理念和现代化教学方法和手段，设计好培训班的教学模式和内容。可采用混合式教学模式（b-training）：课堂多媒体辅助讲授+网络课堂协作教学+网络课程辅导+远程学习平台交流互动。这种培训方法灵活、开放、高效，利用传统教学与多媒体教学和网络教学密切结合，能提高学习者自主学习、自主探索的能力，也能提高学习者的实际动手能力。

（4）推动教育技术的应用，重视课程设计工作。

教师的培训效果最终体现在教育技术的应用效果上，经过培训的每位教师应能将自己所讲授的课程从课程设计开始进行教育技术的优化和改良：成立课程设计小组，负责本专业的核心课程设计；建设课程的立体化教材，改革教学模式；精心策划课程教学中的多媒体化和网络化的重点和难点，启发学生的创新精神和创新能力。

1.5 多媒体技术概述

教育技术的研究领域包括了教育媒体技术，而教育媒体技术的核心内容是教育信息的加工与处理技术，其主要技术有多媒体和网络技术。下面简单介绍一下多媒体技术的基本知识。

1.5.1 多媒体技术的定义

“多媒体”一词译自英文“multimedia”，而该词又是由 multiple 和 media 复合而成，核心词是媒体。

媒体（medium）在计算机领域有两种含义：一是指存储信息的实体，如磁盘、光盘、磁带、半导体存储器等，中文常译为媒质；二是指传递信息的载体，如数字、文字、声音、图形和图像等，中文译作媒介。多媒体技术中的媒体是指后者。多媒体（multimedia）就是指多种信息载体的表现形式和传递方式。

人类在信息交流中要使用各种信息载体，“媒体”有下列五大类：

（1）感觉媒体（perception medium）：能直接作用于人们的感觉器官，从而能使人产生直接感觉的媒体。如语言、音乐、自然界中的各种声音、图像、动画、文本等。

（2）表示媒体（representation medium）：为了传送感觉媒体而人为研究出来的媒体。借助于此种媒体，便能更有效地存储感觉媒体或将感觉媒体从一个地方传送到遥远的另一个地方。如语言编码、电报码、条形码等。

（3）显示媒体（presentation medium）：用于通信中使电信号和感觉媒体之间产生转换用的媒体。如输入、输出设施，键盘，鼠标，显示器，打印机等。

（4）存储媒体（storage medium）：用于存放某种媒体的媒体。如纸张、磁带、磁盘、光盘等。

（5）传输媒体（transmission medium）：用于传输某些媒体的媒体。常用的有电话线、电缆、光纤等。

这里所说的“多媒体”究竟是指什么？人们普遍认为，“多媒体”是指能够同时获取、处理、编辑、存储和展示两个以上不同类型信息媒体的技术。这些信息媒体包括文字、声音、图形、图像、动画、视频等。从这个意义上可以看到，我们常说的“多媒体”最终被归结为是一种“技术”。事实上，也正是由于计算机技术和数字信息处理技术的实质性进展，才使我们今天拥有了处理多媒体信息的能力，这才使得“多媒体”成为一种现实。所以，现在所说的“多媒体”，常常不是指多种媒体本身，而主要是指处理和应用它的一整套技术。因此，“多媒体”实际上就常常被当作“多媒体技术”的同义语。另外还应注意到，现在人们谈论的多媒体技术往往与计算机联系起来，这是由于计算机的数字化及交互式处理能力，极大地推动了多媒体技术的发展。通常可以把多媒体看作是先进的计算机技术与视频、音频和通信等技术融为一体而形成的新技术或新产品。

1.5.2 多媒体对象的定义

在多媒体对象的表示中，含有多种不同的数据类型。基本类型应包括文本、音频、图像、图形、动画和视频。

1. **文本**（text）

文本是用得最多的一种符号媒体形式，是最简单的数据类型，其占用的存储空间最少。文本数据类型在数据库中可为字段，可以被索引、搜索及分类。文本是关系数据库的基本元素，也是文档的基本构成要素。

超文本是索引文本的一个应用，它能在一个或多个文档中快速地搜索特定的文本串。超文本是超媒体文档不可缺少的部件。从多媒体应用的角度看，超媒体文档是基本的复合对象，文本是它的子对象。基本对象的其他子对象包括图像、声音和全运动视频。超媒体文档几乎总是含有文本，或许还有一个或多个其他类的子对象。

2. **音频**（audio）

声音是多媒体中最敏感的元素，多媒体的应用在很多方面都要用到声音。语音和音频对象包括音乐、语音、语音命令、电话交谈等。音频对象具有与之相关的时间维。

为使音频让人听起来正常，保持最初录音时的频率和音高是很重要的。以正确的速度回放，要求回放必须保持一个固定的速度。

一个音频对象需要存储与声音片断有关的信息，如声音片断的长度、它的压缩算法、回放特性，以及与原始片断相关的任何声音注释，这些注释必须作为叠加内容与原始片断同时播放。

由此可见，声音具有过程性，适合在一个时间段中表现。可以这样说，没有时间也就没有声音。由于时间性，声音数据具有很强的前后相关性，数据量相对于文本而言要大得多，实时性要求也比较高。因为声音是连续的，所以又称为连续型时基媒体类型。

3. **图像**（image）

“图”（picture）是指用描绘或摄影等方法得到的景物的相似物，“像”（image）是指直接或间接得到的人或物的视觉印象。可以这样认为，凡是能为人类视觉系统所感知的信息形式或人们心目中的有形想象统称为图像。这样，无论是图形还是文字、影像、视频等，最终都是以图像的形式出现的。

图像的对象包括三种类型：抽象图像、不可视图像和可视图像。

（1）抽象图像并不是存在于真实世界中的对象的图像或显示，而是基于一些算术运算的计算机生成的图像。

（2）不可视图像是那些不作为图像存储但作为图像显示的图像。这些图像包括气压计、温度计以及其他度量的显示。

（3）可视图像有各类图片（如蓝图、工程图等）、文档图像（如通过图像扫描得来的一页书）、摄影照片（如扫描的或直接用数码相机拍摄的）、图画（如由计算机绘图软件生成的或扫描的）以及由数字摄像机捕获的静止帧。

图像除采集、存储以外还有处理、传递、输出等复杂的过程。就图像处理而言，包含图像数据压缩、优化、编辑以及格式转换。因此图像的处理是一个十分复杂的问题，也是目前研究的热点之一。

4. **图形**（graphic）

图形是一种抽象化的图像，即用图形指令绘制的画面。图形的矢量化使得有可能对图中的各个部分分别进行控制。图形的产生需要计算时间。

通常将图形分为二维图形、三维图形两大类。平面图形就是二维图形，它的变换都是在二维空间中进行的。三维图形要实现的是三维空间的图形显示与变换。例如，在虚拟现实、三维地图、计算机辅助设计中需要广泛应用三维图形。

图形与图像是两个不同的概念，主要区别如下：

（1）图形是矢量的概念，它的基本元素是图元，如线、点、面等元素；而图像是位图的概念，它的基本元素是像素（像素是把一幅位图图像考虑为一个矩阵，矩阵中的任一元素对应于图像中的一个点）。因此，图像显示得要逼真些。

（2）图形可以进行变换而不失真，而图像经过变换可能会失真。图形可以以图元为单元单独进行属性修改、编辑等操作，而图像只能对像素或图像块进行处理，这是由于在图像中并没有关于图像内容的独立单位的缘故。

（3）图形的显示过程是依据图元的顺序进行的，而图像的显示过程是按照位图中所安排的像素进行的，与图像的内容无关。

5. **动画**（animation）

动画可以认为是会活动的图画。计算机动画就是利用生成一系列可供实时演播的画面的技术。它可辅助传统卡通动画片的制作，也可通过对三维空间中虚拟摄像机、光源及物体运动和变化的描述，逼真地模拟客观世界中真实或虚构的三维场景随时间而演变的过程。由计算机生成的一系列画面可在显示屏上动态演示，也可将它们记录在电影胶片上或转换成视频信息输出到录像带上。

动画具有如下特点：

（1）时间连续性，即动态帧构成的图像具有时间连续性。由于图像是一帧帧地运送上屏幕，故动画序列属于离散型时基媒体类型。

（2）数据量大。必须采用合适的压缩方法才能在计算机中使用。

（3）相关性，即动态图像的帧与帧之间具有很强的相关性。

（4）对实时性的要求高。在规定时间内，必须完成更换画面播放的过程，以使被观看的动态图像具有连续性。这就要求计算机的处理速度、显示速度、数据读取速度都要满足实时性的要求。

二维动画与三维动画是不同的。当计算机制作的动画画面仅有二维的透视效果时，就是二维动画。如果通过 CAD 形式创作出具有真实的光照效果和质感的动画画面，就是三维真实感动画。通常，二维动画可由计算机实时变换生成并演播，但三维动画尤其是三维真实感动画由于计算量太大，只能先生成连续的帧图像画面序列，在播放时，调用该图像序列进行演播，有明显的生成和播放的不同过程。

6. **视频**（video）

视频是指将一系列的静态影像以电信号方式加以处理的技术。大多数用于与电视、图像处理有关的技术中。与动画一样，视频是由连续的随着时间变化的一组图像（或称画面）组成。视频信号是连续的、随着时间变化的一组图像。只是画面图像是自然景物的图像，因为在计算机中使用，所以就必须是全数字化的，但在处理过程中免不了受到电视技术的各种影响。

1.5.3 多媒体技术的特点

多媒体技术具有以下三个主要特点：

1. **多样性**

多样性是指多媒体计算机处理信息媒体的多样性，不再局限于数值和文本。人类自身接收外界信息依靠五种感觉，即视觉、听觉、触觉、嗅觉和味觉，其中视觉、听觉和触觉占了95%以上的信息量。不过，计算机的媒体处理功能远远不能与人类相比，计算机主要对视觉和听觉媒体信息进行输入和输出处理。但媒体信息的种类是多维的，包括图像、音频和视频等。

2. **集成性**

集成性主要指对多种媒体有机的集成，如集文本、图形、图像、视频、语音等多种媒体信息于一体，通过信息多通道统一获取、统一存储与处理，然后综合不同形式的信息集中地表现出来，达到多媒体展示的效果。它包括媒体设备的集成和信息媒体的集成。

3. **交互性**

交互性是多媒体技术的关键特性。它可使人们获取和使用信息，即不论是发送方还是接收方，都可以变被动为主动，都可以进行编辑、控制和传送。交互性可以增加对信息的注意力和理解，延长信息保留的时间。

应用于教学领域的多媒体教学系统具有以下优点：

（1）多重感观刺激。根据心理学研究，多重感官同时感知的学习效果要优于单一感官感知的学习效果。例如，视觉与听觉同时感知的信息要比单用视觉或单用听觉更全面、更深刻，也更有利于保持。

（2）传输信息量大、速度快。利用多媒体系统的声音与图像压缩技术可以在极短时间内传输、存储、提取或呈现大量的语音、图形、图像乃至活动画面信息，这是一般的微机系统所难以达到的。

（3）信息传输质量高、应用范围广。由于多媒体系统各种媒体信息的存储与处理过程都是数字化的，这就使得多媒体教学系统可以高质量地实现原始图像与声音的再现、编辑和特技处理，使真实图像、原始声音、三维动画以及特技的一体化达到实用而完美的程度，从而使多媒体技术和产品可以应用于社会的各个领域，尤其是教学、培训和娱乐等方面。

（4）使用方便、易于操作。这是广大用户乐于使用多媒体教学系统的一个重要原因。与传统的键盘输入操作相比，多媒体教学系统以鼠标、触摸屏、声音选择输入为主，辅以键盘输入，并有直观的操作提示，这就使不熟悉计算机的人也可以轻松自如地进行操作。

（5）交互性强。多媒体教学系统提供丰富的图形界面反馈信息，与一般的CAI系统相比，用户拥有更大的操作自由度，用户可以完全按自己的意愿去控制计算机的信息处理过程，从而能实现更为理想的人机交互作用。利用多媒体所具有的全新的交互方式，人们已开发出大量的传统教学系统所无法比拟的完美的多媒体教学系统。

1.5.4　多媒体系统的构成

多媒体系统由多媒体硬件系统和软件系统组成，其层次结构如图1－5－1所示。

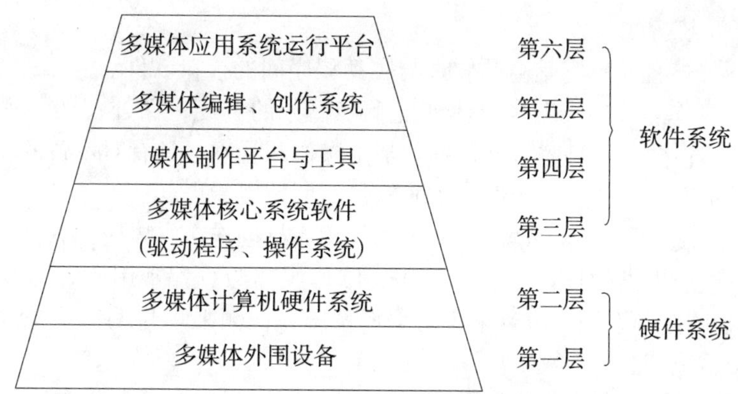

图 1－5－1 多媒体系统的层次结构

第一层为多媒体外围设备，包括各种媒体、视听输入/输出设备及网络，如图 1－5－2 所示。

例如：视频、音频输入设备（摄像机、录像机、扫描仪等）；视频、音频播放设备（显示器、电视机、投影电视、音响等）；人机交互设备（键盘、鼠标、触摸屏、光笔等）；存储设备（磁盘、光盘等）。

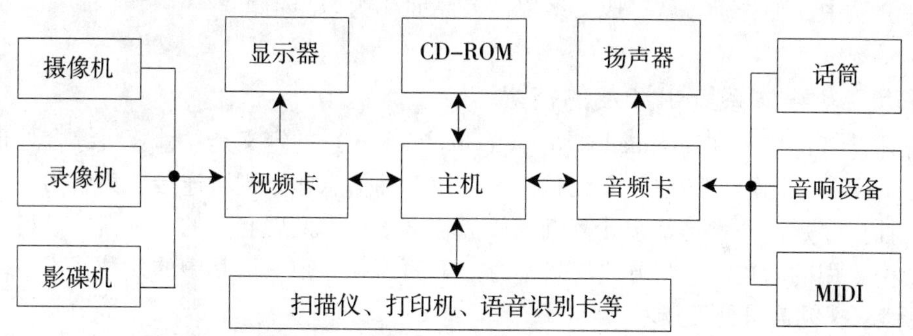

图 1－5－2 多媒体硬件系统基本组成

第二层为多媒体计算机硬件系统（硬件主要配置与各种外部设备的控制接口卡）。

多媒体计算机主机可以是中、大型机，也可以是工作站，然而目前更普遍的是多媒体个人计算机，即 MPC（multimedia personal computer）。与个人计算机相比，工作站具有图形处理能力强、实时处理图形、显示分辨率高、速度快等特点。由于工作站一般使用 UNIX 操作系统，所以它具有内在的网络连接功能和开发大型多媒体系统（如分布式多媒体系统）的良好环境。

多媒体接口卡是建立、制作和播放多媒体应用程序的工作环境中必不可少的硬件设施。常用的接口卡有声卡、语音卡、视频压缩卡、VGA/TV 转换卡、视频捕捉卡、视频播放卡、光盘接口卡等。

第三层为多媒体核心系统软件（驱动程序、操作系统）。

（1）多媒体驱动软件（也称驱动模块）：是最底层硬件的软件支撑环境。它直接与计算机硬件打交道，完成设备初始化、各种设备操作、设备的打开和关闭、基于硬件的压缩/解压缩、图像快速变换及功能调用等。通常，驱动软件有视频子系统、音频子系统以及音频/

视频信号获取子系统等。

(2) 驱动器接口程序：它是高层软件与驱动程序间的接口软件。

(3) 多媒体操作系统：实现多媒体环境下多任务的调度，保证音频、视频同步控制及信息处理的实时性；提供多媒体信息的各种基本操作和管理，具有对设备的相对独立性和可操作性。操作系统还具有独立于硬件设备的较强的可扩展能力。

第四层是媒体制作平台与工具，支持应用开发人员创作多媒体应用软件。

设计和利用该层提供的接口和工具采集、制作媒体数据，常用的有图像设计与编辑系统、二维/三维动画制作系统、声音采集与编辑系统、视频采集与编辑系统以及多媒体应用程序与数字剪辑系统等。

第五层为多媒体编辑、创作系统。

该层是多媒体应用系统编辑、创作的环境，其类型有脚本语言及解释系统、基于图标导向的编辑系统和基于时间导向的编辑系统等。通常除编辑系统外，第五层还具有控制外部设备播放多媒体的功能。设计者可以利用这层的开发工具和编辑系统来创作各种教育、娱乐、商业等应用的多媒体节目。

第六层为多媒体应用系统运行平台，即多媒体播放系统。

该层可以在计算机上播放硬盘上的节目，也可以单独播放多媒体产品。多媒体应用系统放到存储介质中，如光盘，就可成为多媒体产品而作为商品销售。

1.5.5 多媒体系统中涉及的技术

多媒体计算机技术（multimedia computer technology）的定义是：计算机综合处理多种媒体信息，如文本、图形、图像、音频和视频，使多种信息建立逻辑连接，集成为一个系统并具有交互性。多媒体技术是基于计算机、通信和电子技术发展起来的一个新的学科领域，多媒体系统中采用的新技术、新方法层出不穷。下面简单介绍一下其中的几种技术：

1. 音频/视频信号处理技术

音频/视频信息是多媒体计算机系统中重要的信息表现形式。日常的音频/视频信息大多以连续的模拟量的形式被记录、存储和播放。而各类电子数字计算机只能处理离散的数字量，所以就必须将其数字化。

2. 数据压缩/解压缩技术

在多媒体计算机中，表示、传输和处理声文图信息，特别是数字化图像和视频，要占用大量的存储空间，因此高效的压缩和解压缩技术是多媒体系统运行的关键。

3. 多媒体数据存储技术

高效快速的存储设备是多媒作系统的基本部件之一，目前信息存储方式中占主导地位的仍然是磁记录方式。光盘系统是目前较好的多媒体数据存储设备。光盘的种类很多，常见的有只读光盘（CD-ROM）、一次写多次读光盘（WORM）和可擦写光盘（Writable）。

4. 多媒体软件开发技术

为了便于用户自行开发多媒体应用系统，一般在多媒体操作系统上提供有丰富的多媒体开发工具，如动画制作软件 3D Studio、Flash，多媒体创作系统等，这些工具为用户提供了对图形、图像、音频、视频、文本、动画等多种媒体进行编辑、制作和合成等功能，为人们高效、快速制作各类多媒体应用软件提供了方便。

5. **多媒体通信技术**

多媒体技术的最主要目的就是要加速信息的交流，从这个意义上讲，多媒体通信技术是多媒体技术中较为关键的技术之一。多媒体通信技术是通信技术、计算机技术和电视技术相互渗透、相互影响的结果。近20年来，随着信息技术的发展，所有利用电子通信的信号都相继走上了数字化的道路，以致原来区分电话、电视、电脑的技术界限变得模糊了，特别是计算机网络技术的发展给多媒体通信技术的发展注入了新的活力。

6. **超文本与超媒体**

超媒体起源于超文本。超文本将信息自然地连接起来，而不像纸写文本那样将结构分层归类，它以这种方式实现对无顺序数据的管理。超文本系统允许作者将信息连在一起，建立穿过文档中大量相关文本的信息路径，注释已有的文本以及向读者提供书目信息。直接的连接或链接使读者可以将文档从一处移到另一处，就像读者在翻阅百科全书中的参考目录一样。超媒体是超文本的扩展，因为除了所含的文本外，这些电子文档也将包括任何可以以电子存储方式进行储存的信息，如音频、动画视频、图形或全运动视频等。

7. **HDTV 和 UDTV**

在电子工业中，与家用计算机的开发潮流相当的一个发展方向是不断提高商用电视广播的分辨率水平。世界上较著名的电视广播标准有 NTSC、PAL、NHK、HDTV。国际上有关专家现在讨论的焦点是用单一的高清晰度电视（HDTV）广播标准将全世界标准统一起来，目前，1125 线数字 HDTV 已被美国人开发出来，并已上市。日本的 NHK 正试图使数字技术发生跃进，于是开发了一种超清晰度电视（UDTV），该电视是专为视频信息和全运动视频显示器设计的，具有演播室质量的超高清晰度的电视，其特点是分辨率约为 3000 线。商用数字 HDTV 与 UDTV 的开发有益于计算机工业，目前正在开发数字编/解码器、调制器、用于陆地 NTSC 的解调器以及宽带卫星广播等。

8. **三维技术和全息摄影**

三维技术集中在两个领域：指针装置和显示器。三维指针装置对于在三维系统中的操作对象来说是必需的。三维显示可用全息摄影技术达到，开发全息摄影所用的技术已经为直接用于计算机作了调整。这些方法回避了摄影底板，而采用分离的激光照射出光中的红、蓝、绿三种颜色以产生三维效果。下面介绍这些技术如何被用于支持多媒体系统的实际产品中。

由某公司开发的 Omni view 全景三维空间显示装置，使用三种不同颜色的激光把图像投照到移动表面上，这个移动表面扫过一个三维柱形显示体。Omni view 图像是由红、蓝、绿激光器产生的。三维显示的应用很广泛，如医学上用于检查和手术的成像、生物技术以及任何必须了解方位的应用（如空中交通控制等）。具有这种性质的三维方式的显示，可以将高度的真实模拟提供给各种应用。三维技术和对现实世界的真实模拟又导致了虚拟现实。

9. **模糊逻辑**

模糊逻辑是一项进行了大量研究的课题，并已用于低层次的处理控制器中。其中，一项重要的研究进展是模糊逻辑信号处理器（FLSP）的开发，它也许真正会与 DSP 协同工作。FLSP 也像 DSP 一样为多媒体系统提供了有益的应用，在多媒体芯片中使用模糊逻辑是将来图形接口合并的关键。模糊逻辑有望成为多媒体硬件中不可缺少的部分。

先进技术将会最终认可模糊系统中的数学原理。多媒体对模糊逻辑来说是一个很适合的应用，因为任何需要很大计算量的应用都可以从模糊逻辑背后的数学原理中得到益处。多媒体系统在这个意义上是很适合的。多媒体中计算量要求很大，可以用模糊逻辑解决的领域包括图形生成图像、语音和视频数据的压缩、语音识别与合成以及用于视频、高分辨率传真和静止摄影图像的信号处理。图形生成涉及将一个三维对象画在二维的多媒体显示器上，这需要很大的计算量，并且是相当困难的。不过模糊逻辑的应用较多，如在分形中，模糊逻辑算法的解码是相当快的，而且以数字规则为基础，使用模糊逻辑运算得到的结果是准确而实用的。

【练习题】

一、填空题

1. 媒体（medium）在计算机领域有两种含义：一是指存储信息的实体，如磁盘、光盘、磁带、半导体存储器等，中文常译为________；二是指传递信息的载体，如数字、文字、声音、图形和图像等，中文译作________。多媒体技术中的媒体是指________。

2. 关于教育技术的定义，其表述为："教育技术是为了__________，对学习的过程和资源进行__________、__________、__________、__________、__________的理论和实践。

3. 学习过程是学习者学习新知识和掌握新技能的认知过程。学习资源是学习过程中所要利用的一切教学资源的来源，即所有支持学习的资源，有人力资源和非人力资源之分。人力资源包括教师、教学辅助人员和学习小组。非人力资源则包含__________、__________和__________。

4. __________、__________和__________是教育技术领域的三大学习理论基础。

5. 在多媒体对象的表示中，含有多种不同的数据类型。基本类型应包括__________、__________、__________、__________、__________和__________。

二、选择题

1. 下一代互联网的发展将对教育产生很大的影响。下一代互联网是指____。

A. IPv4　　B. IPv6

C. IPv7　　D. IPv3

2. 多媒体技术具有以下三个主要特点：____。

A. 多样性、集成性、交互性　　B. 控制性、交互性、集成性

C. 控制性、综合性、多维化　　D. 易变性、集成性、可扩展性

3. 多媒体系统由多媒体硬件和软件系统组成，其层次结构分为六层，____。

A. 第一层为硬件系统，第二、三、四、五、六层为软件系统

B. 第一、二、三层为硬件系统，第四、五、六层为软件系统

C. 第一、二层为硬件系统，第三、四、五、六层为软件系统

D. 第一、二、三、四层为硬件系统，第五、六层为软件系统

三、思考题

1. 教育技术的研究领域主要是哪两个？各包含什么内容？

2. AECT 2005 教育技术定义与 AECT 1994 定义有何区别？

3. 现代教育技术的发展特点有哪些？

4. 下一代互联网对教育技术有什么影响？
5. 举例说明现代教育技术产生的新的教学模式。
6. 举例说明多媒体技术在教学中应用的优势。
7. 如何在教学实践中建立和积累数字化教学资源？
8. 如何进行信息技术与课程的深层次整合？

2 教学设计

【学习提要】

本章内容较为全面地呈现了教学系统设计的基本理论与方法体系。首先讨论了教学系统设计（简称“教学设计”）的发展历史、基本内涵、应用层次和理论模式。在此基础上，按照教学设计的一般模式，分别阐述了在教学设计中占有重要地位的前端分析与学习目标设计、教学策略设计、教学媒体选择与利用、学习过程与结果评价设计，还阐述了信息化教学设计的方法与过程。最后，呈现了六种典型的信息技术课堂教学应用模式。

【重点难点】

了解教学系统设计的典型模型，理解教学设计一般模式中关于教学模式设计、教学媒体、学习评价等系列流程，了解信息化教学设计的内涵和基本内容，了解典型的信息技术课堂教学应用模式。

2.1 教学设计理论与模式概述

教学是一项有明确目的的人类活动，是教师教、学生学的统一活动。它的根本目的在于促进学生学习，使学生掌握一定知识技能，并使身心获得较好发展，形成一定的思想品质。

面临信息时代教育改革的大好形势，究竟如何科学地制订教学计划、实施教学方案、保证实现有效的教学显得尤其重要。对教学效率和效果的追求是教师职业生涯的一项长期的、重要的工作。教学工作的普遍科学化，可以大面积提高教学效率和效果，提高教育教学的投资效益，这正是教学设计的宗旨。

早在20世纪80年代就传入我国的教学设计是从教学的科学规律出发，对教学问题的确定、分析，对解决问题方案的设计、试行乃至评价和修改等一系列教学设计的内容和程序都建立在系统方法的科学基础之上，从而使教学设计摆脱纯经验主义，而纳入科学的轨道，使广大教育工作者容易学、乐于接受，并在教学中进行实践。教学设计课程是一个联结教学理论与实践、科学与艺术的桥梁学科。

2.1.1 教学设计的内涵

教学系统设计（instructional system design，ISD），通常也称教学设计（instructional design），是20世纪60年代末以来形成和发展起来的，以解决教学问题为宗旨的一门新兴的教学科学，是教育技术学科的重要分支。

我们认为教学系统设计主要是以促进学习者的学习为根本目的，运用系统方法将学习理论与教学理论等的原理转换成对教学目标、教学内容、教学方法和教学策略、教学评价等环节进行具体计划、创设有效的教与学系统的“过程”或“程序”。教学系统设计是以解决教学问题、优化学习为目的的特殊的设计活动，既具有设计学科的一般性质，又必须遵循教学的基本规律。因此它具有如下特征：

（1）教学系统设计是应用系统方法研究、探索教与学系统中各个要素之间及要素与整体之间的本质联系，并在设计中综合考虑和协调它们的关系，使各要素有机结合起来以完成教学系统的功能。

（2）教学系统设计的研究对象是不同层次的教与学的系统。这一系统中包括了促进学生学习的内容、条件、资源、方法、活动等，教学系统设计的过程就是对这些影响教学效果的各个要素实施具体计划的过程。

（3）教学系统设计的目的是将学习理论和教学理论等基础理论的原理和方法转换成解决教学实际问题的方案，包括教学目标及为实现该目标所需的教学活动和实施计划以及相关的支撑材料（如教材、学习指导手册、多媒体教学软件、学习者的学习资源、评价手册及测试题等）。

2.1.2 教学设计的由来和发展

要真正熟悉掌握教学系统设计的一整套基本理论、方法与技术，首先就必须对教学系统设计的产生与发展、基本内涵、应用层次与理论模式等有基本的把握，形成全面的认识。

教学系统设计的历史发展与其他学科的发展历程一样，大体经历了萌芽、理论初创、纵深发展等几个阶段。教学系统设计的最初目标就是建立一座能沟通学习理论（如行为主义学习理论、认知学习理论）与教育教学实践的知识桥梁，因而发展为一种“规范科学”，旨在把关于人的学习心理过程的研究与解决具体教育教学实际问题联系起来。

1. 萌芽阶段

20 世纪上半叶，教学设计起源于心理学家试图把心理科学运用于具体情境中。杜威（John Dewey）和桑代克（Edward L. Thorndike）为早期教学系统设计作出了重要贡献。

2. 理论初创阶段

教学设计作为一种理论与一门新兴教学科学分支，孕育于第二次世界大战之后的现代教学媒体、传播理论、学习理论、教学理论与系统科学等多学科理论被综合应用于教育与教学问题解决的过程中。“二战”中因为战争需要，美国要在最短时间内为军队输送大批合格士兵以及为工厂输送大批合格工人，当时心理学家与视听教育专家努力解释人类是如何学习的，把心理学的知识运用于培训中。同样是在 20 世纪 50 年代，斯金纳（B. F. Skinner）改进与发展了教学机器，以其新行为主义心理学的强化理论为基础，创建了程序教学方法。在 20 世纪 50 年代至 70 年代，布鲁姆（Benjamin Bloom）、克拉斯沃尔（D. R. Krathwohl）、哈罗（A. J. Harrow）依次把教育目标划分为认知领域、情感领域和动作技能领域，奠定了教育目标分类的理论基础。罗伯特·马杰（Robert Mager）提出了使用行为术语陈述教学目标的理论与方法。其后，美国教育学家斯克里文（Scriven）、斯塔克（Stake，R. E.）和开洛格（Kellogg，T. E.）等促进了教学系统设计中评价理论与方法的迅猛发展。1965 年，罗伯特·加涅（Robert M. Gagne）提出了“学习的条件”这一概念，并以此为核心提出了一套学习理论，为其后系统提出教学系统设计理论体系奠定了坚实的学习理论基础。系统科学理论逐渐对教学设计产生影响，系统理论成为教学设计四个理论基础（教学理论、学习理论、传播理论、系统理论）中的一个。教学系统设计的概念被正式提出。

3. 纵深发展阶段

20 世纪 70 年代以后，伴随着一批核心范畴的建立，教学系统设计的理论开始向纵深方向发展，逐渐建立起系统的理论体系。1974 年，基于 1965 年“学习的条件”这一理论成果，罗伯特·加涅出版了《教学设计原理》，首次形成了教学系统设计的一个相对完整的理论体系，建立了教学设计理论研究的基本框架，教学设计作为一门学科初步完备。伴随着研究的不断深入，产生了为数众多的教学设计模型。此外，梅瑞尔（M. David Merrill）和瑞奇鲁斯（Reigelush，Charles M.）对教学系统设计理论也提出了很多富有创见的观点，其中以教学设计自动化理论和教学的细化理论影响最大。梅瑞尔在加涅工作的基础上，发展了理科教学系统设计理论、成分显示理论（component display theory，CDT）、第二代教学设计（ID2）以及教学处理理论（instructional transaction theory，ITT），大大推动了教学系统设计的研究。这一时期，动机设计方面的研究成果也令人瞩目，其中有代表性的是约翰·凯勒（John Keller）提出的 ARCS 模型，认为影响学生动机形成的因素有注意（attention）、相关（relevance）、自信（confidence）和满意（satisfaction）。

进入 21 世纪，教学系统设计的发展方向主要表现在三个方面：随着系统理论的发展，教学系统设计将超越传统的微观课堂教学系统设计，并将进一步向宏观发展；在学习理论方面，建构主义认识论正在从理论和实践两个方面影响教学设计的方法和过程；随着信息时代的纵深发展，信息技术进步将使教学领域和教学设计发生深刻的变革。

2.1.3 教学设计的理论基础

教学系统设计以多种理论为基础，其理论基础是教学理论、学习理论、系统理论和传播理论。通过掌握这些理论，教学设计人员就能够在共同的专业视野或背景中理解教学设计的内容。高校教师对前三种理论比较熟悉，因此我们主要概述传播理论，阐释它对教学设计的奠基作用和意义。人类对传播理论的研究于 20 世纪 40 年代开始迅速发展。传播理论是教学设计的理论基础，可以从以下几个方面来论述：

（1）传播过程的理论说明了教学传播过程所涉及的要素。

美国政治家 H. D. Lasswall 在 1932 年提出的后经补充的“5W”公式清晰地描述了大众传播过程中的五个基本要素（如表 2－1－1 所示）和直线式的传播模式（如图 2－1－1 所示）。

表 2－1－1　Lasswall“5W”传播模型要素与教学系统设计要素对照表

who	谁	教师或其他教学信息
says what	说什么	教学内容
in which channel	通过什么渠道	教学媒体
to whom	对谁	教学对象
with what effect	产生什么效果	教学效果

图 2－1－1　Lasswall“5W”传播模型

1958 年，布雷多克（Bradock）在此基础上发展了“7W”模型，即多了两个要素：why（为什么）和 where（在哪里）。如图 2 -1 -2 所示。

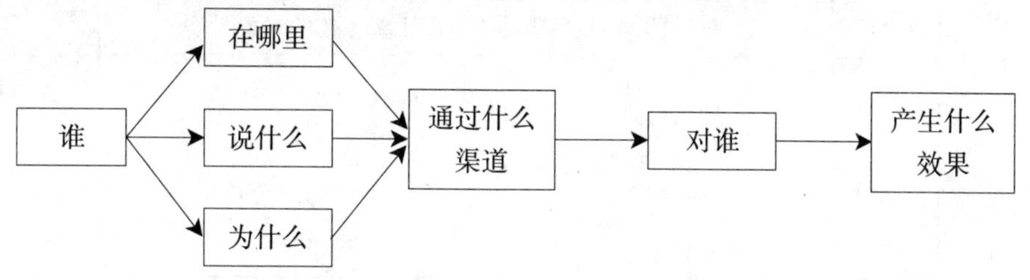

图 2 -1 -2　Bradock“7W”传播模型

（2）传播理论揭示出教学过程中各种要素之间的动态的相互联系，并说明了教学过程是一个复杂的动态的传播过程。

1960 年，贝罗（D. K. Berlo）提出的 SMCR（source message channel receiver）模型（如图 2 -1 -3 所示）更为明确和形象地说明了传播的最终效果不是由传播过程中某一部分决定的，而是由组成传播过程的信息源、信息、通道和受众四部分以及它们之间的关系共同决定的。

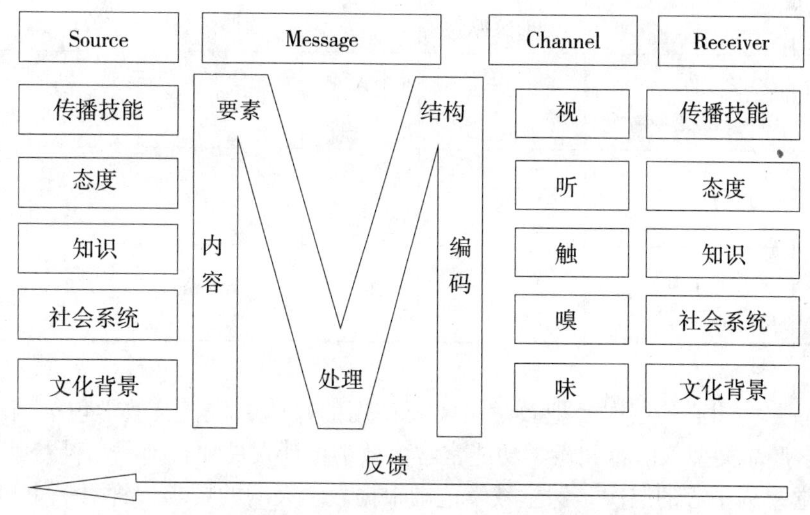

图 2 -1 -3　贝罗提出的 SMCR 模型

（3）传播理论指出了教学过程的双向性。

（4）传播过程要素构成教学设计过程的基本要素，如表 2 -1 -2 所示。

表 2 -1 -2　传播过程要素构成教学设计过程的基本要素

序号	传播过程要素	教学设计过程要素
1	为了什么目的	学习需要分析 教学目标分析
2	传递什么内容	学习内容分析
3	由谁	教师、教学资源分析

（续上表）

序号	传播过程要素	教学设计过程要素
4	向谁传递	学习者（教学对象）分析
5	如何传递	教学策略选择 教学媒体选择
6	在哪里	教学环境分析
7	传递效果如何	教学评价

2.1.4 教学系统设计的三个层次

教学系统设计可分为三个层次：以“产品”为中心的层次、以“课堂”为中心的层次和以“系统”为中心的层次。如表2-1-3所示。

表2-1-3 教学系统设计的三个层次

类型	典型的输出	设计中需要的资源	人员	强调开发还是选择材料	试验和修改的量	普及推广
以“产品”为中心的层次	教学软件、网络课程、专题网站等	高	个人或小组	开发和选择	很高	高
以“课堂”为中心的层次	几小时的教学	低	个人	选择	低 中	无
以“系统”为中心的层次	学校、学院等的课程	高	小组	开发	中 高	中 高

以“产品”为中心的层次是把教学中需要使用的媒体、材料、教学包等当作产品来进行设计。教学产品类型、内容和教学功能常常由教学设计人员和教师、学科专家共同确定。

以“课堂”为中心的层次是课堂教学范围根据教学大纲的要求，针对一个班级的学生，在固定教学设施和教学资源的条件下进行教学设计，其重点是充分利用已有的设施和选择或编辑现有的教学材料来完成目标，而不是开发新的教学材料（产品）。如果教师掌握教学系统设计的有关知识与技能，教学设计可由教师自己来完成，必要时可由教学设计人员辅助。

以“系统”为中心的层次通常指比较大、比较综合和复杂的教学系统。它通常包括系统目标的确定，实现目标方案的建立、试行、评价和修改等，涉及面广，设计难度较大。而且一旦完成就要投入范围很大的场合去使用和推广，因此需要由教学技术人员、学科专家、教师、行政管理人员甚至有关学生组成的设计小组来共同完成。

2.1.5 教学系统设计的基本模式

教学系统设计虽有一套可供遵循的一般程序，但在具体设计过程中，由于设计者依据的理论出发点不同，面临的教学任务、教学情境各异，采取的方法和步骤也有差异，因而导致了许多教学设计模式的产生。因此，一些专家开发了涵盖教学系统设计的基本要素的一般模式，如图 2－1－4 所示。

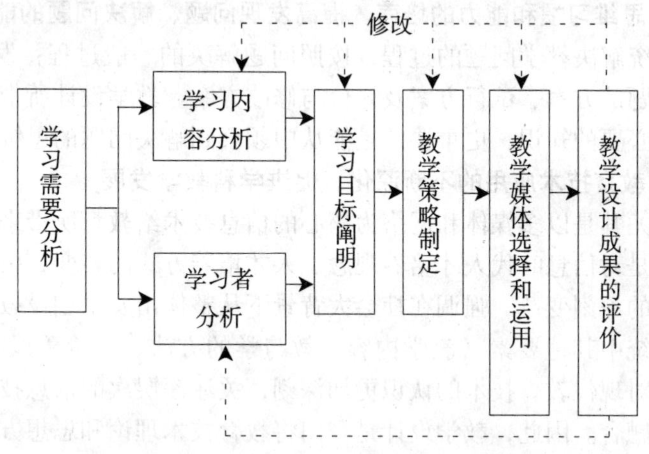

图 2－1－4 教学系统设计的一般模式

除此之外，众多模式中具有代表性的模式有系统分析模式、过程模式、目标模式。

（1）系统分析模式：是在借鉴工程管理科学的某些原理的基础上形成的。一般程序为分析和确定现实的需要、确定教学的一般目标与特定目标、设计诊断或评估的方法、形成教学策略和选择教学材料、设计教学环境、教师方面的准备、小型实验与形成性评价及修改、总结性评价、系统的建立和推广。

（2）过程模式：有代表性的是肯普模式。其设计理念是非直线型的，可根据教学的实际需要，从任何一个步骤起步向前或向后进行。主要步骤有课题任务和总目标、学生特征、学习目标、课题内容和任务分析、预测、教学活动、辅助性服务、教学资源和学习评价。

（3）目标模式：是教育心理学家迪克（W. Dick）和凯瑞（L. Carey）二人经过 20 多年的研究之后，在 1985 年所发展成的教学设计模式，一直不断深化而沿用至今。该模型被公认为当代最完整、最具代表性的模式。“迪克—凯瑞”模型（Dick and Carey model）包括九个步骤：确定教学目标、进行教学分析、检查起点行为、制定作业目标、拟定测试题目、提出教学策略、选定教学内容、作出形成性评价和修正教学。

2.1.6 学习教学设计的意义

1. 有利于教学理论与教学实践的结合

被称为“桥梁学科”的教学设计起到了沟通教学理论与教学实践的作用。一方面，通过教学设计，可以把已有的教学理论和研究成果运用于实际教学中，指导教学工作的进行；另一方面，也可以将教师的教学经验升华为教学科学，充实和完善教学理论，这样就把教学理论与教学实践紧密地结合起来。

2. 有利于教学工作的科学化，促进青年教师的快速成长

综合了学习理论、教学理论、系统理论、传播理论等多种理论的教学设计克服了“只可意会，不可言传”的教学艺术这一局限，将教学活动建立在系统方法的科学基础之上，使教学手段、教学过程成为可复制、可传授的技术和程序，教师通过学习可以迅速掌握教学的基本原理与方法，提高教学水平，并在实际运用中逐渐熟练，“熟能生巧”，最终成为一名教学专家。

3. 有利于科学思维习惯和能力的培养，提高发现问题、解决问题的能力

教学设计是系统解决教学问题的过程，按照问题解决的一般过程：发现（鉴别）问题、选择和建立解决问题的方案、试行方案及评价与修改方案。教学设计所带来的不仅仅是教学设计的基本原理和必要的知识，更重要的是能从中领会到解决问题的思维方式和科学态度。

4. 有利于现代教育技术应用的不断深化，促进学科教学发展

现代教育技术尤其是以多媒体和网络为核心的信息技术给教育所带来的不仅仅是手段上的革新，更重要的是对信息时代人才培养观念、人才培养方式的转变，引发了教育观念、教学内容、教学方式的深刻变革。强调在社会大背景下从整体出发来创设教与学的系统，关注技术要素对教学系统中其他要素（教学内容、教与学的方法、评价手段等）所产生的重要影响，这使得人们对现代教育技术的认识更加深刻，关注深层次的信息技术与课程整合，关注多种学习方式的融合。因此，教学设计是一门将教育技术理论和思想方法运用于教学实践中的新学问，它有利于现代教育技术在学科教学应用中不断深化，从而促进学科教学的深入发展。

2.2 教学系统设计的一般模式

2.2.1 前端分析与学习目标设计

前端分析是美国学者哈利斯（Joseph Hasless）在1968年提出的一个概念，指在教学过程开始的时候，先分析若干直接影响教学设计但又不属于具体设计事项的问题，主要包括学习需要分析、学习内容分析和学习者分析。现在前端分析已经成为教学设计的一个重要组成部分。

在教学设计的一般模式中，学习需要分析处于教学系统设计的第一环节。基于对学习需要的分析，还需要选择相应的教学内容以满足学习者的学习需要。除此以外，学习者自身知识水平与学习风格也影响和制约着学习需要能否得到满足，因而对学习者的分析也成为教学设计前端分析中的一项重要工作。

基于前端分析的结果，教学设计就进入了学习目标设计阶段。该阶段包括目标的阐明和系统化两项基本内容。学习目标写明了教学活动的结果，而学习目标的层次性则规定了教学活动的大致进程，教师和学生明确了学习目标体系后，有助于按照学习目标体系去调控整个教与学的过程，保证了学生学到的知识正是目标所期望的结果。

1. 学习需要分析

学习需要分析是教学设计的基础。学习需要就是目前学习的状况与期望达到的状况的差距。目前学习的状况是指学习者群体在能力素质方面达到的水平。期望达到的状况是指学习者应当具备的能力素质。学习需要分析是一个系统化的调研过程，目的是论证解决问题的可行性。

(1) 确定学习需要的方法。

内部参照需要分析法：由学习者所在的组织机构内部以已经确定的教学目标对学习期望

与现状作比较，找出两者的差距。通过查阅机构内部目标方案和访问目标决策者就可得到。但应注意的是，把所期望的状态用学习者的行为术语描述出来。收集数据的重点就是关于学习者目前状态的信息，具体做法是将期望（包括知识、技能和态度等方面）的目标具体化，形成完备的指标体系，作为收集目前状况数据的依据。数据收集的方法多种多样，如按照行程的指标体系来设计测验题、问卷或观察表进行分析；分析学习者近期的测试成绩等相关现有材料；召开有关人员的座谈会。这些方法各具特色，在实际应用时可结合使用。

外部参照需要分析法：根据机构外社会（或职业）的要求来确定对学习者的期望值，以此为标准来衡量学习者学习的现状，找出差距，从而确定学习需要的方法。

内外结合学习需要分析法：综合以上两种方法，相对来说，内部参照需要分析法容易操作，省时省力，却无法保证机构目标的检测；外部参照需要分析法操作比较难，耗时耗力，却使系统与社会需求直接发生联系，从而保证系统目标的合理性。因此，可采取两者结合的方法，即根据外部社会要求调整修改已有的教学目标，并以修改后目标提出的期望值与学习者现状相比较找出差距。

（2）分析问题。

第一步：调查学习需要存在的问题。

①测验、征求答案、观察表；

②分析学习者近期的测试成绩和试卷；

③咨询有关教师，询问学习者目前的状况。

第二步：分析问题产生的真正原因，确定问题的性质。

第三步：解决问题的可行性分析。

①分析资源与约束条件；

②问题的认定。

表 2-2-1 学习需要评价表

现状	期望的状况	差距	原因分析

2. 学习内容分析

学习内容就是为实现教学目标，要求学习者系统学习的知识、技能和行为的总和。学习内容有一定的层次结构，为了论述的方便，我们将学习内容划分为课程（指狭义的课程）、单元和项目（一般是一个知识点，也可以是一项技能）等层次。

（1）分析学习内容一般可采用以下步骤，如图 2-2-1 所示。

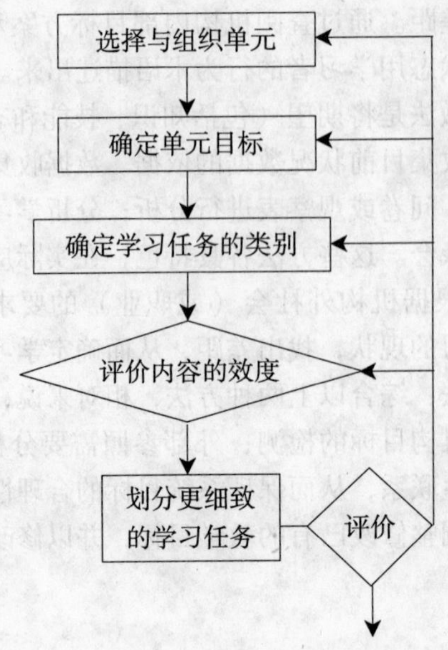

图 2-2-1　分析学习内容的一般步骤

（2）组织学习内容要遵循以下几个规律：

①由整体到部分，由一般到个别，不断分化。如果学习是以掌握科学概念为主的，则基本的原理和观念应放在中心地位，应先陈述学科中最一般、最概括的观点，然后按内容具体性不断进行分化。

②由已知到未知，由具体到抽象。如果要学习的命题是新的，与学习者原有认知结构中已有的概念不能产生从属关系时，就应采取由浅入深、由易到难、由具体到抽象、由较简单的先决技能到复杂技能的序列，排成一个有层次或有关联的系统，使前一学习成为后一学习的基础和“认知固着点”。

③按照事物发展的规律排列。如果学习内容是现行的，可以通过向前的、进化的、按年代发展或从起源出发的方法来编排。

④注意学习内容之间的横向联系。不仅要注意概念纵向发展之间的联系，还要注意从横向方面加强概念原理、单元课题之间的联系以及知识、技能、情感各部分之间的协调衔接。

（3）学习内容的组织方法。

近 40 年来，很多学者就教学内容的组织进行了深入的研究，提出了各种不同的编排方法，在各种主张中，较有影响的是以下三种：

①布鲁纳提出的螺旋式编排，即根据学生的智力发展水平，让学生尽早有机会在不同程度上去接触和掌握某门学科的基本结构，之后随着学生在智力等各方面的成熟，围绕基本结构不断加深内容深度，使学生对学科有更深刻的理解。

②加涅提出的直线编排，即从学习层级论的观点出发，把教学内容转化成一系列习得能力目标，然后按这些目标之间的心理学关系，从简单学习上升到复杂学习，把全部内容按照等级层次来排列。

③奥苏贝尔提出的渐进分化和综合贯通式编排，即使学科的最一般和最概括的观念先出现，然后按细节和具体性逐渐分化，并在此基础上强调学科的整体性。

（4）分析学习内容的基本方法：

①归类分析法：主要是研究对有关信息进行分类的方法，旨在鉴别为实现教学目标而需学习的知识点，如一个国家的省市名称可按地理区域的划分来归类。

②层级分析法：是用来揭示学习目标所需掌握的从属技能的内容分析方法。

③图解分析法：是一种用简明扼要、提纲挈领地从内容和逻辑上高度概括学习内容的一套图表或符号等直观形式揭示学习内容要素及其相互联系的内容分析方法，用于对认知学习内容的分析。

④信息加工分析法：由加涅提出，是将教学目标要求的心理操作过程揭示出来的一种内容分析方法，这种心理操作过程及其设计的能力构成教学内容。

⑤卡片法：将教学内容和各项内容要点分别写在各张卡片上，对它们的关系进行安排，几经修改后再转抄到纸上。

⑥解释结构模型法：先抽取知识元素，确定教学子目标；然后确定各个子目标之间的直接关系，做出目标矩阵；最后利用目标矩阵求出教学目标形成关系图。

3. 学习者分析

我国教育心理学家邵瑞珍说过，教学好比旅行，旅行前必须知道目的地和出发点，教学前也必须明确教学目标和学习者的原有学习准备情况。美国教育技术界著名学者海涅克（B. Heinich）等早在1989年就指出，对学习者的一般特征，即使作一些粗略的分析，对教学方法和教学媒体的选择也是有益的。

对学习者进行分析的目的是了解影响学生学习的自身能力、特征和风格。它包括分析学生对从事特定的学科内容的学习已经具备的有关知识与技能的基础以及对相应的学习内容的认识与态度，即确定学生的初始能力和教学起点；同时也包括对学生一般特征的分析，即分析对学生从事该学习产生影响的心理、生理和社会的特点，包含年龄特点、个性差异、学习风格。学习风格的分析包括学习者在接受信息加工方面的不同方式、对信息环境和条件的不同需求、在认知方式方面的差异，如场依存性和场独立性以及生理类型的差异、左右脑功能优势差异等。

学生的初始能力直接影响学习目标的确定和教学起点的确立；学生的一般特征和学习风格，将直接影响教学策略的制定和媒体的选择，从而决定能否更好地实施因材施教。

学习者分析的具体方法包括访谈法、观察法、问卷调查法、作业分析法、档案材料分析法。

根据以上所述，可以完成教学设计的表2－2－2中的内容。

表2－2－2　前端分析

<table>
<tr><td>课程名称</td><td></td><td colspan="2">授课班级</td><td colspan="3"></td></tr>
<tr><td>总学时数</td><td></td><td>讲授</td><td></td><td>实验</td><td>习题</td><td></td></tr>
<tr><td>教科书名</td><td></td><td>编著者</td><td></td><td>出版社</td><td colspan="2"></td></tr>
<tr><td>参考书或相关信息资源</td><td colspan="6"></td></tr>
<tr><td>教学总目标阐述</td><td colspan="6"></td></tr>
</table>

（续上表）

学习需要分析	现状	期望的状态	差距	原因分析
学习者特征分析				
学科知识和能力结构体系				

2.2.2　学习目标的阐明

1. 学习目标的内涵

学习目标与教学活动的出发点和归宿，是分析教材和设计教学活动的依据。学习目标是对学习者通过教学后应该表现出来的可见行为的具体明确的表述。学习目标也称为行为目标，是教学设计的专门术语。运用这个术语就是为了强调教育结果的可见性和可测量性。传统的教学和教学研究一般用教学目的描述学习者预期的学习结果。由于教学目的规定得太笼统和抽象，如“培养学生的创新能力”，各人的理解可能相去甚远，因而对教学过程与结果的测量与评估不能起到应有的指导作用。学习目标描述的是具体的行为表现，能为教学评价提供科学依据。

学习目标就是要使学习结果具体化、明确化。阐明学习目标包括两个方面：

（1）编写学习目标，学习目标的表达应力求具体、明确，可以观察和测量。

（2）把学习目标组织成一个体系（见图2－2－2）。

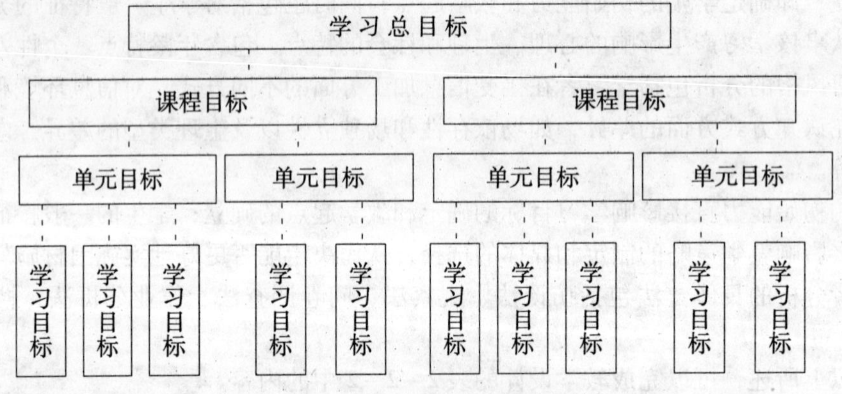

图2－2－2　学习目标体系

2. 学习目标的分类

按照美国教育家布卢姆等人的分法，学习目标可分为三大类：①认知学习领域目标分类；②动作技能学习领域目标分类；③情感学习领域目标分类。

（1）认知学习领域目标分类（如图2－2－3所示）：

①知道：对先前学习过的知识材料的回忆；

②理解：把握知识材料意义的能力；

③运用：把学到的知识应用于新的情境，是较高水平的理解；

④分析：把复杂的知识整体材料分解为组成部分并理解各部分之间的联系的能力；

⑤综合：将所学知识的各部分重新组合，形成一个新的知识整体；

⑥评价：对材料作价值判断的能力。

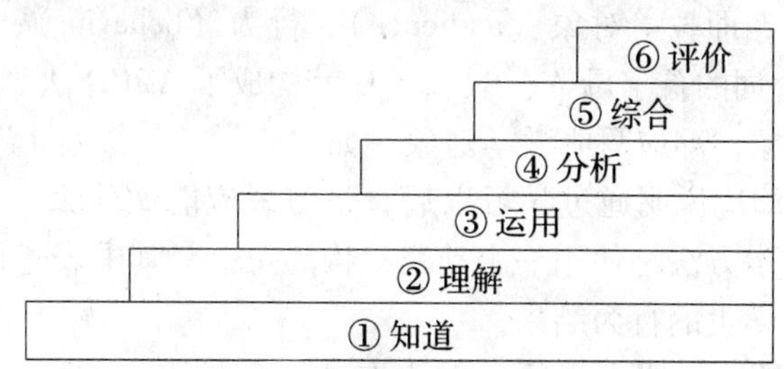

图 2-2-3 认知学习领域目标分类

（2）动作技能学习领域目标分类（如图 2-2-4 所示）：

①模仿：对演示、示范动作的效仿，能够把描述语言转化为实际的动作；

②理解：对动作的作用进行解释，对动作的结果进行解释和概括；

③协调：能实现对动作的分解与组合协调动作；

④熟练（动作评价）：对动作作出自己的估计，动作达到熟练；

⑤创新：创造新的动作模式以适合具体情境。

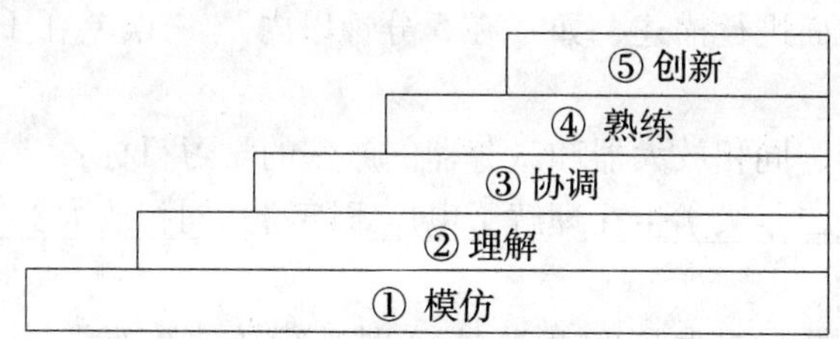

图 2-2-4 动作技能学习领域目标分类

（3）情感学习领域目标分类（如图 2-2-5 所示）：

①接受或注意：愿意注意某特定的现象；

②思考：主动参与，积极思考；

③兴趣：有深入研究的愿望，不愿停止自己的思考和行动；

④热爱：关心对象的存在和价值，把价值内化为自己坚定的信念；

⑤品格形成：依据自己的价值观所形成的信念，内化为自己的品格，并用于指导自己的言论与行动。

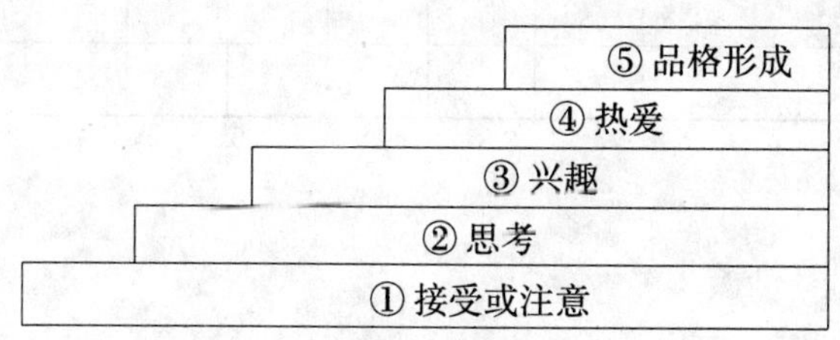

图 2-2-5 情感学习领域目标分类

3. 学习目标的编写方法：ABCD 目标陈述法

该方法是由阿姆斯特朗和塞维吉提出来的一种目标陈述技术。之所以叫做 ABCD 法，是因为它包含了四个要素，即教学对象（audience）、行为（behavior）、条件（condition）、标准（degree），用其四个词的首字母 A、B、C、D 就构成了 ABCD 法。

（1）A——教学对象，即应写明教学对象。如“大学一年级新生”等。

（2）B——行为，即应说明通过学习以后，学习者应能做什么，表明学习的具体行为。描述行为及其结果的基本方法是使用一个动宾结构的短语，其中表述行为的动词说明学习的类型，宾语则用来说明学生的行为结果。

（3）C——条件，即应说明上述行为发生在什么条件下。如环境因素（地点、噪音）、人的因素（在教师的指导下进行、小组合作进行、学生独自完成等）、设备因素（设备、工具、图纸、计算器、说明书等）、信息因素（教科书、笔记、资料、图表、词典等）、问题明确性的因素（为证实学生的行为表现，提供什么刺激条件以及刺激的数量如何等）。良好的教学目标应尽可能地包含实际的有关条件，以使学生能在适当的环境中证实其行为结果。

（4）D——标准，即应规定评定上述行为是否合格的标准，可接受的行为水平。行为的标准是指行为完成质量的可接受的最低衡量依据。学生行为表现的熟练程度一般而言是具有差异的，而且幅度可能很大。在编写学习目标时采用什么程度的标准要依据教学内容的实际要求，应当以大多数学生在经过必要的努力之后都能做到的事情作为行为的标准。一般从行为的速度和准确性等方面进行描述，如“在 5 分钟以内”、“误差在 1 秒钟以内”、“准确率达 95%”。

例如，电压跟随器、同相放大器和微分器的原理的学习目标：

大学信息工程专业二年级学生在理解了电压跟随器、同相放大器和微分器的原理后，

A　　　　　　　　　　C

应能对电压跟随器、同相放大器和微分器分别进行仿真实验，并写出实验报告，

B

准确率达 90%。

D

根据以上所述，可以完成教学设计的表 2－2－3 中的内容。

表 2－2－3　学习目标体系表

章节编号	知识点			教学建议		认知目标层次						拟用时间（分钟）
	编号	内容	学习目标阐述（具体描述语句）	重点	难点	知道	理解	运用	分析	综合	评价	

2.2.3 教学策略的制定

1. 教学策略的内涵与分类

教学策略的选择与设计是教学设计的核心内容之一，直接制约着教学设计方案以及教学活动实施的得失成败。课堂教学组织得如何，在很大程度上取决于教学策略的选择与设计是否科学合理。

按性质划分，教学策略可以分为生成型教学策略、替代型教学策略和指导型教学策略。

（1）生成型教学策略：让学生作为学习的主要控制者，学生自己形成教学目标，自己对学习内容进行组织和加工、安排学习活动的顺序，并鼓励学生自己在教学中建构具有个人特有风格的学习。教师作为学习的指导者和帮助者，为学生提供一些必要的条件支持，将管理和控制学习的责任转移给学生，学生成为教学活动的主要责任承担者。学生主要依靠自己的力量，使原来的知识能力与新信息产生联系，发生相互作用，通过探究活动进行学习。生成型教学策略被认为是一种具有高度激发动机的教学策略。

（2）替代型教学策略：强调教师在学生学习过程中的指导作用，倾向于替学生处理信息，为学生提供学习目标、选择教学内容、安排教学顺序以及设计教学活动等，较多地替学生加工信息。替代型教学策略可以使学生的学习较好地集中在预定的学习目标上，比生成型教学策略有更高的学习效率，学生可以在短时间内学习更多的内容。这种策略倾向于通过减轻学生为建构学习情境而必须承担的责任，使先前知识不足和学习策略技能有限的学生可以借助这种方式成功地完成学习任务。这种策略的缺点在于学生对信息加工不够深入，学生的参与、智力投入较少，对有些学生而言缺乏挑战性和刺激性，使学习中的意义习得缺乏个性化，容易导致被动的接受。

（3）指导型教学策略：这一策略共包含四个阶段：①导入阶段，包括激活注意、确定目标、激发兴趣和动机、预习；②理解阶段，包括回忆相关的先前知识、加工信息和实例、集中注意、运用学习策略、练习、评价反馈六个环节；③结尾阶段，包括总结和复习、迁移学习、再激发动机和结束三个环节；④评价阶段，包括评估作业、评价反馈和寻求补救两个环节。

需要强调的是，运用教学策略要树立正确的教学指导思想和树立完整的观点，随着教学环节及具体情况的变化，注意各种教学策略之间有机的配合，充分发挥教学策略体系的整体综合功能。另外，要坚持以学生的主动自主学习为主。教学过程中学生是学习的主人，教师的教是为了学生的学，是为了学生学会学习。教学的根本目的在于使学生学会做学习的主人，能自觉主动地学习，成为自我发展的主人。教学策略的运用应以此为根本指导思想，应通过采用各种有效的形式去调动学生学习的积极性、主动性和独立性，引导学生通过自己积极的智力活动去掌握知识、发展能力、完善人格。

教学过程是具体而复杂的，教学内容是丰富多彩的，学习者的具体特点是不断变化的，教学要完成的任务是多方面的。因此，实际教学过程中应当有多种策略，要根据不同的教学目标、不同的教学情境、不同的教学环节，采用不同的教学策略。教师要根据教学的实际情况创造性地组织教学，融会贯通地理解和运用多样化的教学策略。

2. 教学策略的选择

（1）教学程序。

目前，我国常用的教学程序有以下几种：

①传递—接受程序（适用于认知领域学习目标）：激发学习动机→复习旧课→讲授新课→巩固运用→检查。

②引导—发现程序（适用于认知领域学习目标）：问题→假设→推理→验证→结论。

③示范—模仿程序（适用于动作技能领域学习目标）：定向→参与性练习→自主练习→迁移。

④情境—陶冶程序（适用于情感领域学习目标）：创设情境→参与各类活动→总结转化。

（2）教学方法。

①与获得认知类学习结果有关的教学方法：讲授法、演示法、谈话法、讨论法、练习法、实验法、实习作业法。

②与获得动作技能有关的教学方法：示范—模仿法、练习—反馈法。

③与情感、态度有关的教学方法：直接强化法、间接强化法。

教学方法的整体效应与多种教学方法在教学过程中的相互联系有关，如讲授→实验→讨论→演示→作业→讲授→讨论等。

（3）教学组织形式。

根据教学的主观和客观条件，从时间、环境、人员等方面综合考虑安排教学活动方式称为教学组织形式。常见的包括集体授课、个别化学习、小组协作学习，如表 2-2-4 所示。

表 2-2-4　常见的教学组织形式

教学组织形式	优点	缺点
集体授课	容易接受、备课省力、在规定时间内能呈现较多的信息、大量学生能同时上课、便于调整教学内容等	学生常消极听课而学习被动、难以照顾学生差异、难以获得学生反馈、学生注意力不能持久等
个别化学习	能够体现现代教学原则而提高学生高层次的学习，有利于学习能力培养，学生自定步调、自负学习责任而有利于形成学习习惯，教师可较多地关注个别学习	长期使用会减少师生之间或学生之间的交流，学习方法单一会影响学生，有的学生不适应，费用较高
小组协作学习	有助于提高学生组织和表达能力，有助于培养学生协作精神和技巧	准备工作比较复杂，教学过程控制有一定的难度

3. 教学流程图的编写（见表 2－2－5）

表 2－2－5　教学流程图的编写说明

图形	意义	图形	意义
	媒体的选择与应用		教师的活动或师生互动作用
	学生的活动		判断、归纳或结论

例如，大学生学习运算放大器的基本原理的教学流程图，如图 2－2－6 所示。

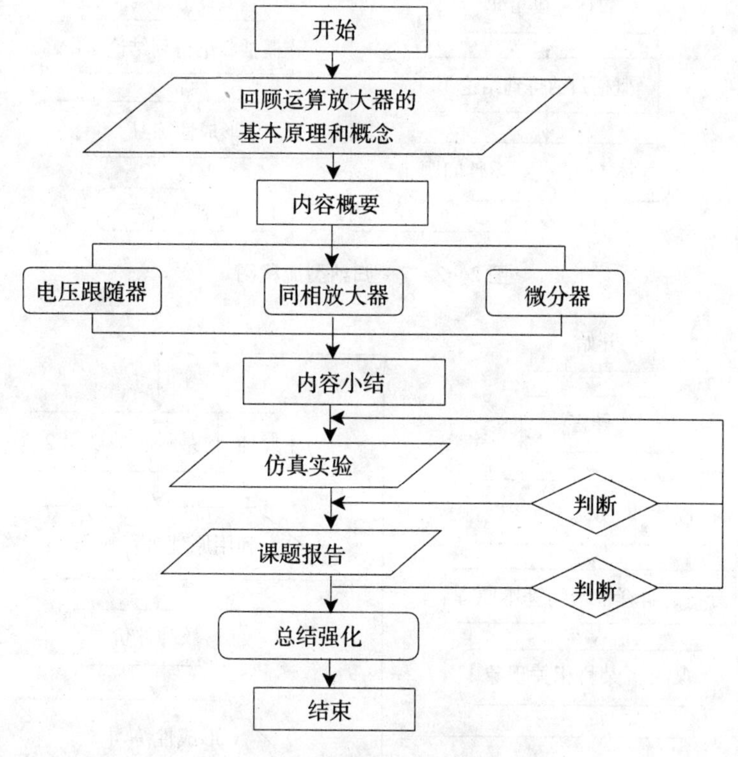

图 2－2－6　教学流程图

归纳型流程图（见图 2－2－7）和演绎型流程图（见图 2－2－8）是最基本的流程图。

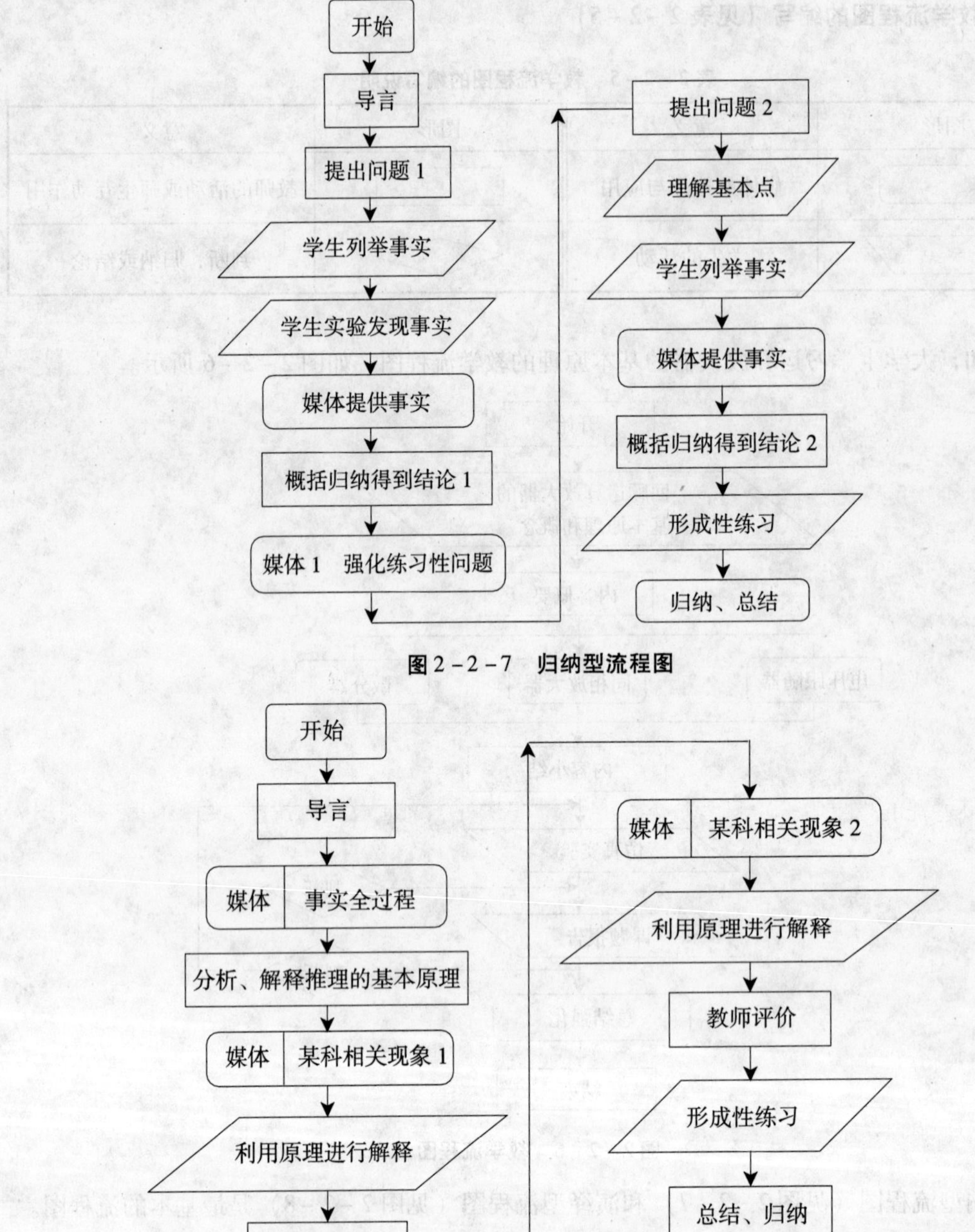

图 2－2－7　归纳型流程图

图 2－2－8　演绎型流程图

根据以上所述，可以完成教学设计的表 2－2－6 中的内容。

表 2-2-6 教学策略的设计

教学策略描述	教学活动程序	
	教学方法	
	教学组织形式	
教学流程图		
备注		

2.2.4 教学媒体的选择与设计

1. 媒体、教学媒体、现代教学媒体

以传递教学信息为最终目的的媒体被称为教学媒体。现代教学媒体是指利用现代教育技术承载和传递教学信息的工具。根据教学媒体作用的感觉通道不同，现代教学媒体可分为听觉媒体、视觉媒体、视听媒体、交互媒体。

教学媒体用于教学信息从信息源到学习者之间的传递，具有明确的教学目的、教学内容和教学对象。由于现代教学媒体和技术的影响，使得教师和学生之间的关系发生了明显的变化。教师与教科书不再是唯一的知识源泉。在拥有多种教学媒体支持的学习环境下，学生不再仅仅依赖于班级集中授课方式，他们可以自己制订学习计划，更多地自主学习，教师成为学生学习过程的指导者、促进者。学生在教师的指导下，通过班级授课、小组讨论、利用媒体和适宜自己的多种学习方式进行学习。

现代教学媒体在教学过程中所起的作用越来越大，也越来越受到教师的重视。现代教学媒体虽然有很多功能和优势，但它却不能替代传统的教学媒体，如口头语言媒体、文字与印刷媒体始终是教育活动中的重要媒体。各种媒体既有自己的特点与功能，又有其局限性，在教育活动中应把多种媒体优化组合、优势互补，综合运用。

科学合理地使用教学媒体，促进学生对知识的理解和掌握，激发学生的兴趣、情感，促进学习效率的提高，有利于教学的标准化、实施个别化学习、促进教师和学生的作用发生变化、开展特殊教育。通过现代教学媒体能提供各种学习资源，学生可进行自主探究学习和研究性学习。

2. 教学媒体设计与应用的心理学原理

人类的学习是一种特殊的认识过程。根据心理学的研究结果，人的各种感官在获得知识、引起注意、保持记忆、知觉等方面所起的作用是不同的。

（1）在获得知识方面，人们学习时，83%从视觉通道获得知识，11%通过听觉，3.5%通过嗅觉，1.5%通过触觉，1%通过味觉。

（2）有关注意比率的研究表明，人们学习时，使用视觉媒体，其注意力集中的比率为81.7%，使用听觉媒体为54.6%。

（3）在保持记忆方面，不同感官的记忆保持比率如表 2-2-7 所示。

表 2-2-7　感觉器官与记忆保持的比率

感觉器官	记忆保持比率（%）	
	3 小时后	3 天后
听觉	60	15
视觉	70	40
视听并用	90	75

（4）在观察图像时的注意点和分布情况，如图 2-2-9 所示。

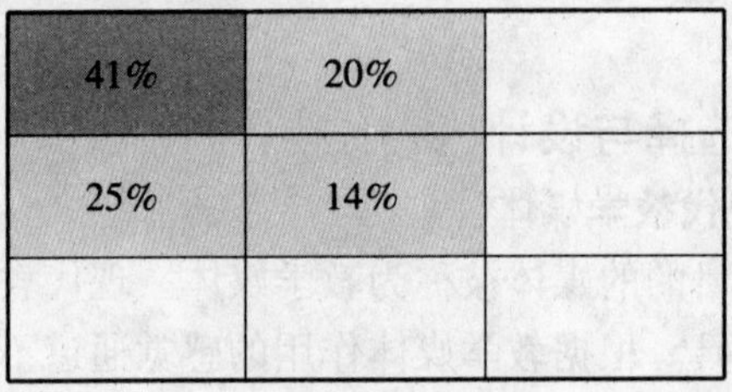

41%	20%	
25%	14%	

图 2-2-9　观察图像时的注意点和分布情况

（5）研究表明，复杂程度适中的材料容易引起注意；简洁明了的显示易于集中注意力；学习者的目的、动机、期望等影响注意的产生与维持。

（6）在知觉方面，要注意加大知觉对象与背景的差别性，使主要内容占据显著位置；使重要部分的字体变化、颜色鲜明、加圈等；关键部分使用活动模型；用语言提示帮助学习者区分对象；运用色彩对比；运用设疑、反问等手段加强对知识对象的理解；强化知觉对象的整体性，按逻辑关系组织的信息能节省时间，并能帮助学习者正确理解；只有大脑中继续保持分析时所形成的有关信息，整合活动才能顺利进行，为使其顺利地过渡、整合，教学媒体呈现的信息应当有适当的冗余度；学习者分析感知材料后，需要对信息加以综合概括以上升到理性水平。

3. 教学媒体的共同特性

1964 年，加拿大著名大众传播研究者麦克卢汉（M. Mcluhan）在《媒体通论：人体的延伸》一书中，论证了人类在进入电子时代的同时，对媒体的性质、特点、作用和分类提出了许多新的观念，其中一个重要的观念就是媒体是人体的延伸。例如，印刷品是眼睛的延伸；话筒是嘴巴的延伸；收音机是耳朵的延伸；电子计算机是大脑的延伸。

除麦克卢汉所言之外，教学媒体还有六个共同特性：

（1）固定性。这是指教学媒体可以记录和储存信息，以供需要时再现，如印刷媒体直接将文字符号固定在书本上。

（2）扩散性。这是指教学媒体可以将各种符号形态的信息传送到一定的距离，使信息在扩大的范围内再现。

（3）重复性。这是指教学媒体可以重复使用。如果保存得好，这些媒体可以根据需要，一次次地被使用，而显示信息的质和量稳定不变。另外，它还可以生成许多复制品，在不同的地点同时使用。这种重复使用的特性适应了学生逐渐领会、重温记忆的需要，也适应了扩大受益面的需要。

（4）组合性。这是指若干种教学媒体能够组合使用。这种组合可以是在某一教学活动中，几种媒体适当编制、轮流使用或同时呈现各自的信息；也可以把各种媒体的功能结合起来，组成多媒体的系统；还指一种媒体包含的信息可以借助另一种媒体来传递，如图片、模型等可以通过电影、录像等媒体呈现在屏幕上。计算机多媒体系统更是集中地反映了这一特点。

（5）工具性。教学媒体只能扩展或代替教师的部分作用，而且适用的教学媒体还需要教师和设计人员去精心编制或置备。正如事实已经证明的，即使具有某种智能的计算机辅助教学，也不会使教师失业，而只是促进了教学设计者对于人机功能合理分配的思考。

（6）能动性。这是指教学媒体在特定的时空条件下，可以离开人的活动独立起作用。比如，优秀的录像教材或计算机辅助教学课件的确可以代替教师上课。

4. 教学媒体的选择依据

（1）戴尔的“经验之塔”观点。

1946 年，美国教育技术专家戴尔在他的《视听教学法》一书中，研究了录音、广播等视听教学手段怎样在教学中使用，会产生怎样的教学效果等一系列问题，总结出一系列视听教学方法，提出了相关的教学理论，这就是视听教学理论。由于戴尔把人类获取知识的各种途径和方法概括为一个“经验之塔”来系统描述，因此，人们又将这一理论称为“经验之塔”理论。戴尔将人们获得的经验分为三大类，即做的经验、观察的经验和抽象的经验，并将获得这三类经验的方法分为十种，如图 2－2－10 所示。

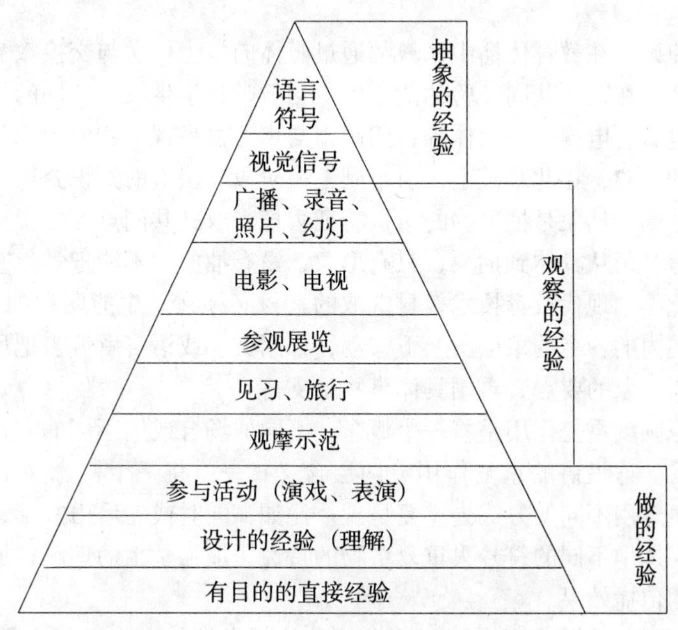

图 2－2－10　戴尔的“经验之塔”示意图

①有目的的直接经验：经验之塔的最底层是直接经验，是直接与真实事物本身接触的经验，是最丰富的具体经验，即通过对事物的看、听、尝、嗅所取得的经验。

②设计的经验：这是“真实的改编”，这种改编，足以使人们对真实更易理解，如制作模型，尽管模式与原物相比，其大小和复杂程度有所不同。

③参与活动：通过演戏、表演，感受那些在正常情形无法获得的感情上和观念上的体验。

以上三个方面的经验，都包含亲自参与的活动，在这三种方式中，学习者都不仅是活动的旁观者，更是活动的参与者。

④观摩示范：通过看别人怎么做，使学生知道是如何做的，以后他自己就可以动手模仿着去做。

⑤见习、旅行：可以看到真实事物和各种景象。

⑥参观展览：通过观察了解来学习。

⑦电影、电视：屏幕上的事物是实际的事物的代表，而不是它本身。通过看电视，得到的是替代的经验。

⑧广播、录音、照片、幻灯：通过媒体进行的学习。

⑨视觉符号：主要指表达一定含义的图形、模拟图形等抽象符号。

⑩语言符号：包括口头语言和书面语言（即文字符号）两种，是一种纯粹的抽象。

（2）媒体的效果原理。

现代教学媒体朝着小型化、微型化、综合化、智能化、便捷化方向发展，将在教育领域发挥愈来愈重要的作用。随着现代信息技术的发展，各种各样的教学媒体越来越多，而同时每一种教学媒体都具有其自身的特性，教师所面临的教学情境也越来越复杂。针对不同的教学系统，媒体设计的具体方法可能有很大的差异，但一般来说应遵守媒体的效果原理，具体如下：

①共同经验原则。在教育传播中，教师通过媒体向学生传送与交换教育信息，教师要与学生沟通，必须建立在双方共同经验的范围内。当教师与学生没有共同的经验时，可以通过媒体，如幻灯、电影、电视、多媒体等，用画面与声音去呈现事物的运动状态与规律，可以使学生获取间接的经验，在此基础上，引申到下一阶段高层次的知识介绍。

②抽象层次原则。抽象是把事物的个别特征去掉，取其共同点，去代表或说明同一类的事物。学生的学习必须从具体到抽象，只有形象，没有抽象，不能把学生获取的信息加工为知识与能力。因此编制现代教育技术教材选取的素材必须在学生能明白的抽象范围上进行，并且要在这个范围内的各个抽象层次上下移动，如用文字或语言解说去把形象、现象上升为概念与原理，得出抽象的要点，再用具体事物来支持。

③重复作用原则。重复作用是将一个概念在不同的场合或用不同的方式去重复呈现，以达到好的传播效果。这里讲的重复作用有两层含义：一是将一个概念在不同的场合重复呈现；二是将一个概念用不同的方式去重复呈现。比如，同时或先后由文字、声音或图像去呈现某一概念，用媒体中不同的符号去重复事物的特性，加强学生的理解，加深符号之间的联系，从而获得好的传播效果。

④信息有效原则。传播学研究证明了有信誉的可靠的信息来源对人们有较佳的传播效果。因此，选用的信息来源应该是有权威、有信誉、真实可靠的。

⑤最小代价律原则，即用最少的人员、经费成本换来最好的效果。

（3）问题表。

问题表实际上是列出一系列要求媒体选择者回答的问题，通过对这些问题的逐一回答来比较清楚地发现适用于一定教学情境的媒体，如表 2－2－8 所示。

表 2 – 2 – 8　媒体选择问题表

序号	问题
1	所需媒体是用来提供感性材料还是提供练习条件？该媒体是用于辅助集体讲授还是用于个别化学习？
2	媒体材料与学生的认知水平相一致吗？
3	教学内容是否要作图解或图示的处理？
4	视觉内容是用静止图像还是活动图像来呈现？
5	活动图像要不要配音？是用电影还是录像来表达视听结合的活动图像？
6	有没有现成的电影或录像以及放映条件？

问题表列出的问题根据实际情况可多可少；可按逻辑排序，也可不按逻辑排序。这种模型出现较早，并为其他一些选择模型提供了基础。

（4）媒体的教学作用选择（见表 2 – 2 – 9）。

表 2 – 2 – 9　媒体的教学作用选择

A. 提供事实，建立经验	G. 设难质疑，引起思辨
B. 创设情境，引发动机	H. 展示事例，开阔视野
C. 举例验证，建立概念	I. 欣赏审美，陶冶情操
D. 提供示范，正确操作	J. 归纳总结，复习巩固
E. 呈现过程，形成表象	K. 其他
F. 演绎原理，启发思维	

（5）媒体的使用方式（见表 2 – 2 – 10）。

表 2 – 2 – 10　媒体的使用方式

A. 设疑—播放—讲解	E. 播放—提问—讲解
B. 设疑—播放—讨论	F. 播放—讨论—总结
C. 讲解—播放—概括	G. 边播放、边讲解
D. 讲解—播放—举例	H. 其他

根据以上所述，可以完成教学设计的表 2 – 2 – 11 中的内容。

表 2 – 2 – 11　教学媒体的选择

教学媒体选择	知识点编号	学习目标层次	媒体类型	媒体内容要点	教学作用	使用方式	所得结论	占用时间（分钟）

（续上表）

备注	媒体在教学中的作用		媒体的使用方式	
板书设计	1	2	3	4

2.2.5 教学设计成果的评价

1. 教学评价

教学评价是指以教学目标为依据，制定科学的标准，运用一切有效的技术手段，对教学活动的过程及其结果进行测定、衡量，并作出价值判断。教学评价是教学设计中一个极其重要的部分。

首先，教学评价要以教学目标为依据，教学目标是在教学活动中所期待的学生的学习结果，它规定了学习者应达到的终点能力水平。教学之后，学习者在认知、情感和动作技能等方面是否产生了如教学目标所期待的变化，这是要通过教学评价来回答的。因此，教学评价依据的标准是教学目标，离开了明确具体的教学目标就无法进行教学评价。

其次，教学评价需要采用一些有效的技术手段。通常，通过测量来收集资料，但是测量不等于评价，测量是指以各种各样的测验或考试对学生在学习和教师在教学过程中所发生的变化加以数量化，给学生的学习结果赋以数值的过程。评价是对测量结果作价值判断的过程，测量是评价的前提和重要手段，但并不等于评价。另外，虽然测量是评价的重要手段，但并不是唯一的手段。教学评价还可以通过一些非测量的方法，如观察、谈话和收集学生的作业、作品等有关资料来实施。尤其是信息技术的发展，给教学评价提供了很多方便、快捷的测量、跟踪和统计等工具。

再次，教学评价要对教学的过程和结果进行评价。教学评价，不仅仅是评价教学的结果，更要对教学的过程、教学中的方方面面进行评价。信息技术环境下的教学设计要改变以往单一评价主体、过分重视总结性评价的教学评价方法，强调多元评价主体、形成性评价、面向学习过程的评价，由学生本人、同学、教师对学生在学习过程中的态度、兴趣、参与程度、任务完成情况以及学习过程中所形成的作品等进行评估。实施评价的办法有课堂调查表、课堂打分表、作品打分表等。

教学评价在学习和教学过程中发挥着许多重要的作用。教学评价的一般作用可以概括为导向作用、鉴定作用、监督作用、调节作用、诊断作用和激励作用。

2. 评价类型（见表 2－2－12）

表 2－2－12 教学评价的一般类型

类别	诊断性评价	形成性评价	总结性评价
实施时间	在教学前（如学习特征分析）	在教学过程中	在教学之后
评价目的	初始技能分析	了解学习进程、调整教学方案	检验学习结果、评定学习成绩

（续上表）

类别	诊断性评价	形成性评价	总结性评价
评价方法	观察法、调查法、作业分析法、测验等	经常性测验、作业、日常观察	考试或考查
作用	查明学习准备和不利因素	确定学习效果	评定学业成绩

（1）诊断性评价。

诊断性评价也称教学前评价或前置评价，一般是在某项活动开始之前，为使计划更有效地实施而进行的评价。它涉及的内容主要有：学生前一阶段学习中知识储备的数量和质量；学生的性格特征、学习风格、能力倾向及对本学科的态度；学生对学校学习生活的态度、身体状况及家庭教育情况等。一般来说，教师对学生进行诊断性评价借助的手段主要有以前的相关成绩记录、摸底测验、智力测验、态度和情感调查、观察、访谈等。

诊断性评价最大的优点就是教师能够对自己的教育对象做到心中有数，对学生已有知识、道德情感、性格特点等都有所了解，以便于在下一步的教育教学活动中抓住有利的时机，有针对性地、及时准确地对学生的学习行为作出评价，从而收到较为理想的教育教学效果。

（2）形成性评价。

形成性评价是在某项教学活动的过程中，为使活动效果更好而不断进行的评价，能及时了解阶段教学的结果和学习者学习的进展情况、存在问题等，以便及时反馈、及时调整和改进教学工作，获得最优化的教学效果。用于教学的形成性评价进行得较频繁，如一个章节或一个单元后的小测验。形成性评价一般又是绝对评价，即着重于判断前期工作的达标情况。

教学设计中进行的评价主要是形成性评价。形成性评价的作用包括改进学生的学习、确定学生的学习进度、强化学生的学习、给教师提供反馈、形成性检测。

形成性检测题的编制，应按如下要求进行：①将每个知识点用一个或一个以上的检测题与之对应；②将每个知识点上每个层次的学习目标用一个或一个以上的检测题与之对应；③将所有的检测题按由简单到复杂顺序排列；④在满足上述三项要求的前提下，检测题要尽量精简，要求做到题量少但满足检测的需要，这就需要任课教师深入钻研、精心设计。

（3）总结性评价。

总结性评价又称事后评价，一般是在某一相对完整的教育阶段结束后对整个教育目标实现的程度作出的评价。它以预先设定的教育目标为基准，考查学生发展达到目标的程度。

总结性评价的作用包括：评定学生的学习成绩，预言学生在后继教学过程中成功的可能性，确定学生在后继教学过程中的学习起点，证明学生掌握知识、技能的程度和能力水平，对学生的学习提供反馈。

总结性评价的首要目的是给学生评定成绩，并为学生作证明或提供关于某个教学方案是否有效的证明。总结性评价的目的是对学生在某门课程或课程的某个重要部分上所取得的较大成果进行全面的确定，以便对学生成绩予以评定或为安置学生提供依据。总结性评价着眼于学生对某门课程整个内容的掌握，注重测量学生达到该课程教学目标的程度，因此，总结性评价进行的次数或频率不多，一般是一个学期或一个学年两三次，如期中、期末考查或考试以及毕业会考等均属此类。总结性评价的概括性水平一般较高，考试或测验内容包括的范围较广，且每个题目都包括了许多构成该课题的基本知识、技能和能力。

在教学过程设计中，诊断性评价的结果用于课程教学设计中的“学生特性分析”和课堂教学设计中教学策略的选择；形成性评价用于每一节课后或某知识单元后的及时反馈；总结性评价用于期末或单元教学结束后的学生学习结果的评价和反馈。

3. 教学评价设计

（1）设计原则。

①目标性原则。教学评价的设计要以教学目标为依据，在教学之后，学习者在认知、情感和动作技能等方面是否产生了如教学目标所期待的变化，这是要通过教学评价来回答的，离开了明确具体的教学目标就无法进行教学评价。

②指导性原则。对过程和结果以及后续的工作均体现指导性。

③关联性原则。设计教学评价时应关联教学目标与评价方式，追求不同评价方式的互补，通过多样化的评价方式和工具，促进学习目标的实现。

④过程与结果统一原则。教学评价，既要评价教学的结果，也要对教学的过程、教学中的方方面面进行评价。信息技术环境下的教学设计要改变以往过分重视总结性评价的教学评价方法，强调形成性评价、面向学习过程的评价，对学生在学习过程中的态度、兴趣、参与程度、任务完成情况以及学习过程中所形成的作品等进行评估。

⑤客观性原则。在设计教学评价时，从测量的标准和方法到评价者所持的态度，特别是最终结果的评定，都应符合客观实际，不能主观臆断或掺入个人情感。

⑥整体性原则。在设计教学评价时，要对教学活动的各个方面作多角度、全方位的评价，而不能以点代面、以偏概全。为此，教学评价应该具有多样化的特点，实现评价主体、内容、方式、对象和标准的多元化和评价过程动态化。

（2）量规。

量规是一种结构化的定性与定量相结合的评价技术，一般都具有评价要素、指标、权重、分级描述这几个基本构成要素，常以二维表格的形式呈现，但这并不是一个机械的规定。量规有时可能缺少权重或等级描述，而且形式也可能多种多样，使用量规时应根据实际需求，不必拘于形式。

量规的设计需要根据学习目标和学生水平来设计评价指标，并根据学习目标的侧重点确定各评价指标的权重，用具体的、可操作的描述语言来说明量规中各个指标的评价要求。一般来说，评价量规的设计包括以下六个步骤：确定主要评价要素、确定主要评价指标、设计评价指标权重、描述评价的具体要求、设计量规的水平、修改和完善评价量规。

（3）档案袋评价。

档案袋评价是指通过对档案袋的制作过程和最终结果的分析而进行的对学生发展状况的评价。从其适用范围而言，档案袋评价多用于表现性评估。此外，档案袋的建立是教师和学生共同协作的结果，要为学生和教师对学习过程作全面评价提供帮助。档案袋评价的功能包括作品展示、记录学生成长轨迹和水平评估（学习完成情况的阶段性总结）。

（4）问卷调查法。

问卷调查法是一种传统的评定教学工作的方法，主要是通过设计问卷、测试题、量表等对被评价者在正常状态下进行测试，以获得评价的资料，并作出判断。

①问卷调查法的优点。其中包括时间灵活、效率高、取样不受限制、调查者和被调查者无须面对面接触，具有一定的回避效果。问卷调查一般不署名，被调查者回答问题没有更多的心理负担，容易获得被调查者的支持，易使结论比较客观。

②问卷调查法的局限性。其中包括设计比较麻烦、回收率不高、获取信息质量难以保证等问题。被调查者填答问卷时可能出现估计作答或回避本质性东西的现象，影响信息的准确性。因此，有时还要结合访谈法了解深层次的信息。

（5）访谈法。

访谈，就是研究性的交谈，是以口头形式，根据被询问者的答复收集客观的、不带偏见的事实材料，以准确地说明样本所代表的总体的一种方式。尤其是在研究比较复杂的问题时，需要向不同类型的人了解不同类型的材料。访谈法广泛适用于教育调查、咨询等，既有实施的调查，也有意见的征询，更多用于个性、个别化研究。

访谈法的优点：非常容易和方便可行，引导深入交谈可获得可靠有效的资料；团体访谈，不仅节省时间，而且与会者可放松心情，做较周密的思考后回答问题，相互启发影响，有利于问题的深入。缺点：样本小，需要较多的人力、物力和时间，应用上受到一定限制。另外，无法控制被调查者受调查者的种种影响（如角色特点、表情态度、交往方式等）。所以访谈法一般在调查对象较少的情况下采用，且常与问卷调查法、测验法等结合使用。

（6）测验法。

测验法是教学评价的一种重要方法，是对行为样本客观和标准化的测量。测验法最常用于评价学生认知目标的达标程度，同时，也可以为其他评价收集间接资料。例如，当评价某种学习资源在某种教学条件下的适用性时，利用测验可以取得学生学习后的量化资料，而从这些量化资料中，我们可以分析出该学习资源对学生学习的作用。

测验法种类很多，根据不同的分类标准，测验可分为不同的类型。认识测验的类型，有利于有针对性地选择和有效地使用测验。按测验的性质，可分为成就测验和心理测验；按测验时机，可分为准备性测验、形成性测验和终结性测验；按试题类型，可分为客观性测验和主观性测验；按测验的标准化程度，可分为标准化测验和教师自编测验；按解释分数的标准，可分为常模参照测验和标准参照测验。

测验法的优点是能在同一时间内用同一试卷测验众多的对象，收集大量可供比较研究的宝贵资料，它不仅简单易行、运用广泛，而且结果也较可靠。但是，测验法亦有局限性，即难于测定学生智力、能力和行为技能的水平。

（7）反思笔记。

反思即对行动结果及其原因进行思考。在反思过程中，一般需要对观察到和感受到的与制订和实施计划有关的各种现象进行归纳，描述出其过程和结果，并进行判断，对现象的原因作出分析解释，指出计划与结果之间的不一致，形成基本设想、总体计划和下一步行动的计划。教学反思即教师对自己教学过程和结果的自我监控和调整，通过反思，教师能够及时发现自己存在的缺陷和不足，以采取相应的补救或改进策略，从而加快教师专业发展步伐。

反思的内容包括：①教学过程：教师反思自己在教学环境下采用了何种教学组织、调控与管理的方法，为什么采用这些方法，教学的效果如何。②信息技术支持学生学习的可能性与方法：结合自己的教学实践，反思信息化教学环境下各种信息技术对教学支持的有效性以及更好地利用信息技术开展教学的方法。

反思常被作为一个基本环节用于教学的行动研究之中。行动研究是在教育情境中，自我反省探究的一种形式，参与者包括教师、学生、校长等人，其目的在于促进教育实践的合理性、正义性及有效性。反思的工具多种多样，常用的有工作日志和教学博客。教学反思是教师在教学过程中不断思考、不断进步的总结和记录，反映了教师成长的经过。

根据以上所述，可以完成教学设计的表 2-2-13 中的内容。

表 2-2-13　教学设计实践与成果的评价

	知识点编号	学习目标	练习题目内容
形成性练习			
形成性评价			
总结性评价			
教学反思			

2.3　信息化教学设计

2.3.1　概述

1. 信息化教学设计的基本内涵

信息化教学是与传统教学相对而言的现代教学的一种表现形态，它以信息技术的支持为显著特征。特别需要指出的是，以信息技术为支持还只是信息化教学的一个表面特征，在更深层面上，它还涉及现代教学理念的指导和现代教学方法的应用。而信息化教学设计，则是在先进教育理念（尤其是建构主义）指导下，根据时代的新特点，以多媒体和网络为基本媒介，以设计“问题”情境及促进学生问题解决能力发展的教学策略为核心的教学规划与准备的系统化过程。

信息化教学设计的目的是激励学生利用信息化环境合作进行探究、实践、思考、综合、运用、问题解决等高级思维活动，以培养学生的创新精神和实践能力。这种教学设计基于建构主义理念，强调学生是认知过程的主体，是知识意义的主动建构者，有利于学生的主动探索和主动发现以及创造型人才的培养。

与传统的教学设计相比，信息化环境的教学设计更加重视学习者的主体作用，通过各种新颖的学习方式，充分利用信息技术和信息资源，科学地安排教学过程中的各个要素，为学习者提供良好的信息化学习环境。

信息化教学设计不局限于课堂教学形式和学科知识系统，而是将教学目标组合成新的教学活动单元，以任务驱动“问题解决”作为学习和研究活动的主线，以学为中心，注重培养学生的信息能力、批判性思考能力和问题解决的创新能力。

信息化教学设计要求教师转变自己的角色。教师的教学设计和教学任务要基于学生学习的水准，对教学目标、课程标准、教学资源、活动过程、评价量规、个别指导等进行设计和组织实施，而不是教师才华的表演和知识的广播。

信息化教学设计是在多媒体组合教学设计基础上的拓展，信息化教学设计包含多媒体组合教学设计，二者不是对立关系而是包容关系。因为信息化环境本身就包含多种媒体及其优化组合，也不可避免地要包含教学传递的成分，只不过在学校环境中这些教学传递活动的启动者和控制者不再是教师，而是学生自己。

2. 信息化教学设计的基本内容

在建构主义思想的指导下，信息化教学设计的核心包括五个方面的基本内容，分别是“学习目标分析”、“学习情境创设”、“学习环境设计”、“学习活动设计”和“学习评价设计”。

（1）学习目标分析。

信息化学习就是要通过解决具体情境中的真实问题来达到学习的目标，因此学习问题（包括疑问、项目、分歧等）的确定是整个信息化教学设计的关键，而对学习者的学习目标进行分析就是要阐明和解决学习者所面临的各种问题。

通过对学习目标的分析，可以确定学生学习的主题，即与基本概念、基本原理、基本方法或基本过程有关的知识内容，对教学活动展开后需要达到的目标作出整体描述，描述的内容可以包括学生通过这节课的学习将学会什么知识和能力、完成哪些创造性产品、潜在的学习结果等。

（2）学习情境创设。

建构主义认为学习总是与一定的社会文化背景（即情境）相联系。情境就其广义来理解，是指作用于学习主体，产生一定的情感反应的客观环境；从狭义来认识，则是指课堂教学环境中，作用于学生而引起积极学习情感反应的教学过程。建构主义理论指导下的信息化教学设计非常强调情境的重要作用。

建构主义认为个体、认知和意义都是指相关情境中交互、交流（即合作）完成的，不同的情境能够给各种特殊的学习者不同的活动效果。也就是说，学习者在不同的情境中会有不同的行为，而创设情境则是学习者实现意义建构的必要前提。因此，创设情境成为教学设计最重要的内容之一。

信息化教学设计中创设情境，简单地说，就是基于特定的教学目标，将学习的内容安排在信息技术和信息资源支持的比较真实或接近真实的活动中，支持学校的学科教学活动。信息化教学设计实践中，情境创设的方法有很多，常用的有创设故事情境、创设问题情境、创设模拟实验情境和创设合作情境等。

（3）学习环境设计。

从教学设计的角度看，学习环境是学习资源和学习工具的组合，这种组合实际上旨在实现某种目标的有机整合。学习环境的设计主要表现为学习资源和学习工具的整合活动。由于学习环境对学习活动有一种支撑作用，学习环境的设计必须参照学习活动的设计来进行。

学习资源是指支持教学活动，实现一定教学目标的各种客观存在形态。它是一个非常庞杂的概念，通常包括人、材料、工具、设施和活动五大要素，每个要素均具有“自在的”和“自为的”特性。“自在的”资源是指整个人类环境中具有的、可利用的资源系统；“自为的”资源是指为达到一定的教育、教学目的而特地设计出来的资源系统。学习资源的选择与设计存在很大的自由空间。

学习环境设计中，资源是支持任务学习或问题研究的必备条件之一，是需要认真设计的重要构件之一。在设计学习环境时，应当围绕学习活动来设计，并注意以下几点：为了帮助学习者充分地理解问题，需要给学习者提供相关的信息；不论何种形式的信息资源，最好都以有意义的方式组织起来，即按学习者学习的思维联系组织起来；要适时地为学习者提供相关的信息，支持学习者展开有意义的学习活动。

学习工具是指有益于学习者查找、获取和处理信息，交流合作，建构知识，以具体的方法组织并表述理解和评价学习效果的中介。从传统学习工具到信息技术工具，学习工具的种类很多。在学习环境设计中，比较注重信息技术作为学习工具的设计与应用。信息技术可作为多样化的学习工具，如交流工具、情境工具、认知工具、评价工具、效能工具等。

从分布式认知的观点来看，人与技术的认知功能可以形成和谐的整体，指学习环境中各自发挥认知功能的优势。因此，在设计和运用学习环境中的工具时，应注重以下几点：充分发挥信息技术作为各种学习工具和促进学习者学习的作用；在学习、教学中融合系列的认知工具，以帮助学习者展开恰当的思维活动；为学习者提供多样化的信息沟通方式，以支持学习者之间的交流与合作，共享知识建构。

（4）学习活动设计。

按照建构主义思想，学习者学习和发展的动力来源于学习者与环境的相互作用，这种相互作用就是学习活动。学习者认知机能的发展、情感态度的变化都应归因于学习活动。因此，学习活动设计必须作为信息化教学设计的核心设计内容来看待。学习活动可以是个体自主的，也可以是群体合作的。

学习目标的实现，必然以学习任务的完成来表现，因此学习活动设计的核心是对任务的设计。一般来说，设计的学习任务应该具有一定的难度与复杂性，具有一定的真实性和开放性，只有这样，才能够促进学习的顺利进行，切实促进学习者的发展。

自主学习可以分为支架式学习、抛锚式学习和随机进入式学习三类。支架式的自主学习设计要围绕事先确定的学习主题，建立一个概念框架，框架的建立应遵循维果斯基的“最邻近发展区”理论且要因人而异，通过概念框架把学生的智力发展从一个水平引到一个更高水平，就像沿着脚手架那样一步步向上攀升。

抛锚式的自主学习设计要根据学习主题在相关的实际情境中选定某个典型的真实事件或真实问题（即抛锚），然后围绕该问题展开进一步学习。对原定问题进行假设，通过查询各种信息资料和逻辑推理对假设进行论证，根据论证的结果制订解决问题的计划，实施该计划并根据实施过程中的反馈，补充和完善原有认识。

随机进入式的自主学习设计首先要确定学习主题，创设从不同侧面、不同角度表现学习主题的多种情境，学习在自主探索过程中随意进入其中任意一种情境去学习。

在合作学习过程中，学习者要明确和分析所探究的问题，制订学习方案，然后从多种渠道收集多种信息，对信息进行分析、综合和评价，得出适当的结论，最后用多种形式呈现自己的作品，交流合作学习的结果。这种学习过程具有较大的自主性和开放性，但它并不因此而排斥外部引导和支持，教学组织者须对合作学习过程进行必要设计。

在设计合作学习活动时，要遵循以下几条基本的设计原则：要建立起协商群体；教师提出的问题要具有可争论性；合作学习的过程是可以控制的；讲究学习效率。在设计合作学习活动时，应注意以下几点：教师对学生提出的问题要进行正确的引导；教师要善于发现学生中的积极因素，并及时给予肯定和鼓励；教师要善于发现学生对概念的模糊或不当之处，并及时用学生乐于接受的方式指出；避免偏离教学内容的计划或由于纠缠枝节问题而影响学习进度。

(5) 学习评价设计。

评价标准的设计是信息化教学设计的一个重要环节，评价具有指导学习方式、在教学过程中给予激励的作用，正是由于有了评价的参与，学生才有可能达到预期的学习结果。因此，评价是整个学习不可分割的一部分。评价包括小组对个人的评价和学生个人的自我评价。评价内容主要包括自主学习能力、合作学习能力及是否达到意义建构的要求三个方面。

信息化教学中，通常利用信息技术手段记录、跟踪学生学习的全过程，以评价学生学习的全过程和效果。学生可以从评价中获得的反馈信息中及时了解自己的学习状况，有目的地调整自己的学习策略，以有效地控制学习进程，提高质量，在动态实施过程中不断给学习以支持和质量保证。

信息化教学中学习评价的基本过程是确定学习评价的价值取向（即教育对象的教育价值），然后基于学习者学习过程与学习结果的实态把握，在此基础上作出价值判断，并力求促进学习。信息化学习中的评价也有诊断性评价、形成性评价以及总结性评价，主要评估学生在学习过程和学习结果中产生的变化，评价的目的是促进学习的进行与发展。

信息化教学设计中尤其重视利用各种先进的技术方法对学习过程与结果进行评价。信息化学习中，大部分学习活动都基于网络，数字化的信息在教与学的过程中流动。计算机网络优势就在于对大量数据的采集和分析，这样有可能对学生在网络活动中产生的各种数据进行收集和整理，如学生网上学习时间、网上自主收集资料的情况、学生网上参与活动等，几乎可涉及各个层面。

2.3.2 信息化教学设计的基本原则

信息化教学设计中，要充分利用信息技术手段进行基于资源、合作、研究、问题等方面的学习，使学习者在意义丰富的情境中主动建构知识，所以要遵循以下设计原则：

(1)“以学生为中心”，注重学习者学习能力的培养。

“以学生为中心”是信息化环境下教学设计的首要原则。明确“以学生为中心”这一点对于教学设计有至关重要的指导意义，因为从“以学生为中心”和从“以教师为中心”出发将得出两种不同的设计结果。

至于如何体现“以学生为中心”，信息化环境下的教学设计可以从三个方面努力：①要在学习过程中充分发挥学生的主动性，要能体现出学生的自主精神；②要让学生有多种机会在不同的情境中去应用他们所学的知识；③要让学生能根据自身行动的反馈信息来形成对客观事物的认识和解决实际问题的方案。

(2) 充分利用现代信息技术，营造优化的学习情境。

对于信息资源应如何获取以及如何有效地加以利用等问题，成为主动探索过程中迫切需要教师提供帮助的内容。显然，这些问题在传统教学设计中是不会碰到或是很少碰到的，而在信息化学习环境下，则成为亟待解决的普遍性问题。

信息化教学设计强调学生的积极参与，而活动的参与需要一定情境的支持，通过信息技术的作用，可以为学生创设多种学习情境。教师要选择和组合各种信息技术创设“一个学习者可以相互合作和支持的地方，在那里他们使用许多工具和信息资源参与问题解决的活动，实现学习目标”，而不是创设一个学习者只能孤立进行、不重视知识的实际运用场所。

(3) 强调“合作学习”与团队合作。

信息化环境下的教学设计认为，学习者与周围环境的交互作用，对学习内容的理解(即对知识意义的建构) 起着关键性的作用。学生们在教师的组织和引导下一起讨论和交流，共同建立起学习群体并成为其中的一员。在这样的群体中，共同批判性地考察各种理论、观点、信仰和假说，进行协商和辩论，先内部协商（即与自身争辩到底哪一种观点正确)，再相互协商（即对当前问题摆出各自的看法、论据及有关材料，并对别人的观点作出分析和评论)。

这种合作学习不仅指学生之间、师生之间的合作，也包括教师之间的合作，如实施跨年级和跨学科的基于资源的学习等。通过这样的合作学习环境，学习者群体（包括教师和每位学生）的思维与智慧就可以被整个群体所共享，即整个学习群体共同完成对所学知识的意义建构，而不是其中的某一位或某几位学生完成意义建构。

(4) 强调针对学习过程的评价。

信息化环境下的教学设计有着全新评价观。教学评价的目的，不仅是要检验教学活动的结果，更主要的是起到激励作用。以往的教学评价更多的是体现前者，因为教学评价的标准掌握在教师和教育机构手里，学生只有被动地接受这种评判。在信息化教学环境下，学生完全有权对自己的作品作出合理的评价，教师这时并不是作为某个标准的掌握者出现，而是作为引路人出现，他更多的是鼓励学生的创造，尊重学生的不同见解，以促进学生创新精神的养成，培养学生独立的人格。

2. 3. 3 信息化环境下教学应用模式

以计算机网络技术为核心的信息技术的发展，使得人类对知识、信息的获取、传播和应用发生了深刻的变革，也带来了高校教学手段和方法、学习方式的巨大变化。首先，学生利用计算机和互联网，可以不受时空限制地多渠道获得知识，学生对学习场所、学习内容、学习方式的选择具有更多的自主性和灵活性，使过去以课堂、教材、教师为中心的传统教学方式面临新的挑战，教学的信息量和效率成数倍、数十倍乃至更多的增长，因而不论对学生还是教师都提出新的更高的要求。其次，网络资源的丰富性和共享性，使教师和学生同样具有获取知识的自由和网上交流的平等权利，因而有利于发挥学生参与教学过程的主动性，有利于激发学生的创新意识，有利于形成平等互助、教学相长的新型师生关系。

模式一：讲授型模式

在教学中，有些纯理论知识，抽象程度较高，需要先由教师启发精讲，利用多媒体计算机的辅助作用帮助学生分析讨论、对比归纳，完成意义建构。该模式可归纳为“播放课件、情境创设—教师启发精讲—提出问题—学生分析、思考、讨论—练习强化—教师总结”六个环节，其中课件包括授课 PPT、教学网站或相关网络资源。

这一模式的优点是教师利用多媒体计算机辅助教学，引导学生去讨论、探索，体现了“教师为主导、学生为主体”的作用。缺点是该模式并未彻底摆脱“教师中心论”的局限性，学生的主体作用发挥不足。对于一些抽象程度较高、理论性较强的课程，适合采用这一模式。

模式二：主题探究型模式

随着信息技术的发展，为了更好地培养学生的独立探索精神，需要建立一整套的信息化教学软件和教学资源库，利用网络创建一个信息化教学资源平台。教师把教学内容、学习指导以及练习资源放在教学资源平台上，全天开放，学生可根据自己的需要在网上学习课程内容，也可将课程内容下载到自己的计算机上学习。

该模式可归纳为“确定研究主题—制订研究计划—搜集网络资源—网上协商研讨—完成研究报告—汇报研究成果”六个环节。这种模式充分体现了建构主义学习理论的精神。

模式三：小组协作型模式

心理学家的研究指出，学生在学习过程中，不仅要与教师和所学习的知识打交道，而且要与他们的学习伙伴交流。对比实验表明，带有组间竞争的协作学习比个别化学习更有效。信息化教学中，教师角色的转变和地理位置的不同，促使学生自主学习和相互协作。

该模式可归纳为“确定学习内容—明确小组成员分工—浏览网络学习资源—小组协商讨论，共同完成作品—教师辅导—展示作品—师生评价总结”七个环节。该模式强调了“教师为主导、学生为主体”的特点以及情境、协作、会话、意义建构“四要素”的作用，重视情境创设。这种模式吸收了班级授课制的优点，有利于培养学生的集体主义精神。

另外，随着学生自主学习在课堂之外的延伸，一种“学生—学生”协作模式逐渐形成。该模式就是在异地学生中创造学习单元或学习小组，在每个单元或小组中学生基于共同爱好的主题进行协作学习。学生们还可以在他们共同爱好的领域内与其他专业的学生协作。这种模式把学习中的竞争与合作很好地融合在一起。

模式四：案例教学型模式

借助实践中的案例，将学生置身于特定的管理情境之中，教师给予恰当的引导，为学生提供一个广阔的思维空间及与“实战”极其相近的实习氛围，培养学生独立思考、独立分析和解决问题的能力，培养学生的团队意识，促进其相互交流与沟通，塑造健康的人格品质和正确的价值取向，让学生真正接近甚至融入真实的世界。大量的实践证明，案例教学对于确保课程教学质量和效果具有不可低估的作用。

该模式可归纳为“利用多媒体呈现案例—引出问题—教师引导学生分析案例，解决问题—学生网上浏览、分析其他相关案例—师生共同归纳总结”五个环节。管理学、法学、医学等专业中很多课程应用该模式，取得了良好的学习效果。

模式五：技能训练型模式

该模式的目的就是把学生已经获得的知识运用于实践中，培养学生的应用能力和动手技能。同时通过实践，巩固和加深已经学过的知识，发展创造力和进行科学研究的能力。

该模式可归纳为“教师讲解技能要点—示范操作—提出训练任务—学生实践练习—完成任务、形成作品—展示汇报作品—师生共同评价”七个环节。它可广泛应用在动作技能领域和理、工、医科具有实验性质的课程中。

模式六：混合式教学模式

以上五种模式并不是孤立地使用的，而是根据教学内容和教学要求的具体情况，以一至两种模式为主，同时结合多种模式进行混合式教学。

混合式教学是指两种以上的教学方式或媒介的结合，也可以是在线或网络学习与传统面对面教与学结合，其目的在于提供多元的教学内容和教学通道优化教学。混合式教学的思想和方法能把传统教学模式的优势与信息化整合教学中的优势相互结合起来，更好地实现教育技术与学科之间的整合，因而受到国内外学者的关注，并对此进行探讨，对现代教育技术的发展产生了深刻的影响。混合式教学在教学环境、教材设计和教学活动等方面均强调多元融合。

教学环境既包括硬件环境，也包含软件环境（网络环境），是教、学并重的教学环境。硬件环境包括课堂教学环境、实验教学环境、校园网建设以及公用计算机机房、学生寝室、图书馆等校园环境。网络环境既可采用网络课程教学，也可采用网络教学平台，包括网络教学环境、网络学习环境和网络管理环境三大部分。各部分环境又通过校园网及网络教学平台互联整合，使得整个学习环境成为一个有机的知识建构整体。

在教材设计上，采用立体化教材设计模式。通常包括网络化的课程学习导航、印刷教材、网页教材、网络化的教师授课录像、网络化的教师课堂多媒体教学 PPT 讲义、光盘版的网络课程以及在线辞典、在线测验等学习资源，为学生提供多元化的学习材料。

在教学活动安排上，努力做到传统的教学活动与在线教学活动有机结合在一起，除了教师采用多媒体 PPT 讲义进行课堂重点讲授外，还根据教学内容差异安排课堂案例分析、课堂讨论、在线互动讨论、基于项目的小组合作学习、在线测验、在线作业及研究成果课堂口头汇报等两个以上活动的混合。

混合式教学模式可归纳为“确定主题—任务分工—组织合作小组—资源利用—合作探究—形成作品—师生评价—意义建构”八个环节。在整个学习过程中，教师通过多种形式、多种手段帮助学生学习，进一步调动了学生的学习积极性，发挥了教师的主导作用。这一模式有利于学生创新精神和问题解决能力的培养。

例如，口腔医学基础课程采用传统授课、基于问题的学习与研究性学习相混合的方式，利用网络教学平台、网络课程，使学生的主体性和个别化得到较大的体现。又如，中国传统文化概论课程采用的是以精品课程网站和网络课程为依托，传统课堂教学与基于网络的探究性学习、研究性学习、小组协作学习为一体的混合式教学模式，既强调学习者在真实情境中的主动探究，又强调虚拟、开放的网络环境的探究，还强调研究能力和小组协作能力的培养。在具体教学过程中，一般由教师设置教学情境，引导学生提出研究主题，学生围绕主题分成若干小组展开研究性、探究性学习。

在信息化教学环境中，成功的教学设计以及信息化课堂教学设计应明确教学改革的目标是提高教学质量，强化信息技术的应用是将信息技术作为认知工具，既发挥传统教学的优势，又能应用新型教学模式增强学生自主学习、协作学习、探究能力、研究能力和创新能力的培养。因此，提倡混合式教学和混合式学习，以促进 21 世纪的新型人才培养。

【练习题】

一、填空题

1. 教学系统设计主要是以__________为根本目的，运用__________方法，将学习理论与教学理论等的原理转换成对教学目标、教学内容、__________、教学评价等环节进行具体计划、创设有效的教与学系统的__________或“程序”。

2. 教学系统设计以多种理论为基础，其理论基础是教学理论、__________、系统理论和__________。

3. 教学系统设计的三个层次：以________为中心的层次、以“课堂”为中心的层次和以 ________为中心的层次。

4. 教学系统设计模式中有代表性的是__________、过程模式、__________，其中过程模式有代表性的是__________。目标模式中有代表性且沿用至今的是__________。

二、选择题

1. 前端分析是美国学者哈利斯（Joseph Hasless）在1968年提出的一个概念，指的是在教学过程开始的时候，先分析若干直接影响教学设计但又不属于具体设计事项的问题，主要指学习需要分析、教学内容分析和____分析。

A. 学习目标　　B. 教学策略

C. 学习者特征　　D. 教学媒体

2. 分析学习内容的基本方法中，____是用来揭示学习目标所需掌握的从属技能的内容分析方法。

A. 归类分析法　　B. 层级分析法

C. 图解分析法　　D. 信息加工分析法

3. 教学组织形式是根据教学的主观和客观条件，从时间、环境、人员等方面综合考虑安排教学活动方式。____具有有助于提高学生组织和表达能力、培养学生协作精神和技巧的优点。

A. 集体授课　　B. 个别化学习

C. 小组协作学习　　D. 探究性学习

4. 媒体的效果原理包括共同经验原则、抽象层次原则、重复作用原则、信息有效原则和____原则。

A. 媒体选择与组合的最优化

B. 整体性

C. 成本效益

D. 最小代价律

5. 教学设计评价类型包括形成性评价、总结性评价、诊断性评价等，其中以经常性测验、作业、日常观察为主要评价方法的是____。

A. 形成性评价　　B. 总结性评价

C. 诊断性评价　　D. 客观性评价

三、思考题

1. 教学设计的一般过程包括哪几个主要环节？
2. 对教学目标的阐述应注意哪几点？
3. 简述教学策略的类别及选择原则。
4. 简述教学媒体选择原则。
5. 教学设计实践中应该注意哪些问题？
6. 利用教学设计方案模板编写出一节课的教学设计方案（技术环境不限）。

3 网络基础知识

【学习提要】

计算机网络是现代通信技术与计算机技术相结合的产物。计算机网络是将若干具有独立功能且可以分布在不同地域的计算机系统通过通信设备和线路由功能完善的网络软件互联起来，实现资源共享和数据通信的计算机系统的集合。通过本章的学习和实例，能够了解网络、Internet 的基础知识以及掌握常用软件的使用，可以更好地利用和享受网络带来的诸多便利。

【重点难点】

了解网络基础知识、网络协议、IP 地址、域名的概念。熟悉常见网络软件的基本应用。

3.1 网络基础知识概述

3.1.1 网络基本概念

随着计算机越来越普及和计算机应用的深入，一方面众多用户希望能共享大型与巨型计算机的硬件和软件等信息资源；另一方面各计算机之间也希望能互相传递信息进行通信。基于这些原因，促使计算机向网络化发展，将分散的计算机连接成网，组成计算机网络。

1. 计算机网络

计算机网络是现代通信技术与计算机技术相结合的产物。计算机网络是指将若干具有独立功能且可以分布在不同地域的计算机系统通过通信设备和线路由功能完善的网络软件互联起来，实现资源共享和数据通信的计算机系统的集合。计算机网络主要由计算机系统、通信线路和设备、网络协议和网络软件四部分组成。

通过网络，可以与连到网络上的其他用户交换数据信息，也可以共享网络资源，如服务器磁盘上的空间、磁盘上的文件及打印机服务等。

按计算机网络覆盖范围的大小，我们可以把网络分为局域网（local area network，LAN）、城域网（metropolitan area network，MAN）和广域网（wide area network，WAN）。局域网是指在一个较小地理范围内的各种计算机网络设备互联在一起的通信网络，可以包含一个或多个子网，通常局限在几千米的范围之内，如在一个房间、一座大楼或一个校园内的网络就称为局域网。广域网覆盖的地理范围较大，连接距离大于 50 km，常常是一个国家或是一个洲。Internet 就是最大、最典型的广域网。网络覆盖范围介于广域网和局域网之间的是城域网。

2. 地址和协议的概念

网络互联的目的是计算机与计算机之间能互相通信并交换信息，这种通信跟人与人之间信息交流一样必须具备一些条件。比如，您给一位外国朋友写信，首先必须使用一种对方也能看懂的语言，然后还得知道对方的通信地址，才能把信发出去。同样，计算机与计算机之间通信，首先也得使用一种双方都能接受的“语言”——通信协议，然后还得知道计算机彼此的地址，通过协议和地址，计算机与计算机之间就能交流信息，从而形成了网络。

3. 网络协议

网络协议是网络上所有设备（网络服务器、计算机及交换机、路由器、防火墙等）之间通信规则的集合，它规定了通信时信息必须采用的格式和这些格式的意义。就像我们说话用某种语言一样，在网络上的各台计算机之间也有一种语言，这就是网络协议，不同的计算机之间必须使用相同的网络协议才能进行通信。网络协议有很多种，具体选择哪一种协议要看情况而定。Internet 上的计算机使用的是 TCP/IP 协议。

4. Internet

Internet，中文译名为因特网，又称为国际互联网。它是全世界应用最为广泛的计算机网络。从广义上讲，Internet 是遍布全球的联络各个计算机平台的总网络，是成千上万信息资源的总称；从本质上讲，Internet 是一个使世界上不同类型的计算机能交换各类数据的通信媒介；从 Internet 提供的资源及其对人类的作用方面来理解，Internet 是建立在高灵活性的通信技术之上的一个全球数字化数据库。

3.1.2 Internet 相关知识

1. Internet 的诞生

1969 年，美国国防部高级研究计划管理局（Advanced Research Projects Agency，ARPA）开始建立一个命名为 ARPAnet 的网络，把美国的几个军事及研究用计算机主机联结起来。

1986 年，美国国家科学基金会（National Science Foundation，NSF）利用 ARPAnet 发展出来的 TCP/IP 的通信协议，在五个科研教育服务超级计算机中心的基础上建立了 NSFnet 广域网。很多大学、政府资助的研究机构甚至私营的研究机构纷纷把自己的局域网并入 NSFnet 中，ARPAnet 逐步被 NSFnet 所替代。

1989 年，由 CERN 开发成功 WWW，为 Internet 实现广域超媒体信息截取/检索奠定了基础。到了 90 年代初期，Internet 事实上已成为一个“网中网”——各个子网分别负责自己的架设和运作费用，而这些子网又通过 NSFnet 互联起来。

现在 Internet 已经连接了全球各个国家的上百万个计算机网络，成为世界上信息资源最丰富的计算机公共网络。

2. TCP/IP 协议

Internet 就是由许多小的网络构成的国际性大网络，在各个小网络内部使用不同的协议，正如不同的国家使用不同的语言，那么，如何使它们之间能进行信息交流呢？这就要靠 Internet 上的世界语言——TCP/IP 协议。图 3-1-1 是 TCP/IP 通信示意图。

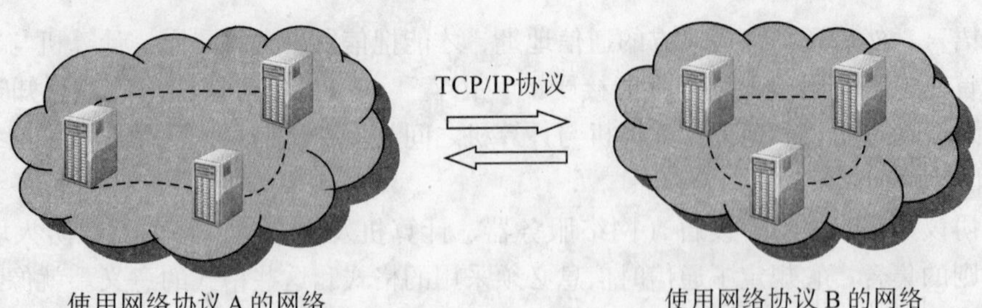

图 3-1-1　TCP/IP 通信示意图

3. IP 地址

网际协议地址（即 IP 地址）是为标识 Internet 上的主机位置而设置的。Internet 上的每一台计算机都被赋予一个世界上唯一的 32 位 Internet 地址（internet protocol address，IP address），这一地址可用于与该计算机有关的全部通信。以 8 bit 为一单位，组成四组十进制数字来表示每一台主机的位置。

一般的 IP 地址由四组数字组成，每组数字介于 0～255 之间，如某一台计算机的 IP 地址可为 202. 116. 15. 115，但不能为 202. 116. 15. 259。

4. 域名地址

尽管 IP 地址能够唯一地标识网络上的计算机，但 IP 地址是数字型的，用户记忆这类数字十分不方便，于是人们又发明了另一套字符型的地址方案，即所谓的域名地址。IP 地址和域名是一一对应的。例如，暨南大学主页的 IP 地址是 202. 116. 0. 45，对应域名地址为 www. jnu. edu. cn。这份域名地址的信息存放在一个叫域名服务器（domain name server，DNS）的主机内，使用者只需了解易记的域名地址，其对应转换工作就留给了域名服务器 DNS。DNS 就是提供 IP 地址和域名之间的转换服务的服务器。

5. 域名地址的意义

域名地址是从右至左来表述其意义的，最右边的部分为顶层域，最左边的则是这台主机的机器名称。一般域名地址可表示为“主机机器名．单位名．网络名．顶层域名”。例如，dns. jnu. edu. cn，这里的 dns 是暨南大学的一个主机的机器名，jnu 代表暨南大学，edu 代表中国教育科研网，cn 代表中国，顶层域一般是网络机构或所在国家地区的名称缩写。

域名由两种基本类型组成：以机构性质命名的域和以国家地区代码命名的域。常见的以机构性质命名的域，一般由三个字符组成，如表示商业机构的“com”，表示教育机构的“edu”等，如表 3-1-1 所示。

表 3-1-1　域名机构域的含义

域名	含义
com	商业机构
edu	教育机构
gov	政府部门
mil	军事机构

（续上表）

域名	含义
net	网络组织
org	其他非营利性组织

以国家或地区代码命名的域，一般用两个字符表示，是为世界上每个国家和一些特殊的地区设置的，如中国为“cn”、香港为“hk”、日本为“jp”、美国为“us”等。但是，美国国内很少用“us”作为顶级域名，而一般使用以机构性质或类别命名的域名。

6. 统一资源定位器

统一资源定位器（uniform resource locator，URL），是专为标识 Internet 网上资源位置而设的一种编址方式，我们平时所说的网页地址指的即是 URL。它的组成为，传输协议：//主机 IP 地址或域名地址/资源所在路径和文件名。如暨南大学网络与教育技术中心教育技术部的 URL 为 http：//netc. jnu. edu. cn/jyjs/jyjs. htm，这里 http 指超文本传输协议，netc. jnu. edu. cn 是其 Web 服务器域名地址，/jyjs 是网页所在路径，jyjs. htm 才是相应的网页文件。

每个网页都有一个独一无二的地址，称为“网址”，也叫做“统一资源定位器”地址，又叫做 URL 地址。

标识 Internet 网上资源位置的三种方式：

IP 地址：202. 116. 0. 45。

域名地址：www. jnu. edu. cn。

URL：http：//www. jnu. edu. cn/index. html。

下面是常见的 URL 中定位和标识的服务或文件：

http：文件在 Web 服务器上。

file：文件在您自己的局部系统或匿名服务器上。

ftp：文件在 FTP 服务器上。

Telnet：连接到一个支持 Telnet 远程登录的服务器上。

7. Internet 的工作原理

有了 TCP/IP 协议和 IP 地址的概念，就很好理解 Internet 的工作原理了：当一个用户想给其他用户发送一个文件时，TCP 先把该文件分成一个个小数据包，并加上一些特定的信息（可以看成是装箱单），以便接收方的机器确认传输是正确无误的，然后 IP 再在数据包上标上地址信息，形成可在 Internet 上传输的 TCP/IP 数据包。

当 TCP/IP 数据包到达目的地后，计算机首先去掉地址标志，利用 TCP 的装箱单检查数据在传输中是否有损失，如果接收方发现有损坏的数据包，就要求发送端重新发送被损坏的数据包，确认无误后再将各个数据包重新组合成原文件。

3. 1. 3 Internct 所提供的服务

Internet 是一个覆盖广泛、资源丰富的信息库。信息的载体涉及多种媒体，如文档、表格、图形、影像、声音以及它们的合成，而且这些信息还在不断地更新和变化。除此之外，

Internet 还是一个覆盖全球的枢纽中心，通过它可以了解来自世界各地的信息、收发电子邮件、和朋友聊天、进行网上购物、观看影片片断、阅读网上杂志，还可以聆听音乐会等等。

1. Internet 的功能

（1）信息传播。

任何人都可以把各种信息任意输入到网络中，进行交流传播。Internet 上传播的信息形式多种多样，世界各地用它传播信息的机构和个人越来越多，网上的信息资料内容也越来越广泛和复杂。目前，Internet 已成为世界上最大的广告系统、信息网络和新闻媒体。

（2）通信联络。

Internet 有电子函件通信系统，可以利用电子函件取代邮政信件和传真进行联络，甚至可以在网上通电话，乃至召开视频电话会议。

（3）资源共享。

用户可以通过 Internet 远程登录到某台目标计算机，充分利用该计算机的处理能力、存储空间（硬件资源）以及软件工具和软件环境（软件资源）。可以在 Internet 中与一些相同专业、行业或兴趣相投的人展开专题讨论和协作。专题讨论论文也可以长期存储在网上，供人调阅或补充。

（4）资料检索。

Internet 使我们现有的生活、学习、工作以及思维模式发生了根本性的变化。Internet 提供的服务包括 WWW 服务、电子邮件（e-mail）、文件传输（FTP）、远程登录（Telnet）、新闻论坛（usenet）、新闻组（news group）、电子布告栏（BBS）、文件搜寻（archie）等等，全球用户可以通过 Internet 提供的这些服务，获取 Internet 上提供的信息和功能。

2. Internet 所提供的几种常用服务

（1）Internet 上提供了浏览 WWW 服务。

World Wide Web（WWW），即“万维网”，是当前 Internet 上最受欢迎、最为流行的信息检索服务系统。它把 Internet 上现有资源统统连接起来，使用户能在 Internet 上已经建立了 WWW 服务器的所有站点提供超文本媒体资源文档。WWW 不仅提供了图形界面的快速信息查找，还可以通过同样的图形界面（GUI）与 Internet 的其他服务器对接。

Internet 上的各类信息一般以主页（homepage）的形式展现给用户，主页中除了文本外还包括图形、声音和其他媒体形式。主页的主要形式是一些超文本标识语言（hyper text markup language，HTML），它通常是网站的索引页。

WWW 的用户端（客户机）程序称为浏览程序（Web browser），它的作用是解析网站页面，将其内容以直观的图形、文本等多媒体形式展示给用户。

（2）Internet 上提供了电子邮件（e-mail）服务。

电子邮件服务是 Internet 所有信息服务中用户最多和接触面最广泛的一类服务。其收发过程和普通信件的工作原理是非常相似的。

电子邮件和普通信件的不同之处在于它传送的不是具体的实物而是电子信号，因此它不仅可以传送文字、图形，甚至连动画或程序都可以传送。电子邮件由于不需要印刷费及邮费，所以大大节省了成本。Internet 为用户提供完善的电子邮件传递与管理服务，使用起来非常方便。

（3）Internet 上提供了远程登录 Telnet 服务。

远程登录就是通过 Internet 进入和使用远距离的计算机系统，就像使用本地计算机一样。Telnet 协议是 TCP/IP 通信协议中的终端机协议。只要是该系统的注册用户，都能够从与 Internet 连接的一台主机进入 Internet 上的任何计算机系统。远程登录使用的工具是 Telnet 软件。一旦联通（login）远端计算机，用户的计算机就成为远端计算机的终端，可以进入系统执行操作命令，使用系统资源。在完成操作任务后，通过注销（logout）退出远端计算机系统，同时也退出 Telnet。

（4）Internet 上提供了文件传输 FTP 服务。

FTP（文件传输协议）是 Internet 上最早使用的文件传输程序。它可以传输任何格式的数据。它同 Telnet 一样，使用户能登录到 Internet 的一台远程计算机，把其中的文件传送回本地的计算机系统，或者反过来，把本地计算机上的文件传送并装载到远方的计算机系统。访问 FTP 服务器有两种方式：一种访问是注册用户登录到服务器系统；另一种访问是“匿名”（anonymous）进入服务器。利用这个协议，既可以下载软件，也可以上传资料。

3.1.4 Internet 在中国

中国科学院高能物理研究所最早在 1987 年就开始通过国际网络线路接入 Internet。1994 年我国互联网建设全面展开，到 1997 年底，已建成中国公用计算机互联网（ChinaNET）、中国教育科研网（CERNET）、中国科学技术网（CSTNET）和中国金桥信息网（ChinaGBN）等，并与 Internet 建立了各种连接。全国高校的校园网主要接入 CERNET，与 Internet 互联。

3.2 局域网知识

3.2.1 构成局域网的基本构件

要构成局域网（LAN），必须有四种基本构件：第一种构件是各类计算机。第二种构件是传输媒介，这种媒介可以是同轴电缆、双绞线、光纤或辐射性媒介。第三种构件是计算机网卡，也称为网络适配器。第四种构件是将计算机与传输媒介相连的各种连接设备，如 RJ－45 插头等。具备了上述四种网络构件，便可将 LAN 工作的各种设备用媒介互联在一起，搭成一个基本的 LAN 硬件平台，如图 3－2－1 所示。

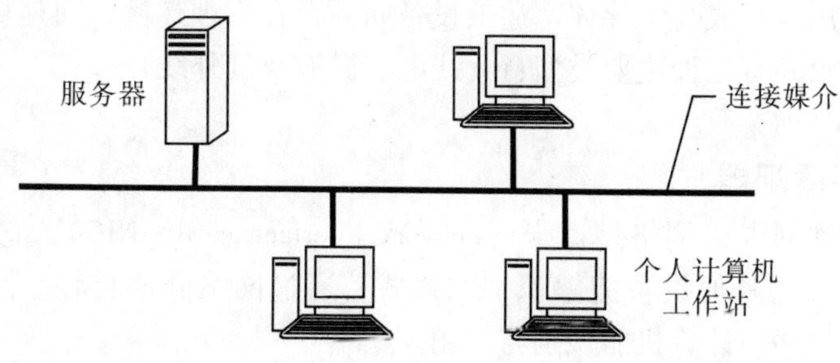

图 3－2－1 局域网示意图

有了 LAN 硬件环境，还需要控制和管理 LAN 正常运行的软件，即在每台 PC 机原有操作系统上增加网络所需的功能，例如，网络打印软件使 LAN 中的每台 PC 机能控制网络中的打印机。因此，组成 LAN 需要下述五种基本结构：①计算机（特别是 PC 机）；②传输媒介；③网络适配器；④网络连接设备；⑤网络操作系统。

3.2.2 局域网的传输媒介

LAN 常用的媒介有同轴电缆、双绞线和光纤以及红外线、微波等无线媒介。

1. 同轴电缆

同轴电缆可分为两类：粗缆和细缆。这种电缆在实际应用中很广，如有线电视网。

2. 双绞线

双绞线（twisted pairwire，TP）是布线工程中最常用的一种传输介质，分为非屏蔽双绞线和屏蔽双绞线。

根据双绞线的电气特性不同，可分为 1 类、2 类、3 类、4 类、5 类、超 5 类等类型，数字越大，性能越好。

3. 光纤

光纤是由许多细如发丝的玻璃纤维外加绝缘护套组成，光束在玻璃纤维内传输，防磁防电，传输稳定，质量高，适于高速网络和骨干网。光纤与电导体构成的传输媒体最基本的差别是它的传输信息是光束，而非电气信号。因此，光纤传输的信号不受电磁的干扰。

利用光纤连接网络，发送/接收端必须连接光/电转换器，另外还需要一些其他辅助设备。

表 3-2-1 是三种传输媒介的比较。

表 3-2-1　同轴电缆、双绞线、光纤的性能比较

传输媒介	价格	电磁干扰	频带宽度	单段最大长度
同轴电缆	一般	低	高	185 米/500 米
非屏蔽双绞线	最便宜	高	低	100 米
屏蔽双绞线	一般	低	中等	100 米
光纤	最高	没有	极高	几十千米

4. 无线媒介

无线媒介不使用电子或光学导体，通信设备间不存在物理连接，而是直接通过空间传输的一种技术。无线媒介有三种主要类型：无线电、微波及红外线。

3.2.3 网络适配器

网络适配器又称网卡或网络接口卡（network interface card，NIC），它负责将用户要传递的数据转换为网络上其他设备能够识别的格式，通过网络介质传输。网卡安装在 PC 机上，通过安装驱动程序使计算机能识别与使用。

3.2.4　局域网连接设备

1. 集线器

集线器（hub）是对网络进行集中管理的最小单元，像树的主干一样，它是各分枝的汇集点。hub是一个共享设备，其实质是一个中继器，主要功能是对接收到的信号进行再生放大，以扩大网络的传输距离，其缺点是容易形成数据堵塞。

2. 交换机

交换机是一个具有高性能和高端口密集特点的交换产品，性能优于集线器，是目前局域网中计算机级联的首选设备。

根据使用的网络技术不同，交换机可以分为以太网交换机、令牌环交换机、FDDI交换机、ATM交换机和快速以太网交换机等。按交换机的应用领域，可分为台式交换机、工作组交换机、主干交换机、企业交换机、分段交换机、端口交换机和网络交换机等。

3. 路由器

路由器是一种网络设备，它能够利用一种或几种网络协议将本地或远程的一些独立的网络连接起来。每个网络都有自己的逻辑标识。路由器是用来实现路由选择功能的一种媒介系统设备。路由器通过逻辑标识将指定类型的封包（如IP）从一个逻辑网络中的某个节点，进行路由选择，传输到另一个网络上某个节点。一般说来，异种网络互联与多个子网互联都应采用路由器来完成。

3.2.5　网络拓扑结构

网络拓扑结构是指网络中各个端点相互连接的方法和形式，是用节点与通信线路间的几何关系来表示网络结构，反映出网络中各实体间的结构关系。常见的局域网的拓扑结构主要有星型、总线型、环型和网型等。

1. 星型拓扑结构

星型拓扑结构中各节点都与中心节点连接，呈辐射状排列在中心节点周围，如图3-2-2所示。处于中心位置的网络设备为集线器。

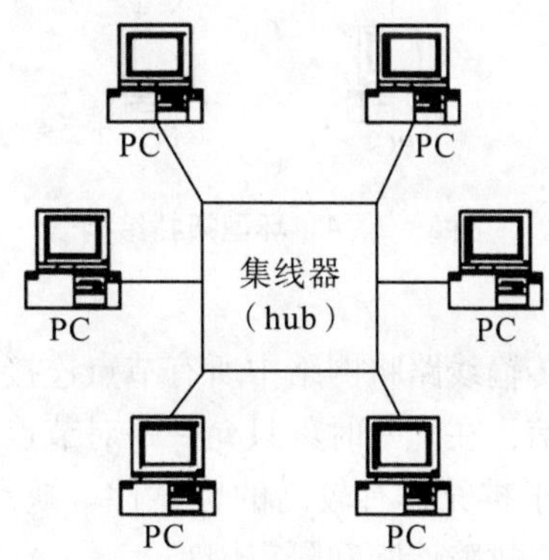

图3-2-2　星型拓扑结构

星型拓扑结构的优点是便于集中控制，易于维护和安全，单节点的故障不会影响网络其他部分；缺点是中心节点必须具有极高的可靠性，否则其故障会导致整个系统瘫痪。

星型网络拓扑结构的一种扩充便是星型树，如图 3-2-3 所示。每个 hub 与端用户的连接仍为星型，hub 级连而形成树。当然，hub 级连的个数是有限的。而且，以 hub 构成的网络结构，虽然呈星型布局，但它访问媒介的机制仍是共享媒介的总线方式。

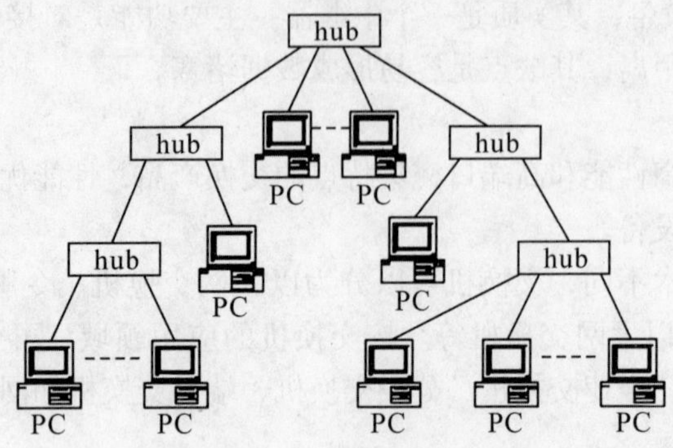

图 3-2-3　星型树拓扑结构

2. 环型拓扑结构

环型拓扑结构中各节点首尾相连形成一个闭合的环型，环中的数据沿着一个方向绕环逐站传输，如图 3-2-4 所示。这种结构消除了终端节点对中心设备的依赖性。但如果环的某一点断开，环上所有节点间的通信便会终止。为此，每个端点除与一个主环相连外，还可连接到备用环上，当主环发生故障时，就自动转到备用环上。

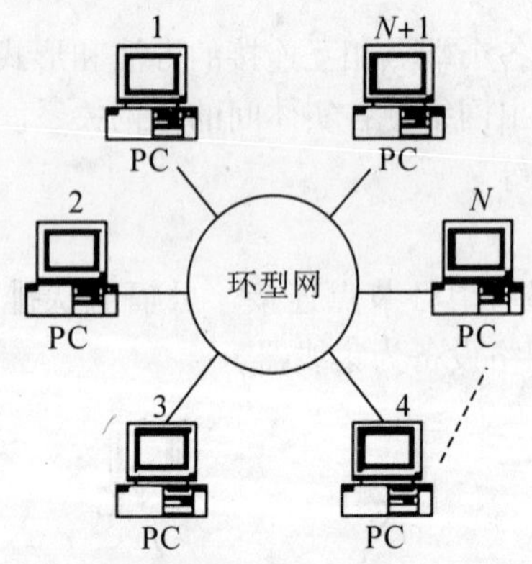

图 3-2-4　环型拓扑结构

3. 总线拓扑结构

总线拓扑结构是通过一根传输线路将网络中所有节点连接起来，这根线路称为总线。网络中各节点都通过总线进行通信，在同一时刻只允许一对节点占用总线通信，如图 3-2-5 所示。这种拓扑结构简单、易于扩充，有较高的可靠性。缺点是一次仅能一个节点发送数据，总线访问获取机制较复杂，故障诊断和隔离困难。

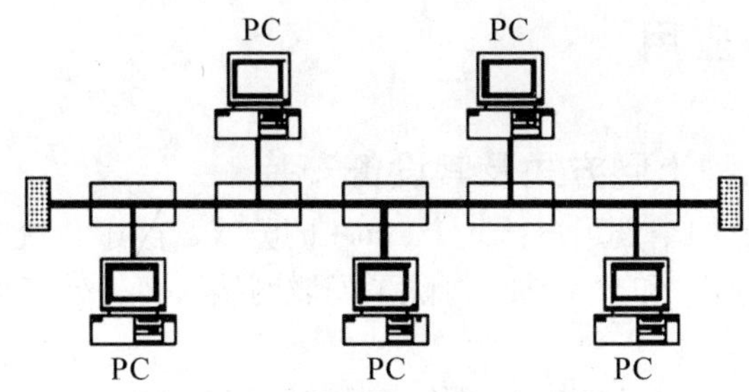

图 3-2-5 总线拓扑结构

3.2.6 常见网络互联方式

网络互联有多种方式，常见的有以下几种：

1. ISDN（综合业务数字网）

综合业务数字网（integrated service digital network，ISDN）是一种能够同时提供多种服务的综合性的公用电信网络。ISDN 由公用电话网发展起来的，它能提供端到端的数字连接，用来承载语音和非语音等多种电信业务。

2. DDN 专线

DDN（digital data network），意思是数字数据网，即平时所说的专线上网方式。数字数据网是一种利用光纤、数字微波或卫星等数字传输通道和数字交叉复用设备组成的数字数据传输网，它可以为用户提供各种速率的高质量数字专用电路和其他新业务，以满足用户多媒体通信和组建中高速计算机通信网的需要。

3. ATM 异步传输方式

ATM 是目前网络发展的最新技术，它采用基于信元的异步传输模式和虚电路结构，从根本上解决了多媒体的实时性及带宽问题。它实现了面向虚链路的点到点传输，通常提供 155 Mb/s 的带宽。

4. ADSL（不对称数字用户服务线）

ADSL 是 DSL（数字用户环路）家族中最常用、最成熟的技术，它能在现有的铜双绞普通电话线上提供高达 8 Mb/s 的高速下载速率和 1 Mb/s 的上行速率，而其传输距离为 3 km 到 5 km。所谓不对称，主要体现在上行速率和下行速率的不对称性上。

5. 有线电视网

利用有线电视网进行通信，可以使用 Cable Modem，即电缆调制解调器，进行数据传输。Cable Modem 主要面向计算机用户的终端，它是连接有线电视同轴电缆与用户计算机之间的中间设备。

6. VPN（虚拟专用网络）

它是利用 Internet 或其他公共互联网络的基础设施为用户创建数据通道，实现不同网络组件和资源之间的相互联结，并提供与专用网络一样的安全和功能保障。

3.3 网络基本应用

3.3.1 常见的几种上网方式及其设备安装

在实际生活中，常见的个人用户接入 Internet 的方式，除了传统的“电话拨号”、“局域网接入”外，还有“ISDN”和“ADSL”。除了局域网接入，另外三种都属于拨号网络。

1. 局域网接入

如果用户所在的单位或者社区已经架构了局域网并与 Internet 相连接，而且他所在的位置布置了网络接口的话，要接入 Internet 可以使用局域网。

通过局域网接入 Internet 非常简单，只要有一台计算机、一块网卡、一根双绞线，然后再向网络管理员申请一个 IP 地址即可。方法是先安装网卡，然后把双绞线一头插在局域网的接口上，另一头插在网卡后的双绞线插孔内，再进入计算机操作系统，安装网卡的驱动程序，进行局域网常用的 TCP/IP 协议安装和配置，就可以使用“IE”上网了。

2. 拨号上网

连接接入设备如 Modem、ISDN 和 ADSL 都属于此方式。以 ADSL 为例：

ADSL 接入 Internet 有虚拟拨号和专线接入两种方式。采用虚拟拨号方式的用户采用类似 Modem 和 ISDN 的拨号程序，即用 ADSL 接入 Internet 时需要输入用户名与密码；采用专线接入的用户只要开机即可接入 Internet。

申请 ADSL 须具备的条件：

硬件方面：①计算机：586 奔腾及以上 IBM 兼容机；②ADSL 终端设备：ADSL Modem 及内置式以太网卡。

软件方面：①WINXP 操作系统；②浏览器建议使用 IE 6.0 以上。

3. 拨号网络的设置、网络连接及断开

设备安装完成后，还要在计算机上安装相应的网络组件并进行配置之后才可以联网。

(1) 在“控制面板”中打开“网络连接”，如图 3－3－1 所示。

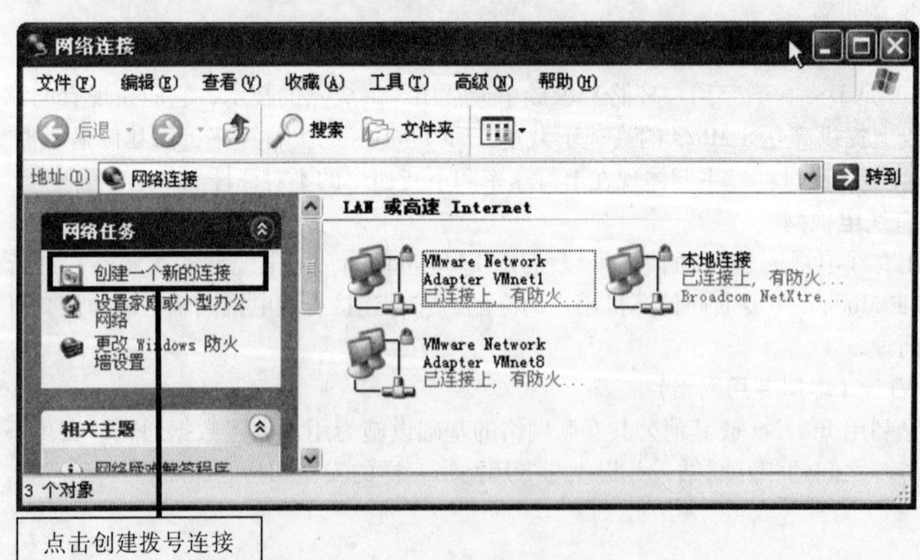

图 3－3－1 创建“拨号连接”

（2）创建一个新的连接，根据“新建连接向导”进行操作，如图3－3－2所示。点击“下一步”按钮，进入“新建连接向导”，如图3－3－3所示。

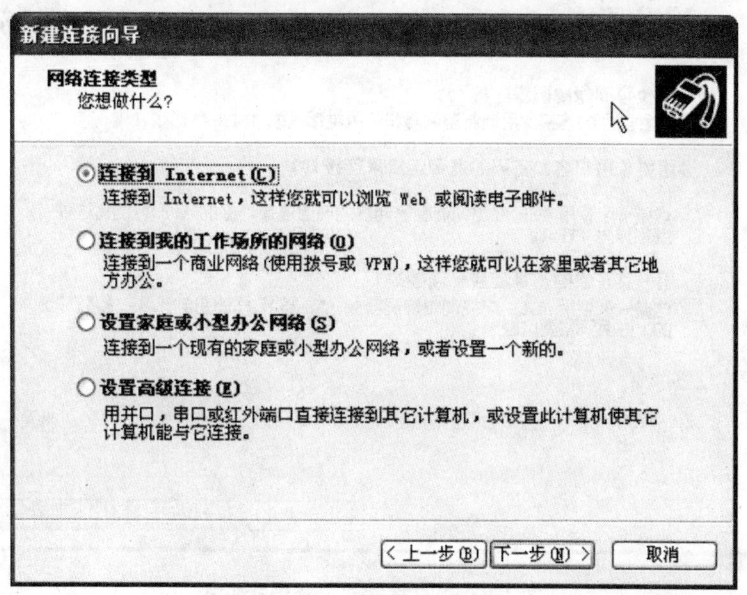

图3－3－2　连接到 Internet

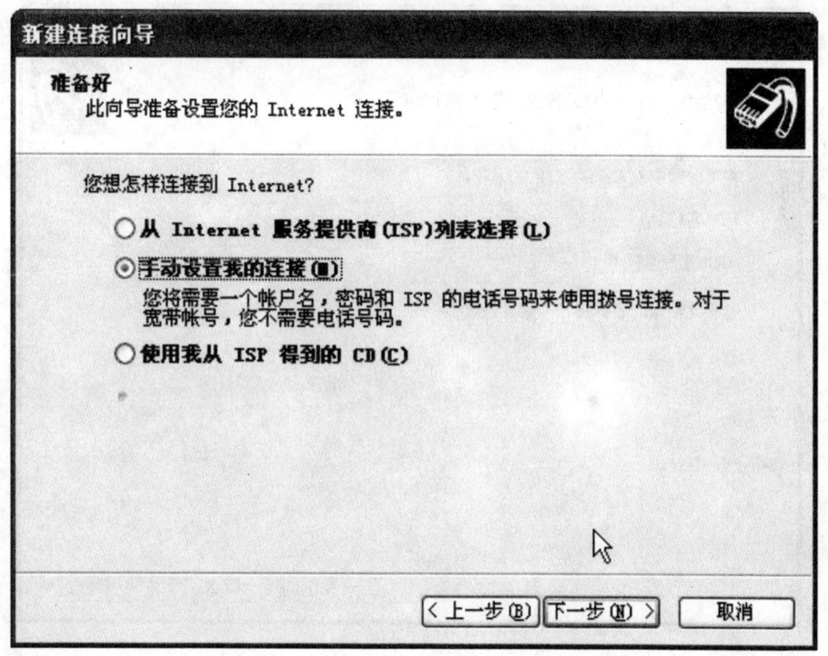

图3－3－3　手动设置“我的连接”

（3）如果使用普通 Modem 上网，选择“用拨号调制解调器连接”；如果使用 ADSL Modem，选择第二项“用要求用户名和密码的宽带连接来连接”，如图3－3－4所示。

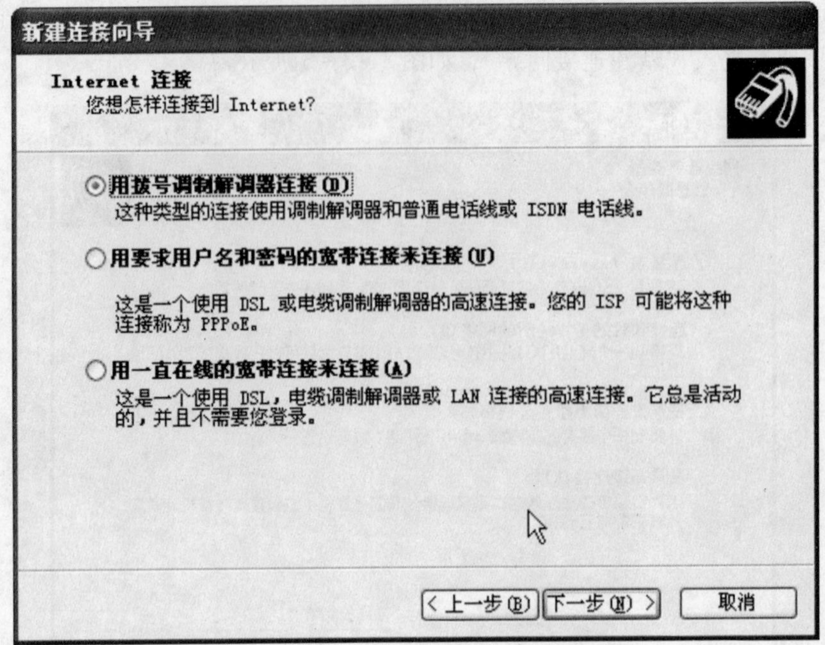

图 3－3－4　按需要选择连接方式

（4）输入连接名称，按“下一步”继续，如图 3－3－5 所示。

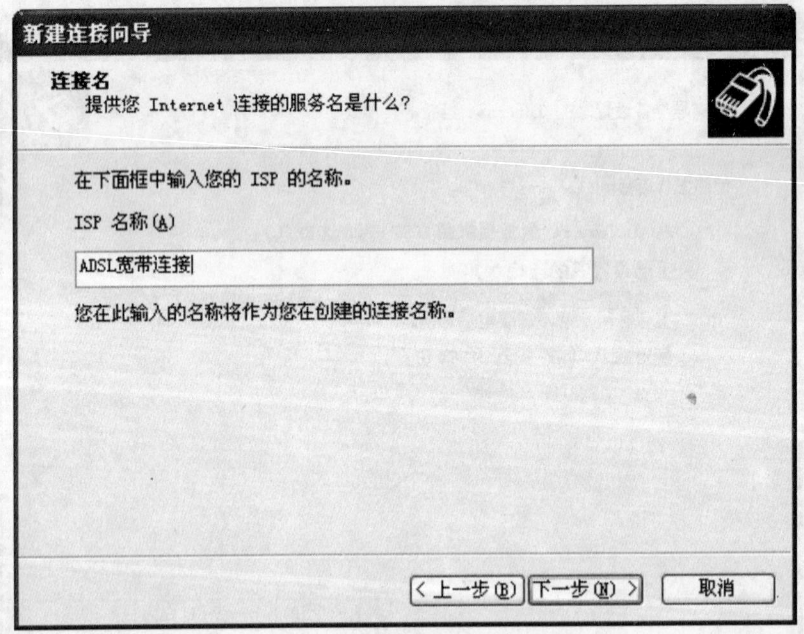

图 3－3－5　输入标记该连接的连接名称

（5）输入服务提供商分配给你的用户名和密码，按“下一步”继续，如图 3－3－6 所示。如果是普通电话拨号上网，在该步前还需要输入 ISP 提供的接入电话号码。

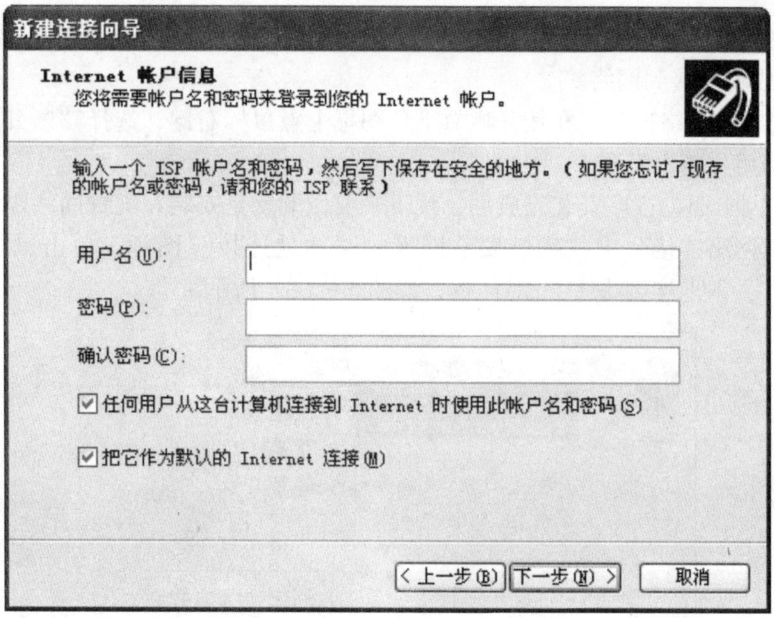

图 3－3－6　输入用户名和密码

（6）现在一个新的拨号连接就建好了，点击“完成”按钮，如图 3－3－7 所示。可以看到，在 Windows 桌面上多了一个“ADSL 宽带连接”的图标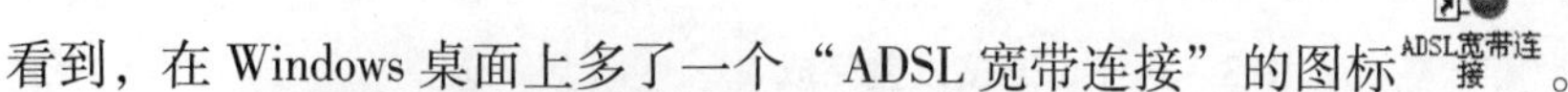。

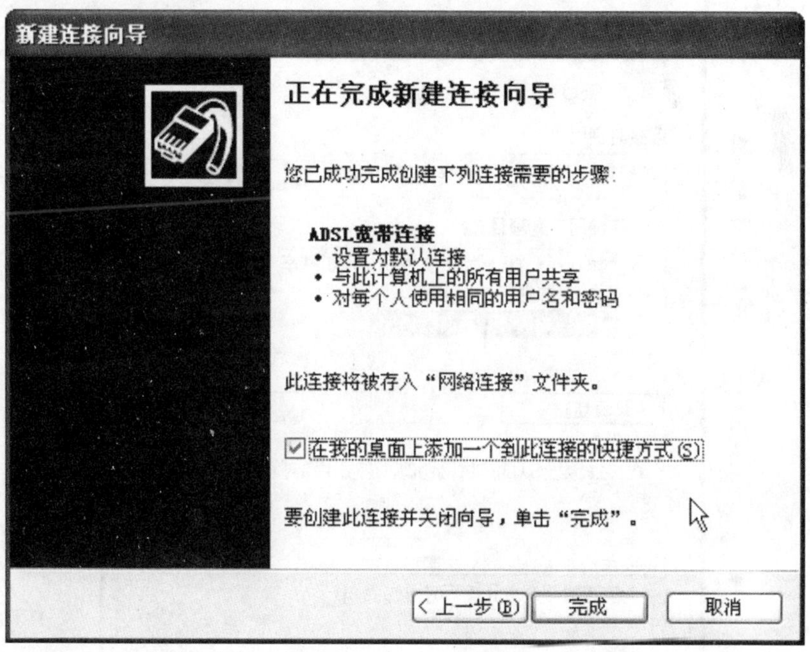

图 3－3－7　连接设置完成

拨号网络设置好之后，就可以连接网络了。首先把硬件设备电源都打开，进入 Windows 桌面，双击“ADSL 宽带连接”的图标，在弹出的对话框中点击“连接”按钮就可以了。

连接网络后，窗口自动最小化到任务栏并出现图标（普通拨号上网）或（宽带上网），说明已成功连接到网络。

如果需要断开网络连接，在任务栏右下角图标上点鼠标右键，选择“断开”即可。

4. 局域网用户基本配置

把网卡和网卡驱动程序安装完成后，接下来要做的就是安装和配置网络协议。

(1) 在“网络连接”中找到已安装网卡的“本地连接”图标，单击鼠标右键，选择“属性”，进入“本地连接 属性”对话框，如图3-3-8所示。

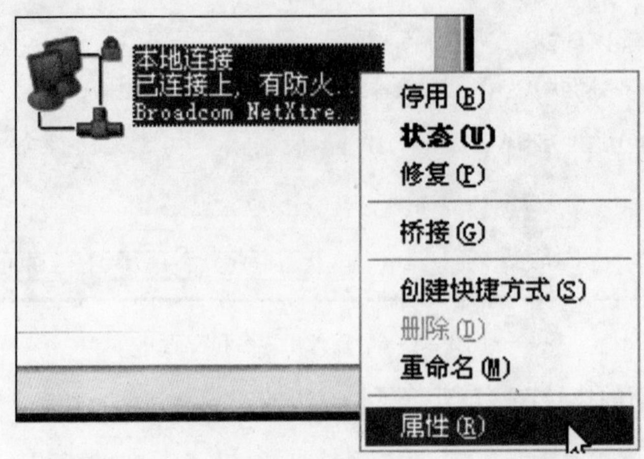

图3-3-8　连接设置完成

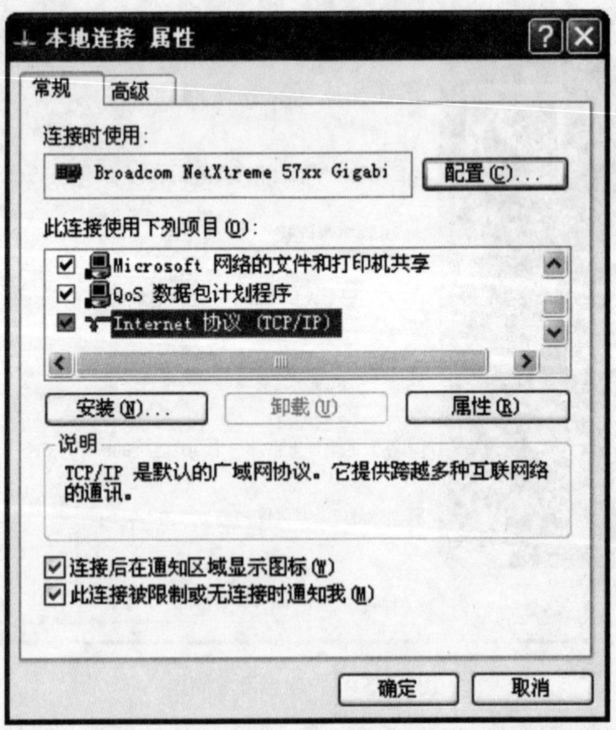

图3-3-9　“本地连接 属性”设置

（2）在“常规”标签下的“此连接使用下列项目”栏中找到“Internet 协议（TCP/IP)”，在前面的方框里打钩，然后点击“属性”按钮进入“Internet 协议（TCP/IP）属性”对话框，如图 3－3－9 所示。

（3）配置 TCP/IP 协议。

在配置协议之前，你必须从网络管理员那里获得以下信息：

①分配给你的计算机 IP 地址。

②计算机 IP 地址的子网掩码。

③默认网关地址。

④本局域网的域名解析服务器（DNS 服务器）地址。

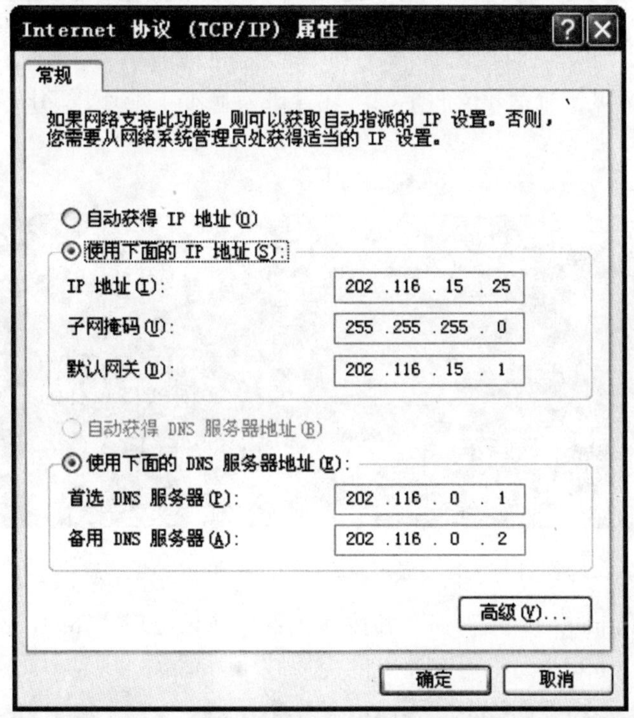

图 3－3－10　配置“Internet 协议（TCP/IP）属性”

如图 3－3－10 所示，选择“使用下面的 IP 地址”选项，依次填入网络管理员分配给你的计算机 IP 地址、子网掩码、默认网关、首选 DNS 服务器和备用 DNS 服务器。如果网络管理员使用 DHCP 动态分配局域网中的 IP 地址，则可以选择“自动获得 IP 地址”选项来获取计算机的 IP 地址。

配置好后，点击“确定”按钮，就完成 TCP/IP 协议配置，再点击“确定”，退出“本地连接 属性”。网卡设置就完成了。

（4）查看和测试连接。

在“开始”→“运行”中输入“cmd”命令，点击“确定”进入 DOS 窗口，如图 3－3－11 所示。

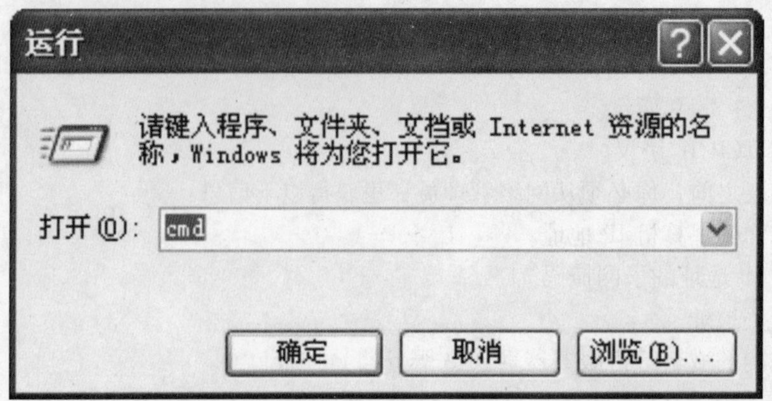

图 3－3－11　进入 DOS 窗口

输入“ipconfig /all”命令并按回车键。计算机会显示本地连接的网卡和 IP 地址的详细信息，如图 3－3－12 所示。

```
C:\WINDOWS\system32\cmd.exe
Microsoft Windows XP [版本 5.1.2600]
(C) 版权所有 1985-2001 Microsoft Corp.

C:\Documents and Settings\Administrator>ipconfig /all
Ethernet adapter 本地连接:

        Connection-specific DNS Suffix  . :
        Description . . . . . . . . . . . : Broadcom NetXtreme 57xx Gigabit Cont
roller
        Physical Address. . . . . . . . . : 00-19-B9-3A-34-7C
        Dhcp Enabled. . . . . . . . . . . : No
        IP Address. . . . . . . . . . . . : 202.116.15.25
        Subnet Mask . . . . . . . . . . . : 255.255.255.0
        Default Gateway . . . . . . . . . : 202.116.15.1
        DNS Servers . . . . . . . . . . . : 202.116.0.1
                                            202.116.0.2
```

图 3－3－12　显示计算机的网卡和 IP 地址信息

输入“ping www. jnu. edu. cn”命令并按回车键。如果出现“Reply from. . . ”，表明网络已经接通，如图 3－3－13 所示。

```
C:\Documents and Settings\Administrator>ping www.jnu.edu.cn

Pinging www.jnu.edu.cn [202.116.0.45] with 32 bytes of data:

Reply from 202.116.0.45: bytes=32 time<1ms TTL=125
Reply from 202.116.0.45: bytes=32 time<1ms TTL=125
Reply from 202.116.0.45: bytes=32 time<1ms TTL=125
Reply from 202.116.0.45: bytes=32 time<1ms TTL=125

Ping statistics for 202.116.0.45:
    Packets: Sent = 4, Received = 4, Lost = 0 (0% loss),
Approximate round trip times in milli-seconds:
    Minimum = 0ms, Maximum = 0ms, Average = 0ms
```

图 3－3－13　目标地址响应连接

使用局域网联网的用户，不需要像拨号用户那样经过“拨通电话—身份验证—联网”的过程。只要你的 TCP/IP 协议配置无误，那么计算机打开就联网了，当计算机关闭的时候才会断开与网络的连接。

3.3.2 校园网建设

1. 校园网设计架构

校园网建设必须进行总体设计，首先，进行需求调查，准确描述学校的信息化环境，参考学校的性质、任务和发展特点，提出明确的系统建设需求和条件；其次，在需求分析的基础上，确定学校网络建设的具体目标，如网络设施、站点设置、网络开发应用和管理等方面的目标；第三，确定网络拓扑结构和功能，根据应用需求、建设目标和学校主要建筑分布特点，进行系统分析和设计；第四，制定技术设计的标准和要求，如布线设计、设备选择、软件配置等方面的要求；第五，规划安排校园网建设实施。

简化的数字化校园网络架构如图 3－3－14 所示。

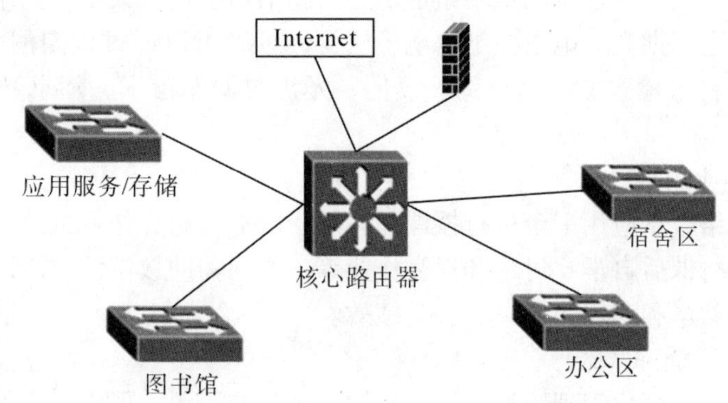

图 3－3－14　数字化校园网络架构图

2. 校园网能实现的功能

（1）提供丰富的网络接入方式。

校园网能提供多种网络接入方式，包括校园宽带网、无线网络、拨号网络和 VPN 接入等。其中 VPN 接入方式可以让校外用户安全快速地访问校内信息资源，通过动态域名解释和反向代理技术的网站加速系统，可以使校外用户快速地访问学校 Web 网站等资源。

（2）建设先进的高性能数据中心。

先进的高性能数据中心能实现校园信息资源有效的集成、优化和共享，能提供高性能计算、信息服务、网络门户系统、网络教学平台、数据库、学校邮件等关键应用，为教学、科研、管理服务。数据中心通常采用高性能小型机作为核心服务器，配合高性能核心存储设备，为学校信息化建设的高端和重要的应用提供稳定服务。

（3）健全的网络和数据安全保障体系。

通过在校园网部署高性能千兆硬件防火墙、垃圾邮件过滤系统、防病毒软件以及路由器访问控制，可以确保校园网的高效安全使用。部署数据备份系统，则能保障学校关键应用系统的数据安全。

（4）实现共享的网络增值服务。

提供各种网络应用服务，如网络点播系统和直播系统、视频会议系统等，尽可能高效利用网络为学校提供丰富的资源和服务，实现远程异地共享资源，打破时空间隔。此外，还能开展网络图书馆、网络办公系统、教学应用系统、一卡通等各种网络应用和服务。

3. 校园网的应用

目前，校园网的应用主要有：

（1）网上综合教务管理系统。

该系统包括学籍管理、教学计划管理、排课排考、选课、成绩、毕业审核、教学质量评估、综合查询等功能，大大提高了教务管理的效率。许多学校都建设了这种管理系统。

（2）网上招生系统。

网上招生系统，是集招生信息发布、网上报名、存档、公布考试成绩、录取结果一体化的系统。它能为学校的教学、管理、科研等提供准确的考生电子资料信息、统计数据等，方便各院系、管理部门的各项工作。

（3）数字化图书馆。

数字化图书馆是校园网建设的重要组成部分。图书馆引进了大量的网络数据库、光盘数据库、电子图书、电子期刊、电子报纸等电子资源，读者可以通过校园网登录图书馆网站，进行馆藏图书报刊目录检索、图书预约、续借、光盘数据库检索、随书光盘下载、图书荐购等。

（4）网络教学应用平台。

教师能通过网络教学应用平台进行授课、答疑、网上讨论、作业批改等，学生能利用网络教学应用平台进行课后自学、讨论和提交作业等一系列辅助教学活动。网络教学应用系统真正实现了资源的共享和利用，提高了教学绩效。

（5）网络办公系统。

实现无纸化办公，简化管理流程，综合利用各部门的资源，可以大大促进工作效率并节省时间和费用。

（6）其他网络应用和工具。

视频点播、宽带多媒体教学系统等，为教师和学生的学习和生活带来了许多便利，丰富了师生的课余生活，促进了学校的管理、建设。

3.3.3 网络安全

1. 网络安全的重要性

随着计算机病毒和黑客技术的传播，网络安全越来越重要，为了保护计算机数据和安全，应该了解计算机网络攻击和防御技术，做好网络安全保护措施。

网络攻击技术主要包括：

（1）网络监听：在计算机上设置一个程序去监听目标计算机与其他计算机通信的数据。

（2）网络扫描：利用程序去扫描目标计算机开放的端口等，目的是发现漏洞，为入侵该计算机做准备。

（3）网络入侵：发现对方存在漏洞以后，入侵到目标计算机获取信息。

（4）网络后门：成功入侵目标计算机后，在目标计算机中安装木马等后门，以便长期控制。

（5）网络隐身：入侵完毕退出目标计算机后，将自己入侵的痕迹清除，防止被对方管理员发现。

网络防御技术包括：

（1）操作系统的安全配置：操作系统的安全是整个网络安全的关键。

（2）加密技术：为了防止被监听和盗取数据，将数据进行加密。

（3）防火墙技术：利用防火墙，对传输的数据进行限制，从而防止被入侵。

（4）入侵检测：如果网络被攻击，就及时发出被入侵的警报。

2. 计算机病毒

计算机病毒是指编制或者在计算机程序中插入的破坏计算机功能或者破坏数据，影响计算机使用并且能够自我复制的一组计算机指令或者程序代码。其特点如下：传染方式多、破坏性和隐蔽性强、具有寄生性和自我复制能力等。计算机一旦感染病毒或木马，会出现系统运行程序明显缓慢、无法停止某些应用或服务、上网浏览网页变慢而且强行链接到某网页等现象，此时，需要用“干净”的系统盘启动计算机并杀毒。

计算机病毒的防护主要通过选择合适的杀毒软件来防止病毒入侵，同时，注意不要随便下载并运行不明来源的软件和邮件，加强对移动存储的保护，安装网络防火墙避免网络病毒和木马的侵袭，这样可以有效保护计算机安全。

3. 网络安全措施

计算机网络安全措施主要包括保护网络安全、保护系统安全和保护应用安全三个方面，各个方面都要综合考虑安全防护的物理安全、防火墙、信息安全、Web 安全、媒体安全等等。

（1）保护网络安全。

网络安全是为保护网络系统之间通信过程的安全性。措施包括保护网络关键设备（如交换机、大型计算机等），制定严格的网络安全规章制度，采取防辐射、防火以及安装不间断电源（UPS）、数据加密和防火墙技术等。

（2）保护系统安全。

保护系统安全，主要从计算机系统的角度进行安全防护，它与网络系统硬件平台、操作系统、各种应用软件等互相关联。其中包括检查和确认安装软件的安全漏洞、用户认证、数据审计、日志检测、防范计算机病毒等。

（3）保护应用安全。

它主要是针对特定应用（如 Web 服务器、FTP 服务器）所建立的安全防护措施。安全业务可以涉及认证、访问控制、机密性、数据完整性、Web 安全性等应用的安全性。

3.4 常用的上网软件

3.4.1 使用浏览器浏览 Web 页面

要浏览 Web 页面，就要有相应的 WWW 客户端程序，也就是 Web browser——浏览器。本节将以 Internet Explorer 为例来为大家介绍一下如何使用浏览器浏览 Web 页面。

Internet Explorer，一般简称为 IE，是 Microsoft 公司开发的用于 Wcb 浏览的专用浏览器软件。下面以 IE 8.0 为例简单介绍浏览器软件的使用。

1. **使用 IE 访问网站**

点击桌面上的 Internet Explorer 图标Internet Explorer，运行 IE 浏览器。在浏览器的“地址栏”里输入网页的 URL 地址，浏览器就会在 Internet 上找到相应网页，并把它显示出来。比如输入暨南大学网络与教育技术中心的网址 http：//netc. jnu. edu. cn，就可以看到该中心的网页了。把鼠标箭头移到标题或图片上面，鼠标箭头变成一只小手，点击鼠标左键，浏览器显示的内容就跳转到另外一个网页。这种能够跳转的链接点就是“超级链接”。它可以通过站点导航到达其他网站，而不需要输入 URL 地址。

2. **IE 的快捷菜单条**

打开 IE 浏览器窗口，如图 3－4－1 所示。

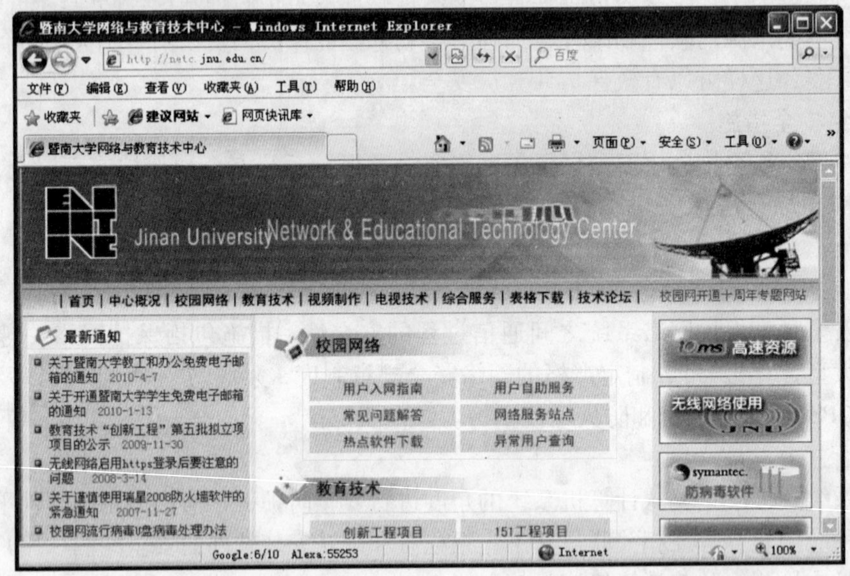

图 3－4－1 IE 界面

标题栏：显示了当前打开页面的标题。

菜单栏：IE 浏览器的菜单条，IE 的所有功能指令都可以在这里找到。

快捷菜单栏：一些常用命令的快捷图标。

地址栏：输入 URL 地址来访问网站。

浏览窗口：所访问站点的内容。

状态栏：显示了当前窗口的状态。

3. **保存网页和图片**

（1）保存相关文字。

把相关文字部分用鼠标拖动选取，选择菜单中的“编辑”→“复制”命令（或使用快捷键“Ctrl＋C”），再建立一个文字处理文件，如 Word 或记事本文件，选择“粘贴”命令把刚才拷贝的部分粘贴到新文件中，保存这个文件即可。

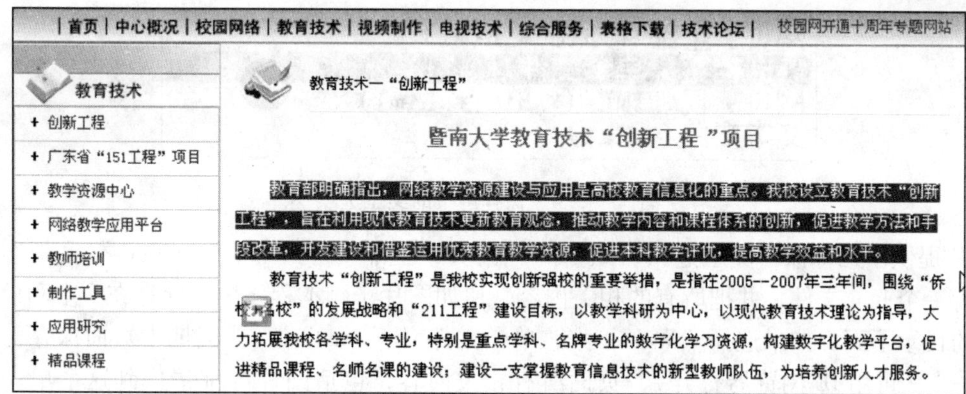

图 3－4－2　复制网页中的选择文本

小提示

按下键盘中的“Ctrl + A”可全选页面的所有文字信息。

（2）保存图片。

在图片上点击鼠标右键，选择“图片另存为”，在弹出的保存对话框中指定一下图片保存的位置就可以了。

图 3－4－3　保存网页中的某张图片

（3）保存整个页面。

选择菜单栏里的“文件”→“另存为”命令，然后在弹出的保存对话框中选择一个在硬盘上的保存位置就可以了。

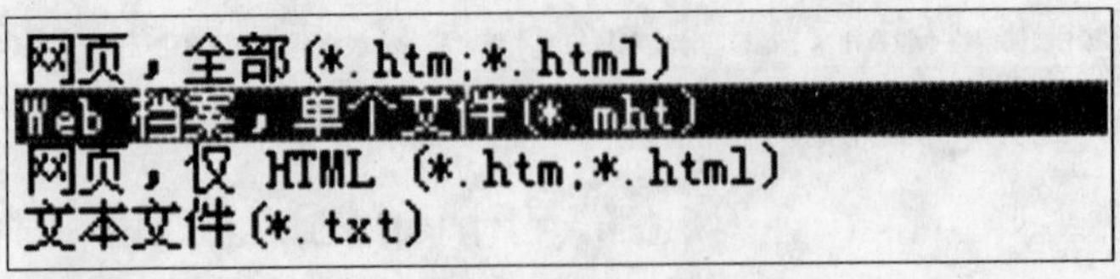

网页，全部(*.htm;*.html)
Web 档案，单个文件(*.mht)
网页，仅 HTML (*.htm;*.html)
文本文件(*.txt)

图 3-4-4　保存网页的类型选项

IE 提供了几种保存类型选项，默认的“网页，全部（*.htm；*.html）”会把本页面保存为一个 htm 文件，并把所有的相关内容，比如图片、脚本程序等都保存在一个和该文件同名的目录下面；如果选择“Web 档案，单个文件（*.mht）”，就会把本页面保存为一个 mht 文件（可用 IE 浏览器打开），页面所有相关内容，包括图片等都集成到这个单一文件中；如果选择“网页，仅 HTML（*.htm；*.html）”，那么本页保存下来的虽然还是一个 htm 页面，但是其他相关内容，比如图片等就都没有了；如果选择“文本文件（*.txt）”，那么保存下来的只有页面上的文字内容。

小提示

在浏览网页的时候尝试利用鼠标右键的功能，可以带来极大的方便。

4. 收藏网址及整理收藏夹

使用收藏夹，可以方便地记录常去的和有用的页面，免去了大量记忆和抄录网址的麻烦。

（1）在 IE 中打开需要收藏的网站。

（2）执行菜单栏里的“收藏夹”→“添加到收藏夹”命令。

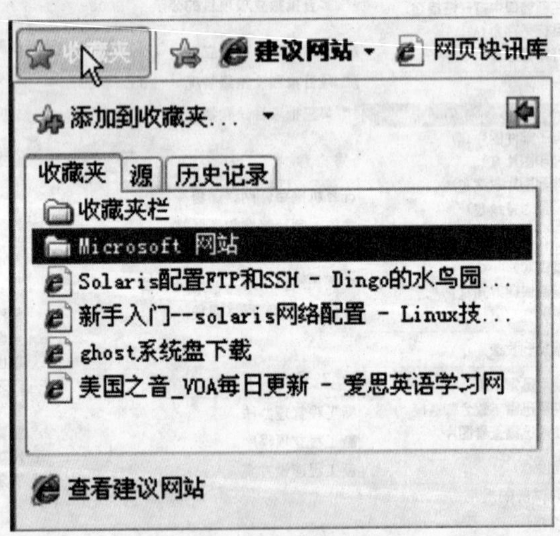

图 3-4-5　收藏夹

（3）在弹出的窗口中点击“确定”按钮。

名称：在收藏夹里所显示的名称，用于与其他收藏站点相区别。可以自己定义所收藏的站点的名称。

创建到：默认收藏是将网站地址直接收藏在收藏夹的目录下。点击“创建到”按钮，可以指定本地址的收藏类别，还可以通过“创建新目录”按钮来创建新的类别。

（4）访问已收藏的站点。只需要打开收藏夹，然后选择该站点就可以了。

日积月累，收藏夹里的网站会越来越多，这时就需要把收藏夹整理一下，把收藏的内容分门别类地存放。

执行菜单栏的“收藏夹”→“整理收藏夹”命令，如图 3－4－6 所示。

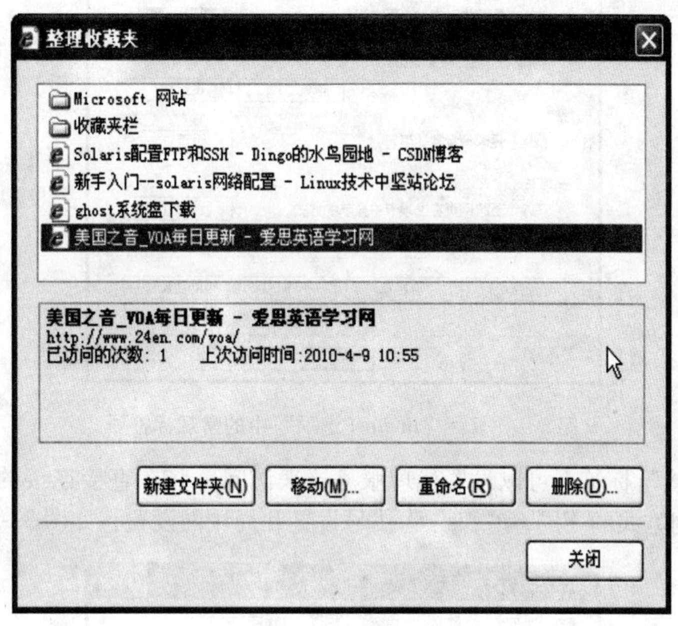

图 3－4－6　整理收藏夹

此外，还可以导入/导出收藏夹到新的 IE 浏览器上，执行菜单栏的“文件”→“导入/导出”命令。可以按向导操作是从文件导入还是导出到文件，其文件的格式为“. htm”。

5. Internet 选项

如果需要进一步设置 IE，则要进入 Internet 选项进行一些高级设置。

点击菜单栏的“工具”→“Internet 选项”，打开“Internet 选项”对话框。

（1）在“常规”标签下可设置主页、浏览历史记录、搜索、选项卡和外观，如图 3－4－7 所示。

“主页”可以设置浏览器运行时自动打开的网站地址。如果把浏览器默认的地址更改为“http：//www. jnu. edu. cn”。点击“确定”后，此时再打开一个新的浏览器窗口，所连接的第一个页面就是暨南大学的首页了。

“浏览历史记录”可以删除使用 IE 浏览时产生的临时文件和记录，也可以设置记录保存的时间和占用的空间，以提高浏览网页的效率和安全性。

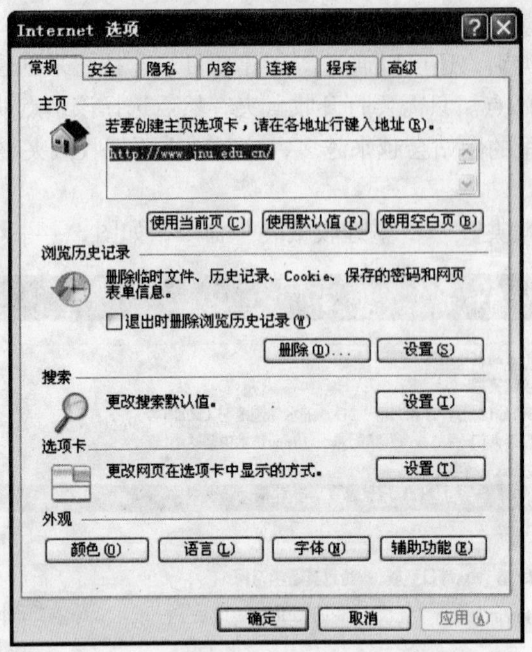

图 3-4-7 "Internet 选项"中的常规标签项

（2）在"连接"标签下可以设置代理服务器来访问一些在直接连接的情况下无法访问的站点。根据联网方式的不同，它又分为拨号设置和局域网设置，如图 3-4-8 所示。

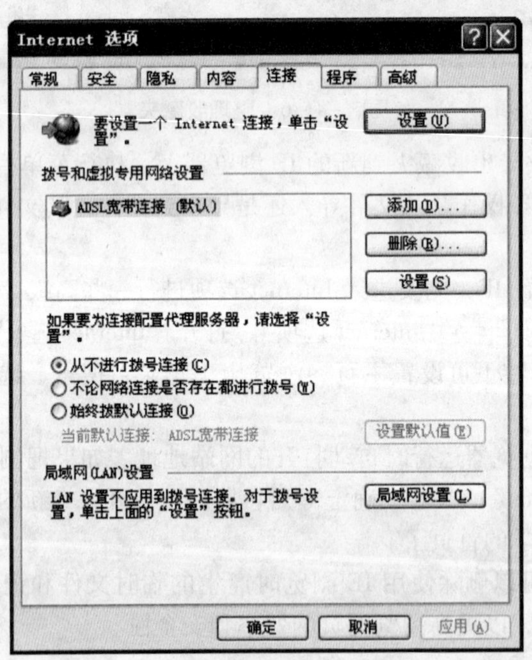

图 3-4-8 "Internet 选项"中的"连接"标签项

如果是拨号用户，就选择拨号连接，然后点击拨号设置栏目中的"设置"按钮来设置。如果是局域网用户，选择"局域网设置"按钮。设置方式一样，钩选"代理服务器"栏目中的“为LAN使用代理服务器”，然后把代理服务器的地址和端口号填写在相应位置，点击“确定”就可以了。不需要使用代理服务器时，把“为LAN使用代理服务器”前的钩去掉，点击“确定”即可，如图3-4-9所示。

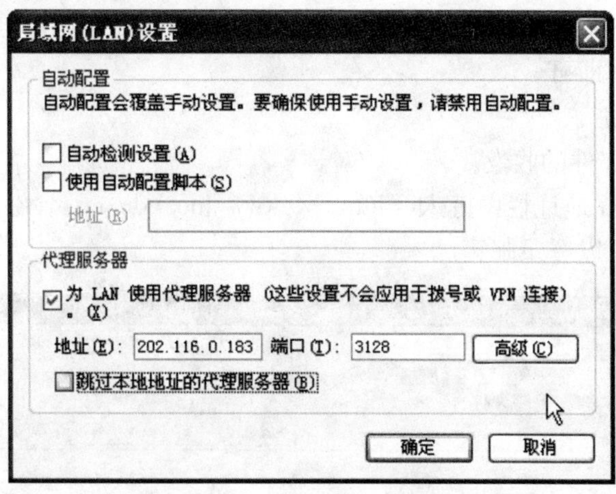

图3-4-9 代理服务器设置

（3）在“内容”标签下，“自动完成”栏让浏览器记录了登录网站时需要填写的用户名和密码等信息，所以可以点击“自动完成”栏的“设置”按钮，将“表单”及“表单上的用户名和密码”项前的钩去掉，点击“确定”，则IE不再记录输入的用户名和密码等信息，如图3-4-10所示。

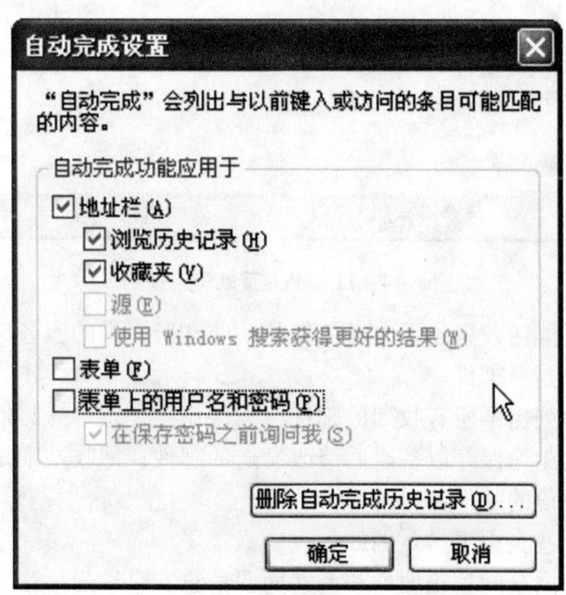

图3-4-10 “内容”标签下的“自动完成设置”选项

3.4.2 电子邮件的收发

1. 电子信箱的申请

要进行网络通信，首先要有一个电子信箱。许多网站都提供免费电子信箱的申请，只要按网站提示一步步操作即可。

2. 电子邮件的收发

(1) Web 页面下邮件的收发。

打开 IE 浏览器，在地址栏中键入“http：//www. jnu. edu. cn”，在右面的登录页正确输入用户名和密码，就可以登录邮箱。

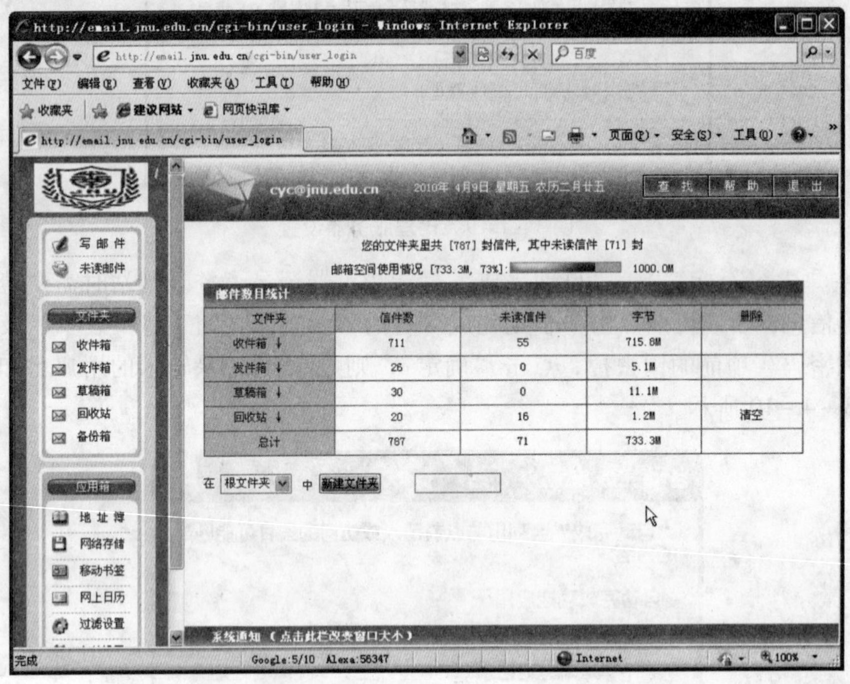

图 3－4－11 Web 页邮箱的使用

页面的左部分为功能区，列出了电子信箱的功能和所提供的服务，如图 3－4－11 所示。

写邮件：就是写一封新邮件。

文件夹：收件箱中列出了所有收到的邮件；发件箱中是发送一封信给朋友后保存在服务器的邮件；草稿箱中是中途保存以备以后修改发送的邮件；回收站中是已经删除的邮件；备份箱中是重要的需要备份的邮件。

应用箱：提供了一些实用工具。例如：

地址簿：可以记录网友的信箱地址和一些简要信息。以后想给这个网友写信的话，直接在地址簿找就可以了。

网络存储：提供网络空间存储文件。

过滤设置：设置拒收的邮件的参数或地址等，以免受垃圾邮件骚扰。

页面的右部是阅读和收发邮件的主要部分。点击“收件箱”，可以看到所有收到的邮件，点击发信人的标题，就可以阅读此邮件。页面的右上部分有“查找”、“帮助”和“退出”按钮，分别对应相应功能。

图 3－4－12　收信箱内容

在阅读完一封信后，要给对方回信，直接点击页面上“回复”按钮。如果要写新邮件，点击左侧的“写邮件”。与回复邮件界面不同的是，发新邮件的时候收信人地址需要自己填写，而回复邮件中收信人地址由系统自动填写好了，如图 3－4－13 所示。

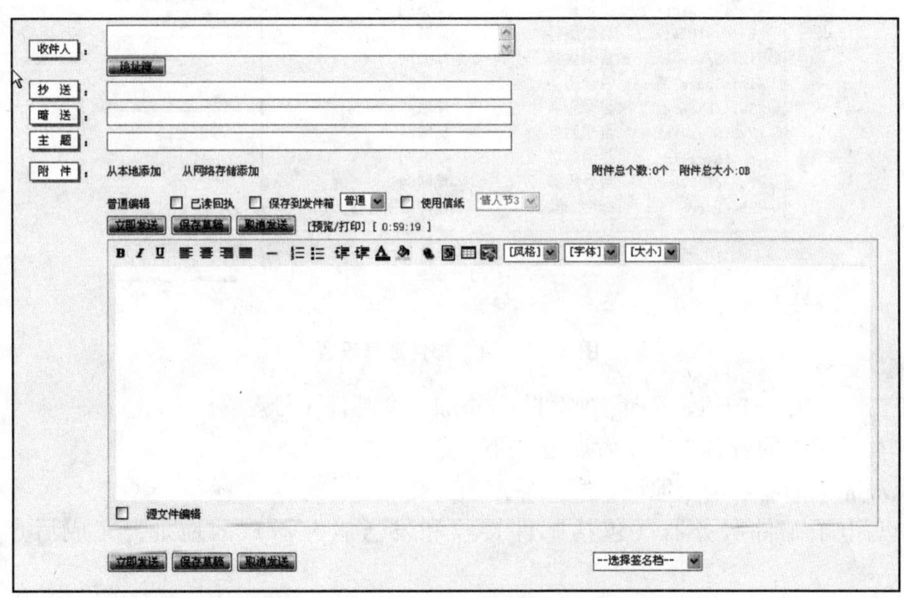

图 3－4－13　写信格式

收件人：填写的是对方的信箱地址，即把对方完整的信箱地址填写在这里。

抄送：同时将该邮件发给另一个人的信箱地址。无其他收信人可不填写。

主题：关于本信内容的简短描述，使收信者不需要打开信件就知道信件包含的内容。

附件：通过电子邮件可以把一些小文件、程序、图片等以附件的形式发给对方。根据提示选择本地文件，粘贴即可。完成后，在“附件”栏里会显示出来。

已读回执：需要对方阅读后回馈一个已阅的回执。

保存到发件箱：选中此项，信件发送后同时送到发件箱里，以备以后查看。

正文区：就是屏幕上最大的那个文本框。在这里输入信件的正文。

立即发送：信件写好后点击此按钮发送给对方。

保存草稿：把正在编辑的信件保存在草稿箱中以便日后修改。与“保存到发件箱”不同的是，保存到发件箱中的信是不能修改的，而草稿是可以重新编辑发送的。

（2）Outlook Express 的使用。

与 Foxmail 等软件类似，Outlook Express 是 Windows 自带的一个电子邮件收发客户端工具。使用前，要求必须有一个电子信箱账号，并且知道它的接收服务器和发送服务器的地址。比如暨南大学的信箱，它的接收服务器（pop3 服务器）的地址是 mail. jnu. edu. cn，而它的发送服务器（smtp 服务器）的地址也是 mail. jnu. edu. cn。关于服务器的地址，在申请电子信箱的网站上都会有标明，可以去对应网站上查。

在软件中添加了电子信箱账号、邮件接收和发送服务器的地址，才能利用其收发邮件。执行“工具”→“账号”命令。（第一次启动 Outlook Express，会直接出现邮件账号的添加向导，参考下面的添加步骤设置即可。）

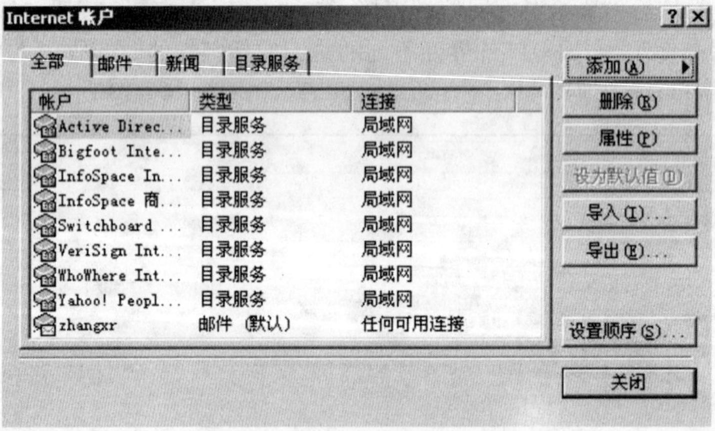

图 3－4－14　邮件账号设置

◆单击“添加”按钮，选择“邮件”，添加一个邮件账号。

◆填写发信人的署名，完成后点击“下一步”。

◆填写完整的电子信箱地址，完成后点击“下一步”。

◆填写电子邮件服务器（包括邮件接收和发送服务器）的地址，完成后点击“下一步”。

◆填写登录服务器时所需要的信息，即所申请电子信箱的账户名和密码，完成后点击

“下一步”。

点击“完成”按钮，设置完毕。如果有多个电子信箱，可以添加多个账号，然后将其中一个设为“默认”，那么，使用 Outlook Express 可接收多个信箱的信件，发送邮件则使用“默认”的信箱来发送。

3.4.3 软件下载工具

下载是指把远程服务器上的数据复制到本地硬盘上的过程。目前比较流行的下载工具有迅雷、快车等。

1. Windows 自带的下载软件

要进行下载，就必须先找到一个提供下载服务的网站。比如寻找自己需要的软件，找到软件后，首先要仔细阅读一下软件的有关介绍，看它运行所需要的计算机软硬件环境是否满足，它的功能是否满足需要等等。确定后，只要点击有关的下载链接，系统就会自动调用下载工具来进行下载。如果你的计算机没有安装任何软件下载工具的话，系统会调用一个 Windows 自带的下载程序。

以在暨南大学图书馆下载 CAJViewer 7.0 软件为例：

（1）打开 IE 浏览器，进入暨南大学图书馆的“帮助中心”页面。

（2）找到需要下载的软件的超链接。

（3）单击左键。弹出一个对话框，要你选择将进行的操作，如图 3－4－15 所示。选择“将文件保存到磁盘”，然后点击“确定”按钮。

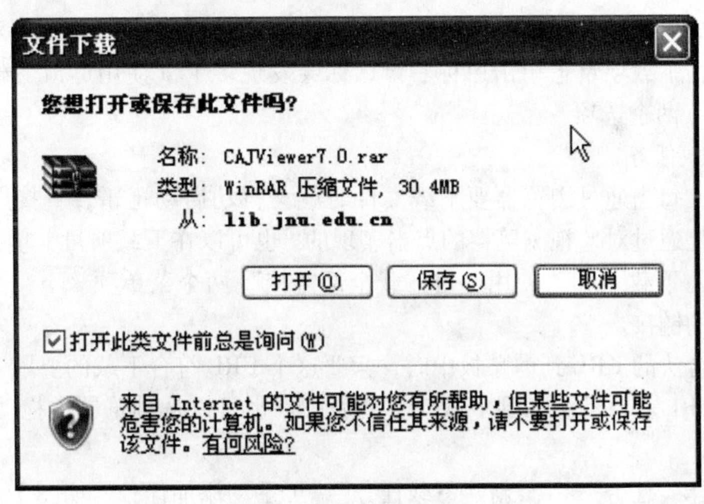

图 3－4－15 文件保存

（4）在弹出的文件保存对话框中选择软件的保存位置，然后点击“保存”按钮，就开始下载软件了，如图 3－4－16 所示。

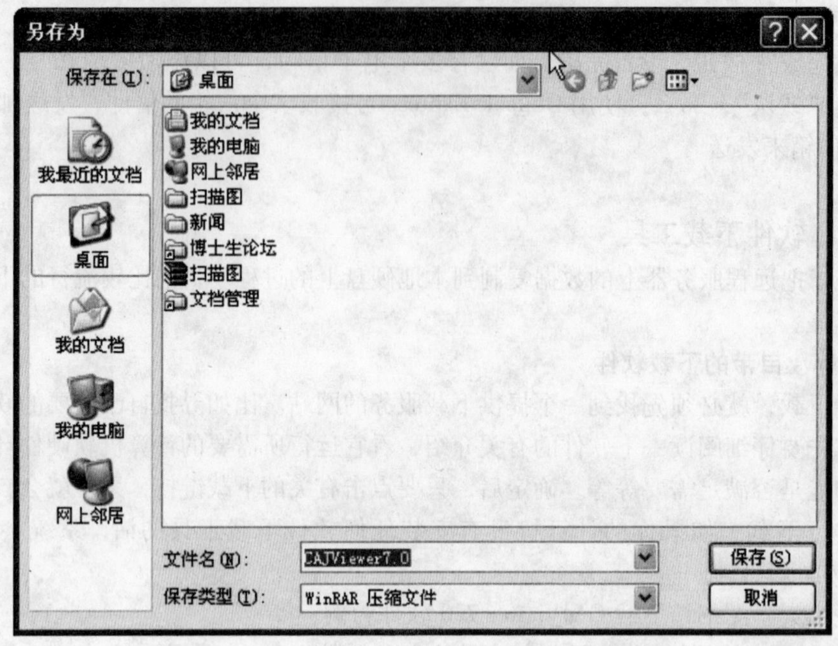

图 3－4－16　文件保存名称和路径

（5）当进度条完成时，表示文件下载完毕，就可以安装软件试用效果了。

2. 软件下载工具

迅雷安装完成后，会在你的桌面上出现一个迅雷的快捷方式图标。双击就可以进入它的软件界面。在下载项目上单击鼠标右键，你会发现多了“使用迅雷下载”和“使用迅雷下载全部链接”两个选项。

（1）添加下载任务。

安装完毕后，每当通过浏览器要下载文件时就会自动启动迅雷，直接点击“确定”即可开始下载。这是通过对监视浏览器的点击实现的。也可以在下载项目上单击鼠标右键，通过选择“使用迅雷下载”和“使用迅雷下载全部链接”两个菜单项来下载当前选择的单个链接或本页所有的链接。

当拷贝一个合法的 URL 到剪贴板中时，只要这个 URL 符合下载的要求（扩展名符合设置的条件），该 URL 就自动添加到下载任务列表中。也可以从浏览器中拖动 URL 到悬浮窗或主程序的窗口。

从菜单中选择“任务”→“新建下载任务”，可手动添加任务，如图 3－4－17 所示。

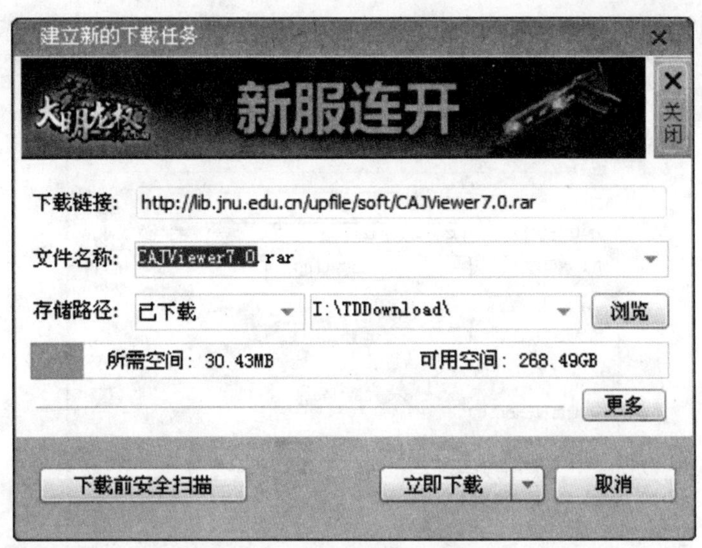

图 3-4-17 新建下载任务

（2）设置任务属性。

下载链接：要下载文件的完整 URL，如 http：//lib. jnu. edu. cn/upfile/soft/CAJViewer 7. 0. rar。除非手动添加下载任务，需要在这里输入文件 URL，否则通常不需要改动它。

文件名称：下载文件名。从文件扩展名可以看出是否是所需要的文件。

存储路径：将下载文件保存到该类别指定的目录中去，缺省的类别为“已下载”，默认路径为“c：\ TDDownload \ ”，可点击“浏览”按钮更改。

目录：可指定文件保存到一个指定的目录，一般无须更改。

更多：更多的功能设置，如把一个文件分成多个线程同时下载，这样会获得几倍于单线程的速度，默认为五个线程。

下载方式包括“手动”、“立即下载”和“计划”。“手动”是指只是添加到下载列表中而不会立即开始，“立即开始”是指设置好属性后立即开始下载，“计划”是指该任务在计划时间段内下载。三种状态可随便切换，比如发现正在下载的文件速度比较慢，可暂停下载并切换到计划时间下载。

对下载文件进行归类整理，是迅雷重要和实用的功能之一，可以把不同文件放在不同类别中，便于管理维护。下载的文件的类别可以随时改变，只需简单地拖动，就可以把下载的文件进行归类。

3.4.4 Web 服务与 FTP 服务

1. Web 站点的创建与发布

Web 站点的创建与发布需要相关服务软件，Windows 2003 服务器平台上包含的IIS 6.0 就提供了架设 Web 服务器的功能。

（1）选择“开始”→“管理工具”→“Internet 信息服务（IIS）管理器”选项，打开控制台窗口。

（2）右击“网站”→“默认网站”，在弹出的快捷菜单中选择“属性”，在“网站”标签下的“IP 地址”栏输入 IP 地址和端口（默认为 80），如图 3－4－18 所示。

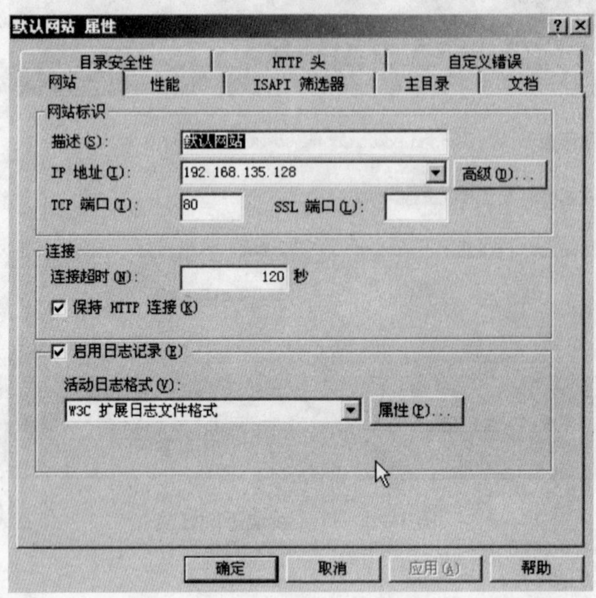

图 3－4－18　IIS“默认网站 属性”中的“网站”标签

（3）在“默认网站 属性”中选择“主目录”标签，在“本地路径”项输入 Web 站点主目录，即网站所在文件夹的路径，在路径下的“读取”前方框内打“√”，设置访问该路径的权限。如图 3－4－19 所示。

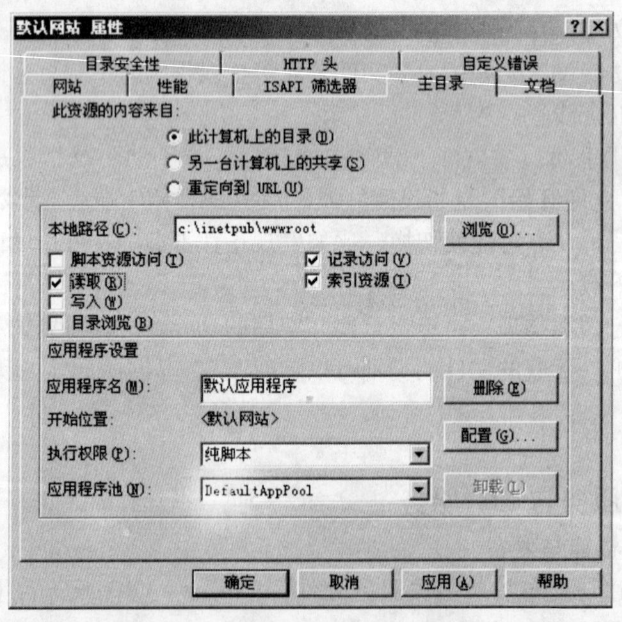

图 3－4－19　IIS“属性”中的“主目录”标签

（4）在“默认网站 属性”中选择“文档”标签，选择“启用默认内容文档”，设置网站首页。如果网站首页不在默认项内，如“index. html”，可以单击“添加”按钮，把其添加进去，如图 3－4－20 所示。设置完成后，点击“确定”就可以通过 IP 地址访问刚发布的网站了。

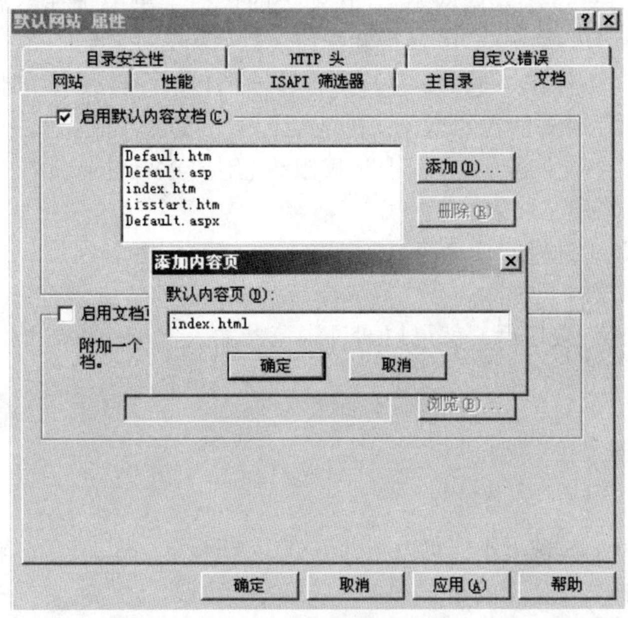

图 3－4－20　IIS“属性”中的“文档”标签

2. FTP 服务创建

打开“控制面板”，选择“添加或删除程序”，单击“添加/删除 Windows 组件”按钮，选择复选框“应用程序服务器”→“Internet 信息服务（IIS）”→“文件传输协议（FTP）服务”（每一项都可通过点击“详细信息”按钮打开下一层选项），如图3－4－21 所示，单击“确定”按钮。然后单击“下一步”安装，出现提示时插入 Windows 2003 安装盘，单击“确定”，完成安装，就可以创建 FTP 服务了。

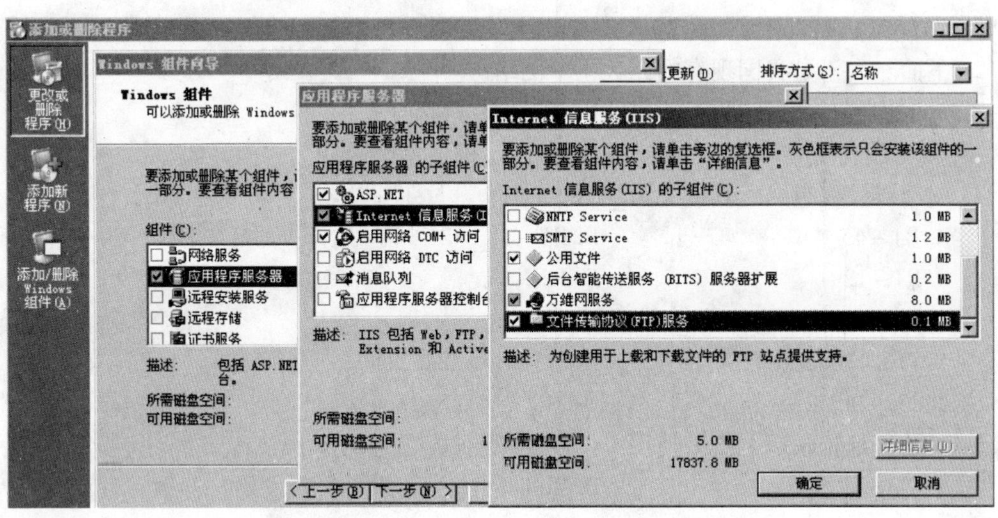

图 3－4－21　FTP 服务器安装

（1）选择“开始”→“管理工具”→“Internet 信息服务（IIS）管理器”选项，打开控制台窗口。

（2）右击“网站”→“默认网站”，在弹出的快捷菜单中选择“属性”，在“FTP 站点”标签下的“IP 地址”栏输入 IP 地址和端口（默认为21）。

（3）在“属性”中选择“主目录”标签，在“FTP 站点目录—本地路径”项输入 FTP 站点主目录，即共享文件夹所在的路径，在路径下的“读取”前方框内打“√”，设置访问该路径的权限。为了系统安全，“写入”权限设置要与 Windows 用户关联，应新建目录设置。

（4）在“属性”中选择“安全账户”标签，在“允许匿名连接”选项前打“√”，允许用户从服务器下载文件。

（5）点击“确定”按钮后，就可以通过浏览器输入“ftp：//ip 地址/”来访问共享文件夹了。

【练习题】

一、填空题

1. 按计算机联网的区域大小，可以把网络分为________、________和________。
2. Internet 上的计算机使用的是____________协议。
3. ____________就是提供 IP 地址和域名之间的转换服务的服务器。
4. 构成局域网的基本构件有__________、________、________、________、________。
5. 网络拓扑结构有________、________、________。

二、选择题

1. 常用的 Internet 提供的服务有____。

A. WWW 服务　　B. FTP 服务

C. Telnet 服务　　D. 以上均是

2. 下面____不是我国现有的四大主干网络。

A. 中国人才信息网　　B. 中国教育科研网

C. 中国科学技术网　　D. 中国金桥信息网

3. 使用双绞线组网，其接头为____。

A. RJ－45　　B. RJ－11

C. RJ－12　　D. RJ－44

4. 以下 IP 地址正确的是____。

A. 116. 114. 280. 159　　B. 251. 278. 222. 215

C. 252. 245. 252. 78　　D. 212. 238. 25. 256

5. 局域网是否联通，应该使用____命令来测试。

A. Ping　　B. Run

C. Dir　　D. View

三、问答题

1. 目前国内常见的个人用户接入 Internet 的方式有哪几种?
2. 联入局域网需要什么设备?
3. 什么是 Internet?
4. Internet 上提供了哪些服务?

4 演示文稿的设计制作与应用技巧

【学习提要】

PowerPoint 2007 是 Microsoft Office 2007 家族中的一员，通过它可以设计制作出集文字、图形、图像、声音、视频、Flash 动画等多媒体元素为一体的精美漂亮的演示文稿，被广泛用于多媒体教学、会议报告、企业推介、产品销售和商业计划等。

【重点难点】

熟悉 PowerPoint 2007 的界面、视图以及 PowerPoint 2007 的新增功能，掌握在 PowerPoint 2007 中插入动画、视频等各类元素的技巧。

4.1 PowerPoint 2007 的新特点

PowerPoint 2007 使用户可以快速创建极具感染力的动态演示文稿，同时集成更为安全的工作流和方法以轻松共享这些信息。

1. 全新的外观

PowerPoint 2007 对界面的外观进行了重新设计，使创建、演示和共享演示文稿更简单、更直观，有助于用户更快、更轻松地获取所需的效果。

2. 增强的视觉效果

使用 PowerPoint 2007，可以在演示文稿中为文本、表格、形状、图表和文字等对象添加丰富的特效，包括阴影、映象、发光、柔化边缘和棱台等。

3. 丰富的样式库

在 PowerPoint 2007 中，表格和图表的编辑、设计变得更为简单，用户可以使用 PowerPoint 2007 提供的样式库快速更改表格和图表的样式，使其具有更加丰富的视觉效果。

4. 动态 SmartArt 图形

在 PowerPoint 2007 中可以轻松创建极具感染力的动态工作流、关系或层次结构图，并且可以方便地使用丰富的格式设置选项。

5. 便捷的主题

文档主题可以使用户只需单击一下即可更改整个演示文稿的背景色、图示、表格、图表、形状和文本的颜色、样式及字体等，通过应用主题，可以使幻灯片的外观达到最佳的视觉效果。

6. 自定义版式

在 PowerPoint 2007 中，用户可以自定义包含多种元素的幻灯片版式，创建的幻灯片版式可以保存，甚至可以放置于幻灯片库中以便共享。

7. **平台间的共享**

PowerPoint 2007 除了具有文档打包发布功能外，还能够以加载项的形式将文档发布为 PDF（即可移植文档格式）和 XPS（即 XML 纸张规范格式），以实现不同平台间的文件共享，有助于 PowerPoint 演示文稿的广泛交流，并能保证在传播过程中文档中的数据不会被轻易更改。

8. **更强的信息保护能力**

当演示文稿只允许被特定的人员访问或不希望自己的文稿被随便修改时，可利用 PowerPoint 2007 提供的加密文档、限制权限、添加数字签名、标记为最终状态等方式实现对文档的保护。

4.2　PowerPoint 2007 窗口组成

启动 PowerPoint 2007，打开程序窗口，在默认情况下，可以看到 PowerPoint 2007 用户界面的基本结构，如图 4－2－1 所示。

图 4－2－1　PowerPoint 2007 的用户界面

4.2.1　标题栏

标题栏位于 PowerPoint 2007 窗口的顶端，用于显示 PowerPoint 2007 的名称和正在编辑的演示文稿的文件名，如图4-2-2所示。标题栏右侧有3个窗口控制按钮，用来实现窗口的最小化、最大化（或还原）和关闭。

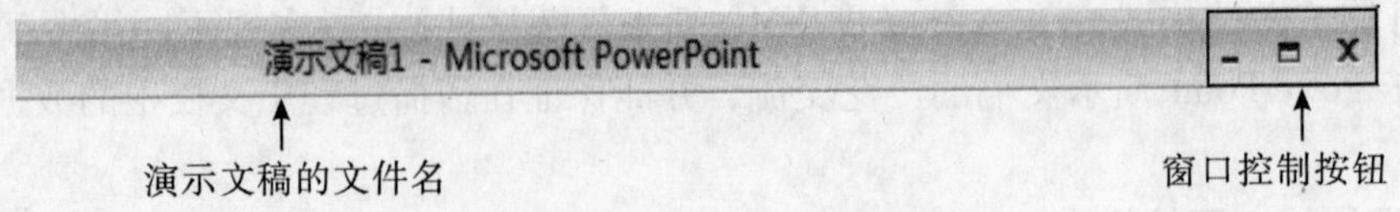

图4-2-2 PowerPoint 2007 的标题栏

4.2.2 状态栏

状态栏位于PowerPoint 2007 窗口的最底部，其结构如图4-2-3所示。状态栏用于显示当前编辑状态，利用状态栏上的按钮可控制视图模式和视图的显示比例。

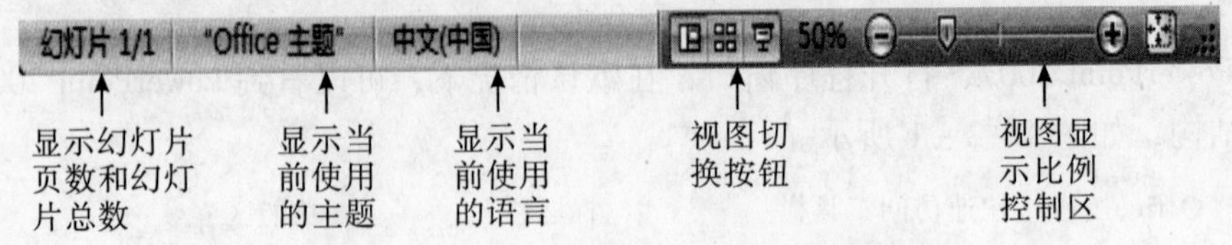

图4-2-3 PowerPoint 2007 的状态栏

小提示

如果想改变工作区中幻灯片显示的大小，可以拖动视图显示比例控制区的滑块来实现。

4.2.3 窗格

在PowerPoint 2007 窗口中，窗格用于显示某些特定的内容，使用窗格可以实现一种或一组特定的功能，如在“备注”窗格中可以为幻灯片添加备注信息。

4.2.4 功能区

PowerPoint 2007 功能区的结构如图4-2-4所示。在功能区中，设置了各类选项卡，在选项卡中集成了各种操作命令，每一个命令按钮可以执行一个具体的操作，或是进一步显示命令选项卡。

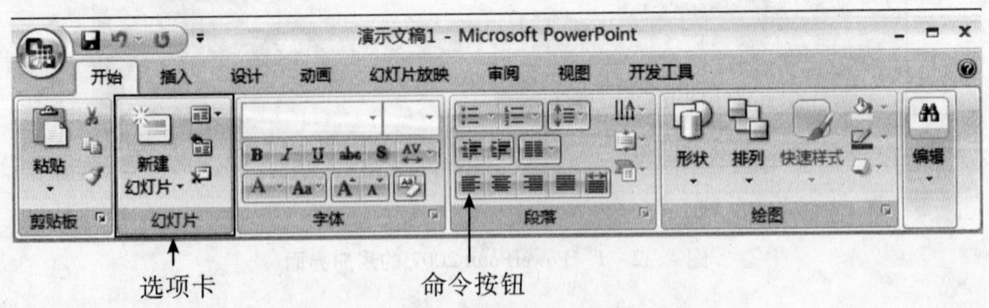

图4-2-4 PowerPoint 2007 功能区的结构

在功能区中，还会出现一类在需要针对具体对象进行操作时才出现的选项卡。例如，当选中一张图片，准备对其进行操作时，在功能区中就会出现一个“格式”选项卡，该选项卡集合了所有与图片操作有关的命令。

4.2.5 快速访问工具栏

在默认状态下，“快速访问工具栏”位于功能区的左上角，它包含了一组独立的命令按钮，能快速实现某些操作。用户可以根据自己的需要向“快速访问工具栏”添加或删除命令按钮，以方便操作。

1. 为“快速访问工具栏”添加常用命令按钮

单击“快速访问工具栏”右侧的“自定义快速访问工具栏”按钮，得到下拉选项卡，如图4-2-5所示。单击选项卡中的某个选项即可将该命令按钮添加到“快速访问工具栏”中。

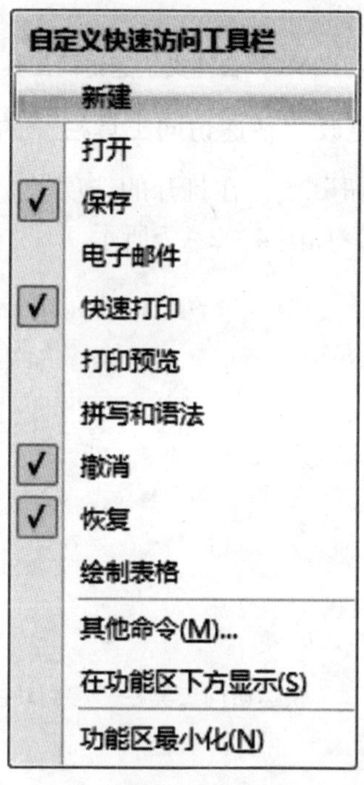

图4-2-5 “自定义快速访问工具栏”选项卡

小提示

单击“快速访问工具栏”右侧的“自定义快速访问工具栏”按钮，得到下拉选项卡，可以点击“功能区最小化”，使幻灯片的可视范围最大化。

2. 从“PowerPoint 选项”对话框中添加命令按钮

单击“快速访问工具栏”右侧的“自定义快速访问工具栏”按钮，在选项卡中选择“其他命令”，打开“PowerPoint 选项”对话框。在对话框的“从下列位置选择命令”下拉列表中选择命令的类别，在其下方的列表中选择需要添加的命令，单击“添加”按钮，将该命令添加到右侧的“自定义快速访问工具栏”列表中，如图4-2-6所示。

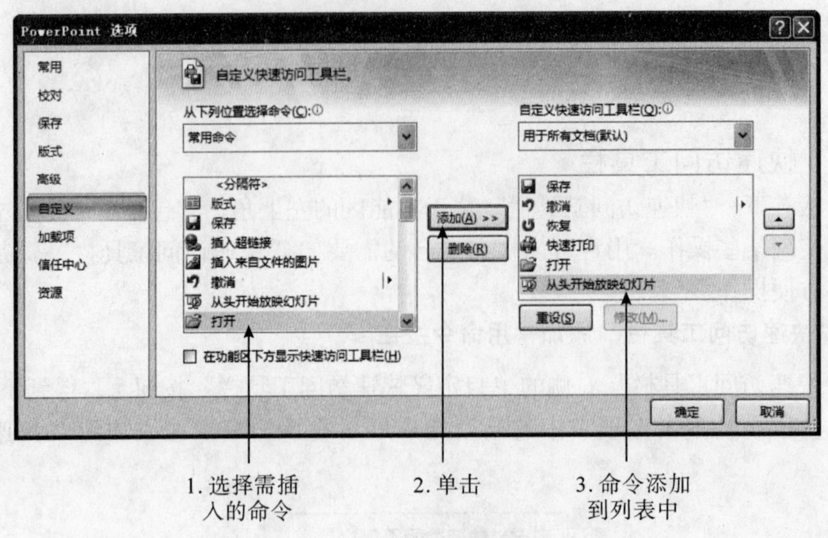

图 4-2-6　自定义快速访问工具栏

3. PowerPoint 2007 **允许用户更改“快速访问工具栏”的位置**

单击“自定义快速工具栏按钮”，在打开的选项卡中选择命令。此时，“快速访问工具栏”将被放置到功能区的上方，如图 4-2-7 所示。

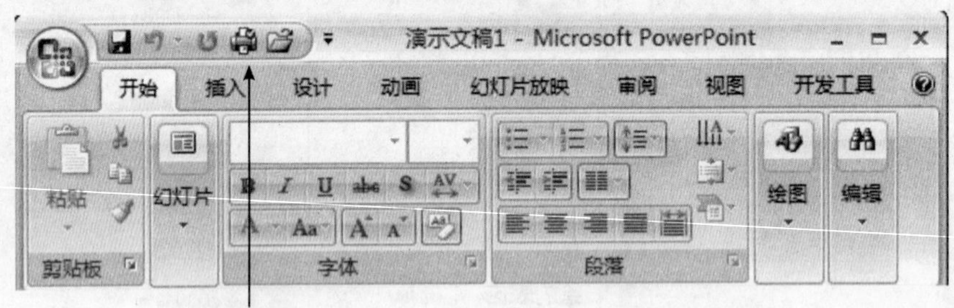

图 4-2-7　“快速访问工具栏”移到功能区的上方

小提示

当“快速访问工具栏”在功能区上方时，将显示“在功能区下方显示”；当“快速访问工具栏”在功能区下方时，将显示“在功能区上方显示”。

4.2.6　Office 按钮

单击 PowerPoint 2007 程序窗口左上角的“Office 按钮”，可打开与传统的文件选项卡相同结构的选项卡，如图 4-2-8 所示。

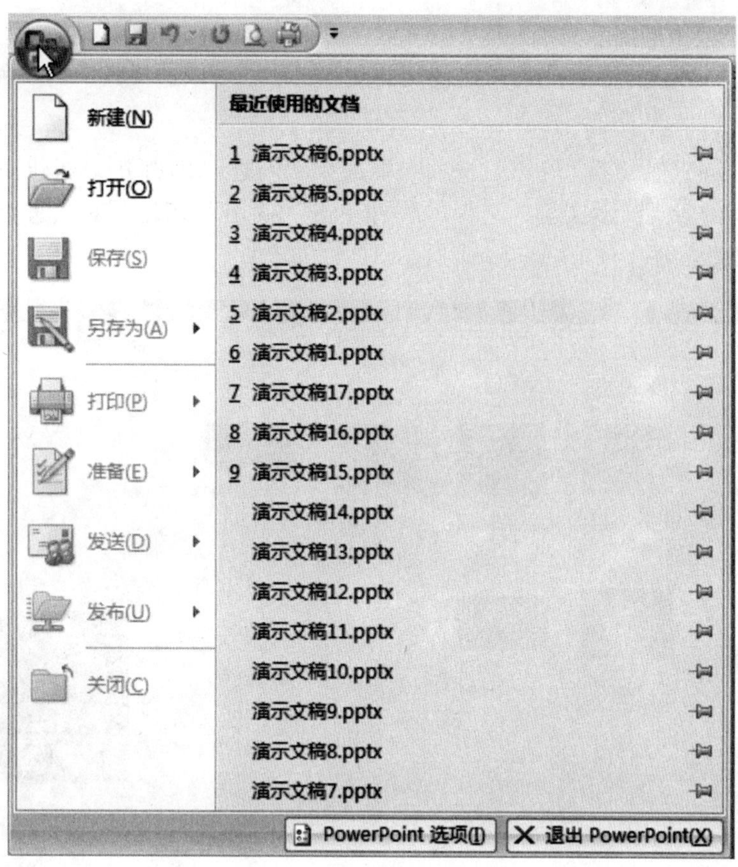

图 4－2－8　打开的“Office 按钮”选项卡

选项卡可分为三个区域，左侧为命令区，选择其中的选项卡命令可实现文档的各种操作，如文档的打开和保存、文档的打印以及文档的发布等。右侧占主体地位的是“最近使用的文档”列表区，该区域列出最近使用的演示文稿，可选择其中列出的文件直接打开。

选项卡最下方是功能按钮区，包含两个功能按钮。单击“退出 PowerPoint”按钮 [退出 PowerPoint(X)] 可关闭 PowerPoint 2007 程序窗口，退出程序。单击“PowerPoint 选项”按钮 [PowerPoint 选项(I)] 可打开“PowerPoint 选项”对话框，使用该对话框可对程序的界面、加载项和版式等进行设置。

4.3　PowerPoint 2007 基本操作

4.3.1　新建演示文稿

1. 新建空白演示文稿

启动 PowerPoint 2007 即新建了一份空白演示文稿，并在编辑区建立第一张版式为“标题幻灯片”的幻灯片，等待输入标题和副标题。用户可以根据不同的内容为幻灯片选择不同的版式及背景等内容。

2. 新建基于模板的演示文稿

PowerPoint 2007 设计了一些可直接使用的演示文稿，可以选择其中的一种，再对其进行修改，使它适合自己的需要。

单击“Office 按钮”，在下拉选项卡中选择“新建”即打开“新建演示文稿”对话框，列出了已有的各类演示文稿，选择一种并单击“确定”按钮，对其进行修改即可。选择“已安装的模板”后，如图 4－3－1 所示。

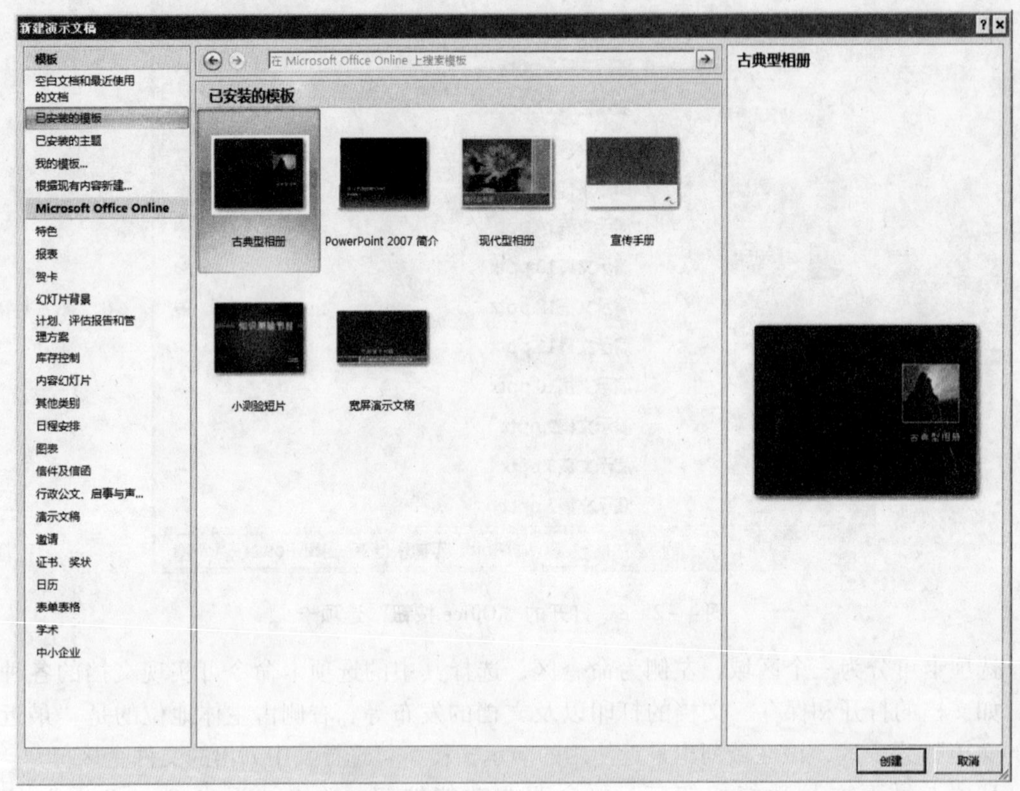

图 4－3－1　新建空白演示文稿

4.3.2　另存演示文稿

单击“Office 按钮”，选择“保存”或“另存为”选项，在“另存为”对话框中，确定保存位置、文件名和保存类型，则可保存演示文稿。

1. 演示文稿另存为模板

如果自己完成了或从别处得到了一份制作精美的演示文稿，希望在以后的制作中也能用到这样的设计。这时就可以将它另存为“模板”。其操作方法是：单击“Office 按钮”，选择“另存为”中的“其他格式”，打开对话框后，在“保存位置”选择路径，在“文件名”框中输入模板的文件名，在“保存类型”框中选择“PowerPoint 模板（.potx）”，最后单击“保存”按钮即可。新模板就会出现在如图 4－3－1 所示的“我的模板…”中。

2. 演示文稿另存为网页

如果要将自己制作的演示文稿另存为网页，操作步骤如下：

（1）单击“Office 按钮”，然后单击“另存为”。

（2）在“保存位置”列表中，选择 Web 服务器上网页的路径或位置。

（3）在“文件名”框中，键入文件名，或者不键入文件名而是接受建议的文件名。

（4）在“保存类型”框中，执行下列操作之一：

◆单击“网页（*.htm；*.html)”将演示文稿保存为网页并创建包含支持文件（如项目符号、背景纹理、图片和声音）的相关文件夹。

◆单击“单个文件网页（*.mht；*.mhtml)”将演示文稿保存为网页，该网页将所有支持信息（包括所有链接的文件）集成到单个文件中。

（5）点击“保存”即可。

3. 演示文稿另存的格式

PowerPoint 2007 可以将演示文稿保存为表 4-3-1 中的任意一种文件类型。

表 4-3-1　演示文稿可保存的类型

保存为文件类型	扩展名	用于保存
PowerPoint 演示文稿	.pptx	Office PowerPoint 2007 演示文稿，默认情况下为 XML 文件格式。
PowerPoint 启用宏的演示文稿	.pptm	包含 Visual Basic for Applications（VBA）代码的演示文稿。
PowerPoint 97-2003 演示文稿	.ppt	可以在早期版本的 PowerPoint（从 97 到 2003）中打开的演示文稿。
PDF 文档格式	.pdf	发布为 PDF 或 XPS：由 Adobe Systems 开发的基于 PostScript 的电子文件格式，该格式保留了文档格式并允许共享文件。 只有安装了加载项之后，才能在 2007 Microsoft Office System 程序中将文件另存为 PDF 或 XPS 文件。有关详细信息，请参阅启用对其他文件格式（如 PDF 和 XPS）的支持。
XPS 文档格式	.xps	发布为 PDF 或 XPS：新的 Microsoft 电子纸张格式，用于以文档的最终格式交换文档。 只有安装了加载项之后，才能在 2007 Microsoft Office System 程序中将文件另存为 PDF 或 XPS 文件。有关详细信息，请参阅启用对其他文件格式（如 PDF 和 XPS）的支持。
PowerPoint 设计模板	.potx	作为模板的演示文稿，可用于对将来的演示文稿进行格式设置。
PowerPoint 启用宏的设计模板	.potm	包含预先批准的宏的模板，这些宏可以添加到模板中以便在演示文稿中使用。
PowerPoint 97-2003 设计模板	.pot	可以在早期版本的 PowerPoint（从 97 到 2003）中打开的模板。
Office 主题	.thmx	包含颜色主题、字体主题和效果主题的定义的样式表。
PowerPoint 放映	.pps；.ppsx	始终在幻灯片放映视图（而不是普通视图）中打开的演示文稿。

（续上表）

保存为文件类型	扩展名	用于保存
PowerPoint 启用宏的放映	. ppsm	包含预先批准的宏的幻灯片放映，可以从幻灯片放映中运行这些宏。
PowerPoint 97 – 2003 放映	. ppt	可以在早期版本的 PowerPoint（从 97 到 2003）中打开的幻灯片放映。
PowerPoint 加载宏	. ppam	用于存储自定义命令、Visual Basic for Applications（VBA）代码和特殊功能（如加载宏）的加载宏。
PowerPoint 97 – 2003 加载宏	. ppa	可以在早期版本的 PowerPoint（从 97 到 2003）中打开的加载宏。
单个文件网页	. mht；. mhtml	作为单一文件的网页，其中包含一个 . htm 文件和所有支持文件，如图像、声音文件、级联样式表、脚本和更多内容。适用于通过电子邮件发送演示文稿。
网页	. htm；. html	作为文件夹的网页，其中包含一个 . htm 文件和所有支持文件，如图像、声音文件、级联样式表、脚本和更多内容。适合发布到网站上或者使用 Microsoft Office FrontPage 或其他 HTML 编辑器进行编辑。
GIF（图形交换格式）	. gif	作为用于网页的图形的幻灯片。 GIF 文件格式最多支持 256 色，因此更适合扫描图像（如插图）而不是彩色照片。GIF 也适用于直线图形、黑白图像以及只有几个像素高的小文本。GIF 支持动画和透明背景。
JPEG（联合图像专家组）文件格式	. jpg	作为用于网页的图形的幻灯片。 JPEG 文件格式支持 1 600 万种颜色，最适于照片和复杂图像。
PNG（可移植网络图形）格式	. png	作为用于网页的图形的幻灯片。 万维网联合会（W3C）已批准将 PNG 作为一种替代 GIF 的标准。PNG 不像 GIF 那样支持动画，某些旧版本的浏览器不支持此文件格式。
TIFF（Tag 图像文件格式）	. tif	作为用于网页的图形的幻灯片。 TIFF 是用于在个人计算机上存储位映射图像的最佳文件格式。TIFF 图像可以采用任何分辨率，可以是黑白、灰度或彩色。
设备无关位图	. bmp	作为用于网页的图形的幻灯片。 位图是一种表示形式，包含由点组成的行和列以及计算机内存中的图形图像。每个点的值（不管它是否填充）存储在一个或多个数据位中。
Windows 图元文件	. wmf	作为 16 位图形的幻灯片（用于 Microsoft Windows 3. x 和更高版本）。
增强型 Windows 元文件	. emf	作为 32 位图形的幻灯片（用于 Microsoft Windows 95 和更高版本）。

（续上表）

保存为文件类型	扩展名	用于保存
大纲/RTF	. rtf	作为仅文本文档的演示文稿大纲，可提供更小的文件大小，并能够与可能与您具有不同版本的 PowerPoint 或操作系统的其他人共享不包含宏的文件。使用这种文件格式，不会保存备注窗格中的任何文本。
PowerPoint 幻灯片	. sldx	独立幻灯片文件。

小提示

PowerPoint 2007 不支持保存为 PowerPoint 95（或更早版本）文件格式。

4.3.3 打印演示文稿

1. 幻灯片打印概述

演示文稿可以以颜色、灰度、纯黑白显示，但幻灯片和讲义通常以黑白或灰色阴影（灰度）模式打印。如图 4－3－2 所示。

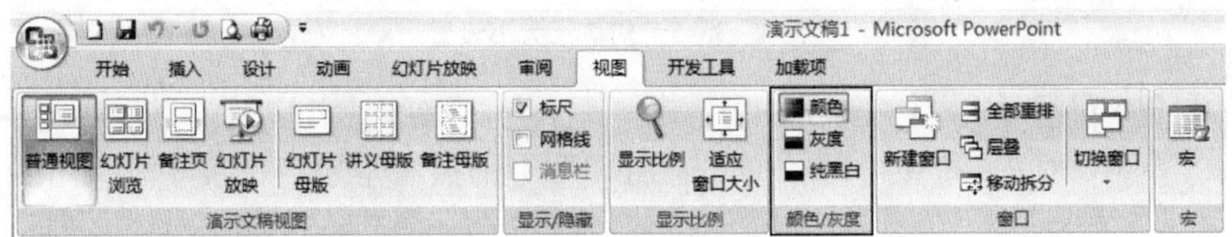

图 4－3－2 演示文稿的显示设置

图 4－3－3 是选择“颜色/灰度”选项卡中“灰度”后的显示选项，可对所选对象进行更改，获得的效果包含介于黑色和白色之间的各种灰色色调。

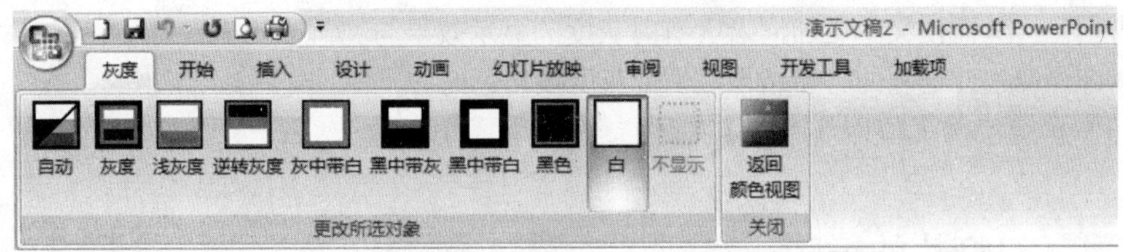

图 4－3－3 “灰度”显示选项

小提示

在 PowerPoint 2007 中，可以打印演示文稿的讲义、备注页或大纲视图。

2. 设置幻灯片大小

更改幻灯片的页面设置：

（1）选择“设计”选项卡中的“页面设置”，如图 4－3－4 所示。

图 4－3－4　“设计”选项卡中“页面设置”

(2) 在“幻灯片大小”列表中，单击要打印的纸张的大小，之后单击“确定”按钮，如图 4－3－5 所示。

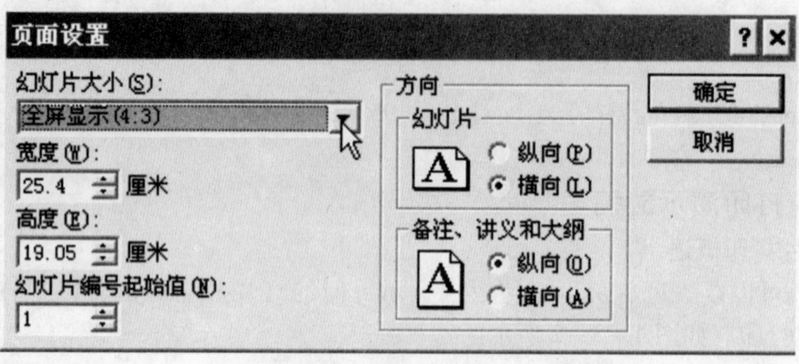

图 4－3－5　幻灯片大小设置

3. 打印幻灯片

(1) 单击“Office 按钮”，单击“打印”旁的黑三角，然后单击“打印预览”。

(2) 在“页面设置”选项卡的“打印内容”框中，选择“幻灯片”。

(3) 单击“打印”选项卡的“选项”，选择“颜色/灰度”，然后单击下列选项之一：

◆颜色：如果在彩色打印机上打印，选中此选项则将打印出彩色的幻灯片。

◆灰度：此选项打印的图像包含介于黑色和白色之间的各种灰色色调。背景填充的打印颜色为白色，从而使文本更加清晰（有时灰度的显示效果与“纯黑白”一样）。

◆纯黑白：此选项的打印结果是不带灰度填充色的。

(4) 单击“确定”即开始打印。

4.4　幻灯片的编辑

4.4.1　添加幻灯片

添加幻灯片有三种方法，选择“开始”选项卡的“幻灯片”组，可看到如图 4－4－1 所示。

图 4－4－1　添加幻灯片

方法一：单击“新建幻灯片”的上部按钮，则在当前幻灯片后面添加一个应用了默认版式的新幻灯片。

方法二：单击“新建幻灯片”的下部文字按钮新建幻灯片，或按版式版式，将弹出幻灯片版式库。当选择一种版式后，则在当前幻灯片后面添加一个应用了所选版式的幻灯片。

方法三：选择“幻灯片”选项卡，右击要在其后插入幻灯片的缩略图，在弹出的快捷选项卡中选择“新建幻灯片”选项，如图4－4－2所示，则在当前幻灯片后面添加一个应用了默认版式的新幻灯片。

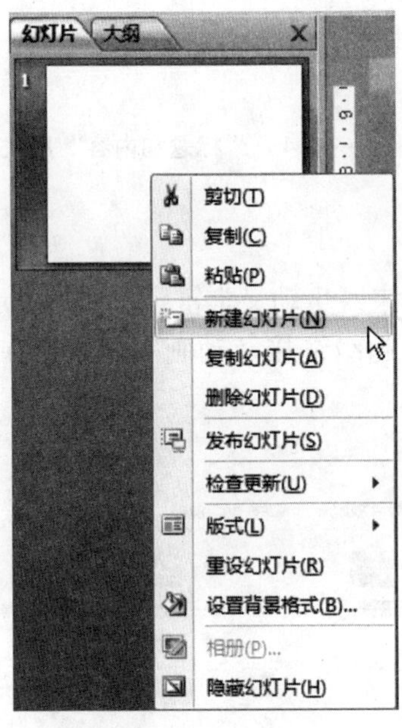

图4－4－2　在“幻灯片”选项卡中添加幻灯片

4.4.2　选择幻灯片版式

在执行4.4.1“添加幻灯片”的方法二时，弹出幻灯片版式库。

幻灯片版式用于排列幻灯片的内容，版式中具有虚线边框的方框称为占位符，版式中包含不同类型的占位符和占位符排列方式，在这些方框内可以放置标题及正文，或者放置SmartArt图形、图表、表格和图片等。例如，幻灯片版式库中的“标题幻灯片”版式，如图4－4－3（a）所示，包含用于标题和副标题的占位符，如果选择该版式，则添加一张应用于演示文稿中第一张的幻灯片，如图4－4－3（b）所示。

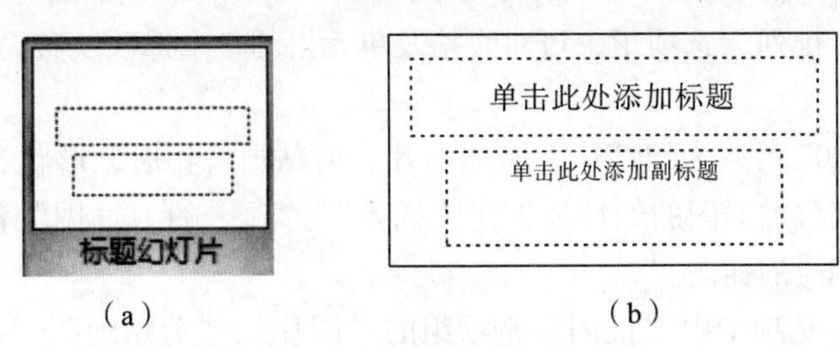

图4－4－3　“标题幻灯片”版式

"标题和内容"版式，如图4-4-4（a）所示，是最常用的版式，含有两个占位符，一个用于幻灯片标题，另一个是包含文本和多个图标的通用占位符。如果选择该版式，则添加一张如图4-4-4（b）所示的幻灯片。

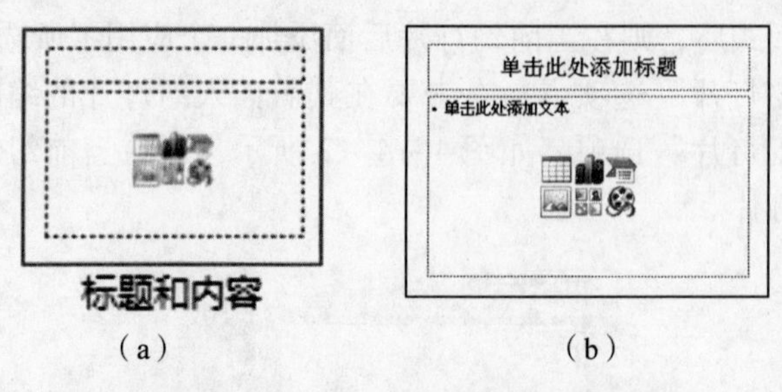

（a）　　（b）

图4-4-4　"标题和内容"版式

4.4.3　添加幻灯片元素

为了使制作的演示文稿看起来既生动又丰富，需要为演示文稿各个幻灯片添加文本、图片、表格、图表、声音、视频、超级链接及动画等元素，在 PowerPoint 2007 中，插入各元素的选项卡如图4-4-5 所示。

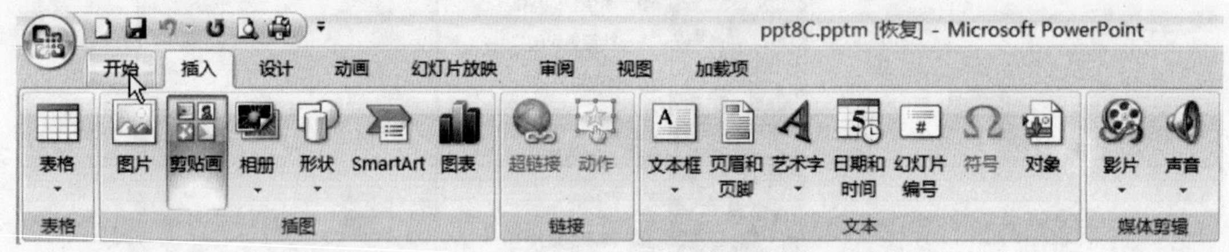

图4-4-5　插入选项卡

1. **插入表格**

使用 PowerPoint 2007 制作演示文稿时，常常需要使用表格。选择要向其添加表格的幻灯片，在"插入"选项卡的"表格"组中单击"表格"，移动指针以选择所需的行数和列数，然后单击，或单击"插入表格"，然后在"列数"和"行数"列表中输入数字。要向表格单元格添加文字，请单击某个单元格，然后输入文字，输入文字后，单击该表格外的任意位置。

插入表格后，选中表格时，在所有选项卡的右侧出现"设计"和"布局"选项卡，有"表格样式选项、表格样式、艺术字样式、绘图边框、表、行和列、合并、单元格大小、对齐方式、表格尺寸、排列"选项组，可对表格及单元格的各个选项及布局进行设置。

2. **插入插图**

在 PowerPoint 2007 可以为幻灯片添加"图片、剪贴画、相册、形状、SmartArt 和图表"等插图，选择要向其添加插图的幻灯片，在"插入"选项卡的"插图"组中选择所需的插图选项，即可插入相应的插图。

◆选中"插入"选项卡中"插图"选项组的"图片"、"剪贴画"、"相册"后，在所有选项卡的右侧出现"格式"选项卡，有"调整、图片样式、排列、大小"选项组对它的亮度、对比度、形状、边框、效果、对齐方式、高宽等进行设定。

◆选中“插入”选项卡中“插图”选项组的“形状”，在所有选项卡的右侧出现“格式”选项卡，有“插入形状、形状样式、艺术字样式、排列、大小”选项组对它进行填充方式、形状轮廓、形状效果等进行设定，并可通过“编辑形状”进行“更改形状”或“转换为任意多边形”操作。

◆选中“插入”选项卡中“插图”选项组的“SmartArt”，出现如图4－4－6所示的“选择SmartArt图形”，从“列表”中选择所需的图形。在所有选项卡的右侧出现“设计”和“格式”选项卡，有“创建图形、布局、SmartArt样式、重设、形状、形状样式、艺术字样式、排列、大小”选项组对它的文本窗格、主题颜色、形状、SmartArt等进行设定，以获得多彩的视觉效果。

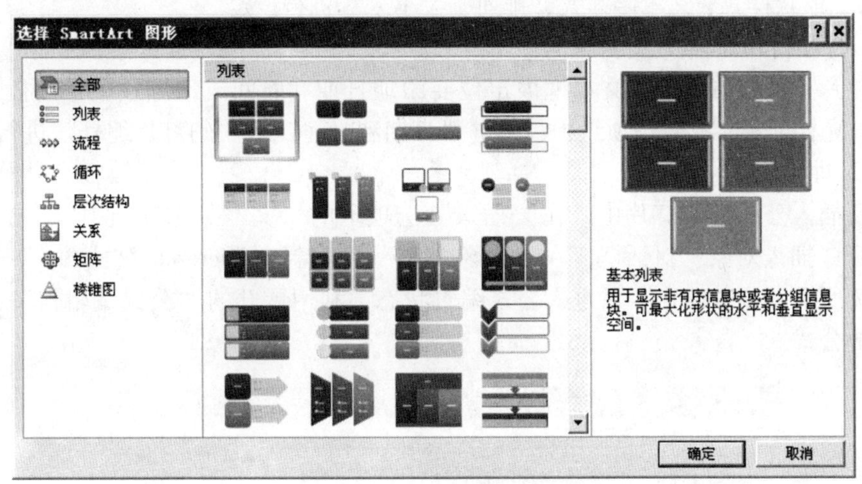

图4－4－6　选择SmartArt图形

◆选中“插入”选项卡中“插图”选项组的“图表”，在插入图表时会显示图表中数据的Excel表格并赋了一些初始值，这时可根据实际数据进行修改；选中插入的图表，在所有选项卡的右侧出现“设计”、“布局”和“格式”选项卡，有“类型、数据、图表布局、图表样式、当前所选内容、插入、标签、坐标轴、背景、分析、形状样式、艺术字样式、排列、大小”选项组，对图表的类型、数据、布局、样式、背景墙、标题、坐标轴、图例、数据标签、数据表、网格线、三维效果、轮廓、填充、形状效果等进行修改和设定。

3. 插入文本

在幻灯片通用占位符中可以输入文字、公式等内容，或选择“插入”选项卡中“文本”选项组的“文本框”输入文字。文本的默认格式是项目符号列表，使用“字体”选项组中的命令可以更改字符格式，字符格式主要包括字体、大小、颜色和样式（加粗、斜体、下划线）等内容。

使用“段落”选项组中的命令可以更改段落格式，段落格式主要包括对选取的段落进行对齐、缩进，为列表添加项目符号或编号，选择文字方向，转换SmartArt图形等内容。

PowerPoint 2007还有自动文本适应的功能，当输入的文本太多而导致占位符容纳不下时，它会自动缩小字号和行距来容纳所有文本。

PowerPoint 2007 对文本的整体编辑操作还有选择、移动、复制、删除、查找与替换等操作。

4. 插入页眉和页脚

在普通视图或幻灯片浏览视图中的“大纲”选项卡或“幻灯片”选项卡上，单击要更改页眉或页脚信息的幻灯片，或在“插入”选项卡的“文本”选项组中，单击“页眉和页脚”。在“页眉和页脚”对话框中的“备注和讲义”选项卡上，进行所需要的设定，然后单击“全部应用”即可。

5. 插入艺术字

在“插入”选项卡的“文本”选项组中，单击“艺术字”，然后单击所需艺术字样式，在插入的文本框中输入需要插入的文字，并在所有选项卡右侧出现的“格式”选项卡中对“插入形状、形状样式、艺术字样式、排列、大小”等进行设定。

6. 插入日期和时间或幻灯片编号

在幻灯片上，在占位符或文本框内定位要添加日期和时间或幻灯片编号的插入点。在“插入”选项卡的“文本”选项组中，单击“日期和时间”或“幻灯片编号”进行设定。

7. 插入对象

在需要插入公式的幻灯片中，在“插入”选项卡的“文本”选项组中，单击“对象”命令，打开“插入对象”对话框，在“对象类型”中选择“Microsoft 公式 3.0”选项，如图 4-4-7 所示，按“确定”后进入公式编辑状态，利用展开的“公式编辑器”设计、编辑所需要的公式。

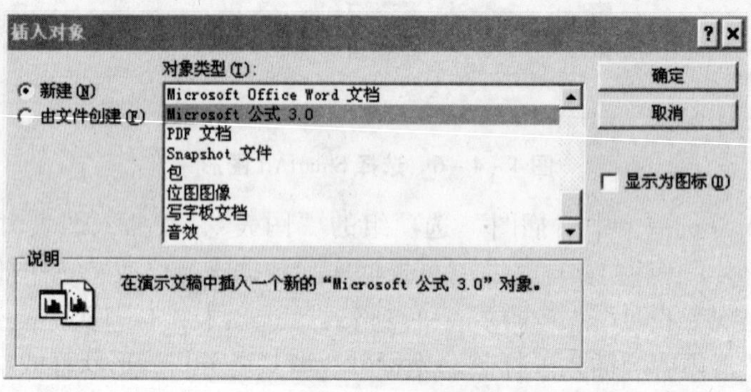

图 4-4-7 插入公式

小提示

插入对象还包括图像、图表、幻灯片、PDF 文档等。

8. 插入影片

为防止可能出现的链接问题，向演示文稿添加影片之前，最好先将影片复制到演示文稿所在的文件夹。

(1) 在“普通”视图中，单击要添加影片或动态 GIF 文件的幻灯片。

(2) 在“插入”选项卡的“媒体剪辑”选项组中，单击“影片”下方的箭头。

（3）执行下列操作之一：

◆单击“文件中的影片”，找到包含所需文件的文件夹，然后双击要添加的文件。

◆单击“剪辑管理器中的影片”，滚动“剪贴画”任务窗格（任务窗格：Office 应用程序中提供常用命令的窗口。它的位置适宜，尺寸又小，可以一边使用这些命令，同时继续处理文件）以查找所要的剪辑，然后单击该剪辑，将其添加到幻灯片中。

9. 插入声音

为演示文稿配上声音，可以大大增强演示文稿的动人效果。

（1）在“插入”选项卡上的“媒体剪辑”选项组中，单击“声音”下方的箭头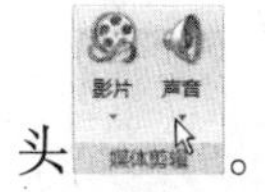

。

（2）单击“文件中的声音”命令，打开“插入声音”对话框。

（3）找到包含所需文件的文件夹，选中相应的声音文件，然后单击“确定”按钮。

（4）在随后弹出的窗口“您希望在幻灯片放映时如何开始播放声音?”选择“自动”或“在单击时”，即将声音文件插入到当前幻灯片中。

小提示

演示文稿支持 mp3、wma、wav、mid 等格式声音文件。插入声音文件后，会在幻灯片中显示出一个小喇叭图片，在幻灯片放映时，通常会显示在画面上，为了不影响播放效果，通常将该图标移到幻灯片边缘外。

10. 插入超链接

选中幻灯片中的一个对象，可以是文字、图表或图片。在“插入”选项卡上的“链接”选项组中，单击“超链接”，打开“插入超链接”对话框，可以对“链接到、要显示的文字、查找范围、地址”等进行设定，为选中的对象设置一个链接。这个链接在幻灯片播放时，点击该对象可以跳转到相应的链接中去，如图 4-4-8 所示。

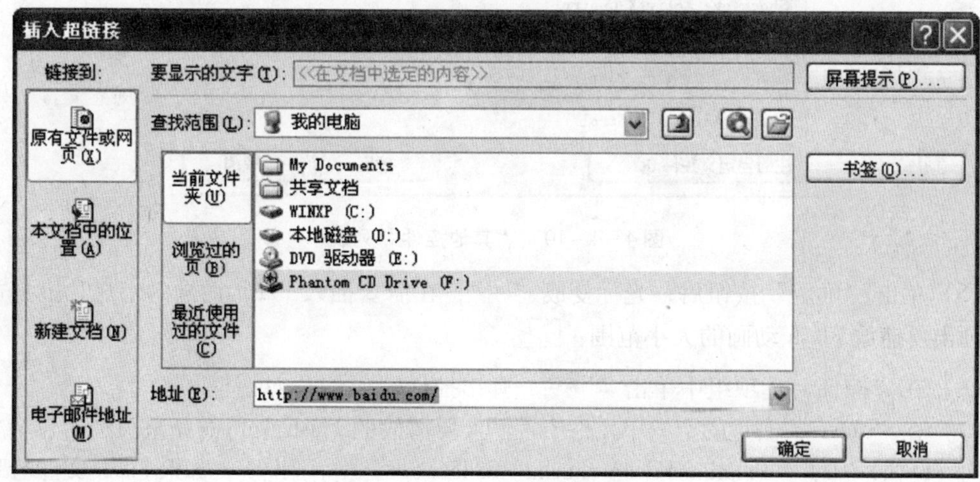

图 4-4-8 编辑超链接

11. 插入 Flash 动画

在 PowerPoint 2007 中插入 Flash 文件的步骤如下：

（1）在有关网站上下载最新版本的 Flash 播放器，并安装；

（2）单击“Office 按钮”，单击 PowerPoint 选项(I)，弹出“PowerPoint 选项”对话框。

（3）选中 在功能区显示“开发工具”选项卡(D) 复选框，单击“确定”按钮，在选项卡的右侧出现“开发工具”选项卡，如图 4-4-9 所示。

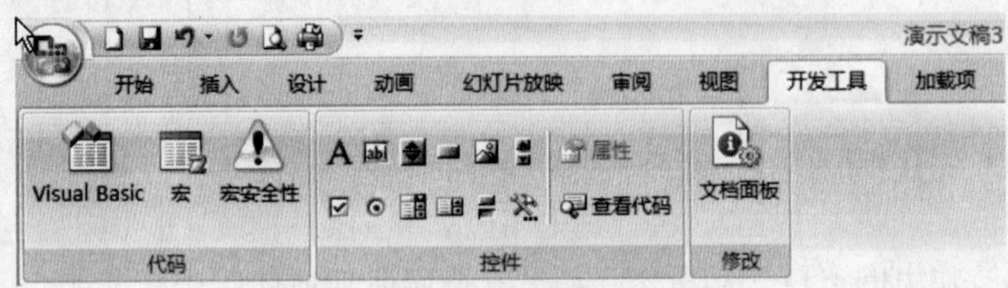

图 4-4-9 “开发工具”选项卡

（4）在“开发工具”选项卡的“控件”选项组中单击“其他控件”按钮，打开控件列表。在“其他控件”列表中，选择“Shockwave Flash Object”控件，如图 4-4-10 所示。

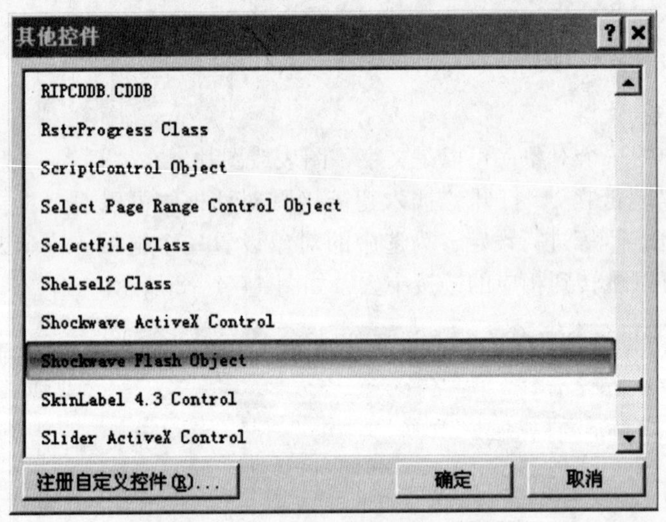

图 4-4-10 “其他控件”列表

（5）单击“确定”按钮后，光标变成“+”，在需要插入 Flash 动画的幻灯片上拖放鼠标，画出要播放 Flash 动画的大小范围：。

（6）在“控件”选项组中单击 属性，弹出控件“属性”对话框。

（7）在“Movie”右边的空白单元格中，输入要播放的 Flash 文件的完整路径，包括文件名在内。例如，“D：\ Program Files \ zhuzhu \ 23456. swf”（特别说明：如果 Flash 文件与 PowerPoint 文件在同一文件夹下，则不需要输入路径名，只需要输入 Flash 文件名即可）。

（8）确保 EmbeMovie 属性为 True，Playing 属性设为 True，该设置使幻灯片显示时自动播放动画文件。如果不想让动画反复播放，在 Loop 属性中选择 False。

（9）单击“幻灯片放映”，可播放插入的 Flash 文件。

（10）在 Flash 动画播放的过程中，在 Flash 动画上点击右键，可以选择播放方式。

4.4.4 删除幻灯片

删除幻灯片的方法有三种：

（1）选定要删除的幻灯片（工作区上显示的是将要删除的幻灯片），单击“开始”选项卡上“幻灯片”选项组的“删除”按钮。

（2）选择“视图选项卡”（工作区左侧）中的“幻灯片”选项卡，在幻灯片浏览视图中，右击要删除的幻灯片的缩略图，在弹出的快捷选项卡中选择“删除幻灯片”，或用鼠标选择要删除的幻灯片后，按 Delete 键。

（3）单击“状态栏”上的“幻灯片浏览”按钮，在“幻灯片浏览”视图下，右击要删除幻灯片的缩略图，在弹出的快捷选项卡中选择“删除幻灯片”，或用鼠标选择要删除的幻灯片后，按 Delete 键。

4.4.5 移动幻灯片

选择“视图选项卡”（工作区左侧）中的“幻灯片”选项卡，单击要移动幻灯片的缩略图或在“幻灯片浏览视图”中用鼠标单击要移动的幻灯片缩略图后，按住鼠标左键不放，拖动鼠标把幻灯片移动到合适的位置后释放鼠标，则完成移动幻灯片的操作。

4.4.6 复制幻灯片

复制幻灯片的方法有两种：

（1）选定要复制的幻灯片（工作区上显示的是将要复制的幻灯片），单击“开始”选项卡“剪贴板”选项组里的复制，然后选择“视图选项卡”的“幻灯片”选项卡，单击要在其后插入幻灯片的缩略图或在“幻灯片浏览视图”中用鼠标单击要在其后插入幻灯片的缩略图，单击“开始”选项卡“剪贴板”选项组里的

按钮。

（2）选择“视图选项卡”的“幻灯片”选项卡，单击要复制幻灯片缩略图或在“幻灯片浏览视图”中用鼠标单击要复制的幻灯片缩略图后，按住 Ctrl 键的同时按住鼠标左键不放，拖动鼠标指向合适的位置后，释放鼠标，则完成复制幻灯片的操作。

4.5 幻灯片的设计

4.5.1 页面设置

在“设计”选项卡的“页面设置”选项组中，可对幻灯片的大小及显示方向等进行设置，以便于打印和显示。

4.5.2 主题

1. 应用主题

在“设计”选项卡的“主题”选项组中，单击“其他”，弹出“所有主题”选项卡，如图4－5－1所示。

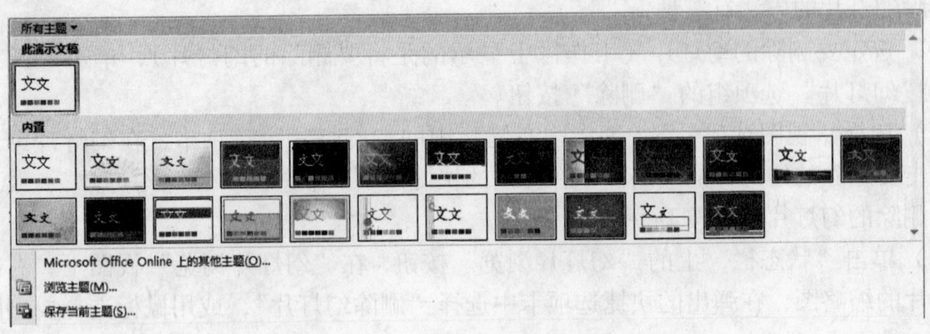

图4－5－1 “所有主题”选项卡

在选中的主题上按鼠标右键，弹出如图4－5－2所示的快捷选项卡，选择有关操作，如“应用于所有幻灯片”或“应用于选定幻灯片”等。

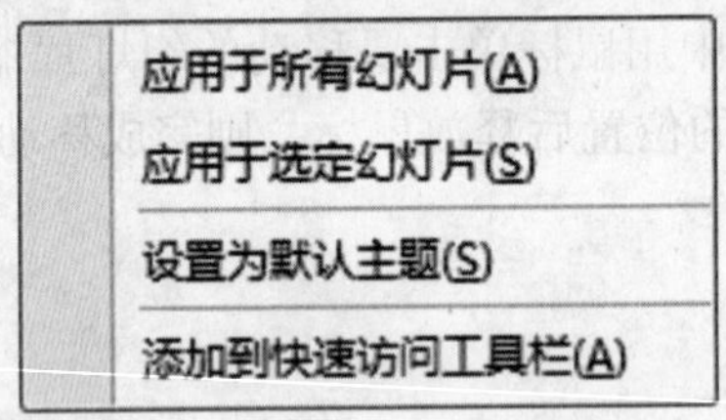

图4－5－2 应用主题快捷选项卡

2. 自定义主题

(1) 自定义主题颜色。

◆在“设计”选项卡的“主题”选项组中，单击“主题颜色” 颜色，在弹出的下拉列表中单击“新建主题颜色”。

◆在弹出的“新建主题颜色”对话框中，单击要更改的“主题颜色”名称旁边的向下三角按钮对主题颜色进行更改，如 文字/背景 - 深色 1(T) 。

◆在“名称”框中，为主题颜色键入自定义的名称，然后单击“保存”。

(2) 自定义主题字体。

主题字体包括标题字体和正文文本字体。单击“主题字体” 字体，在弹出的下拉列表中看到用于每个主题字体的标题和正文文本字体的名称，可以更改这两种字体以创建自己的一组主题字体。

◆在“设计”选项卡的“主题”选项组中，单击“主题字体” 字体，在弹出的下拉列表中单击“新建主题字体”。

◆在弹出的“新建主题字体”对话框中，在“西文”和“中文”中对“标题字体”和

“正文字体”进行设定，选择想要使用的字体。

◆在“名称”框中，为主题字体键入自定义的名称，然后单击“保存”。

3. **选择一组主题效果**

（1）在“设计”选项卡的“主题”选项组中，单击“主题效果” 效果 。

（2）单击要使用的效果。

4. **保存主题**

可以将对主题的颜色、字体或线条及填充效果所作的更改保存为可应用于其他文档或演示文稿的自定义主题。

（1）在“设计”选项卡的“主题”选项组中，单击“其他”。

（2）单击“保存当前主题”。

（3）在“文件名”框中，为该主题键入自定义的名称，然后单击“保存”。

（4）该自定义主题会以 .thmx 文件格式保存到“文档主题”文件夹中，并自动添加到自定义主题列表中。

4.5.3　背景

在“设计”选项卡的“背景”选项组中，单击 背景样式 ，选择“设置背景格式”选项，或单击 背景 对话框启动器，弹出“设置背景格式”对话框。选择“填充”选项卡，可把幻灯片的背景填充设置为纯色填充、渐变填充、图片或纹理填充、隐藏背景图形等。当选择“图片”选项卡，可修改图片的着色。

在“设置背景格式”对话框中选择“填充”的“图片或纹理填充”，如图 4－5－3 所示。

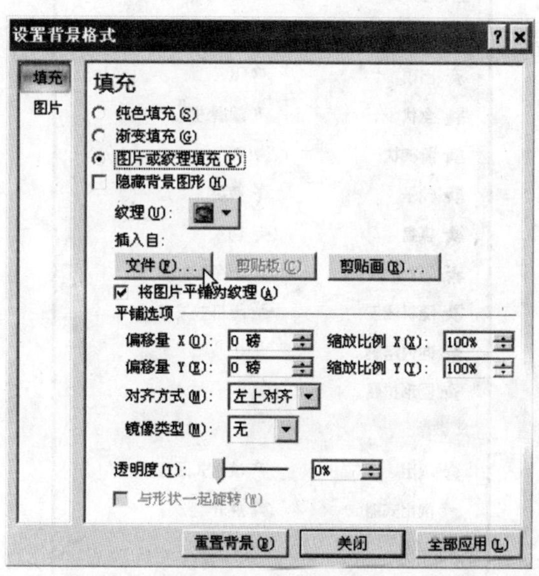

图 4－5－3　**“设置背景格式”对话框**

点击 文件(F)... ，选择要设为背景的图片，点击 关闭 ，则将选择的图片作为当前幻灯片的背景；如点击 全部应用(L)，则将选择的图片作为演示文稿所有幻灯片的背景。

小提示

用“图片或纹理填充”可以将有特色的或自己设计的图片作为演示文稿的首页或背景。

4.5.4 自定义动画

在自定义动画中可以随心所欲地设置出丰富多彩、赏心悦目的动画效果。

在普通视图下，找到要设置动画的幻灯片，选中幻灯片中的某个元素。

单击“动画”选项卡的“动画”选项组中的 自定义动画，如图 4－5－4 所示，在窗口的右侧会立即出现“自定义动画”任务窗格。

图 4－5－4 “动画”选项卡

单击任务窗格中的 添加效果，在下拉列表中选择需要的动画效果。

如果要设置其他动画效果，单击“其他效果”，随即出现“添加…效果”对话框，有更多的动画效果供选择，如图 4－5－5 所示为“添加进入效果”对话框。

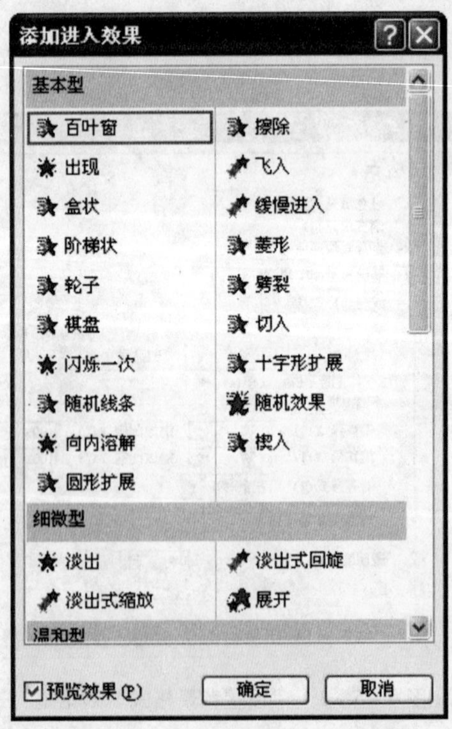

图 4－5－5 “添加进入效果”对话框

在任务窗格中可为动画效果设定“开始”、“方向”、“速度”等选项。

若需要配置声音，在任务窗格中单击已经设置了动画的对象右侧的下拉箭头，然后从下拉列表中选择“效果选项”，将弹出“效果”对话框，如图4－5－6所示。在对话框中单击“声音”右侧的向下箭头，然后在列表中选择一种声音效果。若选择了“其他声音”选项，则会出现“添加声音”对话框，供选择其他声音文件。

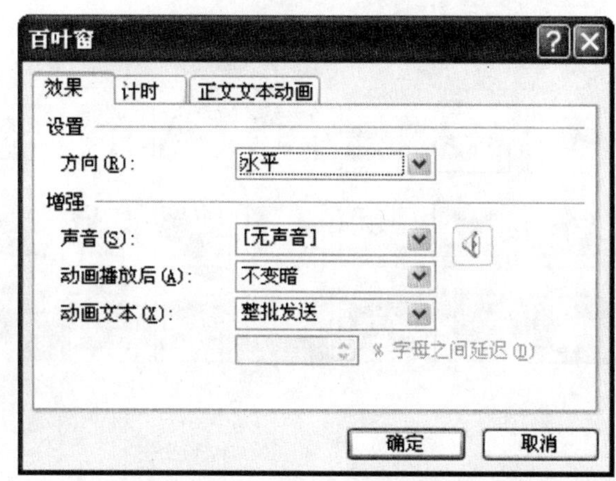

图4－5－6 “效果”对话框

要设置其他对象的动画、声音效果，再重复前述的操作即可。当幻灯片中所有对象的动画效果设置完成后，在每个对象的左上角会出现一个按照动画设置顺序编定的编号。调整播放顺序时这些编号会自动进行改变，先在幻灯片中单击某个元素，其前面的编号会变色，再点击任务窗格“重新排序”处的向上或向下的箭头，用来改变当前元素的播放顺序，这在任务窗格中可以看得很清楚。

再对下一张幻灯片进行类似设置，以此类推，直到设置完演示文稿中需要设置动画效果的所有幻灯片。设置完成后可以通过单击任务窗格底部的▶ 播放和来查看设置的效果。

4.5.5 幻灯片的切换

“幻灯片切换”是指两张幻灯片之间如何过渡的效果。若不设置则直接跳转，经过设置则用动画过渡，还可设置切换过程中的声音效果。前者显得突然、生硬，后者显得艺术效果较强。设置切换效果的具体方法如下：

（1）切换到“幻灯片浏览”视图。

（2）若打算将整篇演示文稿的幻灯片切换效果都设置成一样的，则选定所有幻灯片；若要有所区别，则选定一张设置一张。

（3）在“动画”选项卡的“切换到此幻灯片”选项组中列出了若干种幻灯片切换的样式，可以直接选择其中的某种切换效果。

（4）也可以单击“其他”选项按钮打开幻灯片切换效果列表，如图4－5－7所示，在列表中选择喜欢的切换效果。在“切换到此幻灯片”选项组中还有“切换声音、切换速度、换片方式”，可以在相应的下拉列表中选择，设置其中的部分或全部功能。

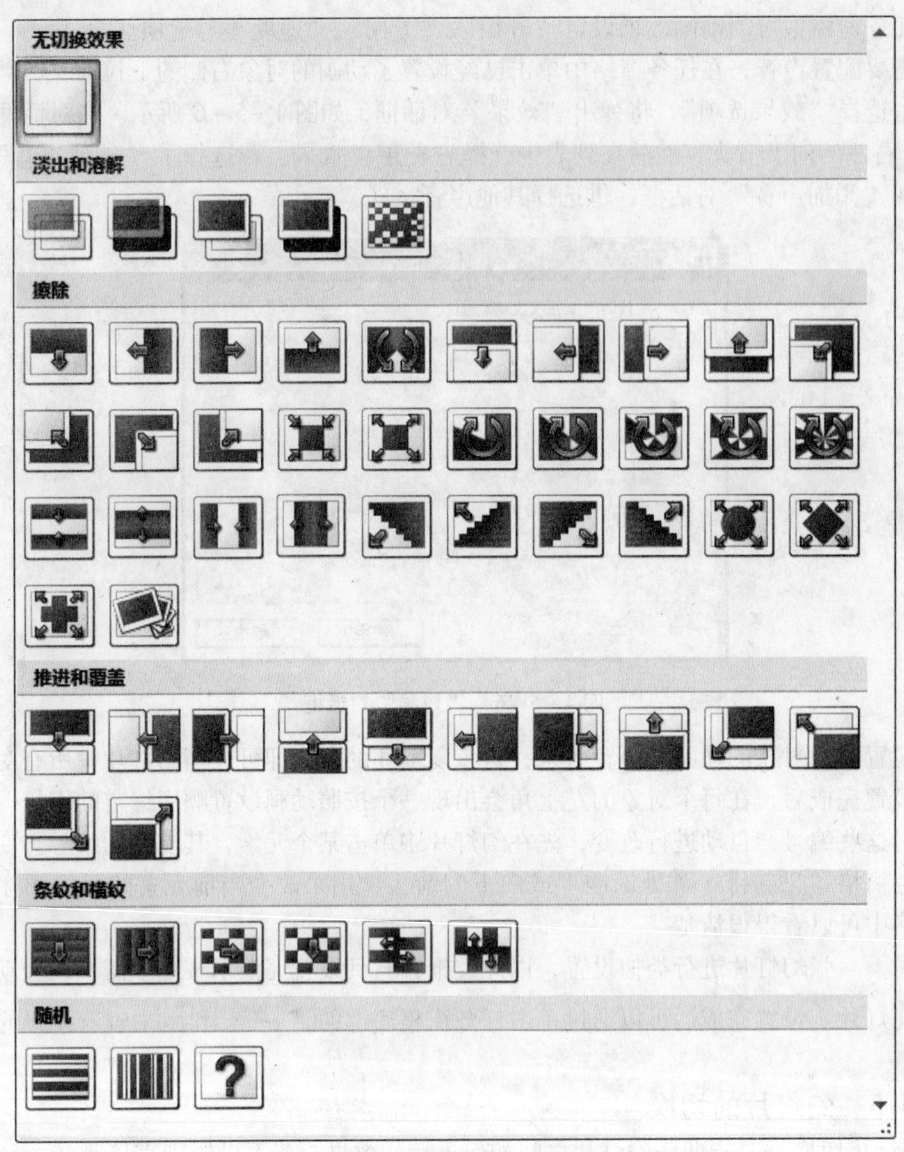

图4-5-7　幻灯片切换效果列表

4.5.6　简繁转换

1. 转换选取的文字

选择需要转换的文字，在“审阅”选项卡的“中文简繁转换”选项组中，单击“繁转简”或“简转繁”即可完成转换。

2. 转换幻灯片

选择需要转换的幻灯片，在“审阅”选项卡的“中文简繁转换”选项组中，单击“繁转简”或“简转繁”即可完成转换。

3. 转换整个演示文稿

选择全部幻灯片，在“审阅”选项卡的“中文简繁转换”选项组中，单击“繁转简”

或“简转繁”即可完成转换。

4.5.7 幻灯片母版

PowerPoint 2007 之前的版本所提供的幻灯片版式是不允许用户自行定义的，现在 PowerPoint 2007 已经可以让用户随心所欲地自定义专用的幻灯片版式了。若要添加新的自定义幻灯片版式，必须先切换到幻灯片母版视图，添加一个新的幻灯片版式后，附加所需要的对象，然后另存为模板文件即可。

首先，单击“视图”选项卡，然后单击“演示文稿视图”选项组中的“幻灯片母版”，如图 4 - 5 - 8 所示。

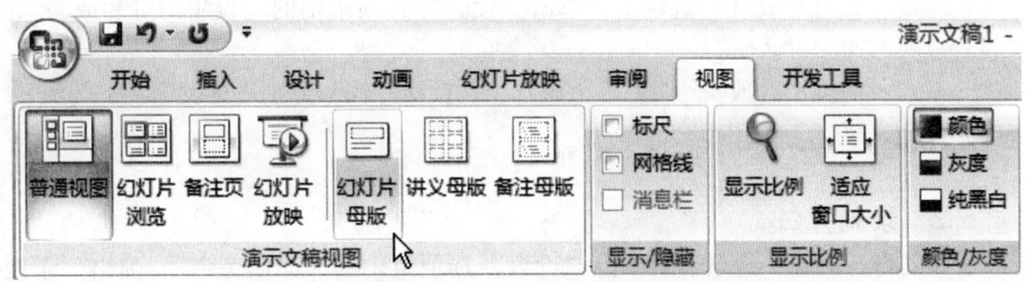

图 4 - 5 - 8 选择“幻灯片母版”

进入“幻灯片母版”视图后，在图 4 - 5 - 9 左侧窗格可看到默认的幻灯片母版与版式的缩略图，单击所要添加版式的缩略图，然后单击“编辑母版”选项组中的“插入版式”按钮。

添加一张新幻灯片后，即可在此幻灯片上设置所要添加的各种组件，快速产生崭新的自定义幻灯片版式。单击“母版版式”选项组中的“插入占位符”按钮，如图 4 - 5 - 9 所示。

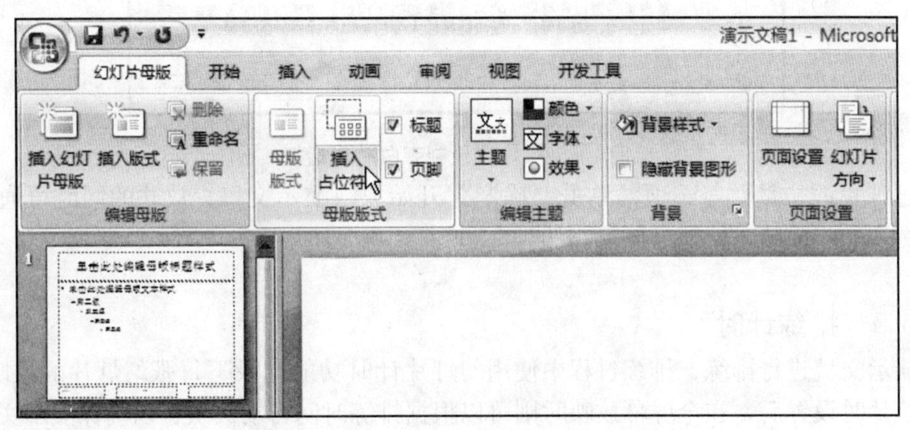

图 4 - 5 - 9 单击“插入占位符”按钮

在“母版版式”选项组中有“标题”和“页脚”两个复选框选项，可以根据需要选择是否在幻灯片版式上显示或去除幻灯片标题文字，页脚中的日期、页码等信息。

从下拉选项卡中选择所要采用的配置对象后，直接在幻灯片的版式上用鼠标拖曳出所需的占位符。

最后，将其另存为“PowerPoint 模板”（.potx）。以后只要使用该演示文稿模板创建新的幻灯片，便可以套用自定义的幻灯片版式了。

4.6 幻灯片的放映

4.6.1 设置幻灯片放映

在 PowerPoint 2007 中通过“设置放映方式”对话框进行幻灯片放映方式的设置，操作步骤如下：

（1）单击“幻灯片放映”选项卡，单击“设置”选项组中的“设置幻灯片放映”，弹出“设置放映方式”对话框。

（2）对“放映类型、放映幻灯片、放映选项、换片方式”分别进行设置。

（4）单击“确定”按钮，完成设置。

4.6.2 录制旁白

单击“幻灯片放映”选项卡，单击“设置”选项组中的“录制旁白”，弹出“录制旁白”对话框，如图 4－6－1 所示。

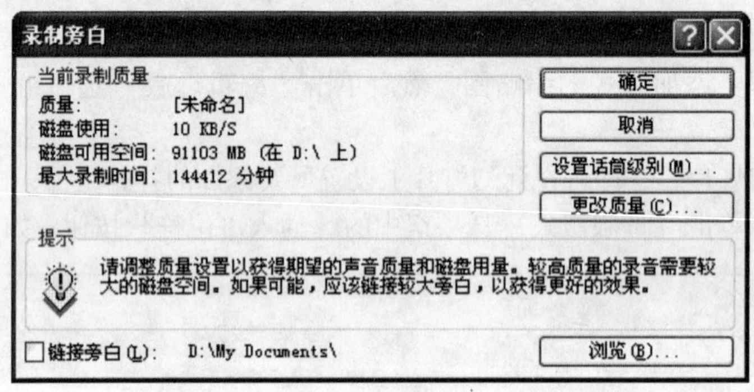

图 4－6－1 “录制旁白”对话框

通过“更改质量”等选项，单击“确定”开始放映演示文稿，放映的同时可通过麦克风录制旁白，再放映时就能播放录制的旁白。

4.6.3 排练计时

对演示文稿进行排练，排练过程中使用幻灯片计时功能记录下每张幻灯片的放映时间。经过排练计时设置后，在全屏幕放映时则可以根据排练时间自动放映，以确保演示文稿自动播放时按特定的时间播放。

在“幻灯片放映”选项卡的“设置”选项组中，单击“排练计时”，进入排练计时状态，这时弹出如图 4－6－2 所示的“预演”工具栏。

图 4-6-2 "预演"工具栏

◆下一项：选择播放下一张幻灯片。

◆暂停：暂停幻灯片的播放，以及在暂停后重新开始记录时间。

◆幻灯片放映时间：当前幻灯片的放映时间。

◆重复：重新记录当前幻灯片的时间。

对演示文稿进行排练结束后，弹出消息框，询问是否需要保留所设定的演示文稿排练时间，如需要则单击"是（Y）"，这时 PowerPoint 2007 自动切换到"幻灯片浏览"视图显示演示文稿，每张幻灯片下都显示该幻灯片的排练时间。

小提示

在演讲时利用"排练计时"可以精确掌握演讲时间。

4.7 演示文稿制作实例

1. 用实例说明如何应用 PowerPoint 2007 的图片特效功能处理图片，如何创建相册，如何为相册添加背景音乐等操作

（1）启动 PowerPoint 2007，新建一个空白文档。

（2）在"插入"选项卡的"插图"选项组中，选择"相册"，单击"插入图片来自"区域中的"文件/磁盘"按钮，打开"插入新图片"对话框，找到要插入 PowerPoint 2007 中的图片，然后按"插入"按钮返回"相册"对话框，相片文件名便加入到了"相册中的图片"列表框中，如图 4-7-1 所示。

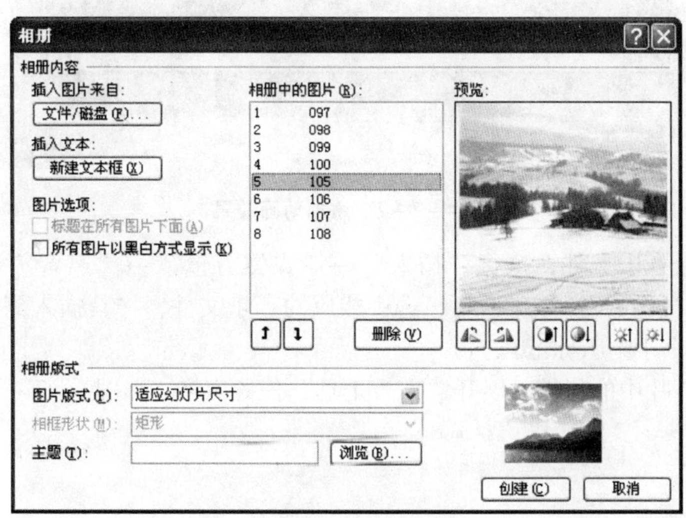

图 4-7-1 新建相册

（3）这时，通过点击“相册中的图片”列表框中的图片文件名，可以对各张图片进行预览。如果对图片显示效果不太满意，可通过预览图下面的按钮对图片的方向、对比度和亮度等作适当调整。

（4）相册的版式设计。单击“图片版式”右侧的下拉列表，可以指定每张幻灯片中图片的数量和是否显示图片标题。单击“相框形状”右侧的下拉列表可以为相册中的每一个图片指定相框的形状，但该功能必须在“图片版式”不使用“适应幻灯片尺寸”选项时才有效，假设可以选择“圆角矩形”，这可是需要用专业图像工具才能达到的效果。

（5）设置好后，单击“创建”按钮，图片被一一插入到演示文稿中，并在第一张幻灯片中留出相册的标题，输入相册标题等内容。

（6）切换到每一张幻灯片中，为相应的相片配上标题，并设置所喜欢的动画效果：“动画”→“自定义动画”→“添加动画效果”，如图 4－7－2 所示。

图 4－7－2　添加动画效果

（7）准备一个音乐文件，执行“插入”→“媒体剪辑”→“声音”→“文件中的声音”命令，打开“插入声音”对话框，选中相应的音乐文件，将其插入到第 1 张幻灯片中（幻灯片中出现一个小喇叭标记）。

（8）单击幻灯片中的喇叭，展开“声音工具”任务窗格，如图 4－7－3 所示。

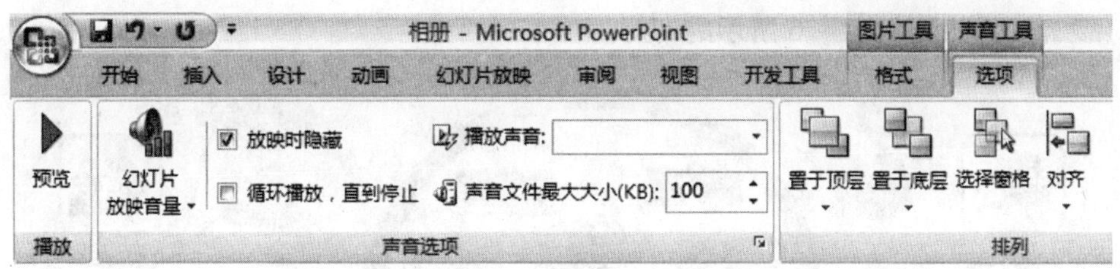

图 4－7－3　“声音工具”任务窗格

（9）跨多张幻灯片播放声音。在“动画”选项卡的“动画”组中，单击“自定义动画”；在“自定义动画”任务窗格中，单击“自定义动画”列表中所选声音右侧的箭头，然后单击“效果选项”。打开“播放 声音”对话框，如图 4－7－4 所示，选中“停止播放”下面的 在(F): 10 张幻灯片后，确定声音文件需要跨越的幻灯片的数量，将相应的数值输入其中，单击“确定”退出。

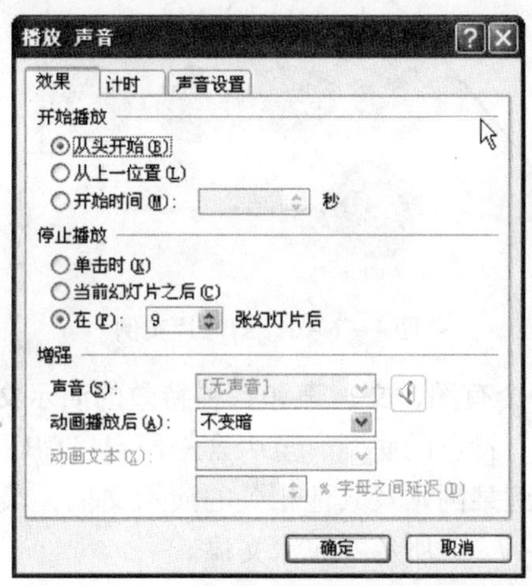

图 4－7－4　“播放 声音”对话框

小提示

声音文件的长度应等于或大于幻灯片的播放时间，可以在“播放 声音”对话框的“声音设置”选项卡上的“信息”下查看声音文件的长度。

（10）到此，一个精美的个性化的电子相册就生成了。制作完成后，可以将相册打包或刻录成光盘。

2. 设计制作如图 4－7－5 所示的实例

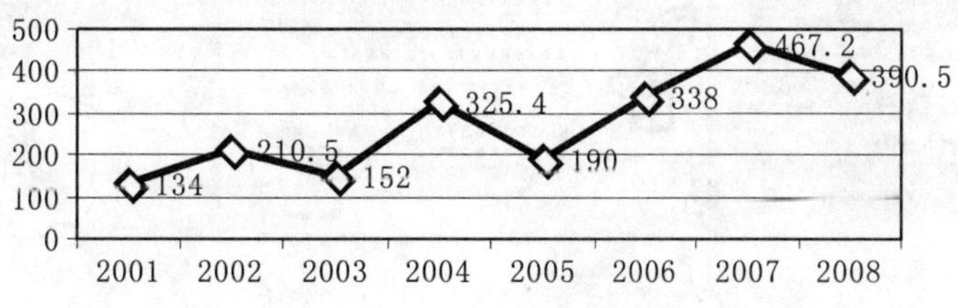

图 4－7－5　图表实例

3. 设计制作如图 4 -7 -6 所示的幻灯片

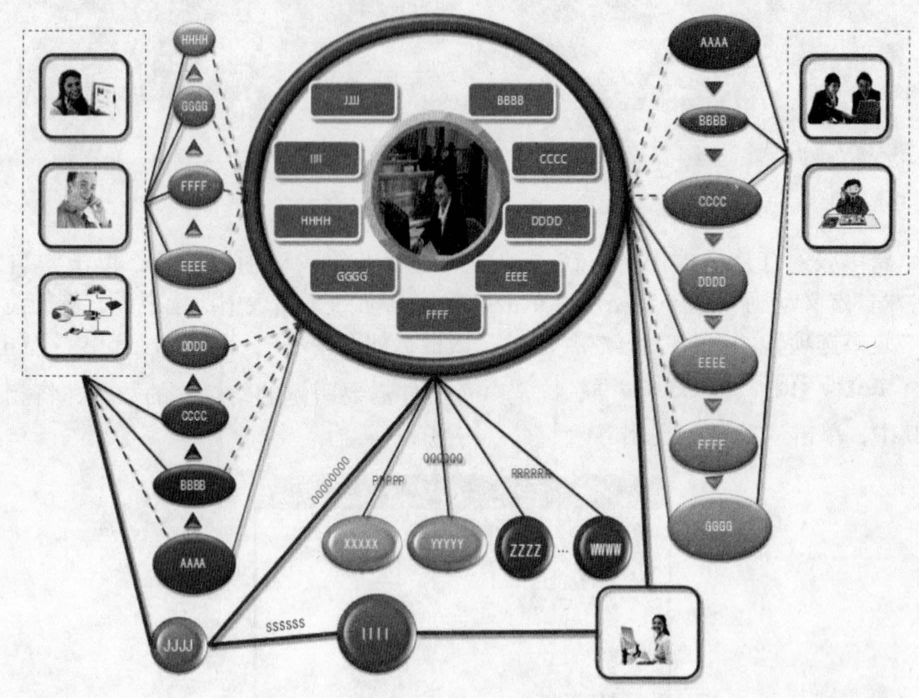

图 4 -7 -6　幻灯片实例

4. 根据实际需要准备一个有图、文、声和各种特效的演示文稿

要求：有特色的首页、有特色的底图、至少含一段自己剪辑的音频文件、至少含一段自己剪辑的视频文件、能链接到某网站及其他相关的演示文稿，最后发布成“CD 数据包”能独立播放的文件。例如图 4 -7 -7 所示的演示文稿。

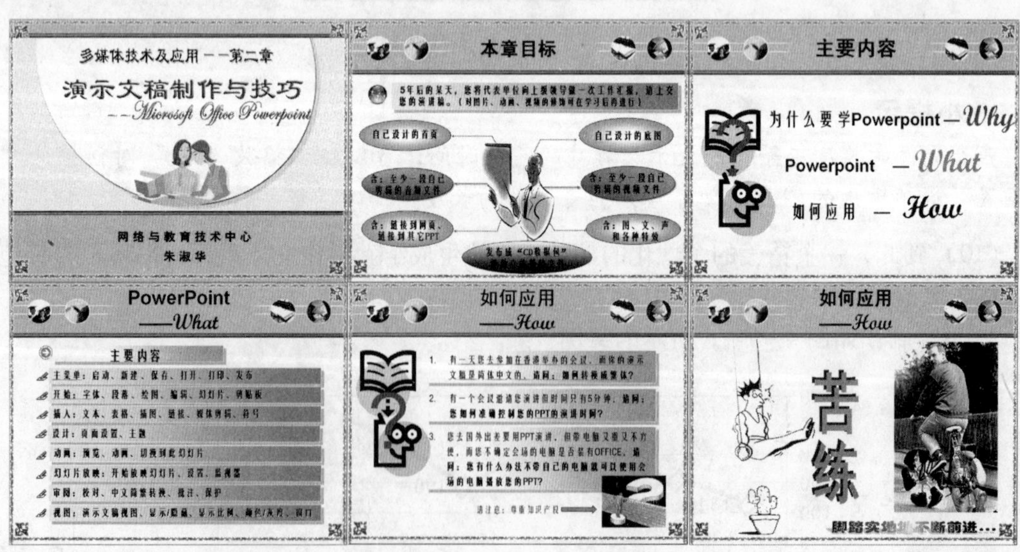

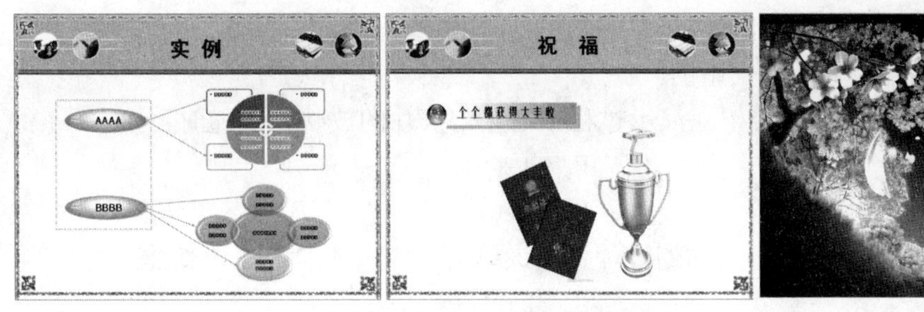

图 4－7－7 演示文稿实例

至此，本章简要地讲解了 PowerPoint 2007 的基本操作和演示文稿的制作，但如何制作一个精美的演示文稿，并利用演示文稿使演讲绘声绘色，还需要学习音视频处理技术、图片处理技巧、动画制作技术等，在不断学习和演讲训练中提高演讲水平。

【练习题】

一、填空题

1. 当启动 PowerPoint 后，在 PowerPoint 对话框中列出了____________、____________和__________。

2. 用 PowerPoint 创建新演示文稿的三种方法是________、________和________。

3. 在 PowerPoint 中，可以对幻灯片进行移动、删除、复制、设置动画效果，但不能对单独的幻灯片的内容进行编辑的视图是__________。

4. 如要在幻灯片浏览视图中选定若干张幻灯片，那么应先按住__________键，再分别单击各幻灯片。

5. 在__________和__________视图下可以改变幻灯片的顺序。

二、选择题

1. PowerPoint 2007 文件默认扩展名为____。

   A. . pptm　　B. . potx
   C. . ppt　　D. . pptx

2. PowerPoint 可存为多种文件格式，下列____文件格式不属于此类。

   A. . pptx　　B. . potx
   C. . psd　　D. . html

3. 在制作过程中如果对页面版式不满意，可以通过____选项卡的“版式”来调整。

   A. 格式　　B. 开始
   C. 文件　　D. 视图

4. 幻灯片模板文件的默认扩展名是____。

   A. . pptm　　B. . potx
   C. . ppt　　D. . pptx

5. 在一个演示文稿中选择了一张幻灯片，按下“Del”键，则____。

   A. 这张幻灯片被删除，且不能恢复
   B. 这张幻灯片被删除，但能恢复

C. 这张幻灯片被删除，但可以利用“回收站”恢复

D. 这张幻灯片被移到回收站内

6. 在 PowerPoint 中，如果希望在演示过程中终止幻灯片的放映，则随时可按____键。

A. Esc　　B. Alt + F4

C. Ctrl + C　　D. Delete

7. 在演示文稿中要添加一张新的幻灯片，应该单击____选项卡中的“新建幻灯片”。

A. 设计　　B. 开始

C. 插入　　D. 视图

8. PowerPoint 提供了几种视图方便用户进行操作，分别是普通视图、幻灯片浏览视图和____。

A. 幻灯片放映视图　　B. 图片视图

C. 文字视图　　D. 一般视图

9. 在 PowerPoint 中，要切换到幻灯片的黑白视图，请选择____。

A. 视图选项卡的“幻灯片浏览”　　B. 视图选项卡的“幻灯片放映”

C. 视图选项卡的“演示文稿视图”　　D. 视图选项卡的“颜色/灰度”

10. 演示文稿打包后，在目标盘产生一个名为____的解包可执行文件。

A. Setup. exe　　B. Pngsetup. exe

C. Install. exe　　D. Preso. ppz

11. 打印演示文稿时，如“打印内容”栏中选择“讲义”，则每页打印纸上最多能输出____张幻灯片。

A. 2　　B. 4

C. 6　　D. 9

12. 下列不是 PowerPoint 视图的是____。

A. 普通视图　　B. 幻灯片视图

C. 备注页视图　　D. 大纲视图

13. 下列操作中，____不是退出 PowerPoint 的操作。

A. 单击“Office 按钮”下拉选项卡中的“关闭”命令

B. 单击“Office 按钮”下拉选项卡中的“退出”命令

C. 按组合键“Alt + F4”

D. 右键单击 PowerPoint 窗口标题栏，单击“控制菜单”中的图标

14. 对于演示文稿中不准备放映的幻灯片可以在包含“____”和“幻灯片”选项卡的窗格中，单击“幻灯片”选项卡；右键单击要隐藏的幻灯片，然后单击“隐藏幻灯片”。

A. 工具　　B. 幻灯片放映

C. 视图　　D. 大纲

15. ____不是合法的“打印内容”选项。

A. 幻灯片　　B. 备注页

C. 讲义　　D. 幻灯片浏览

三、思考题

1. 在 PowerPoint 中，有哪几种视图？各适用于何种情况？
2. 怎样为幻灯片设置背景和配色？
3. 怎样将网上的一幅图设置成所有幻灯片的背景？
4. 在 PowerPoint 中，同一个演示文稿能同时打开两次吗？如果能，它们有什么区别？
5. 如何录制旁白和设置放映时间？
6. 如何将一个大而复杂的演示文稿安装到另一台无 PowerPoint 软件的计算机上去演示？

5　图像处理技术与 Photoshop CS4 应用

【学习提要】

通过本章的学习，让学习者对计算机图像及其处理方式有基本的了解，从而帮助他们在工作实践中更好地获取图像、设计制作图像、处理图像并应用图像。

【重点难点】

掌握 Photoshop CS4 的新功能，能够综合应用工具箱、菜单、控制面板、图层、滤镜等熟练进行图像的设计制作与处理。

5.1　基础知识

5.1.1　像素

在 Photoshop 中，像素（pixel）是组成图像的最基本单元，它是一个小的矩形颜色块。一个图像通常由许多像素组成，这些像素被排成横行或纵列。当用缩放工具将图像放到足够大时，就可以看到类似马赛克的效果，每一个小矩形块就是一个像素，也可称之为栅格。每个像素都有不同的颜色值，单位长度的像素越多，分辨率（ppi）越高，图像的效果就越好。

5.1.2　位图与矢量图

在电脑里，所有的图像都是由许多小方点构成的，并以矩阵的方式排列。位图是用排列紧密的正方形网格，即像素来显示的图像。它也称为点阵图像或绘制图像。位图的特点是放大或缩小会使图像失真。

矢量图

位图

图 5－1－1　矢量图与位图

矢量图是用直线和曲线来描述图形，这些图形的元素是一些点、线、矩形、多边形、圆和弧线等等，它们都是通过数学公式计算获得的。由于矢量图可通过公式计算获得，所以矢量图文件体积一般较小。矢量图最大的优点是无论放大、缩小或旋转等都不会失真；最大的缺点是难以表现色彩层次丰富的逼真图像效果。

5.1.3 图像分辨率

图像分辨率是指组成一幅图像的像素密度的度量方法。它的单位是 ppi（pixels per inch），即每英寸所包含的像素数量。如果图像分辨率是 72 ppi，就是在每英寸长度内包含 72 个像素。图像分辨率越高，意味着每英寸所包含的像素数量越多，图像就越逼真；相反，图像就显得越粗糙。

图像分辨率和图像大小之间有着密切的关系。图像分辨率越高，所包含的像素数量越多，图像的信息量就越大，因而文件也就越大。

另外，常提到的输出分辨率是以 dpi（dots per inch，每英寸所含的点）为单位，这是针对输出设备而言的。通常激光打印机的输出分辨率为 300 ~ 600 dpi，照排机要达到 1 200 ~ 2 400 dpi 或更高。

5.1.4 常用图像文件的格式

图像是一种普遍使用的数字媒体，有着广泛的应用。多年来，不同公司开发了许多图像应用软件，再加上应用本身的多样性，因此出现了许多不同的图像文件格式，常用的有：

1. BMP 格式

BMP 格式是微软公司在 Windows 操作系统下使用的一种标准图像文件格式，一个文件存放一幅图像，几乎所有 Windows 应用软件都能支持。

2. GIF 格式

GIF（graphics interchange format）格式是目前因特网上广泛使用的一种图像文件格式，它的颜色数目较少（不超过 256 色），文件特别小，适合网络传输。由于颜色数目有限，GIF 适用于插图、剪贴画等色彩数目不多的应用场合。GIF 格式能够支持透明背景，具有在屏幕上渐进显示的功能。它可以将许多张图像保存在同一个文件中，显示时按预先规定的时间间隔逐一进行显示，从而形成动画的效果，因而在网页制作中大量使用。

3. JPEG 格式

JPEG 格式是最流行的压缩图像文件格式，它采用静止图像数据压缩编码的国际标准进行压缩，大量用于因特网和数码相机等。

4. PSD 格式

PSD 格式是图像处理软件 Photoshop 的专用格式 。

5. PNG 格式

PNG 格式是 Fireworks 默认格式，是一种新兴的网络图像格式，它汲取了 GIF 和 JPEG 二者的优点并将之发挥得淋漓尽致。

6. TIFF 格式

TIFF（tagged image file format）图像文件格式大量运用于扫描仪和桌面出版，能支持多种压缩方法和多种不同类型的图像，有许多图形图像应用软件支持这种文件格式。

7. CDR 格式

CDR 格式是著名绘图软件 CorelDRAW 的专用文件格式。

5.1.5 常用图形、图像处理软件

1. 平面图像处理软件

(1) Adobe Photoshop。

谈到平面图像处理软件，首推 Adobe 公司的 Photoshop 软件。Adobe 公司成立于 1982 年，是美国最大的个人计算机软件公司之一，是图形界的航母。Photoshop 创建了平面图像处理软件的标准，其地位非任何同类软件可比。Adobe Photoshop 是集各种颜色调整、图层与混合模式以及功能强大的选择工具和滤镜工具于一体的图像处理软件。

(2) Corel Painter。

Corel Painter 是由 Corel 公司出品的专业绘图软件，在绘图领域有着相当高的知名度。它是许多工业领域，包括电影、游戏开发和摄影领域中专业人士和艺术家的选择；它能够带给使用者全新的数字化绘图体验，更接近手工素描、绘画的表现；它与 Adobe Photoshop 兼容，虽然其图形处理功能不如 Photoshop，但其丰富的笔刷效果是 Photoshop 难以达到的，只不过它不支持核心汉化，使用者较少。

(3) Macromedia Fireworks。

Macromedia Fireworks 是一款专为网络图形设计的图形编辑软件。Macromedia Fireworks 不但能进行平面图形处理，还能制作 GIF 动画和网页等。它在图形处理领域的地位仅次于 Photoshop，其自成一体的 PNG 文件格式早已成为图形图像领域的一个新标准；它大大简化了网络图形设计的工作难度，无论是专业设计师还是业余爱好者，使用 Fireworks 都可以轻松地制作出十分动感的 GIF 动画，还可以完成大图切割、动态按钮、动态翻转图等。因此，对于辅助网页编辑来说，Fireworks 将是最大的功臣。

2. 矢量图形软件

(1) Adobe Illustrator。

由于矢量图形有很强的可操作性和自由性，一直受到很多艺术家的喜爱。在矢量图形处理领域，首推 Adobe 公司开发的 Adobe Illustrator 软件，它是出版、多媒体和在线图形图像工业标准插画绘图软件。通过它提供的绘制各种图形所需的工具，可以获得专业性的图形质量效果。无论是生产印刷、出版线稿的设计者，专业插画家，生产多媒体图像的艺术家，还是万维网页面及内容的制作者，都认为 Illustrator 是一个很好的艺术产品工具。这个软件的优势在于处理矢量图形方面，能够非常精确地控制矢量图形的位置和大小，是工业界标准的绘图软件。另外，它在文字处理和图表方面也有着独特的优势，尤其是它将矢量图形、字体和图表有机地结合起来，非常适合于制作海报、网页、广告等宣传资料。

(2) Macromedia Freehand。

由 Macromedia 出品的 Freehand 是插图及排版设计工具，从面市开始，Freehand 就被公认为是最佳的平面印刷排版工具。而今，Freehand 更可覆盖从插图设计、手册制作、排版印刷、站点地图直至动画制作以及网络出版的所有领域，并且迅速地在不同载体上实现同样的创意与设计。通过 Freehand 独特的设计和结构环境可制作引人注目的插图、图标和精心设计的各种文件。它是专业印刷和网络设计所应用的优秀软件之一。

(3) CorelDRAW。

CorelDRAW 是目前图形软件中功能最为强大的一个图形绘制与图像处理软件，是一个

基于矢量的绘图程序，是绘图与图像编辑组合式软件。其增强的易用性、交互性和创造力可以用来方便地创作专业级美术作品，其新颖的交互式工具可以让用户直接修改图像和加插不同效果，而易于使用的画面控制可以让用户即时看到修改结果。新的点阵图显示功能使物件放置和显示更精确、顺畅，无论是简单的公司标识还是复杂的技术图例都轻而易举。这套矢量绘图软件可创作出多种富于动感的特殊效果及点阵图像，使用户在设计和出版图形作品时如虎添翼。

5.2 Photoshop CS4 简介

5.2.1 简介

Photoshop 是 Adobe 公司旗下最为出名的图像处理软件之一。Photoshop CS4 的产生号称是 Adobe 公司历史上规模最大的一次产品升级。在其发展历程中，Photoshop 8.0 的官方版本号是 CS，9.0 的版本号变成 CS2，10.0 的版本号变成 CS3，11.0 的版本号则变成 CS4。

Adobe Photoshop CS4 软件通过直观的用户体验，有更大的编辑自由度，可大幅提高工作效率。

Photoshop 的应用领域很广泛，在图像、图形、文字、视频、出版各方面都有所涉及，主要包括平面设计、修复照片、广告摄影、影像创意、艺术文字、网页制作、绘画、婚纱照片设计、图标制作及界面设计等领域。平面设计是 Photoshop 应用最为广泛的领域，无论是我们正在阅读的图书封面，还是大街上看到的招贴、海报，这些具有丰富图像的平面印刷品基本上都是利用 Photoshop 软件对图像进行处理的。

5.2.2 新增功能

Photoshop CS4 的菜单部分经过重新设计，图标简洁明快，将一些常用的项目放在菜单的右侧。新增菜单项目如图 5－2－1 所示。

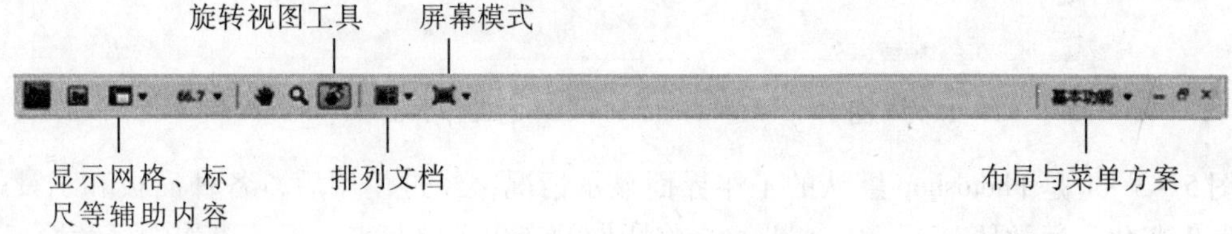

图 5－2－1 Photoshop CS4 新增菜单项目

新增的内容包括：

◆使用“仿制源”面板和仿制叠加精确地仿制像素；

◆可在 Camera Raw 中编辑 TIFF、JPEG 和原始数据文件；

◆使用“蒙版”面板进行选择、反相和蒙版操作；

◆将 2D 图像变换为 3D 对象；

◆操作 3D 对象，调整其位置，以及在 3D 对象上绘画；

◆Adobe Photoshop Lightroom 是为专业摄影师提供的一个工具箱，可帮助他们管理、调整和展示大量数码照片。

5.3 Photoshop CS4 的基本操作

5.3.1 工作界面

（1）在桌面上双击 Adobe Photoshop CS4 图标启动 Adobe Photoshop CS4。如果在桌面上找不到 Photoshop CS4 图标，可选择菜单“开始”→“所有程序”→“Adobe Photoshop CS4”。

（2）出现提示时，单击“是”按钮确认。启动 Photoshop CS4 后，任意打开一幅图像，其工作界面如图 5-3-1 所示。

图 5-3-1　Photoshop CS4 的工作界面

图 5-3-1 是 Photoshop 默认的工作界面显示情况，经过使用后，各种面板和工具的位置会发生变化。通常情况下，Photoshop 会将所做的变化存储起来，保证工作的延续性。

5.3.2 工具箱

第一次启动 Photoshop 应用程序时，工具箱出现在屏幕的左侧。Adobe Photoshop CS4 的工具箱在第一次打开时默认为单栏，单击工具箱左上方的小三角可将工具箱恢复成双栏状态。当选择不同的工具时，会有相应的工具选项栏显示不同的选项设定。

Photoshop CS4 的工具箱包括选取工具、绘画和编辑工具、前景色和背景色选择框、查看工具和 3D 工具。运用工具箱中的工具可以创建选区、绘画、绘图、取样、编辑、移动、注释和查看图像等，还可以在工具箱内更改前景色和背景色、使用不同的图像显示模式等。

Photoshop CS4 工具箱以及其中的工具如图 5－3－2 所示。图 5－3－3 是工具箱中隐含的工具，可用鼠标拖曳选中或者在按住 Alt 键的同时用鼠标单击工具图标进行切换。

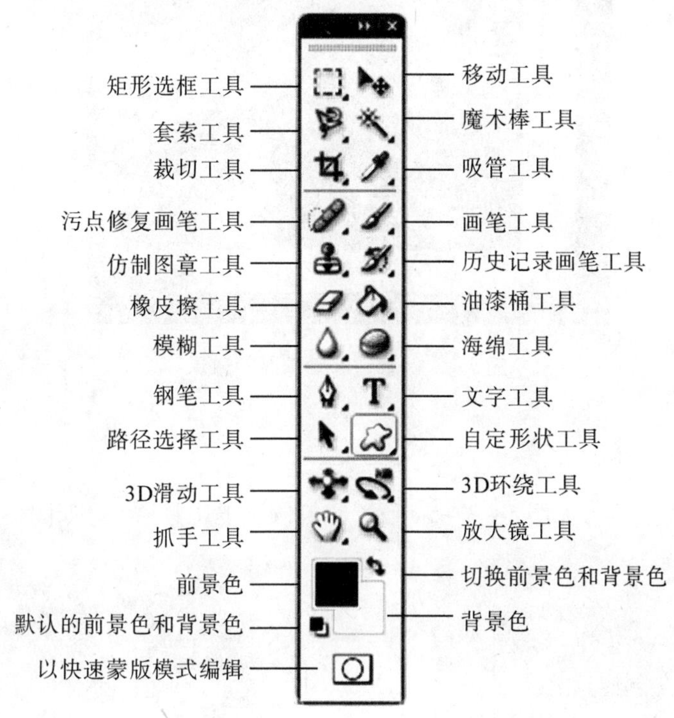

图 5－3－2　Photoshop CS4 的工具箱

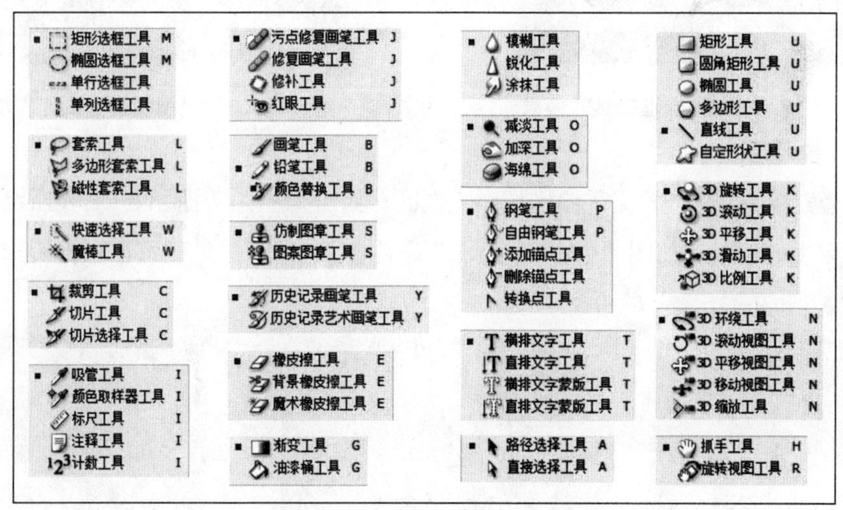

图 5－3－3　Photoshop CS4 工具箱中的工具

工具箱中的工具可以分为以下几种类型：

1. 移动工具

“移动工具” 可移动选取图层和参考线等，如图 5－3－4 所示。

图 5－3－4 “移动工具”效果

2. 选择工具

（1）规则选取工具。

“矩形选框工具” 如图 5－3－5 所示，“椭圆选框工具” 如图 5－3－6 所示。

图 5－3－5 “矩形选框工具”效果

图 5－3－6 “椭圆选框工具”效果

（2）套索工具。

“普通套索工具” 根据手绘区域建立选区，如图 5－3－7 所示；“多边形套索工具” 可建立多边形选区，如图 5－3－8 所示；“磁性套索工具” 则可以根据所选物体的边沿建立选区，如图 5－3－9 所示。

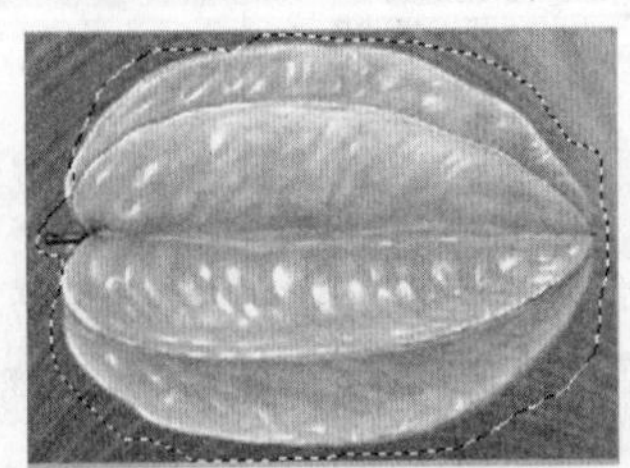

图 5－3－7 “普通套索工具”选取效果

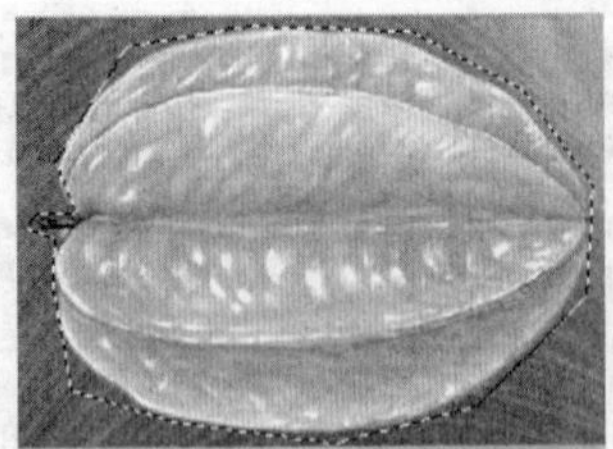

图 5－3－8 “多边形套索工具”选取效果

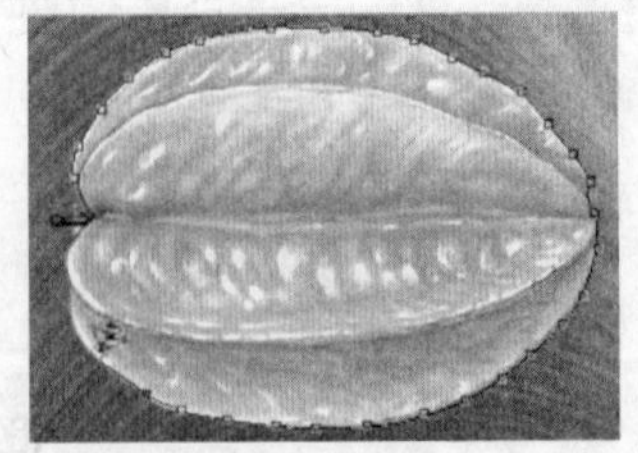

图 5－3－9 “磁性套索工具”选取效果

（3）魔术棒工具。

“魔术棒工具” 用于选择颜色相似的区域，如图 5－3－10 所示。

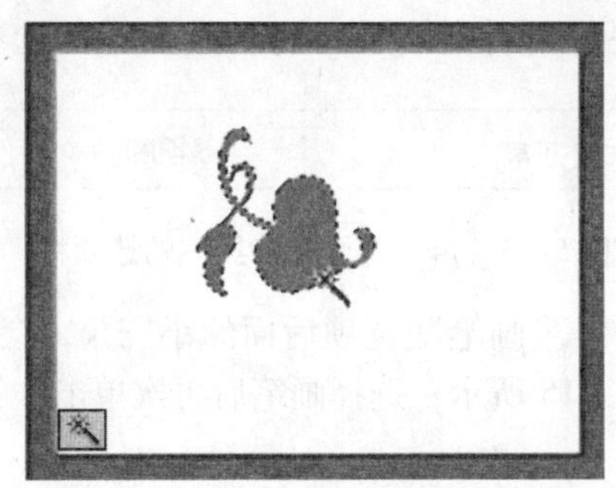

图 5－3－10 “魔术棒工具”选取效果

选择“魔术棒工具”，在图中绿色位置点击鼠标左键，则选中了整个绿色的图像。由于图中的绿色为纯色填充，所以比较容易完全选中图像。如果图像中需选中的区域不是纯色，如图 5－3－11 中要选中紫红色扇子，则可以调整“魔术棒工具”选项栏的“容差”数值为 50，再点击紫红色扇子来实现，如图 5－3－12 所示。

图 5－3－11 用“魔术棒工具”调整“容差”后选取效果

图 5－3－12 “魔术棒工具”选项栏

3. 绘图工具

（1）画笔工具。

“画笔工具” 用于绘制出边沿柔软的画笔效果，画笔颜色为工具箱中的前景色，如图 5－3－13 所示。

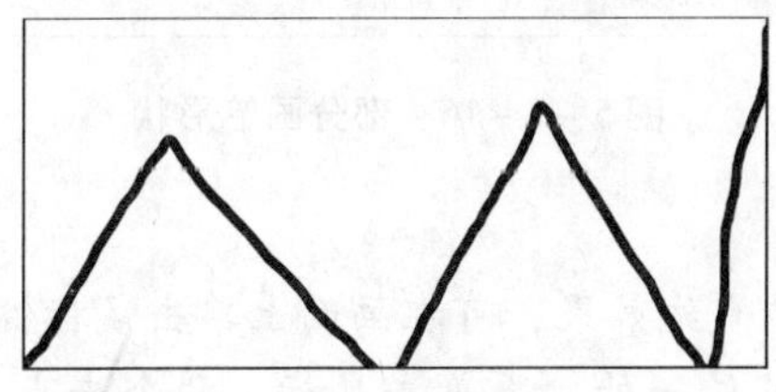

图 5－3－13 用“画笔工具”绘图

在“画笔工具”的选项栏中可看到如图5-3-14所示的选项。

图5-3-14 “画笔工具”的选项栏

单击“画笔工具”选项栏中“画笔”选项后面的小三角，会出现一个弹出式面板，可选择预设的各种画笔，如图5-3-15所示，选择画笔后再次单击小三角将弹出式面板关闭。

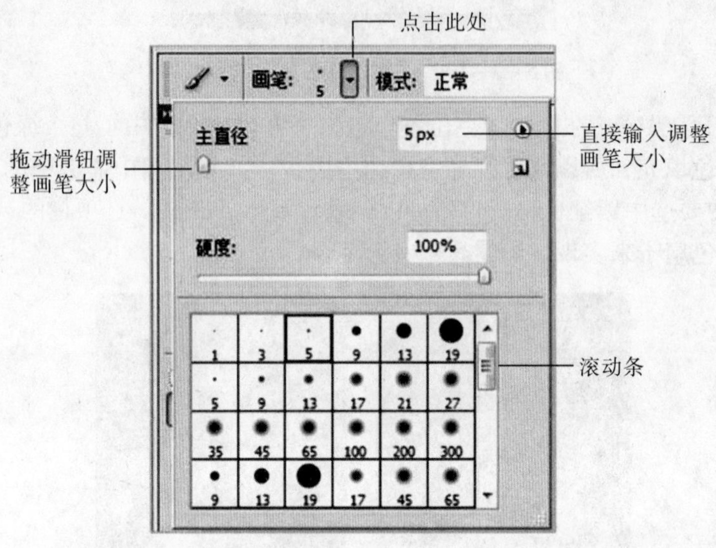

图5-3-15 “画笔工具”选项栏中的弹出式面板

通过“画笔”面板的设定项可以实现更多的画笔效果。在图5-3-15所示的面板中，可以拖动“主直径”下方的滑钮来调整画笔的大小，也可以通过直接输入数字来调整画笔的大小。拖动右下方的滚动条可以出现各种画笔形状，如图5-3-16所示。

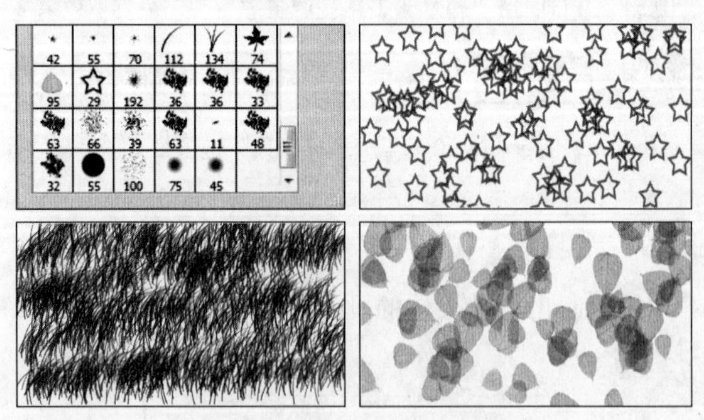

图5-3-16 部分画笔形状

小提示

如果想使绘制的画笔保持直线效果，可在画面上单击鼠标键，确定起始点，然后在按住Shift键的同时将鼠标键移到另外一处，再单击鼠标，两个击点之间就会自动连接起来形成一条直线。

（2）铅笔工具。

使用“铅笔工具”可绘出硬边的线条，如果是斜线，会带有明显的锯齿。绘制的线条颜色为工具箱中的前景色。在铅笔工具选项栏的弹出式面板中可看到硬边的画笔，如图 5－3－17 所示。

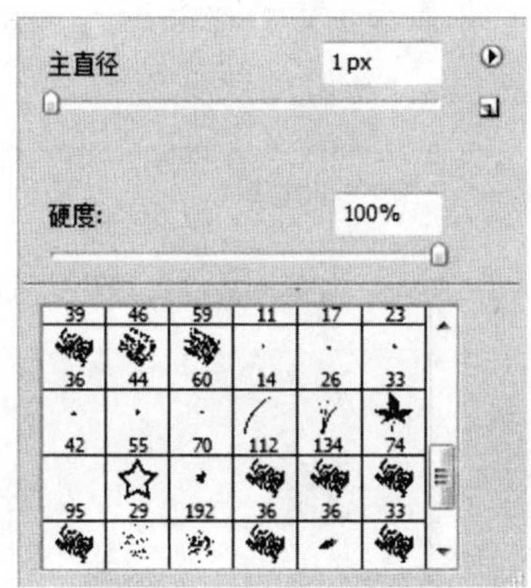

图 5－3－17　“铅笔工具”选项栏的弹出式面板

（3）橡皮擦工具。

橡皮擦工具分为“橡皮擦工具”、“背景橡皮擦工具”和“魔术橡皮擦工具”三种。

“橡皮擦工具”：可将图像擦除至工具箱中的背景色。单击工具箱中的“橡皮擦工具”，弹出“橡皮擦工具”选项栏，如图 5－3－18 所示。在“模式”后面的弹出菜单中可选择不同的橡皮擦类型，即“画笔”、“铅笔”和“块”。当选择不同的橡皮擦类型时，工具选项栏中的设定项也是不同的。选择“画笔”和“铅笔”选项时，与画笔和铅笔的用法相似，只是绘画和擦除的区别；选择“块”时，就是一个方形的橡皮擦。图 5－3－19 是用“橡皮擦工具”擦除后的效果，背景色是白色。

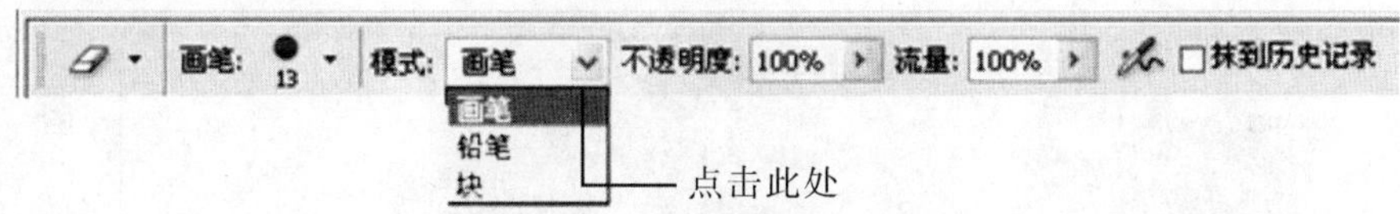

图 5－3－18　“橡皮擦工具”选项栏

图 5－3－19　用“橡皮擦工具”擦除的效果

“背景橡皮擦工具”：可将图层上的颜色擦除成透明，单击工具箱中的工具，就会出现其选项栏，如图5－3－20所示。“背景橡皮擦工具”可以在去掉背景的同时保留物体的边缘。通过定义不同的取样方式和设定不同的“容差”数值，可以控制边缘的透明度和锐利程度。“背景橡皮擦工具”在画笔的中心取色，当工具移动到图像上时光标变成圆形的中心有十字符号，十字符号的中心就表示取样的中心，不受中心以外其他颜色的影响。图5－3－21是利用“背景橡皮擦工具”擦除的效果。

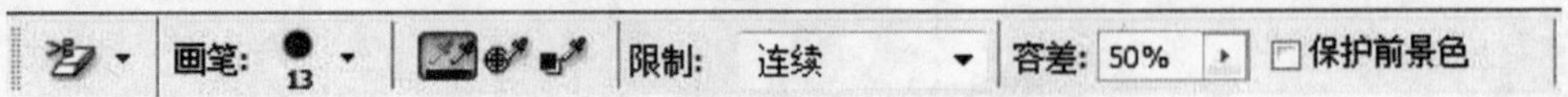

图5－3－20 “背景橡皮擦工具”选项栏

图5－3－21 “背景橡皮擦工具”擦除的效果

“魔术橡皮擦工具”：可根据颜色近似程度来确定将图像擦成透明的程度，而且它的去背景效果比常用的路径还要好。当使用“魔术橡皮擦工具”在图层的图像上单击，工具会自动将所有相似的像素变为透明，如图5－3－22所示。如果当前操作的是背景层，则操作完成后会变成普通图层。

图5－3－22 使用“魔术橡皮擦工具”擦除前后比较

单击工具箱中的工具，就会出现其选项栏，如图5－3－23所示。

容差: 20 ☑消除锯齿 ☑连续 ☐对所有图层取样 不透明度: 100%

图5－3－23 “魔术橡皮擦工具”选项栏

在“魔术橡皮擦工具”选项栏中，可以输入颜色的“容差”数值，如20，输入数值越大代表可擦除范围越广，选择“消除锯齿”选项可以使擦除后图像的边缘保持平滑。选择“连续”选项只会擦除图像中和鼠标单击点相似并连续的部分；如果不选择此项，将擦除图像中所有和鼠标单击点相似的像素，不管是否和鼠标单击点连续。

（4）填充工具。

填充工具分为“油漆桶工具”和“渐变填充工具”两种。

“油漆桶工具”：可根据像素颜色的近似程度来填充颜色，填充的颜色为前景色（纯色）或连续图案（“油漆桶工具”不能作用于位图模式的图像）。单击工具箱中的“油漆桶工具”，出现其选项栏，如图 5－3－24 所示。

图 5－3－24 “油漆桶工具”选项栏

图 5－3－25 是原图，背景经过填充后如图 5－3－26 所示。

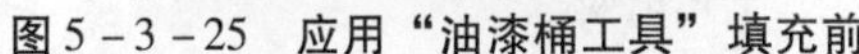

图 5－3－25 应用“油漆桶工具”填充前

图 5－3－26 应用“油漆桶工具”填充背景后

“渐变填充工具”：用来填充渐变色，如果不创建选区，“渐变填充工具”将作用于整个图像。此工具的使用方法是按住鼠标左键拖曳，形成一条直线，直线的长度和方向决定了渐变填充的区域和方向。若拖曳鼠标的同时按住 Shift 键可保证鼠标的方向是水平、竖直或 45°。选择工具箱中的渐变工具，可看到如图 5－3－27 所示的工具选项栏。

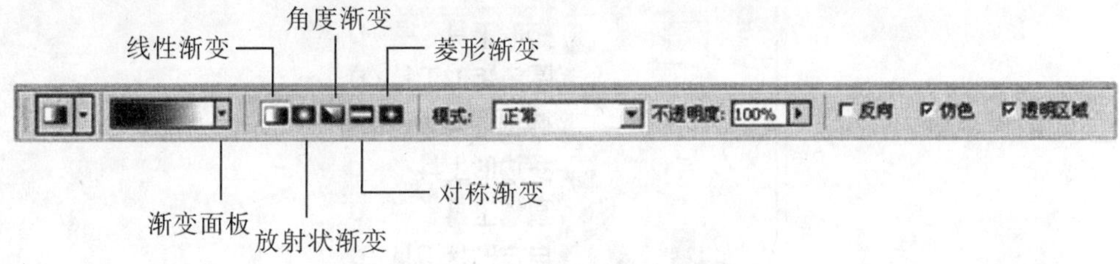

图 5－3－27 “渐变填充工具”选项栏

在“渐变填充工具”选项栏中，通过单击小图标可选择不同类型的渐变，包括线性渐变（）、放射状渐变（）、角度渐变（）、对称渐变（）和菱形渐变（）。这些渐变工具的使用方法相同，但产生的渐变效果不同。

单击渐变预览图标后面的小三角，会弹出渐变面板，在面板中可以选择预定的渐变，也可以自己定义渐变色，如图 5 – 3 – 28 所示。左上角第一个选项是从前景色到背景色的渐变，第二个选项是从前景色到透明的渐变。上述五种类型的渐变效果如图 5 – 3 – 29 所示。

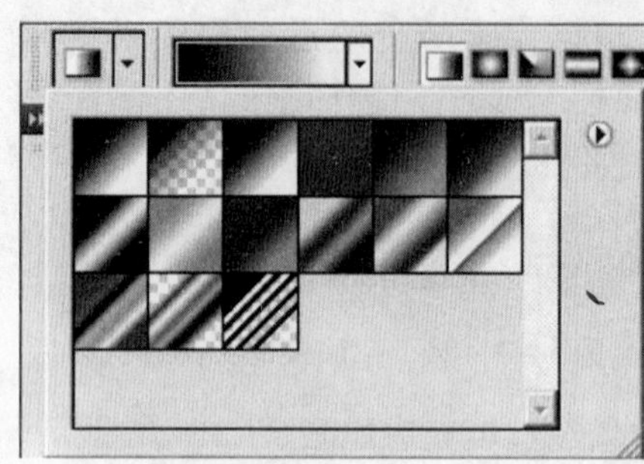

图 5 – 3 – 28　渐变色选择面板

图 5 – 3 – 29　渐变效果类型

（5）形状工具。

在工具箱中可以选择不同的形状工具，它们是“矩形工具”、“圆角矩形工具”、“椭圆工具”、“多边形工具”、“直线工具” 和“自定形状工具”，如图 5 – 3 – 30 所示。

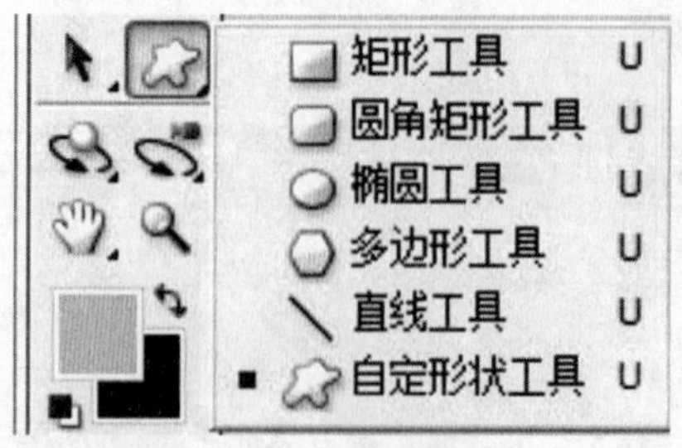

图 5 – 3 – 30　“形状工具”类型选择

①“矩形工具”：单击选中工具箱中的“矩形工具”，在选项栏中单击向下的箭头会弹出相应的选项面板，如图 5－3－31 所示，用来对工具进行各种设定。设定完成后，再次单击此三角可将弹出的面板关闭（注意：“圆角矩形工具”、“椭圆工具”及“自定形状工具”具有一些相似的设定）。

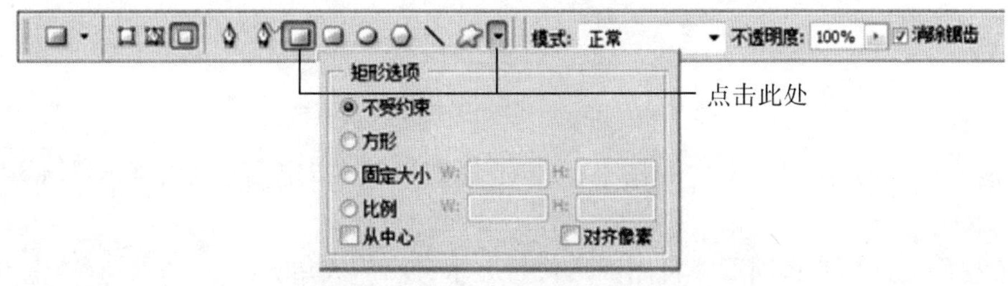

图 5－3－31 “矩形工具”选项栏

不受约束：允许通过拖移设置矩形、圆角矩形、椭圆或自定形状的宽度和高度。

方形：将矩形或圆角矩形约束为正方形。

固定大小：当选中矩形工具、圆角矩形工具、椭圆工具或自定形状工具并选择此选项后，就可在“W”（宽度）和“H”（高度）后面的文本框中输入数据，然后在图像中形成的形状就会完全符合选项面板中的设定。

比例：当选中矩形工具、圆角矩形工具或椭圆工具并选择此选项后，就可在“W”（宽度）和“H”（高度）后面的文本框中输入数据，然后在图像中形成的形状就会完全符合选项面板中的长宽比例。

从中心：选择此选项后，当绘制矩形、圆角矩形、椭圆或自定形状时，就会从中心开始。

对齐像素：选择此选项后，可将矩形或圆角矩形的边缘自动对齐像素边界。

②“圆角矩形工具”：用于绘制圆角矩形。

③“椭圆工具”：用于绘制椭圆。如要绘制正圆，单击选中工具箱中的“椭圆工具”，按住 Shift 键可以直接绘制出正圆形，或选中其工具属性选项栏中的“圆（绘制直径或半径）”选项，如图 5－3－32 所示，即可绘制一个正圆。

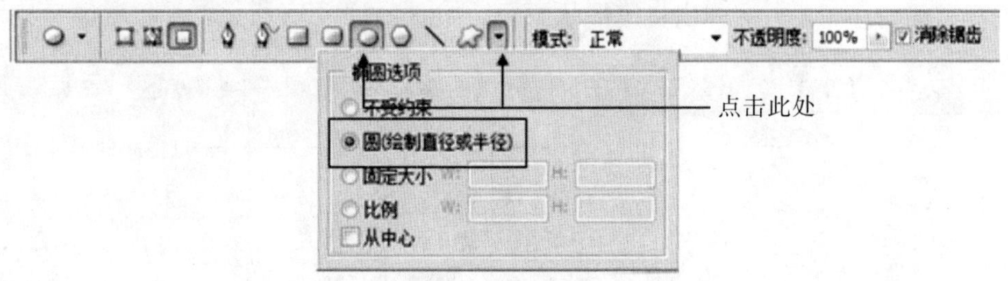

图 5－3－32 “椭圆工具”选项栏

④“多边形工具”：选择“多边形工具”可产生直线型的多边形区域，单击“多边形工具”，在选项栏中有以下选项，如图 5－3－33 所示。

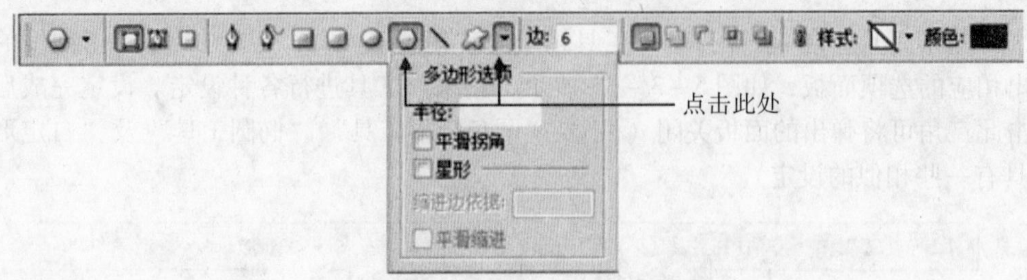

图 5-3-33 “多边形工具”选项栏

半径：对于圆角矩形，指定圆角半径；对于多边形，指定多边形中心与外部点之间的距离。

平滑拐角：选择此选项后，将用圆角代替原来突出的尖角。

缩进边依据：可将多边形的边缩进，成为星形。在文本框中输入一个百分比，可以将缩进的星形半径称为内半径，将原来多边形的半径称为外半径，那么，文本框中输入的百分比就是内半径和外半径的比例。

平滑缩进：选择此选项后，将用圆角代替原来缩进的尖角。

将选项栏中的“边数”设定为6，设定不同的选项后可得到如图 5-3-34 所示的不同结果。

原图　　缩进边依据　　平滑缩进

图 5-3-34 “多边形工具”不同选项效果比较

⑤“直线工具”：可以画直线。在直线选项栏中可设定直线的宽度。

“起点”和”终点”：当“起点”和”终点”都选中时，画出的线两边都带箭头。

⑥“自定形状工具”：当选中“自定形状工具”时，在工具选项栏中单击“形状”后面图标右侧的小三角，会弹出自定形状面板，如图 5-3-35 所示。

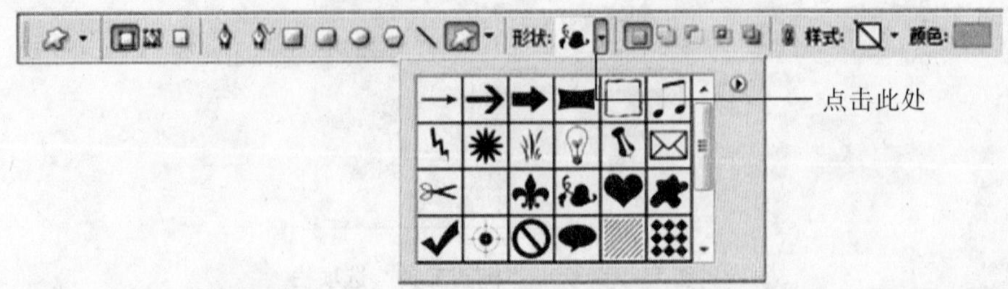

图 5-3-35 “自定形状工具”中不同形状选项

单击弹出面板的右上角的小三角形按钮，会出现一个弹出式菜单，可选择 Photoshop 预置的形状，当选择一种形状文件后，会弹出对话框，单击“追加”按钮将新的形状载入。

4. 修图工具

修图工具包括“仿制图章工具”、“图案图章工具”、“污点修复画笔工具”、“修复画笔工具”、“修补工具”、“红眼工具”、“模糊工具”、“锐化工具”、“涂抹工具”、“减淡工具”、“加深工具”以及“海绵工具”，可以使用它们来修复和修饰图像。

（1）图章工具。

“仿制图章工具”：可准确复制图像的一部分或全部，从而产生某部分或全部的拷贝，它是修补图像时常用的工具。

单击工具箱中的“仿制图章工具”，出现工具选项栏，如图 5－3－36 所示。在画笔预览图的弹出面板中选择不同类型的画笔来定义“仿制图章工具”的大小、形状和边缘软硬程度。在“模式”弹出菜单中选择复制的图像以及与底图的混合模式，并可设定“不透明度”和“流量”，还可以选择喷枪效果。

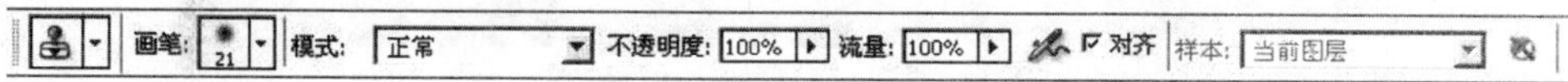

图 5－3－36　“仿制图章工具”选项栏

在“仿制图章工具”的选项栏中选择一个软边和大小适中的画笔，然后将“仿制图章工具”移到图像中，按住 Alt 键的同时单击鼠标键确定取样部分的起点。然后将鼠标移到图像中另外的位置，当按下鼠标键时，会有一个十字形符号标明取样位置和“仿制图章工具”相对应，拖曳鼠标就会将取样位置的图像复制下来，如图 5－3－37 所示。

图 5－3－37　应用“仿制图章工具”前后

在图 5－3－36 中，仿制图章选项面板中有一个“对齐”选项，这一选项在修复图像时非常有用。因为在复制过程中可能需要经常停下来，以更改仿制图章工具的大小和软硬程度，然后继续操作，因而复制会终止很多次。若选择“对齐”选项，下一次的复制位置会和上次的完全相同，图像的复制不会因为终止而发生错位。

（2）图案图章工具。

“图案图章工具”：可将各种图案填充到图像中。“图案图章工具”的选项栏如图 5－3－38 所示，和前面所讲的“仿制图章工具”的设定项相似。不同的是，“图案图章工具”直接以图案进行填充，不需要按住 Alt 键进行取样。

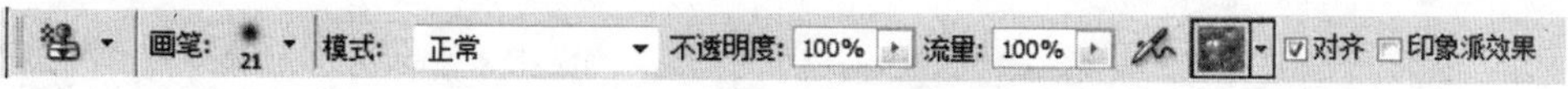

画笔: 21 模式: 正常 不透明度: 100% 流量: 100% ☑对齐 ☐印象派效果

图 5－3－38　“图案图章工具”选项栏

可以在图案预览图的弹出面板中选择预定好的图案，也可以使用自定义的图案，方法是用“矩形选框工具”选择一个没有羽化设置的区域（羽化 =0），如图 5 – 3 – 39 所示，执行“编辑”→“定义图案”命令，弹出“图案名称”对话框，在“名称”栏中输入图案的名称，单击“确定”按钮可将图案存储起来。在“图案图章工具”选项栏中的图案弹出式面板中可看到新定义的图案。定义好图案后，直接以“图案图章工具”在图像内绘制，即可将图案一个挨一个整齐地排列在图像当中，如图 5 – 3 – 40 所示。

图 5 – 3 – 39　定义图案原图　图 5 – 3 – 40　执行“图案图章工具”后

（3）修复工具。

“污点修复画笔工具” ：用于快速移去图像中的污点和其他不理想部分。和“修复画笔工具”相似，“污点修复画笔工具”使用图像或图案中的样本进行绘画，并将样本的纹理、光照、透明度和阴影与所修复的像素相匹配。与“修复画笔工具”不同，“污点修复画笔工具”不需要指定样本点，“污点修复画笔工具”会在需要修复区域外的图像周围自动取样。如图 5 – 3 – 41 所示，左图是修复前的效果，右图是修复后的效果。

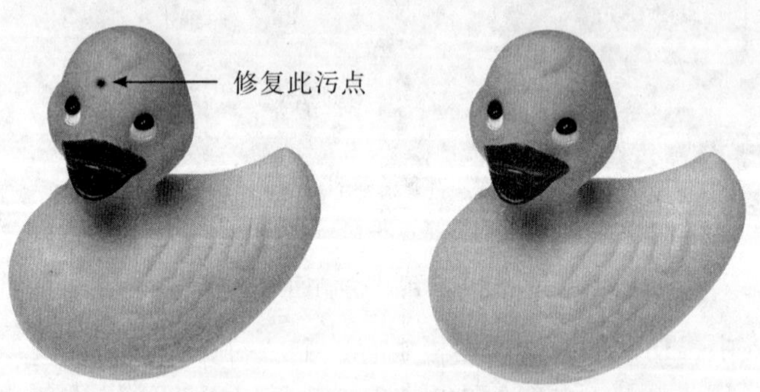

图 5 – 3 – 41　使用“污点修复画笔工具”前后对比

“修复画笔工具” ：用于修复图像中的缺陷，并能使修复的结果自然融入周围的图像。和“图章工具”类似，“修复画笔工具”也从图像中取样复制到其他部位，或直接用图案进行填充。但不同的是，“修复画笔工具”在复制或填充图案的时候，会将取样点的像素信息自然融入复制的图像位置，并保持其纹理、亮度和层次，被修复的像素和周围的图像完美结合，如图 5 – 3 – 42 所示。

图 5－3－42　应用“修复画笔工具”前后

在“修复画笔工具”选项栏中，可以看到和“图章工具”类似的选项，如图 5－3－43 所示。在画笔弹出面板中选择画笔的大小来定义“修复画笔工具”的大小；在画笔弹出面板中只能选择圆形的画笔，可以调节画笔的粗细、硬度、间距、角度和圆度的数值。

首先按住 Alt 键确定取样起点，然后松开该键，将鼠标移动到要复制的位置，单击或拖曳鼠标即可实现修复画笔功能。

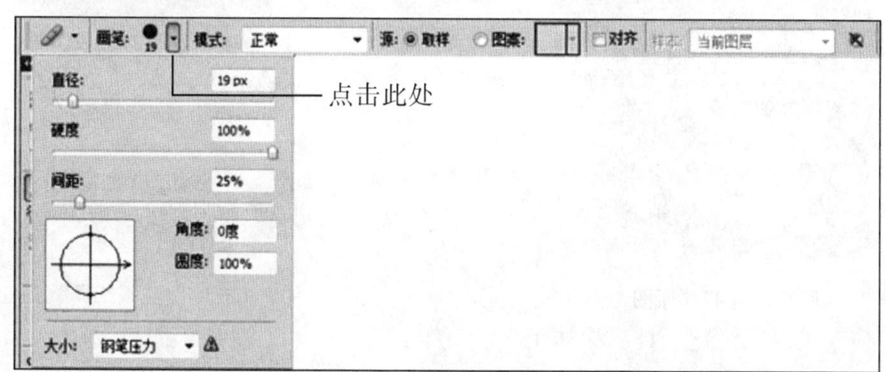

图 5－3－43　“修复画笔工具”选项栏

“修补工具”：使用“修补工具”可以从图像的其他区域或使用图案来修补当前选中的区域。它与“修复画笔工具”的相同之处是修复的同时也保留图像原来的纹理、亮度及层次等信息。图 5－3－44 为“修补工具”的工具选项栏。

图 5－3－44　“修补工具”选项栏

图 5－3－45 中的划痕用“修补工具”进行修补后，结果如图 5－3－46 所示。

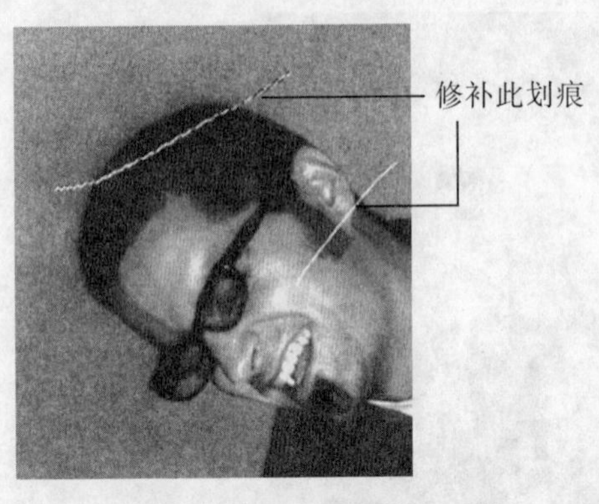

图 5-3-45　原图

图 5-3-46　应用“修补工具”修补后

“红眼工具” ：使用“红眼工具”可以移去闪光灯拍摄的人物照片中的红眼，也可以移去用闪光灯拍摄的动物照片中的白色或绿色反光。红眼是由于相机闪光灯在视网膜上反光引起的。

打开需要修改的图像，如图 5-3-47 所示，在工具栏中选择“红眼工具”，在需要修复红眼的图像处使用鼠标单击，如结果不满意，调整工具选项栏中的“瞳孔大小”和“变暗量”，再次使用“红眼工具”单击修复红眼，直到结果满意为止，如图 5-3-48 所示。

图 5-3-47　原图

图 5-3-48　应用“红眼工具”去红眼后

（4）模糊工具、锐化工具、涂抹工具。

“模糊工具” ：可使图像的一部分边缘模糊，降低相邻像素的对比度，将较硬的边缘软化，使图像柔和，图 5-3-49 左边是原图，右边是使用“模糊工具”后的图像。

图 5-3-49　应用“模糊工具”前后

“锐化工具” ：可使图像的一部分边缘清晰，增加相邻像素的对比度，将较软的边缘明显化，使图像聚焦。但是，如果过度使用将会导致图像严重失真。图 5－3－50 为使用“锐化工具”前后的图像。

图 5－3－50 应用“锐化工具”前后

“涂抹工具”：用于模拟用手指涂抹油墨的效果，以“涂抹工具”在颜色的交界处作用，会有一种相邻颜色互相挤入而产生的模糊感。图 5－3－51 是使用“涂抹工具”前后的效果。

图 5－3－51 应用“涂抹工具”前后

（5）减淡工具、加深工具、海绵工具。

这三个工具主要用来调整图像的细节部分，可使图像的局部变淡、变深或使色彩饱和度增加或降低。

“减淡工具”可使细节部分变亮，类似于加光的操作。“加深工具”可使细节部分变暗，类似于遮光的操作。“海绵工具”用来增加或降低颜色的饱和度。图 5－3－52 是原图，图 5－3－53 是减淡后效果，图 5－3－54 是加深后效果，图 5－3－55 是使用“海绵工具”后效果。

图 5－3－52 原图

图 5－3－53 减淡后效果

图 5－3－54 加深后效果

图 5－3－55 使用“海绵工具”后效果

5. 文字工具

“文字工具”T：主要是通过其选项栏来调整文字的大小、形状或设定文字的显示方式。所有的文字编辑工作都可以在选项栏中完成。“文字工具”有四种：T是实体文字、IT是竖排文字、T和IT是创建文字型选区工具。

单击“文字工具”，其选项栏如图5－3－56所示。

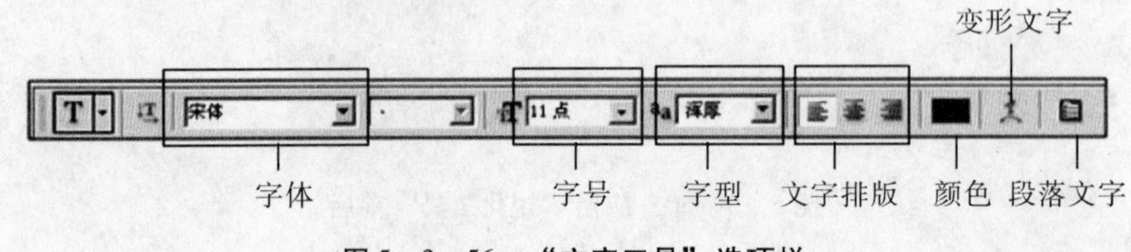

图5－3－56 “文字工具”选项栏

6. 其他常用工具

（1）“缩放工具”：用来放大或缩小图片。如果需要缩小图片，则在使用缩放工具的同时按住Alt键。

（2）“裁切工具”：用于裁切图片多余的部分或重新设定图像大小。应用时，先用鼠标在图像上拖出一个裁切矩形，然后在矩形选框中双击鼠标，可将图像多余的部分裁切，保留裁切框中的图像。如果不想进行下一步的裁切操作，只需点击右键，选择“取消”即可还原选区。

（3）“切片工具”：主要运用在网页设计中的网页文件的输出上，它是为了让网页文件在下载时更快捷以及便于管理，在不损害其图像质量的情况下，将图像分割成若干份。图5－3－57是应用“切片工具”后的效果。

图5－3－57 应用“切片工具”后

5.3.3 菜单介绍

这里简单介绍各个主要菜单的功能应用效果，以便对Photoshop的菜单有个基本的认识。Photoshop CS4的菜单共有文件菜单、编辑菜单、图像菜单、图层菜单、选择菜单、滤镜菜单、分析菜单、3D菜单、视图菜单、窗口菜单和帮助菜单11大菜单命令。下面介绍文件菜单、编辑菜单、图像菜单和选择菜单。

1. “文件”菜单

（1）打开文件。

执行“文件”→“打开”命令，弹出“打开”对话框，如图 5－3－58 所示。在此选中要打开的文件，单击对话框右下角的“打开”按钮就可将此文件打开。

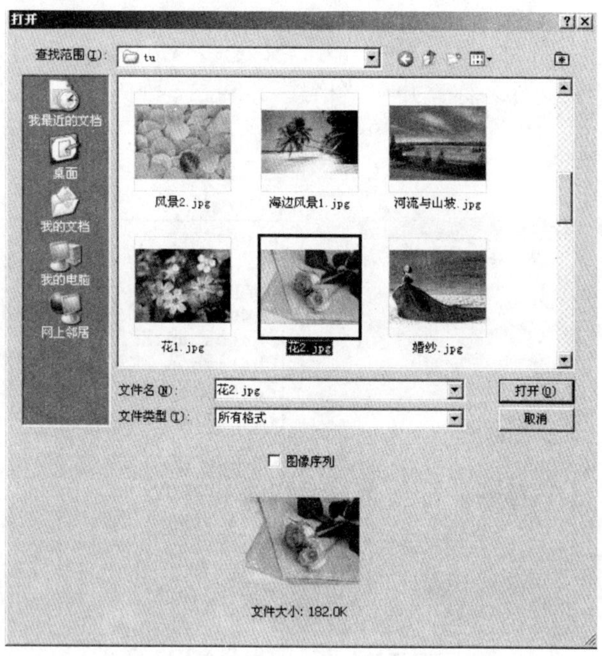

图 5－3－58　“打开”文件对话框

（2）建立新文件。

执行“文件”→“新建”命令，弹出“新建”对话框，如图 5－3－59 所示。

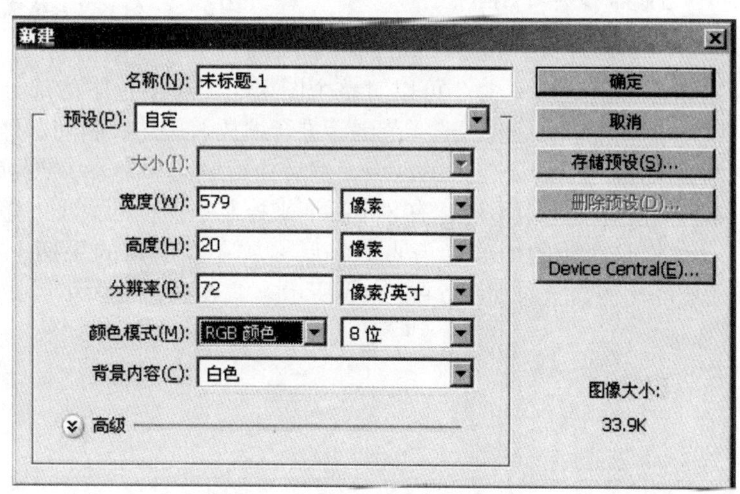

图 5－3－59　“新建”文件对话框

在“新建”对话框中可对所建文件进行各种设定：在“名称”文本框中输入图像名称；在“预设”后面的下拉菜单中可选择一些内定的图像尺寸；在“宽度”和“高度”后面的

文本框中输入自定的尺寸，在文本框后面的弹出菜单中选择不同的度量单位；“分辨率”的单位习惯上采用像素/英寸（pixels/inch），一般为72像素/英寸，如果制作的图像是用于印刷，需设定300像素/英寸的分辨率；在“颜色模式”后面的下拉菜单中可设定图像的色彩模式，默认为“RGB 颜色”。

（3）保存文件。

执行“文件”→“存储”命令，可弹出“保存”对话框，如图5－3－60所示。在“文件名”文本框中输入文件名称，并在“格式”下拉选项中选择文件格式，文件格式选项如图5－3－61所示。

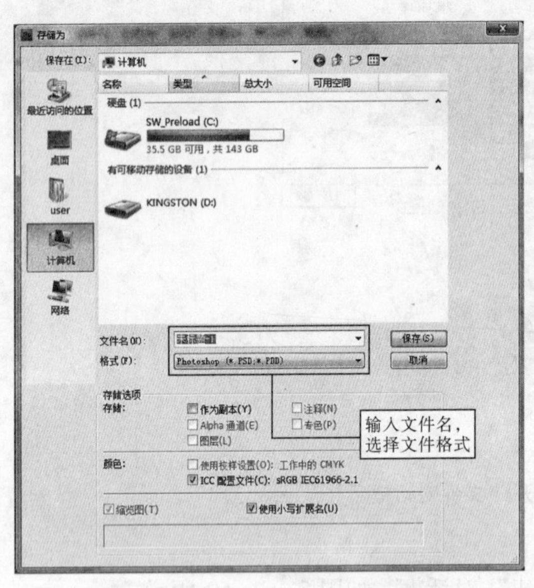

图5－3－60　“保存”文件对话框

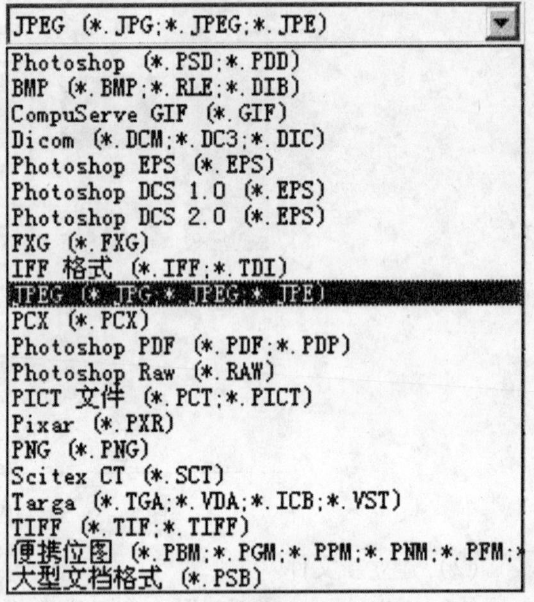

图5－3－61　文件格式选项

2.“编辑”菜单

利用“变换”和“自由变换”命令可以对整个图层、图层中选中的部分区域、多个图层、图层蒙版，甚至路径、矢量图形、选择范围等进行缩放、旋转、斜切和透视等操作。

如图5－3－62所示，选中需要变换的区域，然后执行“编辑”→“变换”→“缩放”命令，可看到图像的四周有一个矩形框，有8个手柄来控制矩形框的大小。矩形框的中心有一个标志用来表示缩放或旋转的中心参考点。将鼠标放在四个角的手柄上拖曳时，按住Shift键可以保证缩放的比例，效果如图5－3－63所示。缩放到合适大小后在缩放区域双击鼠标确定。

图 5－3－62　选择需要缩放的区域

图 5－3－63　缩放后

“变换”菜单还有各种变换命令，执行“编辑”→“变换”命令后，拉出如图 5－3－64 所示的菜单，可以选择不同的变换命令。

旋转：可实现图像的旋转。执行“编辑”→“变换”→“旋转”命令，将鼠标移到四个角的手柄外侧，出现双向弯箭头，按住鼠标顺时针或逆时针旋转图像到合适位置，双击鼠标即可，效果如图 5－3－65 所示。

斜切：效果如图 5－3－66 所示。

扭曲：效果如图 5－3－67 所示。

透视：效果如图 5－3－68 所示。

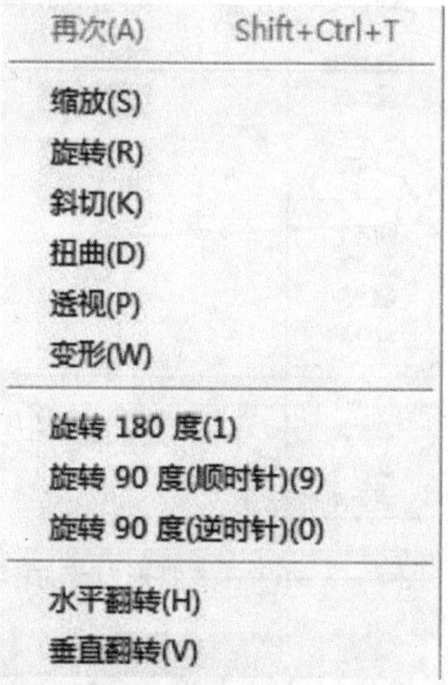

再次(A)　Shift+Ctrl+T

缩放(S)
旋转(R)
斜切(K)
扭曲(D)
透视(P)
变形(W)

旋转 180 度(1)
旋转 90 度(顺时针)(9)
旋转 90 度(逆时针)(0)

水平翻转(H)
垂直翻转(V)

图 5－3－64　“变换”菜单选项

图 5－3－65　旋转图像效果

图 5－3－66　斜切图像效果

图 5 - 3 - 67 “扭曲”图像效果

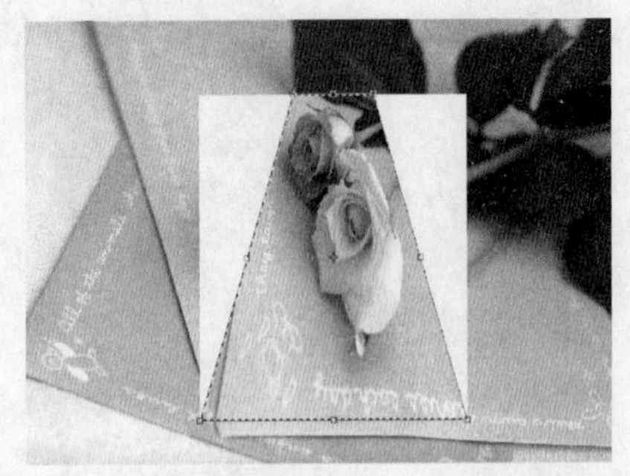

图 5 - 3 - 68 “透视”图像效果

变形：执行“编辑”→“变换”→“变形”命令后，在选项栏的“变形”选项中弹出下拉选项，如图 5 - 3 - 69 所示。变形图像效果（自定）如图 5 - 3 - 70 所示。其他变形效果就不一一示范了。

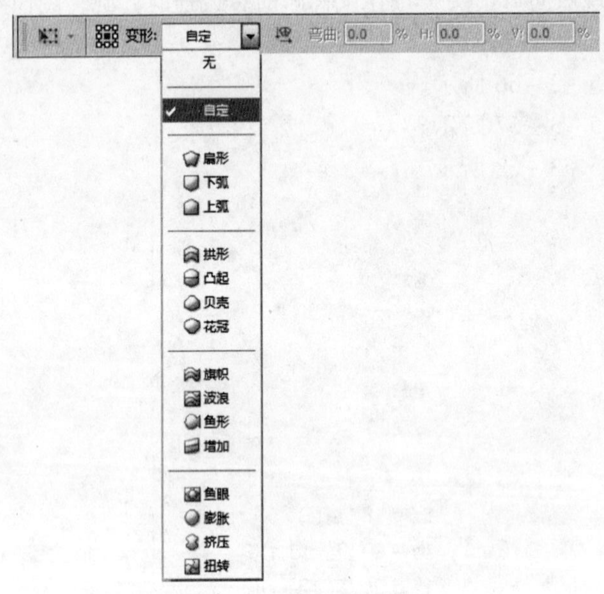

图 5 - 3 - 69 “变形”选项

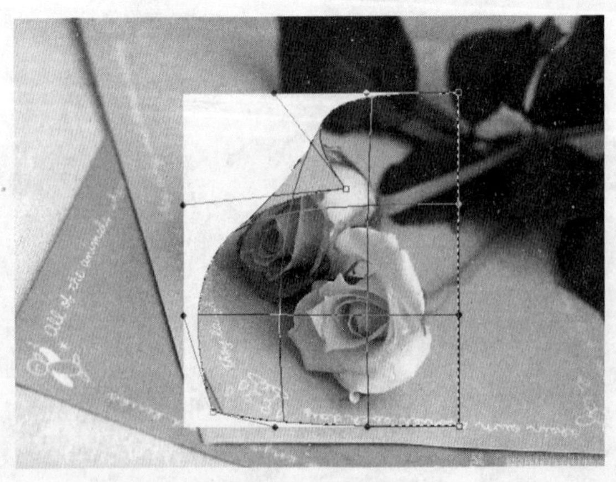

图 5 - 3 - 70 “变形”图像效果（自定）

水平翻转：效果如图 5－3－71 所示。

垂直翻转：效果如图 5－3－72 所示。

图 5－3－71 水平翻转效果

图 5－3－72 垂直翻转效果

3. **“图像”菜单**

“图像”菜单是 Photoshop 的一个主要菜单，其中的“模式”、“调整”、“图像大小”和“画布大小”菜单是极常用的功能。

（1）模式。

主要用来调整各种类型图像的色彩模式。由于图像可以由许多不同的颜色组成，当使用图形的用途改变时，色彩模式也需要作出相应的调整。主要有以下几种模式：

灰度模式：图像中有黑、白和各种深浅不同的灰，可显示类似于黑白照片那样的有阶调层次变化的图像。此命令可将彩色图片转换成黑白图片。

索引颜色模式：基于 256 色图像的模式。图像可由 RGB 模式、灰度模式、双色模式转换而成，但图像质量比较差。

RGB 颜色模式：以 R（红）、G（绿）、B（蓝）为三基色，其他任何颜色都可以通过 R、G、B 混合得到，即任何一个像素的颜色值都可以用 R、G、B 三个值来描述。

CMYK 颜色模式：这种模式是四色处理的基础。印刷中为了印刷出色调连续的图像，常用 C（青）、M（品）、Y（黄）、K（黑）四色油墨来叠合出各种颜色。为满足印刷需要，Photoshop 设计了 CMYK 色彩模式，图像中任何一个像素的颜色值都以 C、M、Y、K 四个值来表示。

（2）调整。

主要是对各个色彩之间的平衡或图像色调的调整，其中包含从快速调整到精细的手工设置等一系列调整模式，可以满足不同层次的需求。主要有以下几种调整模式：

①亮度/对比度：主要针对图像的“亮度”和“对比度”进行调整，如图 5－3－73 所示。图 5－3－74 为原图，调整后效果如图 5－3－75 所示。

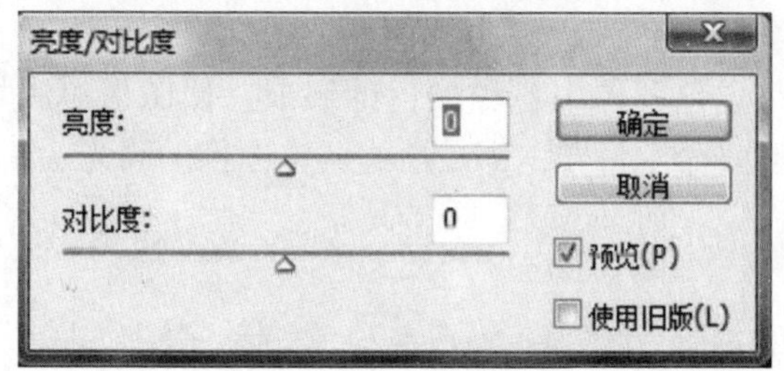

图 5－3－73 调整“亮度/对比度”对话框

图 5－3－74　原图

图 5－3－75　调整后

②色相/饱和度：针对单一颜色中“色相”、“饱和度”和“明度”三项的独立调整，如图 5－3－76 所示。图 5－3－77 为原图，调整后效果如图 5－3－78 所示。

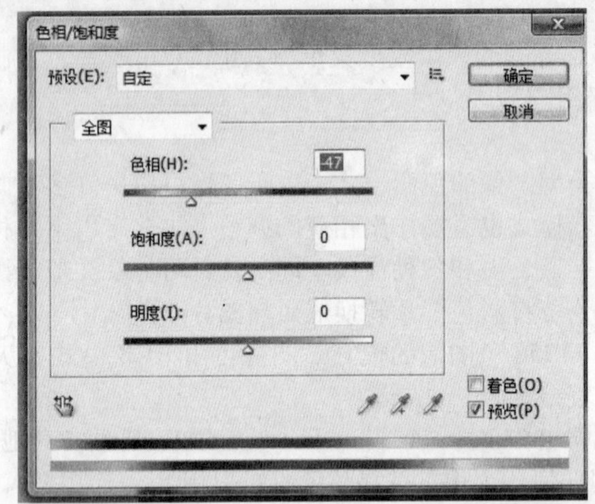

图 5－3－76　调整“色相/饱和度”对话框

图 5－3－77　原图

图 5－3－78　调整后

③色彩平衡：可调整彩色图像中各种颜色的组成，使图像单独增加或减少某种颜色的值。它和其他几种色彩调整命令一样，都是通过调整图像的高光、暗调和中间调来实现对图片的处理。

(3) 图像大小。

调整文档图像大小的菜单命令，图 5－3－79 是调整“图像大小”对话框。

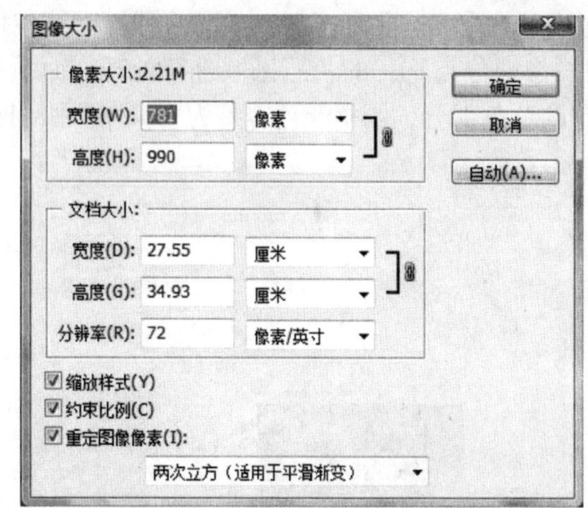

图 5-3-79 调整“图像大小”对话框

图像像素：用于设定图像像素的大小。

文档大小：用以改变文档的宽度、高度、分辨率等。

约束比例：选取这个复选框，更改图像大小及文档大小时，宽度和高度会按一定比例变化。

（4）画布大小。

调整文档图像画布大小的菜单命令，图 5-3-80 是调整“画布大小”对话框，可以直接输入画布的宽度和高度。

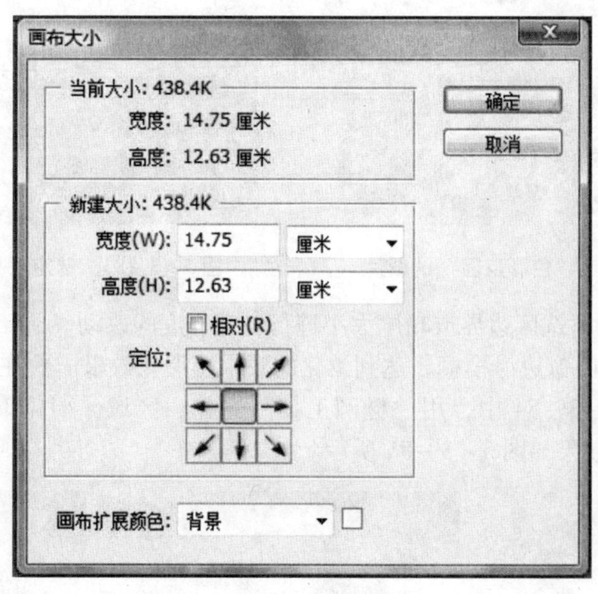

图 5-3-80 调整“画布大小”对话框

4. “选择”菜单

“选择”菜单中的主要命令如下：

（1）全选：选定整幅图像。

（2）反选：选取图层或图像当前选区以外的所有区域。

（3）色彩范围：通过在“色彩范围”面板中的参数设置，可以对图像进行较为准确、快捷、不定区域选定，能对图像中分布不一的色彩区域进行处理。面板如图 5－3－81 所示，选择图 5－3－82 中向日葵花的黄色部分，调整颜色容差为 131，选中的区域如图 5－3－83 所示。

图 5－3－81　“色彩范围”对话框

图 5－3－82　需选定“色彩范围”的图片

图 5－3－83　选定“色彩范围”区域后

（4）修改：用于对选区边界或轮廓大小进行一定程度的改动。

羽化：使图层或图像边缘模糊，达到柔化的效果。羽化效果需要在复制、粘贴后才能体现出来。例如在图 5－3－84 中，用“椭圆工具”选择一区域，羽化 10 个点后复制并粘贴到图 5－3－85 中，效果如图 5－3－86 所示。

图 5－3－84　椭圆工具选定一区域

图 5－3－85　需粘贴的原图

图 5－3－86　羽化粘贴后效果

（5）扩大选取。

把选取的范围扩大。

（6）选择相似。

当用“魔术棒工具” 等选定某个区域后，用“选择相似”命令可以将图像中所有与该区域颜色相似的部分全部选中。

5.3.4　面板

在 Photoshop 中有很多浮动的面板，方便进行图像的各种编辑和操作。这些面板均列在“窗口”菜单下。浮动面板指的是打开 Photoshop 软件后在桌面上可以移动、可以随时关闭并且具有不同功能的各种控制面板。

在 Photoshop CS4 中，面板的位置与以前的版本有了很大的变化，增强的面板管理简化了工作环境。在不使用面板时，面板收缩在软件窗口的右侧（见图 5－3－87）；在单击右上角的展开面板按钮 时，面板将展开显示（见图 5－3－88）；当再次单击折叠面板按钮 时，面板将收起，以图标的方式显示。也可单击面板上的某个图标，图标相对应的面板将自动展开；再次单击图标，面板将自动收起。

图 5－3－87　浮动面板收缩后

图 5－3－88　控制面板展开后

软件本身将不同的面板进行了分组，但用户也可以根据自己的工作习惯进行重新编排。根据默认情况，Photoshop 重新启动后会记得上次退出时所有面板的位置。在“窗口”菜单下可看到由横线将面板分为几组，在默认状态下，每组的面板都是组合在一个面板组中出现的。

在面板槽中的面板同样可以与面板槽分离，在需要分离的面板组的最上方按下鼠标后拖曳（见图 5－3－89），直至蓝色框消失，释放鼠标，此时面板组与面板槽分离（见图 5－3－90）；在分离的面板组的最上方按下鼠标后拖曳到面板槽位置直至出现蓝色，释放鼠标，面板组将放置在面板槽中。

如需选择某个面板，则在“窗口”菜单的下拉菜单中点击选中（打“√”）即可。

浮动的面板分为图层面板、历史记录面板、样式面板、颜色面板、动作面板等。图层面板在 5.4 中详细介绍，下面简单介绍两个常用的面板。

图 5－3－89　面板槽中的多个面板

图 5－3－90　从面板槽中分离后的“导航器”面板

1. "历史记录"面板

"历史记录"面板是用来记录操作步骤的，如果有足够的内存，"历史记录"面板会将所有的操作步骤都记录下来，可以随时返回任何一个步骤，查看任何一步操作时图像的效果。

选择"窗口"→"历史记录"命令，会弹出"历史记录"面板，如图 5-3-91 所示。

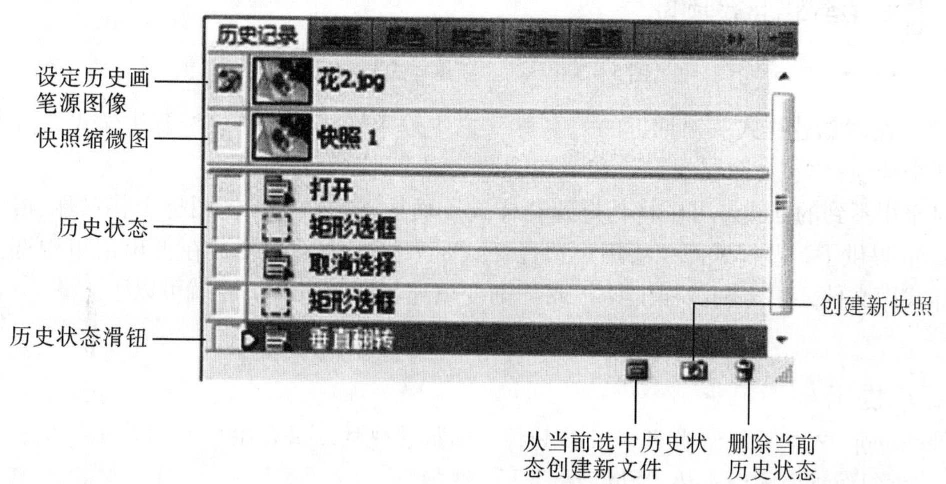

图 5-3-91 "历史记录"面板

当打开一个图像时，只有一个"状态"，表明执行了一个操作步骤，其名称通常是"打开"，在其左边是一个滑钮；当执行不同的步骤时，在"历史记录"面板中会记录下来，并根据所执行命令的名称自动命名，滑钮始终随着操作向下移动。用户可以用鼠标单击任何一个记录的状态，滑钮就会出现在选中的状态前面，其下面的状态就会变成灰色，名称变成斜体字。

在默认情况下，"历史记录"面板将列出前 20 个操作状态。更早的状态被自动删除以便为 Photoshop 释放更多的内存。若要在整个工作过程中保留一个特定的状态，可创建该状态的快照。

当关闭并重新打开文档后，上次工作过程的所有状态和快照都将从面板中清除。

2. "样式"面板

将各种图层效果集合起来完成一个设计元素后，为了方便其他图像使用相同的图层效果集合，可以将其存放在"样式"面板中供随时调用。执行菜单"窗口"→"样式"命令，就可以弹出"样式"面板，如图 5-3-92 所示。

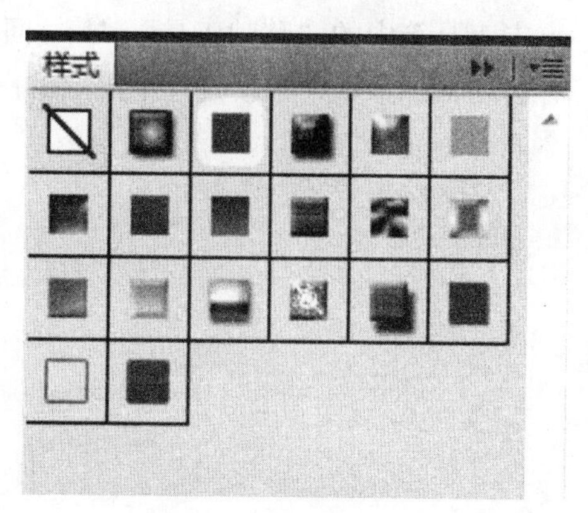

图 5-3-92 "样式"面板

"样式"面板中已经有了一些预制的样式存在。也可以建立自己的样式，其建立方法如下所述。

（1）按照前面讲过的方法，在"图层样式"对话框中设定所需要的各种效果，然后单击"图层样式"对话框中的"创建新样式"按钮弹出"新建样式"对话框，如图 5-3-93 所示。

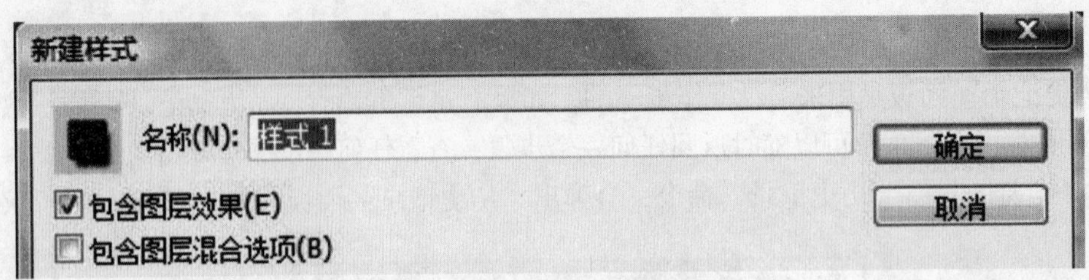

图 5－3－93 “新建样式”对话框

（2）在“新建样式”对话框的“名称”栏中输入样式的名称。“新建样式”对话框中包括两个选项：“包含图层效果”和“包含图层混合选项”。

对于用不到的样式，可以将其拖到“样式”面板下方的垃圾桶图标上将其删除。Adobe Photoshop 提供了一些样式库，给用户选择样式带来了很大的方便，在弹出菜单中选择任何一个样式库文件，用“油漆桶工具”或“渐变填充工具”进行填充就可以了。

小提示

Photoshop 中快速显示/隐藏工具箱和控制面板的快捷方法是按键盘上的 Tab 键；快速显示/隐藏控制面板的方法是按“Shift + Tab”键。

5.4 使用图层

5.4.1 图层简介

如果把显示屏比作一张桌子的桌面，你准备在上面绘画或者处理图片，那么图层就相当于铺在桌面上的纸张和摆在桌面上的一摞图片。不同的是，在 Photoshop 中，除背景图层外的任何新建图层都是完全透明的。图层中包含准备处理的内容。

在画布窗口中可以看到一幅完整的图片（见图 5－4－1），这看起来和一张普通的图片没有任何区别，但打开“图层”面板（见图 5－4－2），可以发现它们之间实际上是各自独立的，并没有必然的联系，可以在“图层”面板中单击“图层名称”选中一个图层，然后点击工具箱中的“移动工具”。回到图像编辑窗口中，按住鼠标左键拖动，图层中的内容会随鼠标移动，也就是这个图层的图像被移动了。

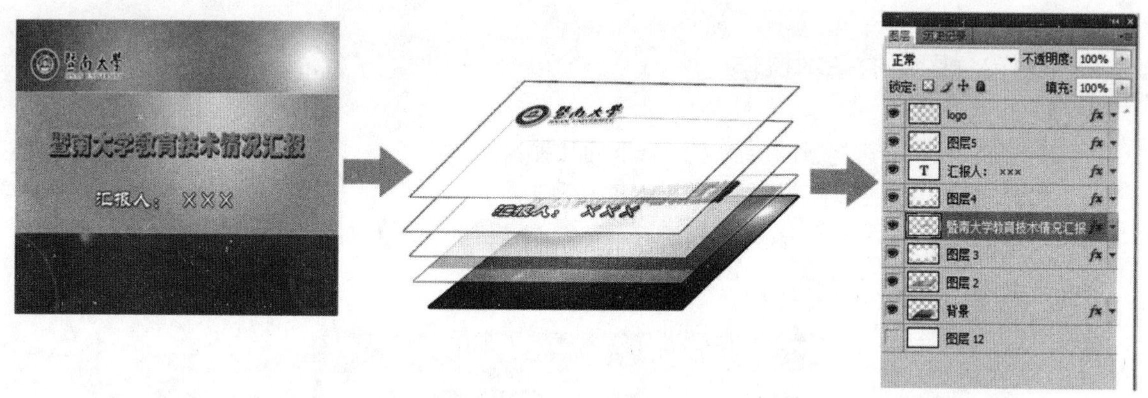

图 5-4-1　原始图片　　　　图 5-4-2　“图层”面板

例如上面的图示，我们可将图层理解为一摞透明的纸，每一张上面都有需要处理的内容，最后将这些纸按次序叠起来，在图像编辑区中能看到整体的效果。既然是叠起来，那就要有叠放的次序。这个次序可以直观地理解为在“图层”面板中，位于顶端的图层内容就是放在最上面的，底端的就是放在最下面的。如果一个图层中含有不透明的内容，如图 5-4-3 所示，改变图层的排列顺序能够改变它们之间的压盖次序。

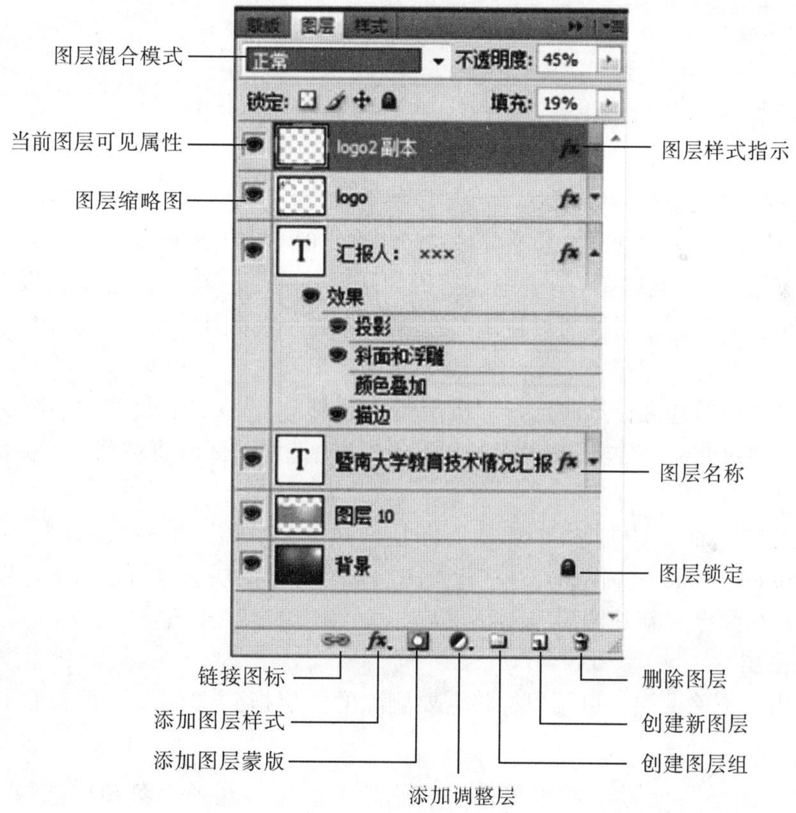

图 5-4-3　“图层”面板说明

5.4.2 图层的基本操作

1. 新建图层

在 Photoshop 中建立新图层的方法有下列几种：

（1）单击“图层”面板下方的按钮建立新图层。

用鼠标单击“图层”面板底部的“创建新图层”图标，在“图层”面板中就会出现一个名叫“图层 1”的空图层，如图 5－4－4 所示。

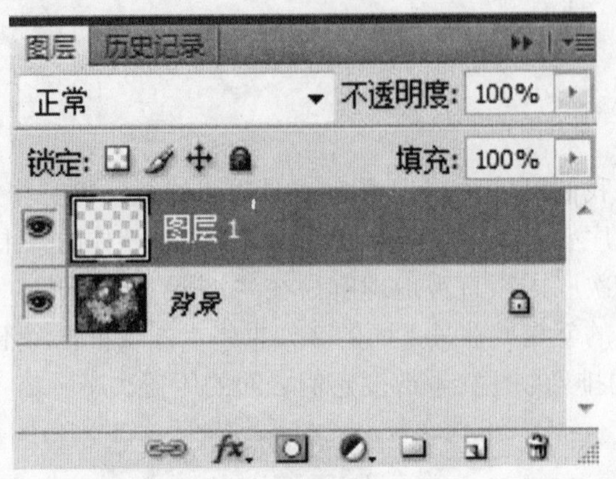

图 5－4－4 创建新图层

（2）从“图层”菜单中建立新图层。

在“图层”菜单中有 4 个命令可创建新的图层：

①直接选择“图层”→“新建”→“图层”命令。

②首先用工具箱中的选框工具确定一个选区（如可用矩形工具确定一个矩形的选区），然后选择“图层”→“新建”→“通过拷贝的图层”命令。在“图层”面板中可看到原始图层上的图像没有变化，通过拷贝将矩形选区转换在一个新图层上。将原始图层关掉后可看到新建的图层。

③确定一个矩形选区，然后选择“图层”→“新建”→“通过剪切的图层”命令，建一个新图层。通过此命令建立新图层后，原始图层上选中的区域将被裁掉，被裁掉的部分放在了新图层上。

④在“图层”面板中选中“背景”图层，执行“图层”→“新建”→“背景图层（Layer From Background）”命令可以将背景图层转换为新图层。也可以双击“图层”面板中的背景图标，在弹出“新建图层”对话框后，单击“确定”按钮。

2. 删除图层

（1）如果要删除图层，可用鼠标将需要删除的图层拖到“图层”面板右下角的“垃圾桶”图标上。

（2）在“图层”面板中右键单击需要删除的图层，在弹出菜单中选择“删除图层”命令。

（3）在“图层”面板中单击选中需要删除的图层，在“图层”菜单中执行“图层”→“删除图层”命令。

3. 复制图层

(1) 在“图层”面板中，将需要复制的图层用鼠标拖到“图层”面板下面的“创建新图层”图标 上，就可将此图层复制，在“图层”面板中会弹出一个带有“副本”字样的新图层。

(2) 在“图层”面板中需要复制的图层上点击鼠标右键，在弹出菜单中选择“复制图层”命令。

(3) 执行图层菜单中的“图层”→“复制图层”命令。

4. 隐藏图层

在“图层”面板中，当“眼睛”图标 显示时，表示这个图层是可见的。要显示或隐藏图层时，先在“图层”面板内单击“眼睛”图标 ，即可隐藏该图层。再次单击则会重新显示该图层。

5.4.3　编辑图层

图像中图层的排列顺序被称为堆叠顺序。堆叠顺序决定了将如何查看图像，可以修改堆叠顺序，使图像的某些部分出现在其他图层的前面或后面。

如图 5-4-5 所示，各图层均可见，但是图层 flower 被图层 sea 隐藏了，不可见。

为了能够使所有图层的内容在图像编辑区中均能看到，可以通过重新排列图层来实现。在“图层”面板中，将 flower 图层向上拖到图层 sea 和 HAI TAN 之间，然后松开鼠标，结果如图 5-4-6 所示。

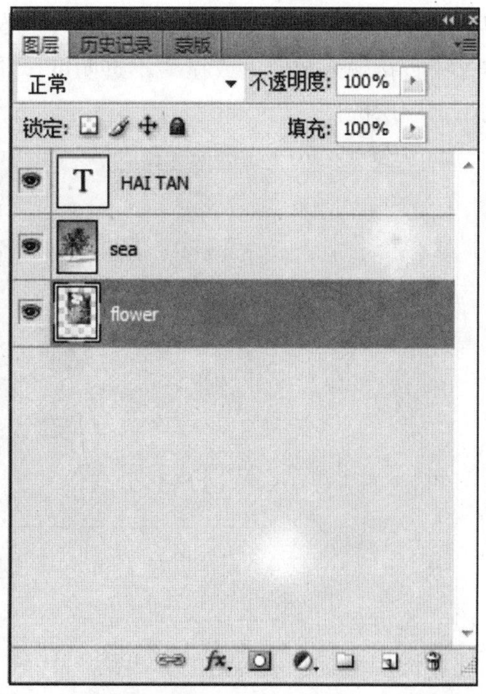

图 5-4-5　flower 图层被 sea 图层覆盖

图 5-4-6　将 flower 图层上移后图像可见

flower 图层沿堆叠顺序向上移动了一级，位于 sea 图层和 HAI TAN 图层的中间。

也可以在“图层”面板中选择“flower”图层，然后选择菜单“图层”→“排列”中的“前移一层”或“后移一层”命令。

(1) 修改图层的不透明度。

通过降低任何图层的不透明度，可使其他图层透过它显示出来。在这个图像中，花朵盖住了椰子树。下面编辑 flower 图层的不透明度，让椰子树图像透过花朵显示出来。

在图层面板中，选择“flower”图层，然后单击“不透明度”文本框旁边的向下小三角形以显示“不透明度”滑钮，将滑钮拖曳到50%，如图 5-4-7 所示。也可在“不透明度”文本框中直接输入数值，或在“不透明度”滑钮上拖曳鼠标。flower 图层将变成半透明，可看到下面图层的图像。

图 5-4-7　调整图层的不透明度

(2) 合并图层。

在“图层”面板右上角的弹出菜单中有三个命令：“向下合并”、“合并可见图层”和“拼合图像”(见图 5-4-8)。在“图层”菜单中也有这三个命令。

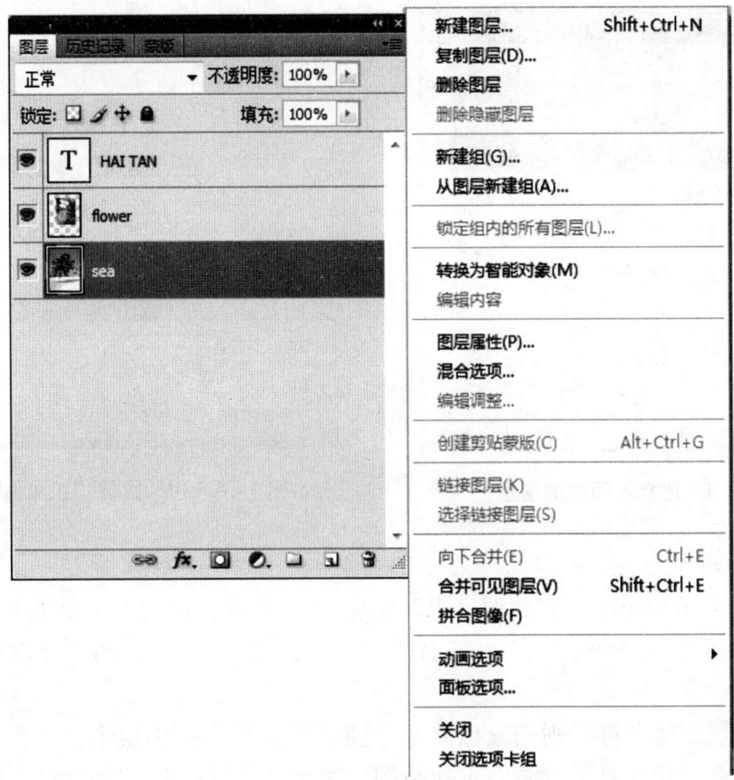

图 5－4－8 “图层”面板右上角的弹出菜单

如果选择“向下合并”命令，当前选中的图层会向下合并一层；如果在“图层”面板中将图层链接起来，原来的“向下合并”命令就变成了“合并链接图层”命令，可将所有的链接图层合并。

如果要合并的图层处于显示状态，而其他的图层和背景隐藏，可以选择“合并可见图层”命令，将所有可见图层合并，而隐藏的图层则不受影响。如果所有的图层和背景都处于显示状态，选择“合并可见图层”命令后，则所有图层都将被合并到背景上。

“拼合图像”命令可将所有的可见图层都合并到背景上，隐藏的图层会丢失，但选择“拼合图像”命令后会弹出对话框，提示是否要丢弃隐藏的图层。注意图像拼合后，将不能再编辑，所以需慎重考虑是否要拼合图像。

5.4.4 图层组

在 Photoshop 中提供了多种不同类型的图层，并提供了“图层组”的概念，利用图层组可管理图层。图层组和文件夹的概念是类似的，可以建立不同的图层组来装载不同类型的图层（见图 5－4－9），不管图层是否在图层组内，其本身的编辑都不会受到任何影响。

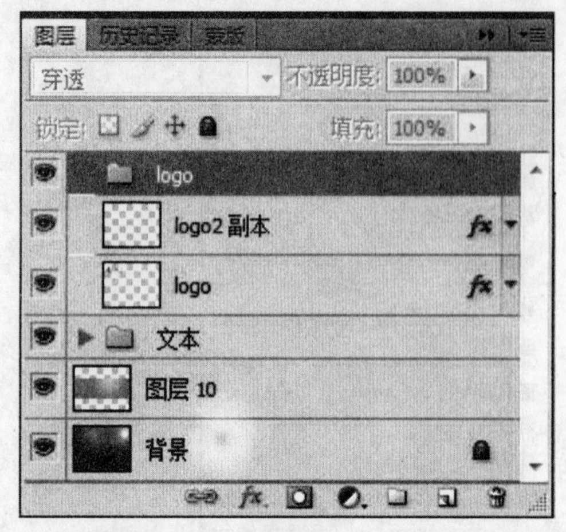

图 5－4－9　建立不同的图层组

图 5－4－10　图层“组属性”对话框

1. **新建图层组**

在“图层”面板中单击“新建图层组”按钮，或在面板的弹出菜单中选择“新图层组”命令，或执行菜单“图层”→“新建”→“图层组”命令，都可以创建一个新的图层组。

如要改变图层组的名称，则用鼠标双击“图层”面板中的图层组，或在“图层”面板的弹出菜单中选择“组属性”命令，或执行图层菜单“图层”→“组属性”命令，将弹出“组属性”对话框（见图 5－4－10），在该对话框中可以改变图层组的名称、在“图层”面板中的标记颜色等。

2. **编辑图层组**

图层在图层组内进行删除和复制等操作与没有使用图层组是相同的。另外，还可以将原来不在图层组内的图层拖曳到图层组中，或是将原来在图层组中的图层拖曳出图层组。具体方法是，将需要放入图层组的图层用鼠标拖到图层组上，出现黑色边框后松开鼠标，图层加入图层组；将需要移出图层组的图层用鼠标拖到图层组的上方，出现黑色横条后松开鼠标，图层即被移出图层组。

3. **删除图层组**

直接将图层组拖放到“图层”面板下面的“垃圾桶”图标上，可将整个图层组以及其中包含的图层全部删除。如果只想删除图层组而保留其中的图层，可在“图层”面板右上角的弹出菜单中选择“删除图层组”命令，或在主菜单中选择“图层”→“删除”→“图层组”命令，会弹出如图 5－4－11 所示的对话框。单击“仅组”按钮，只删除图层组但保留其中的图层；如果单击“组和内容”按钮，则将图层组和其中的图层全部删除；如果单击“取消”按钮，则取消当前的操作。

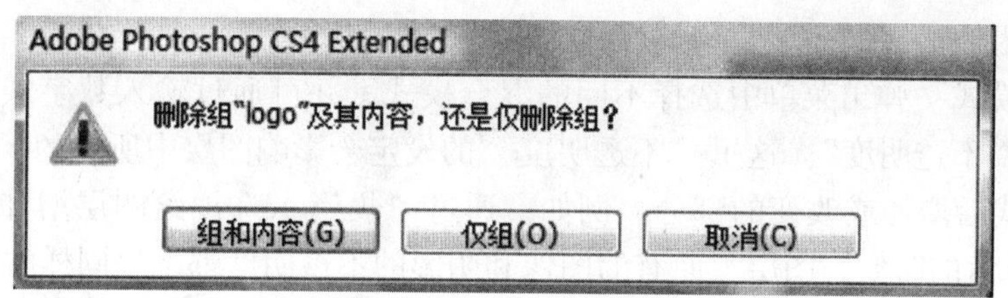

图 5－4－11 “删除图层组”对话框

5.4.5 图层样式

Adobe Photoshop 图层样式及“样式”面板提供了更强的图层效果控制和更多的图层效果，在“图层”菜单下的“图层样式”中提供了 10 种不同的效果。在“图层样式”对话框中可以对这些效果进行调整，以达到需要的效果。另外，还可以设定“混合选项”，并且可以自定义一些图层样式，Adobe Photoshop 提供的“样式”面板可以随时调用、存储、预览或删除任何一个样式。

1. 混合选项

选择“图层”→“图层样式”菜单命令，或单击“图层”面板下方的 fx 按钮，在弹出的子菜单中选择任何一种图层效果，或在“图层”面板上选择某个图层并双击鼠标，都会弹出“图层样式”对话框，如图 5－4－12 所示。

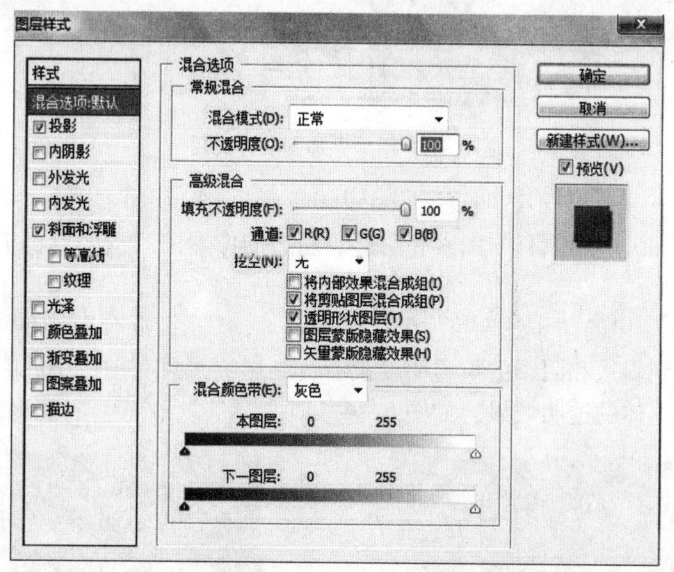

图 5－4－12 “图层样式”对话框

在“图层样式”对话框的左侧面板中列出了各种特殊的图层效果，效果名称前面的方框有“√”表示选中了该图层效果，如果要进一步编辑该效果，可单击该名称使之以黑体显示，这样，在右侧的面板中就会显示对应的调节选项，单击“图层样式”对话框左上侧的“混合选项：默认”名称，将其选中后在右侧就会显示“常规混合”和“高级混合”两部分。

(1) 常规混合。

在“混合模式”弹出菜单中选择不同的混合模式，并可通过输入数字或拖动滚动滑钮来改变图像的“不透明度”。这里“不透明度”的设定会影响图层中所有的像素，这其中包括执行图层样式后增加或改变的部分。例如，通过“投影”选项给图层增加阴影，当调整“不透明度”数值的时候，图层上原有的图像和阴影的不透明度都发生同样的变化。

(2) 高级混合。

改变“填充不透明度”只影响图层中原有的像素或绘制的图形，并不影响执行图层样式后带来的新像素的不透明度，如执行“投影”后所增加的阴影并不随着“填充不透明度”数值的变化而变化。

图 5-4-13 所示是执行了“斜面和浮雕”及“投影”等图层效果的示例。

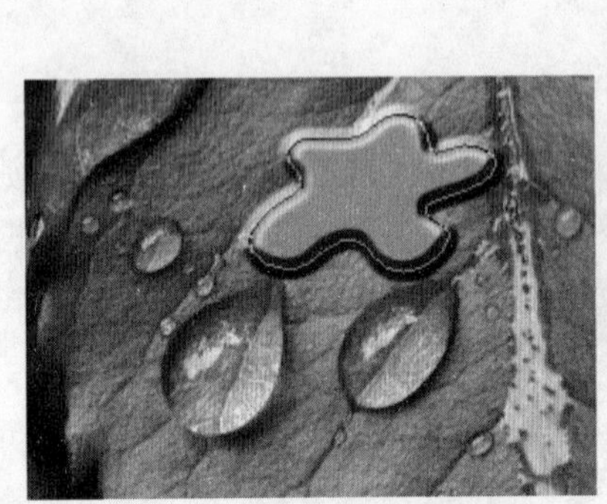

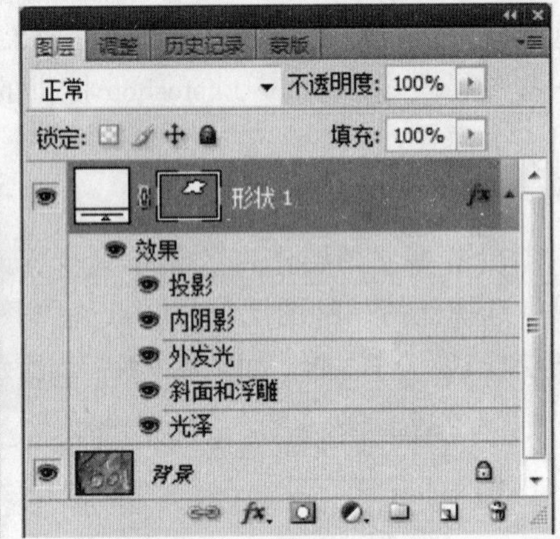

图 5-4-13　添加图层样式后

将“常规混合”中的“不透明度”设定为 0%，“高级混合”中的“填充不透明度”设定为 100%，可看到图层中原有的像素和阴影、斜边的像素的不透明度都消失了。其图层效果如图 5-4-14 所示。

将“常规混合”中的“不透明度”设定为 100%，“高级混合”中的“填充不透明度”设定为 0%，可看到斜边和阴影的不透明度没有受到影响，只有图层中原有像素的不透明度变为 0%，出现了立体的透明效果，如图 5-4-15 所示。

图 5-4-14　“不透明度”设定为 0% 效果

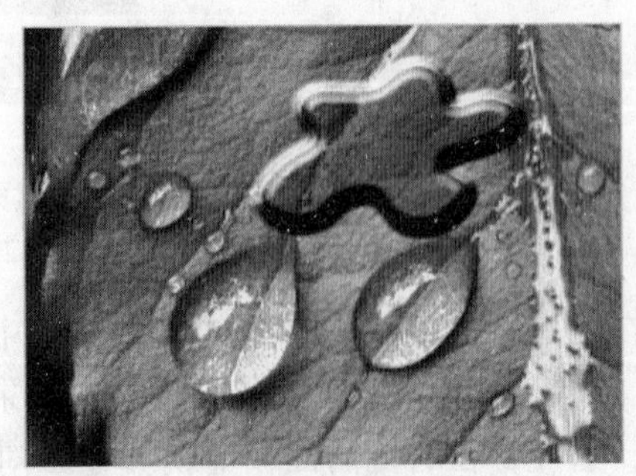

图 5-4-15　“填充不透明度”设定为 0% 效果

2. 图层效果

在“图层样式”对话框中可设定 10 种不同的图层效果，可以将这些图层效果任意组合成各种图层样式，存放在“样式”面板中随时调用，如图 5－4－16 所示。

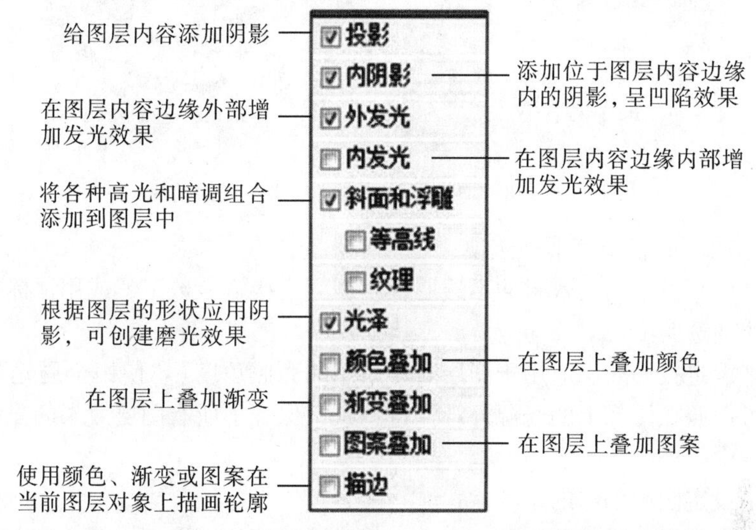

图 5－4－16　“图层样式”对话框中 10 种不同的图层效果

（1）投影。

在“图层”面板中，双击要增加图层样式的图层，弹出“图层样式”对话框，选择“投影”选项，如图 5－4－17 所示，调整后的效果如图 5－4－18 所示。

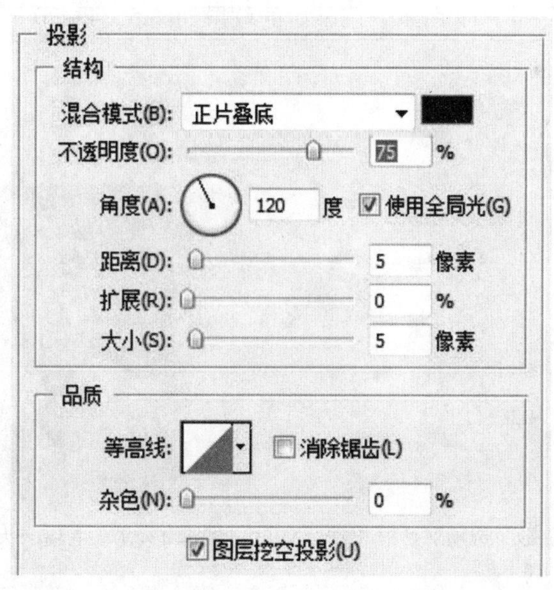

图 5－4－17　“图层样式”中“投影”选项对话框

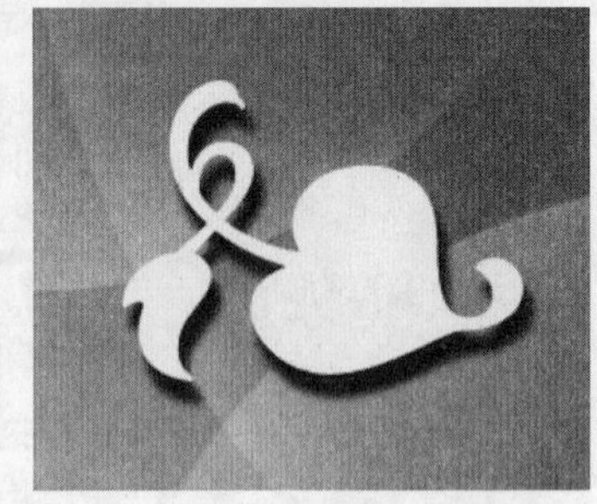

图 5 – 4 – 18　增加图层样式“投影”效果前后

投影的“结构”一栏中有下列选项：

不透明度：用来设定图层效果的不透明程度，可直接输入数字，或用鼠标拖动滑动栏中的三角滑钮来改变透明度。

角度：用来设定投影效果应用于图层时所采用的光照角度。“使用全局光”是一个非常有用的选项，可使照在图像上的光源外观保持一致，保证了所有图层效果的光线一致。此选项默认状态为选中。

距离：用来设定阴影偏移的距离。

扩展：模糊之前扩大投影的边界。这对于细微的特写特别有用，如连笔字中的字母下部或字母上部，在模糊程度较大时该部分几乎无法看到。

大小：用来设定投影模糊的程度。

（2）内阴影。

在“图层”面板中，双击要增加图层样式的图层，弹出“图层样式”对话框，选择“内阴影”选项，如图 5 – 4 – 19 所示，调整后的效果如图 5 – 4 – 20 所示。

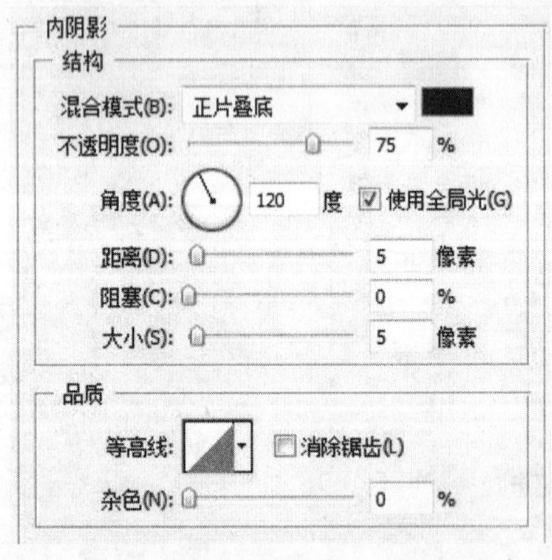

图 5 – 4 – 19　“内阴影”选项对话框

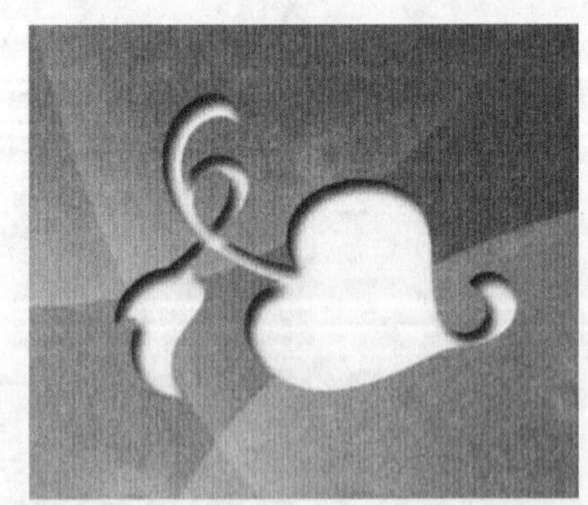

图 5 – 4 – 20　选择“内阴影”后产生的效果

（3）外发光。

在“图层样式”对话框，选择“外发光”选项，如图 5 – 4 – 21 所示，调整后的效果如图 5 – 4 – 22 所示。

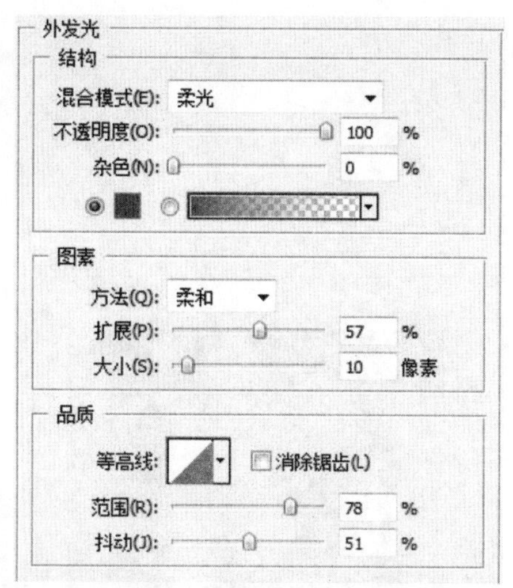

图 5－4－21 “外发光”选项对话框

图 5－4－22 选择“外发光”后产生的效果

（4）内发光。

在“图层样式”对话框，选择“内发光”选项，如图 5－4－23 所示，调整后的效果如图 5－4－24 所示。

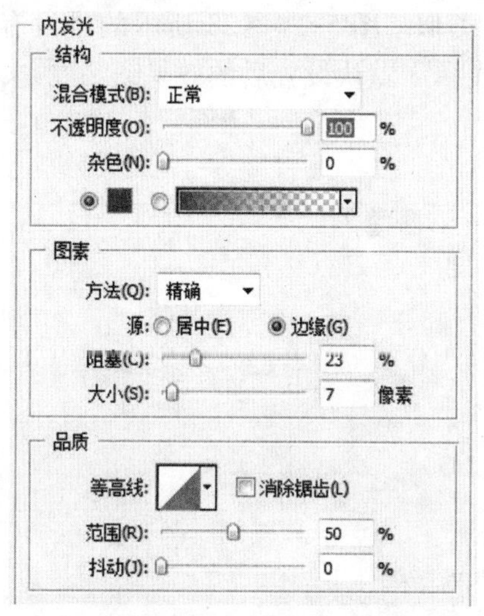

图 5－4－23 “内发光”选项对话框

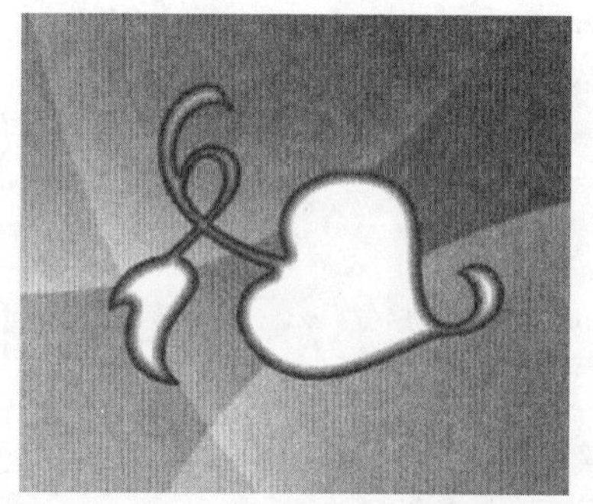

图 5－4－24 选择“内发光”后产生的效果

（5）斜面和浮雕。

斜面和浮雕可以在图层图像上产生多种立体的效果，让图像看起来更有立体感。其“结构”栏（见图 5－4－25）是针对斜面和浮雕的变形进行设定的。

样式弹出式菜单共有 5 种效果样式，分别为“外斜面”、“内斜面”、“浮雕”、“枕状浮雕”和“描边浮雕”。图 5－4－26 是进行斜面和浮雕的效果样式调节后产生的效果。

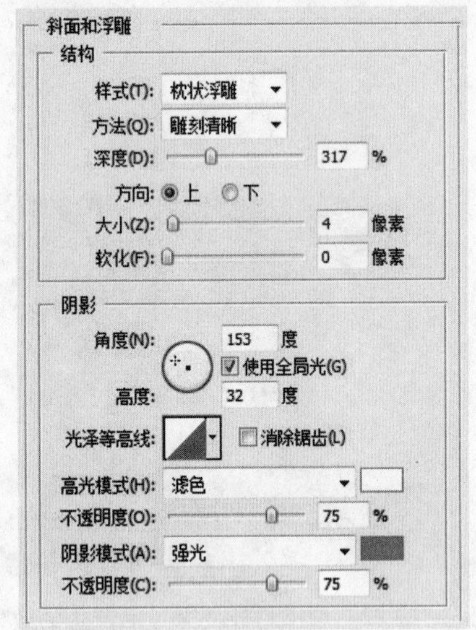

图 5－4－25　“斜面和浮雕”对话框

图 5－4－26　调节“斜面和浮雕”后产生的效果

（6）光泽。

“光泽”效果可以在图像上填色，并在边缘部分产生柔化的效果。“光泽”对话框如图 5－4－27 所示，各个选项的使用效果和前面讲到的类似。图 5－4－28 所示的是没有执行“光泽”效果的原图，图 5－4－29 所示的是执行“光泽”默认设置后的效果图。

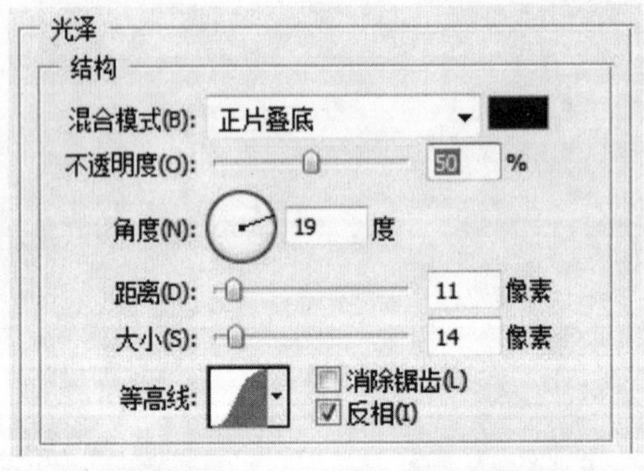

图 5－4－27　“光泽”对话框

图 5－4－28　原图

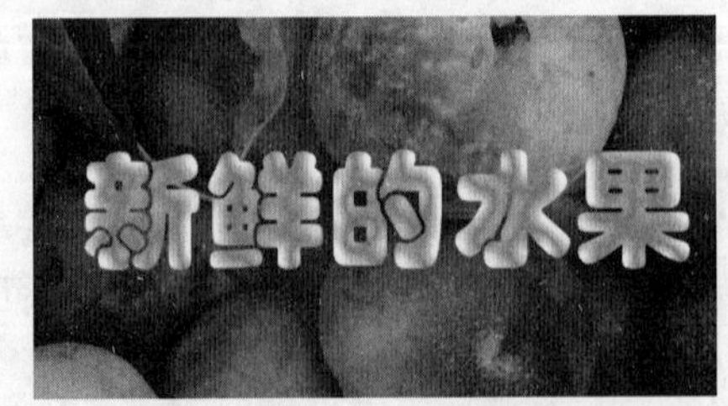

图 5－4－29　执行“光泽”默认设置后的效果

（7）颜色叠加、渐变叠加和图案叠加。

“颜色叠加”、“渐变叠加”和“图案叠加”的对话框分别如图 5－4－30、图 5－4－31

和图 5－4－32 所示。这三种图层效果都可以直接在图像上进行填充，但是填充的内容不同，分别为填充单一颜色、填充渐变颜色和填充图案。

图 5－4－30 “颜色叠加”对话框

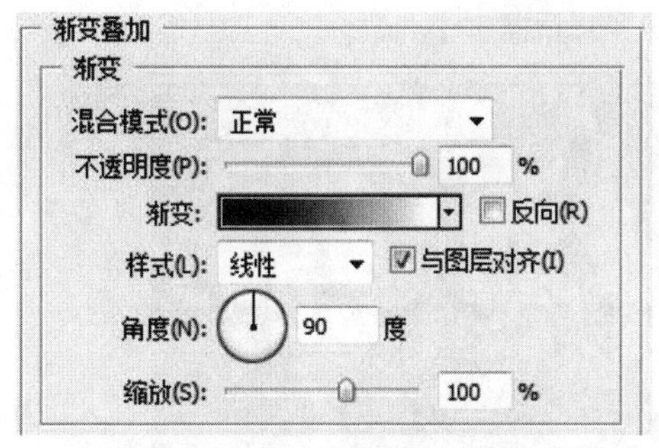

图 5－4－31 “渐变叠加”对话框

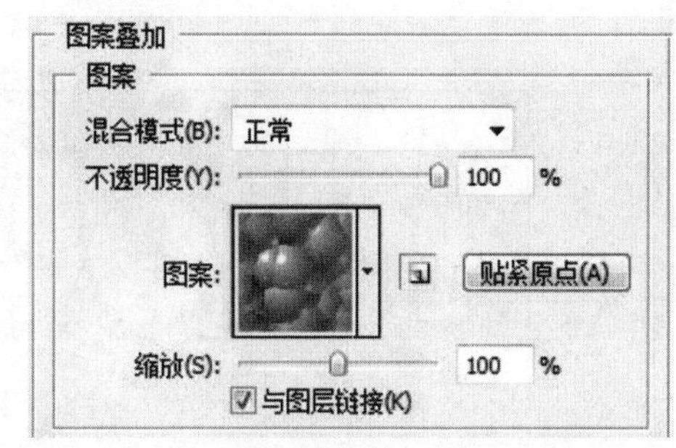

图 5－4－32 “图案叠加”对话框

图 5－4－33 是原图，图 5－4－34 是选择了“渐变叠加”的效果，图 5－4－35 是选择了“图案叠加”的效果。

图 5－4－33 原图

图 5－4－34 “渐变叠加”的效果

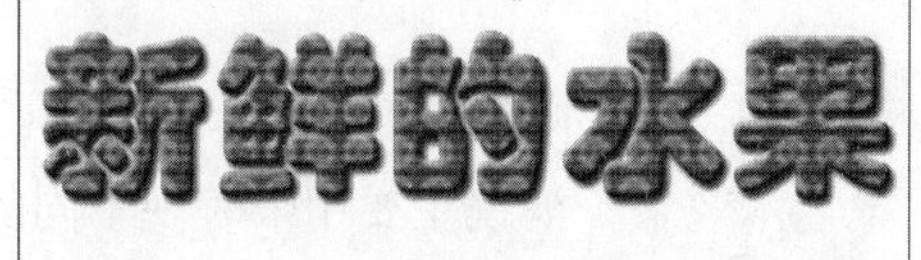

图 5－4－35 “图案叠加”的效果

（8）描边。

“描边”用来直接为图像描边，其对话框如图 5－4－36 所示。“大小”用来设定描边的粗细。“位置”弹出式菜单用来设定描边的位置，可以选“外部”、“内部”或“居中”三种位置。在“填充类型”的弹出菜单中有三个选项，分别是“颜色”、“渐变”和“图案”，当选择不同选项的时候，会有相应的填充设定。图 5－4－37 是描边后的效果。

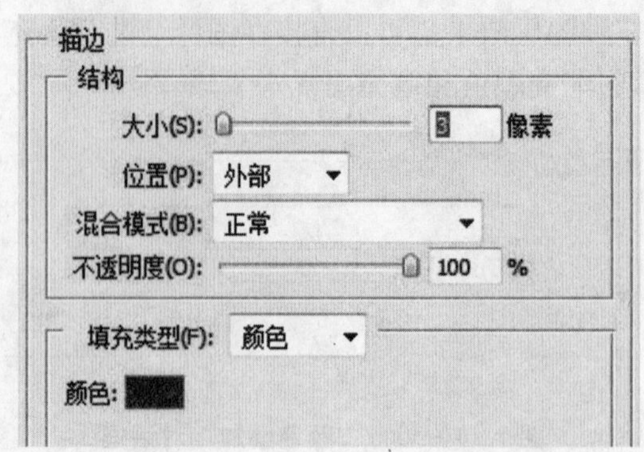

图 5－4－36 “描边”对话框

图 5－4－37 文字“描边”后的效果

5.5 滤镜

Adobe Photoshop 中内置了许多可以对图像进行特殊处理的滤镜技术。其中的每一个滤镜都能产生一种特殊的效果，其效果的控制是通过滤镜对话框进行的。滤镜对图像的处理是以像素为单位进行的，其命令只能作用于当前正在编辑的、可见图层的选定区域，如果没有选定区域，系统会将整个图像视为当前选定区域。

5.5.1 艺术效果

“艺术效果”滤镜主要用来表现不同的绘画效果，通过模拟绘画时使用的不同技法，可得到各种精美艺术品的特殊效果，如图 5－5－1 所示。

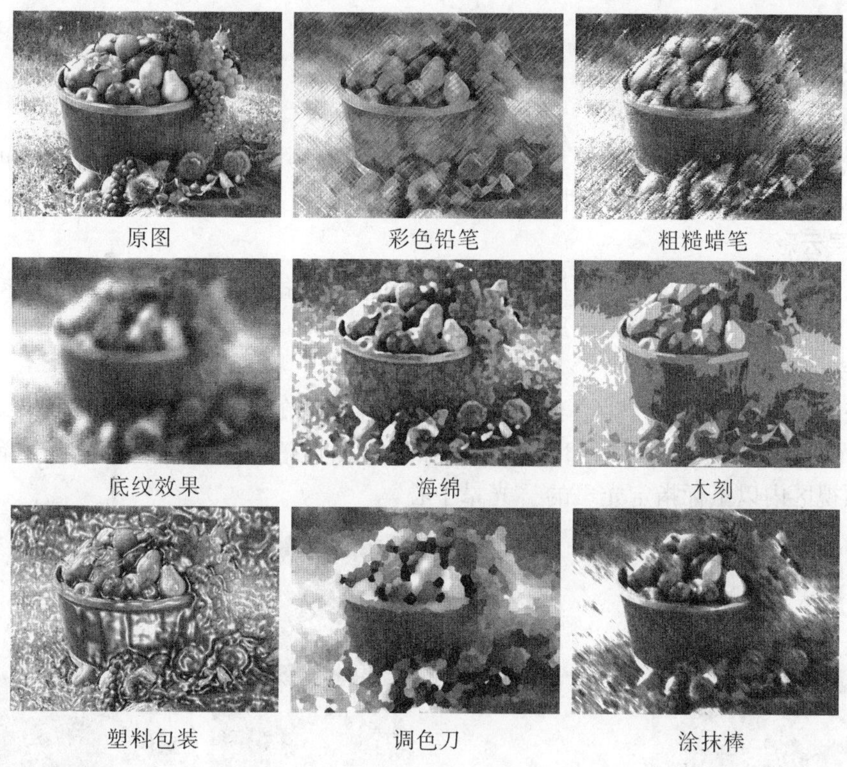
原图　彩色铅笔　粗糙蜡笔
底纹效果　海绵　木刻
塑料包装　调色刀　涂抹棒

图 5－5－1　“艺术效果”滤镜的效果对比

5.5.2　模糊

“模糊”滤镜的作用主要是使图像看起来更朦胧一些，也就是降低图像的清晰度，降低局部细节的相对反差，使图像更加柔和，增强对图像的修饰效果，如图 5－5－2 所示。

原图　动感模糊　径向模糊——旋转
镜头模糊　径向模糊——缩放

图 5－5－2　“模糊”滤镜的效果对比

5.5.3 渲染

1. 云彩

“云彩”滤镜没有对话框控制项，使用它可由当前使用的前景色与背景色之间的变化随机生成柔和的云纹图案，而将原图内容全部覆盖，如图5－5－3所示。

2. 分层云彩

“分层云彩”滤镜可将工具箱中的前景色与背景色混合，形成云彩的纹理，并和底图以“差值”方式合成，如图5－5－3所示。

3. 镜头光晕

“镜头光晕”滤镜用于产生一种透镜接受光照时形成的光斑，通常用几个相关联的光圈来模拟日光的效果，如图5－5－3所示。其中，可以设置光照的“亮度”、选择“镜头类型”、在预视区内以鼠标指定光斑的“光晕中心”。

原图

云彩

分层云彩

镜头光晕

图5－5－3 “渲染”滤镜的效果对比

5.5.4 像素化

“像素化”滤镜的作用是将图像以其他形状的元素重新再现出来。它并不是真正地改变了图像像素点的形状，只是在图像中表现出某种基础形状的特征，以形成一些类似像素化的形状变化，如图5－5－4所示。

图 5-5-4 “像素化”滤镜的效果对比

5.5.5 扭曲

“扭曲”滤镜用于将图像进行几何扭曲，创建 3D 或其他效果，如图 5-5-5 所示。

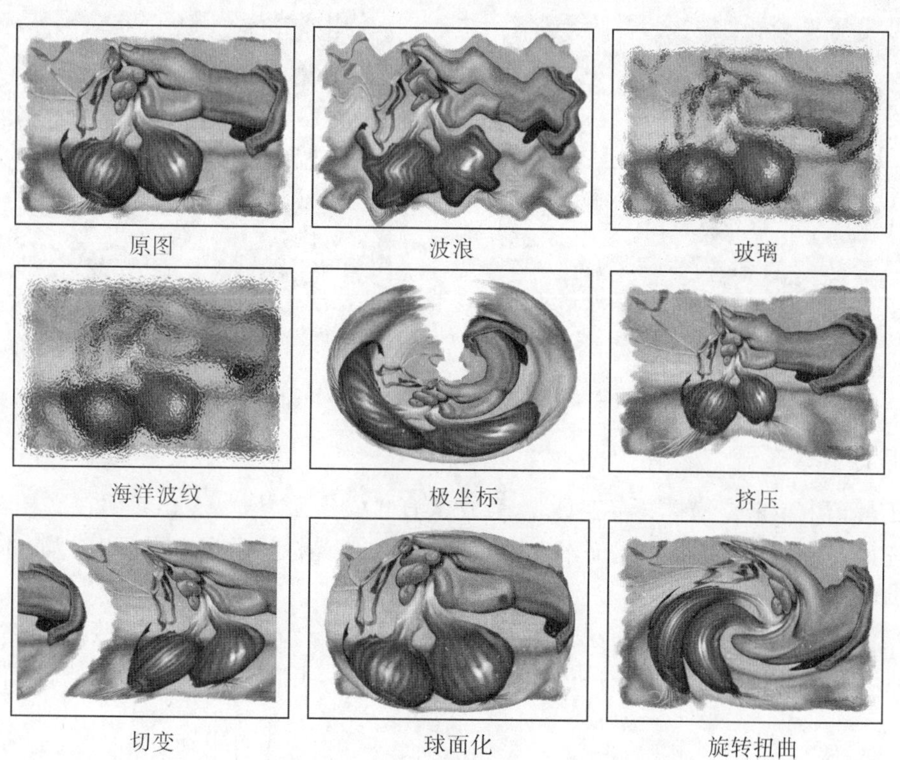

图 5-5-5 “扭曲”滤镜的效果对比

5.6 文字的输入与处理

将文字输入后，需设定文字的属性。文字的属性包括字符属性和段落属性。字符属性指的是文字的字体、样式、大小以及字距等，段落属性则是指段落的缩排、对齐以及定位点等。

5.6.1 文字的输入

1. 横排文字

在工具箱中选择“文字输入工具” **T**，然后在图像上单击鼠标，出现闪动的插入光标，此时可直接输入文字。图 5－6－1 所示的是输入的中文，在文字右侧有闪动的插入光标，表示当前的文字输入状态。

2. 直排文字

在工具箱中选择“直排文字输入工具” **↓T**，然后在图像上单击鼠标，出现闪动的插入光标，此时可直接输入文字，如图 5－6－2 所示。

图 5－6－1　输入横排文字

图 5－6－2　输入直排文字

3. 段落文本

在工具箱中单击“横排文字工具” **T** 或“直排文字工具” **↓T**，然后在文档窗口中单击鼠标左键并拖动光标创建段落文本定界框，此时文字光标显示在定界框内，如图 5－6－3 所示。此时“图层”面板中自动新建一个文本图层。

当创建完文本定界框后，在左上角会有闪动的文字输入光标，可以直接输入文字，也可以从其他软件中拷贝一些文字粘贴过来。图 5－6－4 所示的是从文档中拷贝粘贴过来的一些文字。

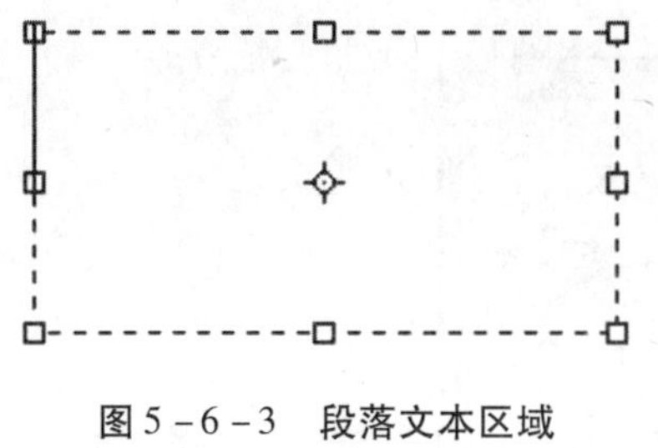

图 5－6－3　段落文本区域

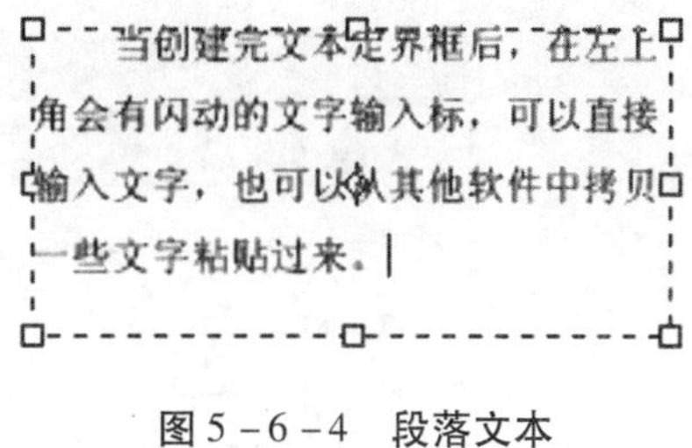

图 5－6－4　段落文本

5.6.2　文字的编辑

如果要改变字体、字号等，可在插入光标状态下拖曳鼠标将文字选中，如图5－6－5所示，然后在“文字工具”选项栏中进行修改，如图 5－6－6 所示。当然，也可以将各项属性设定完成后再输入文字。

图 5－6－5　用“文字工具”将需修改的文字选中

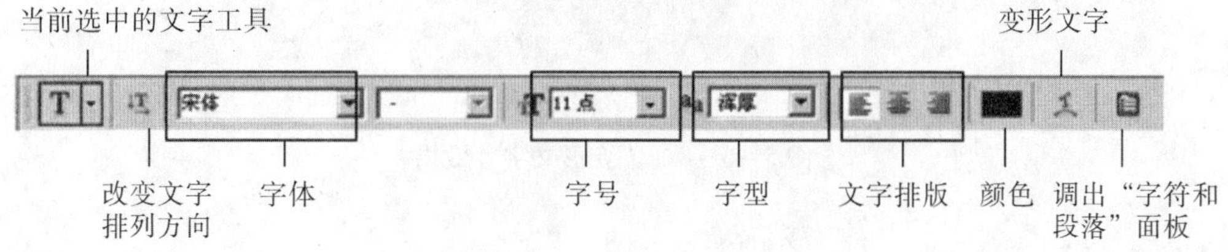

图 5－6－6　修改“文字工具”选项栏

5.6.3　创建文字变形

对于文字图层中输入的文字可以通过选项栏中的“变形文字”选项进行不同形状的变形。如波浪形、弧形等，如图 5－6－7 所示。在该对话框中可以进行各种设定。“样式”后面是一个弹出菜单，可以在 15 种效果中选择所需要的弯曲样式。“变形文字”操作对文字图层上所有的字符都有效，而不能只对选中的字符执行弯曲变形。

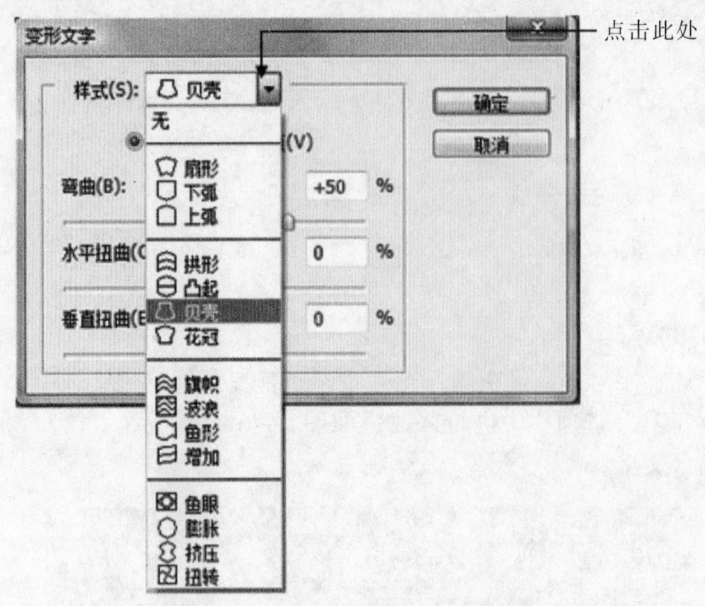

图 5－6－7　“变形文字”对话框

下面对图 5－6－4 所示的段落文本设定不同的弯曲样式，效果如图 5－6－8 所示。

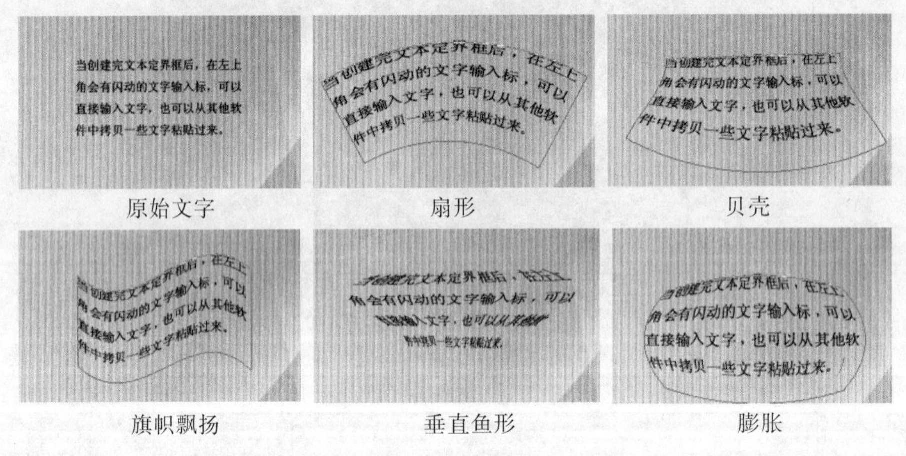

图 5－6－8　“变形文字”效果

【练习题】

一、填空题

1. 在 Photoshop 中，像素（pixel）是组成图像的__________单元，它是一个小的矩形颜色块。一个图像通常由许多像素组成，这些像素被排成横行或纵列。每个像素都有不同的颜色值，单位长度的像素越多，分辨率越__________，图像的效果就越__________。

2. 矢量图最大的优点是无论放大、缩小或旋转等__________失真；最大的缺点是难以表现色彩层次丰富的逼真图像效果。

3. 图像分辨率和图像大小之间有着密切的关系。图像分辨率越高，所包含的像素越

__________，图像的信息量越__________，因而文件也就越__________。

4. 平面图形处理软件主要有 Adobe Photoshop、__________、__________。

二、选择题

1. 以下____不是图片的文件格式。

A. *. jpg　　　　B. *. gif

C. *. mpg　　　　D. *. bmp

2. 以下 ____不是平面图形处理软件。

A. Adobe Photoshop　　　　B. Corel Painter

C. Macromedia Fireworks　　　　D. CorelDRAW

三、问答题

1. Photoshop 的工具箱有什么作用?
2. 图层有何优点? 如何应用图层样式? 如何使用各种图层效果?
3. 写出 5 种 Photoshop CS4 中常用的内置滤镜，并说明它们在哪个子菜单下。
4. 写出 5 种 Photoshop CS4 中常用的选区工具。
5. 利用 Photoshop 进行 PPT 模板图片设计，要求如下:

① 图片大小：1 024 ×768 像素；

② 要求版面简洁明了，色彩淡雅和谐；

③ 要有单位的 logo 或标志性的图片做装饰，进行艺术化处理，突出本单位特色；

④ 设计完成后转存为 *. jpg 文件，并更换到自己的 PPT 中。

6　数字音视频处理

【学习提要】

当今社会，数字音视频已经越来越频繁地出现在人们的工作和生活中，对数字音视频的处理也渐渐成为人们的日常需求，Adobe Audition 和会声会影都是目前国内应用面非常广的软件。本章图文并茂、循序渐进地介绍了数字音视频的基础知识，Adobe Audition 3.0 声音录制、简单编辑和艺术处理的方法，以及会声会影 X2 利用模板快速制作影片、在编辑器中进行基本编辑和调整的方法，让学习者能快速掌握数字音视频的一些基本处理方法。

【重点难点】

重点掌握 Adobe Audition 3.0 和会声会影 X2 的使用，熟悉 Adobe Audition 3.0 进行振幅调整和使用会声会影 X2 编辑器进行编辑和调整的方法。

6.1　数字音频基础

6.1.1　音频信号的转换过程

音频信号是随时间变化的连续的模拟信号，它们由波形组成，如图 6－1－1 所示，波形的峰和谷代表不同的音调；而计算机只能处理数字信号。因此，在计算机处理音频信号之前，首要的一步是把音频信号变成用“0”和“1”表示的数字信号，这个过程称为数字化，或者叫做模（拟）/数（字）转换，即 A/D 变换（Analog/Digital）。完成这个转换的器件称为模数转换器，常用 ADC（Analog to Digital Converter）表示。

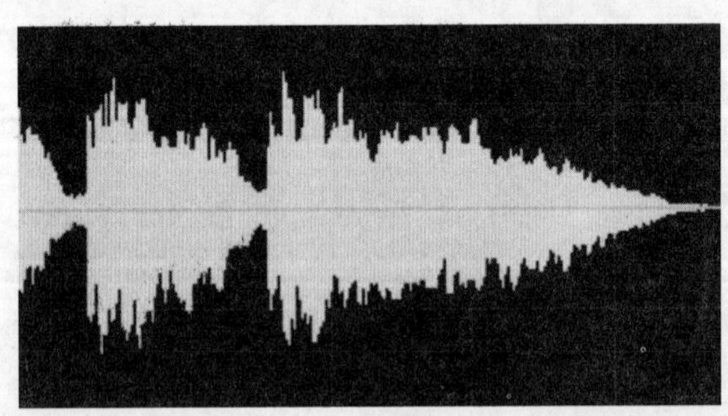

图 6－1－1　由波形组成的音频信号

计算机对音频信号处理完成之后，得到的信号依然是数字信号。这时，如果把这种信号直接传送给喇叭发声，我们根本就听不懂，因此，必须再把数字音频信号转变成模拟信号，即数/模转换（D/A 变换）。完成这个转换的器件称为数模转换器，常用 DAC（Digital to Analog Converter）表示。

由此我们知道，音频是先通过模数转换器数字化，再通过数模转换器播放出来的。这一过程是由声卡来完成的，如图 6－1－2 所示。

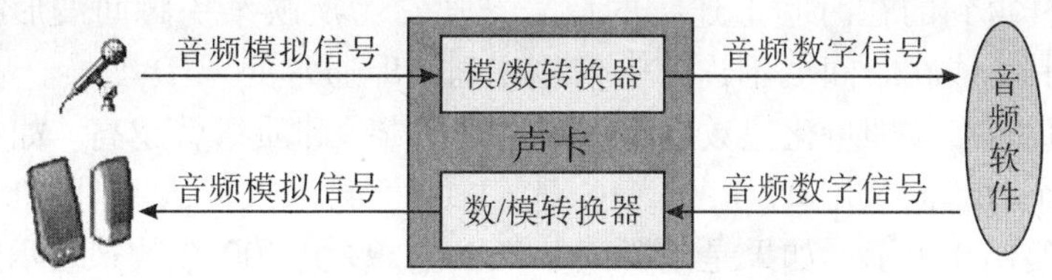

图 6－1－2　信号的转换过程

数字音频和模拟音频之间进行转化需要依靠声卡。声卡一般都会有三个接口，分别接不同的设备，如图 6－1－3 所示。

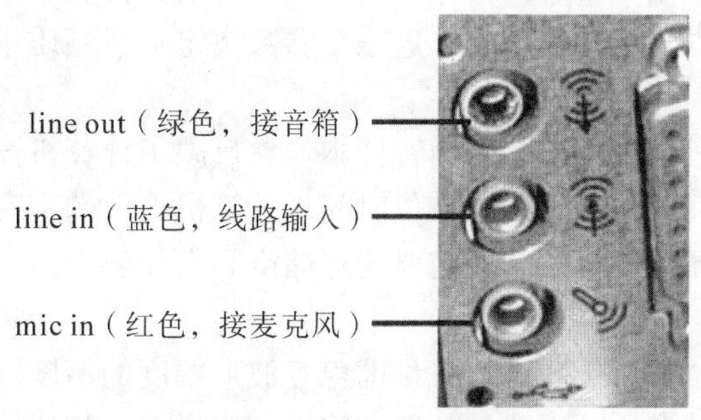

图 6－1－3　声卡及其接口

6.1.2　音频的数字化过程

各种声源（如麦克风、磁带录音、无线电和电视广播、CD 等）所产生的音频都可以进行数字化。音频的数字化就是将随时间连续变化的声音波形信号通过模/数转换电路转换成计算机可以处理的数字信号。

音频的数字化过程包括采样和量化这两个步骤。

采样：每隔一段相同的时间间隔读一次波形的振幅，将读取的时间和波形的振幅记录下来。我们把 x 轴定为时间轴，用 y 轴来表示采样得到的声音波形信号的振幅值，每隔一定的时间读一次波形的振幅，假设在 0 微秒时读一次波形的振幅，在 0.1 微秒时读一次波形的振幅，如此类推，每隔 0.1 微秒我们就读一次波形的振幅，最后用曲线把这些点连接起来，那么就形成了一段波形，如图 6－1－4 所示。

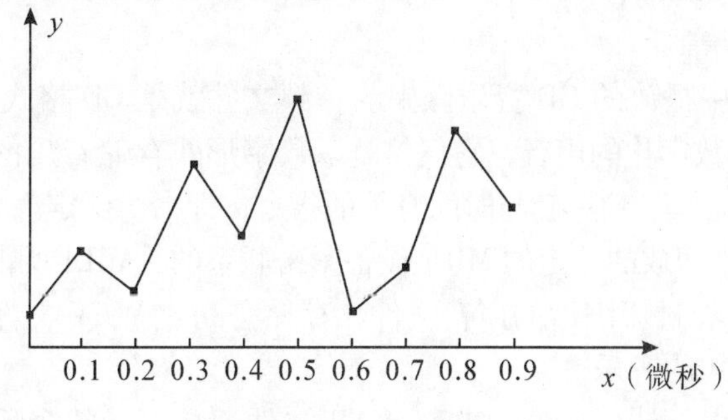

图 6－1－4　采样

我们把采样的频率简称为采样率，由此可见，采样率越高，获得的波形也就越精确。

量化：将采样得到的在时间上连续的信号（通常为反映某一瞬间波形幅度的电压值）加以数字化，使其变成在时间上不连续的信号序列，即通常的 A/D 变换。显然，用来表示一个电压值的数位越多，即量化位数越高，音频的分辨率和质量就越高。如在 0 ~ 10 V之间的电压有无穷多个数，但只用 0，1，2，…，9 共 10 个数来近似表示时，0.15 V、0.001 V 这一类的数就都要用 0 表示；如果是用 0，1，2，…，99 共 100 个数来表示时，0.001 V 还是用 0 来表示，但 0.15 V 就可以用 1 来表示，这样数据就精确一些了。

6.1.3 音频质量与文件大小

总的来说，对音频质量要求越高，保存这一段声音的文件就越大，也就是要求的存储空间越大。采样频率、样本大小和声道数，这三个参数决定了音频质量和文件大小。

（1）采样频率。

采样频率就是指每秒钟采集多少个声音样本。它反映了计算机读取声音样本的快慢。采样频率越高，采样的时间间隔越短，在单位时间里计算机读取的声音数据就越多，声音波形就表达得越精确，声音便会越真实，但需要的存储空间也就越大。

（2）样本大小。

样本大小又称量化位数，反映计算机量度声音波形幅度的精度。其比特数越多，量度精度越高，声音的质量就越高，而需要的存储空间也相应增大；相反，比特数越少，需要的存储空间也越小，但声音质量越差。

（3）声道数。

立体声文件比单声道的音质要好很多，其文件大小也为单声道的两倍。

（4）文件大小。

音频数字化后需要占用的磁盘空间大小可用以下公式计算：

声音文件大小（字节 B）= 采样频率（Hz）× 量化位数 × 声道数 × 时间（s）/8

采样频率和样本大小（量化位数）越高，音频的分辨率和质量就越高，存储空间越大。我们常用 44 100 Hz 的采样率、双声道、16 位的量化位数来录制声音。

6.1.4 常用音频文件的格式

音频媒体有数字音频、合成 MIDI 音频和 CD 音频三种格式。常用的音频文件格式有 CD（.cda）、MIDI（.mid、.rmi）、Movie（.mpg、.dat、.mpa）、Audio（.mp3、.mp2、.mp1、.abs）、WAVE（.wav）等。

CD：能够在 CD 机中播放的 CD 音乐碟中的音频文件就是 CD 格式的文件。

MIDI：MIDI 并不是数字化的声音，它仅仅是以数字形式存储音乐的一种速记表示。MIDI 文件是用来记录音乐“动作”的一套与时间有关的指令，即命令约定。MIDI 文件与设备有关，它所产生的声音是与用来回放的特定的 MIDI 设备紧密联系的。MIDI 所占空间小。

.mp3：MP3 文件是经过压缩后的声音文件，存储空间比 WAV 文件要小得多。MP3 播放机里使用的正是这种格式的音乐。

.wav：数字音频大多是波形文件，也称 WAV 文件，是声音的实际表示，质量高，存储空间大。因为它与设备无关，任何一种具有声卡功能的设备都可播放，每次播放时它都放出相同的声音。

6.2 数字视频基础

6.2.1 模拟电视和数字电视

模拟视频是基于模拟技术以及图像的广播与显示所确定的国际标准，模拟视频图像具有成本低和还原度好等优点。但它也具有很大的缺点，即经过长时间的存放之后，视频质量将大为降低，而且经过多次复制之后，图像的失真就会很明显。而数字视频可以弥补这些缺陷。它不仅可以无失真地进行无限次复制，而且还可以对视频进行创造性的编辑，如特技效果等。

数字视频是基于数字技术以及其他更为拓展的图像显示标准。现在的数字视频技术主要是指模拟视频的数字化处理、存储和输出技术。

6.2.2 全屏幕与全运动视频

全屏幕视频是指显示的视频图像应该充满整个屏幕，因此这与显示分辨率有关，对于标准的 VGA，全屏幕意味着 640×480 像素的分辨率，而对于 Super VGA 则可能是 800×600 像素或 1 024×768 像素等分辨率，甚至更高。全运动视频是指以每秒 30 帧的速度刷新画面，这样快的速度不会产生闪烁和不连贯。

计算机常用视频的参数是全屏为 800×600 像素或 1 024×768 像素的分辨率，30 帧/秒的刷新速度，24 位的采样深度。

6.2.3 数字视频格式

1. Video for Windows 和 ActiveMovie 格式

Windows 3x 和 Windows 9x 使用的标准视频软件是 Video for Windows，所使用文件的扩展名为 AVI。原始（未压缩）的 AVI 文件是将整个视频流中的每一幅图像逐幅记录，信息量非常大。

ActiveMovie 是扩展 Video for Windows 文件格式的一种 ActiveX 模块，对于使用 Windows 9x OSR2 以上视窗操作系统的用户，由于系统内置了 ActiveMovie，因此可方便高质量地播放包括 MPG、DAT、QT、MOV 等格式的视频文件。

2. QuickTime 格式

QuickTime 使用的数字视频文件的扩展名为 MOV。国际标准组织将确认 QuickTime 文件格式为 MPEG4 标准文件格式。

3. MPEG 格式

使用 MPEG 方法可以用于压缩全运动视频图像，其文件大小仅为 AVI 文件的 1/6。

目前使用的 DVD 采用的是 MPEG2 压缩技术。

MPEG4 能提供灵活的框架和开放的工具集，这些工具将支持一些新型的和常规的功能，由于快速发展的技术使得工具软件的下载极为便利，因此这种方式极具吸引力。

4. Video CD 和 Karaoke CD 格式

该格式的数据文件的扩展名为 DAT，结构与 MPG 格式基本相同，需要一定硬件的支持才可播放。

5. RealVideo 格式

RealVideo 的视频文件格式 RAM 是因特网上最为流行的数字视频文件格式之一。RealPlayer 支持它的播放。

6. 其他类型

DVD 是 CD、LD、VCD 的替代产品，是按照 MPEG2 标准制作的具有高清晰画面、高品质音响的存储介质。DVD 单张盘片可容纳两个小时以上的高清晰全动态视频数据，支持 6 声道环绕音响，通过附加的数据轨道能实现多种语言的配音和字幕，而且具有更强的纠错能力。常见的 DVD 软解压软件有 PowerDVD、XingDVD 和超级解霸。

SVCD 采用 MPEG2 编码及解压缩技术，拥有 4 声道或双立体声，图像分辨率为 480×576 像素，水平清晰度达 350 线。SVCD 标准是电子行业第一个由中国人自己研究制定的产品标准。

DVCD 的影碟，以“DVD+VCD”的面目出现。DVCD 碟没有统一的行业标准，其容量是 VCD 的两倍，是一种高密度光碟，为 CD 改进型产品。DVCD 的特点是用一张光碟可以储存 90 分钟左右的电影，其图像和伴音采用 MPEG1 方式压缩，清晰度和音质同 VCD 一样。

6.3 网络流式媒体技术

6.3.1 流式媒体的概念

流式媒体（streaming media）是传输音频、视频或多媒体文件的一种网络多媒体传播方式。这种传播方式的特点是当服务器端接收到客户端要求提供服务的请求时，服务器端就将媒体内容传送，同时把它分解成许多小封包（packets）一一传送到客户端，而客户端程序会将这些封包进行重组，实时呈现在客户端的显示屏上，产生一个持续不断的媒体流。因此，在利用流式媒体的传播方式时，在播放前并不需要下载整个文件，流式媒体的数据流一边传送一边播放，只是在开始时有一些延迟。

对内容提供者而言，流式媒体的传播方式只传递和播放多媒体内容，而不会在客户端留下任何拷贝，确保了版权所有者的权利。对客户端来说，在欣赏多媒体内容时，不需要先将整个多媒体文件下载到本地机之后才能播放，而是边下载边播放，大大减少了用户的等待时间，节省上网费用。

6.3.2 流式媒体文件格式

目前利用流式媒体技术在网络上可以实现以流的方式播放标准媒体文件，如 .mp3、.wav、.mpg、.mov、.avi 等格式的文件，但其播放效率和播放质量不高，而且不能在这些标准媒体文件内部添加脚本命令、版权信息、作者信息等。因此，往往要把标准媒体文件格式通过特殊的编码转换为特定的流式文件格式，使其适合在网络上边下载边播放，而不是等到下载完整个文件才播放。目前，常用的流式媒体文件格式主要有 .asf（Windows Media 建议的流格式）、.rm（Real Video/Audio 文件）、.ra（Real Audio 文件）、.rp（Real Pix 文件）、.swf（Shock Wave Flash 文件）、.viv（Vivo Movie 文件）格式的文件。

6.4 Adobe Audition 3.0 的使用

6.4.1 软件简介

Adobe Audition 是一款功能强大、效果出色的多轨录音和音频处理软件。Adobe Systems 公司收购了 Syntrillium Software 公司开发的 Cool Edit 后，Cool Edit Pro 2.1 版本随之升级为 Adobe Audition 1.0 版本，随着不断的完善，目前，软件已经升级到 Adobe Audition 3.0 版本。在本节中，我们将以 Adobe Audition 3.0 版本为例介绍 Adobe Audition 的使用。

Adobe Audition 3.0 的运行模式有三种，分别如下：

1. 编辑查看模式

编辑查看模式用于编辑单轨波形文件，点击“编辑查看切换按钮”，可以进入如图 6-4-1 所示的编辑查看模式。在本节中，我们将主要介绍这种模式下的操作。

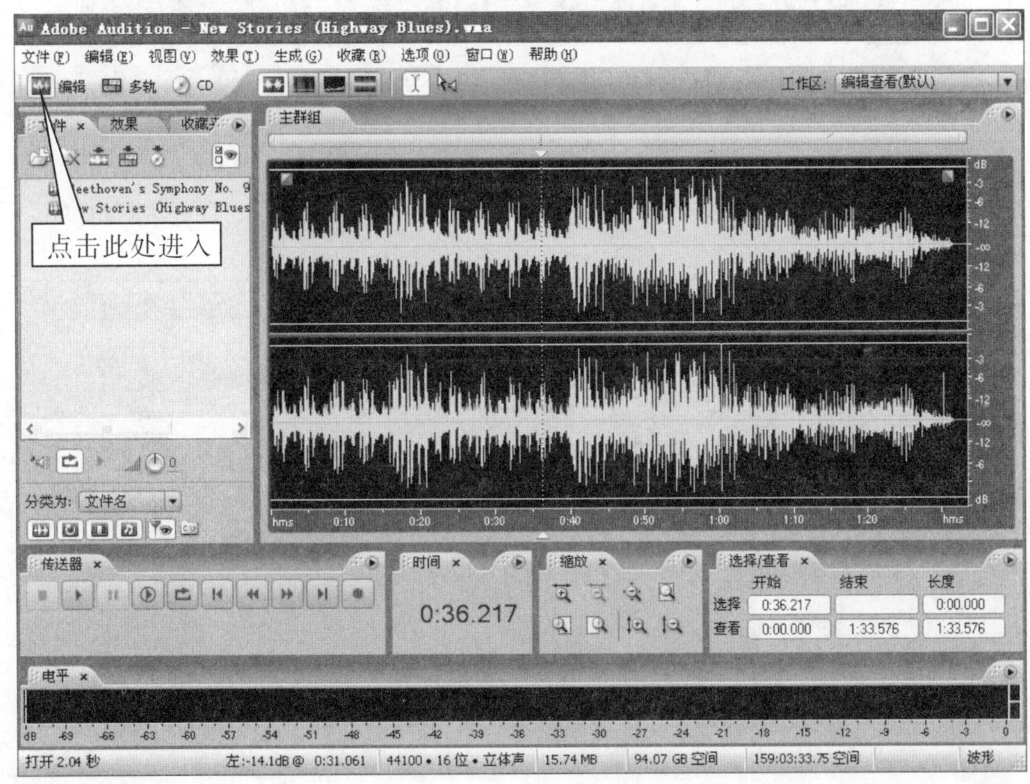

图 6-4-1 编辑查看模式

2. 多轨查看模式

多轨查看模式用于对工程文件中每个音轨进行整体性编辑与宏观处理，点击“多轨查看切换按钮”，可以进入如图 6-4-2 所示的多轨查看模式。

图 6－4－2　多轨查看模式

3. CD 查看模式

CD 查看模式的主要功能是刻录 CD，点击“CD 查看切换按钮”，可以进入如图6－4－3所示的 CD 查看模式。

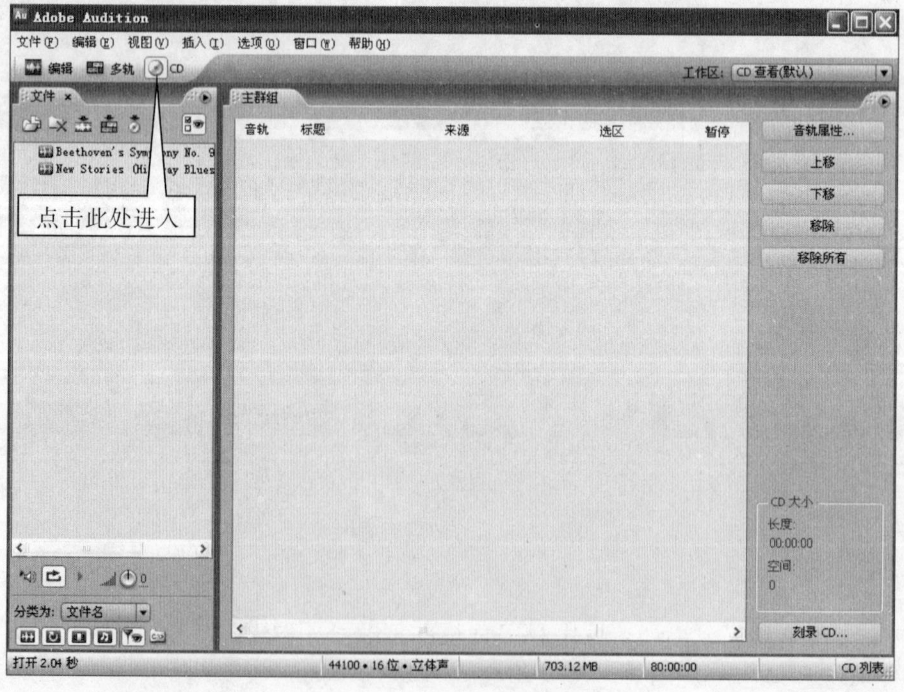

图 6－4－3　CD 查看模式

小提示

这三种模式我们可以通过点击工具栏中的模式切换按钮 编辑 多轨 CD 或 工作区：编辑查看(默认) 进行快捷的切换，也可以通过在菜单中单击“窗口”→“工作区”命令选择相应的模式来进行切换。

6.4.2　编辑查看模式下常用面板的功能

1. “文件”面板

用户可以在“文件”面板中对文件进行管理与访问。Adobe Audition 是可以进行多任务操作的，可以同时打开多个文件，被打开的文件名被显示在“文件”面板的文件列表中，如图 6－4－4 所示。

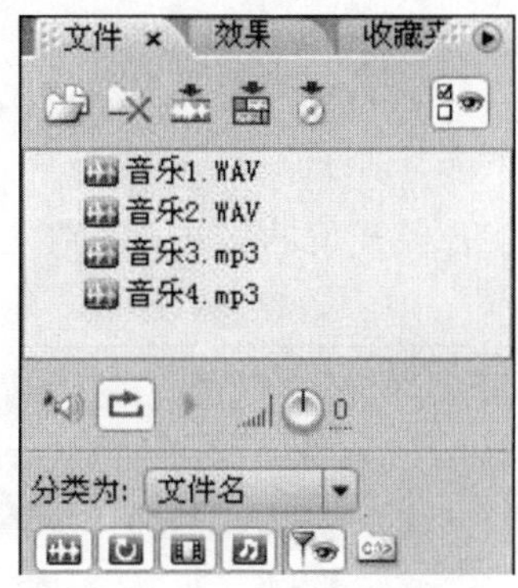

图 6－4－4　文件列表

（1）文件的导入。

在“文件”面板中单击“导入文件”按钮，如图 6－4－5 所示，打开“导入”对话框，在对话框中选择所需导入的文件，然后点击“打开”按钮，导入文件的文件名即显示在文件列表中。

图 6－4－5　“导入文件”按钮

小提示

在文件列表空白区域双击鼠标左键，也可以打开“导入”对话框。

在“导入”对话框中同时选中多个文件可以一次导入多个文件。

（2）文件的关闭。

选中文件列表中所需关闭的文件，然后单击“关闭文件”按钮，如图 6－4－6 所示，即可将选中的文件关闭。

图6-4-6 **"关闭文件"按钮**

图6-4-7 **"编辑文件"按钮**

(3) 文件的波形查看。

在文件列表中选中需要查看的文件，然后单击"编辑文件"按钮，如图6-4-7所示，即可将该文件的波形在"主群组"面板中显示出来。

小提示

只有在只选中一个文件的前提下，"编辑文件"按钮才能被使用。

双击文件列表中该文件的文件名，可以在"主群组"面板中显示该文件的波形。

2. "主群组"面板

在编辑查看、多轨查看和CD查看三种模式中都有"主群组"面板，几乎所有的操作都离不开该面板。在编辑查看模式下的"主群组"面板中，可以显示音频文件的波形，并对音频波形进行编辑与处理。编辑查看模式下的"主群组"面板如图6-4-8所示，它还包含一个指针。

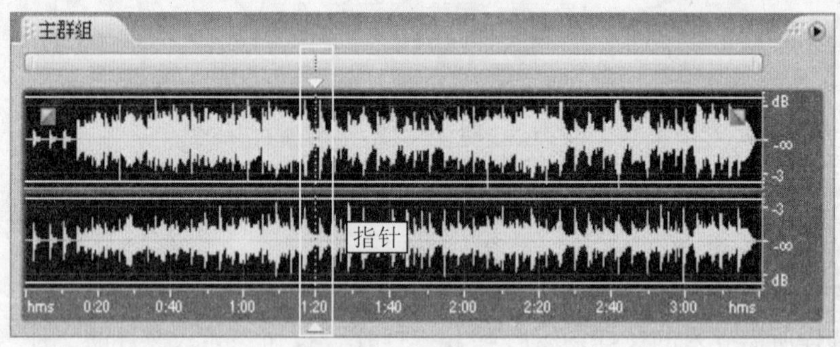

图6-4-8 **编辑查看模式下的"主群组"面板**

3. "传送器"面板

"传送器"面板主要用来控制声音的录制与播放，如图6-4-9所示。

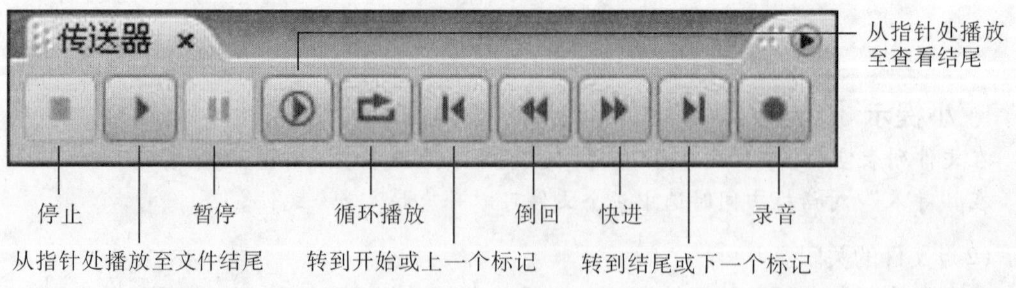

图6-4-9 **"传送器"面板**

4. "时间"面板

"时间"面板显示的是时间，如图6-4-10所示。

图6－4－10　“时间”面板

在不同的时候，它代表的是不同意义下的时间。

（1）在“主群组”面板的音频波形上单击鼠标左键插入指针，此时，“时间”面板显示的是当前指针所处的时间。

（2）在“主群组”面板的音频波形上单击鼠标左键并向左或向右拖动鼠标选择部分音频波形（选中区域以高亮度显示），此时，“时间”面板显示的是选择区域的最左边缘所处的时间。

（3）在播放或录制音频时，“时间”面板显示的是播放或录制的当前时间。

5. “缩放”面板

“缩放”面板用于对音频波形或音轨进行水平或垂直方向的缩放，以便更好地观察与编辑音频，如图6－4－11所示。

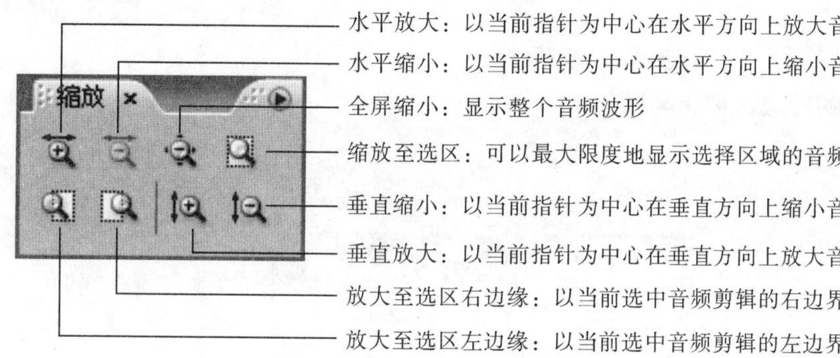

图6－4－11　“缩放”面板

如图6－4－12所示，当音频波形被放大后，屏幕上显示的只是波形的一部分。想要查看波形的其他部分，如果是水平放大时，只要把鼠标移到水平标尺上，此时鼠标指针变为手形，单击并水平拖动鼠标，即可查看波形水平方向的其他部分；如果是垂直放大时，只要把鼠标移到垂直标尺上，单击并垂直拖动鼠标，即可查看波形垂直方向的其他部分。

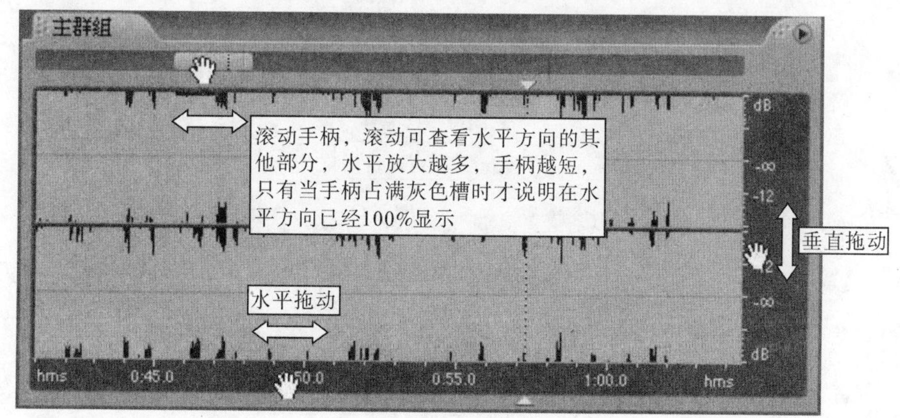

图6－4－12　拖动标尺查看波形其他部分

小提示

“缩放”面板改变的只是波形的显示比例，波形实际的质量和效果都不会改变。

在标尺上滚动鼠标滑轮，也可以放大或缩小音频波形。

6. “选择/查看”面板

“选择/查看”面板可以对音频的开始点、结束点和长度进行设置，进行精确地选择或查看，如图 6 – 4 – 13 所示。

选择/查看 ×

	开始	结束	长度
选择	2:11.608	2:33.608	0:22.000
查看	0:00.000	3:31.173	3:31.173

图 6 – 4 – 13　“选择/查看”面板

6.4.3　编辑查看模式里的基本操作

1. 音频文件的播放、停止与暂停

步骤如下：

（1）单击“文件”面板中的“导入文件”按钮，如图 6 – 4 – 14 所示。

图 6 – 4 – 14　单击“导入文件”按钮

（2）在打开的“导入”对话框中选择所需导入的文件，然后点击“打开”按钮，导入文件的文件名即显示在文件列表中，如图 6 – 4 – 15 所示，双击该文件名，在“主群组”面板中即显示出该导入文件的波形。

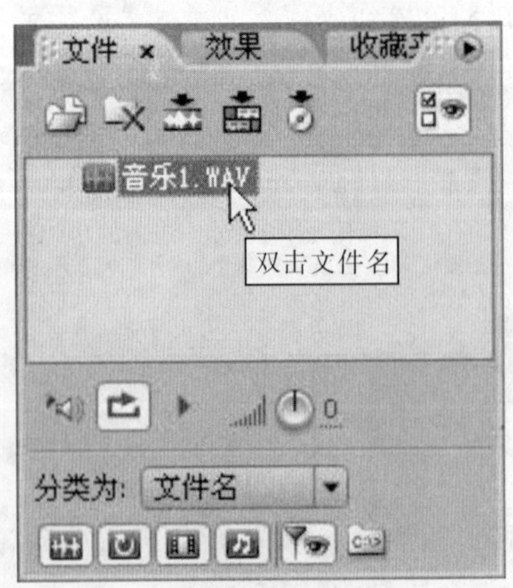

图 6 – 4 – 15　在文件列表中双击文件名

(3) 点击“传送器”面板中的“播放”按钮，文件即从指针处开始播放。波形打开后，指针默认处于音频文件的起始点，根据需要，也可以把鼠标指针移到波形上所需开始播放的地方单击左键插入指针。

小提示

我们也可以通过按键盘上的空格键来进行播放与停止之间的切换。

(4) 在播放的过程中，单击“传送器”面板中的“暂停”按钮，即可暂时停止播放。

(5) 再次单击“暂停”按钮，播放继续进行。

(6) 单击“传送器”面板中的“停止”按钮，即可停止播放。如果没有单击“停止”按钮，文件将会一直播放到文件的结束位置。

2. 声音的录制

步骤如下：

◆麦克风相关设置。

(1) 将麦克风接入声卡的“mic in”插口。

(2) 选择菜单栏中的“选项”→“Windows 录音控制台”命令，打开“录音控制”对话框，将“麦克风”一栏中的“选择”的“√”打上，并将音量调整至合适，如图 6-4-16 所示。设置完毕后，关闭“录音控制”对话框。

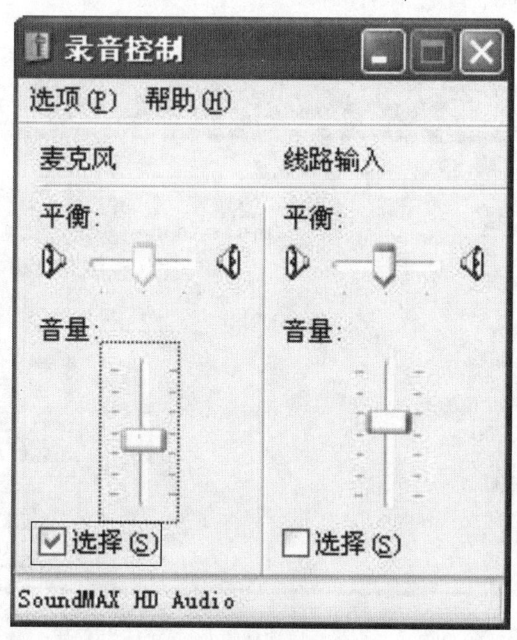

图 6-4-16 “录音控制”对话框

如果在“录音控制”对话框中没有“麦克风”一项，可选择“录音控制”对话框菜单中的“选项”→“属性”命令打开音量“属性”对话框，将“录音”属性里“显示下列音量控制”中“麦克风”的“√”打上，如图6－4－17所示。

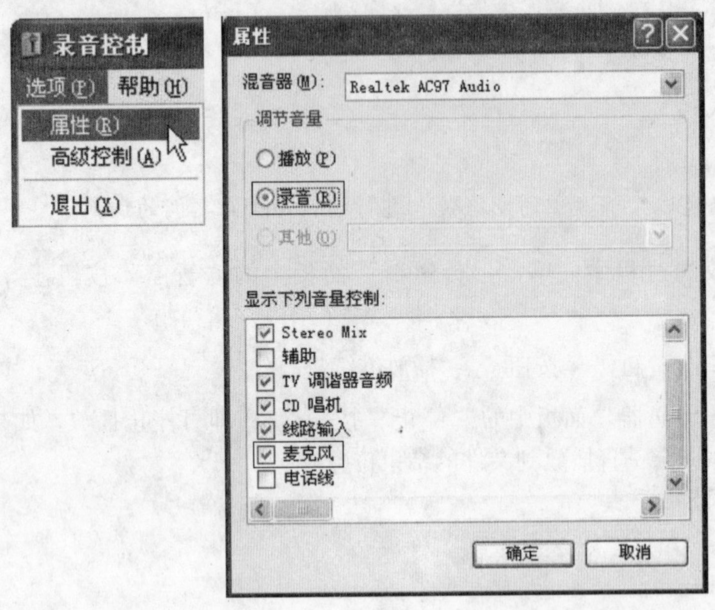

图6－4－17 “录音控制”对话框菜单与音量“属性”对话框

◆新建文件。

（3）打开Adobe Audition 3.0，点击菜单栏中的“文件”→“新建”命令，打开“新建波形”对话框，在对话框中设置所需的属性，然后单击“确定”按钮。常用设置如图6－4－18所示。

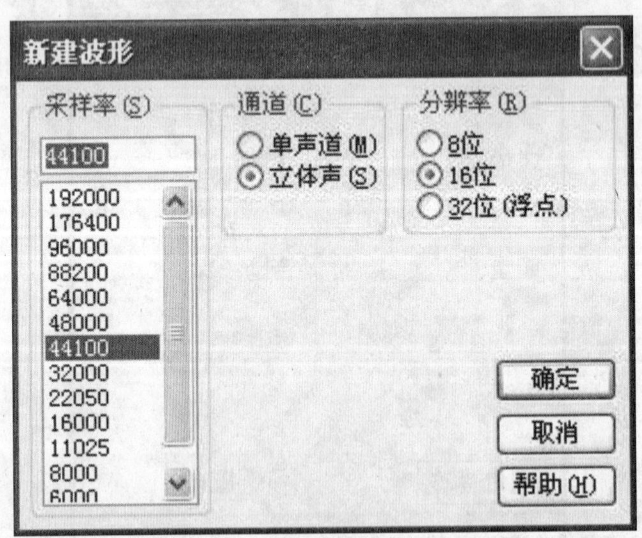

图6－4－18 “新建波形”对话框菜单

小提示

图6－4－18中的设置为CD音质的基本设置，如果需要更好的音质，可以选择更好的采样率或分辨率，但文件也会随之增大。

◆录制音频。

(4) 单击“传送器”面板中的“录音”按钮，开始录音。

(5) 录音完毕后，单击“传送器”面板中的“停止”按钮，停止录音。

小提示

在“主群组”面板没有显示任何文件波形时，如果需要在新文件中录音，也可以不点击菜单栏中的“文件”→“新建”命令而直接单击“传送器”面板中的“录音”按钮，在单击此按钮后会自动打开“新建波形”对话框，单击“确定”按钮后即开始录音。

◆保存文件。

(6) 选择菜单栏中的“文件”→“另存为”命令，在打开的“另存为”对话框中设置所保存文件的文件名、保存路径和保存类型，然后单击“保存”按钮，文件即被保存下来了。

小提示

如果是录制本计算机中播放器播放的声音，则必须在音量“属性”对话框中将“录音”属性里“显示下列音量控制”中“Stereo Mix”的“√”打上，然后点击“确定”按钮，在打开的“录音控制”对话框中将“Stereo Mix”一栏选上，并在“录音控制”对话框中将“Stereo Mix”一栏的音量调整至合适。

一般来说，使用“Stereo Mix”来录音，音量要调至很低才能使录制出来的音量处于合适大小，如图 6－4－19 所示，要是“Stereo Mix”一栏的音量太大，录制出来的音量将会太大而丢失部分信息。

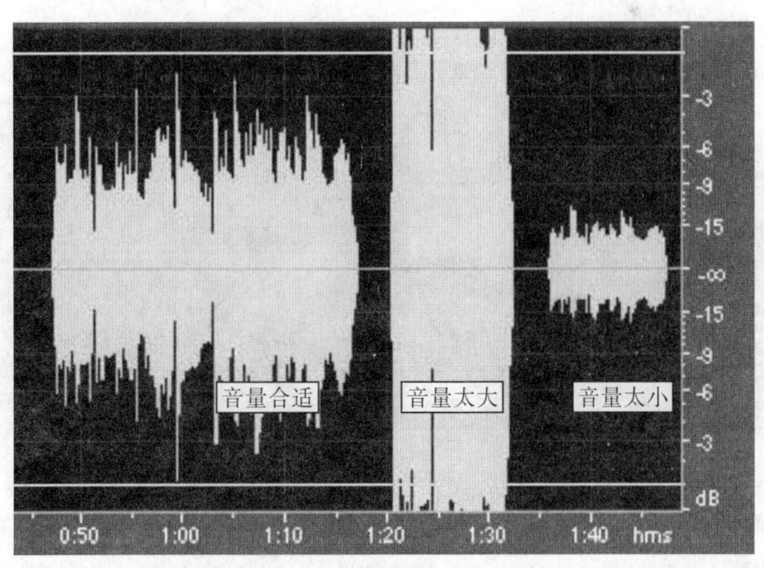

图 6－4－19　音量合适的音频波形

3. 音频事件的选取

◆一段波形的选取。

在“主群组”面板中，在所需选取波形部分的一端点击鼠标左键并拖放到另一端，这段波形便被选取了，这时被选上的波形以高亮度呈现，如图 6－4－20 所示。若选择的不够准确，可通过拖动选区四个角落的四个控制三角◺来调整波形的选取区域。

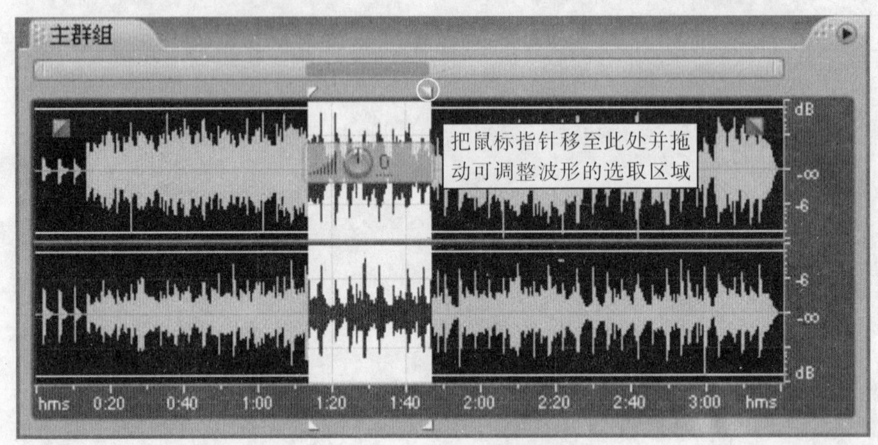

图 6－4－20　被选取波形

◆左声道/右声道中波形的选取。

当鼠标指针处于“主群组”面板的波形上时，一般都会显示为 I 。当只需选取左声道的一段波形时，我们可将鼠标指针往上移至左声道音轨上边线附近，此时指针变为 I[L] 时，在所需选取左声道波形部分的一端点击鼠标左键并拖放到另一端，一段左声道的波形便被选取了，如图 6－4－21 所示。

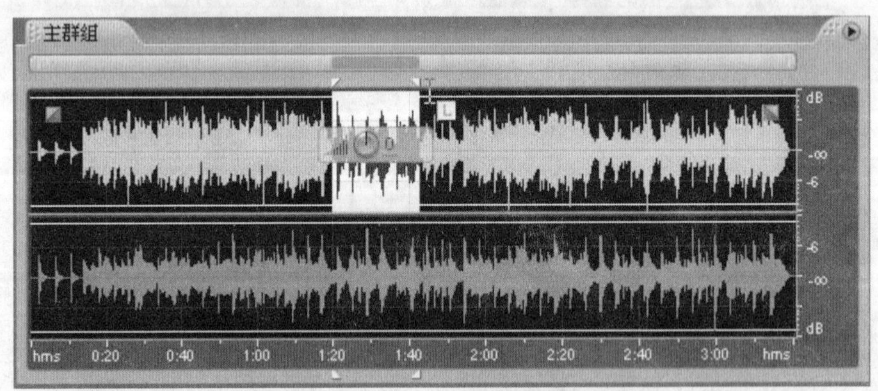

图 6－4－21　左声道的选取

当只需选取右声道的一段波形时，我们可将鼠标指针往下移至右声道音轨下边线附近，此时指针变为 I[R] 时，在所需选取右声道波形部分的一端点击鼠标左键并拖放到另一端，一段右声道的波形便被选取了，如图 6－4－22 所示。

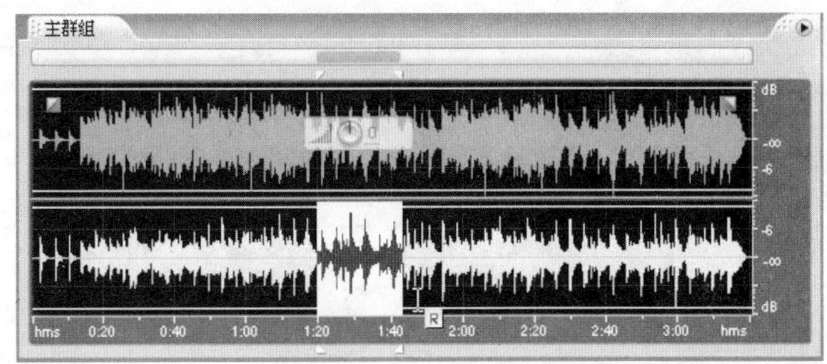

图 6－4－22　**右声道的选取**

◆与“缩放”面板的结合使用。

在进行波形选取时，如果结合“缩放”面板中的“水平放大”按钮来选取，可使选取更精确。

步骤如下：

（1）通过拖放鼠标选中一段波形后，单击一次或数次“缩放”面板中的“水平放大”按钮使波形水平放大至能易于找准希望选取区域的出入点，如图 6－4－23 所示。

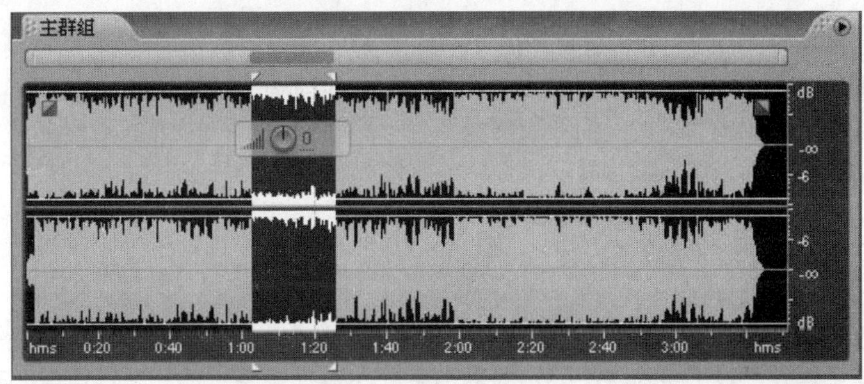

原始比例时

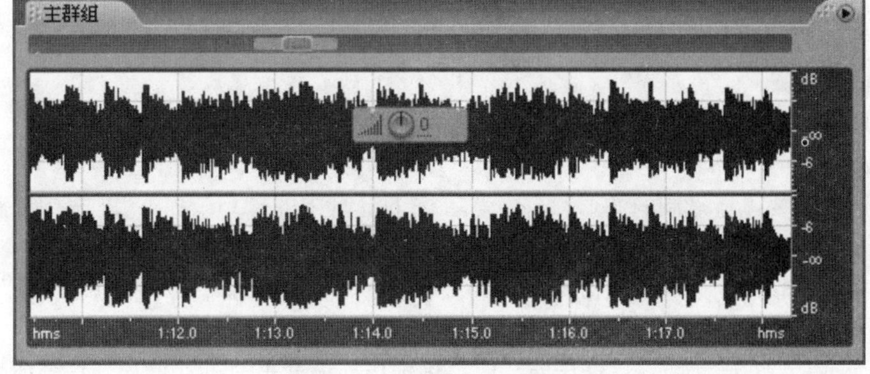

单击三次“水平放大”按钮后

图 6－4－23　**放大前后**

（2）向前移动滚动手柄使被选取区域的左边缘出现在“主群组”面板中，如图

6－4－24所示，调整控制三角将选取区域左边缘调整至合适位置，单击“传送器”面板中的播放按钮预览。用同样的方法调整选取区域右边缘至合适位置。

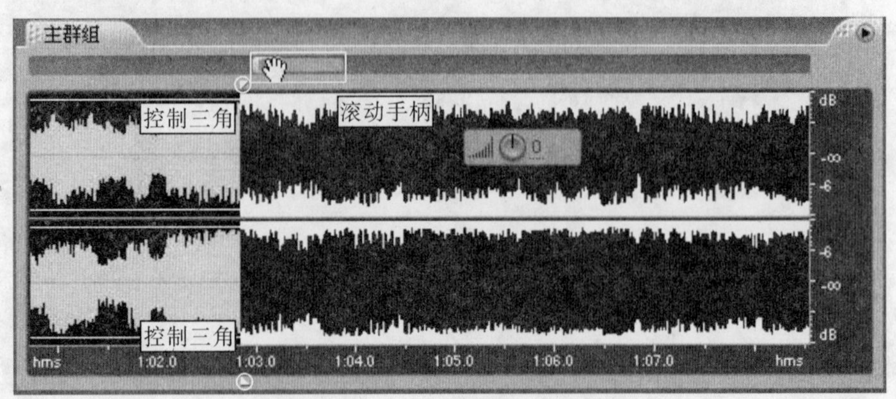

图6－4－24　调整选取区域左边缘

◆利用“选择/查看”面板进行选取。

如果已经知道需要选取区域起始位置和结束位置的精确时间，可以利用“选择/查看”面板进行方便、精确的选取。

步骤如下：

（1）将已知的起始位置的时间填入“选择/查看”面板中“选择”一行里的“开始”。

（2）将已知的结束位置的时间填入“选择/查看”面板中“选择”一行里的“结束”。

（3）将鼠标在时间输入框以外的地方单击或按下键盘中的Enter键，即可在“主群组”面板中选中所设置时间区域里的音频波形。

小提示

按下键盘中的“Ctrl＋A”键或在音频波形上连续单击鼠标左键3次，可以选择整个音频波形。按下键盘中的“Ctrl＋Shift＋A”键或在音频波形上双击鼠标左键，可以选择当前查看的音频波形。

4. 声音的剪辑

◆复制与粘贴。

◇情况一。

步骤如下：

（1）选取需要进行复制的波形素材，然后按下键盘中的“Ctrl＋C”键进行复制，或把鼠标指针移到所选区域里边并单击鼠标右键，在弹出的菜单中选择“复制”。

（2）在需要粘贴的地方单击鼠标左键插入指针，然后按下键盘中的“Ctrl＋V”键进行粘贴，或在插入指针处单击鼠标右键，在弹出的菜单中选择“粘贴”。

这时，复制的素材被插到指针后面，原来指针后面的波形自动往后移，接到所插入的素材后面。文件长度变为原波形长度加上复制的波形素材的长度。

◇情况二。

步骤如下：

(1) 选取需要进行复制的波形素材，然后按下键盘中的“Ctrl + C”键进行复制，或把鼠标指针移到所选区域里并单击鼠标右键，在弹出的菜单中选择“复制”。

(2) 选取波形文件中的另一段波形，然后按下键盘中的“Ctrl + V”键进行粘贴，或把鼠标指针移到所选区域里并单击鼠标右键，在弹出的菜单中选择“粘贴”。

这时，步骤 (2) 中选取的波形被先前步骤 (1) 中复制的素材替换掉，被替换波形后面的波形接到所替换的素材后面。文件长度变为原波形长度加上复制的波形素材的长度再减去步骤 (2) 被替换的波形的长度。

◆剪切与粘贴。

◇情况一。

步骤如下：

(1) 选取需要进行剪切的波形素材，然后按下键盘中的“Ctrl + X”键进行剪切，或把鼠标指针移到所选区域里并单击鼠标右键，在弹出的菜单中选择“剪切”。

(2) 在需要粘贴的地方单击鼠标左键插入指针，然后按下键盘中的“Ctrl + V”键进行粘贴，或在插入指针处单击鼠标右键，在弹出的菜单中选择“粘贴”。

这时，剪切的素材被插到指针后面，原来指针后面的波形自动往后移，接到所插入的素材后面。步骤 (1) 和步骤 (2) 如果是在同一文件中进行的操作，则文件长度不变。

◇情况二。

步骤如下：

(1) 选取需要进行剪切的波形素材，然后按下键盘中的“Ctrl + X”键进行剪切，或把鼠标指针移到所选区域里并单击鼠标右键，在弹出的菜单中选择“剪切”。

(2) 选取另一段波形文件中的波形，然后按下键盘中的“Ctrl + V”键进行粘贴，或把鼠标指针移到所选区域里并单击鼠标右键，在弹出的菜单中选择“粘贴”。

这时，步骤 (1) 中选取的波形在原先的位置被删除，然后将步骤 (2) 选取的波形替换成被剪切的波形，步骤 (2) 所选取波形后面的波形接到所替换的素材后面。文件长度变为原波形长度减去步骤 (2) 被替换的波形的长度。

小提示

Adobe Audition 支持多文件操作，复制、剪切与粘贴也可以在文件列表中的多个文件中相互进行。

◆删除。

选取要删除的波形，然后按下键盘中的 Delete 键，或选择菜单栏中的“编辑”→“删除所选”命令，被选取的波形便被删除了。

◆复制为新文件。

选取一段波形，把鼠标指针移到所选区域里并单击鼠标右键，在弹出的菜单中选择“复制到新的”，或选择菜单栏中的“编辑”→“复制到新的”命令。这时，被选取的波形被复制并粘贴到自动新建的文件中，原波形文件不变。

◆修剪。

选取一段波形，把鼠标指针移到所选区域里并单击鼠标右键，在弹出的菜单中选择“修剪”，或选择菜单栏中的“编辑”→“修剪”命令。这时，原波形文件中被选取波形以外的部分全部被删除，只留下所选取的这段波形。

◆生成静音。

选取需要生成静音的波形，把鼠标指针移到所选区域里并单击鼠标右键，在弹出的菜单中选择“静音”，被选取部分含有的声音即被消掉，但是原来占有的时间不变，如图6－4－25所示。

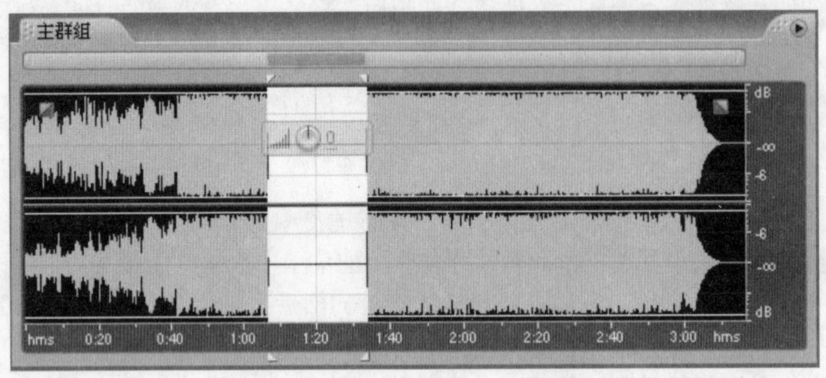

图6－4－25　生成静音后的效果

5. 声音的艺术处理

◆生成静音区。

在需要插入静音的位置单击鼠标左键插入指针，选择菜单栏中的“生成”→“静音区”命令，打开“生成静音区”对话框，如图6－4－26所示，在对话框中输入需要插入静音的时间，然后点击“确定”按钮，即在指针后生成所输入时间的静音，原来指针后面的波形接在生成的静音后面，文件长度增加了所生成静音的时间，如图6－4－27所示。

图6－4－26　“生成静音区”对话框

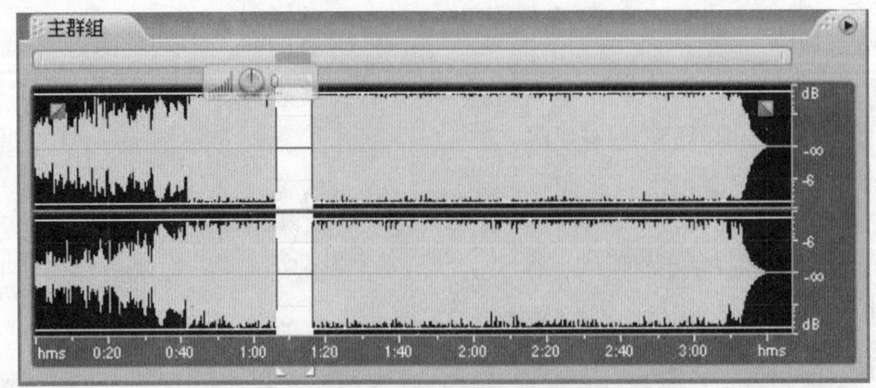

图6－4－27　生成静音区后的效果

小提示

在前文中提到的生成静音功能是将含有声音信息的部分变成静音，而此处提到的生成静音区的功能是在不删减原有声音的基础上增加静音时间。

◆振幅调整。

振幅是描述音频波形大小的参量，振幅的增益和衰减直接影响着音量的大小。“振幅/淡化（进程）”效果器能够通过改变波形的振幅调整左、右声道音量的大小，还可形成淡入淡出的效果。

◇常量增大/减小波形的音量。

步骤如下：

（1）打开波形文件，选择菜单栏中的“效果”→“振幅和压限”→“振幅/淡化（进程）”，打开“振幅/淡化”对话框。

（2）选择“常量”选项卡，在“音量标准化”选项组中设置“最大振幅”，然后单击“计算”按钮，系统会自动计算出左、右声道扩大的分贝数，如图6-4-28所示。

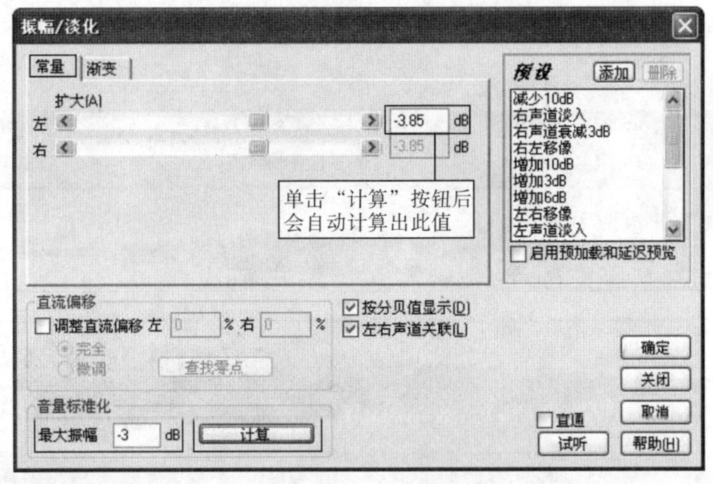

图6-4-28 “振幅/淡化”对话框的“常量”选项卡

计算出的振幅扩大值如果是正数，表示波形振幅将提高；如果是负数，表示波形振幅将降低。扩大值也可以通过直接拖动滚动条或输入数值获得。

（3）单击“确定”按钮，整个文件的波形振幅按设置降低了。

◇设置淡入淡出效果。

步骤如下：

（1）打开波形文件，选择菜单栏中的“效果”→“振幅和压限”→“振幅/淡化（进程）”命令，打开“振幅/淡化”对话框。

（2）在“渐变”选项卡中，选择“预设”里的选项，如“左右移像”，也可以通过拖动“初始音量”和“结束音量”的滚动条或输入数值获得“初始音量”和“结束音量”的扩大值，如图6-4-29所示。

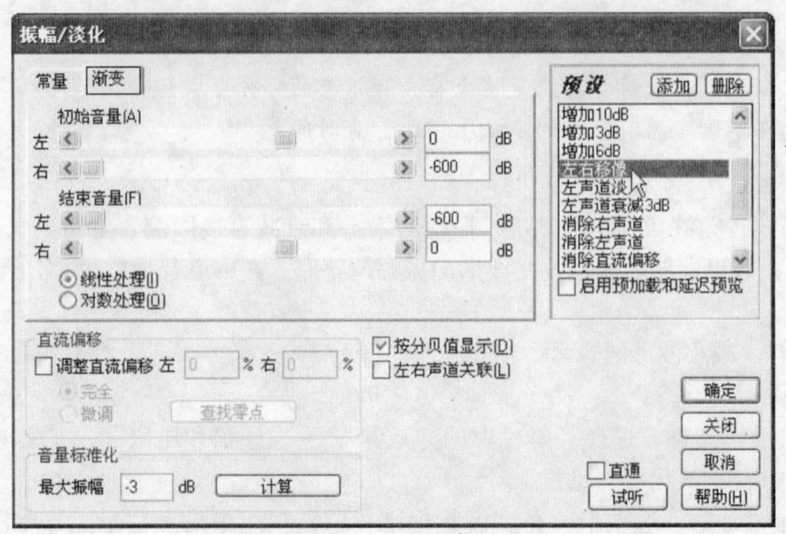

图 6－4－29　“振幅/淡化”对话框的“渐变”选项卡

（3）单击“确定”按钮，文件根据图 6－4－29 的设置产生的渐变效果如图 6－4－30 所示。

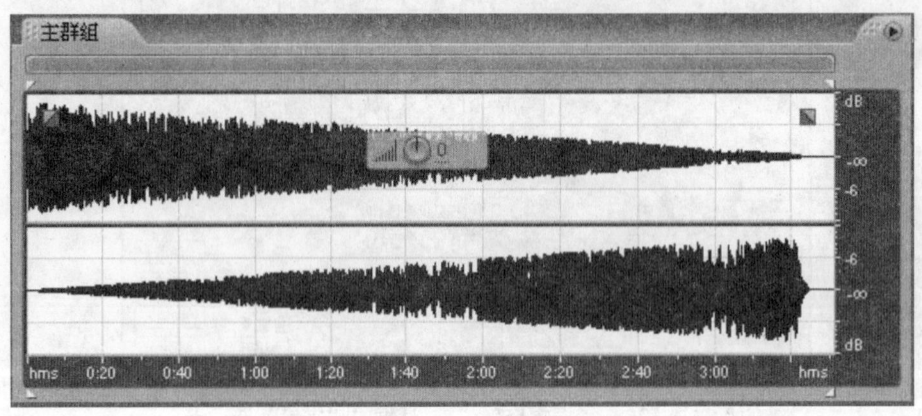

图 6－4－30　应用淡化效果后的音频波形

小提示

如果只想调整波形的某一部分，就需要在打开“振幅/淡化”对话框前先选取要进行调整的声道或波形区域。

◆降噪处理。

观察录制的音频波形，可以发现在没有进行朗诵的部分也出现了较小的波形，这是由于受设备和周围环境的影响而产生的噪声。为了降低或减少这部分噪声，我们可以对音频进行降噪处理。

（1）打开需要进行降噪处理的波形文件。

（2）选取一段仅存在噪声的波形，如图 6－4－31 所示。

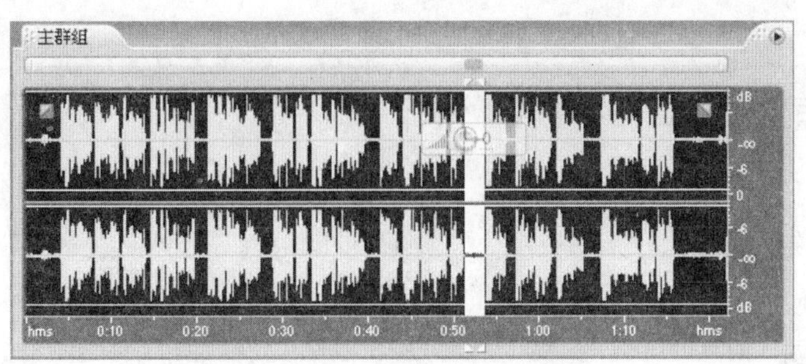

图 6－4－31 选取一段噪声波形

（3）选择菜单栏中的“效果”→“修复”→“降噪器（进程）”命令，打开“降噪器”对话框，如图 6－4－32 所示。

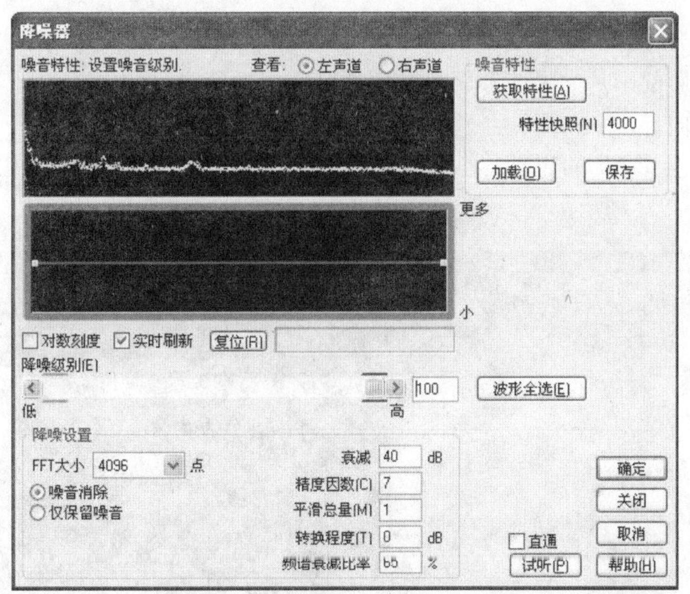

图 6－4－32 “降噪器”对话框

（4）点击“获取特性”，进行噪音特性获取。

（5）点击“波形全选”，然后点击“确定”按钮。图 6－4－33 展示了降噪处理后的音频波形效果。

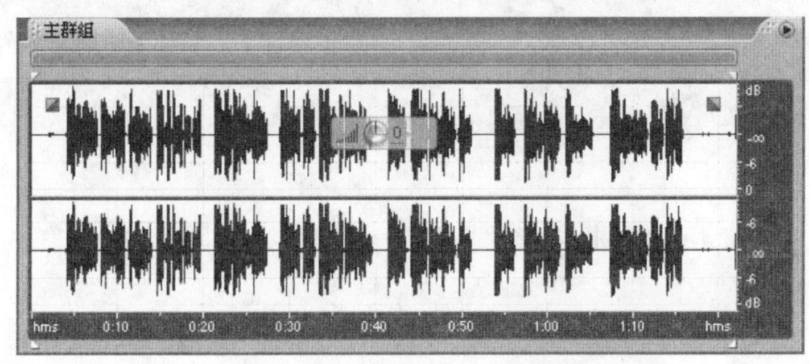

图 6－4－33 降噪后的波形效果

6.5 会声会影 X2 的使用

6.5.1 软件简介

会声会影是为非专业用户量身定制的视频编辑软件，在 2006 年底，Corel 公司通过收购兼并获得了这一友立公司的软件。对于希望更多地享受视频编辑乐趣而又不愿意花费太多时间的人们来说，具有高级技术支持和易于操作的工作流程特点的会声会影 X2 可以说是一个很好的选择。

在本节中，我们将以会声会影 X2 为例介绍这款软件的基本操作。

6.5.2 使用模板制作电子相册

使用会声会影的影片向导能够轻松快捷地制作出动感十足的电子相册。步骤如下：

◆启动影片向导。

（1）在会声会影 X2 的启动界面中，单击“影片向导”按钮，打开“影片向导”的操作界面，如图 6－5－1 所示。

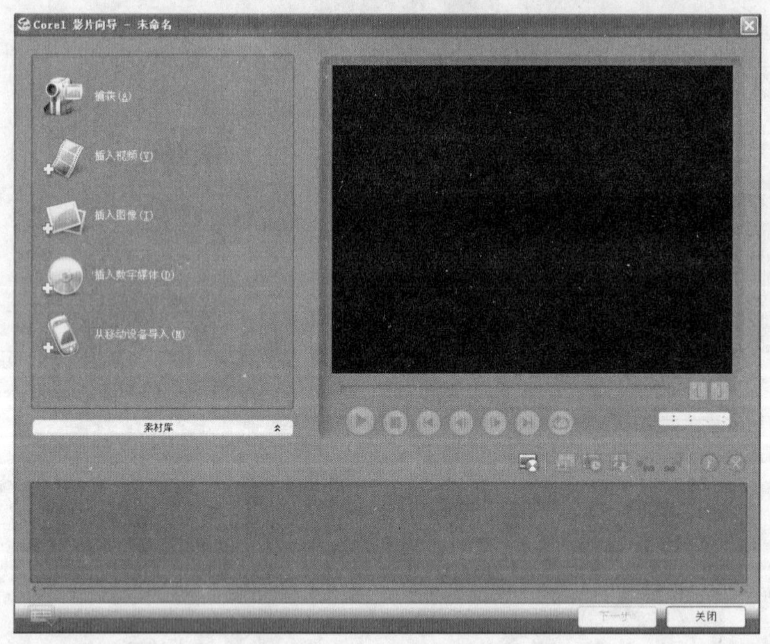

图 6－5－1 “影片向导”界面

◆添加相片。

（2）如图 6－5－2 所示单击“影片向导”中的“插入图像”，打开“添加图像素材”对话框。

图 6-5-2 单击“插入图像”

(3) 在“添加图像素材”对话框中选择需要制作电子相册的相片，然后单击“打开”按钮，选中的相片即被添加到媒体素材列表中，如图 6-5-3 所示。

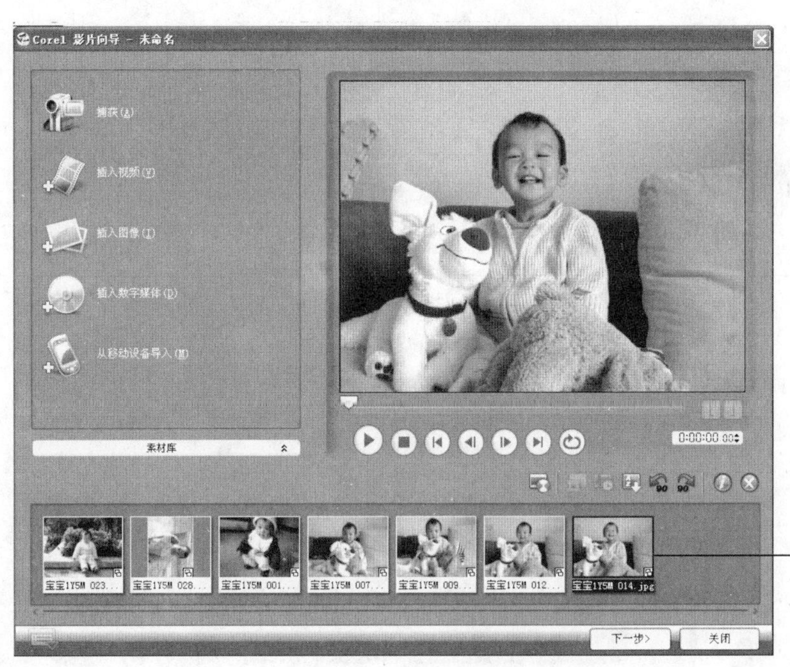

图 6-5-3 媒体素材列表

小提示

在“添加图像素材”对话框中添加图像素材时，按下键盘中的“Ctrl + A”键可全选文件夹中的所有文件。按下键盘中的 Ctrl 键单击相片文件可选中所有需要的相片。

◆旋转相片。

(4) 在媒体素材列表中选中需要旋转方向的相片，单击媒体素材列表上方的或按钮，以逆时针或者顺时针旋转调整相片的方向，如图 6-5-4 所示。

图 6－5－4　旋转后的效果

◆调整排列顺序。

（5）在媒体素材列表中选中需要调整顺序的相片，按住并拖动鼠标左键，将它拖动到新的位置，松开鼠标左键，完成相片调整，如图 6－5－5 所示。

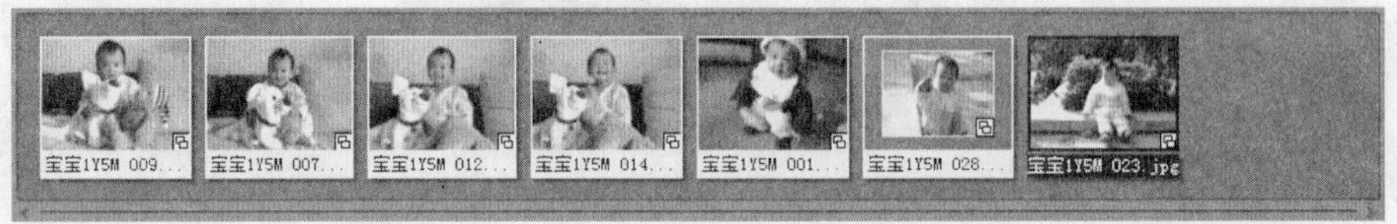

图 6－5－5　顺序调整后的效果

◆设置相片的播放时间。

（6）按下键盘中的“Ctrl + A”键，选中媒体素材列表中的所有相片，在其中一张相片的缩略图上单击鼠标右键，选择弹出菜单中的“区间”，如图 6－5－6 所示。

图 6－5－6　选择右键菜单中的“区间”

（7）在打开的“区间”对话框中，设置相片的播放时间，如图 6－5－7 所示，设置完成后单击“确定”按钮。

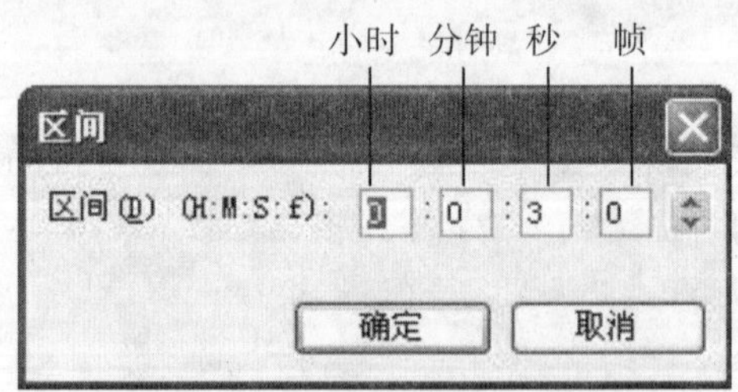

图 6－5－7　“区间”对话框

◆选择模板。

（8）单击“下一步”按钮，进入模板选择步骤界面，在模板选择界面的左侧缩略图上单击鼠标选择要使用的模板，程序会自动添加片头、片尾、背景音乐，并将智能摇动和缩放效果应用到相片中，点击右边预览窗口的相应按钮还能进行效果预览，如图 6－5－8 所示。

图 6-5-8 模板选择界面

◆更换背景音乐。

(9) 单击预览窗口下方“背景音乐”右侧的按钮，在打开的“音频选项”对话框中单击对话框右侧的按钮，删除当前使用的背景音乐，如图 6-5-9 所示。

图 6-5-9 “音频选项”对话框

(10) 单击对话框上方的添加音频(A)按钮，在打开的“打开音频文件”对话框中选择需要添加的一个或多个背景音乐，并单击“打开”按钮，这时将打开“改变素材序列”对话框，如图 6-5-10 所示。

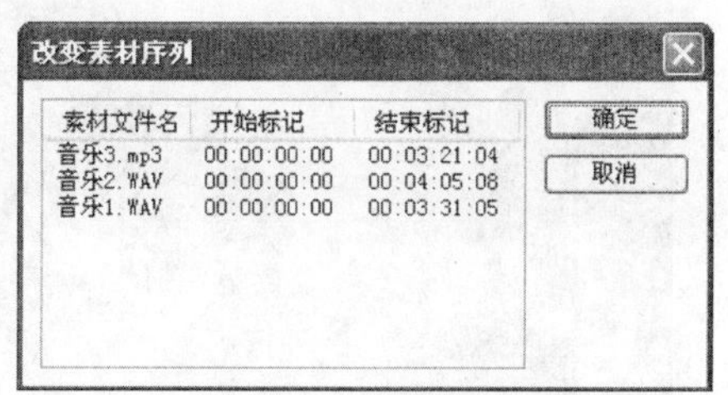

图 6-5-10 “改变素材序列”对话框

(11) 在“改变素材序列”对话框中通过直接拖拽素材文件名的方式调整素材的序列，然后单击“确定”按钮，选中的音乐文件便添加到音乐列表中，也可在“音频选项”对话框中调整素材序列，如图 6-5-11 所示。

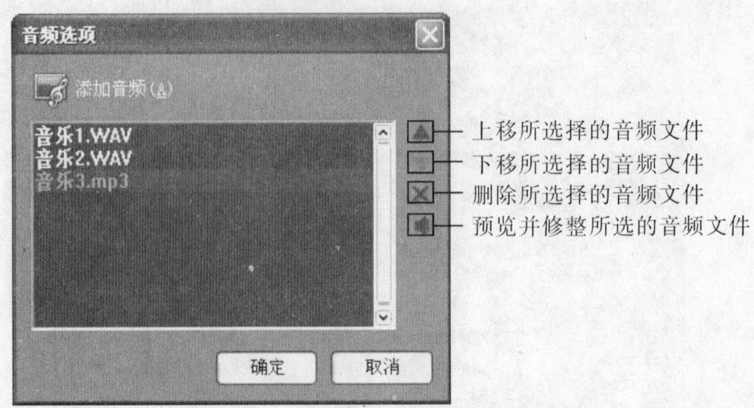

图6-5-11　添加了音乐后的音乐列表

◆修改标题。

(12) 单击“标题”右侧的三角按钮，从下拉列表中选择需要编辑的标题名称，如图6-5-12所示。

图6-5-12　选择需要编辑的标题名称

(13) 在预览窗口的文本框中双击鼠标左键，使标题处于编辑状态，并输入新的标题，如图6-5-13所示。

(14) 单击标题列表右侧的“文字属性”按钮，在弹出的“文字属性”对话框中设置文字的属性，如图6-5-14所示，然后单击“确定”按钮。

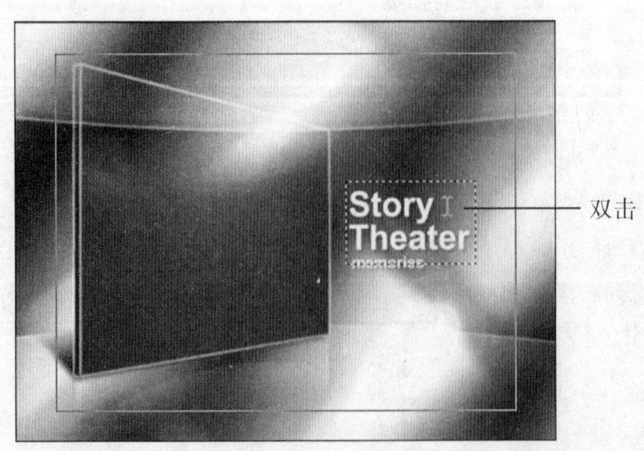

图6-5-13　编辑标题

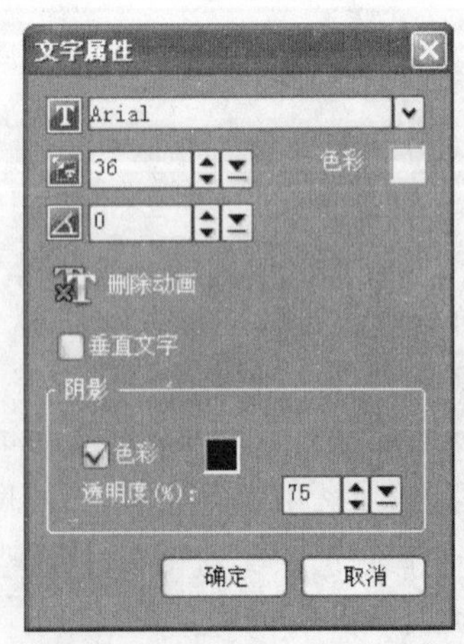

图6-5-14　“文字属性”对话框

◆输出电子相册。

（15）单击“下一步”按钮，进入影片输出界面。

（16）单击“创建视频文件”输出方式，从下拉菜单中选择要创建的电子相册的文件格式。在打开的“创建视频文件”对话框中设置电子相册的保存路径和文件名称，然后单击“保存”按钮，程序开始渲染影片，并将影片保存到指定的路径中。

（17）渲染完成后，将自动弹出“Corel 影片向导”信息提示框，单击“确定”按钮，完成电子相册制作。

小提示

电子相册完成后，如果需要刻录成光盘，可以选择影片输出中的“创建光盘”；如果需要做得更加精细，可以选择影片输出中的“在 Corel 会声会影编辑器中编辑”。

6.5.3 使用模板制作影片

使用会声会影影片向导，还可以为影片自动添加片头、片尾、背景音乐和转场效果，快速制作影片。操作步骤如下：

◆启动影片向导。

（1）启动会声会影 X2，单击“影片向导”，打开会声会影 X2“影片向导”的操作界面。

◆添加保存在硬盘上的视频素材。

（2）单击“插入视频”按钮，打开“打开视频文件”对话框，在对话框中选择需要插入影片的视频素材，将视频素材添加到媒体素材列表上，如图 6－5－15 所示。

图 6－5－15　媒体素材列表上的视频素材

小提示

选择“影片向导”中的“捕获”能够在 DV 摄像机中直接捕获所需要的视频素材。

◆调整排列顺序。

（3）通过鼠标拖拽的方式调整好媒体素材列表中素材的排列顺序。

◆剪切多余的视频内容。

（4）在媒体素材列表中选中需要修整的视频素材，在预览窗口中拖动飞梭查看影片内容，将飞梭定位在需要部分的开始位置，然后单击“开始标记”按钮[，飞梭位置之前的片段即被剪切掉了，如图 6－5－16 所示。

图 6－5－16　定位开始位置

（5）拖动飞梭将飞梭定位在需要部分的结束位置，然后单击“结束标记”按钮，飞梭位置之后的片段即被剪切掉了，如图 6－5－17 所示。

图 6－5－17　定位结束位置

（6）单击预览窗口下方的“播放”按钮，查看裁切后的效果。

小提示

使用预览窗口下方的“上一帧”按钮和“下一帧”按钮可以使画面得到更精确的定位。

◆选择模板。

（7）单击“下一步”按钮，进入模板选择步骤界面。

（8）在“主题模板”中选择合适类型里的所需要的模板，如图 6－5－18 所示。

图 6-5-18 模板选择界面

小提示

“家庭影片”模板用于创建包含视频和图像的影片，“相册”模板用于创建仅包含图像的相册影片，含有HD的模板表示创建高清质量的家庭影片或相册。

◆更换背景音乐。

(9) 用6.5.2中介绍的方法更换背景音乐。

◆调整音量混合。

(10) 拖动“音量”中的滑块调整背景音乐与视频片段的音量，使之很好地混合在一起，如图6-5-19所示。

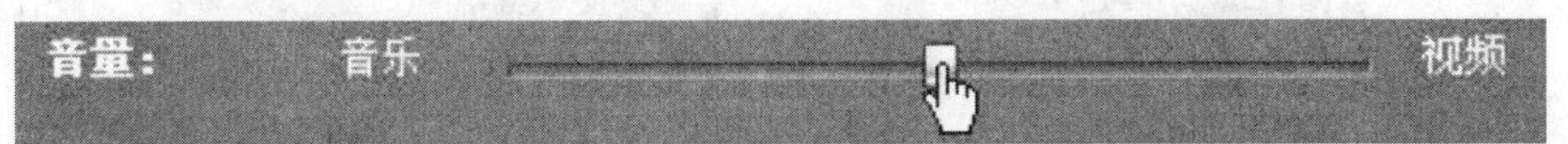

图 6-5-19 音量的调整

◆修改标题。

(11) 用6.5.2中介绍的方法修改标题。

◆调整影片的区间。

在主题模板中，程序会自动为整部影片添加背景音乐，并且自动适应影片的长度，但是，会声会影也允许调整影片的整体长度，使影片与音乐能更好地配合。

(12) 单击“设置影片的区间”按钮，如图6-5-20所示，打开“区间”对话框。

图 6-5-20 单击“设置影片的区间”按钮

（13）在打开的对话框中调整影片的区间，如图 6－5－21 所示，然后单击“确定”按钮。

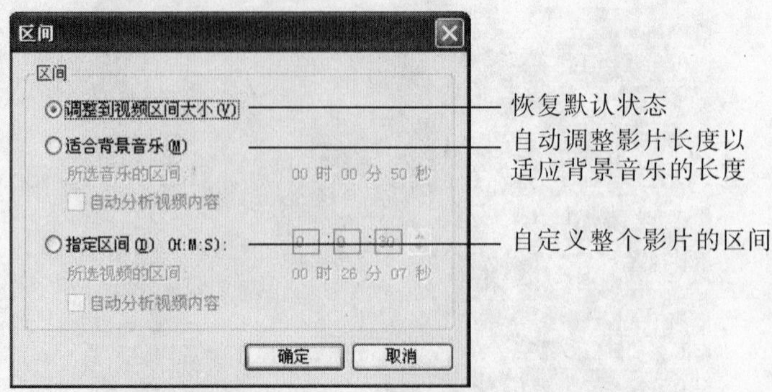

图 6－5－21 “区间”对话框

◆标记素材。

在调整影片的区间时，如果选择了“适合背景音乐”或“指定区间”，就会使视频的长度发生变化，在这种情况下，就需要指定哪些素材是必须保留的，哪些素材允许被调整。

（14）单击预览窗口中的“标记素材”按钮，打开“标记素材”对话框。

（15）在“标记素材”对话框中，选中一定要保留的素材影片的缩略图，然后单击“必需”按钮，接着，选中可以进行调整的素材影片的缩略图，然后单击“可选”按钮，设置完后单击“确定”按钮，如图 6－5－22 所示。

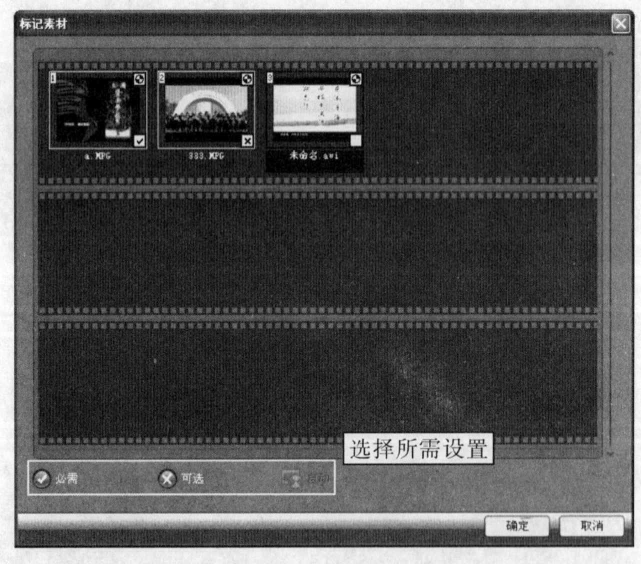

图 6－5－22 在“标记素材”对话框中做标记

◆保存项目文件。

为了便于以后在会声会影编辑器中继续编辑和调整影片，需要将影片的编辑信息等保存起来，这就需要保存会声会影的项目文件，该文件的格式为 *.vsp，当再次用会声会影编辑器打开项目文件时，项目文件仍会以保存时的编辑状态呈现。

(16) 单击操作界面左下角的“保存选项”按钮，在弹出的菜单中选择“保存”命令，如图6-5-23所示。

图6-5-23 “保存选项”按钮

(17) 在打开的“另存为”对话框中设置要保存项目文件的名称、保存路径和保存类型，然后单击“保存”按钮，项目文件即按设置保存下来。

小提示

保存后，可以在会声会影编辑器中选择“文件”菜单中的“打开项目”命令，或者按快捷键“Ctrl+O”打开项目文件进行编辑和调整。

◆输出影片。

(18) 单击“下一步”按钮，进入影片输出界面，按照6.5.2中使用模板制作电子相册介绍的方法输出影片即可。

6.5.4 会声会影编辑器的基本操作

1. 主界面

启动会声会影，在启动界面中选择“会声会影编辑器”按钮，即可进入会声会影编辑器。会声会影编辑器提供了完整的编辑功能，可以让用户全面控制影片的制作过程，包括添加素材、标题、效果、覆叠合音乐，以及按用户所需要的方式刻录或输出影片。会声会影编辑器操作界面如图6-5-24所示。

图6-5-24 会声会影编辑器操作界面

(1) 菜单栏。

菜单栏提供了常用的文件、编辑、素材以及工具的命令集。

(2) 步骤面板。

步骤面板包含了视频编辑中不同步骤对应的按钮。

(3) 素材库。

素材库保存和整理所有的媒体素材。

(4) 预览窗口。

预览窗口能显示当前的素材、视频滤镜、效果和标题。

(5) 导览面板。

用导览面板中的按钮可以浏览所选的素材，进行精确的编辑或修整。

(6) 时间轴面板。

时间轴面板显示项目中包含的所有素材、标题和效果。

(7) 选项面板。

选项面板包含控件、按钮和其他信息，可用于自定义所选素材的设置，它的内容将根据用户所在的步骤不同而有所变化。

2. 影片的剪辑与调整

◆添加素材。

◇从素材库中添加视频素材。

步骤如下：

(1) 启动会声会影编辑器，单击步骤面板上的“编辑”按钮进入“编辑”步骤。

(2) 单击素材库左上角的三角按钮，在下拉菜单中选择“视频”，如图 6－5－25 所示。

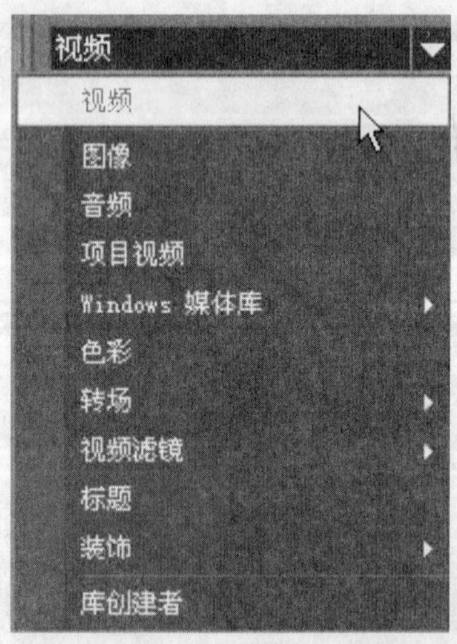

图 6－5－25　选择下拉菜单中的“视频”

(3) 单击素材库上方的“加载视频”按钮，打开“打开视频文件”对话框，在对话框中选择所需添加的视频素材，然后单击“确定”按钮，选中的视频素材即添加到素材库中，如图 6－5－26 所示。

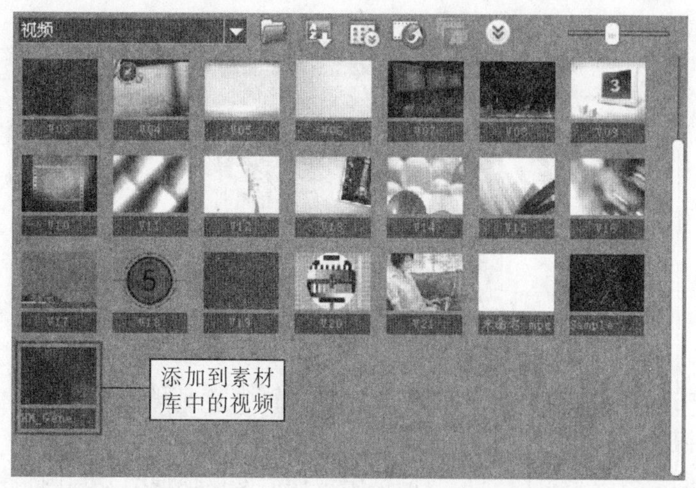

图6－5－26　添加到素材库中的视频

（4）将素材库中需要添加的视频素材拖拽到故事板上，释放鼠标后，视频素材就被添加到故事板上了，如图6－5－27所示。

图6－5－27　添加了视频素材的故事板

小提示

新添加的素材并不是一定要放置到影片的最后位置，如果将素材拖拽到需要插入的位置，在插入的位置前方将显示“＋”标志，释放鼠标后，素材将被插入到设置的位置。

◇从文件中添加视频素材。

如果我们希望不将视频素材添加到素材库而直接添加到影片中，那么可以用从文件中添加视频的方法。

步骤如下：

（1）单击故事板上方的“将媒体文件插入到时间轴”按钮，在弹出的菜单中选择“插入视频”，如图6－5－28所示。

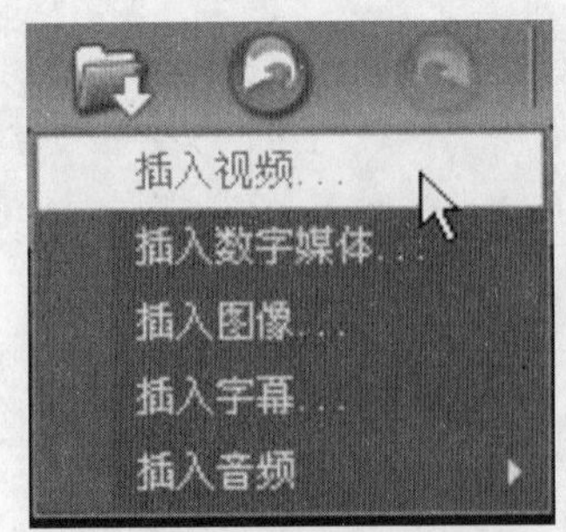

图6－5－28 “将媒体文件插入到时间轴”按钮下拉菜单

(2) 在打开的“打开视频文件”对话框中选择需要添加的一个或多个视频文件，然后单击“打开”按钮。

(3) 在打开的“改变素材序列”对话框中根据需要以拖拽的方式调整素材的排列顺序，然后单击“确定”按钮，所有选中的视频素材便插入故事板的最后一段视频的后面，如图6－5－29所示。

图6－5－29 插入后的故事板

◇添加图像素材。

在会声会影编辑器中，我们还可以在影片中插入静态的图像素材，图像素材可以从素材库中添加，也可以从文件中添加，其方法跟添加视频素材大致相同。

◆使用略图修整视频素材。

最为常见的视频修整就是去除头部与尾部多余的内容，使用略图修整素材是最为快捷和直观的修整方式。

步骤如下：

(1) 添加素材到故事板上。

(2) 按键盘中的F6快捷键，打开“参数选择”对话框，在对话框中选择“常规”选项卡，在“素材显示模式”下拉菜单中选择“仅略图”选项，然后按“确定”按钮，以略图模式显示时间轴上的素材，如图6－5－30所示。

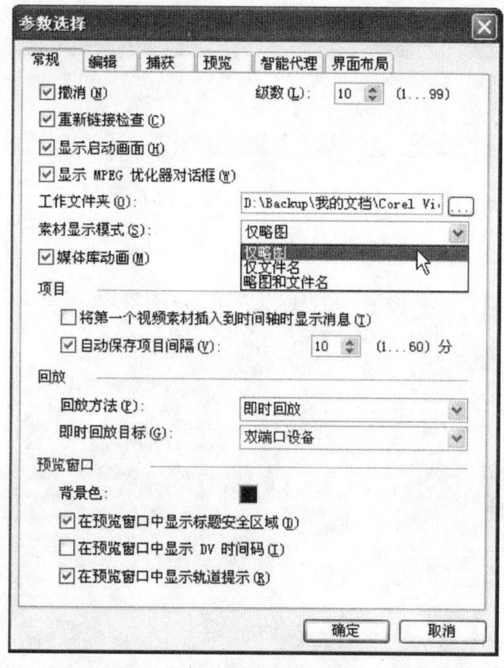

图 6-5-30 “参数选择”对话框

（3）单击“模式切换”按钮，切换到时间轴模式，如图 6-5-31 所示。

图 6-5-31 “模式切换”按钮

（4）选择需要修整的素材，选中的视频素材的两端以黄色标记表示。在左侧的黄色标记上按住鼠标左键并拖动到需要保留内容的开始位置，然后释放鼠标，这样，鼠标释放位置之前的内容便被去除了，如图 6-5-32 所示。用同样的方法把尾部多余的内容也去除。

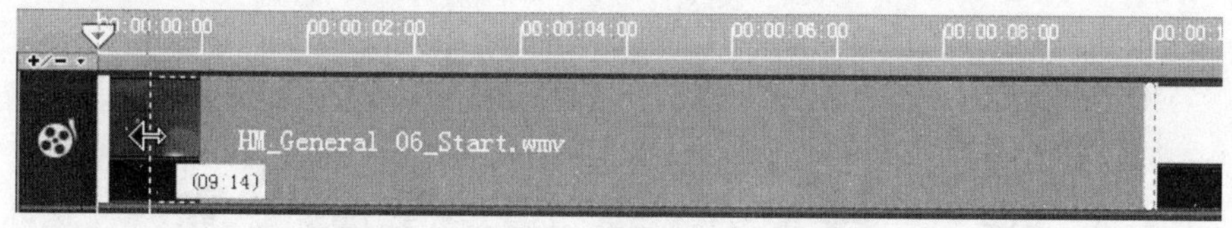

图 6-5-32 去除头部多余部分

小提示

结合时间轴上方的缩放按钮可以让修整点更精确。

◇分割素材。

在剪辑视频素材时，常常还需要去除中间的某个片段，这时就需要把素材分割成两部分，然后再删除不需要的内容。

步骤如下：

（1）将视频素材添加到时间轴上，如图 6-5-33 所示。

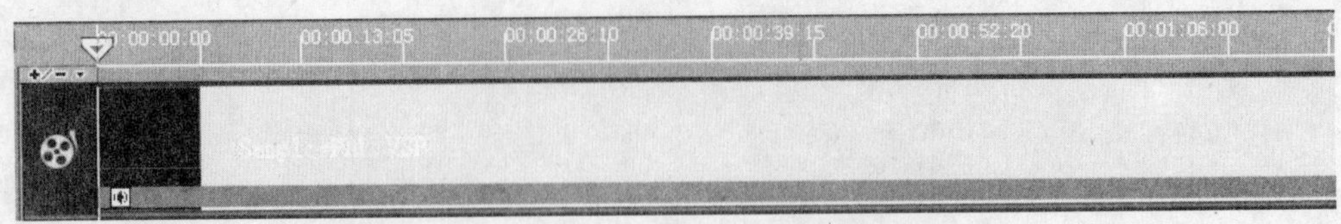

图 6-5-33　在时间轴上添加素材

（2）将时间线或飞梭拖动到需要分割的位置，如图 6-5-34 所示。

图 6-5-34　将时间线或飞梭拖动到需要分割的位置

（3）单击分割视频按钮，视频素材便从时间线所处的位置分割成两段素材，如图 6-5-35 所示。

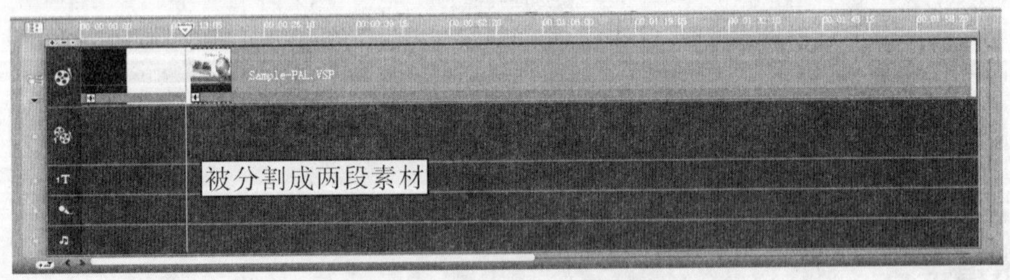

图 6-5-35　分割后的效果

（4）重复步骤（2）和步骤（3）的操作，素材被分割成三段，如图 6-5-36 所示。

图 6-5-36 再次分割后的效果

（5）选中需要删除的素材，按下键盘中的 Delete 键，选中的素材便被删除了，后面的素材自动移到前一段素材末尾，如图 6-5-37 所示。

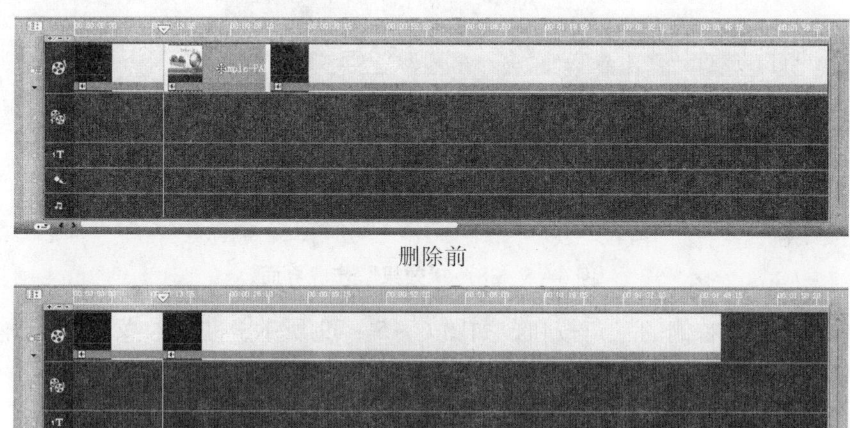

删除前

删除后

图 6-5-37 素材删除前后

◆调整素材的播放顺序。

将素材添加到故事板中以后，要更改各个素材的排列顺序，只需在需要调整的素材上按住鼠标左键并拖动鼠标，将它拖拽到希望放置的文件中释放鼠标就行了。

6.5.5 编辑影片的转场效果

转场为场景的切换提供了创意的方式，可以应用到视频轨中的素材之间，会声会影为用户提供了多种转场效果。

转场必须添加到两段素材之间，因此，在操作之前需要先把影片分割成素材片段，或者直接把多个素材添加到故事板上。

步骤如下：

（1）插入两段素材到故事板上。

（2）单击步骤面板上的“效果”按钮，进入“效果”步骤界面，如图 6-5-38 所示。

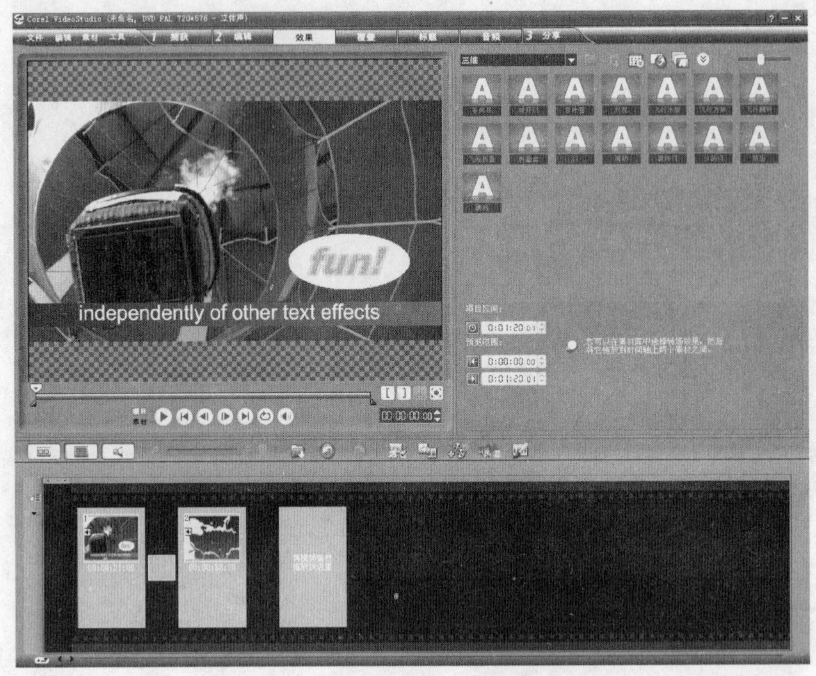

图 6－5－38　“效果”步骤界面

（3）单击素材库右侧的三角按钮，如图 6－5－39 所示，在下拉菜单中选择需要的类别，然后再选中素材库中显示的当前类别中包含的一种转场。

图 6－5－39　选择需要的转场

（4）将选中的转场缩略图拖拽到故事板上的两个素材之间，转场便添加好了，如图 6－5－40所示。

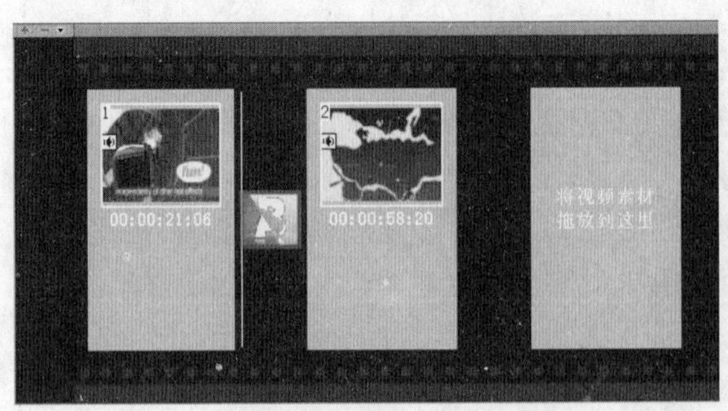

图 6－5－40　添加转场后的故事板

（5）根据需要调整选项面板中转场的设置，如图 6－5－41 所示。

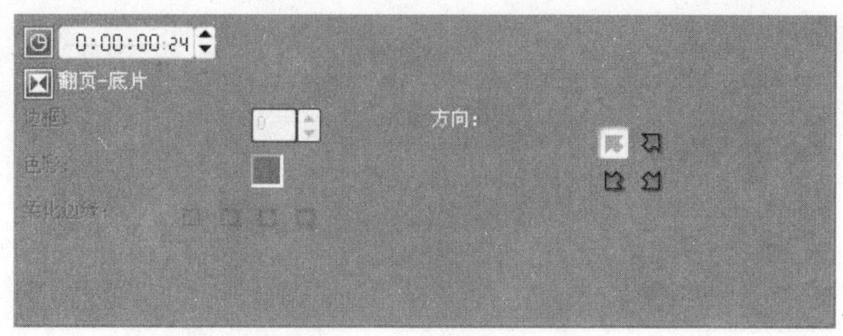

图 6-5-41　设置选项面板

小提示

如果需要更改转场，只需要把新的转场拖拽到故事板中原来添加的转场上，释放鼠标就可以了。

如果需要删除转场，只要选中需要删除的转场，然后按下键盘中的 Delete 键就可以了。

（6）在预览窗口中查看添加转场后素材之间切换的影片效果。

6.5.6　为影片添加和编辑标题

在会声会影"标题"步骤中，用户可以很方便地创建出专业化的标题。"标题"步骤用于为影片添加文件说明，包括影片的片名、字幕等，可以用多个标题和单个标题来添加文字。

会声会影的素材库中提供了丰富的预设标题，可以直接将它们添加到标题轨上，然后修改标题的内容，使它们与影片融为一体。

步骤如下：

（1）单击"步骤"面板中的"标题"按钮，进入"标题"步骤界面，如图 6-5-42 所示。

图 6-5-42　"标题"步骤界面

（2）在素材库中选中需要使用的标题模板，把它拖拽到“标题轨”上，如图 6－5－43 所示。

图 6－5－43　添加标题模板

（3）在“标题轨”上选中已经添加的标题，然后在预览窗口中单击鼠标，使当前标题处于编辑状态，在标题框中双击鼠标左键，输入新的文字内容。

（4）按下键盘中的“Ctrl + A”键选中所有的文字，然后在“选项”面板中设置标题的属性，如图 6－5－44 所示。

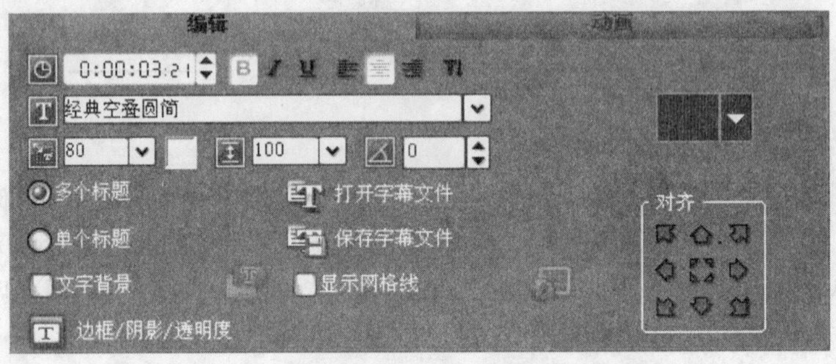

图 6－5－44　在“选项”面板中设置标题的属性

（5）将鼠标移到文字上，把文字拖拽到画面中合适的位置。

（6）在“标题轨”上把标题拖拽到合适位置，并向左拖动标题右侧的黄色标记，调整它的长度，使它与视频素材的内容对应，如图 6－5－45 所示。

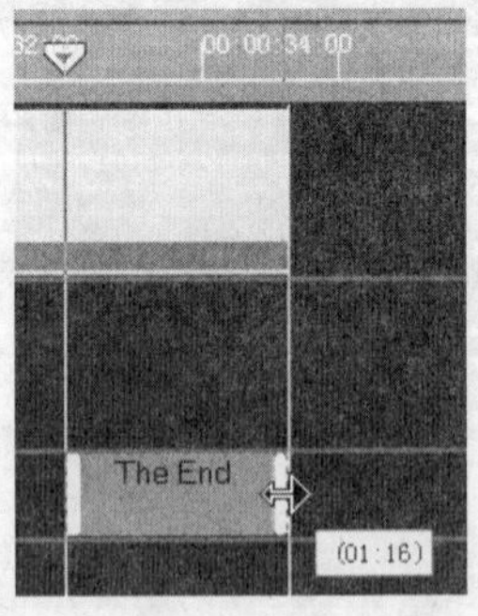

图 6－5－45　调整标题长度和位置

6.5.7　添加与编辑声音

会声会影的“音频”步骤可以为项目添加声音和音乐，虽然从添加的音频文件的性质上来说，声音和音乐是相同的，但是为了明确区分它们的功能，也为了便于在两个音轨之间制作混合效果，一般来说，我们会将声音添加到声音轨，将音乐添加到音乐轨。

声音的添加与编辑和视频的添加与编辑方法大致一样，这里就不再展开叙述了。

6.5.8　保存影片

在会声会影中视频、图像、音频素材的转场效果都设置好后，单击“步骤”面板中的“分享”按钮，进入影片的“分享”步骤。在这一步中，可以渲染项目，并将创建完成的影片按照指定的格式输出。“分享”步骤的选项如图 6-5-46 所示。

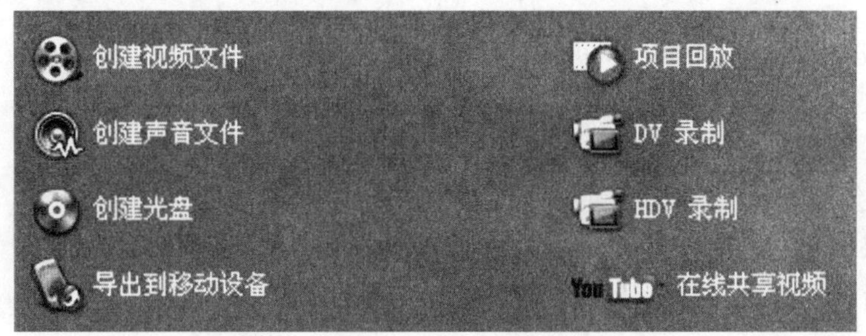

图 6-5-46　“分享”选项面板

我们在这里介绍一下保存影片的方法。步骤如下：

（1）影片完成后，单击步骤面板上的“分享”按钮，进入影片“分享”步骤。

（2）单击选项面板上的“创建视频文件”按钮，根据输出目的在下拉列表中选择需要创建的视频文件的类型。在打开的“创建视频文件”对话框中指定视频文件保存的名称和路径，然后单击“保存”按钮，程序开始以指定的格式保存。

（3）保存完成后，生成的视频文件将在素材库中显示一幅缩略图，如图 6-5-47 所示，单击预览窗口下方的“播放”按钮，即可查看保存后的影片效果。

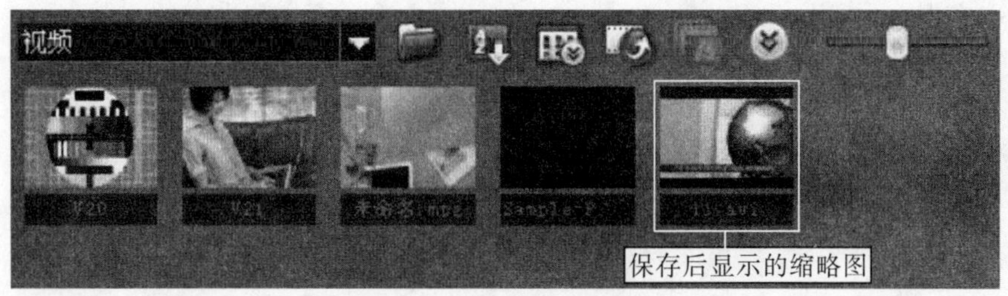

图 6-5-47　保存后在素材库显示一幅缩略图

【练习题】

一、填空题

1. 音频的数字化过程包括__________和__________这两个步骤。

2. __________、__________和__________，这三个参数决定了音频的质量和文件的大小。

3. Adobe Audition 3.0 有三种运行模式：________模式、________模式以及________模式。

4. 在 Adobe Audition 3. 0 中给音频文件设置淡入淡出效果需要在“振幅/淡化”对话框中的__________选项卡中设置。

5. 会声会影项目文件的文件格式为__________。

二、选择题

1. 以下格式中，____不是音频文件格式。

A. . cda B. . mid

C. . rm D. . wav

2. 以下面板中，____不属于 Adobe Audition 3. 0。

A. 缩放面板 B. 素材库面板

C. 效果面板 D. 主群组面板

3. 在会声会影 X2 中，设置转场是在步骤面板中的____步骤。

A. 效果 B. 标题

C. 编辑 D. 分享

三、思考题

1. 对于一段 5 分钟双声道、16 位采样位数、44. 1 kHz 采样频率声音，它的不压缩的数据量是多少 B、多少 MB（保留小数点后两位）呢?

2. 如果需要给自己录制一段诗歌朗诵，该怎么做呢?

3. 如果需要给一系列照片制作一个电子相册，并为这个相册加上片头、配音、音乐以及片尾，该怎么做呢?

4. 如果需要制作一个介绍自己生活、学习或工作的影片，并为这个影片加上片头、配音、音乐以及片尾，该怎么做呢?

7 Flash 动画制作基础

【学习提要】

动画作为生动形象的信息表现方式受到了人们的欢迎，Flash 所制作的矢量动画以其图像质量好、下载速度快并且具有交互功能的优点，迅速在互联网、多媒体课件以及游戏软件制作等领域中得到了广泛应用。本章详细介绍了 Flash 的工作界面、面板、绘图工具箱、外部媒体文件的导入、Flash 动画的制作和 ActionScript 语言的初步使用。通过本章的学习应达到能熟练制作 Flash 动画的目的。

【重点难点】

重点掌握绘图工具箱中各个工具的使用，这是制作动画的基础，熟悉制作各种类型的 Flash 动画。

7.1 Adobe Flash CS4 Professional 概述

7.1.1 动画

动画是由内容略有不同的静态图片连续播放形成的。每张静态图片就是一帧，每秒播放的帧数就叫做“帧频”。

根据人眼的视觉暂留特性，当每秒播放的帧超过一定数量时，眼睛就无法感觉到播放中的停顿，于是就形成了动画。在电影、电视领域，一般要求的帧频是 25 帧/秒，而制作要求不高的动画，12 帧/秒就足够了。一般情况下，帧频不能低于 8 帧/秒，否则会感到明显的停顿。

常用的动画格式有 GIF、AVI 和 SWF。GIF 格式既是图像格式也是动画格式，适合保存颜色简单、幅面较小的动画，可以设置透明色，但是不支持声音，也不支持交互控制。AVI 格式必须安装相应的解码器才能播放，支持声音，但不支持交互控制。

SWF 格式是 Flash 软件制作的动画格式。Flash 是 Macromedia 公司开发的矢量图形编辑和交互式动画制作的专业软件，能够将位图、音频、视频和动画集于一体，凭借自身的众多优点，迅速在互联网、多媒体课件以及游戏软件制作等领域中得到了广泛应用。Adobe 公司将 Macromedia 公司收购后，陆续推出了新版本，本章以 Flash CS4 为例介绍 Flash 的使用。

7.1.2 Flash 动画的特点

（1）Flash 具有丰富的绘图工具，是基于矢量的图形系统。利用 Flash 绘图工具绘制出来的矢量图形只占用极少的空间，而且无论放大还是缩小多少倍都不会影响图形的质量。

（2）Flash 动画文件体积小，下载速度快，并且使用流媒体技术，使得 Flash 动画可以一边下载一边播放，大大减少了下载等待的时间，特别适合在网络上发布。

（3）Flash 动画具有强大的交互功能，通过 ActionScript 动作脚本和组件可以实现交互。

（4）支持多种媒体文件格式，可以导入图像、音频和视频等文件。

（5）Flash 动画文件可以被网页制作工具 Dreamweaver 和其他多媒体制作软件如 PowerPoint、Authorware 等使用。

7.1.3 Flash 的工作界面

1. 开始页

启动 Flash CS4 后，程序将打开其默认的开始页“欢迎屏幕”，通过该页，用户可以方便地打开最近创建的 Flash 文档，或是创建一个新文档或项目文件，或是选择从模板中创建一个 Flash 文档。

在开始页最下方的“不再显示”前打“√”，下次启动时就不再显示开始页，直接进入工作界面了。要恢复开始页的显示，可以选择菜单命令“编辑”→“首选参数”，在打开的面板中选择“常规”→“启动”→“欢迎屏幕”命令。

2. 界面布局

Flash CS4 的界面布局由菜单栏、舞台、时间轴和动画编辑器、属性面板与工具箱组成，如图 7-1-1 所示。时间轴用来安排并控制动画和交互元素，舞台是放置动画内容的矩形区域，属性面板用来调整舞台上元素的属性。

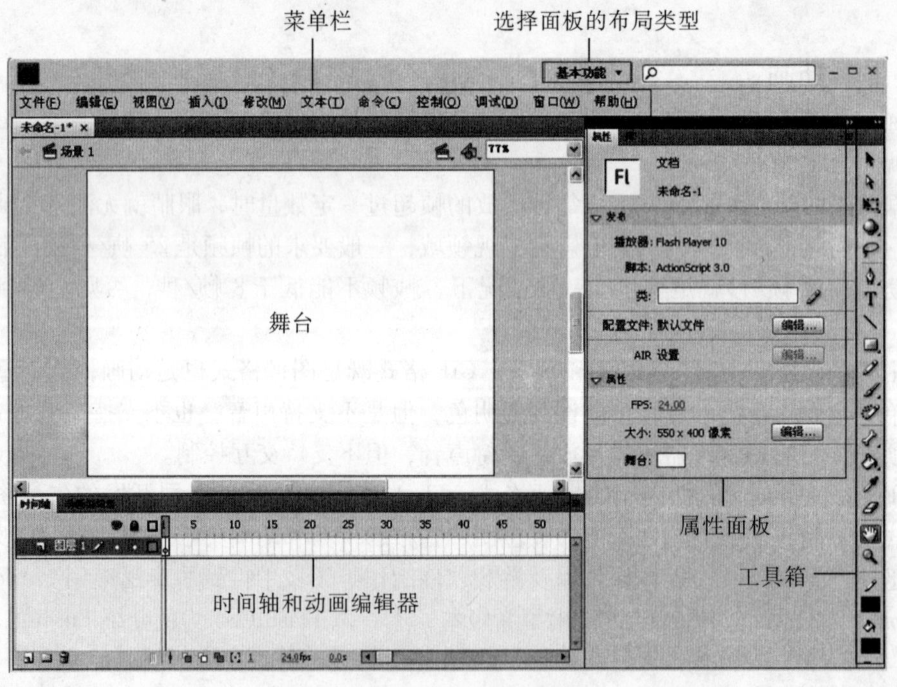

图 7-1-1 界面布局

舞台是用户创建和编辑动画的场所，在舞台的右上方有个下拉箭头，可以设置舞台的显示比例。对于舞台的显示操作还可使用工具箱中的“手形工具”和“缩放工具”，选择“手形工具”按住鼠标左键进行拖动可平移舞台，点击“缩放工具”可放大或缩小舞台的显示比例。

可以通过界面右上角的下拉菜单改变面板的格局，例如对于熟悉 Flash 老版本的用户，可以选择“传统”。工作区布局的调整除了使用预设的 6 种方式外，还可以进行手动调整。单击面板顶端的“折叠为图标”按钮，可以将整个面板以图标方式显示，再次单击该按钮可恢复面板的显示。各面板的显示和隐藏可以在菜单“窗口”中选择相应命令进行操作。

另外，拖动面板顶端的灰色条可以移动面板到任意位置。当界面被调整乱了的时候，可以选择“布局类型”下拉菜单中的“重置”，恢复相应布局的默认设置。

3. **工具箱**

Flash CS4 工具箱中包括了绘制矢量图形和处理图形的工具，使用这些工具绘制的图形构成动画的基础要素。工具箱分为四个部分：工具区、查看区、颜色区和选项区。

◆工具区：可以单列显示或双列显示，也可以任意拖曳改变其显示宽度，部分工具的右下角有一个小箭头，表明该工具还有折叠菜单，长时间按该工具按钮，可以弹出折叠菜单，其中包括功能类似的同系列工具，详见图 7－1－2。

◆查看区：包括“手形工具”和“缩放工具”，可以移动舞台和对舞台进行缩放显示。

◆颜色区：可以定义笔触颜色和填充颜色，点击按钮可以使笔触颜色变为黑色，填充颜色变为白色，点击按钮可以交换笔触颜色和填充颜色。

◆选项区：当选择某个工具时，在这里会显示该工具的功能设置按钮。

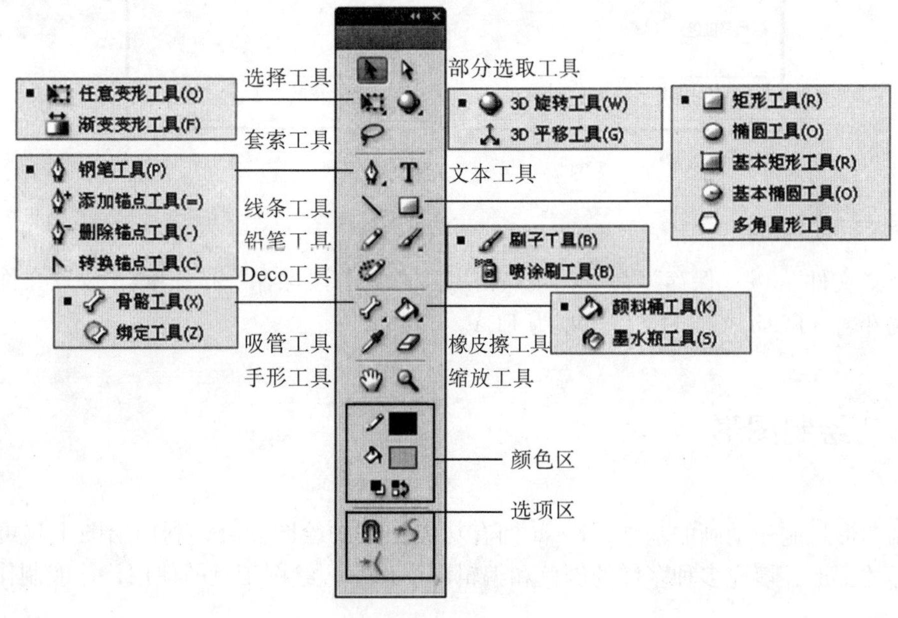

图 7－1－2　工具箱

7.1.4　Flash 文档的创建、打开和保存

1. **创建 Flash 文档**

创建 Flash 文档可以在开始页面的“新建”一栏中选择相应的文件类型进行创建，或选择菜单命令“文件”→“新建”，在“新建文档”对话框中选择相应的文件类型。还可以

点击菜单命令“窗口”→“工具栏”→“主工具栏”，在打开的主工具栏中点击“新建”按钮创建新文件。

2. **打开 Flash 文档**

可以在开始页面的“打开最近的项目”一栏中选择打开最近创建的文件，或点击菜单命令“文件”→“打开”，在“打开文件”对话框中选择文件。还可以点击“窗口”→“工具栏”→“主工具栏”的“打开”按钮打开文件。

3. **文档属性**

制作一个动画之前要确定一些基本的参数，如动画的尺寸（宽度和高度）、帧频和背景颜色等。单击菜单命令“修改”→“文档”，可以弹出“文档属性”设置对话框，如图 7－1－3 所示，在“尺寸”一栏中输入动画的宽和高。单击“背景颜色”右边的色块，在弹出的调色板中选择颜色。“帧频”用于设置每秒所显示的帧数量，默认为 24 fps。

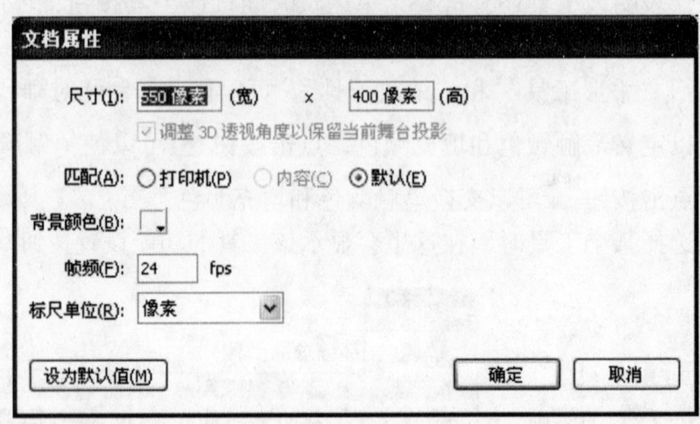

图 7－1－3　设置文档属性

4. **保存 Flash 文档**

选择“文件”→“保存”命令，或点击工具栏上的“保存”按钮，设置文件的保存路径和文件名，Flash 文档的文件类型为 FLA。

7.2　绘制图形

绘制图形是制作动画的基础，Flash 拥有功能强大的绘图工具，利用绘图工具可以绘制各种各样的图形、填充多种多样的颜色和编辑图形。掌握绘图工具的使用，才能制作出精彩的动画。

7.2.1　线条绘制工具

1. **直线工具**

当选择了“直线工具”时，在工具箱的选项区里有两个按钮，分别是“对象绘制”按钮和“贴紧至对象”按钮。

当选择了“对象绘制”按钮时，在舞台中所绘制的直线自动转换为“组”，这样绘制出来的图形成为一个对象，不会互相影响。当选择了“贴紧至对象”按钮时，线段会开启“吸附”功能。例如，画一个三角形，先画好一条线，在画第二条线的过程中，当接近第一条线时，第二条线的一端会出现一个“空心圆”，可以很自然地和第一条线连接在一起（见图 7－2－1）。

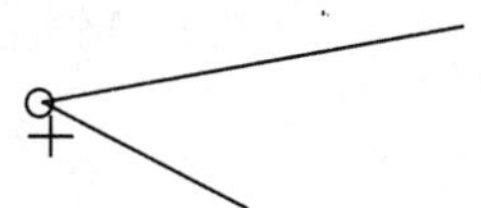

图 7－2－1　使用“吸附”功能绘制线条

选择了“直线工具”后，属性面板会自动切换为“直线工具”的属性面板，在属性面板上通过点击“笔触颜色”按钮选择线段的颜色；调整“笔触”滑动块或输入数值可以调整线段的笔触宽度，在“样式”下拉列表中可以选择各种线段的样式，点击“编辑笔触样式”按钮可以对笔触的样式进行自定义设置。

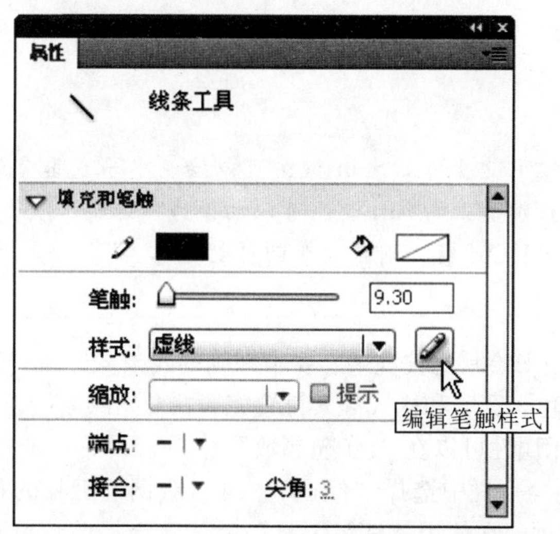

图 7－2－2　“直线工具”的属性面板

在“端点”下拉列表中可以选择端点为“圆角”或“方形”的笔触，如图 7－2－3 所示。例如，使用方形笔触可以绘制铅笔的图像。

“接合”指的是两段路径线段的接合方式，有三种类型：尖角、圆角和斜角。效果如图 7－2－4 所示。

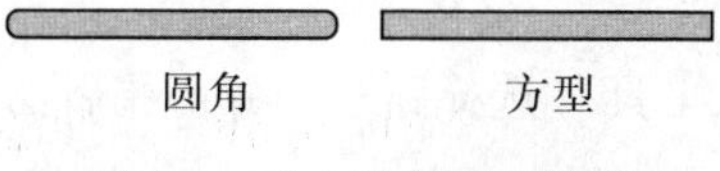

图 7－2－3　线条端点类型

图 7－2－4　接合类型

2. 铅笔工具

“铅笔工具”  可以绘制任意线段，在工具箱的选项区中可以选择“铅笔工具”的三

种类型，分别是“伸直”、“平滑”、“墨水”，如果配合手写板进行绘制，更能体现出“铅笔工具”快速、准确的特点。

◆伸直：绘制的线段会根据绘制的方式自动调整为平直或圆弧的线段。

◆平滑：所绘直线被自动平滑处理，“平滑”是动画绘制中的首选设置。

◆墨水：所绘直线接近手绘，即使很小的抖动，也可以体现在所绘制的线条中。

图 7－2－5、图 7－2－6 和图 7－2－7 分别为“铅笔工具”三种模式在绘制过程中和绘制完成之后的线条效果。

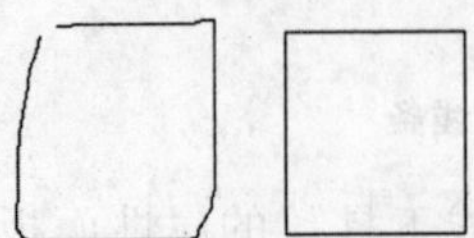

图 7－2－5　使用伸直模式绘画的效果

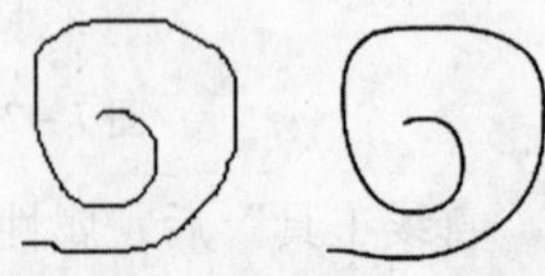

图 7－2－6　使用平滑模式绘画的效果

图 7－2－7　使用墨水模式绘画的效果

小提示

如果在绘制过程中按下键盘的上 Shift 键，可以绘制水平或垂直的线段。在使用“铅笔工具”绘制线段时，按住键盘上的 Ctrl 键，可以切换为“选择工具”，这时可以对线段进行“弯曲”更改等操作，松开 Ctrl 键，则自动变回“铅笔工具”。

3. 钢笔工具

“钢笔工具” 常用来绘制比较复杂、要求精确的线条。选择“钢笔工具”后，可在属性面板中设置线条的颜色、宽度和样式等，设置完毕，开始绘制线条。

“钢笔工具”的显示属性可以在“首选参数”中进行设置。选择菜单命令“编辑”→“首选参数”，在“类别”一栏中选择“绘画”，可以对钢笔工具的显示属性进行设置。选择“显示钢笔预览”选项，在使用“钢笔工具”时，就会提前预览到线段的位置；未选择该选项，则没有预览显示。选择“显示实心点”选项，“钢笔工具”绘制的路径点显示为实心点。选择“显示精确光标”选项，“钢笔工具”显示为“十字光标”。

“钢笔工具”的右下角有个箭头，长时间按该工具按钮，可以看到折叠菜单中除了“钢笔工具”，还包括“添加锚点工具”、“删除锚点工具”和“转换锚点工具”，这三个工具可以对“钢笔工具”所绘制的线条作进一步修改。

“添加锚点工具” ：要添加锚点，必须选择路径，并且“钢笔工具”不能位于现有锚点的上方。

“删除锚点工具” ：要删除锚点，必须用“选取工具”选择路径，并且指针必须位于现有锚点的上方。

“转换锚点工具” ：将不带方向线的锚点转换为带有独立方向线的锚点。

（1）使用“钢笔工具”绘制直线。

在舞台中单击鼠标，会出现一个小圆圈，移动鼠标到其他位置，再次单击鼠标，从刚才小圆圈的位置到第二次单击鼠标的位置就会自动连接成一条直线，如图 7－2－8 所示。

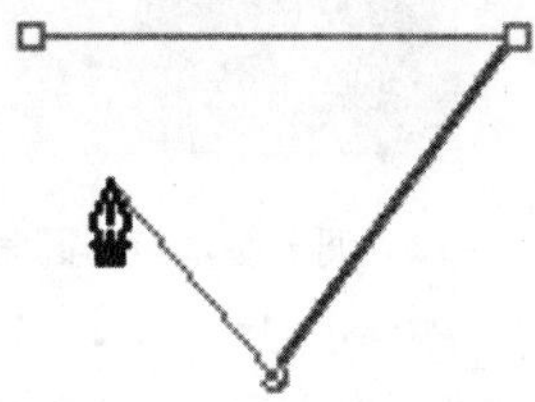

图 7－2－8　使用“钢笔工具”绘制直线

（2）使用“钢笔工具”绘制曲线。

在舞台上单击鼠标，会出现一个小圆圈，移动鼠标到其他位置，第二次在舞台上单击鼠标后，不要松开鼠标左键，一直按住鼠标左键进行拖动，直线随着拖动变成了曲线，如图 7－2－9 所示，继续绘制也依此方法。

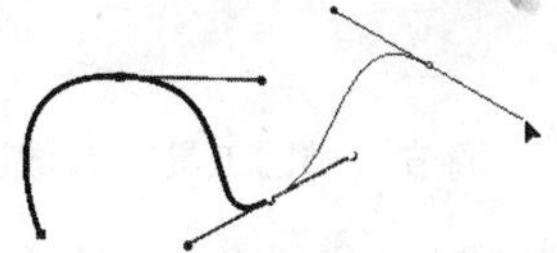

图 7－2－9　使用“钢笔工具”绘制曲线

7.2.2　图形绘制工具

1. 矩形工具

选择“矩形工具”，在属性面板设置其边框颜色、填充颜色、边框笔触样式和宽度等，然后在舞台上按住鼠标左键并拖动，当松开鼠标时就绘制了一个矩形。

在属性面板的“矩形选项”区，可以通过修改矩形边角半径的值绘出圆角矩形，如图 7－2－10 所示。数值为 0 表示直角边，数值越大，其边角的弧度就越大；如果数值为负数，则边角为反半径。取消“链接锁”按钮，可以单独定义四个边角的半径值。

图 7－2－10　设置“矩形选项”区的边角半径

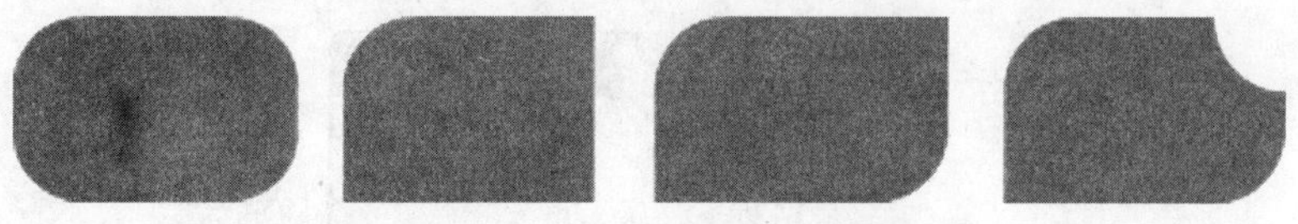

图 7－2－11　不同矩形边角半径的矩形

“基本矩形工具”与“矩形工具”的使用方法相同，但是在绘制后，矩形的四个边角会出现四个圆形的控制点，使用“选择工具”拖动控制点可以调整矩形的圆角半径。

图 7－2－12　调节基本矩形圆角半径

2. 椭圆工具

选择“椭圆工具”，可以在属性面板设置其边框颜色、填充颜色、边框笔触样式和宽度等，然后在舞台上按住鼠标左键并拖动，当松开鼠标时就绘制好了一个椭圆。

在属性面板中还有“开始角度”、“结束角度”和“内径”等选项，通过修改这些参数可以绘出其他特殊图形，如图 7－2－13 所示。

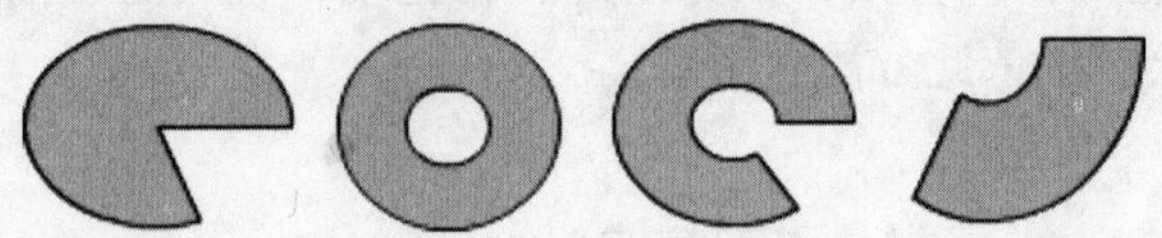

图 7－2－13　调节“椭圆工具”参数画出的图形

“基本椭圆工具”的使用与“椭圆工具”相同，但是绘制后，椭圆上会多出几个圆形的控制点，使用“选择工具”拖动控制点可以调整椭圆的起始角度、结束角度和内径。图 7－2－14 为调整了起始角度和内径的椭圆。

图 7－2－14　调节基本椭圆的起始角度和内径

小提示

使用“矩形工具”和“椭圆工具”，在绘制过程中，如果同时按住 Shift 键，可绘出正方形和正圆形。

3. 多角星形工具

“多角星形工具”用来绘制规则的多边形和星形。选择该工具后，在属性面板中的“工具设置”对话框中，点击“选项”按钮，在“样式”下拉列表框中选择“多边形”，在“边数”框中输入6，单击“确定”按钮，在舞台上单击鼠标左键并拖动，可绘制出一个六边形。

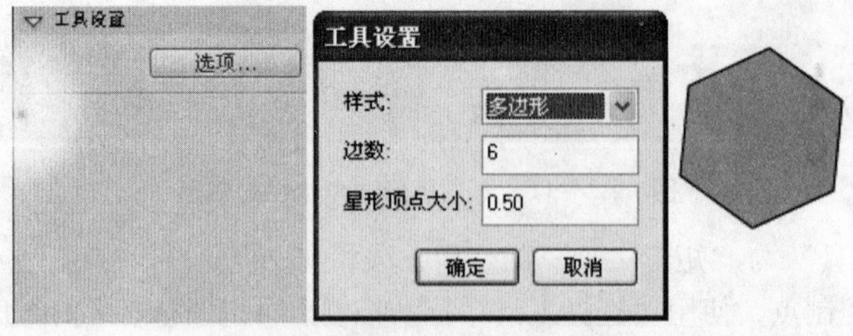

图 7－2－15　“多角星形工具”设置对话框

如要绘制出星形，可在“样式”下拉列表框中选择“星形”，在“边数”框中输入5，单击“确定”按钮，在舞台上就绘制出一个五角星。在“星形”的“工具设置”对话框中，“星形顶点大小”的取值范围为0~1，值越大，顶点的角度就越大。

图7-2-16　修改星形顶点大小画出的五角星

4. 刷子工具

“刷子工具”用于绘制多种不同形态的色块，可以创建特殊效果，如书法效果。在工具箱的选项区中可以设置刷子的大小、形状和模式。点击“刷子模式”按钮，在弹出菜单中选择不同的刷子模式。使用刷子时，要把选项区中的“对象绘制”按钮取消，才能应用各种刷子模式。

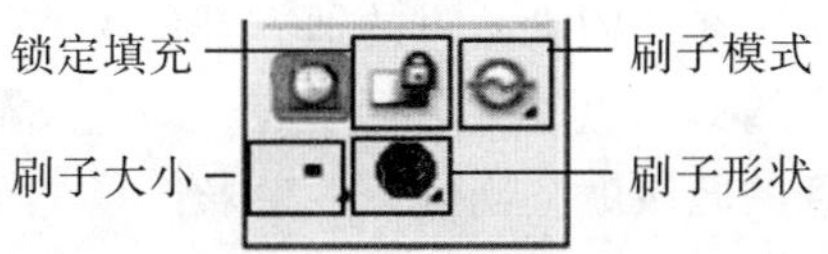

图7-2-17　“刷子工具”在工具箱选项区的选项

◆标准绘画模式：笔刷绘制出的图形会完全覆盖原有图形的线条和填充色块。

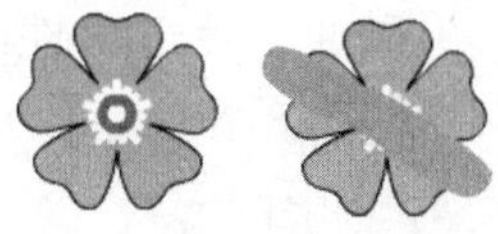

图7-2-18　使用标准绘画模式画出的效果对比图

◆颜料填充模式：笔刷绘制出的图形会覆盖原有图形的填充部分，但不会影响线条。

图7-2-19　使用颜料填充模式画出的效果对比图

◆后面绘画模式：笔刷绘制出的图形只能出现在原有图形的下面，不会覆盖原有图形。

图7-2-20　使用后面绘画模式画出的效果对比图

◆颜料选择模式：使用“选择工具”或“套索工具”对色块进行选择后，所绘制的图形只能覆盖选择区域的色块。

图 7－2－21　使用颜料选择模式画出的效果对比图

◆内部绘画模式：笔刷只能在完全封闭的区域内进行绘画，笔刷的起点必须在区域的内部，如果起点在区域外，那么“刷子工具”绘制出的图形只能在原有图形的下面。用这种模式绘制的图形对线条没有影响。

图 7－2－22　使用内部绘画模式画出的效果对比图

“填充锁定”按钮用来切换在使用渐变色进行填充时的参照点，未选中该按钮时，将以现有图形为准进行填充，即在笔刷涂抹过的地方都包含着一个完整的色彩渐变过程。当选择该按钮时，将以系统确定的参照点为准进行填充，即完成渐变色的过渡是以整个画面为完整的渐变区域，笔刷涂抹到的区域就会出现渐变色彩。

5. **喷涂刷工具**

“喷涂刷工具”位于“刷子工具”的下拉菜单中。选择“喷涂刷工具”，在舞台中单击，会发现“喷涂刷工具”使用当前选定的填充颜色喷射粒子点，每次喷出的图形都是随机的。喷涂的默认形状是粒子点，可以通过点击属性面板上的“编辑”按钮，选择自定义的图形元件或影片剪辑元件作为喷涂的图案。选择元件后，可以发现属性面板上多了“旋转元件”和“随机旋转”两个选项，如图 7－2－23 所示。

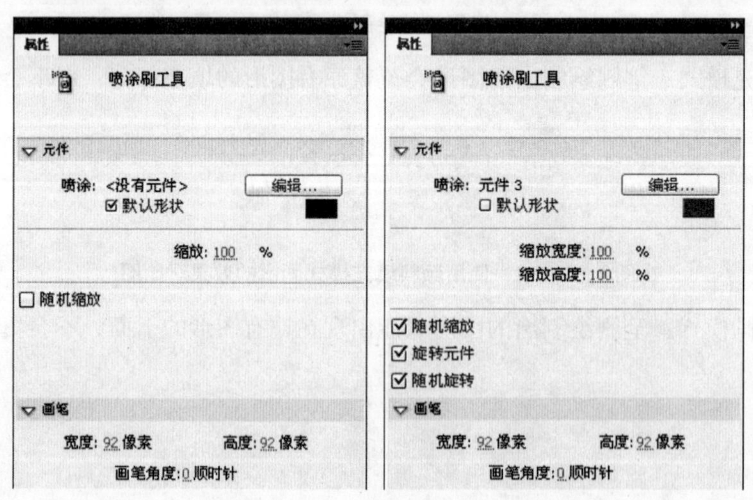

图 7－2－23　“喷涂刷工具”的属性面板

◆元件区。

◇调整“缩放宽度”和“缩放高度”的数值可以调整喷涂粒子元件的宽度和高度。

◇选择“随机缩放”后，所喷涂的图形就为“随机”大小，这样更符合实际使用效果。

◇选择“旋转元件”，则围绕中心点旋转基于元件的喷涂粒子。

◇选择“随机旋转”，则按随机角度将每个基于元件的喷涂粒子旋转在舞台上。

◆画笔区。

◇“宽度”和“高度”是指“喷涂刷工具”的喷涂范围，如宽度设置为0像素，高度设置为50像素，喷涂出来的图形就是一个竖条图形。

◇“画笔角度”可以对喷涂的基础图形进行角度的设置。

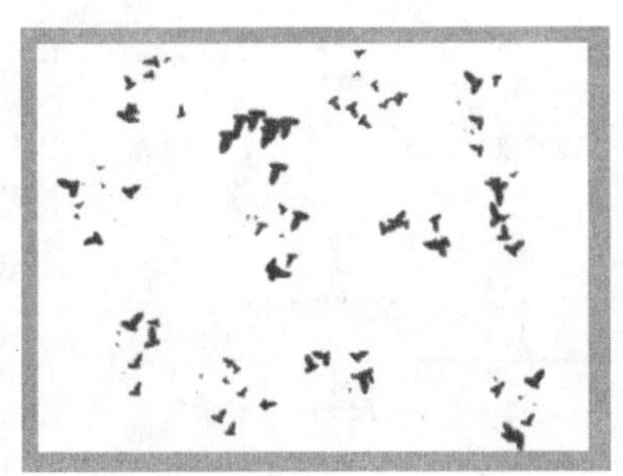

图7-2-24 使用自定义元件喷涂的效果

6. Deco 工具

“Deco 工具”和“喷涂刷工具”一样，都是用于创建复杂几何图案的装饰绘制工具，“Deco 工具”可以用库中的任何元件作为图案。点击“Deco 工具”属性面板的“绘制效果”下拉列表，可以看到“Deco 工具”的三种绘制方式：藤蔓式填充、网格填充和对称刷子。

（1）藤蔓式填充。

选择“Deco 工具”，然后从属性面板的弹出菜单中选择“藤蔓式填充”效果。点击属性面板中“叶”和“花”旁边的色块，为“叶”和“花”选择一种颜色，然后单击舞台任意位置，可以看到藤蔓图案填充单击的区域，直至延伸到边界。单击舞台中的某个形状只会填充一个藤蔓图案。点击属性面板中的“编辑”按钮，可以从库中选择一个元件，替换默认的“叶”和“花”元件。

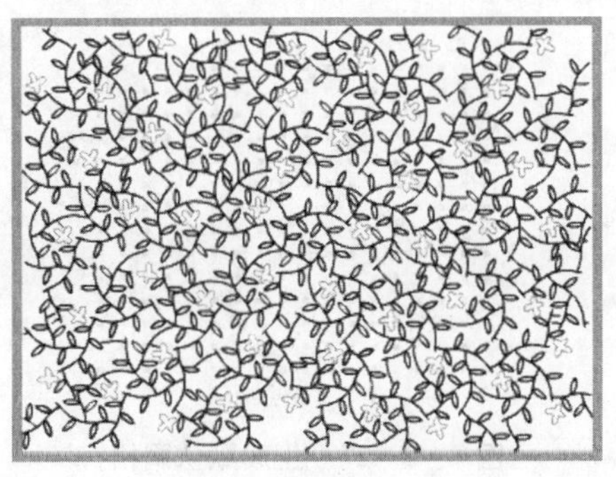

图7-2-25 使用默认设置的藤蔓式填充舞台效果

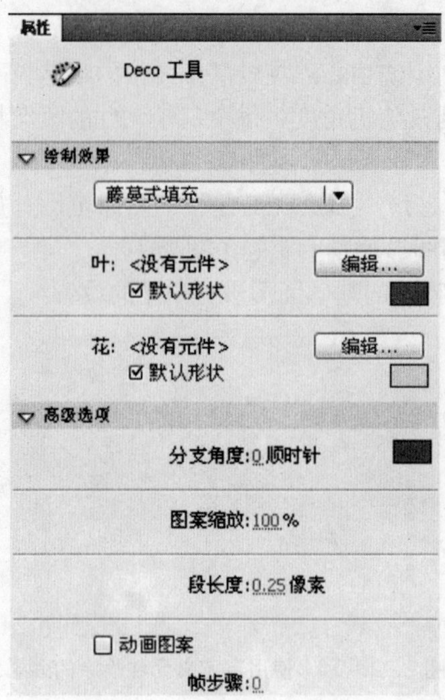

图 7－2－26　藤蔓式填充的属性面板

◆高级选项区。

◇“图案缩放”会使填充图案放大或缩小。

◇“段长度”指定叶和花节点之间的段的长度。

◇选择“动画图案”复选框可把整个填充效果变为逐帧动画。

◇“帧步骤”指定绘制效果时每秒要横跨的帧数。

（2）网格填充。

使用网格填充效果，可以创建棋盘图案、平铺背景或用自定义元件填充封闭区域、形状或元件，默认的填充形状是黑色的矩形形状。选择“Deco 工具”，在属性面板“绘制效果”下拉列表中选择“网格填充”，点击“默认形状”右边的色块，为网格选择一种颜色，然后单击舞台任意位置，可以看到整个舞台都填充了网格，如图 7－2－27 所示。

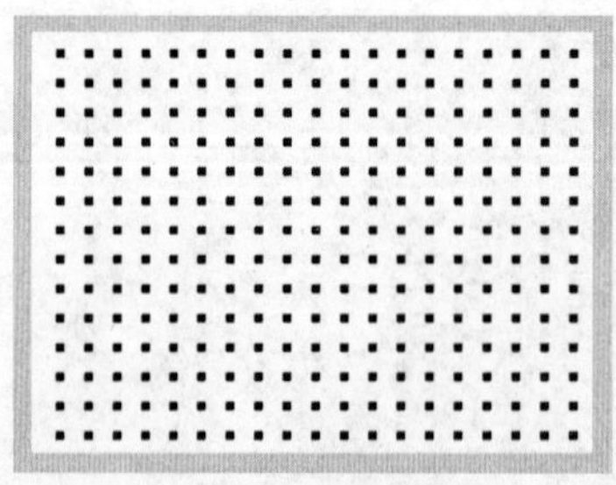

图 7－2－27　生成默认网格

选择“编辑”按钮，可以选择库中的图形元件或影片剪辑作为填充的图案。“高级选项”列表中的“水平间距”和“垂直间距”可以用于设置形状之间的水平和垂直距离，如图 7－2－28 所示。

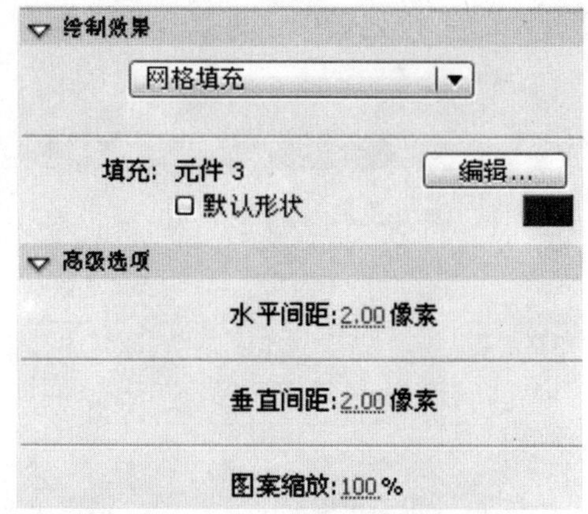

图 7－2－28　网格填充高级选项

设置好之后，单击舞台，或单击形状或元件，则可创建网格填充效果，如图 7－2－29 所示。

图 7－2－29　应用元件的网格填充

（3）对称刷子。

选择“Deco 工具”，在属性面板“绘制效果”下拉列表中选择“对称刷子”，舞台中会显示一组手柄。单击舞台任意位置，可以围绕中心点对称排列默认形状，然后单击并拖动较短手柄的末端小圆圈，来回拖动可以增减对称中的形状数量，以相同方式拖动较长的那个手柄，整个对称会旋转。单击舞台可继续为对称增加新形状。

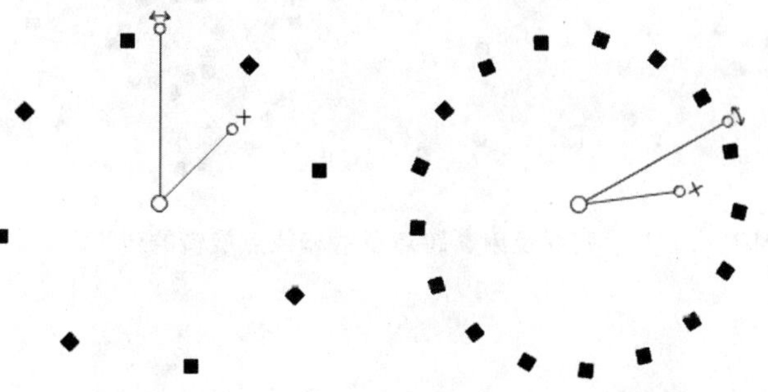

图 7－2－30　拖动手柄增加对称中的形状数量

在属性面板中的“高级选项”下拉列表中，可以选择“对称刷子”的模式，如图 7－2－31 所示。

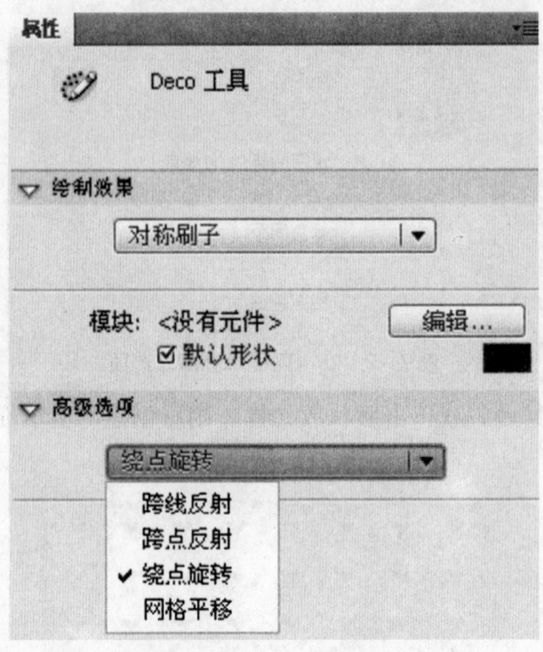

图 7－2－31　“对称刷子”的模式

◆绕点旋转：围绕指定的固定点旋转对称中的形状。

◆跨线反射：跨指定的不可见线条等距离翻转形状。

◆跨点反射：围绕指定的固定点等距离旋转两个形状。

◆网格平移：使用按对称效果绘制的形状创建网格，使用由对称刷子手柄定义的 X 坐标和 Y 坐标，可以调整这些形状的高度和宽度，同样也可以旋转手柄调整倾斜角度。

在“高级选项”区中，还有一个“测试冲突”选项，选择该项，可以防止绘制的形状互相冲突重叠。

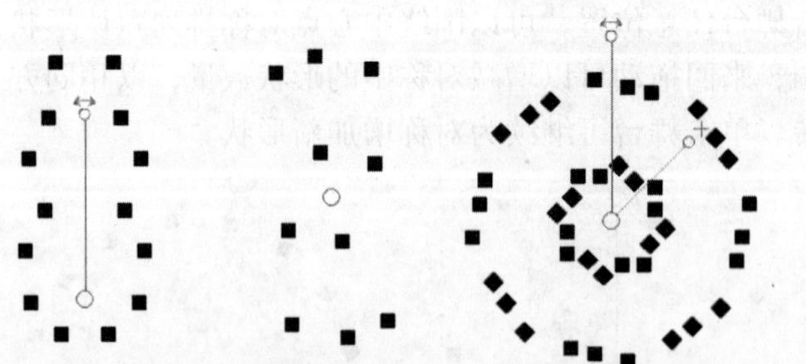

图 7－2－32　跨线反射、跨点反射和绕点旋转的对称填充效果

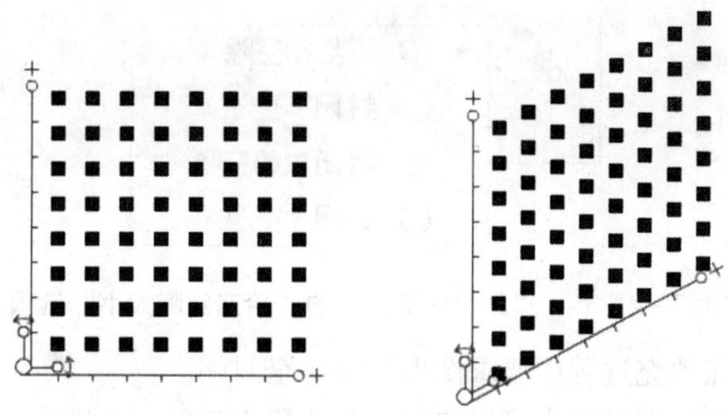

图 7-2-33　网格平移的对称填充效果

7.2.3　填充工具

1. 墨水瓶工具

"墨水瓶工具" 可以改变线段的样式、粗细和颜色，也可以为矢量图形添加边线。在属性面板中设置好线条的颜色、粗细和样式，再单击线条，即可更改该线条的属性。

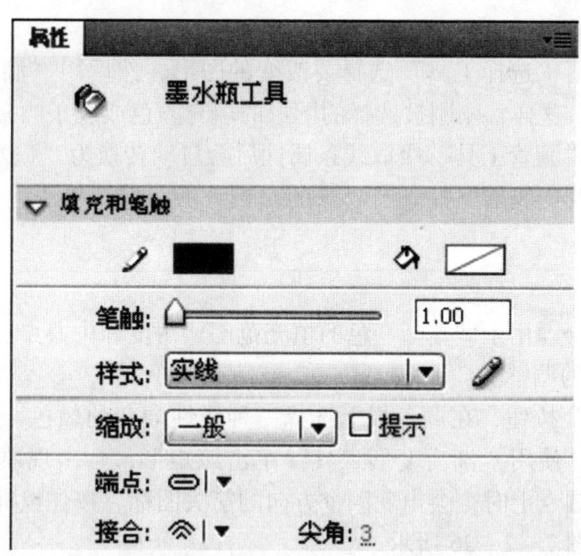

图 7-2-34　"墨水瓶工具"的属性面板

"墨水瓶工具"一次只能更改一段连续的线条。如果想要修改图形元件或已经成组的图形，则必须双击该图形，进入其编辑窗口中，才能修改边线属性。

2. 颜料桶工具

"颜料桶工具" 可以改变图形的内部填充颜色，通过对颜料桶属性的设置可以为封闭的区域填充单色、渐变色和位图。

当选择了"颜料桶工具"时，在属性面板中只有颜色选项。其他选项在工具箱的选项区中，有"填充空隙大小"等选项，如图 7-2-35 所示。

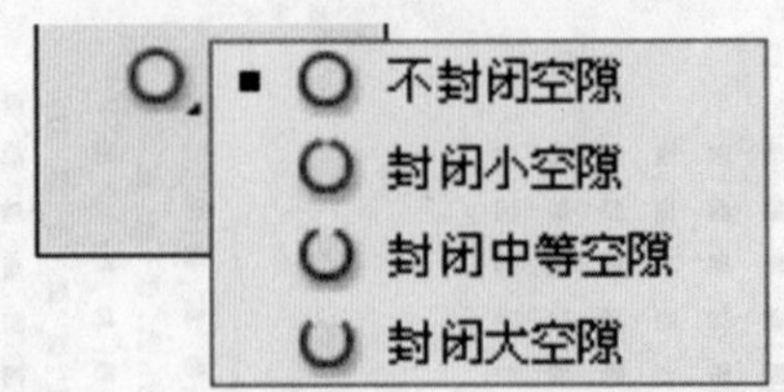

图7-2-35 “颜料桶工具”的“填充空隙大小”选项

◆不封闭空隙：在填充过程中要求图形边线完全封闭。

◆封闭小空隙：在填充过程中可以忽略一些线段之间的小空隙。

◆封闭中等空隙：在填充过程中可以忽略一些线段之间较大的空隙。

◆封闭大空隙：在填充过程中可以忽略一些线段之间的大空隙。

3. **滴管工具**

“滴管工具”可以吸取图形的颜色，也可以吸取线段的属性。“滴管工具”可以吸取的颜色类型有使用绘图工具绘制的图形、选择了“对象绘制”按钮后绘制的图形、导入到Flash中的位图和使用“线条工具”绘制的线段。“滴管工具”吸取不到元件或成组图形的属性。

使用方法一：先用“选择工具”选择要改变的图形，然后用“滴管工具”单击参考图形的填充颜色或线条，这样，刚刚被选择的图形的填充颜色或线条的属性就自动改变了。

使用方法二：用“滴管工具”吸取线条属性后会自动转换为“墨水瓶工具”，再在要改变的图形上单击鼠标改变线条属性。当吸取的是填充颜色时，“滴管工具”会自动转换为“颜料桶工具”。

4. **渐变变形工具**

“渐变变形工具”用于调整渐变色的填充范围、角度和中心点。

（1）线性渐变色的调整。

选择“填充颜色”按钮，在调色板上选择一种线性渐变的颜色，使用“矩形工具”在舞台中绘制一个矩形。使用“渐变变形工具”单击该矩形，会出现填充变形的控制柄，当鼠标放在中间的空心圆点上时，会出现四个方向的箭头图标，按住鼠标向右拖动可以改变填充色的中心位置，如图7-2-36所示。

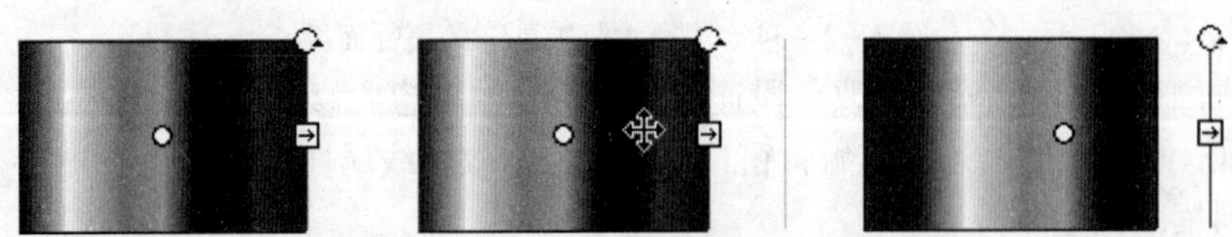

图7-2-36 改变填充色中心位置的步骤过程

当鼠标移动到右上角的圆点时，鼠标会变为旋转箭头的图标，这时按住鼠标拖动可以旋转填充色的方向，如图7-2-37所示。

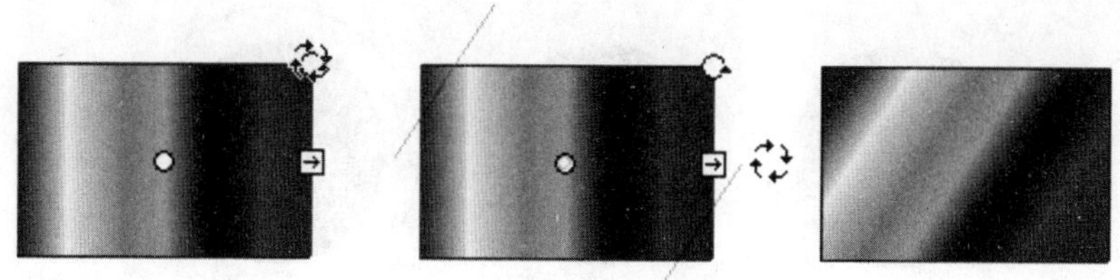

图 7－2－37 旋转填充色方向的步骤过程

当鼠标拖动右边中部有指向右方箭头的方框时，可以调整渐变色的范围，如图7－2－38所示。

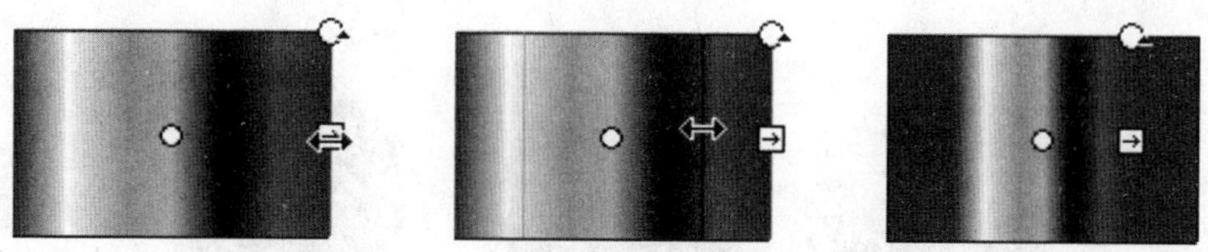

图 7－2－38 调整渐变色范围的步骤过程

（2）放射状渐变色的调整。

点击“填充颜色”按钮，在调色板上选择一种放射状渐变的颜色，使用“椭圆工具”在舞台中绘制一个椭圆。使用“渐变变形工具”单击该椭圆图形，会出现填充变形的控制柄，当鼠标放在中心的空心圆点上时，会出现四个方向的箭头图标，按住鼠标进行拖动可以改变放射状渐变色的中心位置。在中心圆点上方，有个倒立的三角形，用鼠标移动这个三角形可以在水平方向改变中心填充区域。

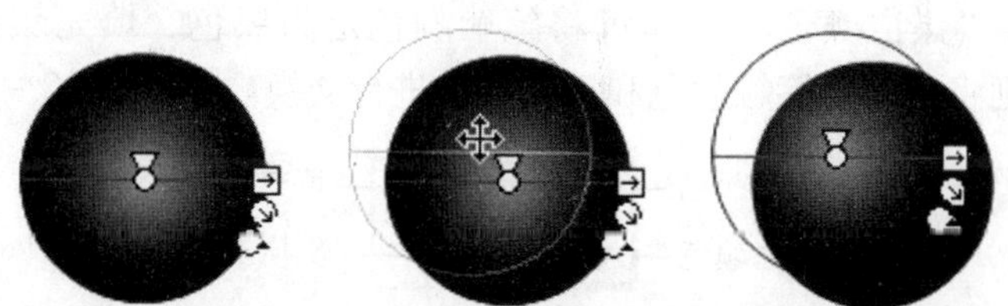

图 7－2－39 调整放射状渐变中心位置的步骤过程

当鼠标拖动右边中部有指向右方箭头的方框时，可以改变放射状渐变的水平宽度，如图7－2－40 所示。

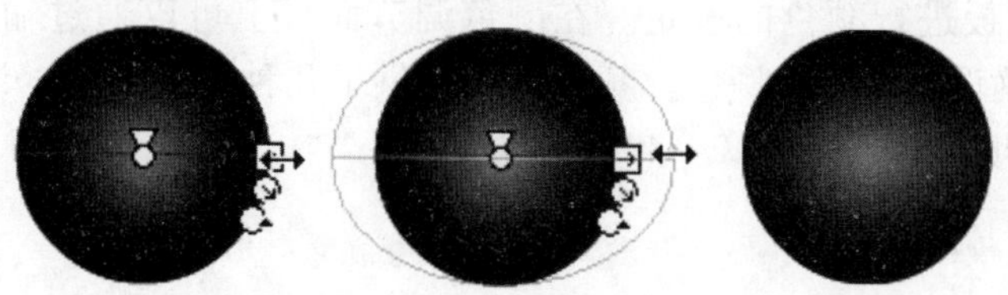

图 7－2－40 调整放射状渐变水平宽度的步骤过程

拖动空心方框下方的圆点，即有指向右下方的黑色箭头的圆点，可以整体缩放渐变的范围，如图 7－2－41 所示。

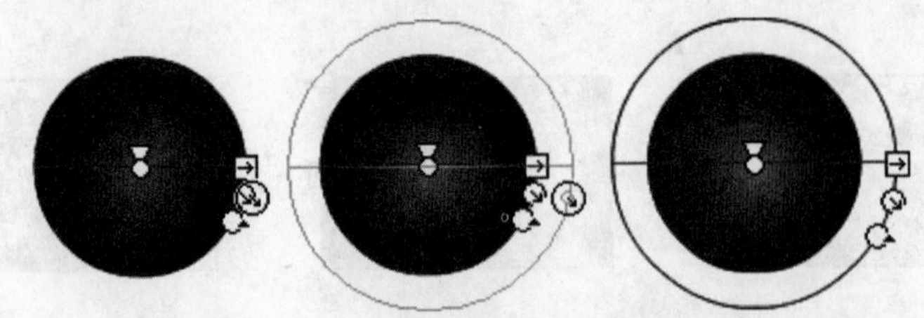

图 7－2－41　调整放射状渐变范围的步骤过程

拖动最下面的圆点，即有个黑色正三角形的圆点，可以旋转放射状渐变颜色的方向，如图 7－2－42 所示。

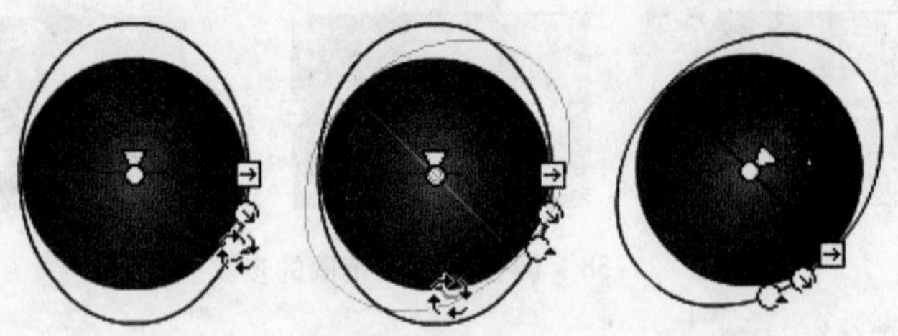

图 7－2－42　旋转放射状渐变的步骤过程

5. 颜色面板

（1）工具箱颜色区按钮。

在工具箱的颜色区有四个按钮，包括“笔触颜色”和“填充颜色”，点击这两个按钮可以打开颜色选择面板，重新选定笔触颜色和填充颜色。另外两个按钮是“黑白颜色”和“交换颜色”，单击“黑白颜色”按钮可将笔触颜色定为黑色、填充颜色定为白色，单击“交换颜色”按钮则将当前的笔触颜色和填充颜色进行交换。如图 7－2－43 所示。

图 7－2－43　工具箱颜色区的按钮

（2）颜色调节面板。

除了在工具箱进行颜色设定，还可以点击菜单命令“窗口”→“颜色”，打开功能更为强大的颜色调节面板进行颜色的设定。在颜色调节面板上可以通过输入“红”、“绿”、“蓝”的数值，精确设置想要的颜色。颜色面板提供了几种填充类型，即纯色、线性渐变、放射状渐变和位图填充，如图 7－2－44 所示。

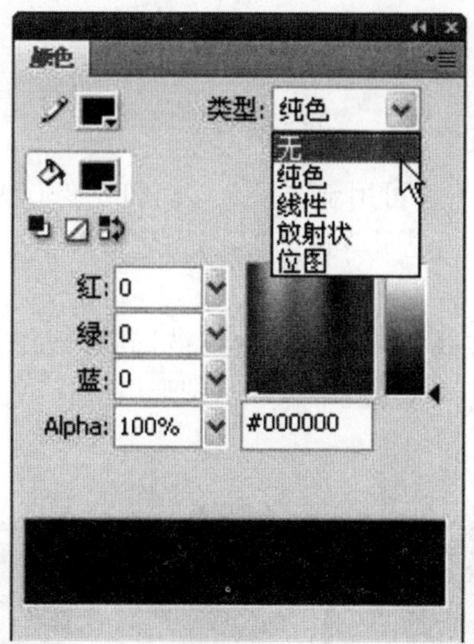

图 7-2-44 颜色面板

自定义新的渐变色，单击“填充颜色”按钮，选择一种渐变色，在颜色调节面板上的横向颜色条下方出现几个滑动块，每个块代表渐变色中的一个颜色，用鼠标在颜色条的任意位置单击，就会增加一个滑动块，如图 7-2-45 所示，单击其中一个滑动块，在上方的颜色区中点击鼠标选择颜色，并拖动竖方向颜色调整条的三角形可调整颜色亮度，在 Alpha 文本框中输入数值改变颜色的透明度。如果要删除渐变色中的某种颜色时，只需将代表该颜色的滑块拖离横向颜色条即可。

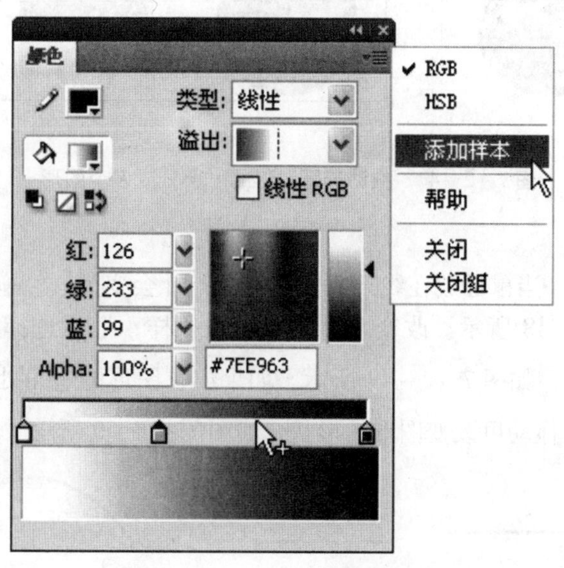

图 7-2-45 颜色面板

新的渐变色设置好以后，点击面板右上角的选项菜单按钮，在弹出菜单中选择“添加样本”命令，如图 7-2-45 所示，即可把自定义的渐变色添加到颜色面板中，下次使用时无须设置就可直接应用。

7.2.4 编辑对象

1. 选择工具

“选择工具” 即黑色箭头，可用于选择、移动和改变形状。下面以用“椭圆工具”绘制一个带边线的椭圆和矩形为例说明“选择工具”的使用方法。

（1）选择图形。

使用“选择工具”单击边线，可以看到边线被选中，而图形部分没有被选择；单击椭圆部分就选择了图形，边线却没有被选中；双击图形就选择了包括边线在内的椭圆图形，如图 7-2-46 所示。

图 7-2-46 点击选择椭圆的边线、图形、全部

如果我们需要选择椭圆的一部分，选择“选择工具”，按住鼠标左键进行拖动，就选择了一个扇形。如果要选择多个图形，鼠标拖动的范围需包括这些图形，如图 7-2-47 所示，这种选择方式可称为框选。

图 7-2-47 拖动选择图形的一部分或多个图形

（2）改变形状。

选择“选择工具”，当鼠标放在线条上面，鼠标指针会变为 ，拖动鼠标，即可改变线条的形状，如图 7-2-48 所示。改变图形形状也是一样，把“选择工具”放在图形的边缘，鼠标指针会变为 ，如图 7-2-49 所示。如果放在图形的边角处时，鼠标指针则变为 ，按住鼠标左键进行拖动可改变图形的形状，如图 7-2-50 所示。

图 7-2-48 使用“选择工具”把直线改为弧线

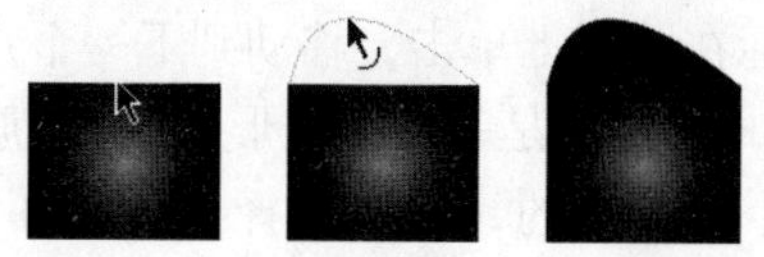

图 7-2-49　使用“选择工具”改变图形的形状

图 7-2-50　使用“选择工具”改变图形的形状

2. 部分选取工具

“部分选取工具”即白色箭头，可以选择、移动对象，也可以改变形状。“部分选取工具”改变形状比“选择工具”更为精细。当使用“部分选取工具”选择对象时，对象上会出现一些节点，拖动这些节点或节点两边的控制手柄，就可改变形状。该工具经常配合“钢笔工具”一起使用，使用“钢笔工具”绘制线段后，线段上会有节点和控制手柄，这时使用“部分选取工具”可以对线段进行调整，在调整的同时按下 Alt 键可以调整单个控制杆。

下面以绘制一个苹果为例，说明“部分选取工具”的使用方法。首先使用“椭圆工具”绘制一个带有边线和内部填充色的椭圆，接着用“部分选取工具”单击椭圆边线，在边线上会出现 8 个控制点，把最上方的节点向下拖动一些距离，松开鼠标，可以看到苹果已初具规模。接着为苹果加上柄，用“线条工具”在空白处绘制一条横线和一条竖线，用“选择工具”把两段线条变形为曲线，单击选择线条，再拖放到苹果上面，如图 7-2-51 所示。

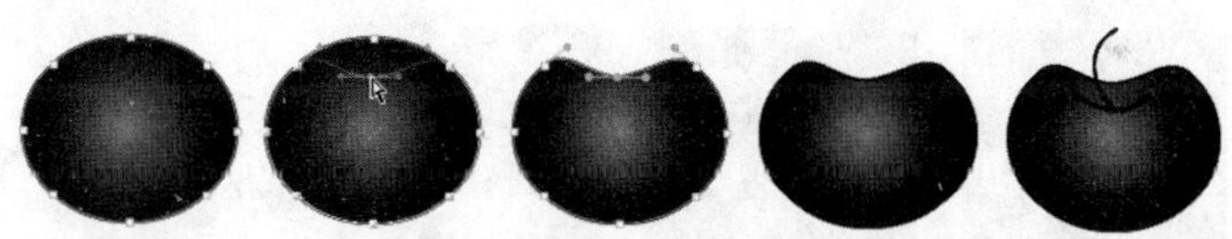

图 7-2-51　使用“部分选取工具”改变图形的形状

3. 套索工具

“套索工具”可以选择图像中的任意部分，选择后的区域可单独进行编辑。当选择了“套索工具”时，工具栏上的选项区中有三个按钮，分别是“魔术棒”、“魔术棒设置”、“多边形模式”。

使用“套索工具”可以在图形中选择一个不规则区域，方法是在图形中拖动鼠标，当松开鼠标时可结束拖动，“套索工具”会建立一个完整的选择区域，如图 7-2-52 所示。

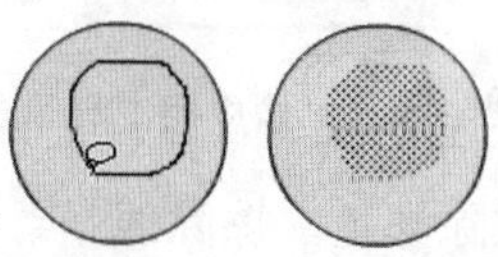

图 7-2-52　使用“套索工具”选择一个不规则区域

“多边形模式”是通过鼠标在图形上单击，移动到下一个点时再次单击，每条边都是直线，双击鼠标可结束选择，这时选择的是一个多边形区域。“魔术棒”可以选择图像中颜色相同的区域，“魔术棒”是针对图片的，不能选择“矩形工具”和“椭圆工具”绘制的图形。

下面以对一个外部图片的操作为例说明这两个按钮的使用方法。首先通过选择菜单命令“文件”→“导入”→“导入到舞台”，选择两张图片，导入到舞台中，使用“选择工具”单击选择图片，按键盘上的“Ctrl + B”键打散图片后，在空白处单击鼠标，取消对图片的选择。

选择“多边形模式”按钮，在斑马图片上沿着马匹的边缘单击鼠标，移到另外一个点再次单击鼠标，最后双击鼠标结束选择，然后用“选择工具”把选择区域移动到其他位置，这样就把马匹和背景分离出来，如图7－2－53所示。

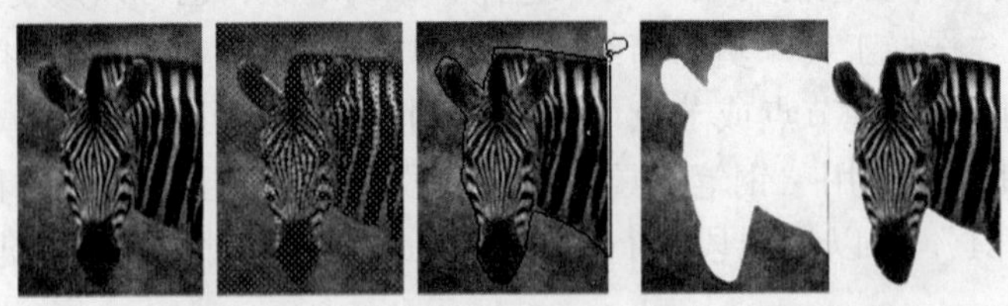

图7－2－53　使用“多边形模式”选择图形

用“魔术棒”点击花朵图片的背景区，即选择了颜色相同的背景区域，再点击键盘的Delete键删除图片的背景，如图7－2－54所示。在“魔术棒设置”中可以输入0～200之间的整数，数值越大，选择范围就越大，在其平滑下拉菜单中提供了像素、粗略、一般和平滑四个子菜单。

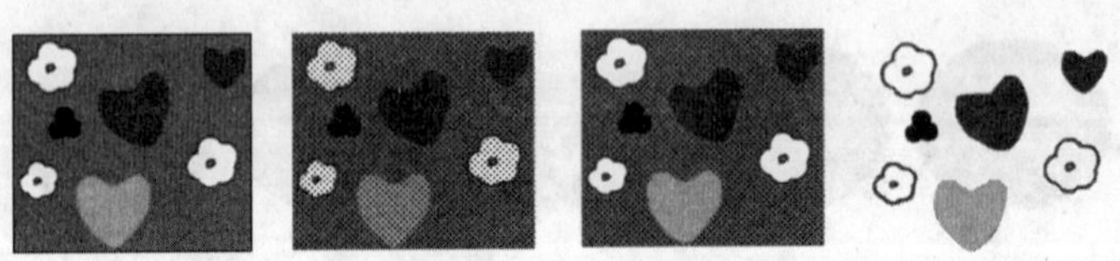

图7－2－54　使用“魔术棒”删除图片的背景

4. 橡皮擦工具

“橡皮擦工具”可以用来擦除图形的填充色和笔触。选择“橡皮擦工具”，在工具箱的选项区中会出现相关的选项，如图7－2－55所示。

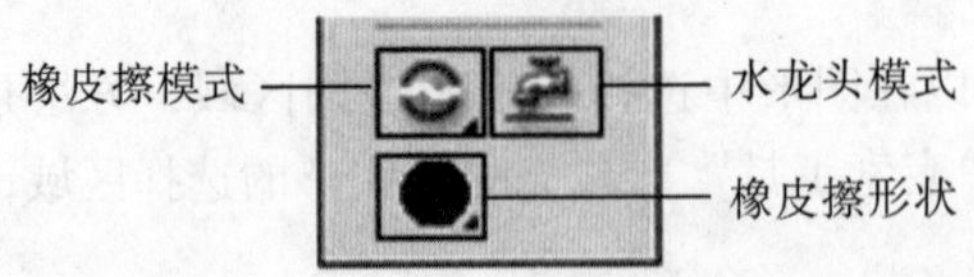

图7－2－55　“橡皮擦工具”的选项

“橡皮擦模式”有标准擦除、擦除填色、擦除线条、擦除所选填充和内部擦除五种不同的擦除模式。

◆标准擦除：标准擦除选项为默认的选项，可以对同一图层中的形状、边线和打散的位图及文字进行擦除，如图 7 – 2 – 56 所示。

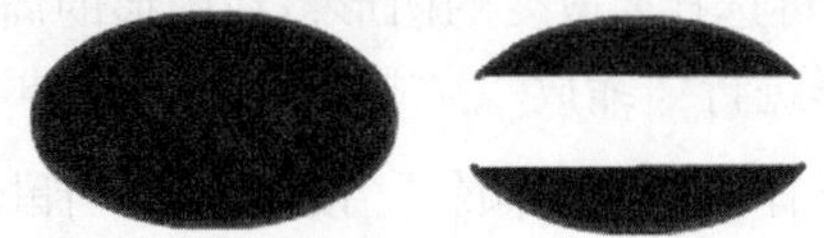

图 7 – 2 – 56 “橡皮擦工具”标准擦除效果

◆擦除填色：当选择了“擦除填色”时，橡皮擦经过的地方，只擦除填充色块，线条不会被擦除，如图 7 – 2 – 57 所示。

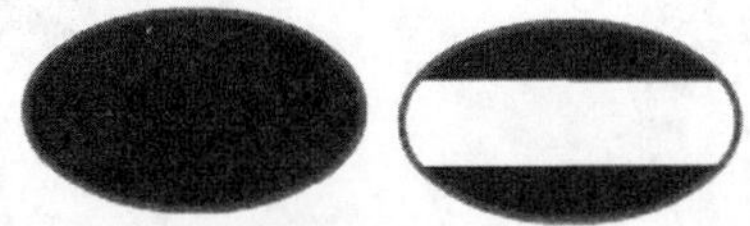

图 7 – 2 – 57 “橡皮擦工具”擦除填色效果

◆擦除线条：只能擦除外部边线，不会擦除填充色块，如图 7 – 2 – 58 所示。

图 7 – 2 – 58 “橡皮擦工具”擦除线条效果

◆擦除所选填充：当使用“选择工具”选择了图形或使用“套索工具”选择了图形后，使用该模式可以擦除被选择的部分，如图 7 – 2 – 59 所示。

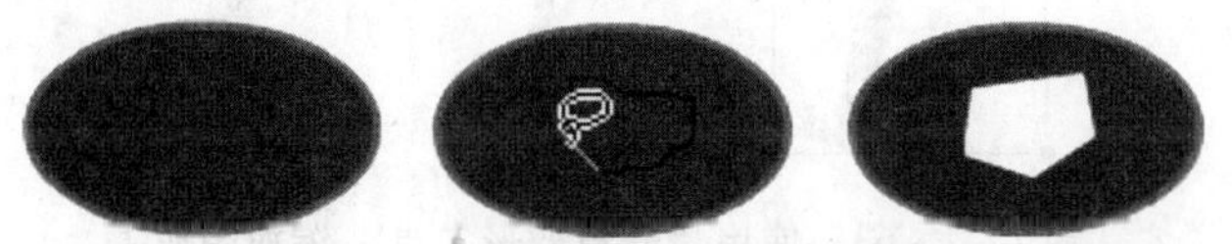

图 7 – 2 – 59 “橡皮擦工具”擦除所选填充效果

◆内部擦除：当选择了内部擦除后，只能擦除图形封闭区域内的连续的填充色，如图 7 – 2 – 60所示。

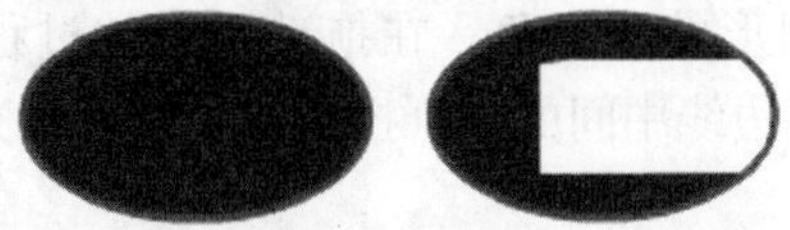

图 7 – 2 – 60 “橡皮擦工具”内部擦除效果

在“橡皮擦形状”选项下拉菜单中可以对橡皮擦的形状和大小进行调整。使用“水龙头模式”按钮单击线条或填充区域可以快速删除图形的填充色和边线。

5. **任意变形工具**

使用“任意变形工具”可以改变图形的基本形状。当选择了“任意变形工具”时，在工具箱下端的选项区中有 4 个选项，分别是“旋转与倾斜”、“缩放”、“扭曲”和“封套”。

选择“任意变形工具”，再选择要改变的图形，在图形的周围会出现 8 个控制点，使用鼠标拖动控制点，可以对图形进行“缩放”、“挤压”和“拉伸”的操作。

选择图形，在选项区中选择“旋转与倾斜”按钮，当鼠标移动到 4 个角上的控制点时可以对图形进行“旋转”操作，如图 7－2－61 所示；当鼠标移动到 4 条边线上的中央控制点时，可以对图形进行“倾斜”操作，如图 7－2－62 所示。

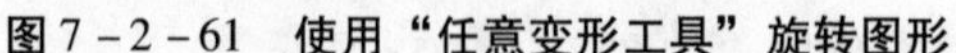

图 7－2－61　使用“任意变形工具”旋转图形

图 7－2－62　使用“任意变形工具”倾斜图形

选择图形，在选项区中选择“缩放”按钮，当鼠标移动到 4 个角上的控制点时，可以对图形进行“等比例缩放”操作；当鼠标移动到 4 条边线上的中央控制点时，可以对图形进行“挤压”和“拉伸”操作，如图 7－2－63 所示。

图 7－2－63　使用“任意变形工具”缩放图形

“扭曲”和“封套”功能对于分散状态的图片才有效。“扭曲”即对称调整，当调整图形的一个方向时，反方向也会自动调整。

用“任意变形工具”选择要变形的图片，在选项区中选择“扭曲”功能，拖动矩形框的 4 个顶点，可以单独调整图形的一个角；在拖动顶点的过程中，如果同时按住 Shift 键，可以锥化该图形；拖动矩形框边线中间的 4 个控制点，可以单独改变 4 条边的位置，如图 7－2－64 所示。

图 7－2－64　使用“任意变形工具”扭曲、锥化图形

选择要变形的图片，在选项区中选择“封套”按钮，在图片四周会出现 8 个方形控制点，每个方形控制点的两边各有一个圆形的调整点。拖动方形控制点，可以改变图形的形

状；拖动圆形调整点，可以对边缘进行曲线变形，如图 7－2－65 所示。

图 7－2－65 使用“任意变形工具”变形图形的边缘

6. 变形命令

对图形进行形状的编辑，除了使用“任意变形工具”，还可以使用变形命令。方法是先选择图形，再选择菜单命令“修改”→“变形”，就可以看到所有的变形命令。除了刚刚介绍过的变形命令，还有其他几个实用的命令，如“顺时针旋转 90 度”、“逆时针旋转 90 度”、“垂直翻转”和“水平翻转”，如图 7－2－66 所示。

主菜单	变形子菜单
变形 (T) ▸	任意变形 (F)
排列 (A) ▸	扭曲 (D)
对齐 (N) ▸	封套 (E)
组合 (G) Ctrl+G	缩放 (S)
取消组合 (U) Ctrl+Shift+G	旋转与倾斜 (R)
	缩放和旋转 (C)... Ctrl+Alt+S
	顺时针旋转 90 度 (0) Ctrl+Shift+9
	逆时针旋转 90 度 (9) Ctrl+Shift+7
	垂直翻转 (V)
	水平翻转 (H)
	取消变形 (T) Ctrl+Shift+Z

图 7－2－66 变形命令

图 7－2－67 使用“水平翻转”变形命令的前后图片对比

7. 信息面板和变形面板

通过在信息面板和变形面板中输入数值更精确地控制图形的变形，可以通过选择菜单命令“窗口”→“信息”、“变形”调出这两个面板。

选择一个对象，在信息面板中会出现对象的高度和宽度、位置和颜色信息，在面板中输入数值改变对象的高度、宽度和位置，如图 7－2－68 所示。

变形面板可以改变当前选择对象的宽度和高度、旋转角度和倾斜程度，如图7－2－69 所示。

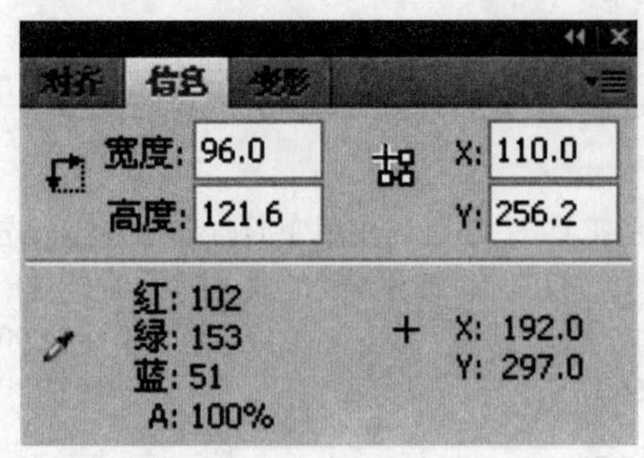

图 7－2－68　信息面板

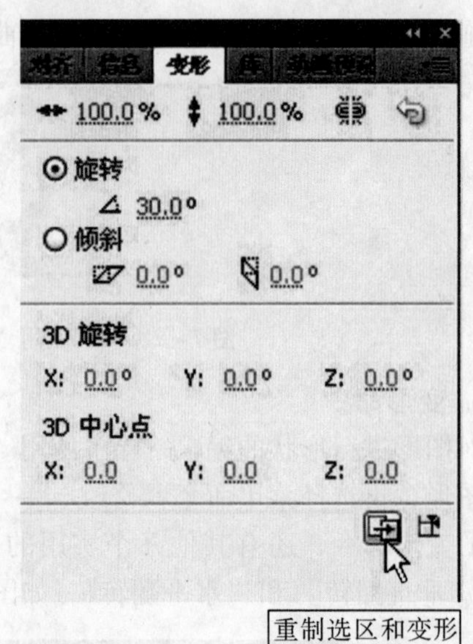

图 7－2－69　变形面板

例如，绘制一根直线，通过“任意变形工具”把直线的中心点位置移到下方，然后点击变形面板上的“重制选区和变形”按钮，就复制了一根直线，在“旋转”角度输入“30.0”，即可把刚复制的直线旋转 30 度，接着再连续点击该按钮两次，可得到图 7－2－70 所示的图形。

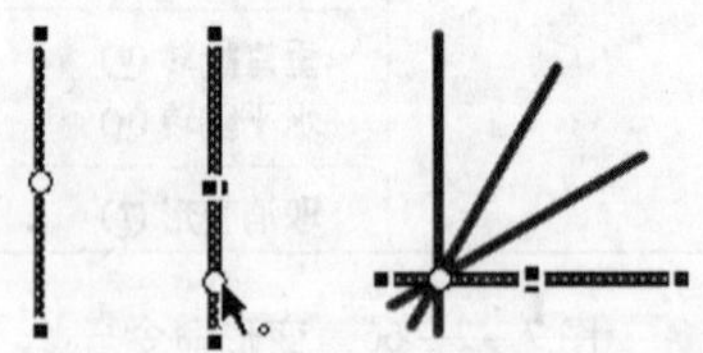

图 7－2－70　改变直线中心点后旋转复制得到的图形

图 7－2－71 是使用“任意变形工具”改变直线的中心点位置，通过变形面板进行旋转复制得到的几种图形效果。

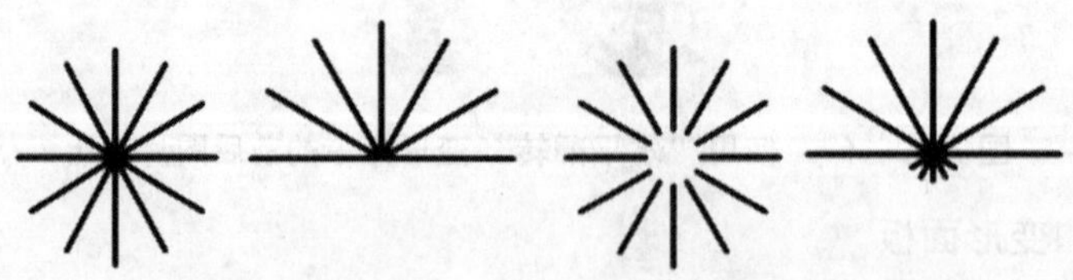

图 7－2－71　不同中心点的直线旋转复制得到的图形

8. 排列对齐

在“对齐”面板中，包含“对齐”、“分布”、“匹配大小”、“间隔”和“相对于舞台”5 个选项。在“对齐”选项中，包括“左边对齐”、“水平中间对齐”、“右边对齐”、“顶部对齐”、“垂直中间对齐”和“底部对齐”6 个按钮，如图 7－2－72 所示。

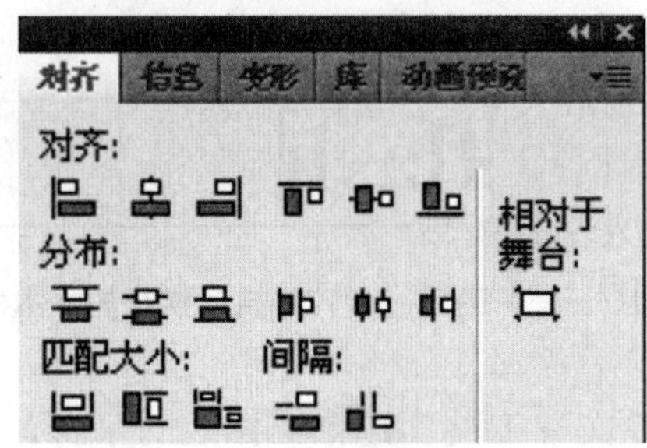

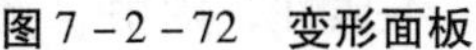
图 7－2－72　变形面板

图 7－2－73　顶部对齐图片

“匹配大小”包括“匹配宽度”、“匹配高度”和“匹配宽和高”，用于将形状和尺寸不同的对象统一尺寸，图 7－2－74 为匹配了宽度的三幅图片。

图 7－2－74　匹配宽度的图片

“间隔”包括“垂直平均间隔”和“水平平均间隔”两个按钮，用于设置上下、左右相邻的多个对象的间隔相等。

图 7－2－75　水平平均间隔的图片

7.2.5　文本工具

在工具箱中选择了“文本工具”后，属性面板自动切换为“文本工具”属性面板。在文本类型下拉列表中提供了三种文本类型：静态文本、动态文本和输入文本。

静态文本即在动画播放过程中不会动态改变字符的文本。动态文本在动画播放中可以动态更新。输入文本在动画播放过程中可以让用户在表单或调查表中输入文字。如制作一道计算填空题，前两个空格定义为输入文本类型，答案空格定义为动态文本类型，再定义相应的变量，那么动画在运行时就能根据用户输入的数字动态地更新计算结果。

1. 静态文本

选择“文本工具”，在舞台上面单击鼠标，会出现右上角为空心圆形的文本框，输入文本，发现文本框会随文本自动改变宽度，如果要换行，则需按键盘上的回车键，

图 7－2－76　需手动换行的文本框

如图7－2－76 所示。

如果要创建自动换行的文本，可用“文本工具”在舞台上面从左到右拖出一个区域，这个区域即为文本框，拖动右上角的空心方形可以改变文本框的宽度，输入文本，会发现文本会根据文本框的宽度自动换行，如图 7－2－77 所示。

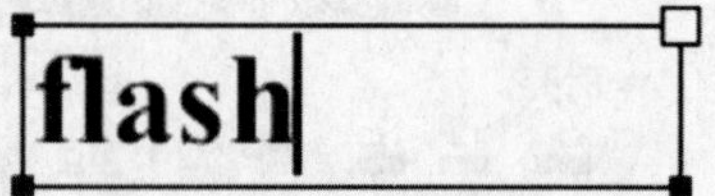

图 7－2－77　自动换行的文本框

如果要单独修改文本框中的某些字符，需要用“文本工具”选择需修改的字符，然后在属性面板中进行相应的调整。如果要改变整个文本框的文本属性，则用“选择工具”点击选择文本框，再在属性面板中进行调整。

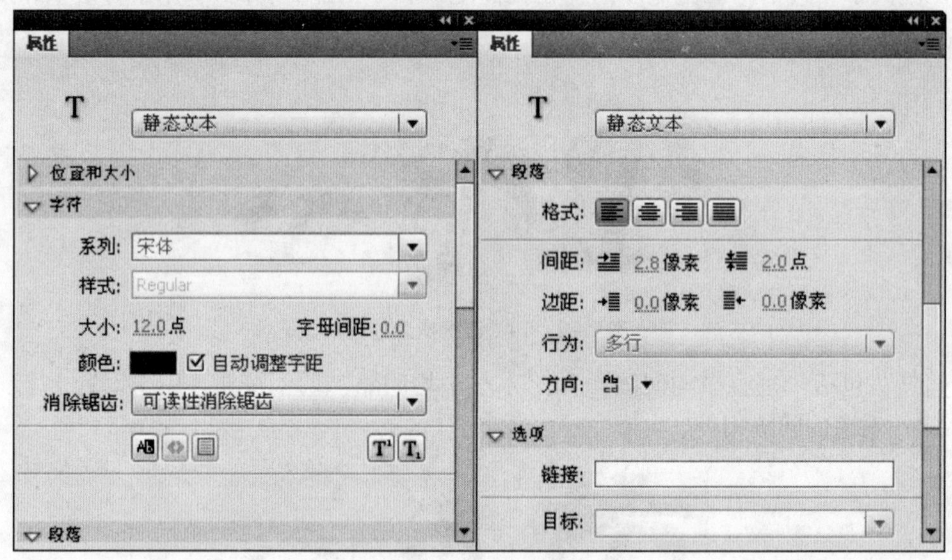

图 7－2－78　“文本工具”属性面板

◆属性面板字符区。

“系列”可以选择文本的字体，“大小”一栏中可以通过输入数字或拖动滑块对字体大小进行设置。“字母间距”可以对文本进行水平或垂直方向的间距调整。如果输入数学公式还可以通过“上标”和“下标”按钮进行相应字符的设置。

若要应用粗体或斜体样式，请从“样式”下拉列表中选择相应样式。如果所选字体不包括粗体或斜体样式，则在菜单中将不显示该样式，可以从“文本”菜单中选择仿粗体或仿斜体样式。若要改变文本颜色，单击“颜色”按钮，从调色板中选择其他颜色。

◆属性面板段落区。

分别表示四种字体对齐方式：“左对齐”、“居中对齐”、“右对齐”和“两端对齐”。

：设置段落边界与首行开头之间的距离。

：设置段落中相邻行之间的距离。

：设置文本的左边距。

：设置文本的右边距。

：改变文本方向，水平或垂直方向。

：选中该按钮，在动画播放过程中可用鼠标拖动这些文字，并可进行复制和粘贴。

◆属性面板选项区。

◇“链接”：可以输入网址或链接地址，为文本添加超级链接。添加了超级链接的文本下边会有一条虚线。

◇“目标”：设置链接地址的弹开窗口。

2. 动态文本

动态文本在动画播放过程中可以随时更新，提供了一种实时跟踪和显示文本的方法。在属性面板的变量文本框中可为该文本命名，通过程序控制可以动态地改变文本框中所显示的内容。动态文本框与静态文本框的区别在于动态文本框的控制手柄在右下角。

选择按钮，可以在动态文本的周围显示黑色边框。

3. 输入文本

输入文本在动画播放过程中，可以让用户输入文本，实现用户与动画的交互，如可用于回答问题、填充表格或输入密码等。在属性面板的变量文本框中可为该文本命名。

“行为”有四个选项：单行、多行、多行不换行、密码，如图 7-2-79 所示。“密码”表示当用户输入文本时，输入的文本以“ * ”号代替，起到保密作用。

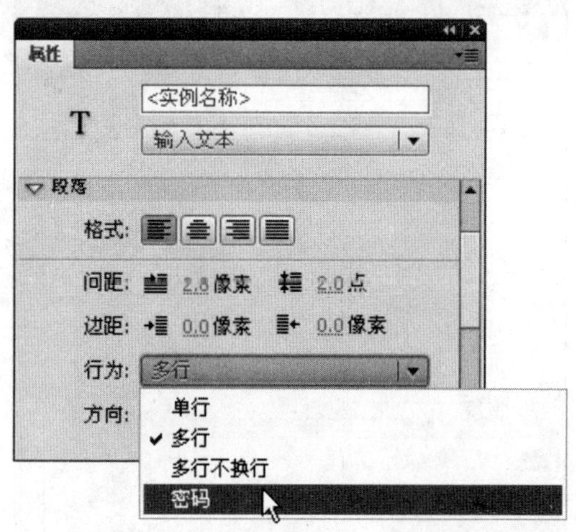

图 7-2-79 “输入文本”属性面板

7.2.6 3D 转换工具

Flash CS4 新增了两个 3D 转换工具——“3D 平移工具”和“3D 旋转工具”，若要使用 3D 功能，Flash 文件的发布设置必须设置为 Flash Player 10 和 ActionScript 3.0。

用户可以通过这两个工具实现在舞台的 3D 空间中移动和旋转影片剪辑来创建 3D 效果。这两个工具都可以切换全局坐标模式和个体坐标模式，全局坐标模式即舞台空间，个体坐标模式即影片剪辑。

1. 3D 平移工具

使用“3D 平移工具”可以在 3D 空间中移动影片剪辑实例，使用该工具选择影片剪辑后，X、Y 和 Z 轴将显示在影片剪辑上，如图 7-2-80 所示。将鼠标放在 X 轴或 Y 轴的箭头上，按住鼠标左键拖动，可以沿水平方向或垂直方向直线移动该影片剪辑，图像大小不变，沿 Z 轴移动影片剪辑时，对象大小发生变化，从而使对象看起来更近或更远。

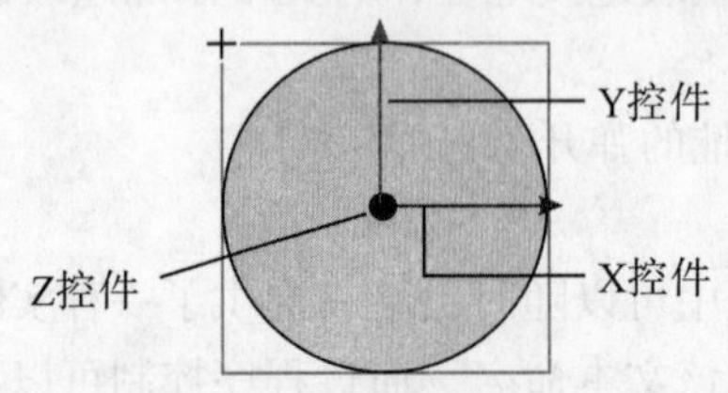

图 7-2-80　3D 平移工具

属性面板中右侧的文本框可以设置透视角度，如图 7-2-81 所示，其属性值的范围为 1~180 度，增大透视角度会使对象看起来更近，减小透视角度会使对象看起来更远。改变该值会影响所有应用了 3D 平移或旋转的影片剪辑。

右侧的文本框可以设置消失点，用于控制舞台上 3D 影片剪辑的 Z 轴方向，所有 3D 影片剪辑的 Z 轴都朝着消失点后退。

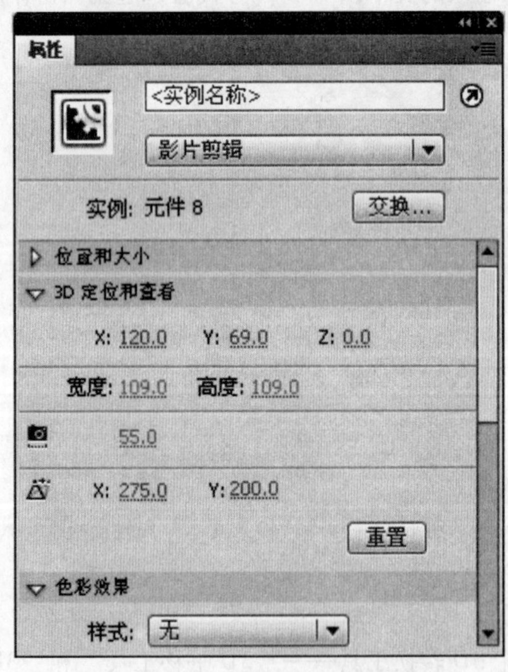

图 7-2-81　3D 平移工具的属性面板

2. 3D 旋转工具

使用“3D 旋转工具”可以在 3D 空间中旋转影片剪辑实例。使用“3D 旋转工具”选择影片剪辑后，3D 旋转控件出现在该影片剪辑上，X 控件显示为红色，Y 控件显示为绿色，Z 控件显示为蓝色，自由旋转控件显示为橙色，如图 7－2－82 所示。

拖动一个轴控件绕该轴旋转，或拖动自由旋转控件（外侧橙色圈）同时绕 X 轴和 Y 轴旋转，左右拖动 X 轴控件可绕 X 轴旋转，上下拖动 Y 轴控件可绕 Y 轴旋转，拖动 Z 轴控件进行圆周运动可绕 Z 轴旋转，拖动中心点可以相对于影片剪辑重新定位旋转控件中心点。

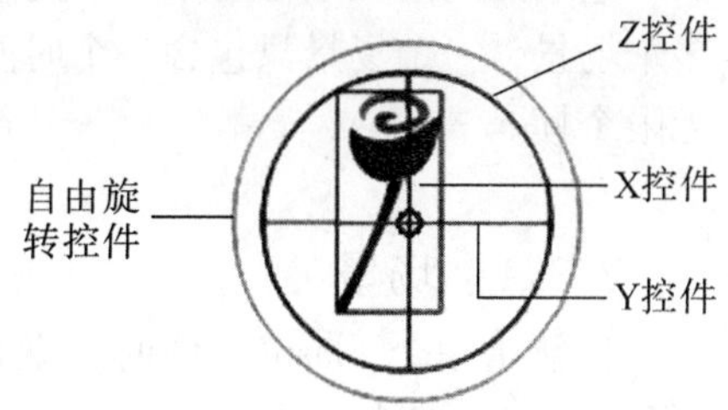

图 7－2－82　3D 旋转工具

7.2.7　反向运动工具

反向运动是使用骨骼的关节结构对一个对象或彼此相关的一组对象进行动画处理的方法。反向运动工具大大提高了动画制作的工作效率，通过反向运动可以轻松创建人物行走动画、动物运动动画等。

反向运动工具包括“骨骼工具”和“绑定工具”，“骨骼工具”可以向元件实例或形状添加骨骼，“绑定工具”可以调整形状对象的各个骨骼和控制点之间的关系。可以向元件实例或单个形状的内部添加骨骼，每个元件实例只能有一个骨骼。

向元件添加骨骼的方法：首先创建元件实例，并把实例排列好，选择“骨骼工具”，单击要成为骨架的头部或根部的元件实例，然后拖动到其他单独的元件实例，使其两者相链接，松开鼠标，会看到两个元件实例之间将出现一条实线表示骨骼，每个骨骼具有头部、圆端和尾部，第一个骨骼是根骨骼，如图 7－2－83 所示。创建骨架后，所有的关联元件实例会移动到骨架图层中。

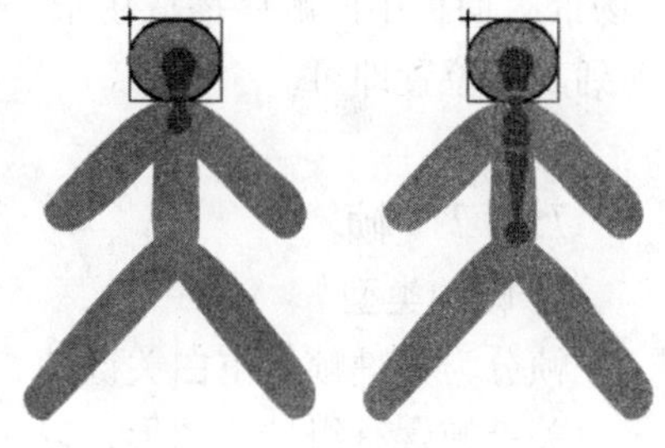

图 7－2－83　添加骨骼

向形状添加骨骼，先选择所有形状，再选择“骨骼工具”，在形状内单击并拖动到形状的其他位置，若要添加其他骨骼，则从第一个骨骼的尾部拖动到形状内的其他位置。

小提示

如果想要移动单个元件实例，可以按住键盘上的 Alt 或 Ctrl 键，拖动该元件实例，而不会移动其他相链接的实例。

7.3　时间轴、帧和图层

一个帧代表一个静止画面，多个帧连续播放就形成了动画。图层是时间轴的一部分，图层如同透明的纸张，一张张叠加在一起，可以把不同的元素放在不同的图层上，这样，在编辑修改时就可以独立操作，不会干扰到不需修改的对象。各个图层的对象如果位置有重叠，那么上面图层的对象会挡住下面图层的对象。

时间轴用来组织和控制影像不同时间、不同图层和帧的内容。而场景相当于电影的一幕，一般比较大型的动画和复杂的动画经常采用多场景，不同的场景之间的组合和互换就构成了一个精彩的多镜头动画。

它们之间的关系是场景→时间轴→图层→帧，关系逐级细化，一个 Flash 文件中可包含多个场景，一个场景只包含一个时间轴，一个时间轴可以包含多个图层，一个图层上可以有无限个帧。

7.3.1 场景

当新建一个 Flash 文件时，默认的场景为"场景 1"，对于场景的操作可以选择菜单命令"窗口"→"其他面板"→"场景"，打开场景面板，如图 7-3-1 所示。点击"添加场景"按钮，添加一个新的场景；点击"重制场景"按钮，复制当前场景；点击"删除场景"按钮，删除当前场景。

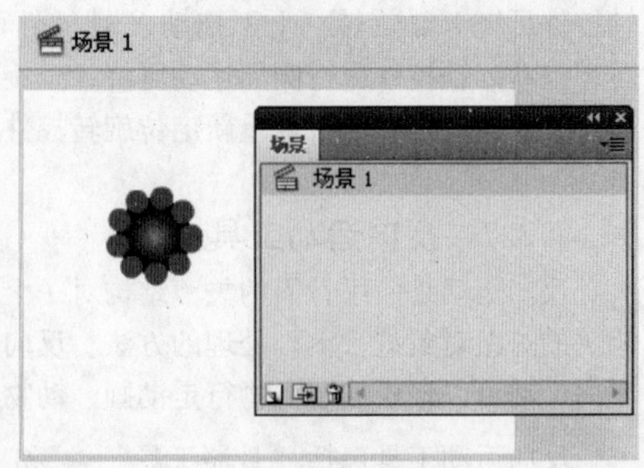

图 7-3-1 场景面板

当发布包含多个场景的动画时，将按照"场景"面板中的顺序播放场景。如要更改场景的顺序，只需在场景面板中将选择的场景拖动到其他位置即可。

7.3.2 帧

1. 帧的类型

帧分为关键帧、空白关键帧、普通帧和空白帧，如图 7-3-2 所示。

关键帧含有组件或图形，以一个黑色实点表示。在默认情况下，每个图层的第一帧是关键帧，关键帧可以是空的，即空白关键帧。空白关键帧以一个空心的圆圈表示，在舞台上添加了内容后，空白关键帧就会变为一个关键帧。

普通帧是依赖于关键帧的，显示为单元格。在没有设置动画的前提下，普通帧与上一个关键帧中的内容相同，在一个动画中增加一些普通帧可以延长动画的播放时间。

跟在普通帧之后的是空白帧，以空白矩形显示。

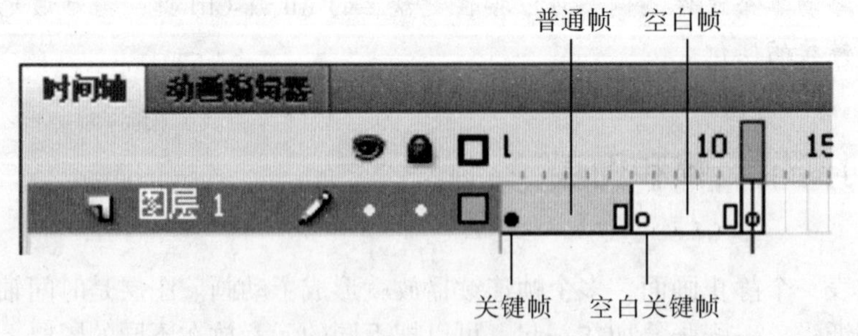

图 7-3-2 帧的类型

2. 帧的操作

添加普通帧，在时间轴上需插入帧的地方点击，按快捷键 F5 可以延长普通帧到该处，按 F6 键可以快速插入关键帧，按 F7 键可以插入空白关键帧。也可以在该帧处右击鼠标，选择弹出菜单命令"插入帧"，还可以选择菜单命令"插入"→"时间轴"→"帧"。

删除帧：选择要删除的帧，按“Shift + F5”键删除普通帧，按“Shift + F6”键删除关键帧。

选择多个帧：可以直接在时间轴上拖动鼠标进行选择，也可以按住 Shift 键同时选择多帧。连续的多个帧也称为帧系列。

移动帧：在选择的帧上按住鼠标左键并拖动鼠标，到目标位置后松开鼠标即可。如果移动普通帧，则移动后的普通帧将转换为关键帧。

复制帧：选择要复制的帧或帧系列，右击鼠标选择弹出菜单“复制帧”，在时间轴上需要粘贴帧的位置，右击鼠标选择弹出菜单“粘贴帧”。

翻转帧：可以使一段动画的播放顺序颠倒。选择要翻转的帧系列，右击鼠标选择弹出菜单“翻转帧”。

清除关键帧：在关键帧上单击鼠标右键，右击选择弹出菜单“清除关键帧”，可将关键帧转换为普通帧。

创建帧标签：给帧设置一个标志性的名字，当移动关键帧时，帧标签不会发生改变，可以使用 ActionScript 脚本语言对关键帧进行调用。方法是选择要添加标签的关键帧，在帧的属性面板的“标签”→“名称”文本框中输入名字，如图 7－3－3 所示。

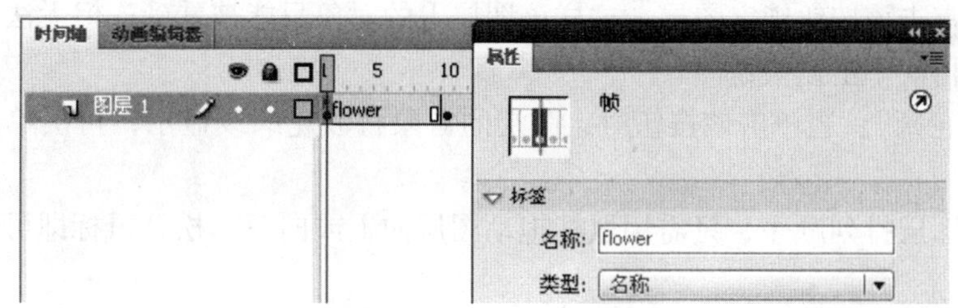

图 7－3－3　创建帧标签

7.3.3 图层面板

图层的作用主要是通过各个图层分离动画对象，组织动画的各个部分，使其相互之间不致发生擦涂、连接或者分割。

1. 图层区域的按钮

单击“新建图层”按钮，或选择菜单命令“插入”→“时间轴”→“图层”可插入一个新的图层，默认名称为“图层 2”。单击“新建文件夹”按钮，可以在当前选择的图层之上插入一个图层文件夹，把图层移到文件夹中的方法是拖动图层到文件夹的图标上松开鼠标即可。点击文件夹图标前面的向下箭头，可折叠该图层文件夹，再次单击该按钮可展开。选择图层或文件夹，单击“删除”按钮，可删除该图层或文件夹。如图 7－3－4 所示。

图 7－3－4　图层区域的按钮

2. 图层的操作

在图层面板上还有“显示/隐藏”、“锁定/解锁”和“显示轮廓”三个按钮，如图 7－3－5 所示。

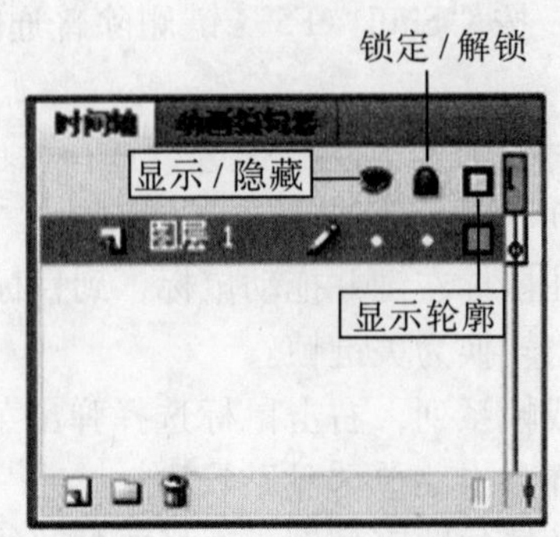

图 7-3-5　图层的操作按钮

当点击这三个按钮时，就会对所有图层都进行这些操作；当点击各个图层的相应按钮下面的小点时，就可以对各个图层单独进行这些操作。

◆“显示/隐藏”：点击该按钮，可以把所有图层都隐藏起来，再次单击，恢复显示所有图层。

◆“锁定/解锁”：如果某一图层上的对象已经编辑好了，不想在以后的操作中影响该对象，就可以点击该按钮锁定图层，这样该图层上的对象只能被看到，但无法进行编辑。取消锁定，只需再次单击该按钮。

◆“显示轮廓”：当单击该按钮时，图层的对象将以轮廓线显示，再次单击，取消轮廓显示。

如要改变图层排列顺序，只需用鼠标拖动图层向上或向下，松开鼠标即可改变图层的排列顺序。

7.3.4　时间轴

动画的内容是通过时间轴来组织的，时间轴面板在横向上划分为帧，在纵向上划分为图层，通过拖动时间轴中的播放头，可以对动画内容进行预览。

1. 改变时间轴面板的大小

双击“时间轴”字样，可以把时间轴折叠起来，再次单击，可以把时间轴展开。把鼠标置于时间轴面板与场景的交界处，鼠标会变为上下双向箭头，按住鼠标左键上下拖动可以放大或缩小时间轴面板。将鼠标置于图层区域与帧的交界处，鼠标会变为左右双向箭头，按住鼠标左键左右拖动可以改变图层区和帧区域的宽度，如图 7-3-6 所示。

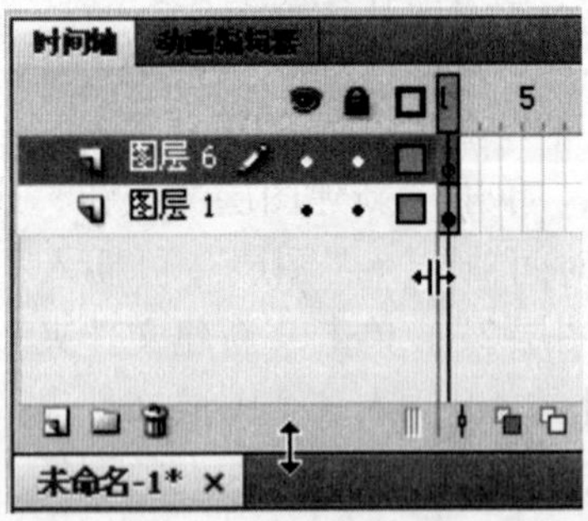

图 7-3-6　改变时间轴面板的大小

2. 时间轴面板介绍

时间轴上方的编号为帧编号，红色的标记为播放头，播放头可以在时间轴中随便移动，指示显示在舞台上的当前帧，如图 7-3-7 所示。

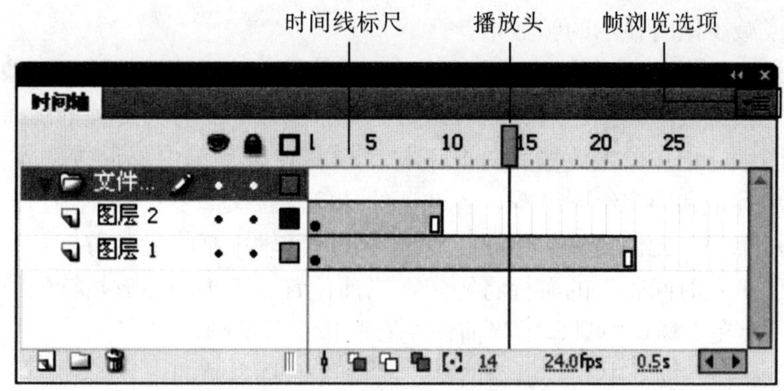

图 7-3-7 “时间轴”窗口中的状态栏

在“时间轴”窗口的底部还有一个状态栏，提供了 3 条信息，依次是当前帧、帧速率和播放时间，如图 7-3-8 所示。

图 7-3-8 “时间轴”窗口中的状态栏

3. 改变帧显示方式

在默认状态下，帧是以很窄的单元格形式出现的，单击“时间轴”窗口右上方的“帧浏览选择”按钮，将弹出帧视图菜单，如图 7-3-9 所示，可以修改时间轴中帧的显示方式。其中，“预览”方式可以将动画内容缩微显示在时间轴中，“预览关联”将缩微显示电影的每一帧，这种显示方式有利于查看元素的移动变化。

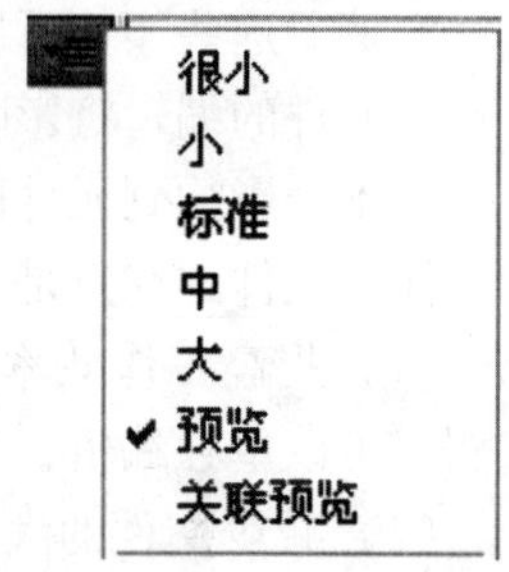

图 7-3-9 帧视图菜单

4. “洋葱皮工具”的使用

在时间轴控制区域下方的就是“洋葱皮工具”，如图 7-3-10 所示。该工具在动画的制作和编辑过程中非常有用，利用它可同时看到多个帧的动画状态。

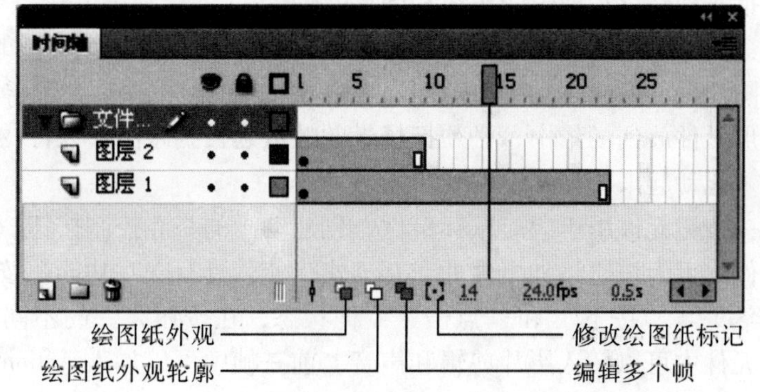

图 7-3-10 “时间轴”窗口的“洋葱皮工具”

◆绘图纸外观：按下该按钮后可显示游标内各帧的原始图形，通过拖动时间轴上的游标，可以增加或减少同时显示的帧数量。

◆绘图纸外观轮廓：按下该按钮后可同时显示游标内除当前帧外的所有帧的轮廓图。

◆编辑多个帧：按下该按钮后可同时编辑游标范围内的所有关键帧的画面。

◆修改绘图纸标记：单击该按钮打开下拉菜单，在该菜单中可设置“洋葱皮工具”的显示范围、显示标记和固定绘图纸等。各选项的功能及含义如下：

◇总是显示标记：无论是否使用洋葱皮工具，时间轴中都将显示游标。

◇锚定绘图纸：时间轴上的游标将固定在当前位置，不再随播放指针的位置移动。

◇绘图纸 2：在主场景中只显示当前帧左右两边相邻两帧的内容。

◇绘图纸 5：在主场景中只显示当前帧左右两边相邻 5 帧的内容。

◇绘制全部：在主场景中显示整个动画中的所有内容。

7.4 元件、实例和库

在 Flash 动画中，经常会有一个对象多次出现的情况，例如绘制满天的星星、漫天雪花或一大片野花，那么就可以把该对象变为元件，通过对元件的反复调用来达到该效果。当我们创建了一个元件以后，调用的元件就叫做实例，实例是元件的复制品，一个元件可以产生多个实例。这些实例可以是相同的，也可以分别编辑各自属性使其有所区别。

对元件的编辑将影响到所有由此元件生成的实例，但是对实例的编辑只影响该实例本身，而不会影响到元件以及该元件生成的其他实例。

使用元件的优点是：

(1) 提高工作效率，可以无限制地复制实例，并且所有实例都具有元件的统一属性。实例也可以单独编辑，在元件本身的基础上产生独特的效果。

(2) 减少文件的大小，加快动画的下载速度。

(3) 管理方便，只要修改元件，所有实例会自动完成修改。

7.4.1 元件类型

元件类型包括三种：影片剪辑、按钮和图形元件。

◆图形元件：图形元件主要用于创建可反复使用的图形，是制作动画的基本元素之一，它可以是静止的图片，也可以是动画，但图形元件中的动画不能添加交互行为和声音控制。把包含动画的图形元件放到场景中，必须把场景的帧数延长到跟图形元件的帧数一样，发布动画后图形元件才能动起来。

◆按钮元件：按钮元件用于响应鼠标事件，创建动画的交互控制按钮。它不同于图形元件和影片剪辑元件，可为按钮添加事件的交互动作，使其具有交互功能。按钮元件主要包括“弹起”、“指针经过”、“按下”和“点击”4 种状态，在按钮元件的不同状态上创建的内容也不同。按钮元件中可以插入影片剪辑和声音，前三帧中可以加入 ActionScript 语句。

◆影片剪辑元件：用于创建动画片段，它等同于一个独立的 Flash 文件，它的时间轴不受舞台中主时间轴的限制。把影片剪辑元件调到场景中，它只需占用一帧。在影片剪辑元件中可以加入 ActionScript 脚本代码，可以呈现更为丰富的动画效果，具有交互性。

7.4.2　创建图形元件

创建元件有两种方法：一种是新建元件，在元件的编辑窗口中编辑元件；另一种是选择舞台上的对象，然后将其转换为元件。

1. 转换对象为图形元件

用“选择工具”选择舞台上要转换为元件的对象，然后在对象上面单击鼠标右键，在弹出菜单中选择“转换为元件”。

在“转换为元件”对话框中输入元件的名称，选择类型为“图形”，如图 7－4－1 所示。“注册”选项中通过点击黑点的位置确定元件的中心点位置。在“库根目录”中可以选择现有目录或创建一个新的目录为元件的保存位置。单击“确定”按钮，完成元件的转换。

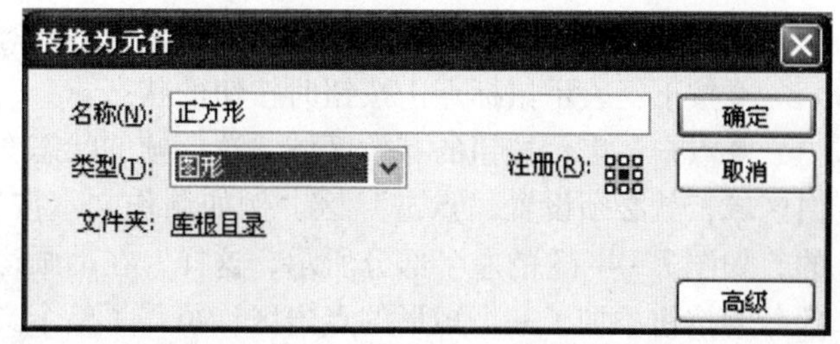

图 7－4－1　“转换为元件”对话框

选择菜单命令“窗口”→“库”，调出库面板，可以看到刚转换的元件。如果需要增加元件的实例，可以从库面板中拖动该元件到舞台上。

2. 创建新的图形元件

选择菜单命令“插入”→“新建元件”，在弹出的“创建新元件”对话框中，输入新元件的名称“正方形”，选择类型为“图形”，单击“确定”按钮，可以发现在舞台左上角的场景名称后面多了“正方形”的字样，表示当前正处于“正方形”元件的编辑窗口，用户可以在该编辑窗口中绘制图形、输入文本或导入外部图像，如图 7－4－2 所示。元件创建完毕后，点击舞台左上角的场景名称，返回到场景中，从库面板中把“正方形”元件拖放到舞台上。

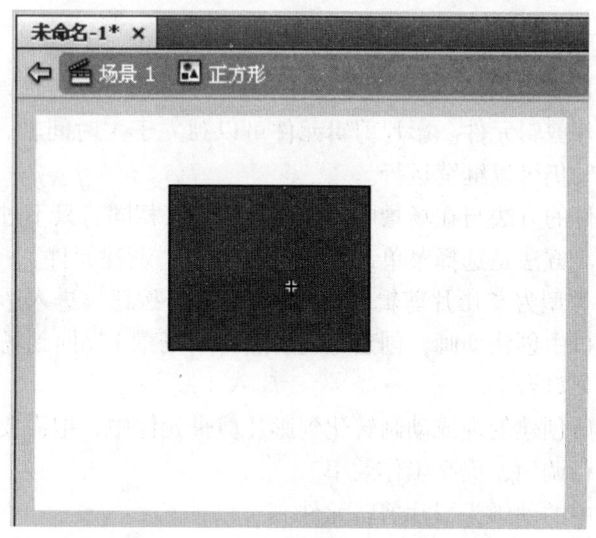

图 7－4－2　新建元件编辑窗口

7.4.3 创建按钮元件

选择菜单命令“插入”→“新建元件”，在弹出的“创建新元件”对话框中，输入名称“前一页”，选择类型为“按钮”，单击“确定”按钮，进入按钮元件的编辑窗口。按钮元件的时间轴有4帧，分别表示按钮的4种状态：“弹起”、“指针经过”、“按下”和“点击”。

◆弹起：表示鼠标没有放在按钮上时按钮的状态。

◆指针经过：表示鼠标放在按钮上时按钮的状态。

◆按下：表示鼠标点击按钮时按钮的状态。

◆点击：表示按钮的有效区域。这一帧的状态在动画中是不显示的。如果按钮中存在空白区域，就必须设置“点击”区。例如制作文本按钮，在没有笔画的空白处，按钮是无效的，如图7-4-3的左半部分所示，这样，在动画运行时操作就不太方便。图7-4-3右半部分的按钮添加了一个矩形的点击区，覆盖了整个文本的范围，这样，即使在空白区，按钮也是有效的。

back back

图7-4-3 添加“点击”区域的按钮作用区与原有按钮对比

创建一个简单的按钮，可在“弹起”帧中绘制一个浅蓝色长方形，在“指针经过”一帧上单击鼠标右键，选择弹出菜单“插入关键帧”，在调色面板上选择黄色，用“颜料桶工具”把“指针经过”帧中的长方形改为黄色，接着在“按下”一帧中插入关键帧，把长方形的颜色改为绿色。创建完成后，返回到场景中，从库面板中把按钮元件拖放到舞台上，按“Ctrl + Enter”键预览动画效果。

7.4.4 影片剪辑元件

影片剪辑元件就是一个小的Flash动画，它有自己独立的时间轴，并且可以包含图形、按钮、声音或其他影片剪辑元件。影片剪辑元件可以独立于主时间轴，如果主时间轴停止，影片剪辑元件的时间轴仍可以继续运行。

创建影片剪辑元件的方法与在场景中创建动画的方法相同，只不过这个过程在影片剪辑元件编辑窗口中进行。方法是选择菜单命令“插入”→“新建元件”，在弹出的“创建新元件”对话框中，选择类型为“影片剪辑”，单击“确定”按钮，进入影片剪辑元件的编辑窗口，然后在该编辑窗口中创建动画，创建完成后点击“场景1”回到场景中，再从库面板中把影片剪辑元件拖放到舞台上。

也可以把场景中所创建的现成动画转化到影片剪辑元件中，把需要反复使用的动画变为影片剪辑元件，再进行调用，提高工作效率。

◆转换主时间轴中的动画为影片剪辑元件。

(1) 在主时间轴上，用鼠标单击顶层的第一帧并拖动鼠标直至底层的最后一帧，选定要转化的帧。

（2）在所选定的帧中右击鼠标，选择弹出菜单中的“复制帧”。

（3）选择菜单命令“插入”→“新建元件”，在弹出的“创建新元件”对话框中，选择类型为“影片剪辑”，单击“确定”按钮，进入影片剪辑元件的编辑窗口。

（4）在时间轴上右击鼠标，从弹出菜单中选择“粘贴帧”，就可以把从主时间轴上复制的帧粘贴到该影片剪辑元件的时间轴中。

7.4.5 对元件实例的编辑

可以使用“变形工具”或通过变形面板对元件实例进行缩放、旋转、翻转、编辑等各种操作，还可以修改实例的属性。每一个元件实例都拥有其独立的属性，如色调、透明度、亮度等，对实例属性的修改不会影响到该元件以及由该元件所创建的其他实例。

从库面板中把元件拖放到舞台上，用“选择工具”选择该元件实例，在属性面板上的“样式”下拉列表框中可以选择相关参数选项，如图 7-4-4 所示。

◆无：用于取消实例的颜色设置。

◆亮度：调节实例的相对亮度或暗度，其值从黑（-100%）到白（100%）。

◆色调：以相同的色相为实例着色，从透明（0%）到完全饱和（100%）。

◆高级：同时调节实例的红、绿、蓝和透明度值。

◆Alpha：调节实例的透明度，从透明（0%）到完全饱和（100%）。

要断开实例与元件之间的联系，在选中实例后，选择菜单命令“修改”→“分离”，可以把元件分离为图形元素，再根据需要使用编辑工具进行修改。

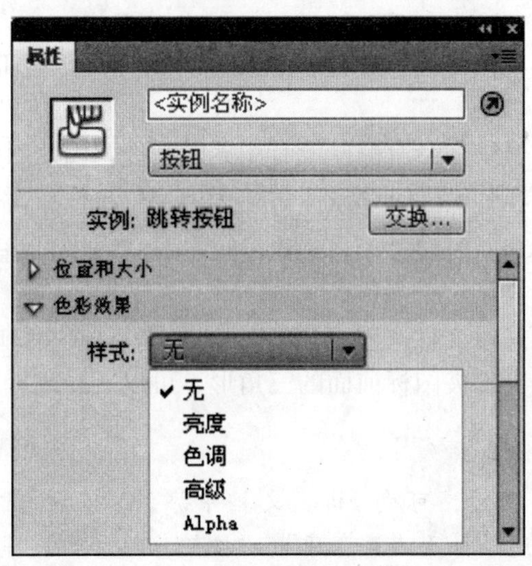

图 7-4-4 实例的属性面板

7.4.6 库面板的使用

库面板中存放了 Flash 文档中所创建的元件及导入的矢量图形、位图、声音文件和视频剪辑等，如图 7-4-5 所示。

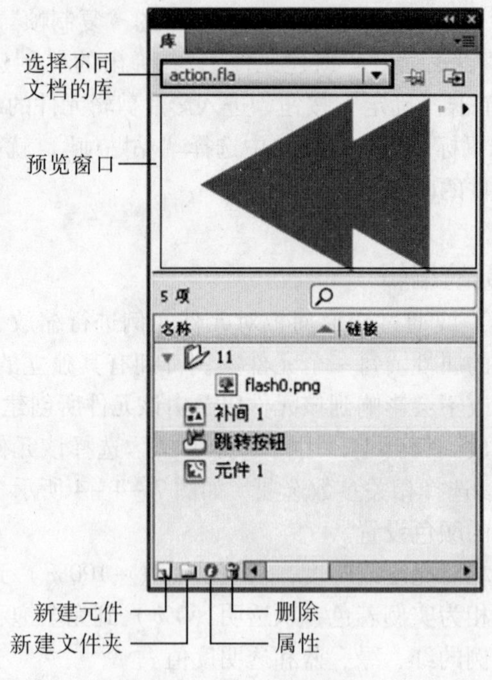

图 7-4-5 库面板

库面板中的列表主要用于显示库中所有项目的名称，项目名称旁边的图标表示该项目的文件类型，用户可以通过最上方的下拉箭头选择任意文档的库，将其他文档的库项目用于当前文档。

创建元件可以选择菜单命令进行创建，也可以单击库面板底部的“新建元件”按钮进行创建。

在制作动画的过程中，往往会有一些没有用到的元件，因此当作品完成时，应将这些没有用到的元件删除，可以避免 Flash 文件过大。单击库面板右上角的“选项菜单”按钮 ，在弹出的快捷菜单里选择“选择未用项目”选项，就可以自动选定所有没用到的元件，再删除。

如果项目太多，可以通过文件夹进行管理，点击“新建文件夹”按钮，将相关的项目拖放到该文件夹中。点击文件夹图标前面的三角形，可以展开或折叠文件夹。

小提示

使用 Flash 自带的公用库，可向 Flash 文档中添加按钮或声音。选择菜单命令“窗口”→“公用库”，可以选择打开“声音库”、“按钮库”和“类库”，使用方法跟库面板相同，只需将项目从公用库中拖放到当前文档的舞台上，就可以发现刚拖放的项目会自动存放到当前文档的库面板中。

7.5 导入使用外部媒体文件

在 Flash 动画中可以导入图像、声音和视频文件，下面分别介绍具体的导入和使用方法。

7.5.1 导入使用图形图像

在 Flash 动画中可以导入外部图片，并可以进行一些简单的编辑以适应动画制作的需要。所有导入的图片会自动保存到当前文件的库中。

(1) 选择菜单命令“文件”→“导入”→“导入到舞台”，在“导入”对话框中选择一个图片文件，然后点击“打开”按钮，就可以看到图片已经在舞台上了，同时在库面板中也可以看到该图片文件。

(2) 对图片进行编辑前，要先用“选择工具”选择图片，按键盘上的“Ctrl + B”键打散图片后，用鼠标在空白处单击，取消对图片的选择。

使用“选择工具”进行框选可以在图片中选择一个矩形区域；“套索工具”用来选择图片中任意形状的区域；“多边形套索工具”可以选择一个多边形区域；“魔术棒工具”可以在图片中选择一片颜色相近的区域。选择之后可以对选定区域进行各种编辑，如移动、删除、变形等。

7.5.2 导入使用声音文件

Flash 提供多种使用声音的方式，可以使声音独立于时间轴连续播放，或使用时间轴将动画与音轨保持同步，向按钮添加声音可以使按钮具有更强的互动性。

Flash 支持的声音文件格式有 WAV（仅限 Windows）、AIFF（仅限 Macintosh）和 MP3（Windows 或 Macintosh）。

1. 导入声音文件

Flash 包含一个声音库，其中包含可用作效果的多种有用的声音。若要将声音库中的某种声音导入 Flash 文档中，选择“窗口”→“公用库”→“声音”命令打开声音库，从声音库中拖动声音文件到 Flash 文档的库面板。

导入外部声音文件，选择菜单命令“文件”→“导入”→“导入到舞台”，弹出“导入”对话框，选择需要导入的声音文件，然后单击“打开”按钮，导入的声音文件就会出现在当前动画文件的库面板中。

选定新建的声音层后，将声音从库面板中拖到舞台中，声音就会添加到当前图层中。可以把多个声音放在一个图层上，或放在包含其他对象的图层上。建议将每个声音放在一个独立的图层上，每个图层都作为一个独立的声道，当动画播放时，会混合所有图层上的声音。

在时间轴上，用鼠标选择包含声音文件的帧，然后在帧的属性面板上点击“声音”选项，可以看到声音属性选项。在“名称”一栏中可以看到所使用的声音文件的名称，点击向下箭头可以更换声音文件，如图 7-5-1 所示。

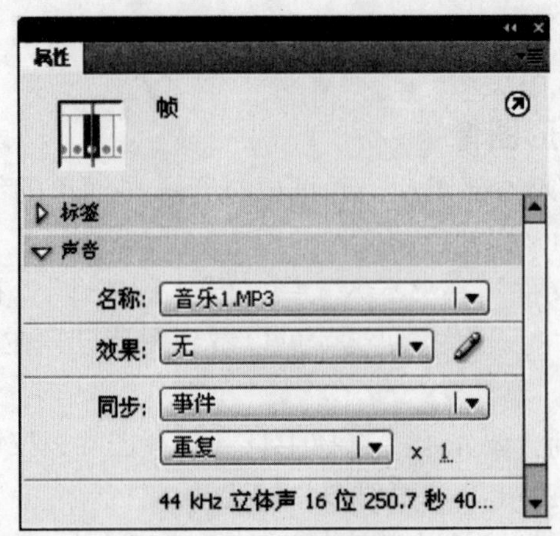

图 7-5-1　声音属性面板

◆效果选项。

◇无：不对声音文件应用效果，选中此选项将删除以前应用的效果。

◇左声道/右声道：只在左声道或右声道中播放声音。

◇向右淡出/向左淡出：将声音从一个声道切换到另一个声道。

◇淡入：随着声音的播放逐渐增加音量。

◇淡出：随着声音的播放逐渐减小音量。

◇自定义：使用“编辑封套”创建声音的淡入点和淡出点，以及声音的播放开始点和结束点。

◆同步选项。

◇事件：声音在它的起始关键帧开始显示时播放，并独立于时间轴播放完整的声音，即使 SWF 动画文件停止播放也会继续。

◇开始：与“事件”选项的功能相近，但如果声音正在播放，使用“开始”选项则不会播放新的声音实例。

◇停止：将使指定的声音静音。

◇数据流：将强制动画和音频流同步。与事件声音不同，音频流随着 SWF 文件的停止而停止。

2. 向按钮添加声音

例如，要在单击按钮时播放声音，可以在库面板中双击要修改的按钮，进入按钮编辑窗口，在按钮的时间轴上添加一个图层，在“按下”一帧中点击键盘上的 F6 键创建关键帧，用鼠标选择该帧，在帧的属性面板中的“声音”选项的下拉列表中选择一个声音文件。

7.5.3　导入使用视频文件

如果电脑上已经安装了 QuickTime 7 或其以上版本，则在导入嵌入视频时支持 MOV、AVI 和 MPG/MPEG 等格式的视频剪辑。

（1）新建文档，并保存在硬盘上的新建文件夹“动画”中，命名为“video. fla”。

（2）导入视频，选择菜单命令“文件”→“导入”→“导入视频”，在“导入视频”对话框的“文件路径”下方的选项中，可以设置部署视频文件的方式，有下面三种：

◆使用回放组件加载外部视频：导入视频并创建 FLVplayback 组件的实例以控制视频回放。

◆在 SWF 中嵌入 FLV 并在时间轴中播放：选择这种方式，视频文件将直接嵌入到影片中，这种方式会增加发布文件的大小，因此适合嵌入较小的视频文件。

◆作为捆绑在 SWF 中的移动设备视频导入：与在 Flash 文档中嵌入视频类似，将视频绑定到 Flash Lite 文档中以部署移动设备。

在这里，我们点击“文件路径”右方的“浏览”按钮，选择一个视频文件“1. mpg”，系统会弹出将该文件进行格式转换的提示窗口，如图 7 – 5 – 2 所示。

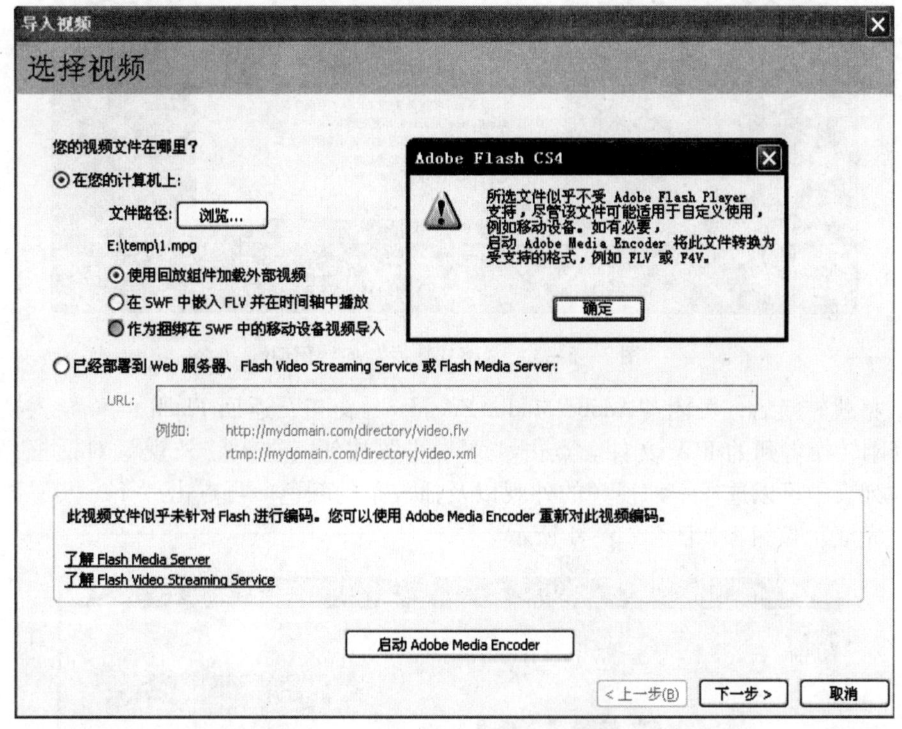

图 7 – 5 – 2　“部署”向导窗口

（3）点击“启动 Adobe Media Encoder”按钮，启动视频转换组件，可以对视频进行格式转换。单击“预设”下方的下拉箭头，可以选择 Flash 视频编码配置文件，在这里我们选择“FLV – 与源相同 Flash 8 和更高版本”，如图 7 – 5 – 3 所示。

单击“输出文件”下方的路径，可以选择编码后的视频的保存位置，在这里，我们把编码后的视频保存在当前 Flash 文档的同一个文件夹“动画”中。

最后点击“开始队列”按钮，就可以开始进行视频的格式转换。

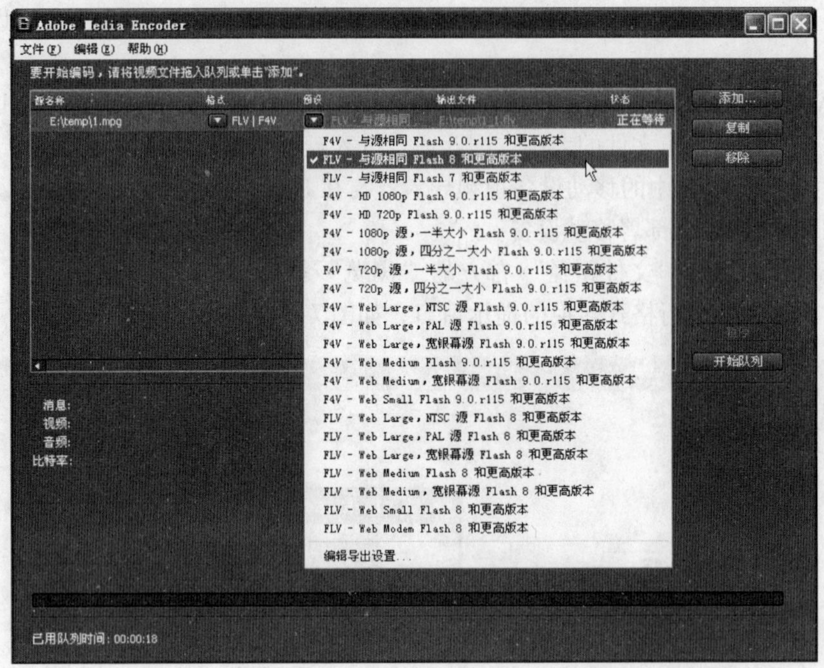

图7－5－3　“格式转换”向导窗口

(4) 格式转换后，关闭“Adobe Media Encoder”窗口，返回Flash的“导入视频”窗口，选择刚转换得到的FLV文件。点击“下一步”按钮，进入“外观”对话框，在“外观”下拉列表中可以选择一种视频的外观以及播放条的颜色。再点击“下一步”按钮，最后点击“完成”按钮。如图7－5－4所示。

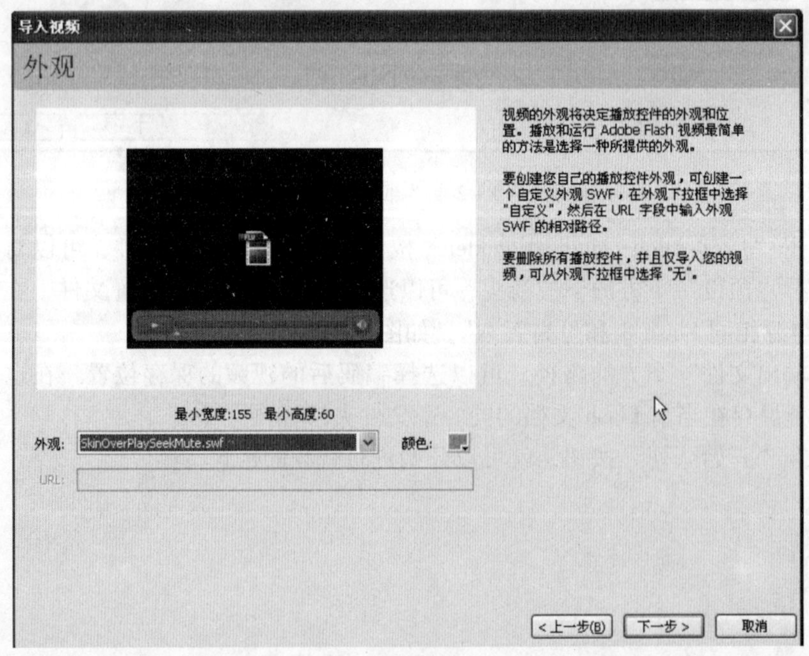

图7－5－4　“导入视频—外观”对话框

（5）按下键盘上的“Ctrl + Enter”键测试动画。打开“动画”文件夹，可以看到该文件夹中对应这个影片的有 4 个文件：video. fla（影片源文件）、video. swf（影片播放文件）、1. flv（视频素材）、SkinOverPlaySeekMute. swf（播放器外观组件影片）。

7.6 制作动画

Flash 中的动画主要有三种类型：逐帧动画、补间动画和脚本动画。逐帧动画是传统的动画制作方式，在传统动画制作中，每一帧都是手绘的，逐帧动画也是相同的道理，通过内容不同的多个关键帧连续播放从而形成动画。脚本动画是通过 Flash 内置的脚本语言 ActionScript 来控制舞台上的影片剪辑。

补间动画是指绘制出开始的关键帧和结束的关键帧，中间的过渡帧由 Flash 补充计算出来。补间动画分两种：动作补间动画和形状补间动画。动作补间动画是同一个对象的属性渐变（如位置、大小、旋转和颜色）而产生的动画效果。动作补间动画又可以演变出引导线动画和遮罩层动画。形状补间动画是两个图形对象之间的变形，如果使用了图形元件、按钮、文字或位图，则必先“打散”后才能制作变形动画。

7.6.1 不同动画类型的时间轴表示

不同动画类型在时间轴上的表示方法也是不同的，颜色、线条以及标志符号各有不同。以下列举了各种动画及其他情况的时间轴表示。

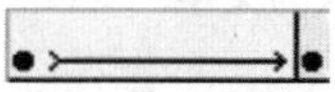

：关键帧之间为浅紫色背景并有从左至右的黑色箭头标志，表示创建的是传统动作补间动画。

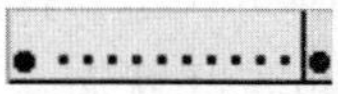

：关键帧之间为浅紫色背景且关键帧之间以虚线连接，表示创建的是传统动作补间动画，但该动画没有创建成功，或在创建时出现操作错误。

：关键帧之间为浅绿色背景并有从左至右的黑色箭头标志，表示创建的是形状补间动画。

：关键帧之间为浅绿色背景且关键帧之间以虚线连接，表示创建的动画为形状补间动画，但该动画没有创建成功，或在创建时出现操作错误。如果碰到这种情况，分别把这两个关键帧的对象打散就可以了。

：浅蓝色背景，第一帧为关键帧，后面再插入的关键帧显示为菱形点，表示创建的是补间动画。

：灰色背景表示对单个关键帧的内容进行延续，以延长该关键帧的播放时间。

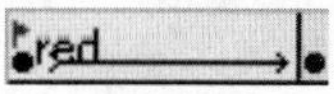

red：关键帧上有一面小红旗表示在该帧上设定了帧标签或注释。

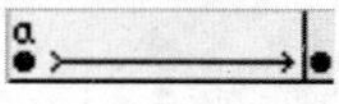

α：关键帧上有小写的“α”符号，表示为该帧添加了 ActionScript 动作脚本，可实现相应的交互动作。

7.6.2 关键帧动画

关键帧动画是把动画中的分解动作一帧帧画出来，每一帧都是关键帧，每个关键帧中创建不同的内容，当连续播放时就形成动画。关键帧动画适合制作变化较大的复杂动画。

◆例子：制作文字跳动关键帧动画。

（1）新建一个 Flash 文档，在属性面板上定义文档大小为 400×150 像素，单击工具箱中的“文本工具”，在属性面板上进行如图 7-6-1 所示的设置，接着在舞台上输入文字“FLASH”，如图 7-6-2 所示。

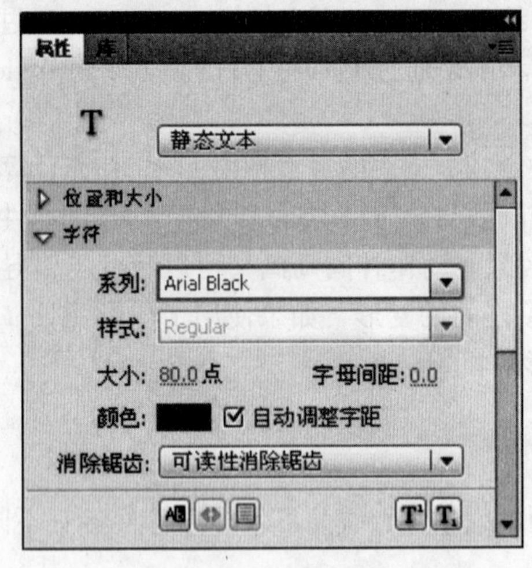

图 7-6-1　文本属性设置

图 7-6-2　输入的文字

（2）使用“选择工具”选择文字，按“Ctrl + B”键打散文字，这时文字块分解为分散的字母，如图 7-6-3 所示。在文字还处于被选择状态下，再次按“Ctrl + B”键，这时文字上都是白色小点，表示文字已被分离为图形，并且当前这些文字处于被选择状态，如图 7-6-4 所示。

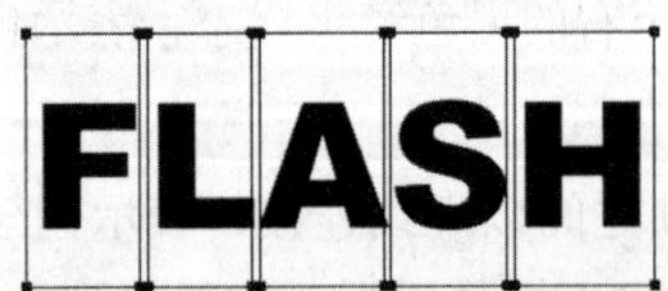

图 7-6-3　第一次按“Ctrl + B”键打散文字

FLASH

图 7-6-4　第二次按“Ctrl + B”键打散文字

（3）选择“颜料桶工具”，在颜色面板上选择彩虹渐变色，可以看到文字自动填充了渐变色，并且每个文字的渐变色各不相同。把工具箱选项区的“锁定填充”按钮取消，再次用“颜料桶工具”点击处于被选择状态的所有文字，可以看到所有文字作为一个对象被填充渐变色，如图 7-6-5 所示。

图 7-6-5　为文字填充渐变色

（4）点击时间轴的第二帧，按 F6 键增加一个关键帧，可以看到第二帧上的内容跟第一帧一样。用“选择工具”选择字母 F，按住 Shift 键再选择 L，按“Ctrl + G”键让这两个字母成组，按照同样方法让 S 和 H 也成组。用“任意变形工具”让这两个组分别向左和向右倾斜一个角度，并将其分别压缩变窄。用“选择工具”把 A 上移一点，再用“任意变形工具”把 A 拉长一点，把填充色改为橙色，如图 7－6－6 所示。

图 7－6－6　对文字进行变形

（5）选择菜单命令“控制”→“测试影片”，或是按快捷键“Ctrl + Enter”，在 Flash 播放器中预览动画效果。由于动画每秒播放 24 帧，速度太快，所以选择菜单命令“修改”→“文档”，在“文档属性”对话框中，更改帧频为“1”，如图 7－6－7 所示。

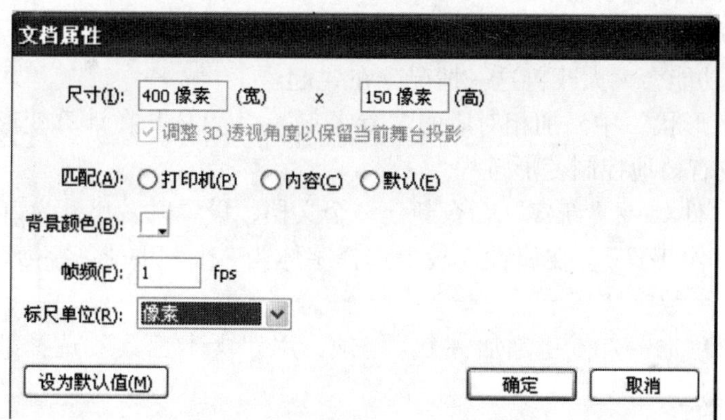

图 7－6－7　修改动画的播放帧频

（6）按快捷键“Ctrl + Enter”预览动画效果。

7.6.3　形状补间动画

形状补间动画是两个图形对象之间的变形。如果使用图形元件、按钮、文字或位图，则必先打散再变形，方法就是选择对象，按“Ctrl + B”键打散该对象。

1. 例子：制作变形动画

（1）新建一个 Flash 文档，在属性面板上定义文档大小为 400 × 150 像素。

（2）用“矩形工具”在舞台上面画出一个矩形。

（3）用鼠标单击时间轴上的第 20 帧，按 F7 键增加一个空白关键帧，用“圆形工具”画一个圆形。

（4）在 1 ~ 20 帧之间的任意一帧上点击鼠标右键，选择弹出菜单“创建补间形状”，如图 7－6－8 所示，时间轴面板的背景色变为淡绿色，在起始帧和结束帧之间有一个长长的箭头。按 Enter 键，可以看到舞台中的“矩形”在移动的过程中变成了“圆形”。

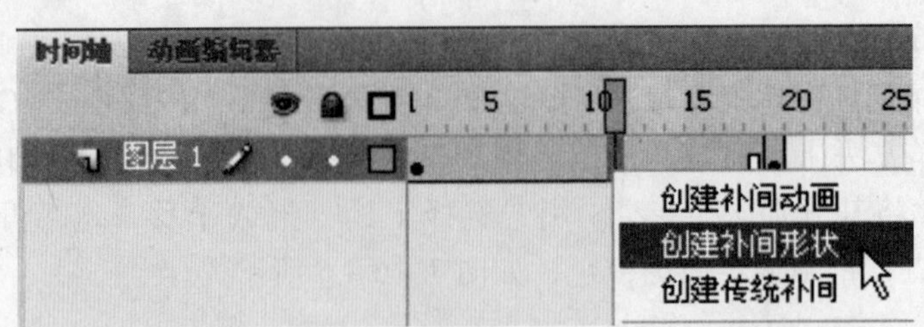

图 7-6-8　选择右击菜单命令"创建补间形状"

(5) 如果想取消矩形在变形过程中的移动，可以通过"洋葱皮工具"进行调整。选择"编辑多个帧"按钮，单击"修改绘图纸标记"按钮，选择"始终显示标记"、"锚记绘图纸"和"所有绘图纸"，如图 7-6-9 所示。分别调整两个图形的位置使其位置重合，那么在变形过程中就不会移动了。

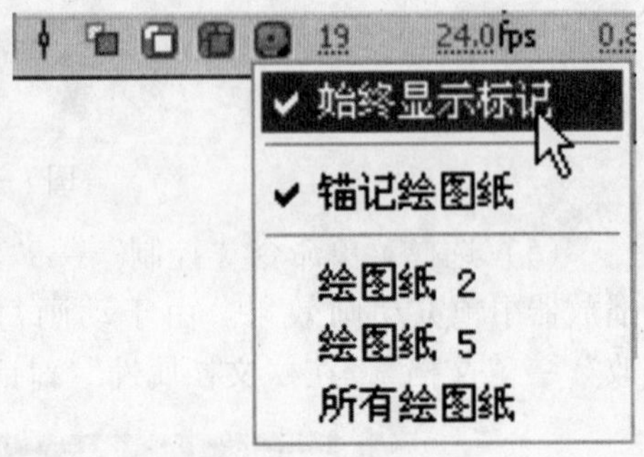

图 7-6-9　洋葱皮工具

2. 例子：添加外形提示点

前后图形差异较大时，变形结果会显得乱七八糟，"形状提示"功能会大大改善这一情况，在"起始形状"和"结束形状"中添加相对应的"参考点"，使 Flash 在计算变形过渡时按一定的规则进行，从而较有效地控制变形过程。

(1) 执行"文件"→"新建"命令新建一个文档，设置舞台尺寸为 200×150 像素。

(2) 选择"文本工具"，在属性面板上选择字体为 Arial Black，字号为 120，颜色为红色，在第一帧中输入数字"1"。

(3) 单击第 20 帧，按 F6 键增加一个关键帧，用"文本工具"选择第二个关键帧中的数字"1"并改为数字"2"。

(4) 用"选择工具"分别选择两个关键帧中的数字"1"和"2"，按"Ctrl + B"键打散。

(5) 在 1~20 帧之间的任意一帧点击右键，选择弹出菜单"创建补间形状"命令。

(6) 按快捷键"Ctrl + Enter"预览动画效果，可以看到变形效果比较乱。

(7) 选择第一帧，选择菜单命令"修改"→"形状"→"添加形状提示"，图形上会出现一个小 a，进行同样操作，出现小 b，两个字母会重叠在一起。确认工具栏上的"贴紧至对象"按钮已被选中，用鼠标左键单击并按住 b 拖放到数字"1"的右下角，再把 a 拖放到左上角。选择第 20 帧，分别调整提示 a 和 b 到数字"2"的左上角和右下角，如图 7-6-10 所示。

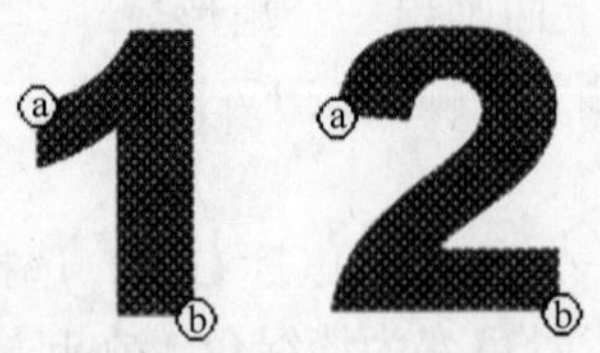

图 7-6-10　添加形状提示

安放调整成功后，开始帧上的“提示圆圈”变为黄色，结束帧上的“提示圆圈”变为绿色，安放调整不成功或不在一条曲线上时，“提示圆圈”颜色不变。

（8）按快捷键“Ctrl + Enter”预览动画效果，可以看到较之先前，变形效果变得很有规则了，如图7－6－11所示。

图7－6－11 原来的动画与添加了变形提示的动画效果对比

3. 形状补间动画属性面板的两个参数

（1）“缓动”选项。“0”表示默认情况下，补间帧之间的变化速率是不变的。把鼠标放在“0”上面，鼠标指针会变为，按住鼠标左键左右拖动，或是输入具体的数值，形状补间动画会随之发生相应的变化。

◆数值在1～100之间，动画运动的速度从慢到快，朝运动结束的方向加速补间。

◆数值在1～100之间，动画运动的速度从快到慢，朝运动结束的方向减速补间。

（2）“混合”选项。

◆角形：创建的动画中间形状会保留明显的角和直线，适合于具有锐化转角和直线的混合形状。

◆分布式：创建的动画中间形状比较平滑和不规则。

小提示

添加外形提示点的技巧：将变形提示从形状的左上角开始按逆时针顺序摆放，形状提示要放在形状的边缘才能起作用。在调整形状提示位置前，要选择工具栏上的“贴紧至对象”按钮，这样会自动把“形状提示”吸附到边缘上。另外，要删除所有的形状提示，可执行菜单命令“修改”→“形状”→“删除所有提示”。删除单个形状提示，选择动画的起始关键帧，用鼠标右键单击它，在弹出菜单中选择“删除提示”。

7.6.3 传统补间动画

传统补间动画适用于成组的图形和元件。

◆制作位置运动动画。

（1）笔触颜色为黑色，填充色为蓝色，使用“矩形工具”在舞台中绘制一个矩形，使用“选择工具”选择矩形，右击鼠标选择弹出菜单“转换为元件”，移动矩形到舞台的左边。

（2）在第20帧处按F6键，添加关键帧，用“选择工具”把矩形移动到舞台的右边。

（3）在1～20帧之间的任意一帧点击右键，选择弹出菜单“创建传统补间”命令。

（4）按快捷键“Ctrl + Enter”预览动画效果，可以看到舞台中的矩形从左边移动到右边。

◆制作旋转动画。

（5）在第30帧处按F6键，添加关键帧，在20～30帧之间的任意一帧点击右键，选择弹出菜单“创建传统补间”命令。

（6）单击20～30帧之间的任意一帧，打开属性面板，在“补间”区中的“旋转”下拉列表中选择“顺时针”，右边还有个数字输入框，可以定义旋转的次数默认为1，如图7－6－12所示。

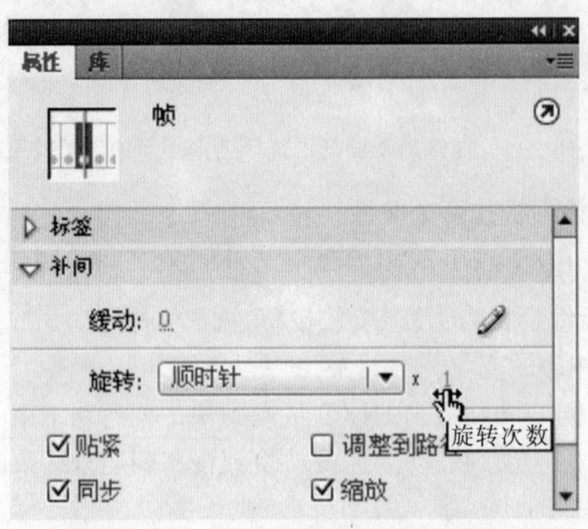

图7－6－12 在帧属性面板上设置旋转

（7）按快捷键“Ctrl + Enter”预览动画效果，可以看到矩形从左边移动到右边后，原地顺时针旋转一周。例如，车轮、表针的旋转也可以使用这种方法来制作。

◆制作变色动画。

（8）在第40帧处按F6键，添加关键帧，把第40帧的矩形用“选择工具”移动到舞台的上方，在30～40帧之间的任意一帧点击右键，选择弹出菜单“创建传统补间”命令。

（9）选择第40帧，再用“选择工具”选择舞台中的矩形，在矩形元件实例属性面板的色彩效果区中的“样式”下拉列表中选择Alpha，定义值为“0%”，如图7－6－13所示。

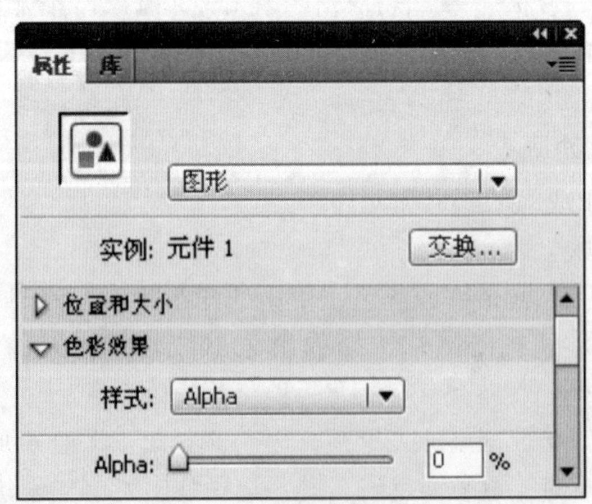

图7－6－13 在实例属性面板调整色彩效果

（10）按快捷键“Ctrl + Enter”预览动画效果，可以看到矩形从左边移动到右边后，原地顺时针旋转一周，然后逐渐变为透明。

7.6.4 运动引导层动画

在 Flash 动画中，物体可以按照设计好的路线进行移动，实现这种移动的方法就是 Flash 的运动引导层。下面制作一个椭圆沿路径运动的动画。

（1）使用“椭圆工具”在舞台中绘制一个椭圆，使用“选择工具”选择椭圆，右击鼠标选择弹出菜单“转换为元件”命令。

（2）在第 20 帧处按 F6 键，添加关键帧，用“选择工具”移动椭圆的位置。

（3）在 1 ~ 20 帧之间的任意一帧点击右键，选择弹出菜单“创建传统补间”命令。

（4）在时间轴上“图层 1”上面单击鼠标右键，在弹出菜单中选择“添加传统运动引导层”命令，如图 7 - 6 - 14 所示。

（5）这时“图层 1”上就增加了一个图层，名称为“引导层：图层 1”，如图 7 - 6 - 15 所示，点击引导层第一帧，使用“铅笔工具”在引导层中绘制一条线段。

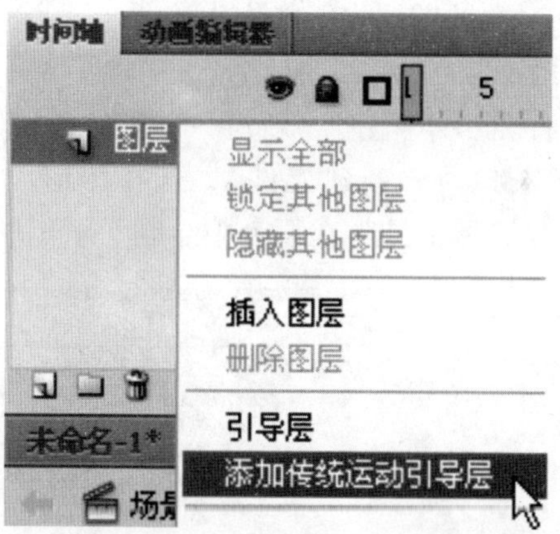

图 7 - 6 - 14 选择右击菜单“添加传统运动引导层”

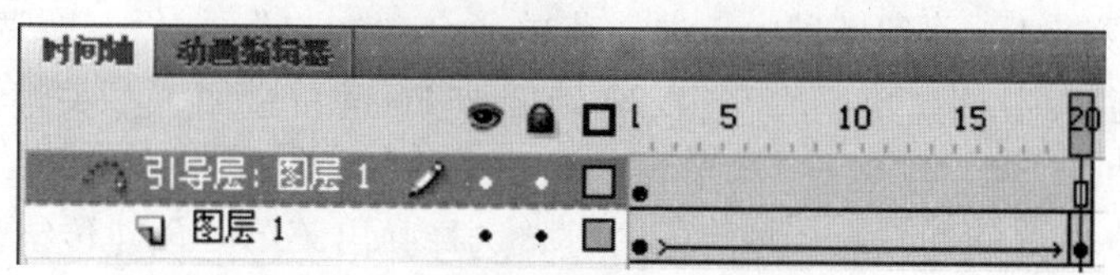

图 7 - 6 - 15 添加引导层

（6）使用“选择工具”调整椭圆的位置，点击“图层 1”第一帧，拖动椭圆，使其中心点对准线段的起始端点，如图 7 - 6 - 16 所示；接着点击第 20 帧，拖动椭圆，使其中心点对准线段的尾端。

图 7－6－16　调整椭圆对准线段的起始和尾部端点

（7）引导层动画制作完成后，按快捷键“Ctrl ＋ Enter”预览动画效果，可以看到椭圆随着引导层中复杂的路线在移动。

7.6.5　制作遮罩效果动画

在遮罩效果动画中，位于其下方的“被遮罩层”中的内容只能通过“遮罩层”的形状显示出来。在一个遮罩动画中，“遮罩层”只有一个，“被遮罩层”可以有多个。

可以在“遮罩层”、“被遮罩层”中分别或同时使用形状补间动画、动作补间动画或引导线动画等，从而使遮罩动画变成一个可以施展无限想象力的创作空间。不能对遮罩层上的对象使用 3D 工具，包含 3D 对象的图层也不能作为遮罩层。

1. 制作变色文字遮罩动画

（1）选择菜单命令“文件”→“新建”，新建一个文档，设置舞台尺寸为 200 × 150 像素。

（2）选择菜单命令“插入”→“新建元件”，选择图形元件类型，笔触颜色为黑色，填充色为彩虹渐变色，使用“矩形工具”在舞台中绘制一个矩形，如图 7－6－17 所示。

图 7－6－17　绘制一个渐变色矩形

（3）点击“场景 1”回到场景中，选择菜单命令“窗口”→“库”调出库面板，从库中把“元件 1”拖放到舞台的左边，在第 20 帧处按 F6 键，增加一个关键帧，把“元件 1”拖放到舞台的右边。

（4）在 1～20 帧之间的任意一帧点击右键，选择弹出菜单“创建传统补间”命令。

（5）选择图层面板上面的“新建图层”按钮，创建新图层“图层 2”，选择“文本工具”，在属性面板上选择字体为 Arial Black，字号为 120，在“图层 2”输入“flash”。调整文本的位置，使其与矩形水平重合，如图 7－6－18 所示。

图 7－6－18　输入文字

(6) 在时间轴上的“图层 1”上面单击鼠标右键，在快捷菜单中选择“遮罩层”命令，层图标就会从普通层图标变为遮罩层图标，系统会自动把遮罩层下面的一层关联为“被遮罩层”，在缩进的同时图标变为，如图 7－6－19 所示。如果想关联更多层被遮罩，只要把这些层拖到“被遮罩层”下面就行了。

图 7－6－19　添加遮罩层

(7) 动画制作完成，按快捷键“Ctrl ＋ Enter”预览动画效果，可以看到渐变色矩形的运动透过文字的轮廓显示出来，如图 7－6－20 所示。

flash

图 7－6－20　动画效果

2. 制作望远镜效果遮罩动画

(1) 选择菜单命令“文件”→“新建”，新建一个文档，设置舞台尺寸为 200×150 像素。

(2) 选择菜单命令“插入”→“新建元件”，选择图形元件类型，使用“圆形工具”在舞台中绘制一个圆形，用“选择工具”框选这个圆形，按键盘上的“Ctrl＋C”键复制，再按“Ctrl＋V”键粘贴，用“选择工具”框选两个圆形，选择菜单命令“窗口”→“对齐”面板，选择顶端对齐，形成望远镜的两个镜片，如图 7－6－21 所示。

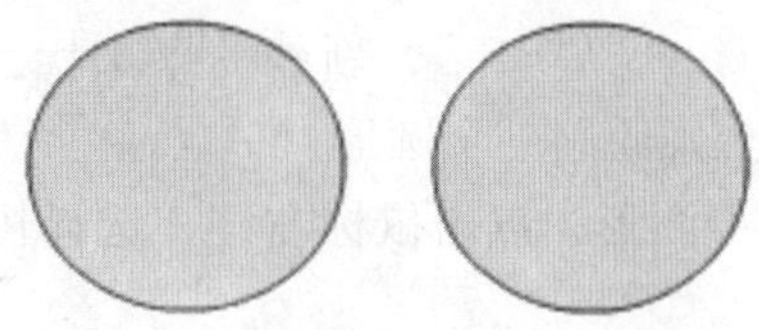

图 7－6－21　绘制望远镜镜片

(3) 点击“场景 1”回到场景中，选择菜单命令“文件”→“导入”→“导入到舞台”，选择一幅外部图片，点击“确定”按钮，可以看到舞台上增加了一幅图片。在第 60 帧处单击鼠标，按 F5 键添加普通帧。

(4) 选择图层面板上面的“新建图层”按钮，创建新图层“图层 2”，再选择菜单命令“窗口”→“库”调出库面板，从库中把“元件 1”拖放到舞台的左边，在第 20 帧处按 F6 键，增加一个关键帧，把“元件 1”拖放到舞台的右边。在第 40 帧处按 F6 键，增加一个关键帧，把“元件 1”拖放到舞台的下方。在第 60 帧处按 F6 键，增加一个关键帧，把“元件 1”拖放到舞台的左边。

(5) 在 1～20、20～40、40～60 帧之间的任意一帧点击右键，选择弹出菜单“创建传统补间”命令。

（6）在时间轴上的“图层1”上面单击鼠标右键，在快捷菜单中选择“遮罩层”命令。

（7）按快捷键“Ctrl + Enter”预览动画效果，如图7-6-22所示。

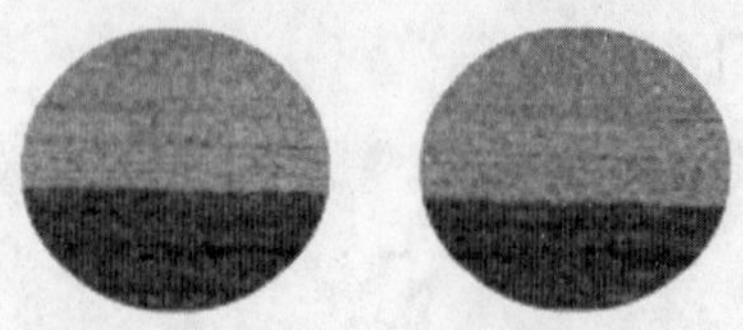

图7-6-22　预览动画效果

小提示

制作遮罩动画的技巧：遮罩层只能是一个图层，而被遮罩层可以是好多个层。做动画可以在遮罩层也可以在被遮罩层，当我们需要遮罩层的动画比较复杂的时候，可以把动画做到一个影片剪辑里面去。线不能做遮罩，所以如果是用线画出来的形状，可以选择菜单命令“修改”→“形状”→“把线条转换为填充”，把线转换为填充。要对文字做遮罩得先将文字打散为形状，连续按两次快捷键“Ctrl + B”。有的时候遮罩层有好多个形状，做出来的效果只有一部分有效，这时可尝试把所有形状剪切再重新粘贴一下。

7.6.6　补间动画

在前面创建动画时，我们会发现快捷菜单中除了“传统补间”和“补间形状”外，还有个“补间动画”。“传统补间”是指Flash CS4之前的版本中基于关键帧的运动渐变动画，而“补间动画”比“传统补间”方法更加简单，可变性更强。传统补间动画功能可以应用于“组”，而补间动画应用于“元件”，创建图形元件、按钮元件、影片剪辑元件都可以选择创建补间动画。

◆创建补间动画。

（1）选择菜单命令“文件”→“新建”，新建一个文档。笔触颜色为黑色，填充色为蓝色，使用“圆形工具”在舞台中绘制一个圆形。

（2）使用“选择工具”选择圆形，点击鼠标右键，选择快捷菜单命令“转换为元件”，选择类型为“图形元件”。

（3）按下键盘F5键，延长帧到30处。

（4）这时可以在1~30帧任意一帧处点击右键，选择“创建补间动画”命令。

（5）用鼠标点击第20帧处，移动圆形到右边，这时我们会发现时间轴上出现了一个黑色菱形，而舞台中出现了一条带有很多小点的线段；用鼠标点击第30帧处，移动圆形到下边，时间轴上第30帧处又多了一个菱形，同时舞台上也多了一条线段。这两条线段就是补间动画的运动路径，线段上有一些端点，每个端点代表了时间轴上的一个帧，如图7-6-23所示。

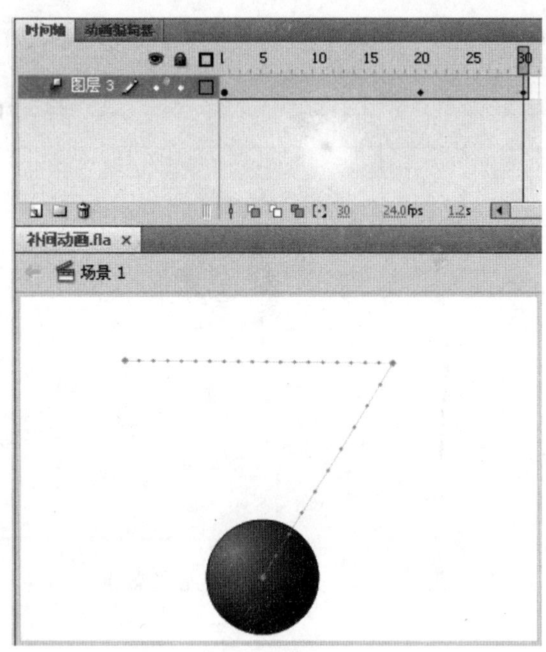

图 7－6－23　创建补间动画

（6）使用“选择工具”可以对运动路径进行调整，如弯曲的调整。使用“部分选取工具”可以对线段进行弧线角度的调整，如调整弯曲角度，只需单击两端的顶点，就会出现控制柄，通过调整控制柄就可以改变运动路径弯曲的设置。

（7）使用动画编辑器来编辑补间动画的属性。选择时间轴中的补间范围，动画编辑器就会显示该补间动画的属性曲线。动画编辑器可以对关键帧属性进行细致的控制，可以添加、删除、移动属性关键帧。

在动画编辑器中点击第 15 帧，在左侧的“基本动画”区中，把“旋转 Y”的值改为 180 度；点击第 30 帧，把“旋转 Y”的值改为 360 度，如图 7－6－24 所示。

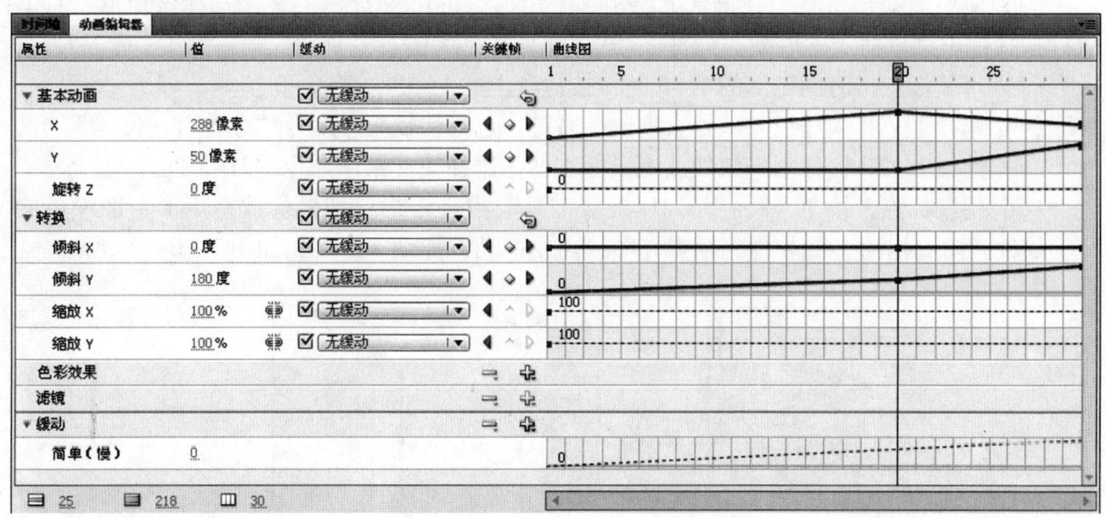

图 7－6－24　动画编辑器

（8）按快捷键“Ctrl + Enter”预览动画效果，如图7－6－25所示。

图7－6－25 补间动画的预览效果

小提示

传统补间动画的制作过程是做好开始帧和结束帧，然后创建动画。而补间动画则是做好开始帧，创建动画，然后再选中对应帧改变对象属性，补间动画只需要创建一次关键帧即可产生补间动画，可以随时把动画转化为逐帧技术的表现形式，为3D对象创建动画效果只能使用补间动画，补间动画还可以使用动画编辑器调制出精确的补间效果。

传统补间动画允许帧脚本，补间动画不允许帧脚本。若要在补间动画范围中选择单个帧，必须按住Ctrl（Windows）或Command（Macintosh）键再单击帧。

7.6.7 创建3D旋转动画

（1）新建文档，选择新建文档类型为“Flash文件（ActionScript 3.0）”。

（2）使用“矩形工具”在舞台上绘制一个矩形，再用“选择工具”选择该矩形，右击鼠标选择弹出菜单命令“转换为元件”，选择元件类型为“影片剪辑”。

（3）用鼠标点击时间轴上的第30帧，按键盘上的F5键，延长30帧。

（4）选择1～30帧任意一帧处点击鼠标右键，选择快捷菜单命令“创建补间动画”。

（5）选择1～30帧任意一帧处点击鼠标右键，选择快捷菜单命令“3D补间”。

（6）用鼠标点击第30帧，用“3D旋转工具”点击矩形，把鼠标放在矩形上面绿色的Y轴控件，向上拖动Y轴控件到顶点并继续向左拖动，拖动180度，如图7－6－26所示。

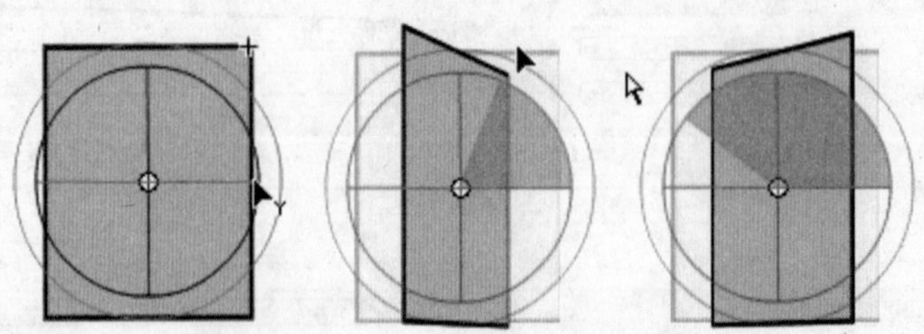

图7－6－26 用“3D旋转工具”旋转矩形

（7）按快捷键“Ctrl + Enter”预览动画效果，可以看到矩形绕 Y 轴旋转 180 度。

7.6.8 骨骼动画

（1）新建文档，选择新建文档类型为“Flash 文件（ActionScript 3.0）”。

（2）使用“圆形工具”在舞台上绘制一个圆形，再用“选择工具”选择该圆形，右击鼠标选择弹出菜单“转换为元件”，选择类型为“图形元件”。

（3）按住键盘上的 Alt 键，用鼠标拖动该圆形元件到右边，每拖动一次就可以复制一个圆形，复制了 5 个圆形，然后选择“对齐”面板中的和按钮，使得这 6 个圆形元件实例顶端对齐并且间隔均匀，如图 7 – 6 – 27 所示。

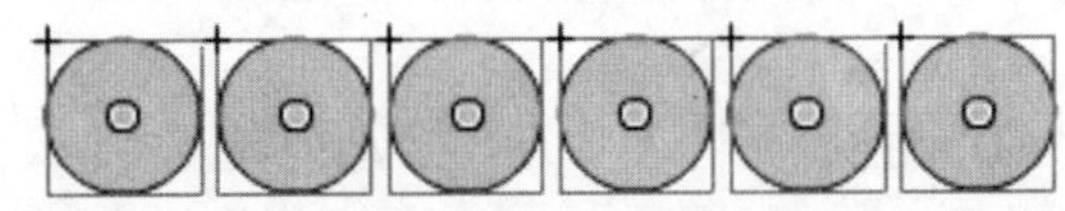

图 7 – 6 – 27　复制圆形元件

（4）把这些对象连接起来创建骨架。选择“骨骼工具”，从第一个圆形元件开始，按住鼠标左键不放，拖向下一个元件实例把它们连接起来，松开鼠标的时候，在两个元件实例中间将会出现一条表示骨骼段的实线，重复这个过程把第二个元件实例和第三个元件实例连接起来，直到所有的元件实例都用骨骼连接起来，如图 7 – 6 – 28 所示。

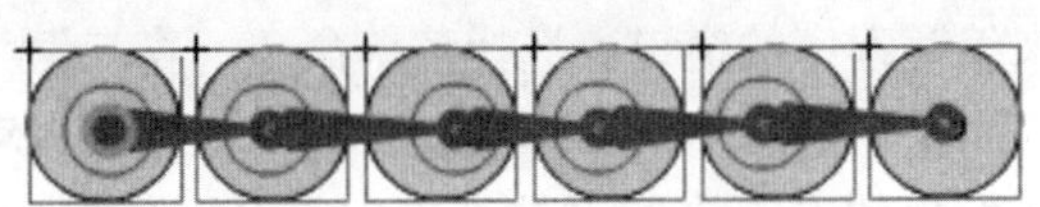

图 7 – 6 – 28　创建骨架

（5）创建骨骼后，被骨骼关联的元件都移动到“骨架”图层中。选择“选取工具”，并拖动链条中的骨骼，可以控制整个骨架。创建骨骼后，如果需要对某个元件中骨骼绑定的形状点的位置进行调整，可以使用“任意变形工具”调整元件的形状点位置，如图 7 – 6 – 29 所示。

（6）用鼠标点击时间轴上的第 20 帧，按键盘上的 F5 键，延长到 20 帧。

（7）拖动链条中的骨骼，改变骨架，如图 7 – 6 – 30 所示，Flash 会在当前帧数上插入一个关键帧，并插入新的姿势。

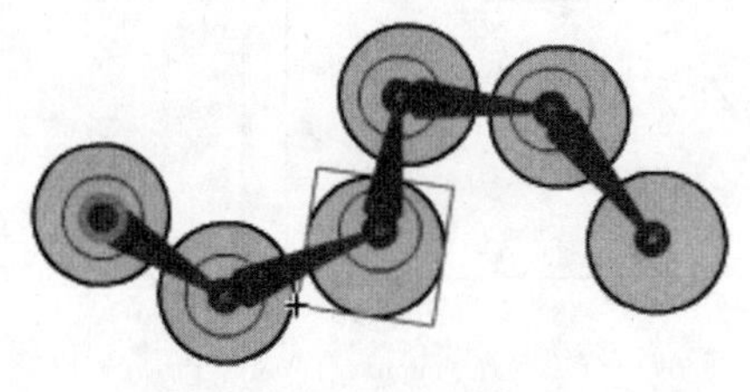

图 7 – 6 – 29　调整骨骼

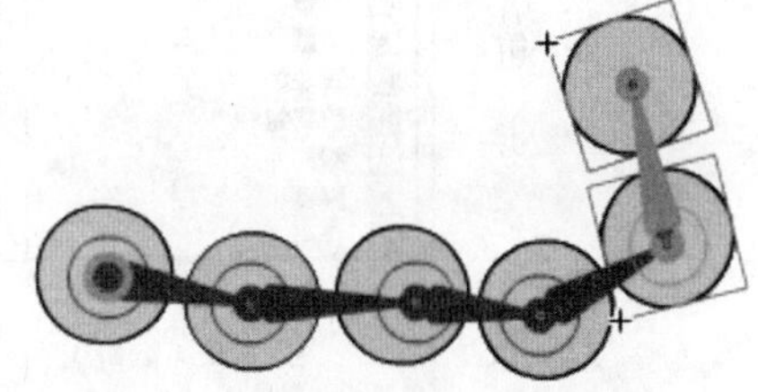

图 7 – 6 – 30　改变骨架插入新姿势

（8）按快捷键“Ctrl + Enter”预览动画效果。

7.7 制作交互动画

ActionScript 是 Flash 的脚本语言，它是一种面向对象的编程语言。通过 ActionScript 语言可以给动画添加交互性。普通动画是按顺序从头到尾播放的，而在交互动画中用户可以通过使用键盘或鼠标与动画进行交互。ActionScript 3.0 提供了强大的、面向对象的编程语言。在新建 Flash 文档时，究竟是选择 ActionScript 3.0 还是 ActionScript 2.0，主要是根据项目的大小和要求来决定。如果只是简单的交互动画制作或影片的控制、游戏的开发，使用 ActionScript 2.0就可以了；如果是开发大型的基于互联网的应用程序，则应该选择 ActionScript 3.0。

如果在动画中使用“3D 转换工具”和“反向运动工具”，那么在新建文档时就应选择 ActionScript 3.0，或在菜单命令“文件”→“发布设置”对话框的“Flash”选项中将 ActionScript 3.0 指定为“脚本”设置。

本节介绍动作面板的组成与使用方法，使用动作面板给动画添加 ActionScript 语言，并通过例子介绍如何创建简单的交互动画。

7.7.1 动作面板的使用

动作面板是专门用来编写程序的窗口。选择菜单命令“窗口”→“动作”，打开动作面板。面板右侧的脚本窗口用来创建脚本，用户可以在其中直接编辑动作，也可以输入动作的参数或删除动作。在动作面板的左上方的下拉列表中，可以选择 ActionScript 的版本。创建的动画类型不同，所选择的 ActionScript 版本也不相同，例如不能把 ActionScript 3.0 脚本添加到基于 ActionScript 2.0 所创建的动画文件中。

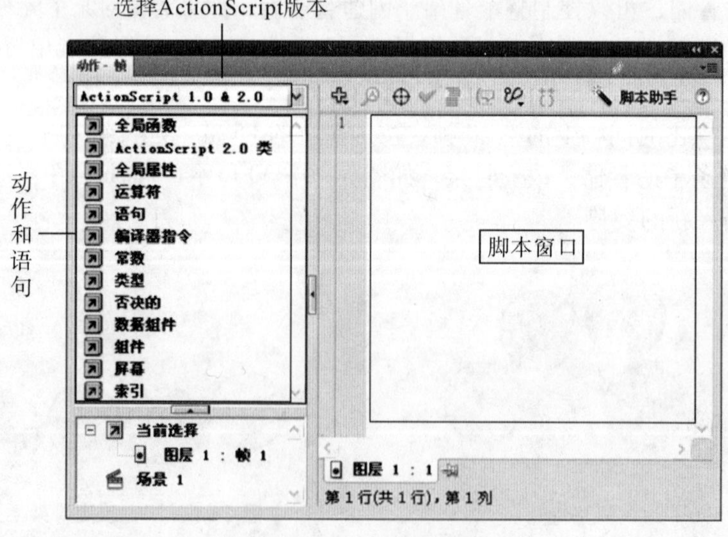

图 7－7－1 动作面板

面板左侧中部以分类的方式列出了 Flash 的所有动作及语句，用户可以用双击或拖曳的方式将需要的动作放置到右侧的脚本窗口中。在面板的右上角有一个“脚本助手”按钮，使用“脚本助手”可以快速、简单地编辑动作脚本，适合初学者使用。

7.7.2 添加动作的位置

ActionScript 语言可以添加到动画中的关键帧、按钮元件和影片剪辑元件中。给关键帧添加动作，动画播放到该帧时就会自动执行该动作，添加动作后，在关键帧上会显示一个“α”标记，如图 7-7-2 所示。

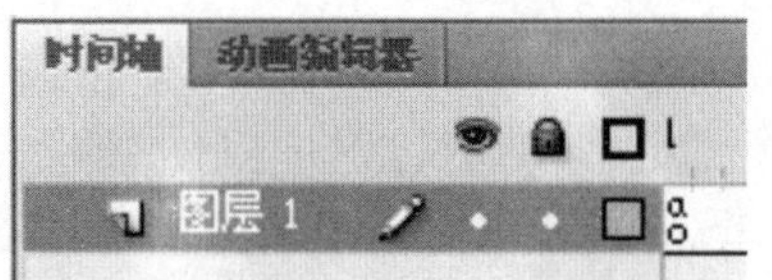

图 7-7-2 添加动作的帧

给按钮元件添加动作，可以通过按钮来控制影片的播放或控制其他元件。这些动作或程序是在特定的按钮事件发生时才会执行，如点击按钮时执行。每个按钮实例都可以有自己的动作，不会互相影响。给按钮元件添加动作的方法是先选择舞台上的按钮元件实例，然后在“动作”面板的标题栏就可以看到“动作—按钮”，在面板左侧的下部还显示了当前所选择的对象，表明当前所添加的脚本语言是赋予按钮元件的，如图 7-7-3 所示。

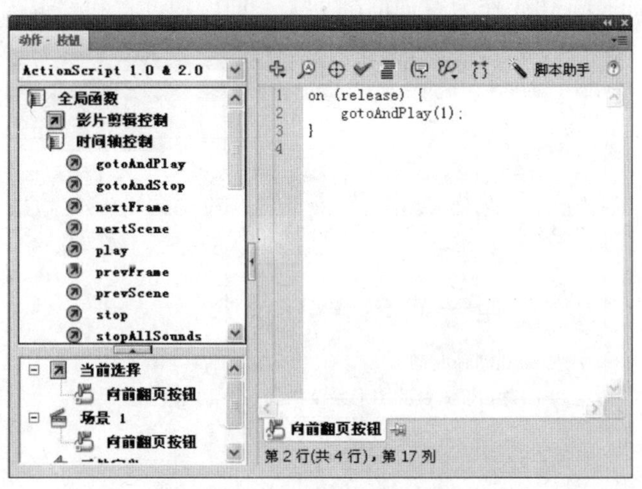

图 7-7-3 给按钮元件添加脚本

给影片剪辑元件添加动作，当装载影片剪辑或播放影片剪辑到达某一帧时，分配给该影片剪辑的动作将被执行。

7.7.3 ActionScript 基本语句的应用

下面介绍 Flash 中最常用的一些基本函数，并通过一个实例来熟悉它们的使用。例子中所使用到的有控制影片播放的语句 play 和停止语句 stop、跳转到影片中指定的帧或场景的 goto 语句、Flash 播放器控制语句 fscommand。

◆例子：制作幻灯片课件。

（1）新建文件，选择菜单命令“文件”→“新建”，在“新建文档”窗口中选择文件类型“Flash 文件（ActionScript 2.0）”。

（2）选择菜单命令“插入”→“新建元件”，新建一个按钮元件，命名为“跳转按钮”，在按钮编辑窗口的“弹起”状态画出一个绿色的向左三角形，复制粘贴该三角形，把两个三角形叠放在一起，如图 7-7-4 所示。用鼠标点击第二帧，即“指针经过”状态帧，按键盘上的 F6 键将其加入关键帧，用“颜料桶工具”把三角形调整为蓝色。

（3）点击面板上的“场景 1”回到场景中，双击第一层名称并重命名为“内容”。在“内容”层的第一帧用“文本工具”输入文字，如“第一节”（在属性面板中修改文字属性，如大小、字体和颜色）；用鼠标点击第二帧，按键盘上的 F6 键将其加入关键帧，用“文本工具”把文字修改为“第二节”的内容；用鼠标点击第三帧，按键盘上的 F6 键将其加入关键帧，用“文本工具”把文字修改为“第三节”的内容。在每一帧中可以放置文字、图片、影片剪辑等多媒体素材。

（4）在图层面板上点击“+”增加新层，新增层的默认帧数与第一层的默认帧数一样为 3 帧，双击该层名称并重命名为“按钮”。

选择菜单命令“窗口”→“库”，调出库面板，把按钮元件“跳转按钮”拖到舞台的右下方，重复三次，这样舞台上就有 3 个向左的三角形按钮；选择第二个按钮，再选择菜单命令“修改”→“变形”→“水平翻转”，使三角形朝向右；选择第，3 个按钮，再选择菜单命令“修改”→“变形”→“顺时针旋转 90 度”，使三角形朝向上，这样，3 个按钮就可以分别加上 ActionScript 语句作为“向前翻页”、“向后翻页”和“退出”功能按钮。

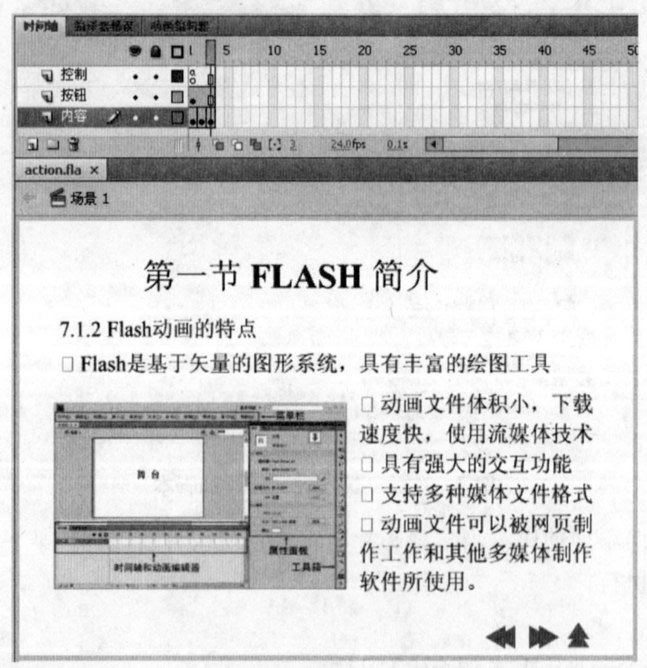

图 7-7-4　幻灯片课件的界面

（5）选择菜单命令“窗口”→“动作”，打开动作面板，点击“脚本助手”按钮，选择“向前翻页”按钮，在“动作”面板中的“全局函数”→“时间轴控制”下双击“goto”，使“go to and play（1）”出现在右边的空白框中。用鼠标点击这一语句，在面板下方的“类型”一栏中选择“前一帧”。这样，点击该按钮就可以跳转到上一页，接着双击“stop”，如图 7－7－5 所示。

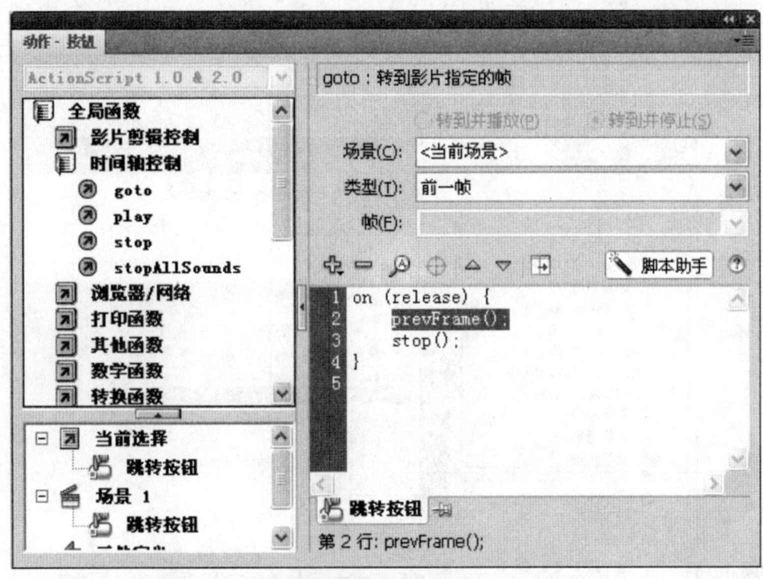

图 7－7－5　“向前翻页”按钮所添加的脚本

（6）选择“向后翻页”按钮，在动作面板中的“全局函数”→“时间轴控制”下双击“goto”，使“go to and play（1）”出现在右边的空白框中。用鼠标点击这一语句，在面板下方的“类型”一栏中选择“下一帧”。这样，点击该按钮就可以跳转到下一页，接着双击“stop”，如图 7－7－6 所示。

图 7－7－6　“向后翻页”按钮所添加的脚本

（7）在时间轴的第一帧上右击鼠标，选择菜单命令“动作”，弹出动作面板，点击“脚本助手”按钮，在“全局函数”→“时间轴控制”一栏中双击“stop”，使“stop”出现在右边的空白框中。这样，动画开始播放后就会停在第一帧，而不是从头到尾循环播放。

在左边“浏览器/网络”一栏中双击“fscommand”，“fscommand”会出现在脚本编辑窗口的第二行，在其上方的“命令”一栏中输入“fullscreen”，“参数”为“true”，这样就可以实现全屏观看生成的动画效果，如图7-7-7所示。

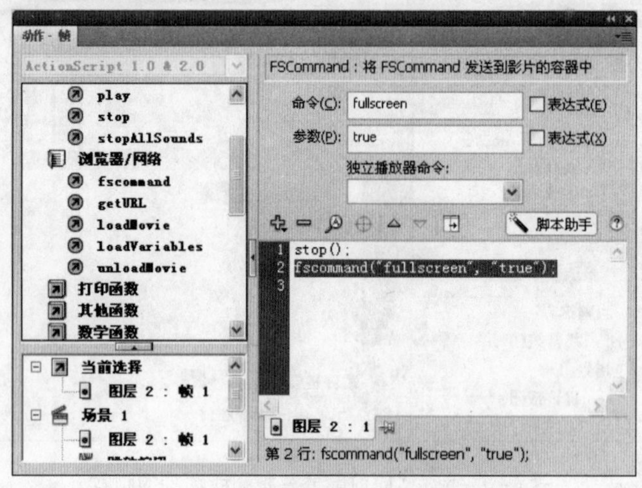

图7-7-7　给按钮元件添加脚本

（8）选择“退出”按钮，在“动作”面板的“浏览器/网络”一栏中双击“fscommand”，在其上方的“命令”一栏中输入“quit”，这样就可以退出动画的播放。

（9）选择菜单命令“文件”→“导出”→“导出影片”，输入文件名，导出动画。

7.8　发布动画

发布动画可以选择菜单命令“文件”→“导出”导出图形或动画，也可以使用菜单命令“文件”→“发布”。使用“导出”命令一次只能导出一种指定格式的文件，“发布”命令一次可以导出多个不同格式的文件。

1. 导出图像

（1）选取某一帧或选择场景中要导出的图形。

（2）执行“文件”→“导出”→“导出图像”命令，打开“导出图像”对话框。

（3）在对话框的“保存在”下拉列表框中指定文件导出的路径，在“文件名”文本框中输入文件名称，在“保存类型”下拉列表框中选择图像保存的类型。

2. 导出影片

选取某帧或场景中要导出的影片及其片段。执行“文件”→“导出”→“导出影片”命令，打开“导出影片”对话框。在该对话框的“保存在”下拉列表框中指定文件导出的路径，在“文件名”文本框中输入文件名称，在“保存类型”下拉列表框中选择影片保存的类型，在此选择“Flash 影片（*.swf）”。

3. 发布动画

使用“发布”命令，可以生成 SWF 格式的影片文件，可以将 Flash 影片发布成其他格式，如 GIF、JPEG、PNG 和 QuinkTime，还可以生成相应的 HTML 网页文件；可以单独导出一种格式的文件，也可以同时导出多种格式的文件。

选择菜单命令“文件”→“发布设置”，可弹出“发布设置”对话框，如图 7－8－1 所示，在默认情况下只有两种发布格式，可以选择其他复选框选项来选择不同的发布格式。

选择“Flash”选项，可以对要生成的 Flash 动画文件进行设置。在“JPEG 品质”一栏中可以设置动画中导入的 JPEG 图像文件，输入的值越低，图像品质越低，生成的文件就越小；输入的值越高，图像品质越高，生成的文件就越大。

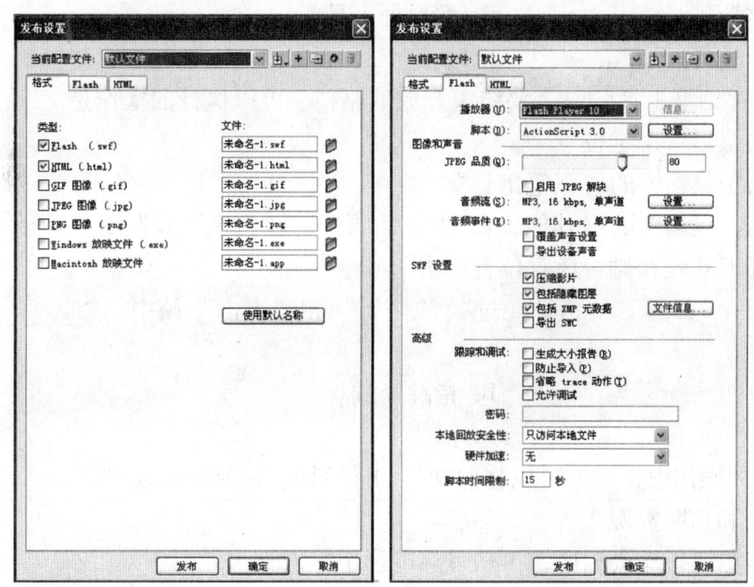

图 7－8－1 “发布设置”对话框

如果需要在 Web 浏览器中显示 Flash 动画，就必须创建一个用来包含动画的 HTML 网页文件，通过“发布设置”对话框进行发布，可以自动生成相应的 HTML 网页。选择“HTML”选项，其中“匹配影片”表示将发布的尺寸设置为动画的实际尺寸大小；“像素”表示用于设置影片的实际宽度和高度，选择该项后可在“宽度”和“高度”文本框中输入具体的像素值；“开始时暂停”用于使动画一开始处于暂停状态，直到用户单击按钮或从快捷菜单中选择“播放”后才开始播放。

【练习题】

一、填空题

1. Flash 影片的源文件格式为__________。

2. 使用“矩形工具”绘制一个正方形，应该在绘制过程中同时按住键盘上的______键。

3. 要使舞台上的对象以 100% 的大小显示出来，可以双击“工具箱”中的“________工具”。

4. 在 Flash 中，文本类型有__________、__________和__________。

5. 在 Flash 中，帧分为________、________、________和________几种类型。

二、选择题

1. 使用“擦除工具”时，如果在擦除模式中选择内部擦除，这意味着____。
   A. 只擦除填充区域，不影响线段和文字
   B. 只擦除当前选定的区域，线条和文字无论选中与否，均不受影响
   C. 只擦除被“擦除工具”最先选中的填充区域，线条和文字均不受影响
   D. 只擦除线条，填充区域和文字不受影响
2. 选择工具箱中的“滴管工具”，当单击填充区域时，该工具将自动变成“____”。
   A. 墨水瓶工具　　B. 颜料桶工具
   C. 刷子工具　　D. 钢笔工具
3. 在使用“钢笔工具”时，要结束开放的路径，可以执行的操作是____。
   A. 双击最后一个定位点
   B. 单击工具箱中的“钢笔工具”
   C. 单击工具箱中的“其他工具”，然后再选择“钢笔工具”
   D. 按住 Ctrl 键在舞台任意位置单击
4. 按钮元件“弹起”、“指针经过”、“按下”和“点击”帧中，“____”帧在舞台上是可见的。
   A. 弹起　　B. 指针经过
   C. 按下　　D. 点击
5. 以下几种操作中，____可以将源文档的库资源复制到目标文档中。
   A. 复制和粘贴资源
   B. 导出源电影库资源后，再从目标电影中导入
   C. 直接拖放所需资源
   D. 在目标电影中打开源电影的库，然后将源电影中的库资源拖动到目标电影中

三、思考题

1. 什么是动画？Flash 动画的特点是什么？
2. 传统补间动画和补间动画的主要区别是什么？
3. 如何制作一个小球绕圆周运动的动画？
4. 如何使用遮罩层动画，制作在一个椭圆镜面中不断变幻不同图像的动画？
5. 如何使用运动引导层动画，制作一个人骑单车上山下山的动画？

8　网页制作技术

【学习提要】

现代社会中，互联网已经成为人们生活中不可或缺的部分。网页是组成互联网的基本元素，本章以 Dreamweaver CS4 和天空教室多媒体教学资源制作系统为例，详细介绍了网站的建立、网页中各种常用元素的插入以及表单、模板、框架、超级链接和 CSS 的设置方法等。通过本章的学习能够掌握网页制作的基本方法，能够制作简单的网站。

【重点难点】

本章的学习重点是掌握站点的建立，网页中文本、表格、图像、flash 元素、视音频、AP Div 层的插入和超级链接设置；本章的难点在于 CSS 的设置和模板及框架的应用。

8.1　网站设计与制作流程

21 世纪是信息化的时代，互联网已经成为人们生活中的一部分。人们通过一个个网页浏览新闻、交流信息、休闲娱乐。一个好的网站不仅要做到能快速传播和发布信息，还要层次清楚、导航明晰、使用方便、页面精美。网站的设计和制作就好比盖一栋大楼，是一个系统的工程，并有固定的流程可以遵循。在网站制作前应先了解清楚网站设计和制作流程，一般来说，网站的设计和制作流程有以下几个步骤：

1. 确立网站主题

在制作网站前首先要确定网站主题，即建立网站的目的是什么，主要是给什么人看，网站要建设哪些主要内容，等等。比如要建立一个学习网站就要考虑学习者的学习基础、学习心理和年龄特点等，根据这些来规划学习网站的主要功能和模块。而建立一个个人网站，就不能像建设一个大型综合网站一样包罗万象，只要确定自己最感兴趣的几个栏目，就能突出个人网站的特色。

网站主题的确定没有定则，只要是自己喜欢的，任何内容都可以，但主题一定要突出，在主题框定的范围内，做到内容足够丰富、特色足够鲜明。

2. 规划网站和设计草图

确定了主题后，就要对整个网站进行比较具体的规划，主要是规划网站的结构、栏目和模块的设置、网站的风格、颜色搭配、版面布局、导航跳转等等。对于网站的规划要考虑细致些，尤其是网站的结构和栏目模块的设置，应能充分满足网站建设的需要，只有这样才能保证日后开发制作阶段的顺利进行，不会因为初期规划不足而增减栏目，导致工作量增加甚至全面返工的局面。

在规划好网站结构和栏目后，就要考虑网站的风格和页面布局，最好能画出设计草图。

3. **准备素材**

素材是组成网站的基本元素。在确定主题和网站规划后，就要根据这些来搜集和准备素材，素材准备得越充分，制作网站就越容易。素材可以是文本、图片、动画、视频等等，搜集的渠道可以是自创的素材，也可以从图书、报纸、光盘、多媒体和互联网上搜集，但是这些素材要经过自己的加工整理，不能侵犯原作者的版权。当然，还有些素材是在网站制作过程中不断创造出来的。

4. **开发制作网页**

网站规划好了，素材也准备好了，接下来就进入了具体的网站开发制作阶段。首先要确定技术方案，选择一款好的开发工具。目前开发网站的技术有很多种，有利用 HTML 文本编辑工具的，有利用代码编程的，还有利用所见即所得工具软件的，如 Dreamweaver、Frontpage 等，其中最常用的就是所见即所得工具软件。选定开发工具后，就要根据前期的规划和设计一步步地把想法变成现实。

5. **上传测试**

网页制作完成后，要将其上传到服务器上发布，才能被其他人浏览。目前上传网站的工具很多，某些网页制作工具本身就带有 FTP 功能，但建议最好使用专门的 FTP 工具，如 CuteFTP、ALFTP、FlashFXP 等。网站上传以后，要在浏览器中打开网站，逐页逐个进行测试，发现问题，及时修改，然后再上传测试。

6. **宣传推广、维护更新**

网站发布后，要不断地进行宣传推广，这样才能让更多人认识它和了解它，以便提高网站的访问率和知名度。另一方面，必须注重网站的维护和更新，一个网站只有不断推出新内容，才能吸引和留住更多的浏览者，从而获得生命力。

8.2 利用 Dreamweaver CS4 开发制作网站

Dreamweaver 原本是由 Macromedia 公司推出的一款网页制作工具，与 Fireworks、Flash 一起被称为“网页制作三剑客”。2005 年，Macromedia 公司被著名图形图像软件公司 Adobe 收购，此款套件成为 Adobe 公司的产品成员。2008 年，Adobe 公司发布了新一代设计开发软件套装 Adobe Creative Suite 4，对整个 Adobe 软件产品家族进行了升级。Dreamweaver 也随之升级为 Dreamweaver CS4。

8.2.1 认识 Dreamweaver CS4 的界面

1. **Dreamweaver CS4 界面**

运行 Dreamweaver CS4，首先看到的是如图 8－2－1 所示的界面。

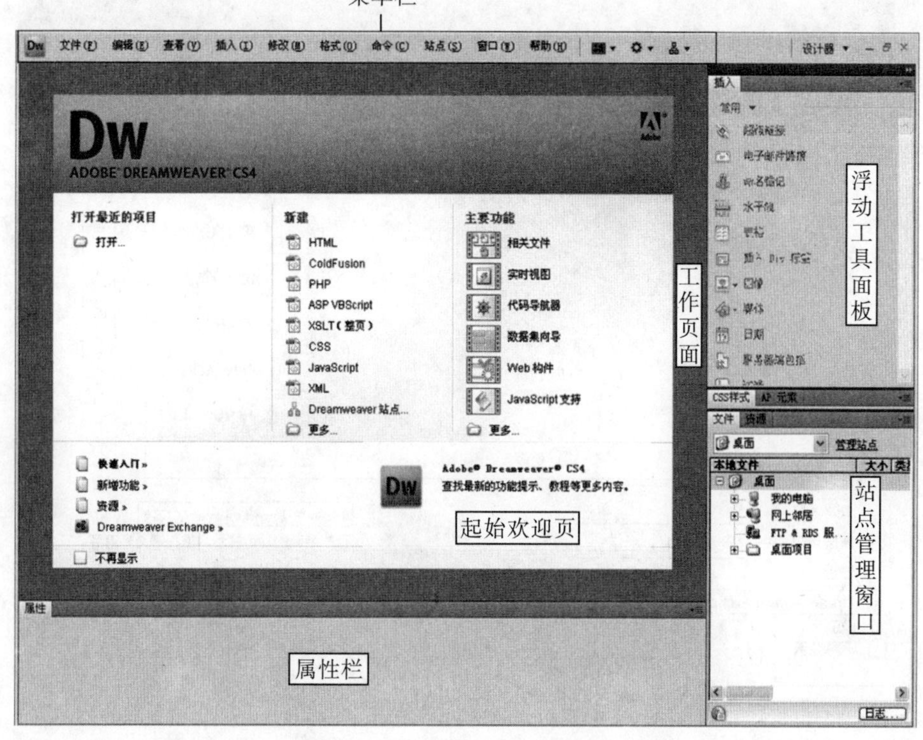

图 8－2－1　Dreamweaver CS4 界面

下面简要说明各功能区的作用：

◆菜单栏：汇聚了所有的命令，Dreamweaver CS4 所要做的工作都可以通过执行菜单栏的命令实现。

◆起始欢迎页：提供了该软件的一些快捷操作及快速入门、新增功能、帮助等信息。

◆工作页面：用来创建网页的编辑页面。

◆属性栏：当在工作页面选择某一元素时，属性栏显示与此元素相关的属性，可以直接通过调节该元素的属性，达到编辑网页的目的。

◆浮动工具面板：此面板汇聚了 Dreamweaver CS4 的众多工具面板。因工具的不同，此面板的显示会不同。

◆站点管理窗口：管理站点中的所有文件、资源及上传站点等。

2. 起始欢迎页

◆起始欢迎页的常用快捷命令分为三列：左边是“打开最近的项目”，列出了用户最近操作的文件，用户可以通过它打开最近使用过的文件；中间是“新建”，用户可以方便地新建各类新文档；右边是 Dreamweaver CS4 主要功能的介绍，点击它们可以连接到 Adobe 公司 Dreamweaver CS4 的视频教学教程，如图 8－2－2 所示。

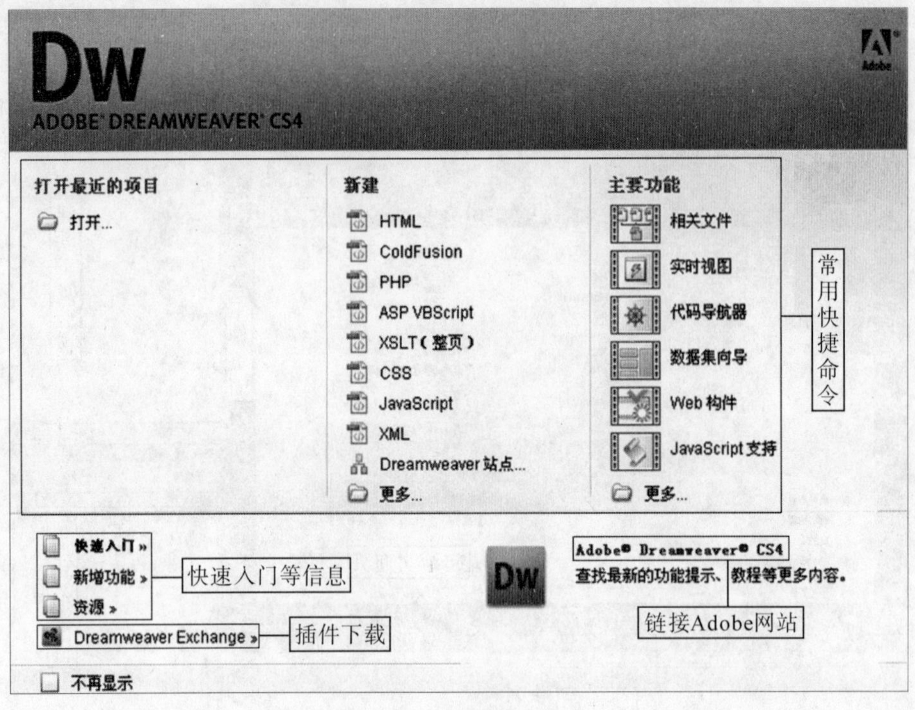

图 8－2－2　起始欢迎页

◆在快速入门等信息处，可以点击各按钮名称连接到 Dreamweaver CS4 相关说明网站。

◆Dreamweaver Exchange：点击该按钮可以连接到 Dreamweaver CS4 插件下载网页。

◆最新功能提示：点击可以连接到 Adobe 公司下载 Dreamweaver CS4 相关资料的网页。

◆不再显示：如果用户不希望 Dreamweaver CS4 运行时显示该起始欢迎页，则可以选中“不再显示”复选框。这样，在下次运行时将不再显示该页。

8.2.2　本地站点的建立

利用 Dreamweaver CS4 制作网页，第一步要建立本地站点，创建本地站点可以将网站中所有的素材、资源和文档放置在一个根目录下，并且可以用 Dreamweaver CS4 方便地管理文件。这样，当把制作好的本地站点上传到服务器时，就能够完全保留文件的结构，使在网络上看到的效果与本机制作的效果完全相同。创建本地站点的步骤如下：

（1）在起始欢迎页的“新建”栏点击“Dreamweaver 站点”，如图 8－2－3 所示。或者在菜单栏选择“站点”→“新建站点”命令，如图 8－2－4 所示。

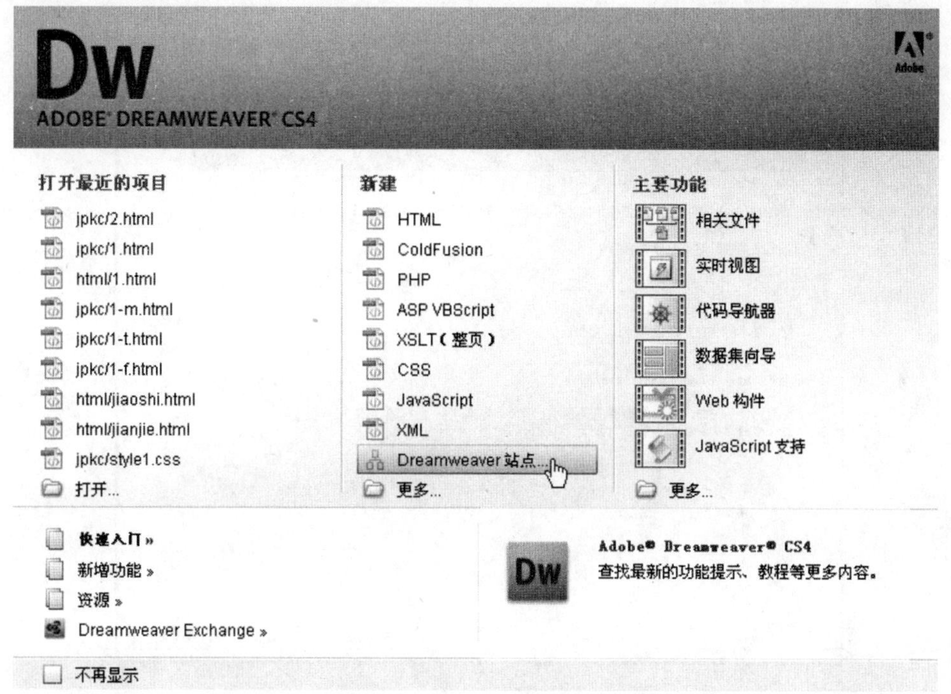

图 8－2－3　在起始欢迎页新建 Dreamweaver 站点

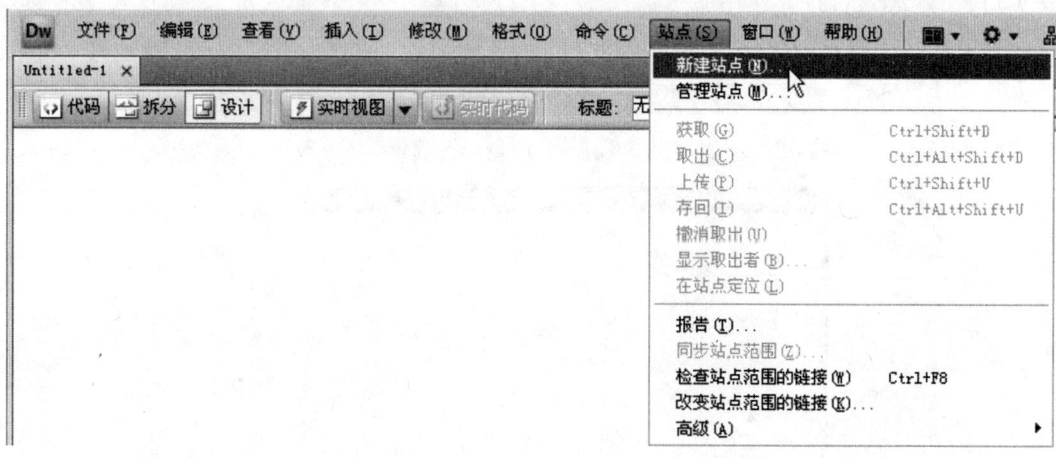

图 8－2－4　利用菜单中的“新建站点”命令建立 Dreamweaver 站点

（2）在“站点定义”窗口中的“您打算为您的站点起什么名字?”处输入站点名称，点击“下一步”，如图 8－2－5 所示。

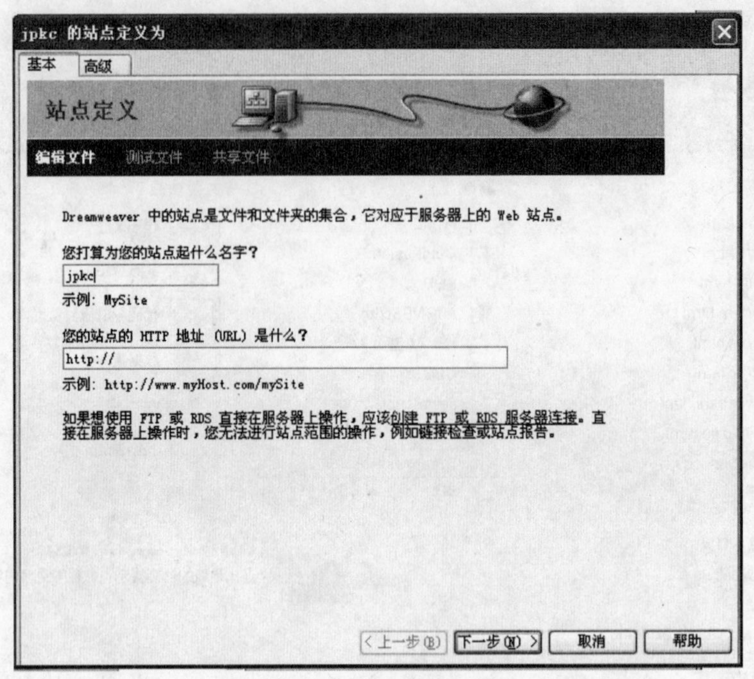

图 8-2-5　站点定义窗口

（3）在“您是否打算使用服务器技术”下方选择“否”或者“是”，建议初学者选择“否，我不想使用服务器技术”，点击“下一步”，如图 8-2-6 所示。

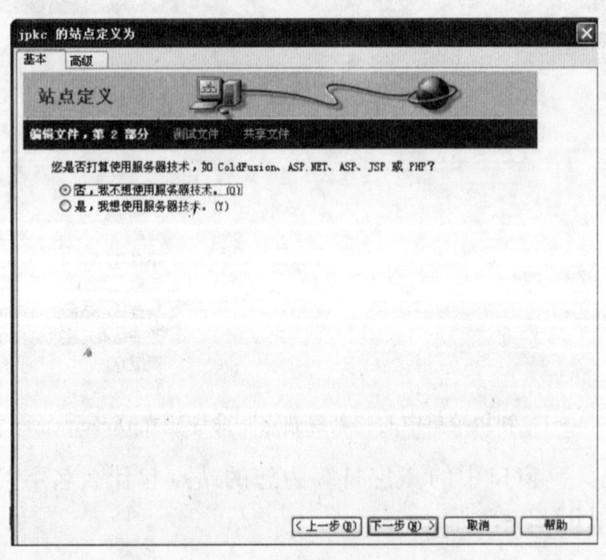

图 8-2-6　服务器技术设置窗口

（4）在弹出的窗口确认文件的编辑形式为“编辑我的计算机上的本地副本，完成后再上传到服务器”，然后在“您将把文件存储在计算机上的什么位置?”下方的文本框中输入本机中站点文件夹的路径，如图 8-2-7 所示。也可以点击“浏览”按钮 选择文件夹，然后点击“下一步”按钮。

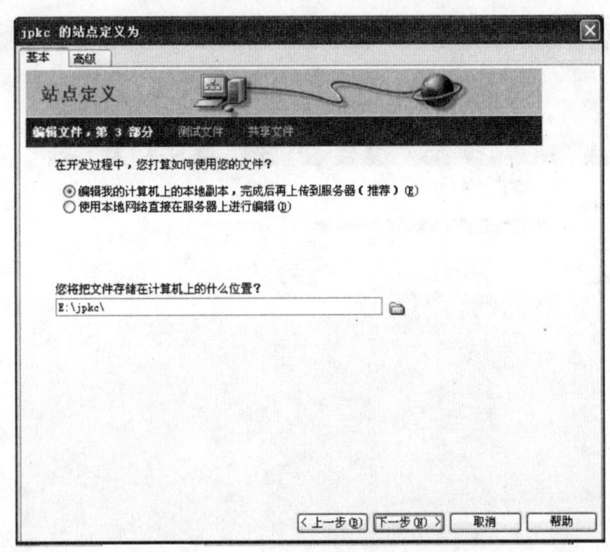

图 8 – 2 – 7　**站点文件编辑设置**

小提示

对新建站点而言，站点文件夹最好是一个新建立的空文件夹。它可以是“新建站点”之前在本机硬盘上建立的空文件夹，也可以在图 8 – 2 – 7 中点击“浏览”按钮时所弹出的对话框中，点击“新建文件夹”图标，新建立一个空的文件夹，并用字母或数字为该文件夹命名，如图 8 – 2 – 8 所示。

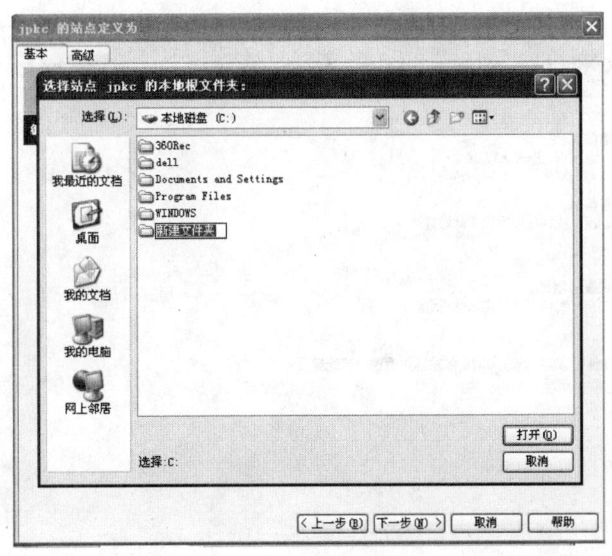

图 8 – 2 – 8　**建立一个新的文件夹**

（5）在“您如何连接到远程服务器?”的下拉列表中选择“无”，点击“下一步”，如图 8 – 2 – 9 所示。

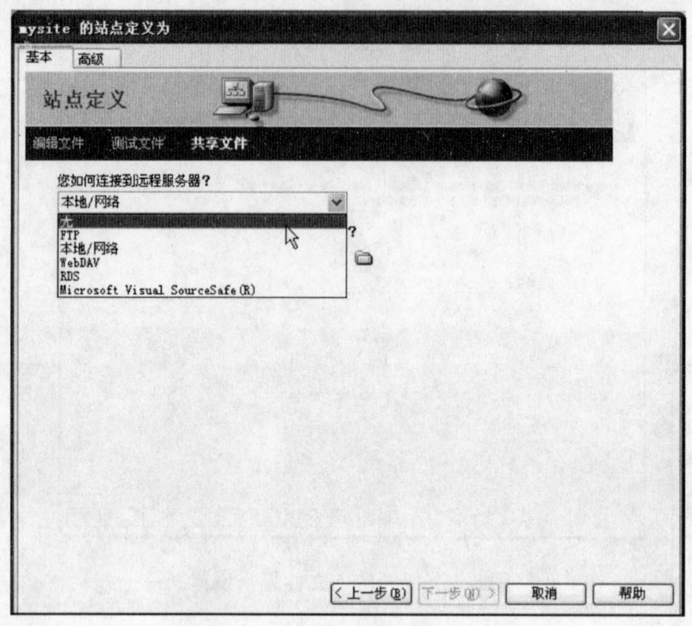

图 8－2－9　站点连接到服务器设置

（6）软件弹出建立本地站点的相关信息，确认后点击“完成”按钮，如图 8－2－10 所示。

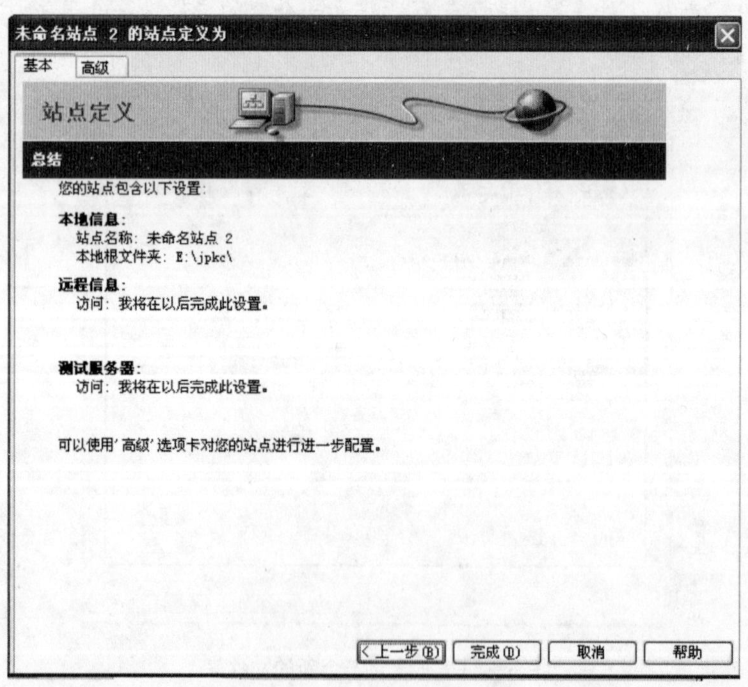

图 8－2－10　完成确认

（7）至此已经建立了一个新的本地站点，Dreamweaver CS4 会在站点管理窗口显示新建站点的名称、大小、类型等信息，如图 8－2－11 所示。

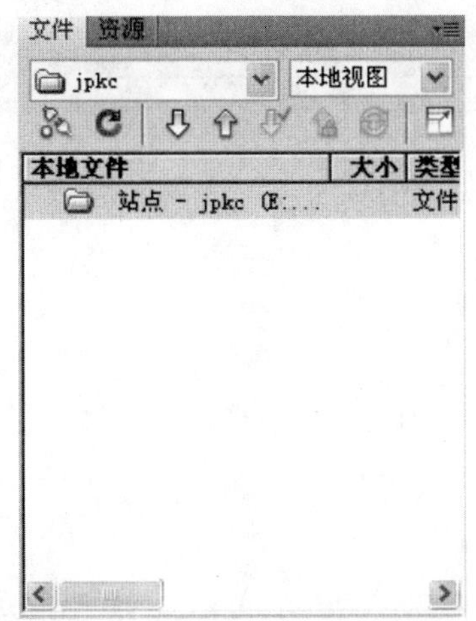

图 8 - 2 - 11 站点管理窗口显示新站点

8.2.3 新建和保存 HTML 文档

建立好站点后，就可以开始网页的建设工作，首先建立和保存一个新的网页。

方法一：

(1) 运行 Dreamweaver CS4，在起始欢迎页点击"新建"下的 HTML，如图 8 - 2 - 12 所示。

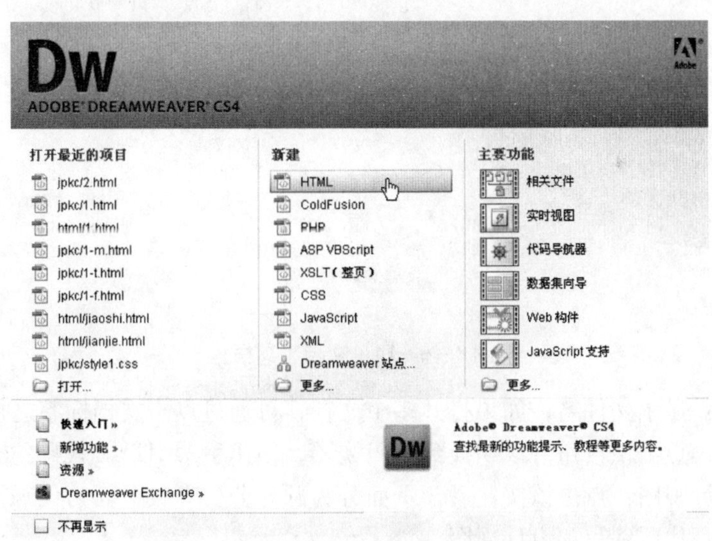

图 8 - 2 - 12 在起始欢迎页新建网页

(2) 这时会进入 Dreamweaver CS4 的工作页面，同时建立了一个未命名的 HTML 文档，如图 8 - 2 - 13 所示。

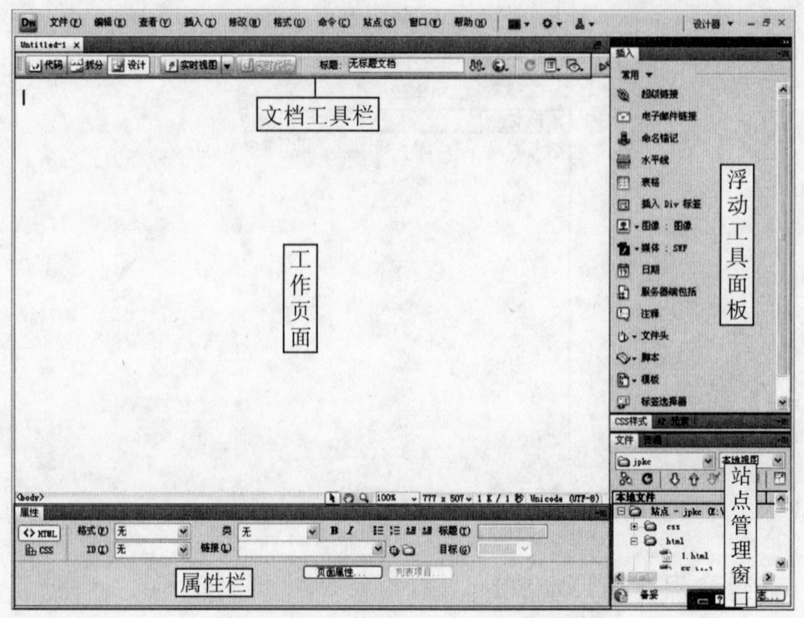

图 8-2-13　Dreamweaver CS4 工作页面

（3）观察图 8-2-13 会发现包含文档的工作页面会比前面介绍的 Dreamweaver CS4 初始界面多了一条文档工具栏。下面对文档工具栏作具体介绍，请参阅图 8-2-14 所示。

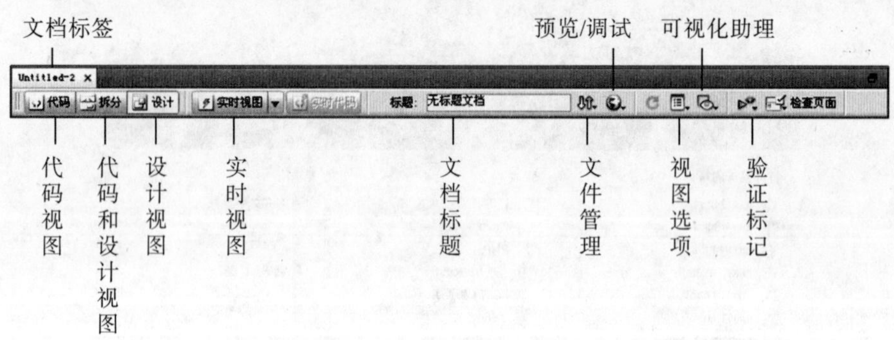

图 8-2-14　文档工具栏

◆文档标签：显示文件名，如果打开多个文档，可通过点击文档标签进行切换。

◆代码视图：点击该按钮可以切换到代码视图，使用手写 HTML 代码的方式创建网页。

◆代码和设计视图：点击该按钮后，页面分为两部分，一般上面为代码视图，下面为设计视图，可以兼顾代码编写和设计视图。

◆设计视图：Dreamweaver CS4 默认的视图方式，对初学者尤其适用，具有所见即所得的效果。

◆实时视图：这是 Dreamweaver CS4 新增加的功能，点击它可以像在浏览器中预览一样观看设计效果。

◆文档标题：可以输入网页在浏览器中显示的标题。

◆文件管理：点击该按钮会弹出列表，方便网站的上传发布和管理。

◆预览/调试：可以在本机打开一个新窗口预览在浏览器中看到的设计效果。

◆视图选项：下拉列表中显示视图的一些辅助选项，如标尺、辅助线、网格、颜色等。

◆可视化助理：在下拉列表中显示了一些在设计视图中帮助设计师的辅助选项，包括表格宽度、表格边框、图像地图、层轮廓线、CSS 的辅助选项等等。

◆验证标记：在下拉列表中选择对本文档、当前站点和站点中选定的文件进行验证及设置。

◆检查页面：此选项的下拉列表中显示检查文档是否能兼容各个浏览器的相关选项。

（4）点击菜单栏中的“文件”→“保存”命令，如图 8－2－15 所示。

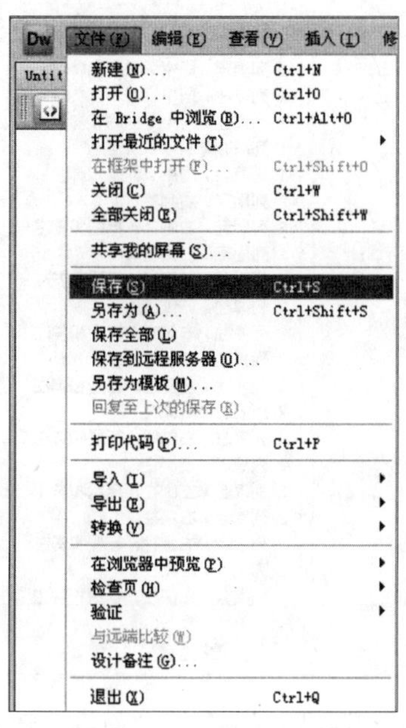

图 8－2－15　保存网页

（5）在弹出的“另存为”对话框的“文件名”处输入文件名，点击“保存”按钮，如图 8－2－16 所示。

图 8－2－16　输入文件名

方法二：

（1）在 Dreamweaver CS4 的工作页面的菜单栏点击“文件”→“新建”命令。

（2）弹出一个“新建文档”的窗口，确认选择的是“空白页”→“HTML”→“无”，然后点击“创建”按钮。如图 8－2－17 所示。

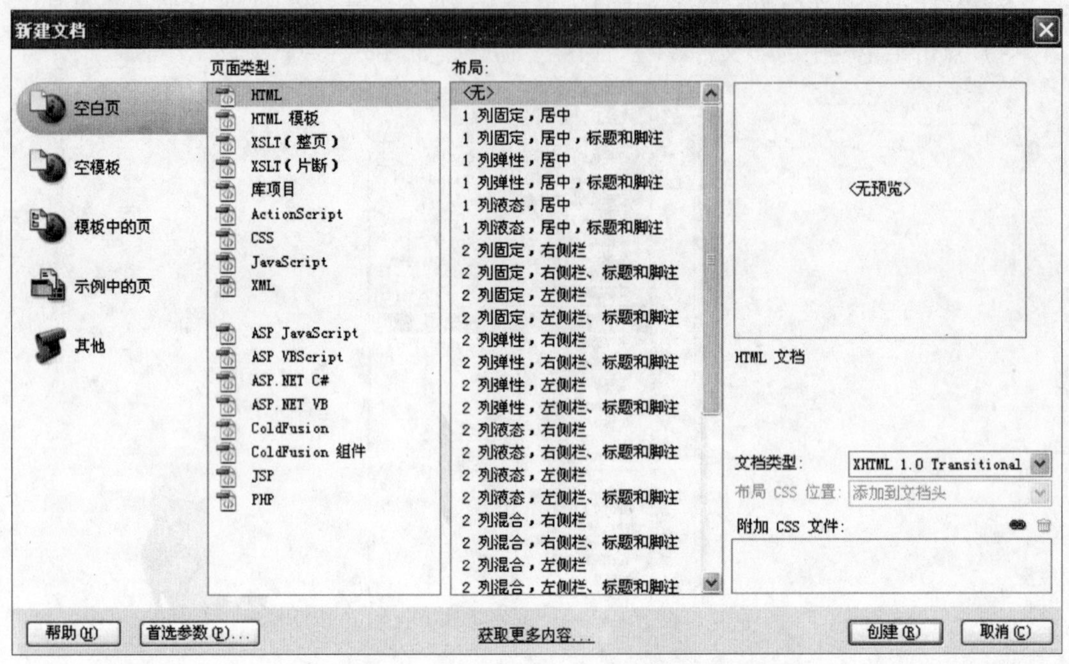

图 8－2－17 利用“文件”→“新建”命令创建网页

（3）点击“文件”→“保存”命令，保存该文件，如图 8－2－15、图 8－2－16 所示。

8.2.4 文本的属性设置

1. 文本的基本属性设置

文本是网页中的必要要素。下面就来看看文本的添加、编辑和属性设置。

（1）在工作页面可直接输入文本，也可以通过“复制/粘贴”命令将文本拷贝到 Dreamweaver CS4 的工作页面中。

（2）当选择文本或光标定位在文本插入点后，属性栏就显示文本的相关属性设置，如图 8－2－18 所示。

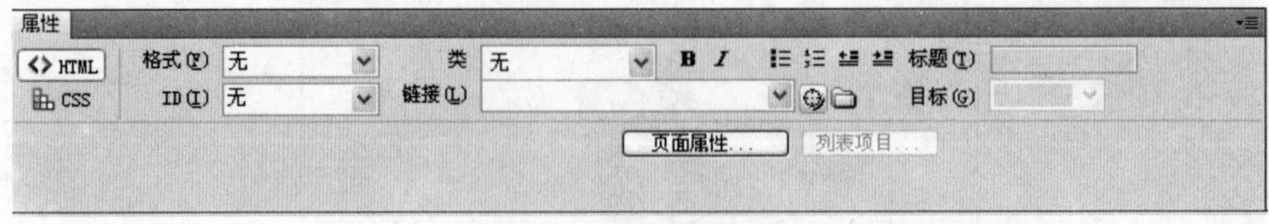

图 8－2－18 文本属性栏

文本属性栏的说明如下：

◆格式：列出了常用的字体大小、粗细等字体样式。选定的格式将会被应用于插入点所在的整个段落中。格式的下拉列表中有如下几项：

◇无：没有任何指定的格式。

◇段落：将多行文字设置成一个段落。选择段落格式后，会在选择内容的前后都产生一个新的空行。

◇标题 1 至标题 6：对网页中的文字使用特定的标题格式。数字越大，文字越大。

◇预先格式化的：在文档窗口中如实显示键盘输入的空格等。

◆类：显示当前所选文本采用的类样式。当前所选文本应用的样式会在下拉列表中显示，如果没有应用任何样式则显示“无”。

◆B：文字粗体设置按钮。

◆*I*：文字斜体设置按钮。

◆ ：项目列表，为文本添加项目符号。

◆ ：编号列表，为文本添加编号。

◆ ：文本凸出和缩进按钮。

◆ID：为所选择的内容分配 ID，来表示其唯一性。默认情况下为“无”。

◆标题、链接、目标：设置文字的超级链接。

2. 文本的大小、颜色和对齐设置

Dreamweaver CS4 中的属性栏较之以前的版本发生了很多变化，分成了 HTML 和 CSS 两类。上文所说的文本基本属性是属于 HTML 代码样式的，而文本大小、颜色、字体等则需要在 CSS 样式中设置。

（1）点击 CSS 按钮，切换成 CSS 样式，如图 8－2－19 所示。

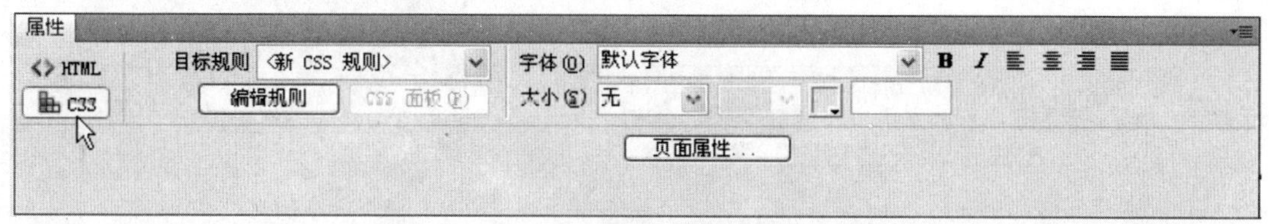

图 8－2－19　文本属性栏上的 CSS 选项设置

（2）改变文字的大小：在“大小”处点击列表按钮，会弹出字号大小设置列表，选择文字大小，如“18”（数字越大，字越大），此时，因没有 CSS 样式定义，会弹出“新建 CSS 规则”窗口，如图 8－2－20 所示，在“选择器名称”栏输入以英文字母开头的 CSS 规则名称，如“style1”，点击“确定”。此时，工作窗口的文字大小改变。（有关 CSS 规则会在后面详细论述）

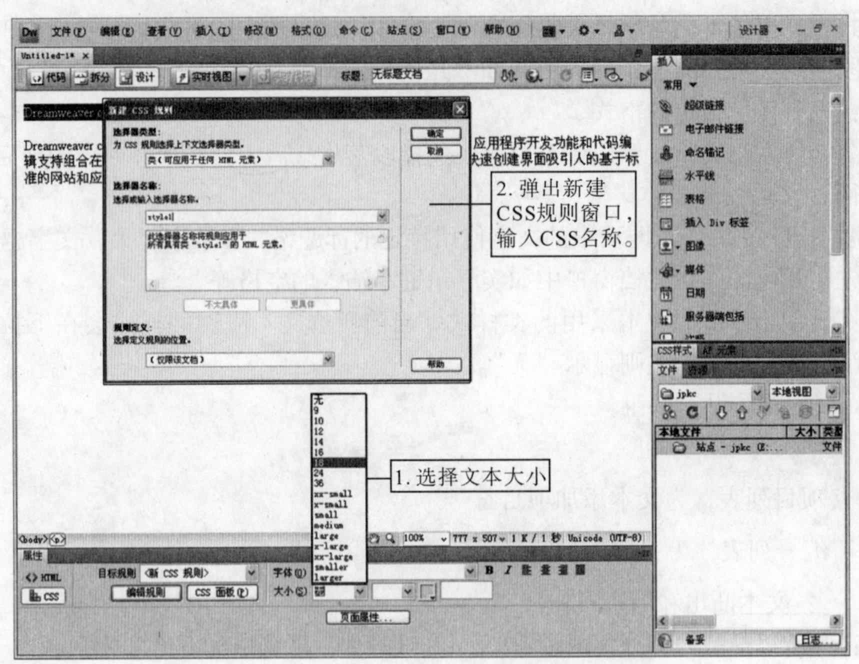

图 8－2－20　改变文字大小及相关 CSS 设置

（3）改变文字的颜色：单击“大小”右侧的灰色颜色块，弹出颜色选择窗口，用鼠标点击选一种颜色，则工作窗口的文字改变颜色，如图 8－2－21 所示。

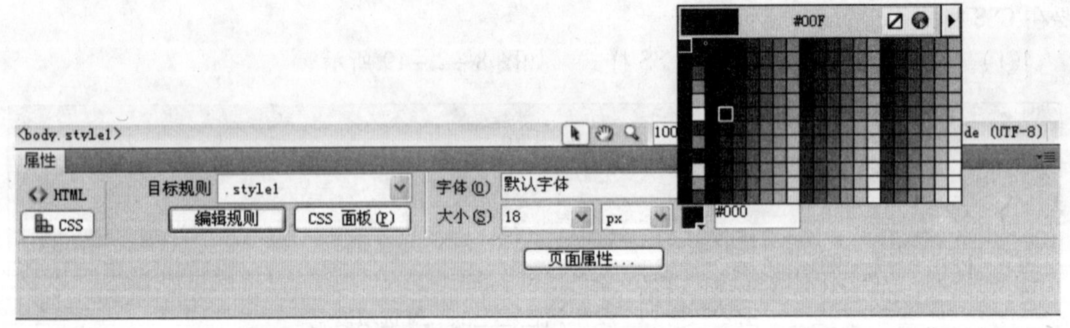

图 8－2－21　文字颜色设置

（4）改变文本的对齐方式：通过选择对齐按钮可以调整文本对齐方式为左对齐、居中、右对齐或两端对齐。

3. **文本的字体设置**

（1）点击“字体”的列表按钮，发现列表中没有列出中文字体。如果需要选择中文字体，则需要点击“编辑字体列表”，如图 8－2－22 所示。

图 8－2－22　编辑字体列表

（2）在弹出的“编辑字体列表”的“可用字体”中选择一种字体，如“隶书”，点击左向箭头按钮使之成为“选择的字体”，再点击“确定”，如图 8－2－23 所示。

图 8－2－23　选择可用字体

（3）点击属性栏“字体”列表按钮 ，此时的字体列表中会显示我们刚刚添加的“隶书”，选择它，如图 8－2－24 所示，此时工作界面的文本字体改变成隶书。

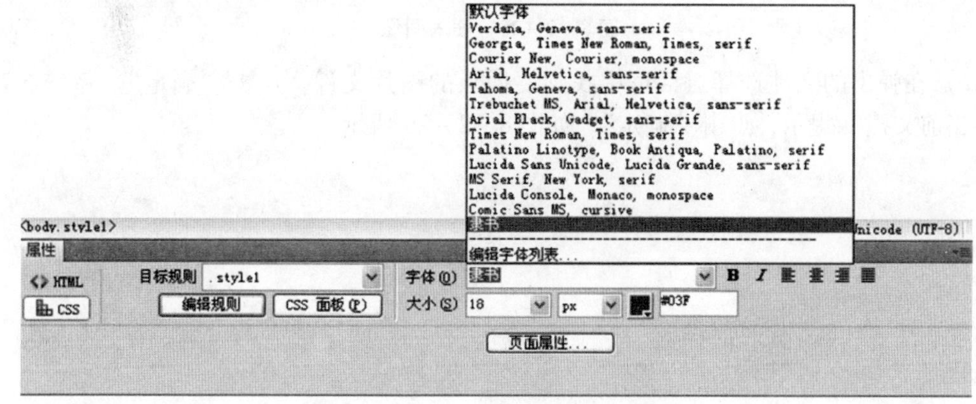

图 8－2－24　为文本选择字体

8.2.5　插入多种图像元素及其相关属性的设置

图片是网页制作中的重要元素，它既可以展示内容、传递信息，又可以美化网页。一般来说，网页支持的图片文件格式主要有 JPG、GIF、PNG 三种。下面我们就学习如何在网页中插入图片。

1. 插入一般图像

（1）利用浮动工具面板插入图像，点击“常用”工具下方的“图像”按钮旁的下三角号，在下拉列表中点击“图像”，如图 8－2－25 所示。

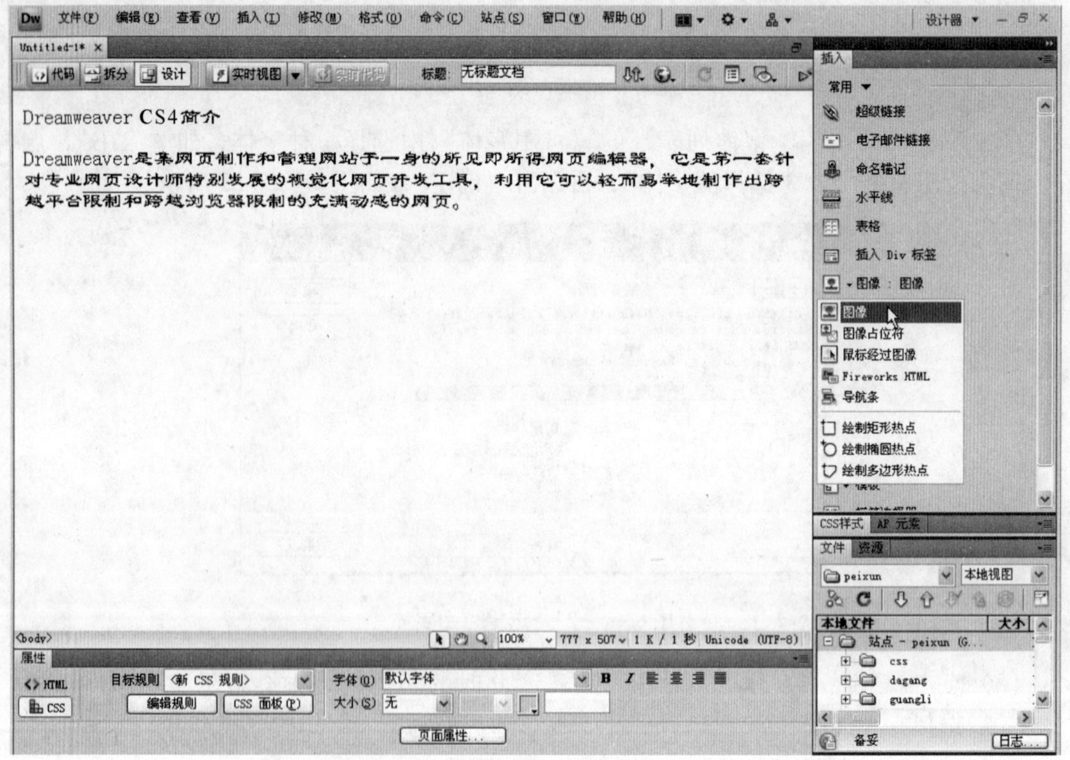

图 8－2－25　插入图像

（2）在弹出的文件选择对话框中找到要插入的图片文件，点击“确定”。系统会弹出“保存当前文档”提示，点击“确定”，如图 8－2－26 所示。

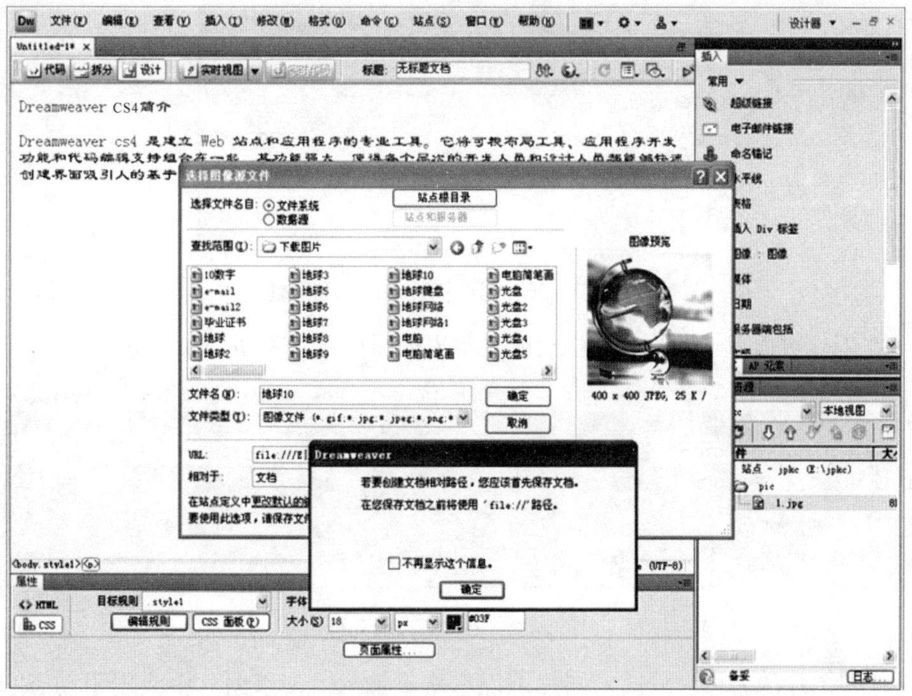

图 8－2－26　选择图像文件

（3）系统弹出如图 8－2－27 所示的对话框，提示您这张图片目前不在站点的文件夹内，问您是否要将该图片文件复制到站点的根文件夹中。为了保证图片的正确显示一定要选择“是”。此时，系统会自动跳转到站点根文件夹，为了方便网站的管理，建议在站点根文件夹中点击“创建新文件夹”按钮，建立一个专门用来存储图片的文件夹，比如命名为“pic”，如图 8－2－28 所示。此外，为了保证图片在网络上的正常浏览效果，如果图片名称是中文的，此时建议修改为英文名称。

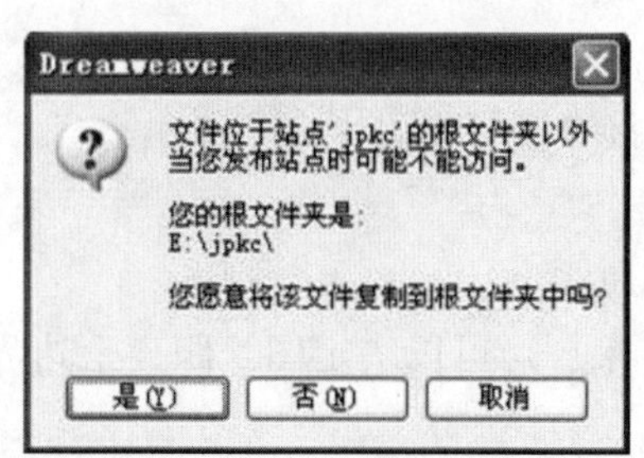

图 8－2－27　将图像保存在站点确认窗口

图 8－2－28　保存图像文件到站点

（4）在“图像标签辅助功能属性”窗口中的“替换文本”处，可以输入文本，也可以忽略此项，直接点击“确定”，如图 8－2－29 所示。这样，图片就插入到工作页面中。

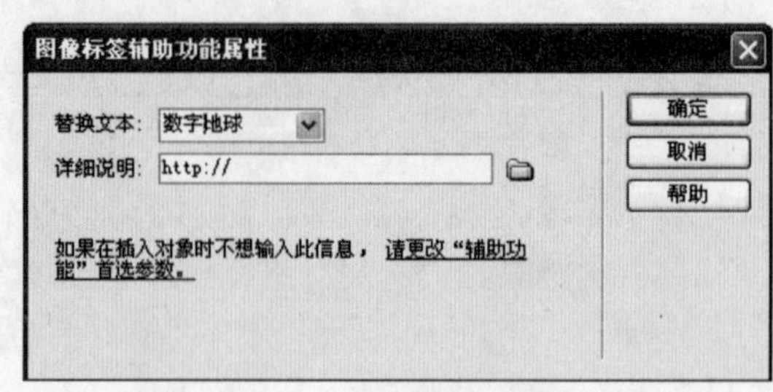

图 8－2－29　图像标签辅助功能属性

（5）在工作页面点选图片，属性栏就显示出如图 8－2－30 所示的图片属性。

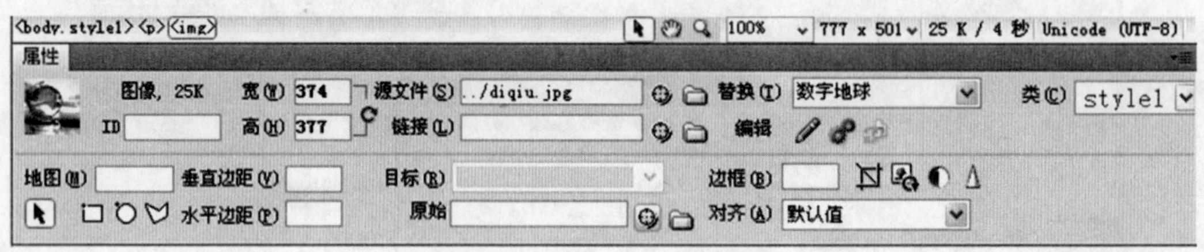

图 8－2－30　图片的属性

◆ID：即图片的名称，只插入图片可以忽略不输入。如果图片中应用了动态 HTML 效果或 Script 脚本，应输入英文名称。

◆宽、高：可以调整图片的宽和高。为重设大小按钮，对于已经缩放的图片，点击可使图片恢复为原始大小。

◆源文件：显示图片文件的路径。可以点击按钮对图片进行更换和插入。

◆链接：显示链接文件的路径，点击可以选择图片链接的文件。

◆替换：当图片在浏览器中因某种原因不能显示时，如果在替换中有文字输入，则可显示该文字。

◆编辑：Dreamweaver CS4 可以对图片进行裁剪、调整亮度、锐化和优化等编辑，也可以与外部图像编辑软件（Photoshop、Fireworks 等）连接直接修改图片。

◆类：选择用户定义的 CSS 样式应用于图片中。

◆地图：利用工具在图片上设置热点区域。

◆垂直边距、水平边距：在文本框中输入数值（像素）可以决定图片距离上边界和左边界的空白距离。

◆目标：在图片有链接时，指示所链接文件的显示位置。

◆原始：当图片较大时，在浏览器中会有较长的读取时间。为了缩短等待时间，可以利用临时指定低分辨率图像。

◆对齐：设置图片周围文本的对齐方式。

2. 插入图像占位符

当所要添加的图片没有最后确定，而又需要先确定其在网页中的位置和布局时，图像占位符可以起到很大的作用。图像占位符就是在网页布局中为图片先占据个位置，它在 Dreamweaver CS4 的工作页面中表现为一个带有目标图片名称和大小的矩形。图像占位符的添加方法如下：

（1）在工作页面点击鼠标，定位要添加图像占位符的位置。

（2）点击浮动工具面板的“常用”工具下“图像”按钮旁的下三角号，在下拉列表中点击“图像占位符”，如图 8-2-31 所示。

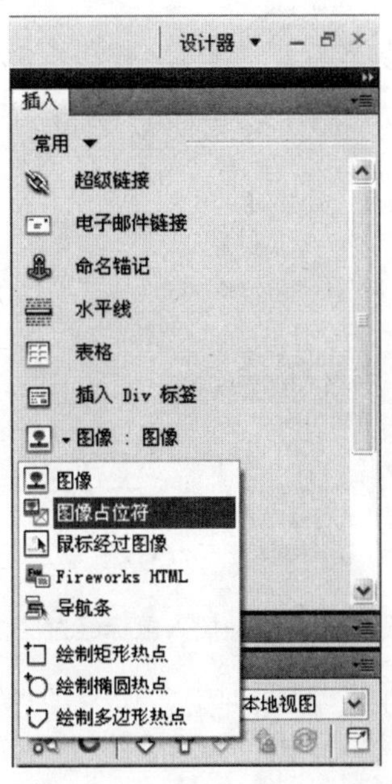

图 8-2-31　插入图像占位符

（3）在“名称”文本框中输入占位符名称，“宽度”和“高度”分别输入占位符的宽度和高度，在工作页面随时可以调整占位符的宽、高。“颜色”处可以选定一种颜色。可以在“替换文本”文本框中输入文字。点击“确定”，如图 8-2-32 所示。这样，图像占位符就被插入到工作页面中。

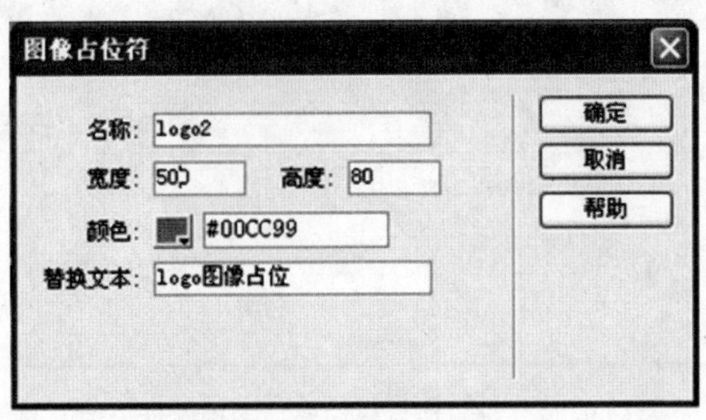

图 8-2-32　图像占位符设置

（4）当需要用图片替换图像占位符时，只需双击图像占位符，在弹出的菜单中选择所需图片即可。

3. 插入鼠标经过图像

鼠标经过图像是指当我们把鼠标移动到某一幅图片上时会出现另一幅图片的效果。鼠标经过图像既可以丰富网页的动态效果，又可以对内容起到强调作用。

（1）在工作页面点击鼠标，定位要插入鼠标经过图像的位置。

（2）点击浮动工具面板的“常用”工具下“图像”按钮旁的下三角号，在下拉列表中点击“鼠标经过图像”，如图8－2－33所示。

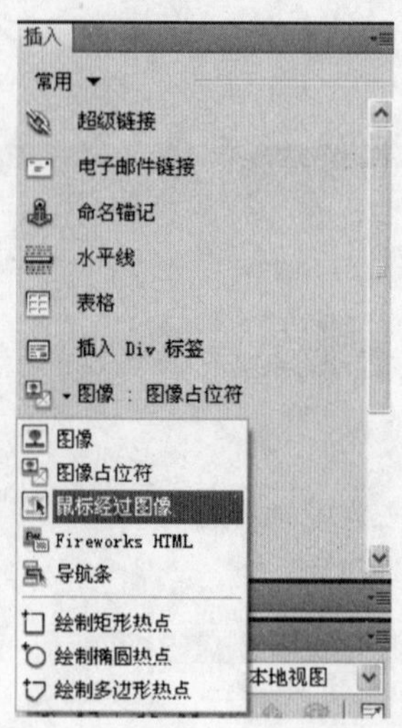

图8－2－33　插入鼠标经过图像

（3）在弹出的“鼠标经过图像”对话框中，在“图像名称”文本框中输入该鼠标经过图像的名称，也可以使用默认名称；点击“原始图像”后的“浏览”按钮选择一张图片作为原始图片，然后点击“鼠标经过图像”后的“浏览”按钮选择另一张图作为鼠标经过时显示的图像。（这两张图片最好先用图像编辑软件处理成相同的大小，这样不会引起图片变形，制作出的效果比较好）根据需要在“替换文本”文本框中输入文字。如果需要该鼠标经过图像在按下时链接到另一个文件，还可以在“按下时，前往的URL”文本框中输入或者用“浏览”按钮选择链接的文件路径。最后点击“确定”，如图8－2－34所示。

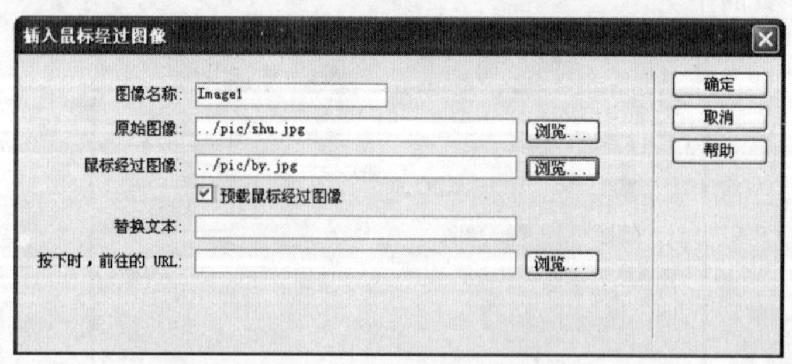

图8－2－34　插入鼠标经过图像属性设置

（4）至此，鼠标经过图像被插入到工作页面，但将鼠标放置在图片上并没有出现预想的效果。那是因为该效果需要在“浏览器预览”状态下观看。在标题栏点击按钮，选择“预览在IExplore”或按下键盘的F12键，系统会弹出提示保存文件的对话框，选择保存文件，如图8－2－35所示。

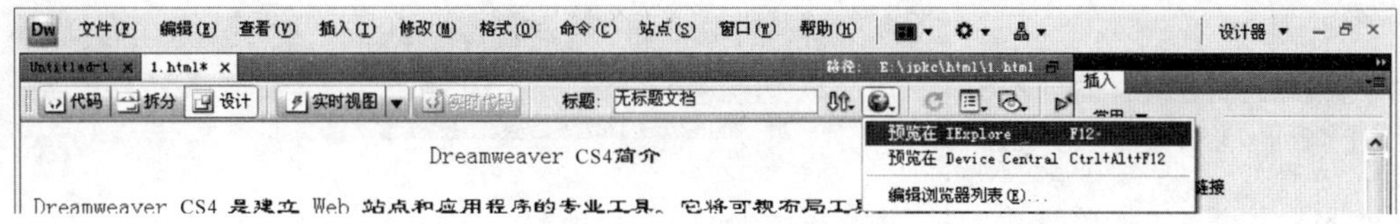

图 8－2－35　预览在 IExplore

（5）一般来说，在浏览器中会出现黄色的安全警示条，用鼠标点击警示条，在弹出的菜单中选择“允许阻止的内容”。然后将鼠标放置在鼠标经过图像上就可以看到图片变换的效果，如图 8－2－36 所示。

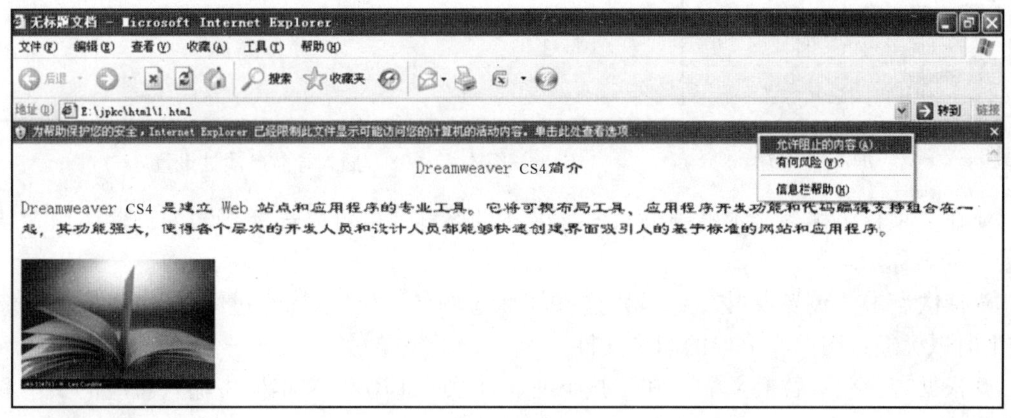

图 8－2－36　预览网页效果

4. 插入导航条

导航条也是一种图像变化的特效，它的变化效果比“鼠标经过图像”更加丰富，它是由四张图片组成的四种状态。这四种状态分别是：

◆状态图像（原图像）：在浏览器中看到的第一幅图，也是鼠标动作之前呈现的图像。

◆鼠标经过图像：把鼠标移动到图像区域所变换的图像。

◆按下图像：在图像区域点击鼠标时所显示的图像。

◆按下时鼠标经过图像：当鼠标按下后再经过图像区域所呈现的图像。

与前面讲的“鼠标经过图像”类似，在插入导航条前，最好用图像编辑软件将用于制作导航条的四幅图片处理成一样大小，这样在导航条变化过程中就不会出现图像失真的情况。

（1）在 Dreamweaver CS4 工作页面点击鼠标，定位要插入导航条的位置。

（2）点击浮动工具面板的“常用”工具下“图像”按钮旁的下三角号，在下拉列表中点击“导航条”，如图 8－2－37 所示。

（3）在弹出的“插入导航条”窗口中，进行如图 8－2－38 所示的设置。

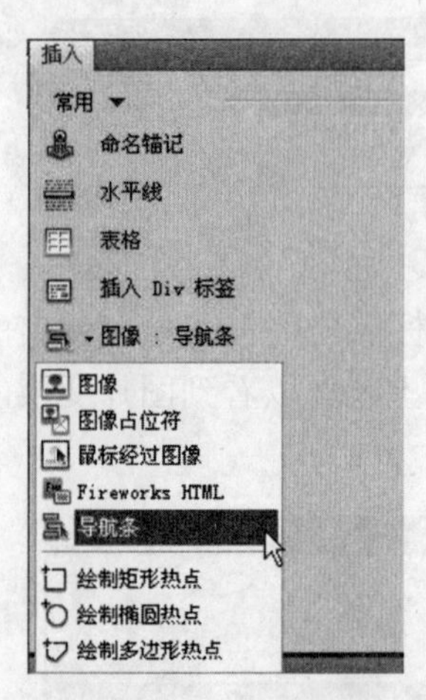

图 8－2－37　插入导航条

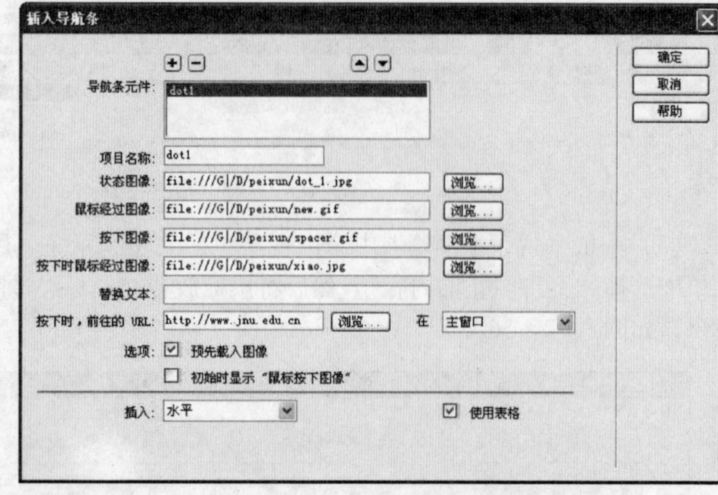

图 8－2－38　插入导航条属性设置

◆在“项目名称”文本框中输入该导航条的名称，也可以选择不输入，默认用“状态图像”的名称。

◆依次点击“浏览”按钮，分别选择“状态图像”、“鼠标经过图像”、“按下图像”、“按下时鼠标经过图像”需要的图像文件。

◆根据需要在“替换文本”和“按下时，前往的 URL”文本框中输入相应的文本和链接的路径。

◆选项栏的“预先载入图像”一般处于选中状态，它是指在浏览时预先将导航条所用的图片载入，这样就能直接快速地反映导航条的各个状态。如果取消该选项，可能会出现该导航按钮反应慢或显示不完全的情况。“初始时显示鼠标按下图像”是指在浏览器中浏览时首先显示鼠标按下时的图像。

◆利用导航条可以制作多个按钮效果。如果需要插入多个导航条作为按钮，则可以通过按钮添加和删除导航条。如果有多个导航条，也可以通过对话框下方的“插入”来设置多个导航条是水平排列还是垂直排列。

◆“使用表格”是将导航条放置在表格中，如不选择此项，水平排列的导航条会并排排列，垂直排列的会用直线分割。

（4）设置完成后，点击“确定”。按键盘的 F12 键，预览导航条效果。

8.2.6　插入媒体及其属性设置

网页中除了文字和图像外，还经常使用 Flash 动画、视频、音频等媒体元素，这些媒体极大地丰富了网页，使网页变得更加生动有趣。

1. 插入 Flash 动画及属性设置

（1）在工作页面点击鼠标，定位要插入 Flash 动画的位置。

（2）点击“浮动工具面板”的常用栏下“媒体”按钮旁的下三角号，在下拉列表中选择 SWF，如图 8－2－39 所示。

（3）在“选择文件”窗口选择要插入的 SWF 文件，点击“确定”。如果该文件不在站点文件夹中，系统会提示是否要将其复制到站点文件夹中，选择“是”，并可以根据站点管理的需要，将其存放到合适的子文件夹中，如图 8－2－40 所示。

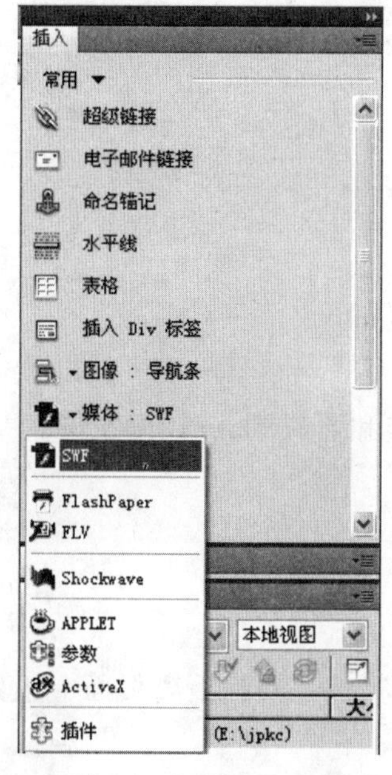

图 8－2－39　插入 Flash 动画

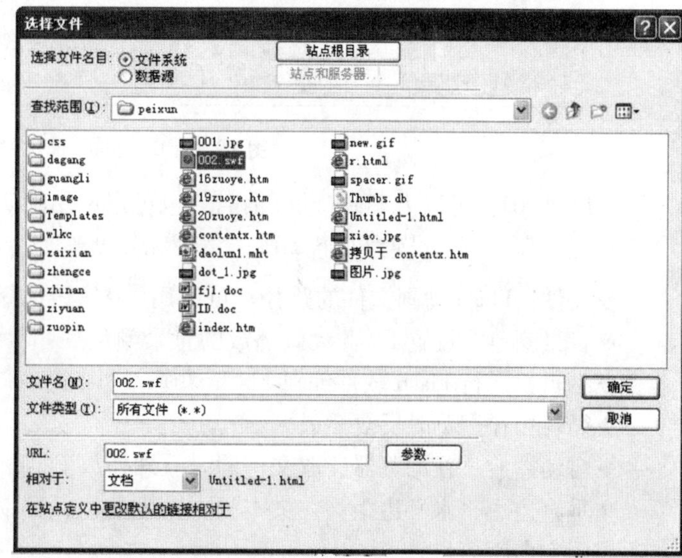

图 8－2－40　选择 Flash 文件

此时，系统会弹出“对象标签辅助功能属性”窗口，如图 8－2－41 所示，该窗口有三个选项：

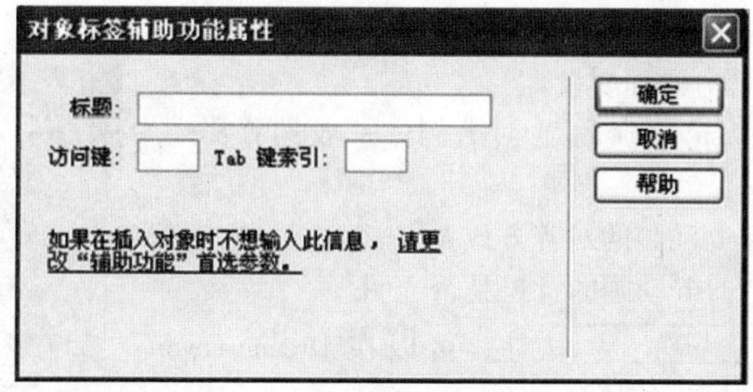

图 8－2－41　Flash 对象标签辅助功能属性

◆标题：可以通过它为插入的 SWF 文件添加标题。浏览时，将鼠标放置在 SWF 文件上会出现输入的标题。

◆访问键：可以为 Flash 动画输入一个字符的访问键，在浏览时可以通过“Alt＋访问键”来选择该 Flash 动画。

◆Tab 键索引：输入数字，浏览时，通过该数字来指定网页中的对象和链接的跳转顺序。用这个选项的同时也要对其他网页进行 Tab 键索引。

也可以忽略这些选择，直接点击“确定”。

（4）在工作页面插入一个灰色的 Flash 区域，按下 F12 键，预览效果。

（5）在 Dreamweaver CS4 工作页面中选择插入 SWF 文件时，属性栏就显示有关 Flash 动画文件的属性设置，如图 8－2－42 所示。

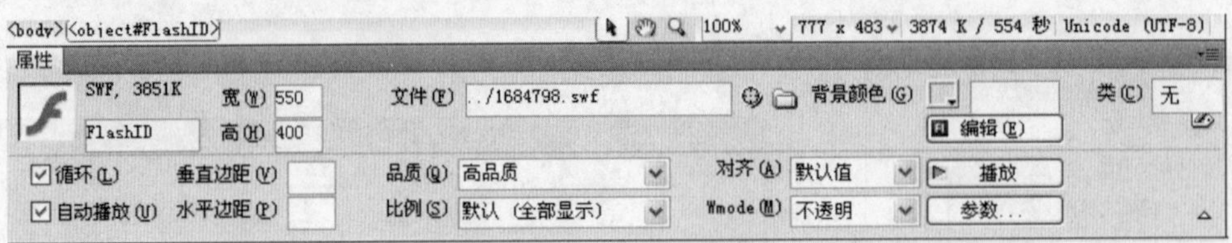

图 8－2－42　Flash 属性栏

◆Flash ID：可以为 Flash 动画命名。也可以使用默认设置。

◆宽、高：可以设置 Flash 动画的宽度和高度。

◆文件：Flash 动画文件的路径。可以用按钮选择更换和插入 Flash 动画文件。

◆背景颜色：设置 Flash 动画播放的背景颜色。

◆编辑：运行 Flash 软件编辑 Flash 动画。

◆循环：在浏览时反复播放 Flash 动画。

◆自动播放：在浏览器读取文件同时立即播放 Flash 动画。

◆垂直边距、水平边距：在文本框中输入数值，可以决定 Flash 动画距离页面上边界和左边界的空白距离。

◆品质：可以设置 Flash 动画运行的品质，有四种选项。

◇高品质：默认选项，更注重画面质量，传送速度较慢。

◇低品质：更注重传送速度，画面质量是次要的。

◇自动低品质：以 Flash 动画的传送速度为重点，在带宽允许的情况下尽量提高画面质量。

◇自动高品质：以 Flash 动画的画面质量为重点，但有时为了速度会考虑牺牲部分画面质量。

◆比例：设置 Flash 动画的显示比例。一般选择默认设置。

◆对齐：设置 Flash 动画的对齐方式。

◆Wmode：设置 Flash 动画的背景是否透明。

◆播放：点击 播放 按钮，可以在 Dreamweaver CS4 工作页面播放 Flash 动画。

◆参数：利用代码形式为 Flash 动画添加相关属性和参数。

2. **插入 FLV 视频文件**

FLV 是 Flash Video 的简称，FLV 流媒体格式是随着 Flash 的推出发展而来的视频格式。由于它形成的文件极小、加载速度极快，使得网络观看视频文件成为可能。目前许多主流的在线视频网站都使用 FLV 视频格式。

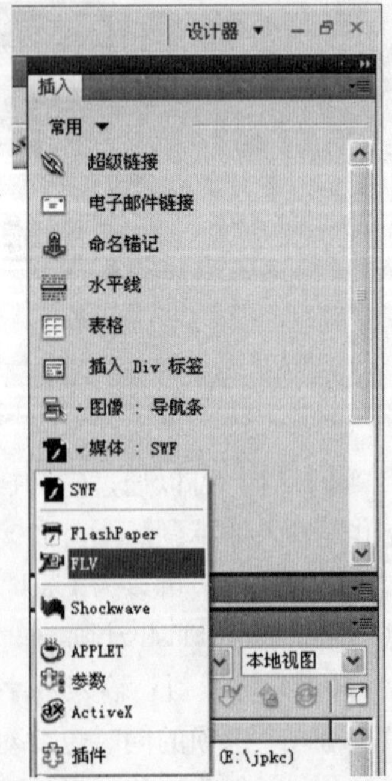

图 8－2－43　插入 FLV 视频文件

（1）点击“浮动工具面板”的常用栏下“媒体”按钮旁的下三角号，在下拉列表中选择 FLV，如图 8－2－43

所示。

（2）在弹出的“插入 FLV”窗口中点击“浏览”按钮，选择需要插入的 FLV 文件。同插入图片和 SWF 文件一样，如果该文件不在站点文件夹下，会弹出文件保存提示窗口，选择“是”，将文件保存在站点文件夹下。在“宽度”、“高度”处分别输入 FLV 视频的宽度和高度。如果想保持原始大小，点击检测大小按钮，会自动在宽度和高度处添加该视频的宽度和高度。根据需要选择“自动播放”和“自动重新播放”（循环播放），点击“确定”按钮，如图 8-2-44 所示。

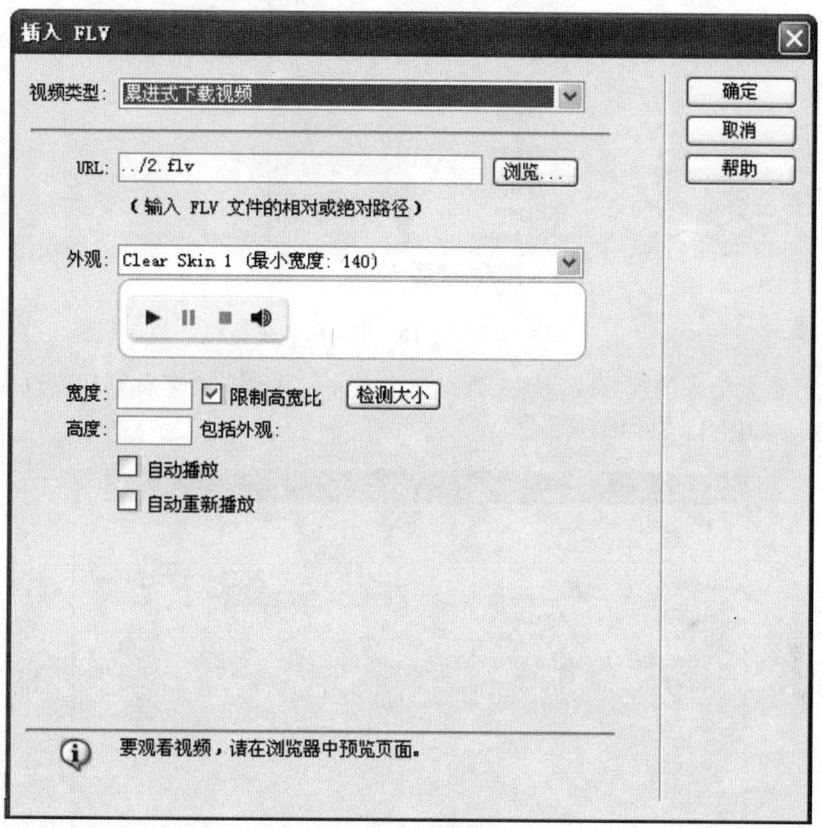

图 8-2-44　插入 FLV 视频文件属性设置

（3）按下 F12 键预览 FLV 视频。

3. 插入其他视音频文件

除了 FLV 视频外，在 Dreamweaver CS4 中还可以插入其他格式的视音频文件。比如可以插入 AVI、MPG、MOV 等格式的视频，可以插入 WAV、MP3、MIDI、AIF 等格式的音频。这些文件的插入方法类似。

（1）点击“浮动工具面板”的常用栏下“媒体”按钮旁的下三角号，在下拉列表中选择“插件”，如图 8-2-45 所示。

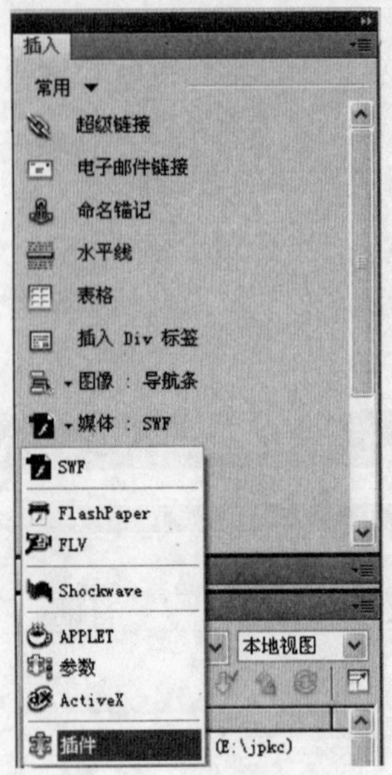

图 8－2－45　插入视音频文件

（2）选择需要插入的视频或音频文件，如果文件名称是中文名称则建议改为英文名称，点击“确定”，如图 8－2－46 所示。

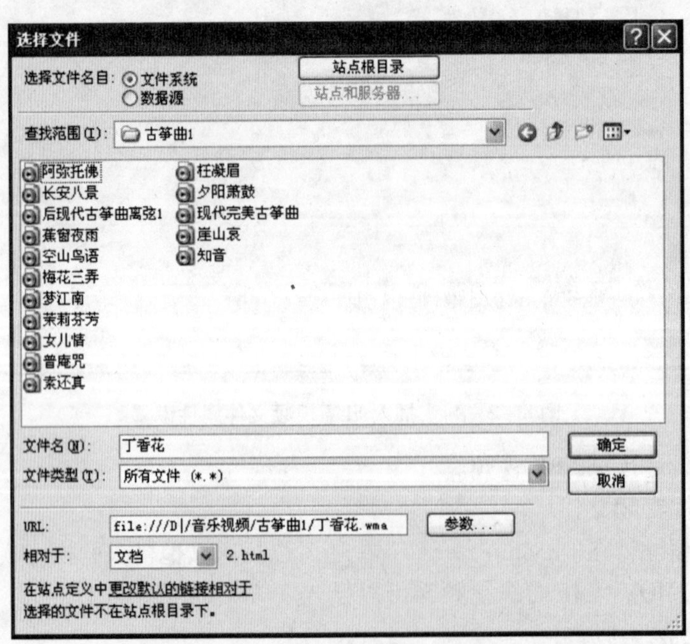

图 8－2－46　选择相关视音频文件

（3）在 Dreamweaver CS4 工作页面会出现一个 32×32 的插件图标，这是音频和视频的播放显示区域。为了让插入的视频和音频能够全部显示，用鼠标选择该插件并将其拖大，也可以在属性栏的“宽度”、“高度”栏中直接输入数值。插件的属性栏与 Flash 动画的属性栏很相似，这里不再详细讲解。按下 F12 键，预览视音频文件。

小提示

某些视音频文件需要特定的插件才能浏览，比如 RM 格式的文件需要安装 Realplayer 播放软件才能观看。

8.2.7 插入表格及其属性设置

1. 插入表格

（1）点击“浮动工具”面板的“常用”栏的按钮，弹出如图 8-2-47 所示的表格设置窗口。

◆行数、列：用来设置表格的行数和列数。

◆表格宽度：有两种设置方法，可以以“像素”为单位，精确地设置表格的宽度，也可以用“百分比”，就是用表格占浏览窗口的比例来设置宽度。

◆边框粗细：用来设置表格的边框粗细，默认是 1 个像素，如果设为“0”的话，则不显示表格边框。

◆单元格边距：用来定义单元格与内容之间的距离。

◆单元格间距：用来定义单元格与单元格之间的距离。

◆标题：有四种类型可选，分别是“无”、“左”、“顶部”、“两者”。如果选择“无”，则表示表格没有标题。其余有标题的表格中，被设定为标题的文字会自动加粗。

◆辅助功能：可以设置表格的标题和摘要。但该摘要不会显示在浏览器中，使用屏幕阅读器可以读取该摘要。

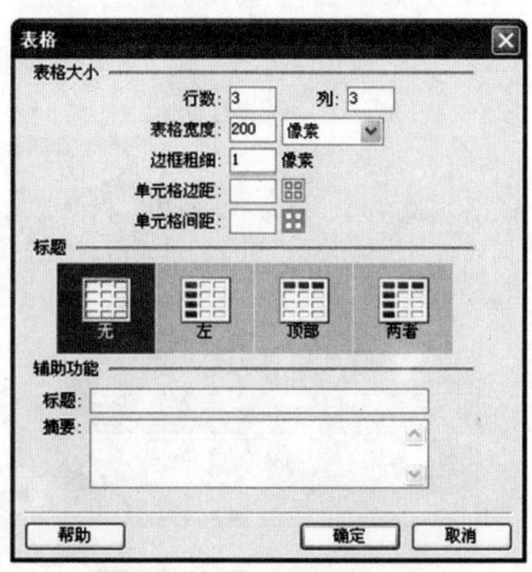

图 8-2-47 插入表格属性设置

（2）设置好相关属性后，点击“确定”，插入一个表格。

2. 改变表格的大小和属性

（1）要想改变表格的大小需要先选择表格，用鼠标在表格的四个顶点上点击，在表格四周出现带有调节点的黑色边框，则表示该表格已被选择。

（2）将鼠标放置在各调节点上就会出现黑色的箭头，如图 8－2－48 所示，此时，按住鼠标左键，按照箭头所示方向拖动就可以缩放表格，改变其大小。

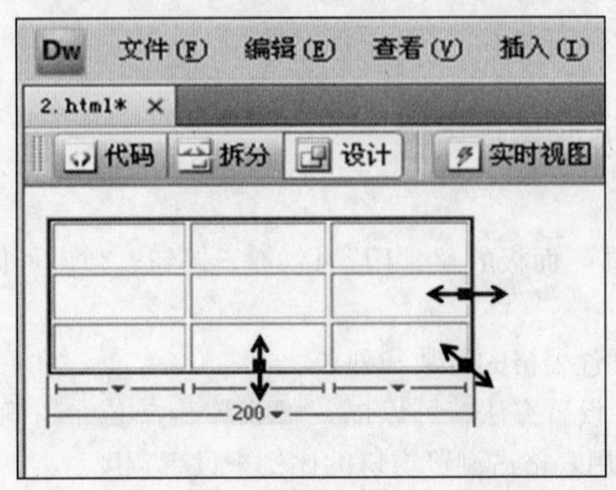

图 8－2－48　改变表格的大小

（3）将鼠标分别放置在行与行或列与列之间的边界时，鼠标呈⟻⟼形状，分别向上下或左右拖动，改变表格的行高和列宽。

（4）当选择整个表格时，属性栏显示的属性，如图 8－2－49 所示，与插入表格时设置的属性基本相同。

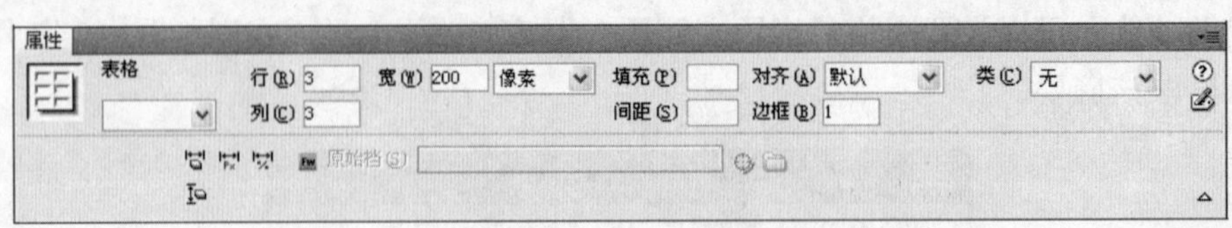

图 8－2－49　表格属性栏

3. 设置单元格的属性

（1）选择单元格：当光标定位在想选择的单元格中，根据要选择的单元格范围，按住鼠标左键分别向横向、纵向或斜向拖动，选择相应的单元格，被选择的单元格四周会被黑框环绕，如图 8－2－50 所示。

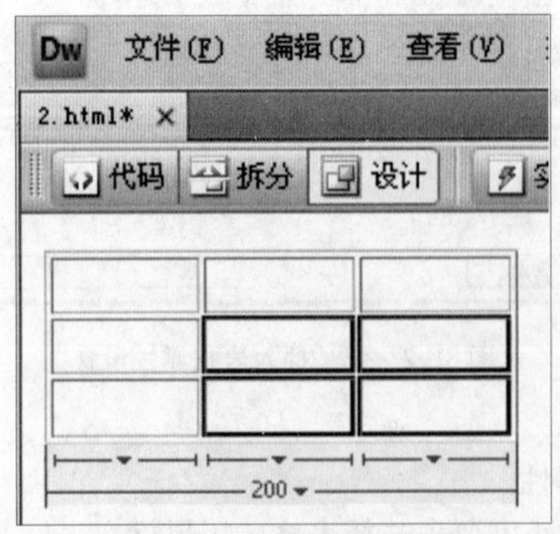

图 8－2－50　选择单元格

（2）属性栏会出现如图 8－2－51 所示的单元格属性设置。

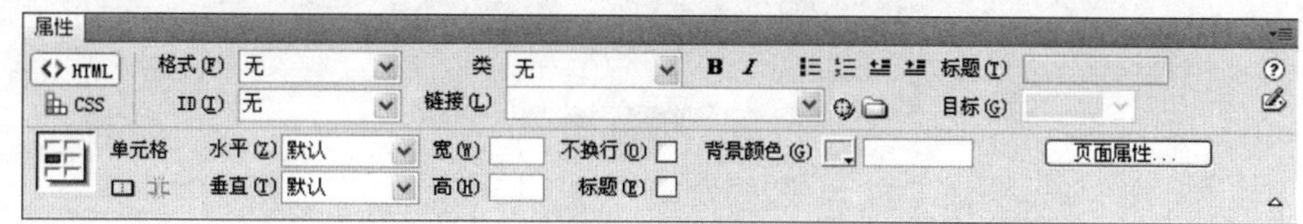

图 8－2－51　单元格属性

分割线以上部分是对表格中文本的属性设置，分割线以下部分是对单元格的属性设置，它主要包括：

◆单元格按钮 ：这两个按钮是单元格合并和拆分按钮。

◆水平、垂直：设置单元格中的文字、图片的水平和垂直对齐的位置。

◆宽、高：以像素为单位设置单元格的宽和高。

◆不换行：点选此选项表示输入文字超过单元格的宽度也不自动换行，而是自动加宽单元格。

◆标题：对设为标题的单元格中的文字作加粗、居中、对齐处理，把它与单元格内其他内容区分开来。

◆背景颜色：点击颜色框，设定单元格背景颜色。

4. 表格的布局排版功能

Dreamweaver CS4 中的表格不仅具有通常意义上的数据表格功能，它还有一项非常重要的应用，就是对网页进行布局和排版，几乎每一个网页都是由大大小小若干个表格组成的，而文字、图片、动画、视音频等素材则是放置在被表格划分的一个个小框内，就好像报纸上的文章、图片分栏显示一样。这样做的好处是网页的内容可以清晰有序地显示，而且可以通过拆分和合并表格随意地布置各种元素。

图 8－2－52 画出了几种用表格排版的示意草图。

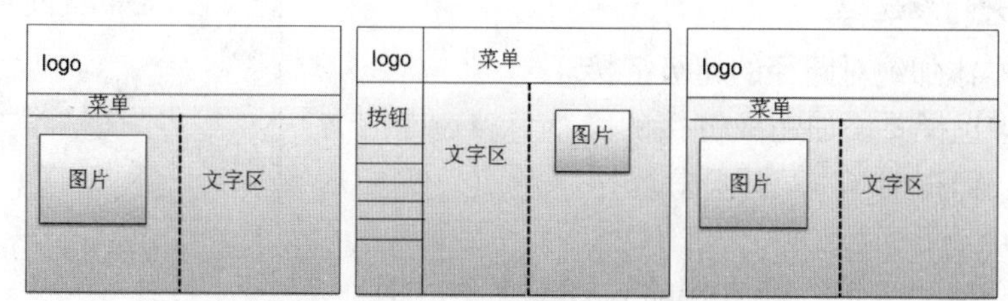

图 8－2－52　几种用表格排版的示意草图

网页的内容是多种多样的，使用表格布局也是非常灵活的，在开始进行表格布局时不可能所有问题都考虑到，我们可以插入一个比较简单的表格，需要时可通过在表格上点击鼠标右键弹出的快捷窗口中的合并、拆分、添加、删除表格等命令来灵活地排布表格，如图 8－2－53 所示。

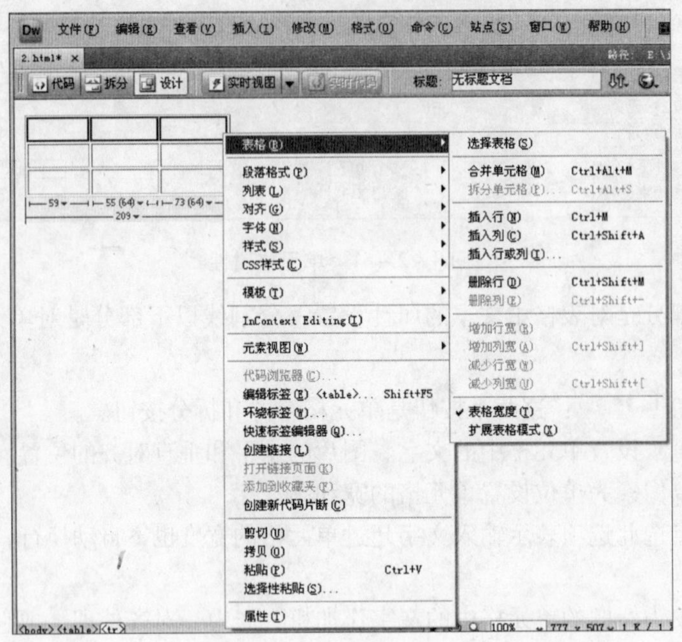

图 8-2-53　表格快捷菜单

当了解了表格的排版功能后，我们就可以通过插入无框的表格和在表格中插入文字、图像、媒体等各种网页元素制作出一个个独立的网页。然而网站之所以称为网站，是因为组成网站的网页之间不是独立存在的，而是彼此互相链接的，链接是网站的本质所在。下面就来学习如何建立超级链接。

图 8-2-54　选择文本

8.2.8　建立超级链接

1. 添加文本超级链接

（1）为文本添加绝对路径的超级链接。

①在网页中选择要添加超级链接的文本，被选择的文本会反白显示，如在图 8-2-54 中选择“暨南大学”几个字。

②在属性栏的“链接”处直接输入暨南大学的网址，如图 8-2-55 所示。输入网址后“目标”栏变为可用，点击右侧的 ，在下拉列表中选择“_blank”，使链接的内容在新窗口打开，如图 8-2-55 所示。

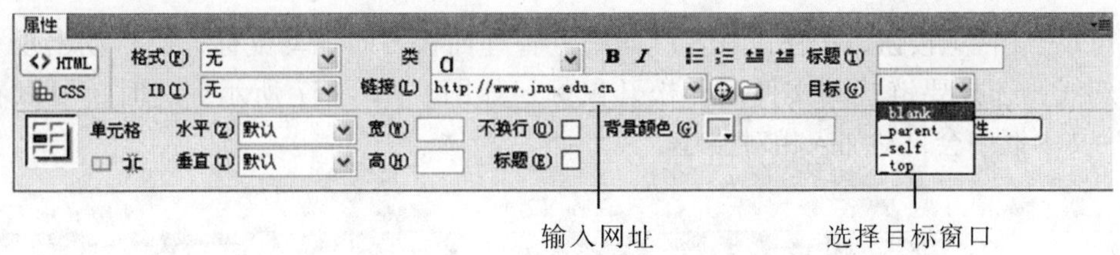

图 8－2－55　为文本添加绝对路径的超级链接

有关目标选项的解释：

◆_blank：为所链接的内容开启一个新窗口。

◆_parent：在上一级窗口中打开链接的内容。一般在框架页中使用。

◆_self：所链接的内容在当前的窗口打开。一般不用设置，默认是此项。

◆_top：所链接的内容在浏览器的整个窗口中打开，忽略所有框架。

以上我们创建的超级链接是叫做“绝对路径”的超级链接，“绝对路径”是指为文件提供完整的路径，它不仅包括文件名和地址，还包括运用协议，如 http、ftp 等。当我们要链接非本网站的文件时就必须使用绝对路径。

与“绝对路径”相对应的概念是“相对路径”，“相对路径”可以提供一个简写的文件地址，它非常适合在同一网站中的链接。文件只要处于同一网站内，即使不在同一个目录下，也可以使用相对路径灵活地进行链接。这样做的好处是文件之间的链接不会受站点文件夹在服务器中所处的位置的影响，也就是说，当更换站点文件夹在服务器上的位置和地址时，其文件夹中所有的内部链接都不会出现无法链接和错误现象。

下面我们就来为文字添加一个“相对路径”的链接。

（2）为文本添加相对路径的超级链接。

①在网页中选择要添加超级链接的文本，被选择的文本会反白显示。

②在属性栏的“链接”处，点击 按钮，在弹出的窗口中选择本站点中要链接的文件，点击“确定”，如图 8－2－56 所示。

图 8－2－56　为文本添加相对路径的超级链接（方法一）

也可以点击按钮，按住鼠标左键向站点管理面板方向拖动鼠标，会自动出现一个带箭头的斜线，选择要链接的文件后，松开鼠标，如图 8－2－57 所示。这时，可以看到在“链接”文本框中会自动加入相对路径。

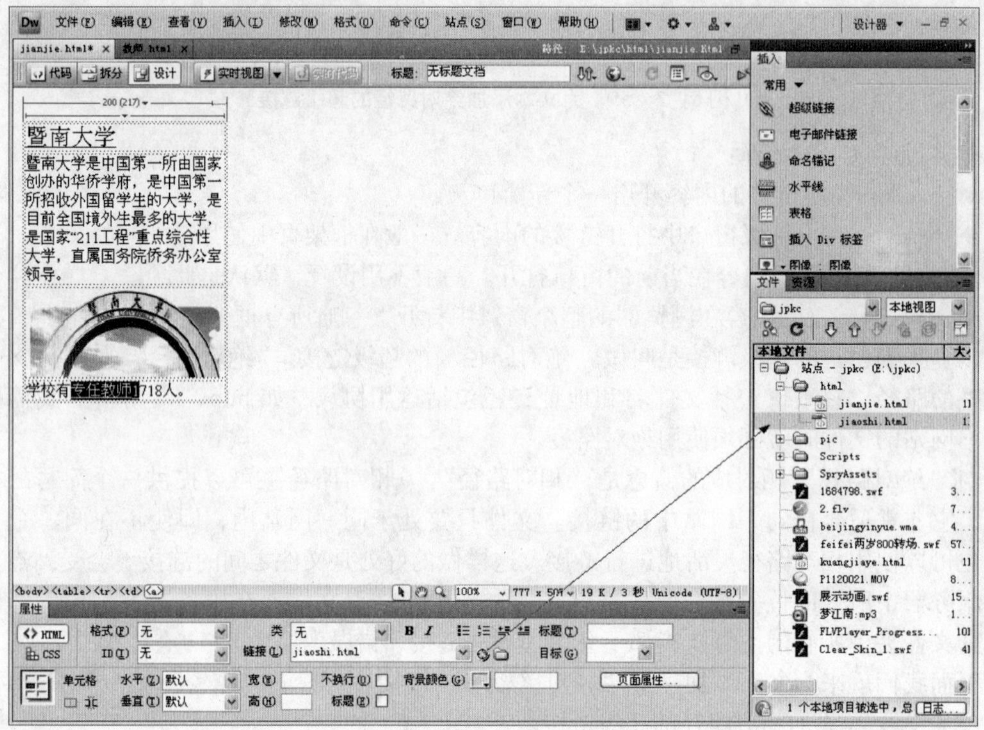

图 8－2－57　为文本添加相对路径的超级链接（方法二）

③在“目标”栏选择链接文件显示的方式。

2. 添加图片的超级链接

（1）添加整张图片的超级链接。

图片的超级链接添加方法和文本相同，也可以在工作页面选择图片，然后在属性栏点击或按钮，选择要链接的文件，并选择合适的“目标”。这是添加超级链接的一种方法。下面我们介绍另一种方法。

①在工作页面选择图片。

②在浮动工具面板的“常用”栏点击 **超级链接**，会弹出如图8－2－58 所示的“超级链接”对话框。

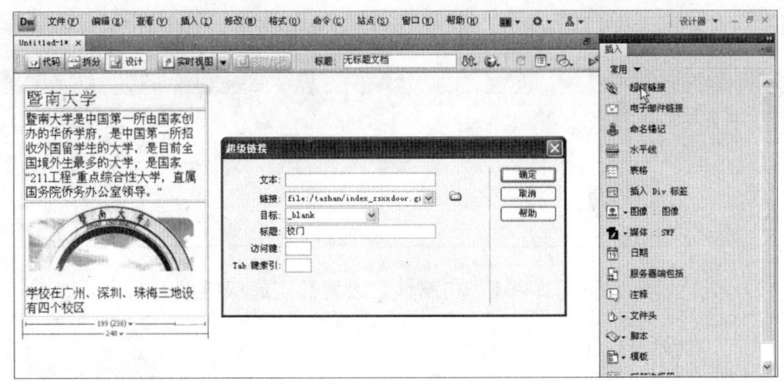

图 8－2－58　利用工具栏添加超级链接

◆文本：这种创建超级链接的方法可以在页面中没有输入文本的情况下进行，直接在此处输入文字即可。

◆链接：链接文件的路径。

◆目标：链接文件的显示方式。

◆标题：对超级链接的文字说明。一般可以不设置。

◆访问键、Tab 键索引：这两个选项都是输入字母创建一个键盘访问的快捷键，但要分别辅以 Alt 和 Tab 键。

③在“链接”处选择文件，“目标”处选择“_blank”，点击“确定”。

（2）在图片上添加热点超级链接。

在图片中除了可以为整张图添加超级链接外，还可以在图片上圈出一个或几个区域，单独为这些区域添加超级链接。

①选择图片后，在属性栏上选择一种“地图”工具比如“圆形”，如图 8－2－59 所示。

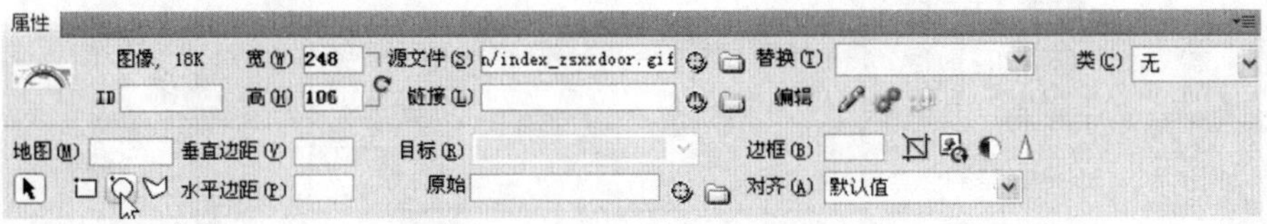

图 8－2－59　添加热点超级链接

②将鼠标放置在图片上，鼠标变成“＋”形状，按住鼠标左键画出一个圆形，如图 8－2－60 所示。

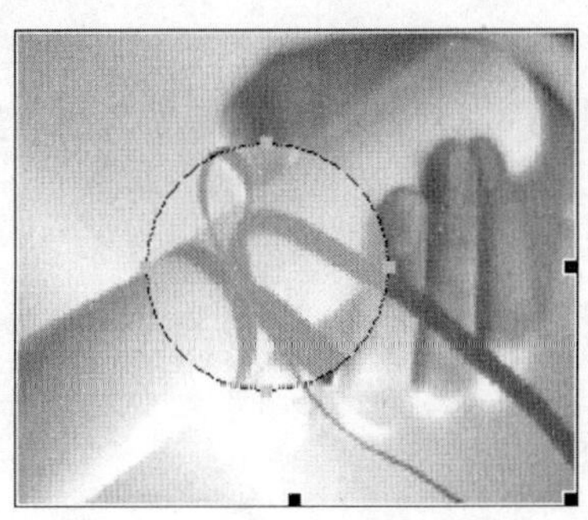

图 8－2－60　创建圆形热点区域

③在属性栏设置热点超级链接的文件和目标，如图 8－2－61 所示。

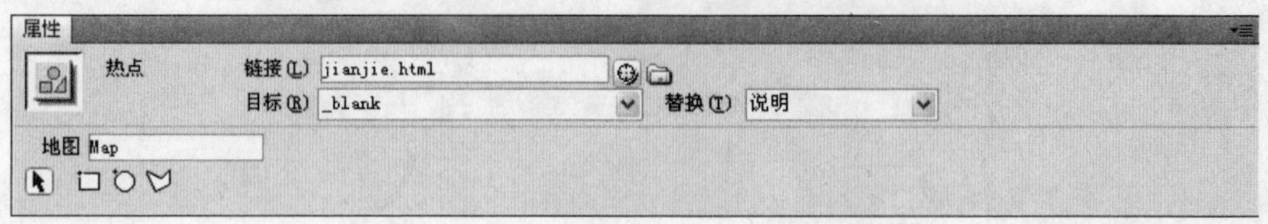

图 8－2－61　在属性栏设置热点超级链接

④按下 F12 键，预览热点图片效果。

3. 添加锚链接

在网页制作中，有时因为内容很多，会出现网页很长的情况，为了能看到网页下面的内容就只能不断地拖动滚动条。Dreamweaver CS4 为了解决这种状况，提供了锚链接这种在同一网页中进行超级链接的方法。

(1) 在较长网页的中后部（为了更清楚地看到效果）选择部分文字，点击“常用”工具栏的 **命名锚记**，在弹出的对话框中输入锚记的名称，点击“确定”，如图 8－2－62 所示，这样就添加了一个锚记。

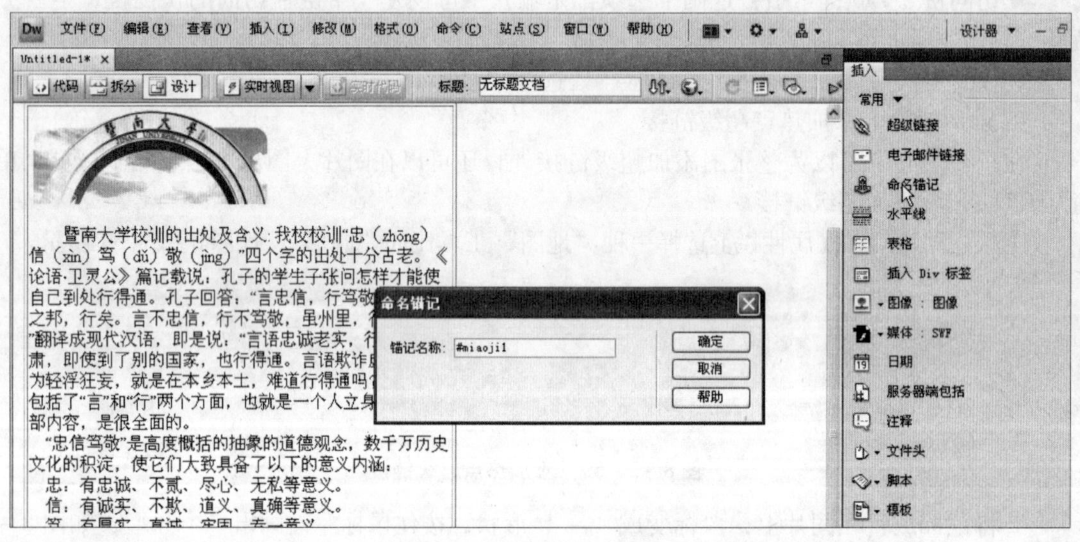

图 8－2－62　添加命名锚点

(2) 在网页的前部选择要链接该锚记的文字，然后在属性栏的链接处输入“#锚记名称”，比如输入“#miaoji1”，如图 8－2－63 所示，那么在预览时点击该文字就直接跳转到锚记处。

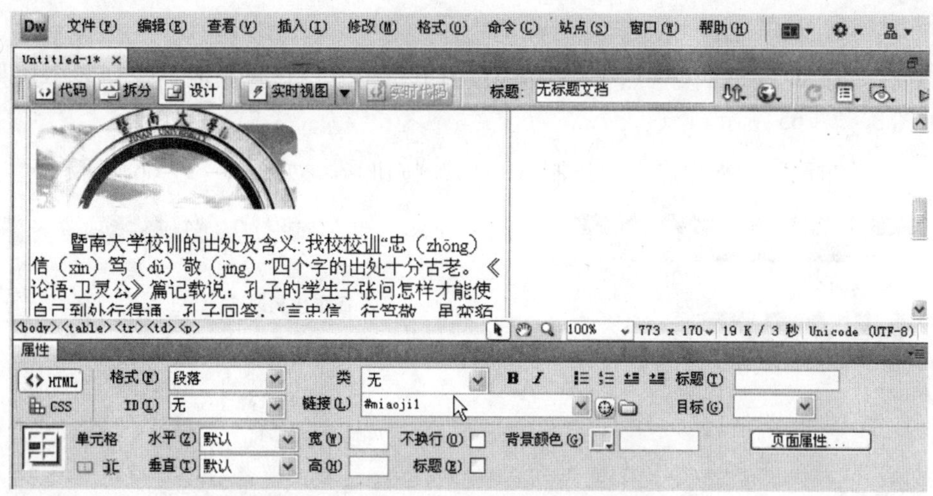

图 8－2－63　在属性栏设置锚点链接

4. 创建电子邮件链接

在浏览网页时经常会碰到这种情况，当点击“联系我们”时就弹出一个电子邮件编辑窗口，并且在收件人处已经写好了收件人的地址。只需输入邮件主题和内容就可以轻松发送邮件。这就是电子邮件链接。

（1）在工作页面上输入并选择“联系我们”文字。

（2）在“常用”工具栏中点击 电子邮件链接。在弹出的窗口中输入 E-Mail 地址，点击“确定”，如图 8－2－64 所示。

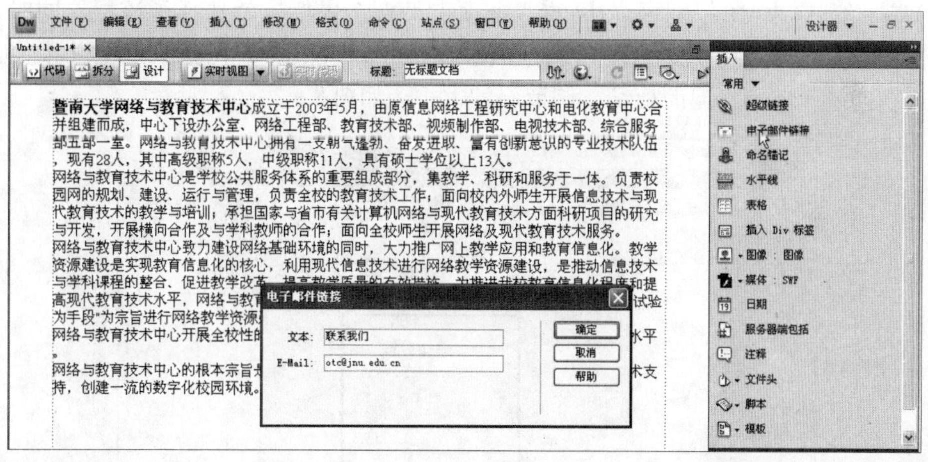

图 8－2－64　电子邮件链接

8.2.9　创建 AP Div 层和设置其属性

到目前为止，你可能会发现在工作页面添加的元素，文字、图片、动画、表格等都不能移动，我们虽然能通过表格来排版定位，但是精确自由移动仍旧受限制。对于这种情况，在 Dreamweaver CS4 中，提供了“层”作为自由移动的解决方案。

1. 创建 AP Div 层

（1）在“浮动工具面板”点击 常用 ▼ 的下三角号，在弹出的下拉列表中选择“布局”，如图 8－2－65 所示。

（2）在“布局”面板中点击“绘制 AP Div”按钮，如图 8－2－66 所示。

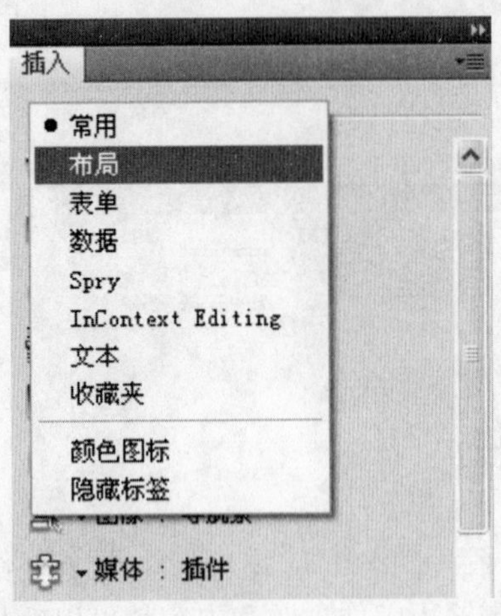

图 8－2－65　切换到布局工作面板

图 8－2－66　选择“绘制 AP Div”

（3）将鼠标移动到工作页面，光标变成“+”形状，按住鼠标左键沿对角线方向拖出一个区域后松开鼠标，就绘制出一个 AP Div 层。

2. 设置 AP Div 层的属性

（1）选择和修改层的大小：在层的四个顶点上点击鼠标，就选择了该层。同时，在层的左上侧出现层手柄，层四周出现蓝色框线和调节点，将鼠标放在调节点上并按住鼠标左键，通过横向、纵向和斜向的拖动，调节层的大小，如图 8－2－67 所示。

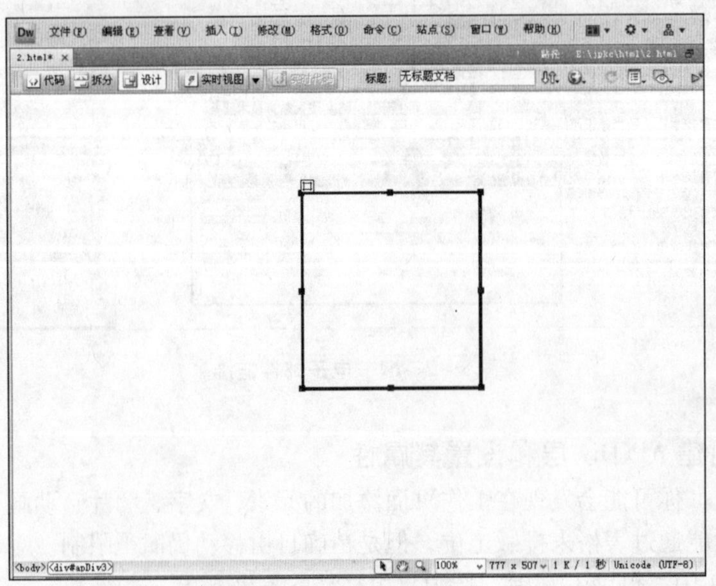

图 8－2－67　选择 AP Div 层

（2）移动层：将鼠标放置在层手柄口上，鼠标变成“✛”形状，此时按住鼠标左键拖动，就可以将层任意移动。

（3）嵌套层：将光标定义在层的区域内再创建一个层，就是嵌套层。那么在内部的层（后建立的）就称为子层，在外面的层（先建立的）就称为父层。子层会继承父层的各种属性。

（4）当层被选择时，属性栏呈现的就是该层的属性设置栏，如图 8－2－68 所示。

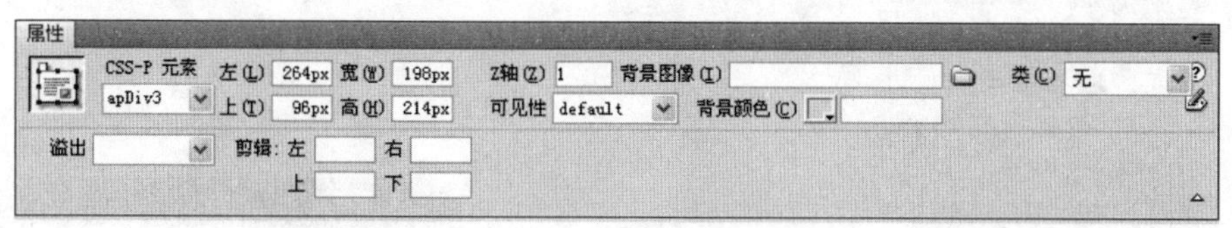

图 8－2－68　AP Div 层的属性栏

◆CSS－P 元素：定义 AP Div 层的名称，该名称必须是由英文和数字组成的，不能有空格等特殊字符，该名称具有唯一性。定义名称后，可以更容易地选择层，并且可以为层指定多种效果。

◆左、上：以页面的最左上顶点为坐标原点，输入距离该坐标原点的值，精确定义层的位置。

◆宽、高：定义层的宽和高。

◆Z 轴：在文本框中输入数值决定层的叠加顺序。Z 轴数值大的层排列在 Z 轴数值小的层上方。

◆可见性：显示层的可见和隐藏状态。它有如下四种选项：

◇default（默认）：不指定层的显示状态。

◇inherit（继承）：在嵌套层的状况下，子层继承父层的可见性。

◇visible（可见）：设置层为可见。

◇hidden（隐藏）：设置层为不可见。

◆背景图像：点击按钮▭选择一幅图作为层的背景。

◆背景颜色：设定层的背景颜色。在不设定的情况下，默认层是透明的。

◆溢出：当在层中插入的内容比层大时，通过该选项调整内容的显示。它包括几个选项：

◇visible（可见）：扩大层的区域，使内容完全显示。

◇hidden（隐藏）：比层大的内容部分不显示。

◇scroll（滚动）：始终显示滚动条，不管内容是否比层大。

◇auto（自动）：当内容比层大时显示滚动条，否则不出现滚动条。

◆剪辑：通过在“上”、“下”、“左”、“右”四个文本框中输入数值，在层中隐藏输入数值范围内的内容。

8.2.10　应用 Spry 层

在 Dreamweaver CS4 中，Spry 其实是一个特定 JavaScript 库，通过它可以轻松地添加一些有特殊效果的菜单。

1. 添加 Spry 菜单栏

（1）在工作页面上单击鼠标，定位要添加 Spry 菜单栏的位置。

（2）在“浮动工具面板”的“布局”栏点击“Spry 菜单栏”，如图 8－2－69 所示。

（3）在弹出的对话框中选择菜单是“水平”还是“垂直”排列，点击“确定”，如图 8－2－70 所示。

图 8－2－69　添加 Spry 菜单栏

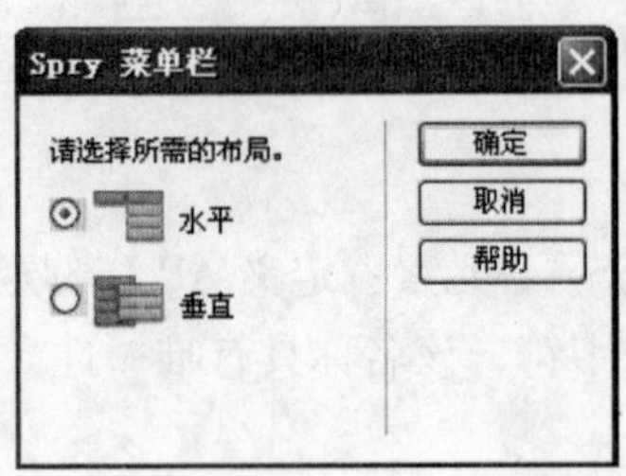

图 8－2－70　Spry 菜单栏水平垂直选择

（4）在工作页面出现 Spry 菜单栏，在属性栏同时显示 Spry 菜单栏的设置属性，如图 8－2－71 所示。

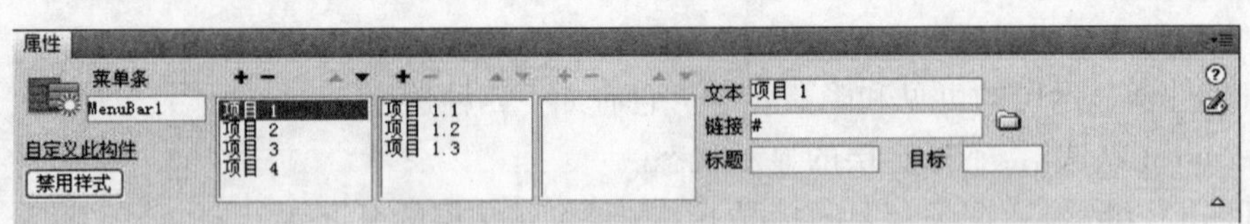

图 8－2－71　Spry 菜单栏属性设置

◆菜单条：设置菜单栏的名称。

◆菜单项文本输入栏：共可设计三级菜单。通过 + − 和 ▲ ▼ 按钮增减和调整菜单。

◆文本：设置各菜单项的文字。

◆链接：设置各菜单项链接的文件。

◆标题：设置各菜单项文字上的浮动提示文字。

◆目标：设置链接显示的窗口位置。

（5）按下 F12 键，预览 Spry 菜单栏的效果。

2. 添加 Spry 选项卡式面板

（1）在工作页面上单击鼠标，定位要添加 Spry 选项卡式面板的位置。

（2）在“浮动工具面板”的“布局”栏点击“Spry 选项卡式面板”，如图 8－2－72 所示。

图 8－2－72　添加 Spry 选项卡式面板

（3）在工作页面出现 Spry 选项卡式面板，在属性栏同时显示 Spry 选项卡式面板的设置属性，如图 8－2－73 所示。

图 8－2－73　Spry 选项卡式面板属性栏

◆选项卡式面板：设置选项卡式面板的名称。

◆面板：通过增减选项卡式面板的数量，通过调整选项卡式面板的次序。

◆默认面板：设置浏览时默认显示的选项卡式面板。

（4）在工作页面的选项卡中单击，如在 Tab 1 处单击，可以为 Tab 1 输入名称，在“内容 1”处单击，就可以输入 Tab 1 的内容文字，如图 8－2－74 所示。

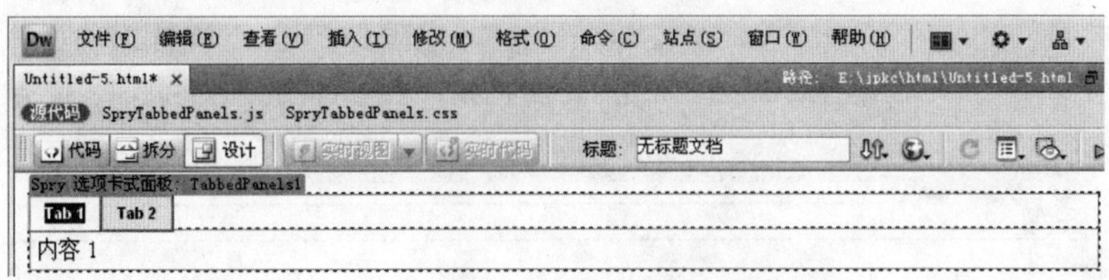

图 8－2－74　输入 Spry 选项卡式面板名称和内容

（5）如果想为 Tab 2 添加内容，则将鼠标放置在 Tab 2 上，会出现图标，单击它可以切换到 Tab 2 的内容区，只需单击鼠标就可以设置 Tab 2 的内容，如图 8－2－75 所示。

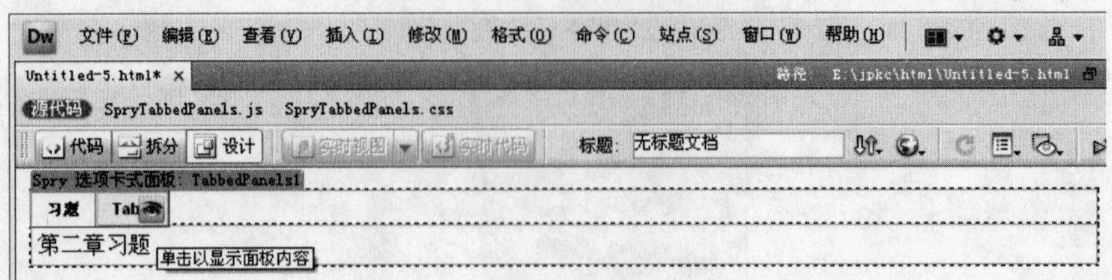

图 8－2－75 切换 Spry 选项卡式面板输入相关内容

（6）按下 F12 键，预览 Spry 菜单栏的效果。

3. 创建 Spry 折叠式

（1）在工作页面上单击鼠标，定位要添加 Spry 折叠式的位置。

（2）在“浮动工具面板”的“布局”栏点击“Spry 折叠式”，如图 8－2－76 所示。

图 8－2－76 创建 Spry 折叠式

（3）在“标签 1”、“内容 1”和“标签 2”输入相关内容，如需设置“标签 2”的内容，将鼠标放置在“标签 2”的右下角会出现 ![eye icon] 图标，点击它就可以设置“标签 2”的内容，如图 8－2－77 所示。

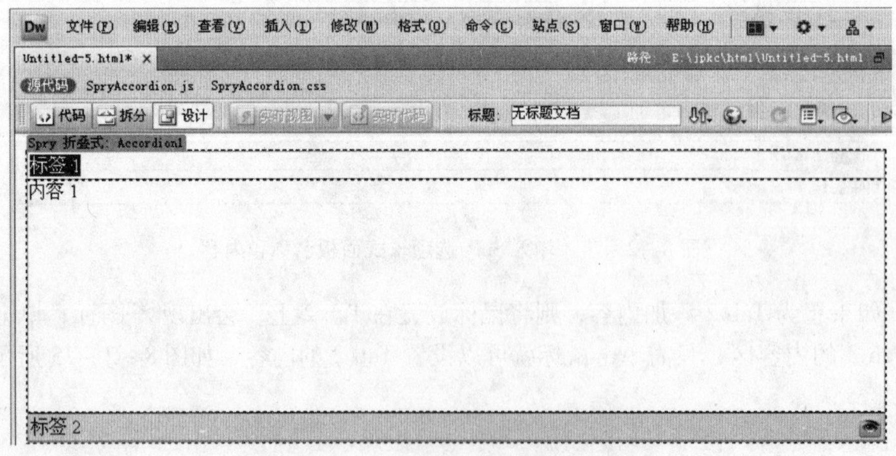

图 8－2－77 输入 Spry 折叠式名称和内容

(4) 图 8 - 2 - 78 所示的是 Spry 折叠式的属性栏。

图 8 - 2 - 78 Spry 折叠式属性栏

◆折叠式：设置 Spry 折叠式的名称。

◆面板：通过 + - 和 ▲ ▼ 增减和调整折叠式面板。

(5) 按下 F12 键，预览 Spry 折叠式的效果。

4. **创建 Spry 可折叠面板**

Dreamweaver CS4 中除了提供 Spry 折叠式外，还提供另一种 Spry 可折叠面板。它与 Spry 折叠式的区别是 Spry 折叠式可以折叠多个面板，但不能折叠内容；Spry 可折叠面板可以折叠内容，但只有一个面板。

(1) 在工作页面上单击鼠标，定位要添加 Spry 可折叠面板的位置。

(2) 在“浮动工具面板”的“布局”栏点击“Spry 可折叠面板”，如图 8 - 2 - 79 所示。

图 8 - 2 - 79 创建 Spry 可折叠面板

(3) 在工作页面插入 Spry 可折叠面板，在 Tab 和内容处分别输入相关文字和内容。

(4) 在属性栏设置 Spry 可折叠面板的属性，如图 8 - 2 - 80 所示。

图 8 - 2 - 80 Spry 可折叠面板属性栏

◆可折叠面板：设置 Spry 可折叠面板的名称。

◆显示：设置面板是“打开”还是“已关闭”。

◆默认状态：设置浏览时面板的默认状态是“打开”还是“已关闭”。

◆启用动画：设置是否应用动画效果。

（5）按下 F12 键，预览 Spry 可折叠面板的效果。

8.2.11 创建表单和设置表单属性

表单也是网页中的常用的元素，我们在登录某些网站时需要的密码，在申请电子邮箱和加入论坛时所要填写的各种信息，都是表单的表现形式。表单的作用就是搜集所需数据和信息并向后台数据库提交这些信息。

创建表单的工作流程一般是这样的：在工作页面插入一个空的表单，然后在属性栏指定该表单数据传送到服务器的方法，在空的表单中插入各表单对象（域），在属性栏设置所插入的域属性后，点击“确定”，完成该表单。下面就来看看具体的操作方法。

1. 插入空白表单并设置其属性

（1）在“浮动工具面板”中点击“常用”旁的下三角按钮，在弹出的列表中选择“表单”，如图 8－2－81 所示。

（2）在“表单”栏会列出常用的表单元素和对象，如图 8－2－82 所示。点击“表单”。

图 8－2－81 切换表单工作面板

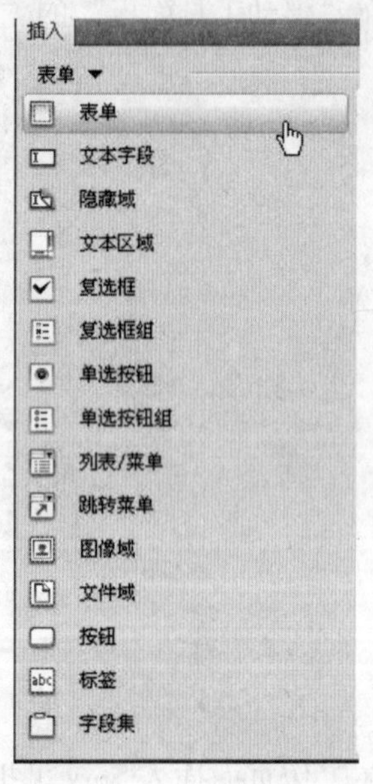

图 8－2－82 插入表单

（3）在工作页面就出现一个光标定位的红色虚线框，这样就插入了一个空白表单。

（4）属性栏显示如图 8－2－83 所示的表单属性。

图 8－2－83 表单属性栏

◆表单 ID：设置表单的名称。

◆动作：设置该表单的服务器脚本路径。

◆方法：设置表单数据发送到服务器的方法。有以下几种选项：

◇默认：用浏览器默认的设置将数据发送到服务器。

◇GET：利用 GET 方法发送数据，将数据附加到 URL 中，并向服务器发送 GET 请求。

◇POST：把表单数据直接嵌在 HTTP 中发送，并向服务器发送 POST 请求。

一般来说，GET 传输的数据量小，POST 可以传输数据量大的数据。在数据传输的过程中，POST 方法比 GET 方法安全。

◆目标：设置表单处理后反馈页面的显示窗口。

◆编码类型：指定向服务器发送数据的编码类型。

2. 插入文本字段

（1）在工作页面的表单中定位光标，在“浮动工具面板”的“表单”栏中点击 文本字段。

（2）此时，会弹出“输入标签辅助功能属性”窗口。这是为了方便设置表单的提示窗口，我们可以忽略它，直接点击“确定”。

（3）在工作页面出现文本字段域，属性栏显示文本字段的属性，如图 8－2－84 所示。

图 8－2－84 文本字段属性栏

◆文本域：设置该文本域的名称。

◆字符宽度：以一个英文字符为计算单位，设置文本字符域的宽度。

◆最多字符数：设置该文本域能输入的最多字符数，比如可将身份证号码字符数输入为 18。

◆类型：规定该文本域是单行、多行还是密码。其中，选择多行就是文本区域，选择密码时用户输入的文字被符号代替而不显示文字内容。

◆初始值：浏览时显示的初始文字。

◆禁用：该文本域不能用。

◆只读：将该文本域设定为只读。

（4）按下 F12，在浏览器中可以观看文本字段的效果。

小提示

每次插入表单对象时都会出现“输入标签辅助功能属性”窗口，可以通过点击“请更改‘辅助功能’首选参数”跳转到“首选参数”窗口，取消“表单对象”前的选择状态，如图 8－2－85 所示，此辅助窗口则不再出现。

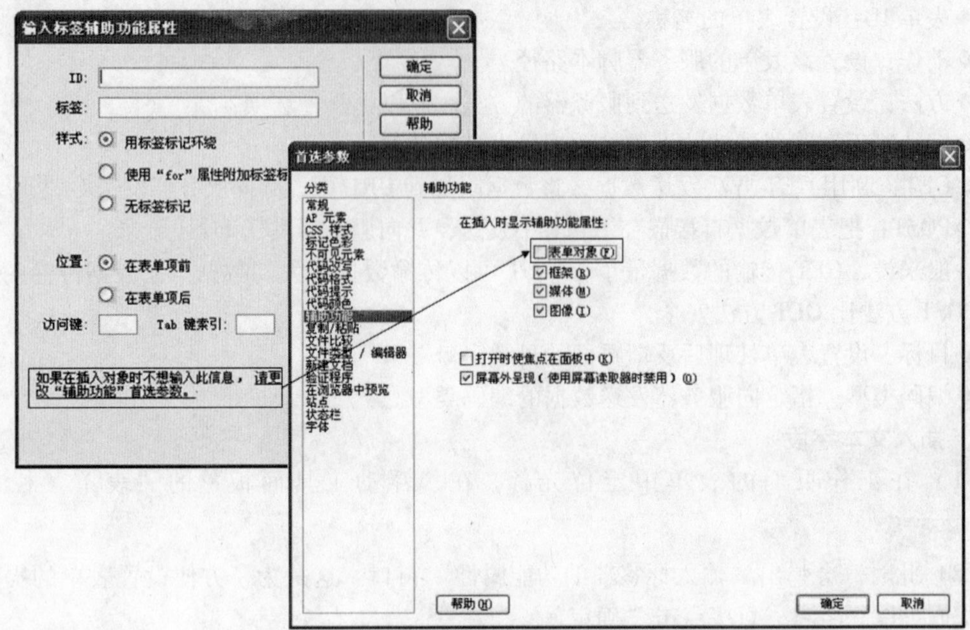

图 8－2－85　插入标签辅助功能属性设置

3. 插入复选框

复选框在为用户提供多个选择项时使用。比如在网页中让用户填写对哪些商品信息感兴趣时就可以用复选框。

（1）在表单中输入“您可能对下列哪些商品信息感兴趣”，然后在“浮动工具面板”点击 复选框 按钮。

（2）在工作页面就添加了一个复选框，可以在复选框后输入文字“书籍”作为备选答案之一。采用同样的方法可以添加多个复选框和答案。

（3）在工作页面的复选框上点击鼠标，该复选框被选中，属性栏显示如图 8－2－86 所示。

图 8－2－86　复选框属性栏

◆复选框名称：设置复选框的名称，每个复选框必须有一个唯一的名称。

◆选定值：设置复选框被选中的值，该值会随表单提交到服务器。

◆初始状态：选择在浏览时看到的显示状态。

（4）按下 F12，在浏览器中就可以预览复选框的效果。

除了一个一个添加复选框外，Dreamweaver CS4 还可以一次添加多个复选框，单击“表单”中的 复选框组 按钮，在弹出的如图 8－2－87 所示的窗口中，“名称”显示该复选框组的名称，在“值”、“标签”下的“复选框”文字上单击就可以输入选项文字，利用增减复选框的个数，利用▲ ▼调整复选框的排列顺序，点击“确定”就可以添加一组复选框。

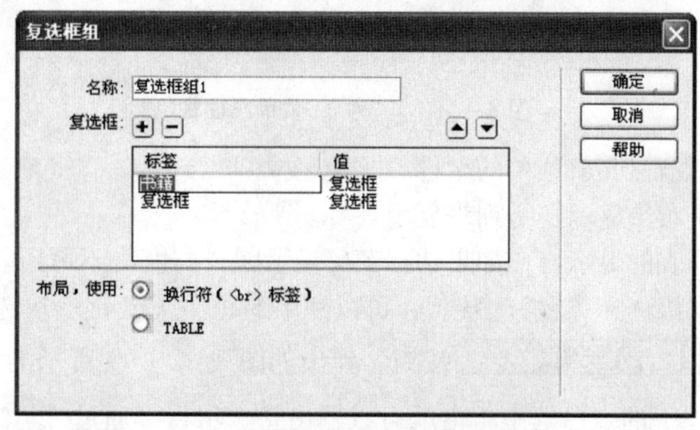

图 8－2－87　插入复选框组设置

4. 插入单选按钮

单选按钮用于只有一个选择时，比如请用户填写性别时，就可以使用单选按钮。

（1）在表单中输入“性别:”，然后在“浮动工具面板”点击 单选按钮。

（2）在工作页面就添加了一个单选按钮，在单选按钮的后面输入文字“男”，再次点击 单选按钮 便又添加了一个单选按钮，在这个单选按钮的后面输入文字“女”。请用户填写性别信息的表单就制作完成了。

（3）在工作页面选择单选按钮，属性栏就显示该按钮的属性，如图 8－2－88 所示。

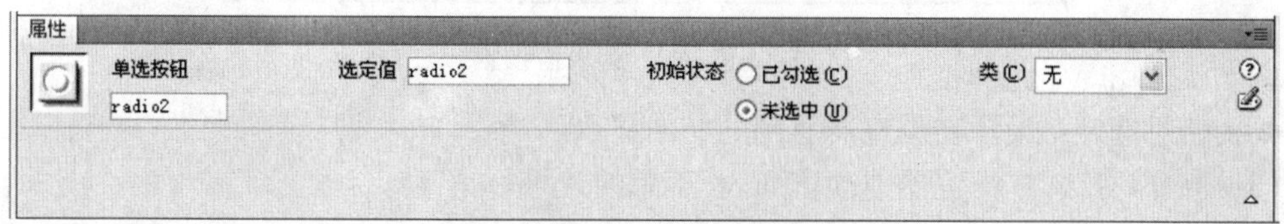

图 8－2－88　单选按钮属性栏

（4）按下 F12，在浏览器中预览单选按钮的效果。

同复选框一样，只需点击 单选按钮组 就可以添加单选按钮组，其设置方法也与复选框相同。

5. 插入列表/菜单

列表/菜单也是在为用户提供选择时使用的，它可以提供一个有滚动条的矩形显示区域。较单选按钮和复选框更节省网页空间。

（1）在表单区域内定位光标，然后在“浮动工具面板”的“表单”栏点击 列表/菜单。

（2）在工作页面插入一个列表/菜单，属性栏同时显示其属性，如图 8－2－89 所示。

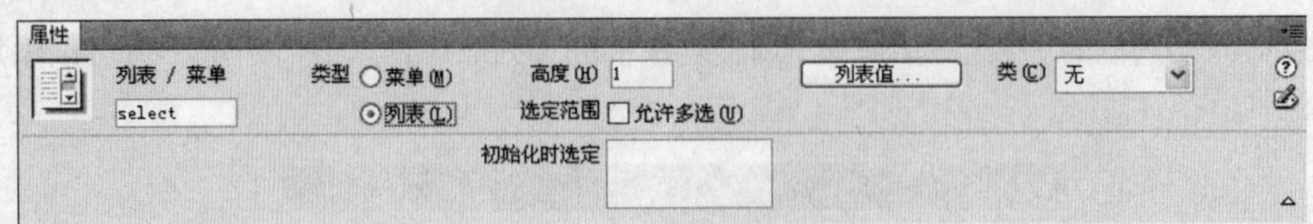

图 8 - 2 - 89　列表/菜单属性栏

◆列表/菜单：设置列表/菜单的名称。

◆类型：选择是菜单显示还是列表显示。

◆高度：设置列表的显示行，如果选择菜单显示则“高度”不可用。

◆选定范围：如果选择“允许多选”，可以利用 Shift 或 Ctrl 键一次选择多个选项。

◆列表值：点击 列表值... 按钮，弹出如图 8 - 2 - 90 所示的“列表值”设置窗口，在“项目标签”下的空白框中单击就可以输出备选项目，通过+ −和▲ ▼增减和调整备选项目，设置完成后点击“确定”。

图 8 - 2 - 90　列表值设置

◆初始时选定：设置在浏览器看到的初始显示。

(3) 按下 F12，在浏览器中预览列表/菜单的效果。

6. 插入跳转菜单

跳转菜单用列表形式列出各个选项，但与列表不同的是，点击跳转菜单中的选项可以跳转到相应的网页。

(1) 在工作页面定位光标后，在“浮动工作面板”点击“表单”栏中的 跳转菜单。

(2) 在弹出的如图 8 - 2 - 91 所示的窗口中，在“文本”处输入跳转的备选项名称，在“选择时，转到 URL”中输入要跳转到的网页路径；点击+添加一个菜单项，输入该菜单项的文本和 URL；还可以在“选项”处设置是否要添加一个前往按钮，设置完成后，点击“确定”。

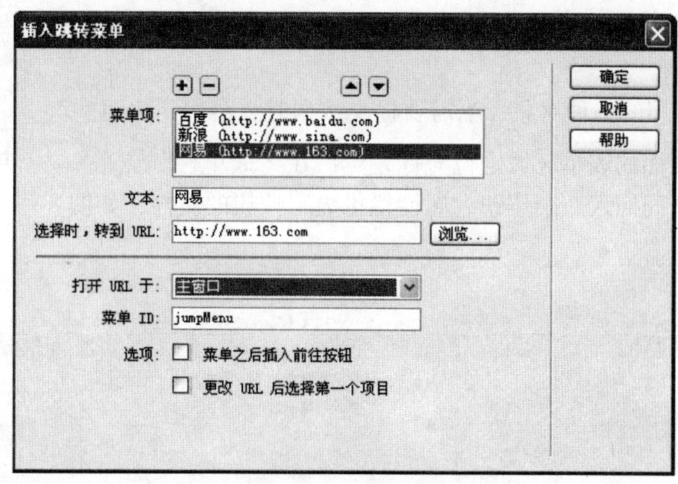

图 8－2－91　跳转菜单设置

（3）按下 F12 键，在浏览器中预览跳转菜单的效果。

7. 插入图像域

在表单中插入图像域会使表单页面更漂亮，图像域也可以用来制作提交按钮。

（1）在工作页面的表单区域定位光标，然后在“表单栏”点击 图像域。

（2）在弹出的“选择图像源文件”窗口选择一幅图，点击“确定”。

（3）图像域的属性栏如图 8－2－92 所示。

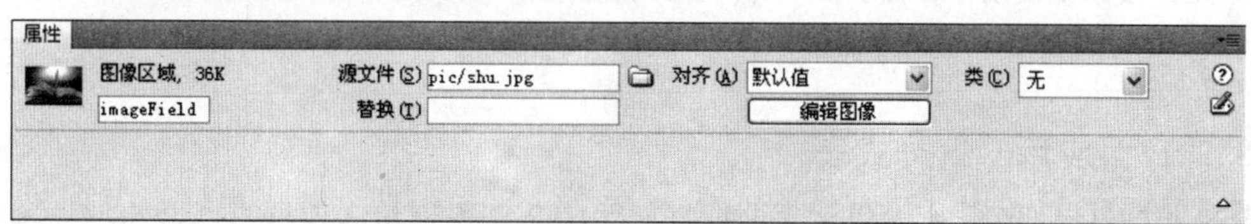

图 8－2－92　图像域属性栏

（4）按下 F12 键，浏览图像域效果。

8. 插入文件域

如果需要用户上传文件，就使用文件域。

（1）在“表单”栏中点击 文件域。

（2）在工作页面会出现带“浏览”按钮的文本框，属性栏也相应显示文件域的属性，如图 8－2－93 所示。可以根据需要输入文件域名称、字符宽度及最大字符数。

图 8－2－93　文件域属性栏

（3）按下 F12 键，在浏览器中预览效果。

9. 插入按钮

按钮是表单常用的一种对象，当需要提交数据时就会用到按钮。

（1）在工作页面的表单区域定位光标，然后在“表单栏”点击 按钮。

（2）在工作页面插入一个按钮，属性栏也显示按钮的属性，如图 8－2－94 所示。

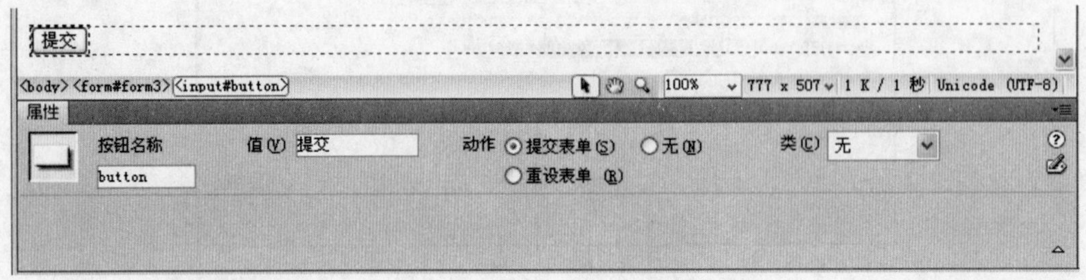

图 8－2－94　按钮属性栏

◆按钮名称：设置按钮的名称。

◆值：可以输入按钮上显示的文字。

◆动作：选择点击按钮时所发生的动作。

◇提交表单：将表单的数据提交到服务器上。

◇重设表单：将表单输入的内容清空。

◇无：按钮不设动作，需要 JavaScript 实现动作。

（3）按下 F12 键，在浏览器中预览效果。

8.2.12　应用 CSS 样式表

CSS 是网页设计制作中不可缺少的部分。使用 CSS 可以精确地对页面的布局、文本样式、颜色、边框、背景等进行控制，还可以为网页添加许多特殊效果。而且应用了 CSS 样式的文件非常容易更新，只需改变 CSS 样式，所有应用 CSS 的文件就都自动更新。

1. 新建 CSS 样式表

（1）新建一个 HTML 文档，在菜单栏的“窗口”下确认“CSS 样式”被选中，在“插入”工具栏的下方出现 CSS 样式面板，如图 8－2－95 所示。

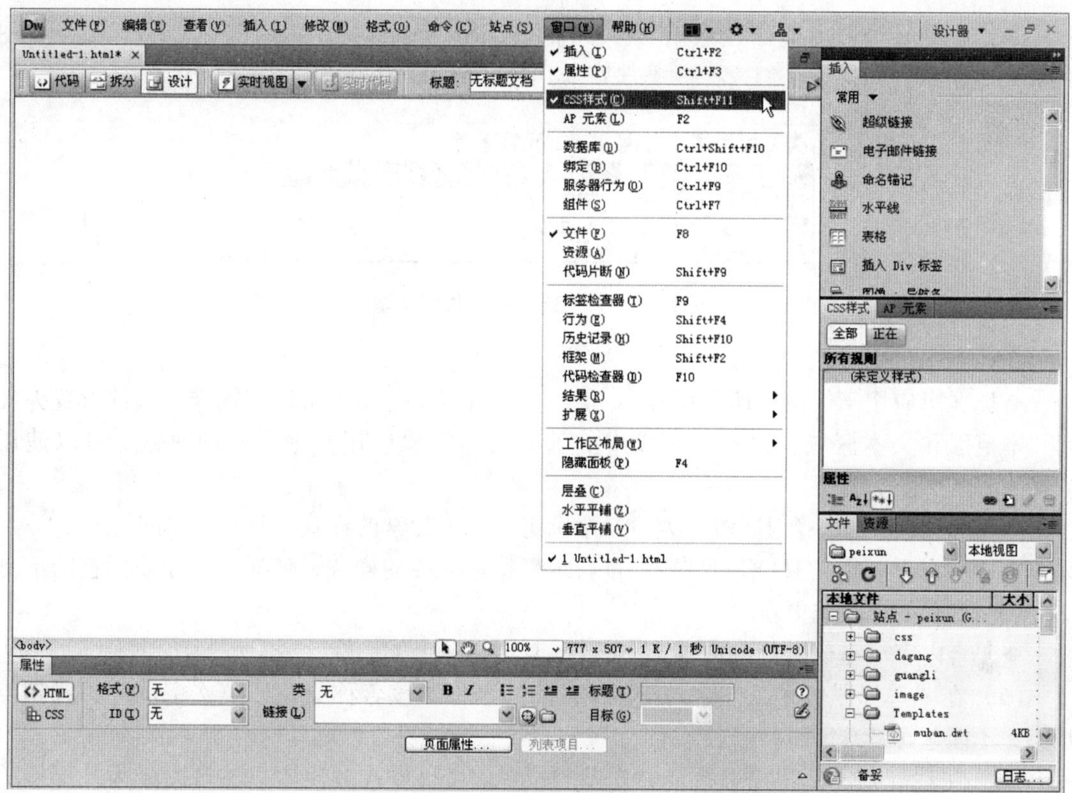

图 8－2－95 显示 CSS 样式工作面板

（2）在 CSS 样式面板上点击"新建 CSS 规则"按钮，如图 8－2－96 所示。

（3）弹出如图 8－2－97 所示的"新建 CSS 规则"窗口。

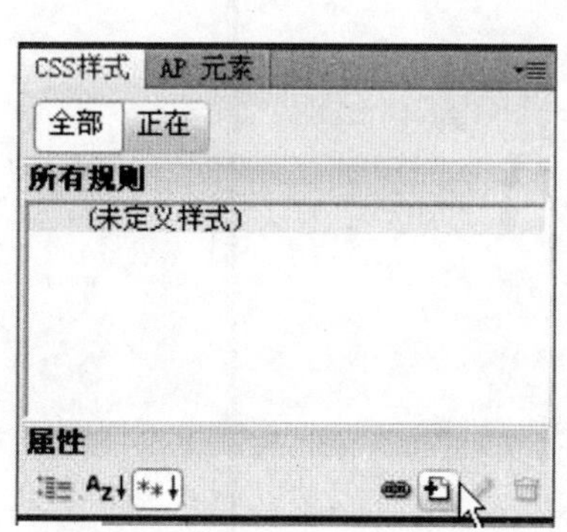

图 8－2－96 新建 CSS 规则

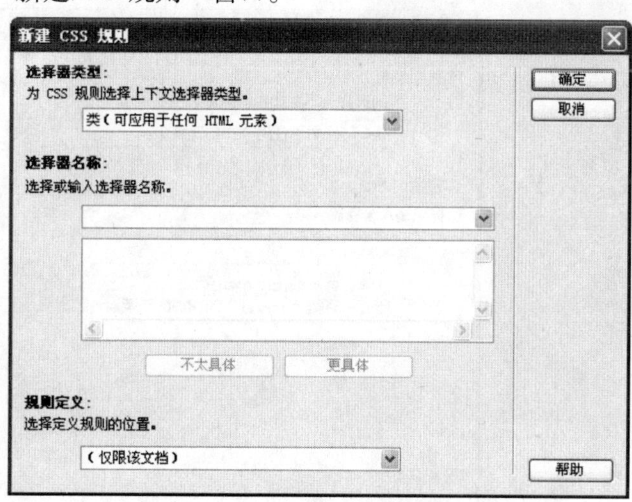

图 8－2－97 新建 CSS 规则设置窗口

（4）在“选择器类型”处点击 ，列出了 Dreamweaver CS4 的四种 CSS 规则，如图 8－2－98 所示。在这里我们选择“类（可应用于任何 HTML 元素）”。

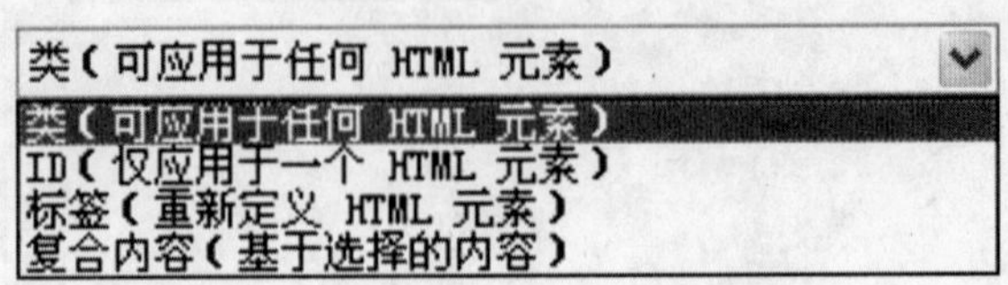

图 8－2－98 选择 CSS 规则类型

四种 CSS 规则：

◆类（可应用于任何 HTML 元素）：也被称为自定义规则，可以将该样式属性设置为任何文本范围和文本区域。在一个页面中的部分文本需要应用其他样式的时候，可以使用“类”。

◆ID（仅应用于一个 HTML 元素）：个别定义每个元素的样式，具有一定的局限。

◆标签（重新定义 HTML 元素）：重新定义特定标签的样式，使所有应用该标签的部分都按照新定义的样式被更新。

◆复合内容（基于选择的内容）：可以同时创建两个类、标签或 ID 的复合规则。

（5）在“选择器名称”处输入新建样式表的名称，该名称必须以英文字母开头或句点开头，不能包含特殊字符。

（6）在“规则定义”中选择定义规则的位置。CSS 样式按使用方法可以分为外部样式和内部样式。“仅限该文档”选择的是内部样式，它表示新建的样式表只能应用于这个文档内。“新建样式表文件”不仅可以应用于本文档，还可以应用到其他文档中。在这里选择“新建样式表文件”，如图 8－2－99 所示。

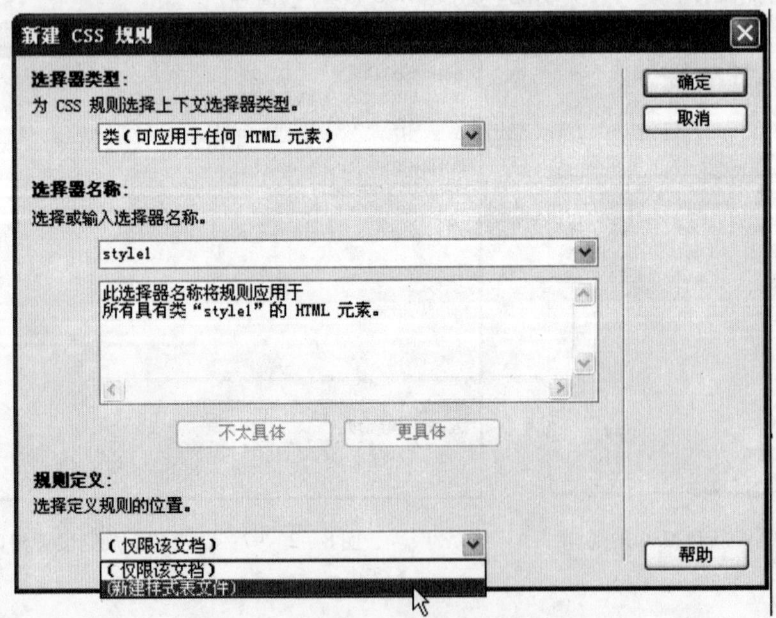

图 8－2－99 选择 CSS 规则定义

（7）设置好新建 CSS 的规则后点击“确定”，弹出“保存”窗口。在文件名中，为了方便记忆，建议输入与样式表一样的名称，然后点击“保存”，如图 8－2－100 所示。

图 8－2－100　保存 CSS 规则文件

（8）此时弹出了“.style1 的 CSS 规则定义”窗口，在窗口中有“类型”、“背景”、“区块”等八个选项，根据需要在“类型”中对文本选择进行设置，如图 8－2－101 所示。

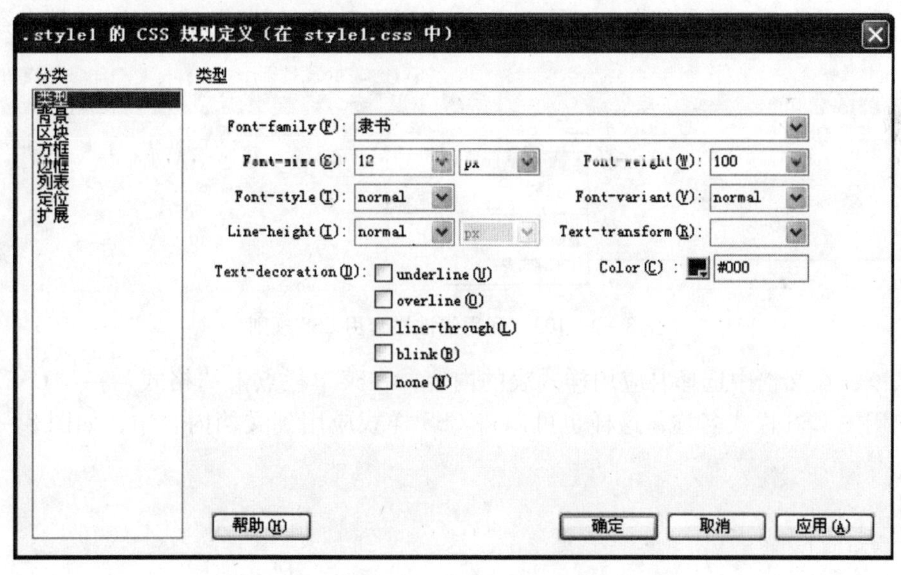

图 8－2－101　CSS 规则定义

（9）点击“确定”按钮后，就完成了一个 CSS 样式表的创建。在 CSS 样式表面板中也出现了新建的样式表。

2. 在文档设置中应用 CSS 样式表

当建立好 CSS 样式表后，有多种方法将 CSS 样式表应用到文档中。

方法一：在文档中选择要应用样式表的内容，然后在 CSS 样式面板中选择要应用的样式名称，点击 CSS 样式面板右上角的，在弹出的菜单中选择“套用”，如图 8－2－102 所示，这样就可以将 CSS 样式应用到文档内容中。

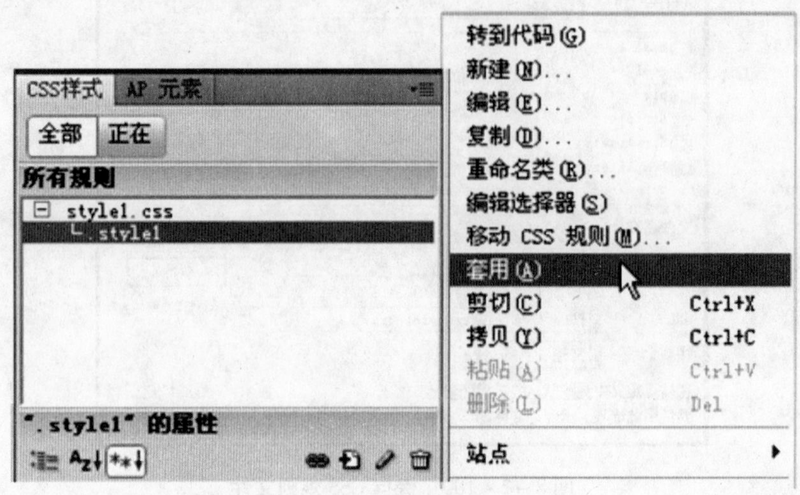

图 8－2－102　套用 CSS 规则

方法二：在文档中选择要应用样式表的内容，在属性栏的“类”中点击，在下拉列表中选择要应用的 CSS 样式名称，如图 8－2－103 所示，就将 CSS 样式应用到文档内容中。

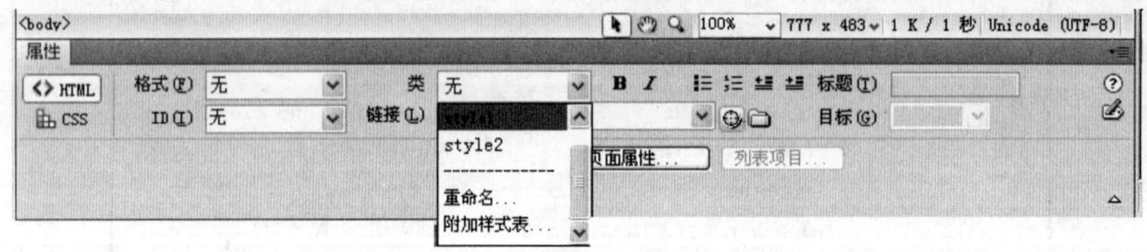

图 8－2－103　利用属性栏套用 CSS 规则

方法三：在文档中选择要应用样式表的内容，在菜单栏点击“格式”→“CSS 样式”，选择要应用的 CSS 样式名称，这样也可以将 CSS 样式应用到文档内容中，如图 8－2－104 所示。

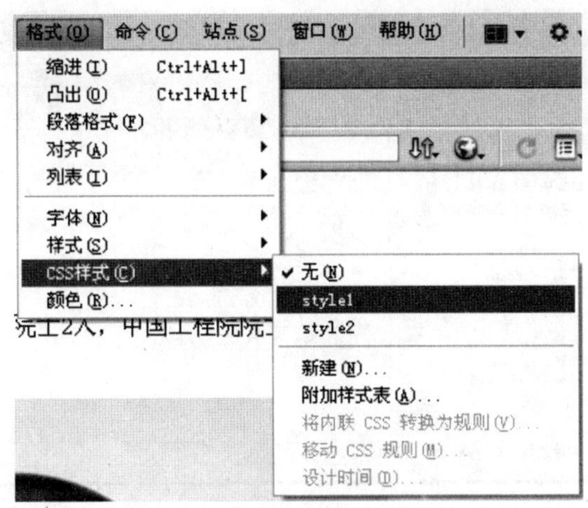

图 8－2－104 利用"CSS 样式"命令应用 CSS 规则

3. 使用附加样式表

在制作网站时，可能很多网页的风格都相似，如果使用内部样式表，只能应用于一个文档。为了减少重复工作，我们经常会使用外部样式表，将它应用于不同的文档。下面就来看看如何应用外部样式表。

(1) 在文档中选择要应用外部样式表的内容，在 CSS 样式面板中点击附加样式表按钮。

(2) 在弹出的对话框中，通过点击"浏览"按钮选择外部样式表，可以选择"链接"和"导入"两种添加形式。"链接"是创建当前文档与外部样式表之间的链接；"导入"就是引用外部样式表，它也会应用已发布的样式表所在 URL，如图 8－2－105 所示。

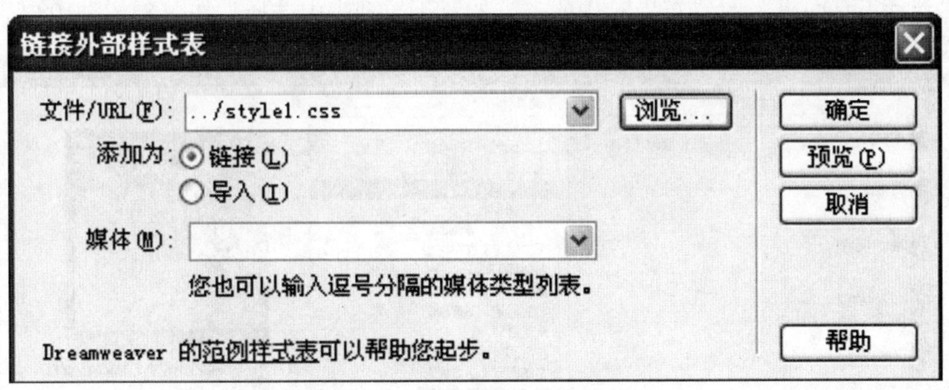

图 8－2－105 链接外部样式表

(3) 点击"确定"后，外部样式表就出现在 CSS 样式面板中，就可以像应用内部样式表一样将它应用于文档了。

此外，在 Dreamweaver CS4 里也提供了很多样式表供用户选择。点击"范例样式表"的文字链接，如图 8－2－106 所示，在弹出的"范例样式表"窗口选择一种样式，点击"确定"，该范例样式表就出现在 CSS 样式面板中。

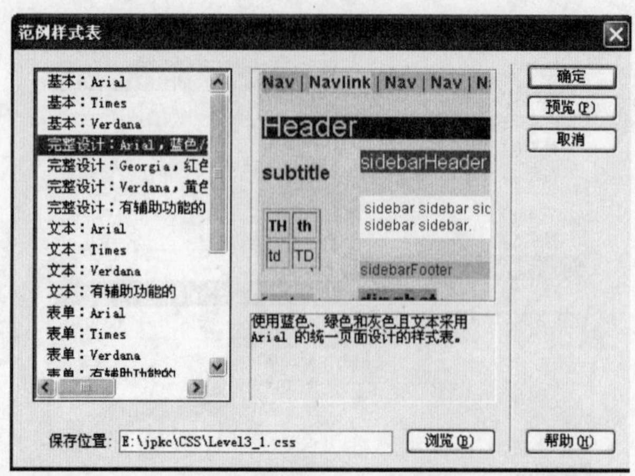

图 8-2-106　Dreamweaver CS4 内置的范例样式表

8.2.13　使用框架页

框架是设计网页时经常用的一种布局方法。框架就是把一个页面分割成若干个区域，每个区域可以显示不同网页，各个网页之间可以互不干扰。框架通常用来制作网站导航，把导航菜单放置在一个框架中，而将内容放置在另一个框架中，当点击导航时可以更换不同的内容，而导航菜单不受影响。

1. 创建框架页

（1）在 Dreamweaver CS4 中的菜单栏中点击“文件”→“新建”命令。在弹出的窗口选择“示例中的页”→“框架页”，在“示例页”中列出了许多预设的框架页形式，选择其中的一种，如“上方固定，左侧嵌套”。点击“创建”按钮，如图 8-2-107 所示。也可以在“浮动工具面板”的“布局”中的“框架”下拉列表中选择，如图 8-2-108 所示。

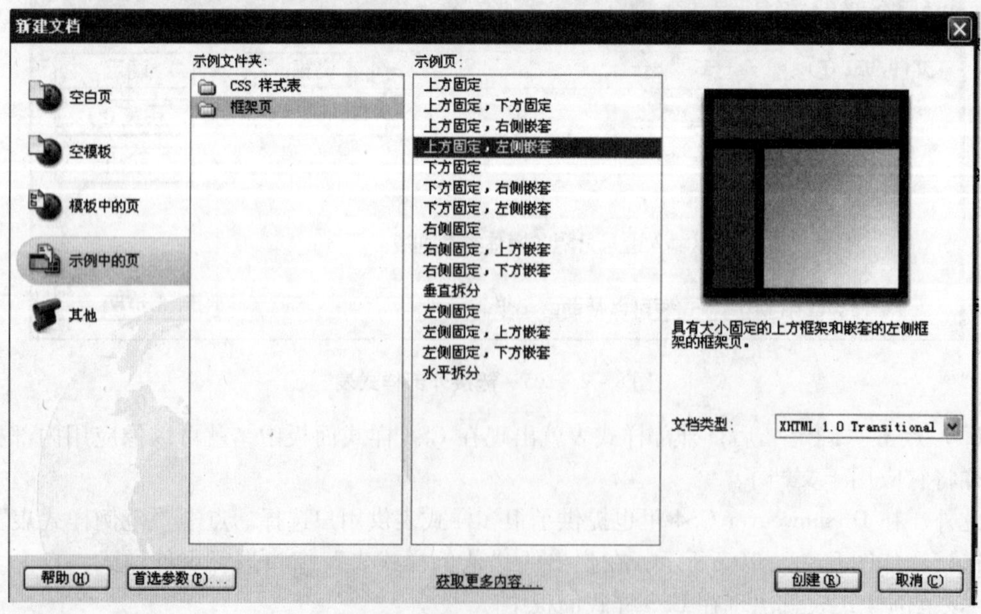

图 8-2-107　创建框架页（方法一）

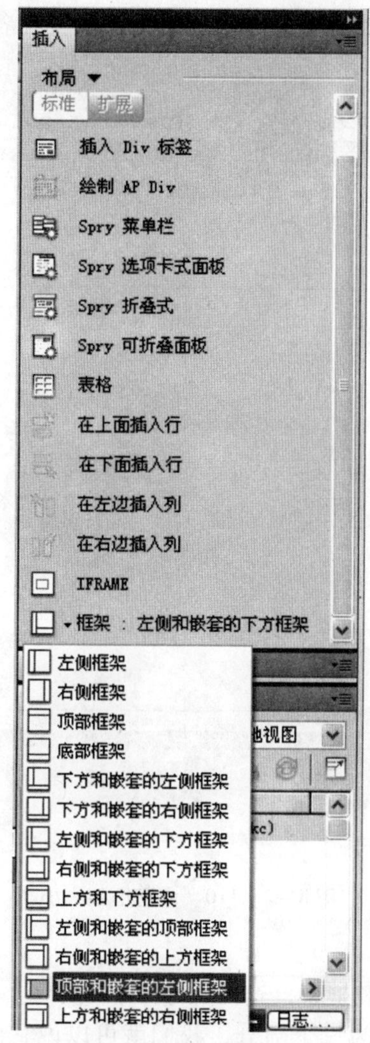

图 8-2-108　创建框架页（方法二）

（2）弹出如图 8-2-109 所示的“框架标签辅助功能属性”窗口，在这里可以为每个框架指定标题，也可以使用默认的标题，直接点击“确定”按钮。还可以通过点击请“更改‘辅助功能’首选参数”让该窗口不再显示。

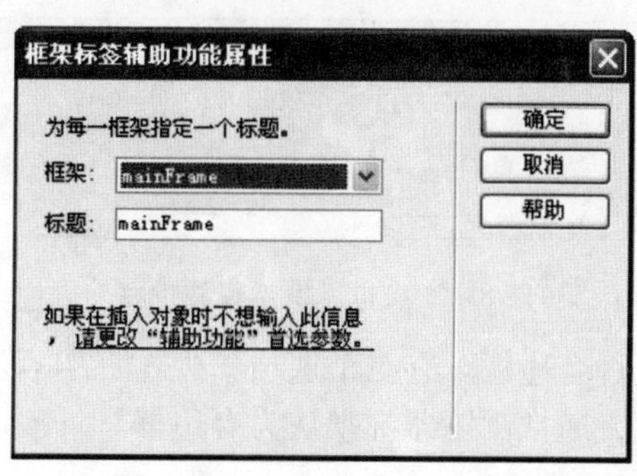

图 8-2-109　框架标签辅助功能属性

(3) 此时工作窗口出现预设框架集，将鼠标分别放置在各框架的边缘线上可以调整该框架的大小，如图 8－2－110 所示。

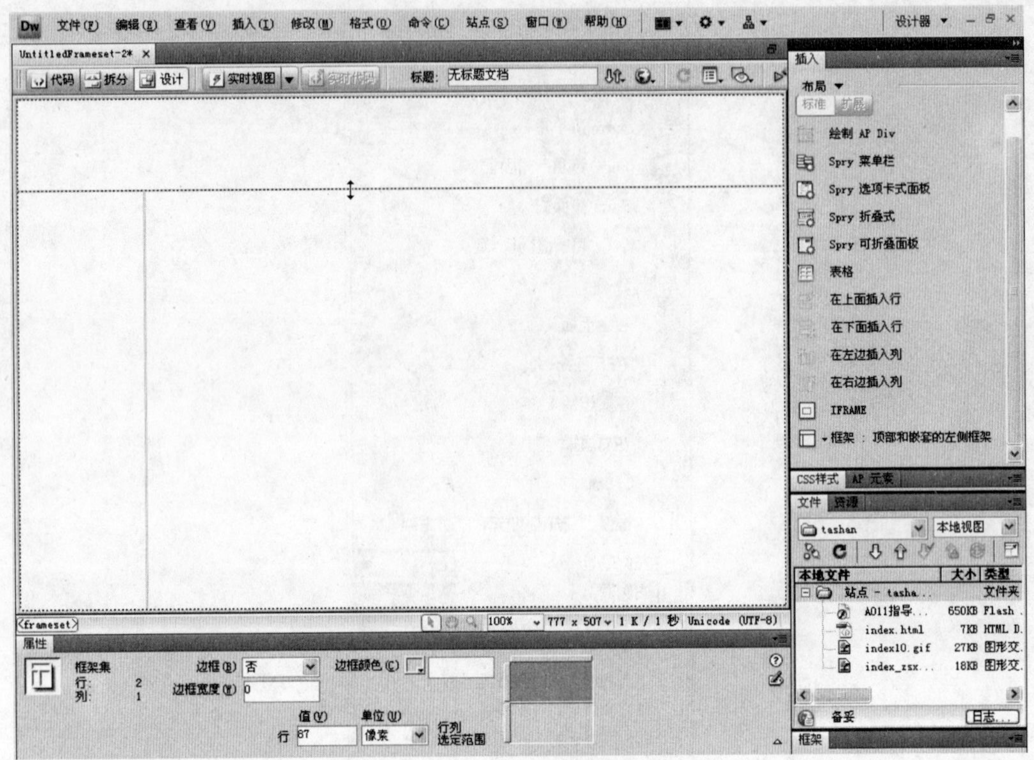

图 8－2－110　调整框架大小

2. 设置框架集和框架属性

在框架页中要分清框架集和框架，这是两个不同的概念。比如我们上面选择“上方固定，左侧嵌套”将工作页面分为三个部分，我们就可以说它由三个框架组成。而这三个框架的合并画面就是框架集，也就是说，框架集是框架的集合，它包含框架的个数、大小和分布等信息。

(1) 设置框架集属性。

在框架集的边线上点击就可以选择框架集，图 8－2－111 所示的是框架集的属性栏。

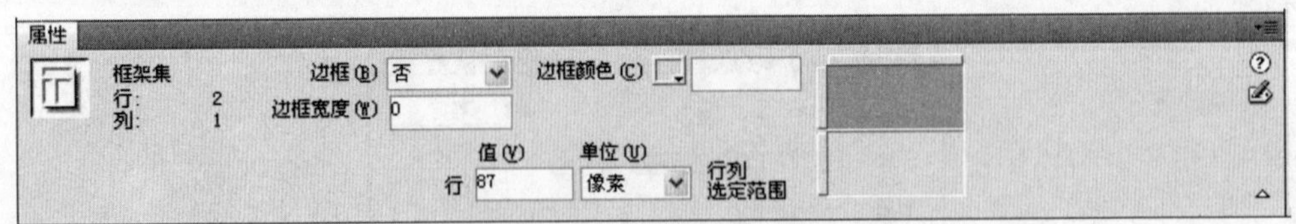

图 8－2－111　框架集属性栏

◆边框：设置框架集是否有边框。有三个选项：“是”、“否”、“默认”。其中“默认”是由浏览器决定是否有边框，通常浏览器都默认为有边框。

◆边框宽度：设置边框的宽度。

◆边框颜色：通过颜色选择器设置边框颜色。

◆行或列的值：通过输入数值设置框架结构的分布。对于“行”来说是高度，对于“列”来说是宽度。

（2）设置框架的属性。

①在菜单中选择“窗口”→“框架”命令，调出框架面板，如图 8－2－112 所示。

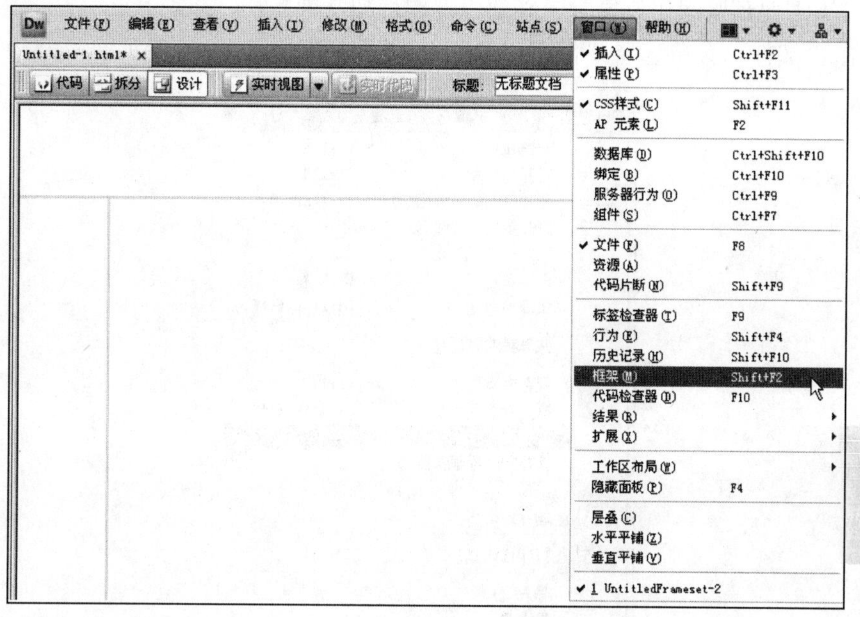

图 8－2－112　**调出框架面板**

②在框架面板示意图中点击，就可以选择相应的框架。属性栏也显示框架的设置选项，如图 8－2－113 所示。

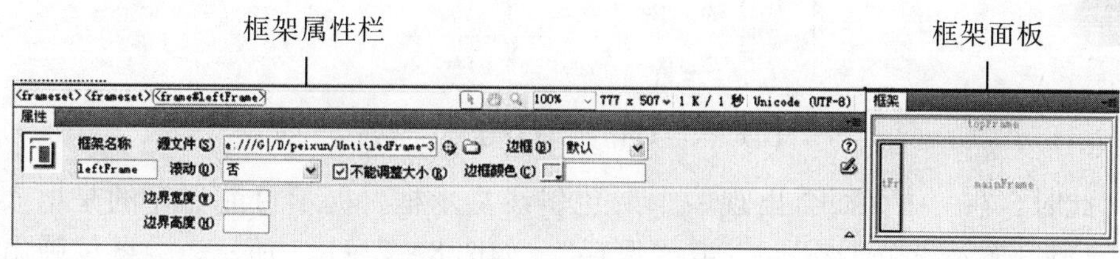

图 8－2－113　**框架属性栏**

◆框架名称：设置所在框架的名称。

◆源文件：指定在该框架中显示的文件名称。可以通过选择在框架中显示的网页文件。

◆滚动：有四个选项。

◇是：无论内容多少都显示滚动条。

◇否：无论内容多少都不显示滚动条。

◇自动：根据内容多少自动选择是否显示滚动条。

◇默认：由浏览器来决定，通常浏览器都设置为自动。

◆边框、边框颜色：设置框架是否有边框和框架边框的颜色。该设置优先于框架集此处的设置。

◆边界宽度、边界高度：设置框架边框与内容之间的距离。

3. **框架集和框架文件的保存**

每个框架都可以看作一个独立的网页文件，可以直接在框架中插入各种网页元素，进行网页制作。当需要预览制作效果时，必须先保存框架文件。

（1）在“文件”菜单选择“保存全部”命令，如图 8－2－114 所示。

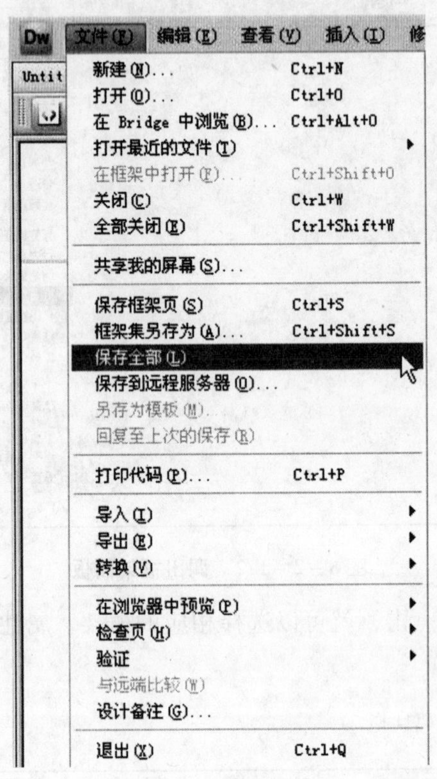

图 8－2－114　**“保存全部”命令**

（2）此时，在工作页面会出现一个灰色斜线指示框，提示目前保存的是框架集，在“另存为”窗口输入“文件名”，点击“保存”，如图 8－2－115 所示，会继续弹出“另存为”窗口，并用灰色斜线指示目前保存的是哪个框架文件，直到将所有框架和框架集都保存完毕。

图 8-2-115 框架文件的保存

小提示

在第一次保存框架集时，系统会保存成“N+1”个文件，即如果框架集包含2个框架就会保存成3个文件，如果有3个框架就会保存成4个文件。如果要修改整个框架集，只要在站点文件管理窗口中双击框架集的名称就会打开所有框架。

8.2.14 利用模板创建网页

在制作网站时，为了保证网站的风格统一，很多网页都会用相同的按钮、图片等元素，也会用相同的布局。为了避免不必要的重复劳动，可以使用 Dreamweaver CS4 中的模板，减少重复劳动，提高工作效率。

1. 应用 Dreamweaver CS4 自带的模板

为了更方便用户建立网页，在 Dreamweaver CS4 软件中提供了一些常用的模板，可以直接用这些模板建立网页。

（1）点击菜单上的“文件”→“新建”命令，如图 8-2-116 所示。

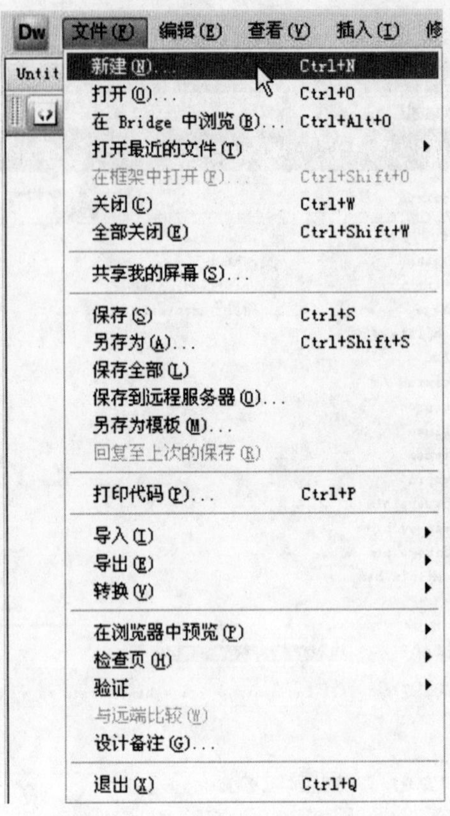

图 8－2－116　新建网页文件

（2）在“新建文档”窗口选择“空白页”→“HTML 模板”，在“布局”中会列出许多布局样式，选择一种你需要的，点击“创建”，如图 8－2－117 所示。

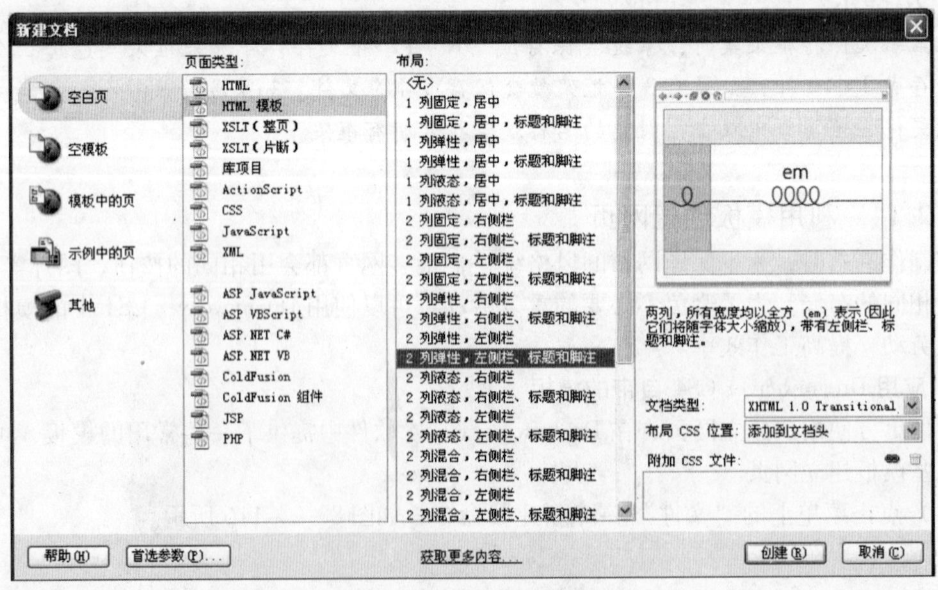

图 8－2－117　选择模板

(3) 在工作页面就出现该种样式的网页，可以直接在上面编辑制作网页。

2. 创建与应用自定义模板

(1) 如果想把一个制作好的网页定义为模板，要在菜单栏选择“文件”→“另存为模板”命令，如图 8-2-118 所示。

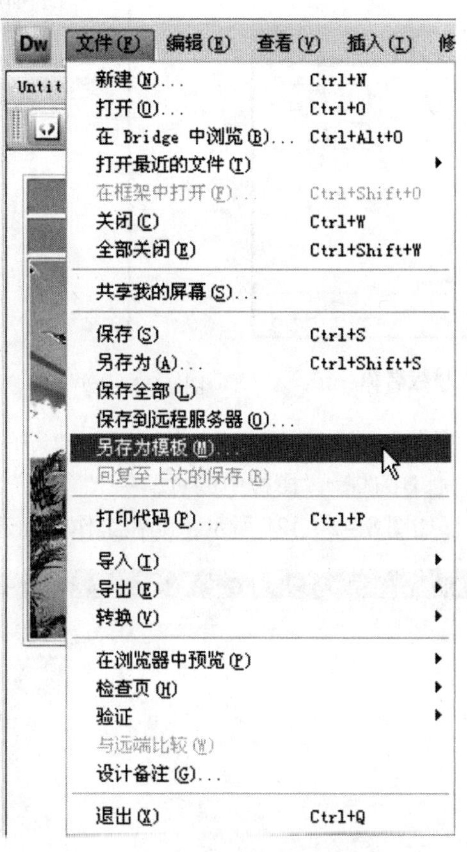

图 8-2-118 将网页保存为模板

(2) 在弹出的对话框中的“另存为”处输入模板的名称，点击“保存”，如图 8-2-119 所示。

(3) 在“站点”管理面板会自动生成一个 Templates 文件夹，在文件夹中显示刚保存的模板文件，该文件以“.dwt”为扩展名，如图 8-2-120 所示。

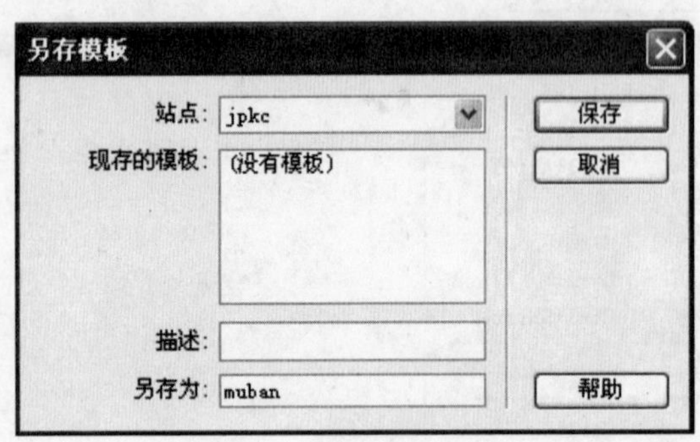

图 8－2－119　输入模板名称

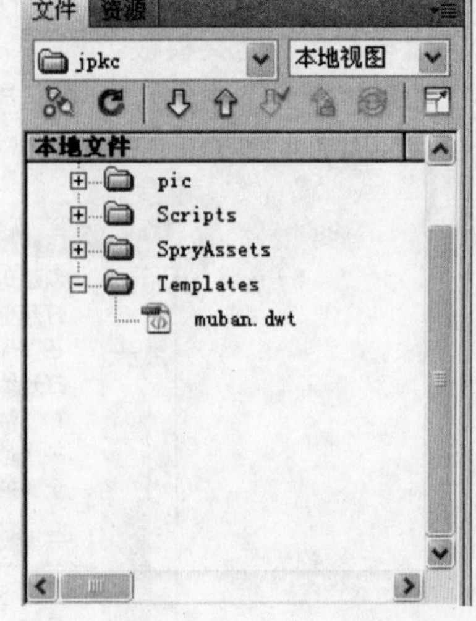

图 8－2－120　在“站点”管理面板显示模板文件

当创建了一个自定义模板后，就可以利用这个模板创建新的网页。在菜单栏点击“文件”→“新建”，在弹出的窗口中选择“模板中的页”→“站点”，在右侧会列出模板的缩略图，选中它，点击“创建”，如图 8－2－121 所示，就在工作页面建立了一个新网页。

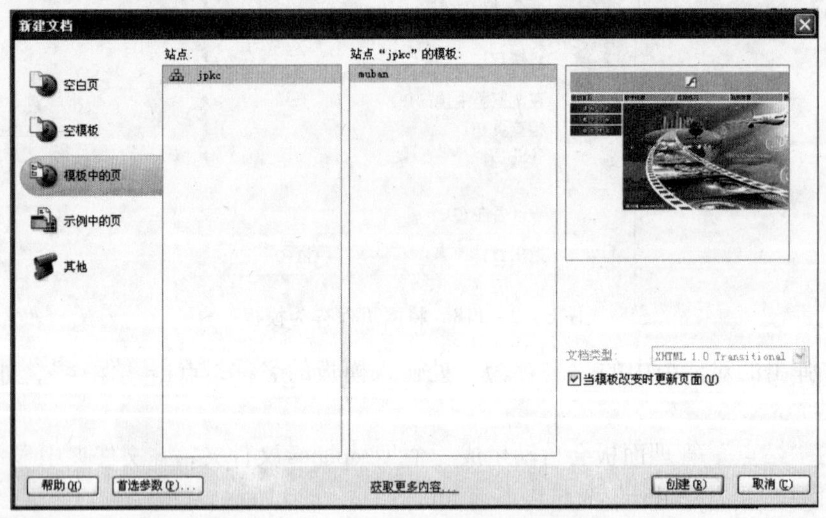

图 8－2－121　利用模板创建新网页

但当想要编辑该网页时，会发现该网页不能被改动，这是因为在模板中没有定义可编辑的区域，下面就来定义可编辑区域。

3. 为模板设定可编辑区域

（1）在“站点”管理面板双击模板文件，打开该模板。

（2）在模板中选择要定义为可编辑区域的文本、表格及其他内容，然后在菜单中点击“插入”→“模板对象”→“可编辑区域”命令，如图 8－2－122 所示。

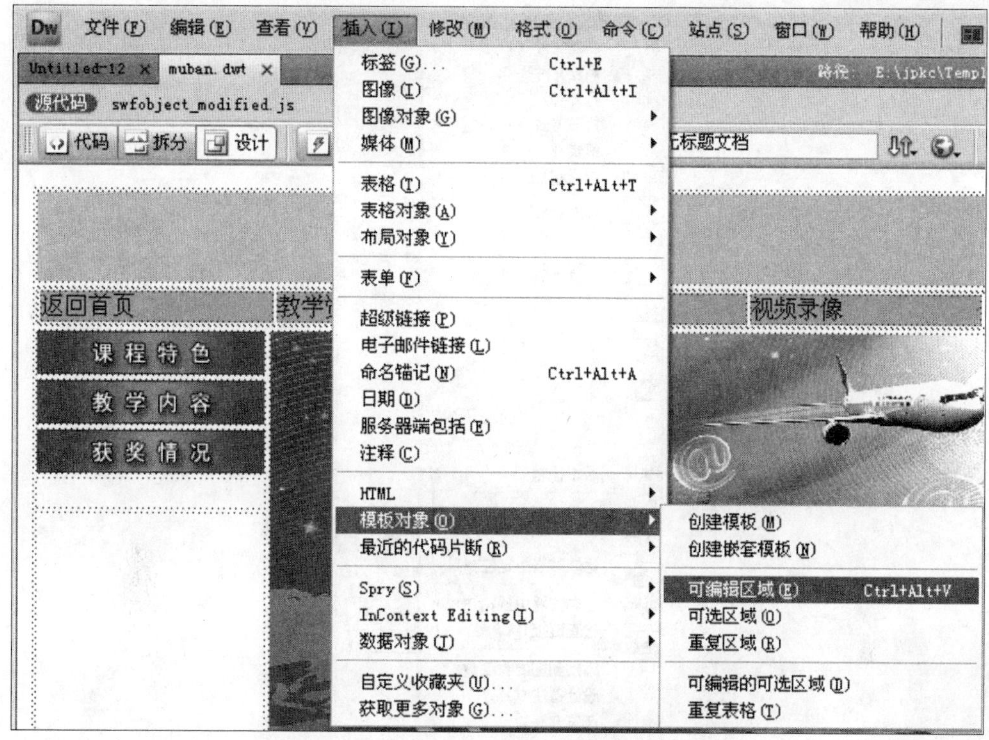

图 8－2－122　创建可编辑区域

（3）在“新建可编辑区域”对话框中输入可编辑区域的名称，点击“确定”，如图8－2－123 所示。

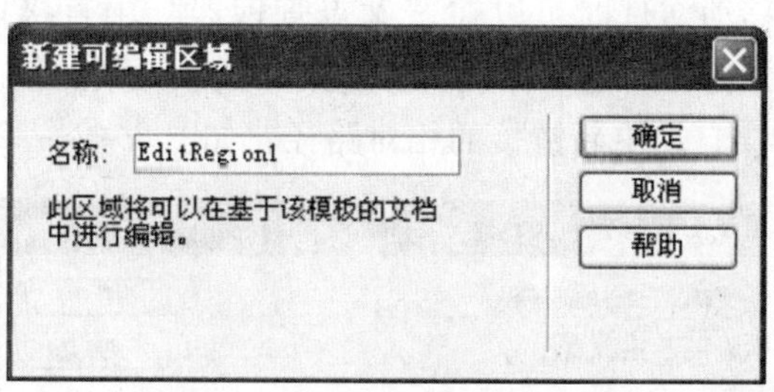

图 8－2－123　设置可编辑区域名称

（4）此时，再用模板新建一个页面，发现可编辑区域中的内容已经可以被改动。

8.2.15　管理和维护站点

对于站点的维护和管理都在“站点管理器”中进行。

（1）在“站点管理器”文件上点击鼠标右键就弹出站点管理器的各项命令，如图 8－2－124 所示，可以通过这些命令实现新建文件和文件夹，拷贝、粘贴、删除、重命名文件，检查链接，上传文件等操作。

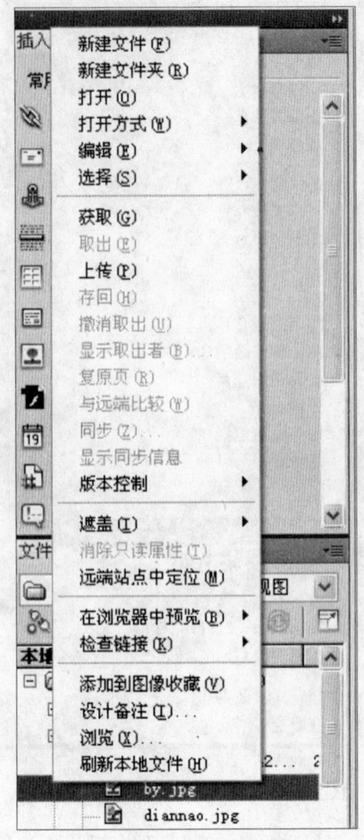

图 8-2-124　站点管理器快捷菜单

（2）此外，当需要移动文件时可以在“站点管理器”中直接拖动文件到目标文件夹，这时会弹出“更新文件”窗口，为了保证文件链接和插入元素的正确性，必须选择“更新”按钮，Dreamweaver CS4 会自动更新链接的相对路径，如图 8-2-125 所示。

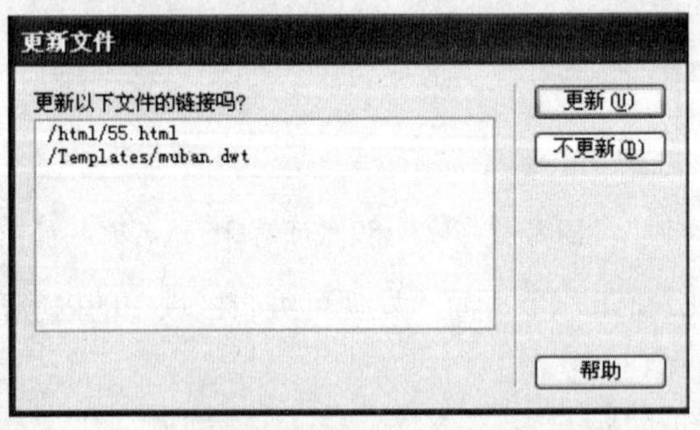

图 8-2-125　更新文件

至此，我们简要地讲解了 Dreamweaver CS4 的基础操作，相信你已经可以用Dreamweaver CS4 制作网页了。网站的制作是一个复杂的系统工程，要考虑的因素还有许多，也还有许多技术需要更深入的学习。制作一个好的网站需要良好的技术、丰富的经验，更需要制作团队的紧密配合。让我们在不断的学习中提高自己，一起遨游在网络的世界吧！

8.3　多媒体教学资源制作系统的使用

多媒体教学资源制作系统是暨南大学引进的快速制作课程网站的工具软件，具有直观、简单易用的特点。其使用分为两大部分：一为访问多媒体教学资源制作系统网站，将需要制作成网页的课程信息向管理员申请备案，并从网站下载多媒体教学资源制作系统的软件工具；二是在本地计算机上安装该软件并设置网站验证地址，如果申请的课程信息通过网站验证，就可以在本机上使用了。课程网站制作完成后，将源数据备份，以备随时编辑；将源数据生成独立运行的 HTML 文件包，该文件包就是整个课程网站内容了。

8.3.1　如何登录暨南大学多媒体教学资源制作系统

（1）方法一：打开 IE，在浏览器地址栏中输入 http：//cai. jnu. edu. cn/ec，然后点击回车键即可。

（2）方法二：打开 IE，进入暨南大学主页，点击右下角的“暨南学习在线”，进入后，点击“暨南大学多媒体教学资源制作系统”即可进入。

8.3.2　网站访问和软件安装说明

使用暨南大学多媒体教学资源制作系统必须先访问网站 http：//cai. jnu. edu. cn/ec，按步骤申请课程，经管理员批准后才能使用。网站界面如图 8－3－1 所示。

图 8－3－1　网站界面

1. 申请课程

要使用多媒体教学资源制作系统来制作网络课程，必须先在网站上申请该课程。申请步骤为：在网站页面菜单栏点击“课程申请”，进入图 8－3－2 所示页面。输入要建设课程的详细申请信息，带“＊”号的为必填项，点击“确定”即可。

暨南大學 JINAN UNIVERSITY 多媒体教学资源制作系统

| 首页 | 课程申请 | 申请结果 | 课程网址 | 课程评审结果 | 精品课程制作工具下载 | 帮助 |

请您填写申请信息(*必须填写)

课程信息

课程名称(*) 高级数据库管理

教师名称(*) 张三

课程密码(*) ●●●●●● (不少于6位)

确认课程密码(*) ●●●●●● (不少于6位)

课程英文名

课程简介

联系人信息

联系人姓名

联系人电话

联系人Email

确定 重写

图 8-3-2　课程申请页面

2. 申请结果查询

申请课程后，需等待管理员批准，才能使用多媒体教学资源制作系统制作该门网络课程。如何查看申请是否获得批准呢？点击网站页面菜单栏上的“申请结果”即可，如图 8-3-3 所示。在课程中如果显示“未批准”，则该课程还无法使用；如果显示“已批准”，则表明该课程已经可以使用多媒体教学资源制作系统了。

课程名	教师名	申请时间	批准时间	结果
高级数据库管理	张三	2010年04月12日 14:38	--	未批准
大学物理	陈小东	2010年03月22日 09:08	2010年03月22日 16:30	已批准

图 8-3-3　查看课程申请结果

小提示

可以在页面上方、菜单栏下的“课程名”文本框中输入课程名称，或在“教师名”文本框中输入教师名字，点击“查询”按钮快速查询申请结果。

3. 制作工具下载

使用多媒体教学资源制作系统要求在个人计算机上安装该工具，如果重装了操作系统或删除了该工具，则需要重新下载安装。在网站页面的菜单栏上点击“精品课程制作工具下载”，即可进入软件工具下载安装页面，如图 8-3-4 所示。

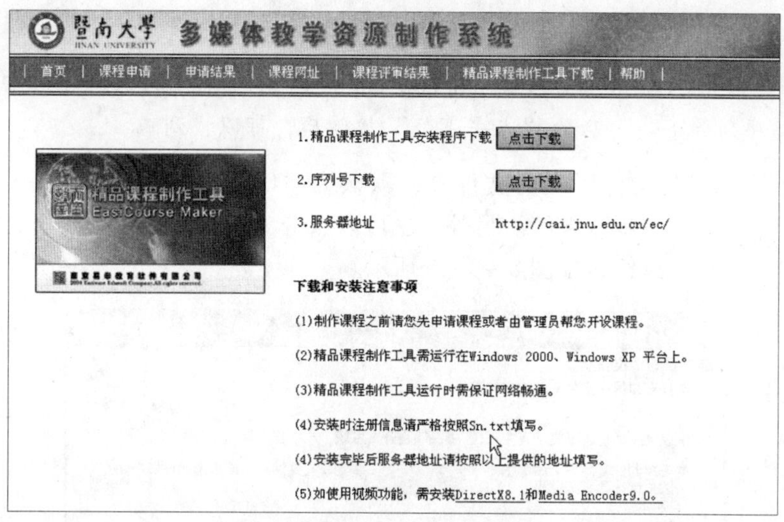

图 8－3－4　软件工具下载页面

可以下载多媒体教学资源制作系统工具、序列号文件和各种帮助工具。其中，“1. 精品课程制作工具安装程序下载”是多媒体教学资源制作系统软件工具的安装文件；“2. 序列号下载”是多媒体教学资源制作系统软件工具安装过程中需要填写的相关注册信息；“3. 服务器地址”是多媒体教学资源制作系统软件工具安装完成后，第一次运行时需要输入的服务器地址验证信息。

4. 在 Windows XP 中的安装步骤

（1）在图 8－3－4 页面中，点击“1. 精品课程制作工具安装程序下载”后的“点击下载”按钮，下载软件 ECMakerV2006Setup. exe。下载后运行，出现安装界面，点击“下一步”，继续安装。

（2）出现安装协议，选择“是”。出现安装指南，点击“下一步”继续。

（3）出现注册信息，如图 8－3－5 所示，请按以下内容填写：“学校所在省（市、自治区）”处填写“广东”，“学校名称”处填写“暨南大学”，“序列号”处填写“ZU84XJ－JBXK78－19S2QU5－53FEHL－347Y0Z”。填写完毕，点击“下一步”继续。

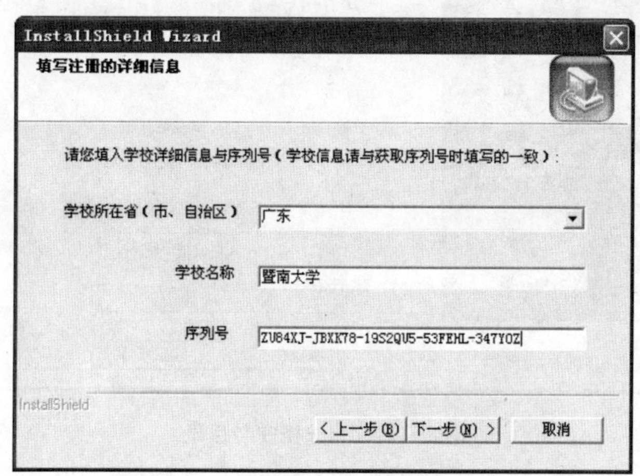

图 8－3－5　安装过程中填写序列号等信息

小提示

序列号等注册信息在 http：//cai. jnu. edu. cn/ec 网站的“精品课程制作工具下载”页面，点击“2. 序列号下载”后的“点击下载”按钮后，可以找到。

（4）选择将要安装文件所在的文件夹，默认为“C：\ Program Files \ Easiware \ ECMaker2006”，点击“下一步”继续。另外，也可以点击“浏览”按钮更改安装目标文件夹。更改后点击“下一步”继续，如图 8－3－6 所示。

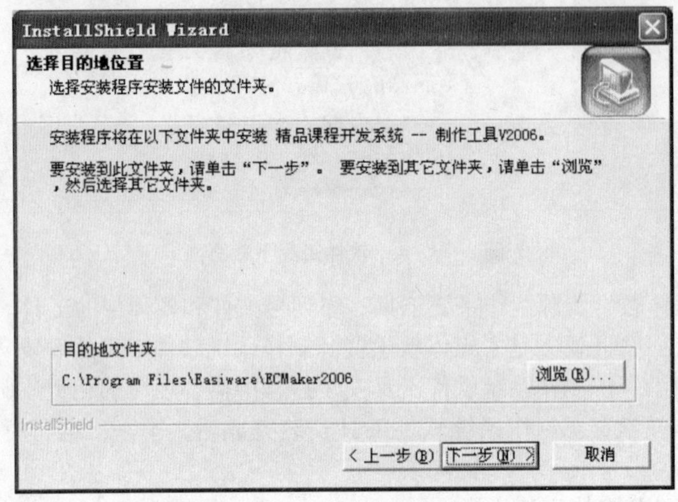

图 8－3－6 选择安装目录

（5）进入安装过程，等待安装完成。安装完成后，出现完成对话框。先不要点击“完成”按钮，将“运行精品课程开发系统——制作工具 V2006”和“打开自述文件”前的“√”去掉后，再点击“完成”按钮，结束安装，如图 8－3－7 所示。

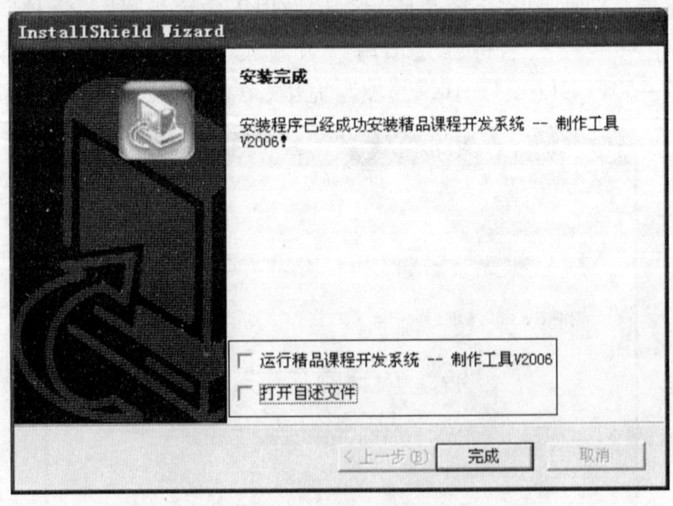

图 8－3－7 选择安装目录

5. 帮助

如果对多媒体教学资源制作系统软件工具有不清楚的地方，可以查看网站上的帮助页面。

8.3.3　使用软件工具制作课程网站

1. 运行软件

点击“开始”菜单中“所有程序”→“精品课程制作工具 V2006”→“课程网站制作工具”，如图 8－3－8 所示，或直接双击安装路径下的ECMaker.exe图标。

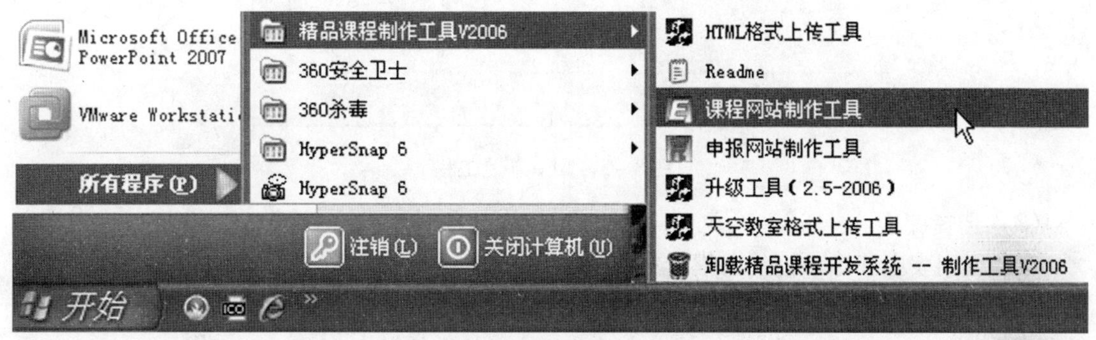

图 8－3－8　运行程序

第一次运行该程序时，将弹出设置服务器地址对话框，在这里，需要输入正确的服务器地址“http：//cai. jnu. edu. cn/ec/”，如图 8－3－9 所示，填写完后点击“确定”继续。

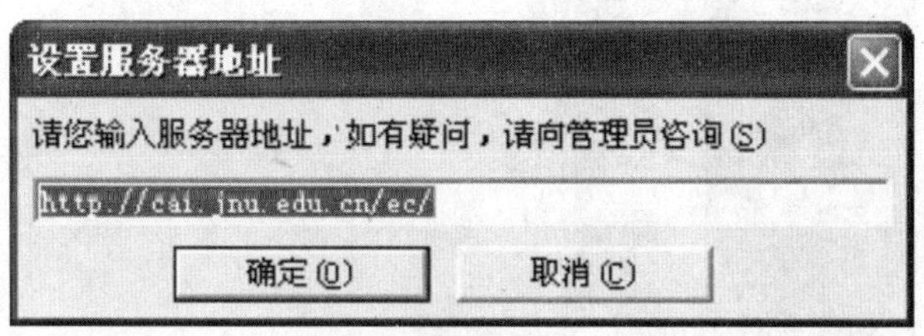

图 8－3－9　首次运行需要输入服务器地址验证信息

小提示

服务器地址信息可以在 http：//cai. jnu. edu. cn/ec 网站的“精品课程制作工具下载”页面的“3. 服务器地址”选项中找到。

（1）新建工程。

启动后，系统将弹出“新建工程”对话框。选择“新建工程”，点击“打开”按钮可以启动新建工程向导，创建新工程，如图 8－3－10 所示。

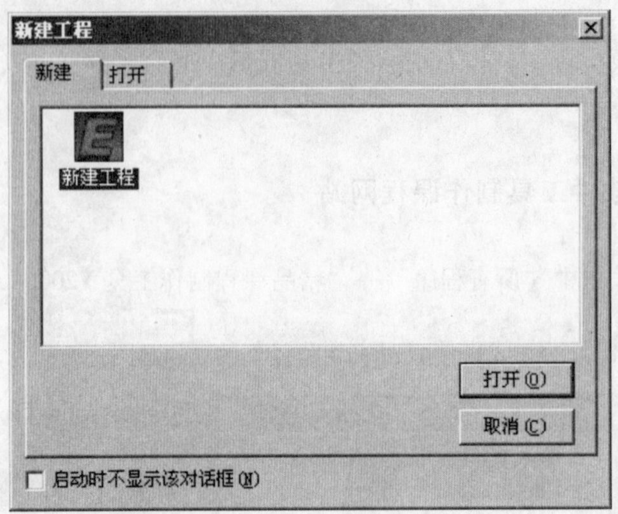

图 8－3－10　新建工程

（2）选择课程。

在课程列表中找出申请的课程，在右边的窗口中可以看到该课程对应的信息。在“请您输入课程密码”的文本框中输入所申请课程的密码，点击“下一步”继续，如图 8－3－11 所示。

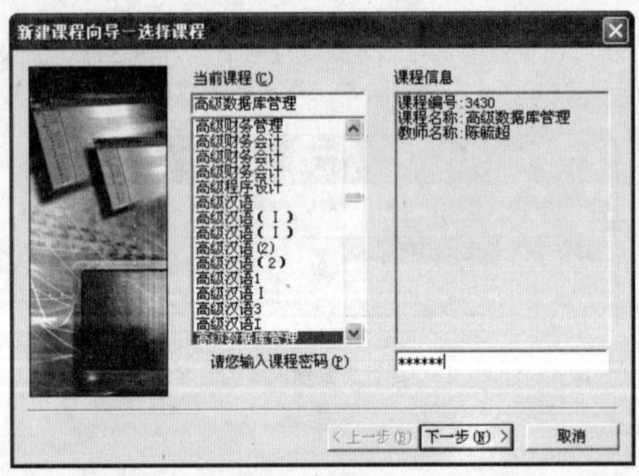

图 8－3－11　新建课程向导——选择课程

小提示

在“当前课程”下方的文本框中输入所申请的课程名，可以快速定位到所申请的课程。

（3）设置课程目录。

课程设置向导已经将申请课程的课程名和课程网站源程序目录定义好了，默认源程序目录为“C：\ Program Files \ Easiware \ ECMaker2006 \ Project”。如果选择更改课程网站源程序所在目录，点击“浏览”即可，如图 8－3－12 所示；如果不更改，直接点击“下一步”，继续设置向导。

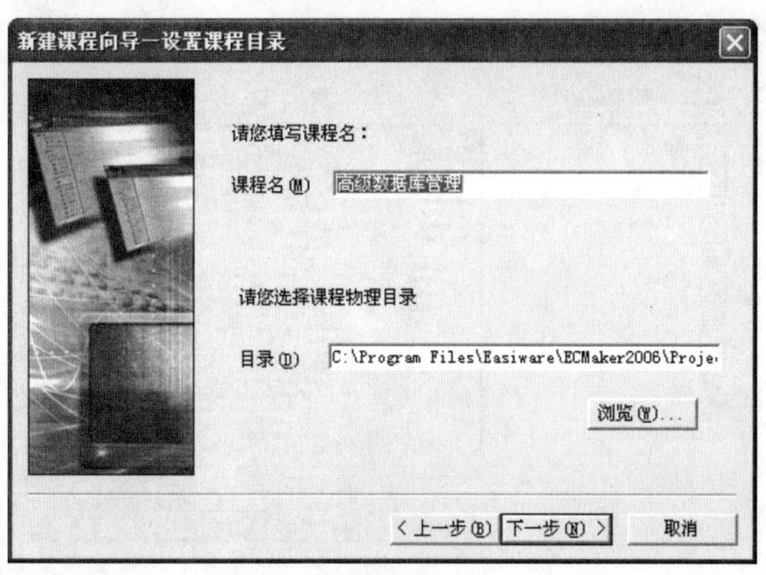

图 8－3－12 新建课程向导——设置课程存放目录

（4）选择课程网站的栏目。

这是建设课程网站的目录树。如果想保留系统已定义好的初始目录，在目录前的方框里打“√”即可；如不需要该目录，则将该目录前的方框里的“√”去掉。建议将所有方框里的“√”都去掉，不用系统的目录，按自己的规划建设课程网站，如图 8－3－13 所示。点击“下一步”继续。

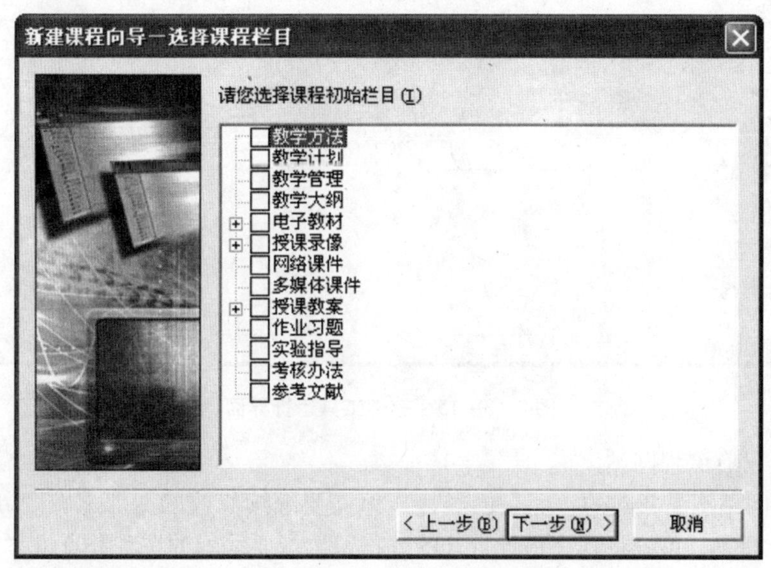

图 8－3－13 新建课程向导——设置课程网站的目录

（5）选择课程网站的模板。

进入选择课程模板页面，如图 8－3－14 所示，在左侧选择网站的样式和外观，在右侧则可进行预览。选择合适的课程模板后，点击“下一步”继续。

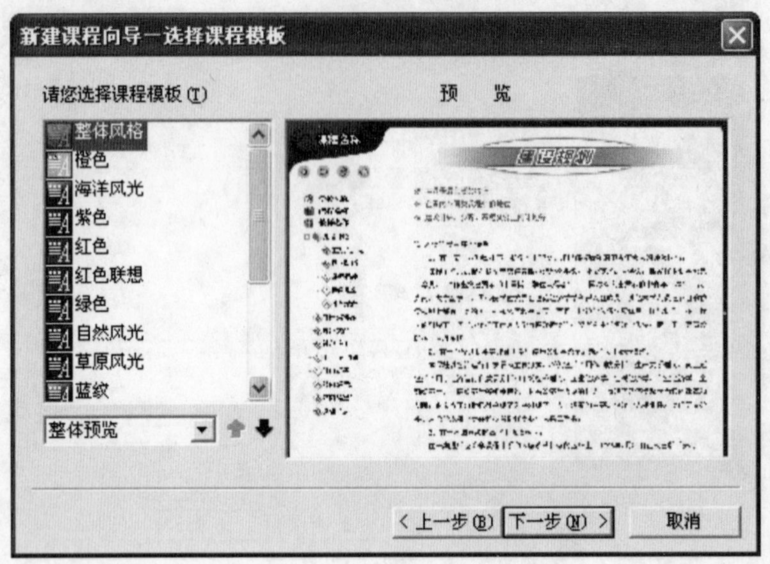

图 8－3－14　新建课程向导——选择课程网站的显示样式

（6）完成课程网站设置。

点击“完成”结束设置，进入网站制作界面，如图 8－3－15 所示。

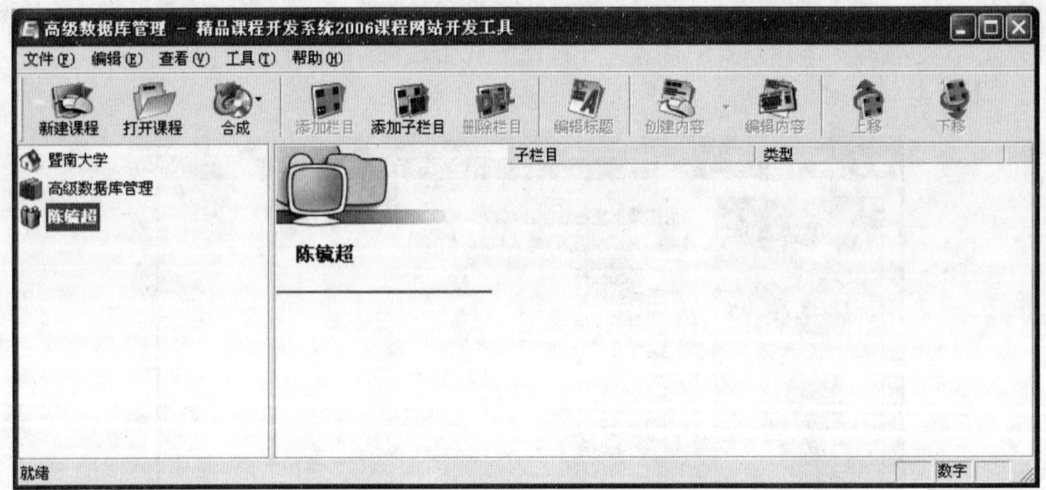

图 8－3－15　软件工具运行界面

（7）打开已有课程网站。

如果课程网站不是新建的，而是已经建成但需要继续修改的，那么在“新建工程”中选择“打开”标签，系统将列出最近打开的工程，选择要编辑的课程并点击“打开”，如图 8－3－16 所示；或者使用“浏览”按钮选择要打开的工程也可；还可选择菜单命令“文件”→“打开工程”或工具栏中的打开工程按钮，系统将弹出打开文件对话框，选择要打开的工程文件夹中的 . ecp 文件，点击“打开”即可。

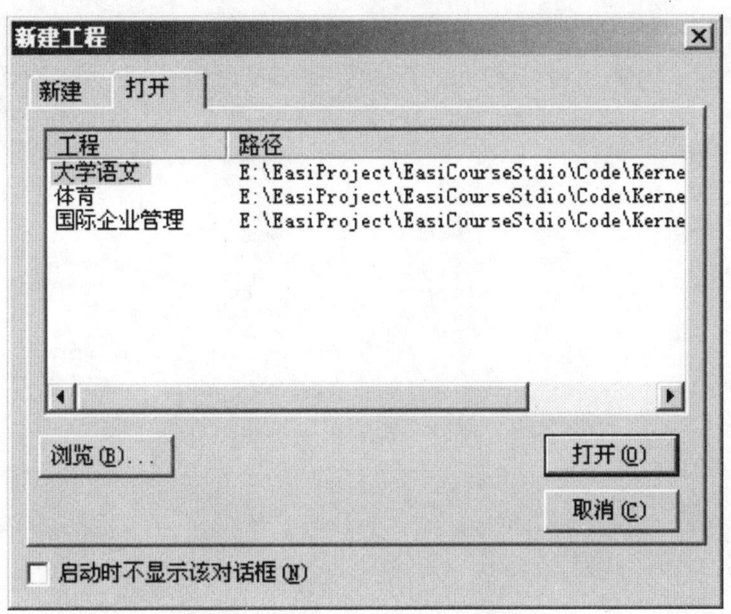

图 8－3－16　打开已有的课程网站项目

小提示

课程网站源文件命名为“您所申请的课程名称.ecp”，所在文件夹为“您所申请的课程名称”文件夹。应将该文件夹备份，以便日后修改和编辑课程网站。如图 8－3－17 所示，应将“大学语文”整个文件夹备份。

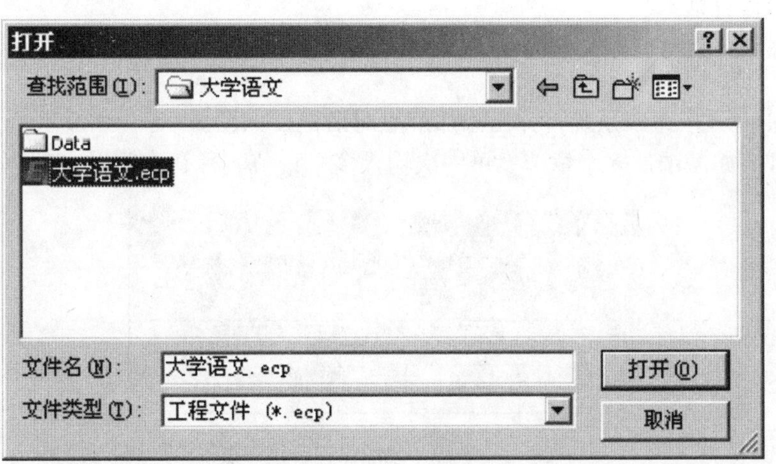

图 8－3－17　打开课程网站源文件

2. 使用软件工具制作课程网站

（1）软件界面。

多媒体教学资源制作系统的编辑界面分为菜单栏、工具栏、目录树区、内容区、状态栏几个部分，如图 8－3－18 所示。

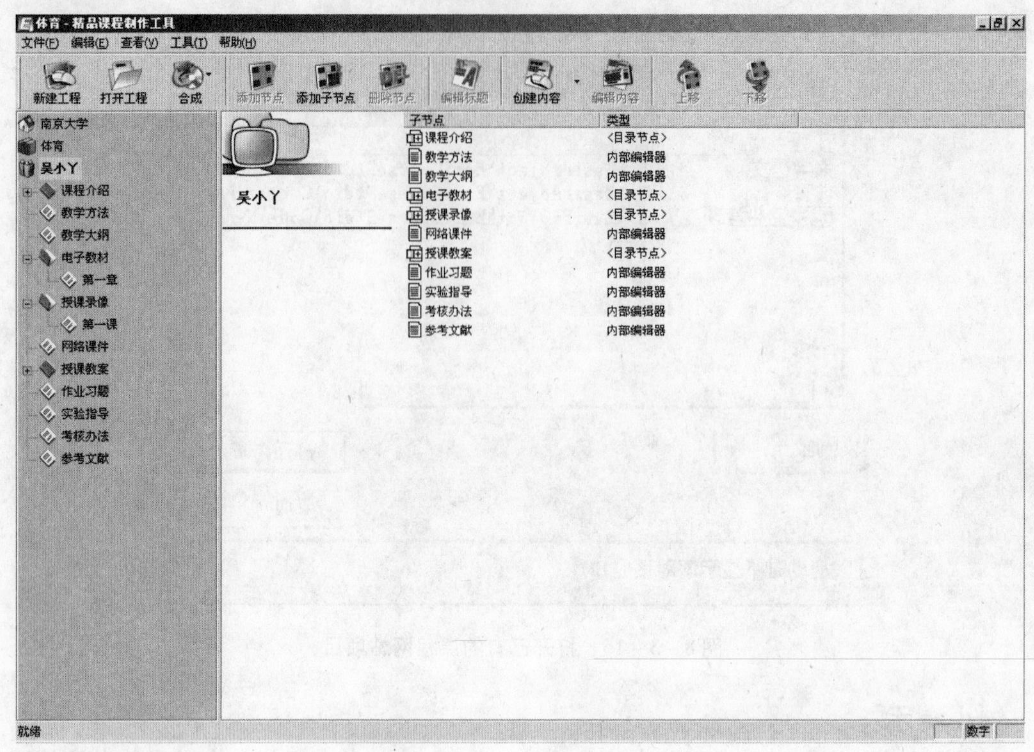

图 8－3－18 软件编辑界面

（2）目录操作。

①添加课程目录。

先选中要添加目录节点的同级节点，然后选择菜单命令“编辑”→“添加节点”或点击工具栏中的添加节点按钮，系统将弹出添加节点对话框，如图 8－3－19 所示。输入要添加的章节标题即可。如需添加多个章节，可一次输入多个章节名称，中间以“,”分隔。

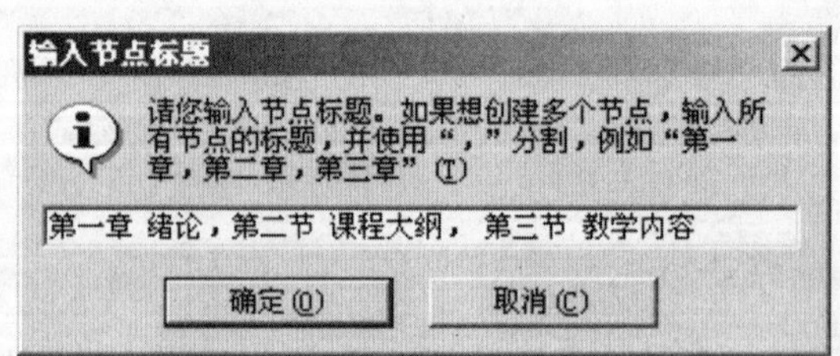

图 8－3－19 添加课程目录节点

小提示

可直接在目录树中选中要添加节点的同级节点，点击鼠标右键，系统将弹出目录树快捷菜单，如图 8－3－20 所示，选择“添加节点”，系统将在被选中节点的同级子节点的最后添加一个新的节点 新建节点 ，这时节点标题处于可编辑状态，将它改为需要的节点标题即可。

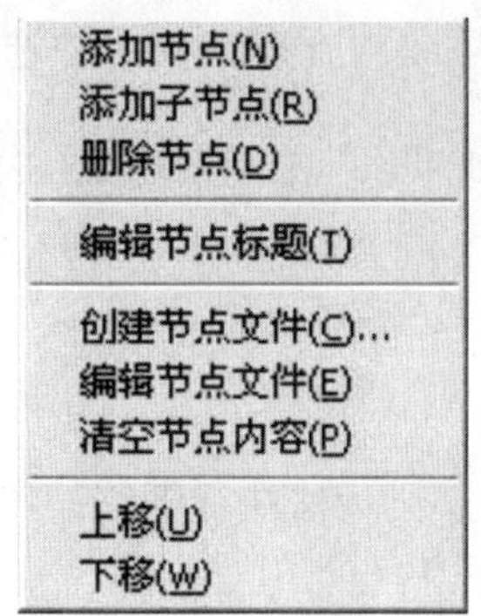

图 8－3－20 鼠标右键的快捷菜单

②添加子节点。

选中要添加子节点的节点，然后选择菜单命令“编辑”→“添加子节点”或点击工具栏中的添加子节点按钮，系统将弹出添加子节点对话框，该对话框和添加节点对话框相同，输入要添加的子节点标题即可，如需添加多个子节点标题，中间以“，”分隔。

也可以通过鼠标右键菜单中的“添加子节点”进行该操作，步骤与添加节点时相似。

③删除节点。

选中想要删除的节点，点击菜单命令“编辑”→“删除节点”，或直接用鼠标右键菜单中的“删除节点”命令，或点击工具条中的删除节点按钮。如果节点或其子节点有内容，系统将弹出“确认删除”对话框，该对话框列出了该节点及其子节点中有内容的节点，如果确认要删除，点击“确定”按钮。系统将弹出“提示”对话框。点击“确定”按钮执行删除操作，如图 8－3－21 所示。

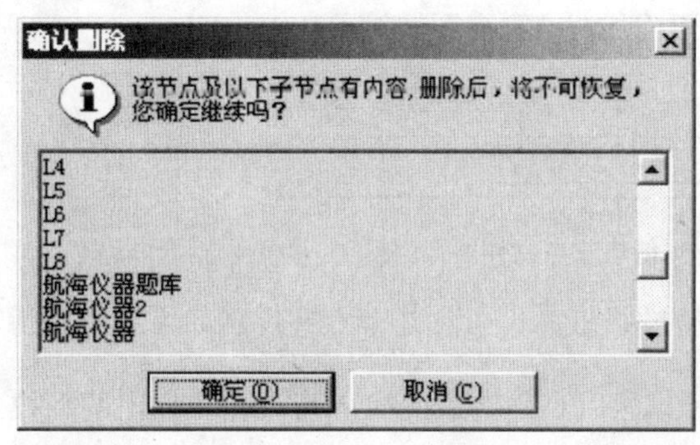

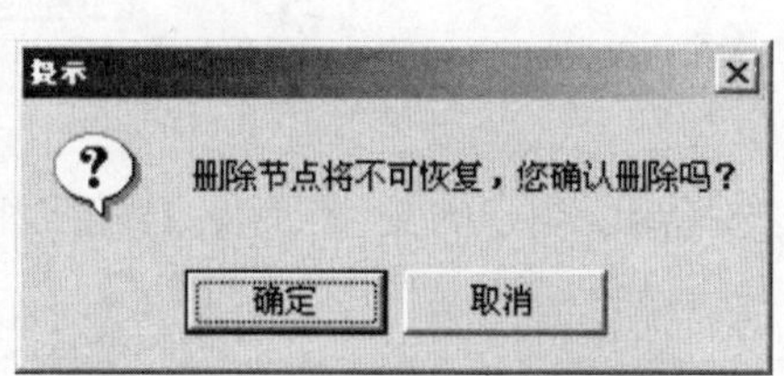

图 8－3－21 确认和提示对话框

④编辑节点标题。

选中想要编辑标题的节点，选择菜单中的“编辑”→“编辑节点标题”命令或直接用鼠标右键菜单中的“编辑节点标题”，或者点击工具栏中的编辑标题按钮，选中的节点标题将变为可编辑状态新建节点，修改文本框内容后按回车键即可。

⑤节点上移。

可以改变节点的相对位置。如果想上移某个节点，则选中该节点，选择菜单命令“编辑”→“节点上移”，或点击鼠标右键，在下拉菜单中选择“节点上移”，或者点击工具栏中的上移按钮，就可以上移节点。如果该节点是父节点的第一个子节点，则无法上移。

⑥节点下移。

同理，如果想下移某个节点，选中该节点，选择菜单命令“编辑”→“节点下移”，或点击鼠标右键，在下拉菜单中选择“节点下移”，或者点击工具栏中的下移按钮即可。如果该节点为父节点的最后一个子节点，则无法执行下移操作。

（3）创建目录节点对应的文件内容。

选中需要创建文件的节点，选择菜单命令“编辑”→“创建节点文件”，或点击鼠标右键，在下拉菜单中选择“创建节点文件”，或者点击工具栏中的创建内容按钮。如果该节点已有内容，系统将弹出提示覆盖原有内容的对话框，点击“确定”，系统将弹出创建节点文件对话框，如图 8－3－22 所示。

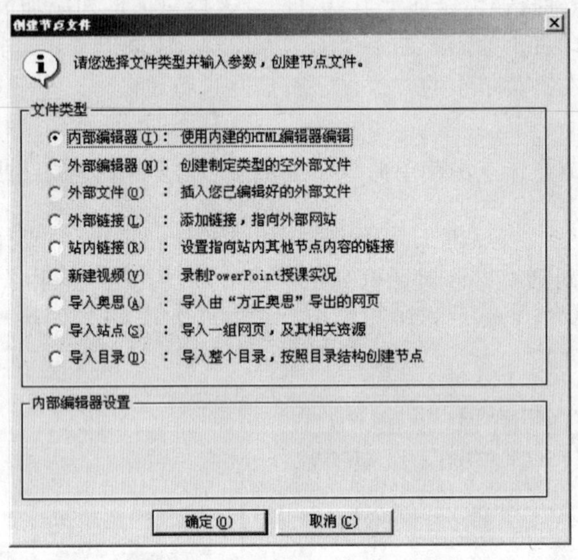

图 8－3－22　创建节点文件类型

选择想要创建的文件类型，并输入相应的设置，即可创建节点文件。如果想创建指定类型的文件，也可点击工具条中的创建内容按钮，然后点击右边的向下箭头，在弹出的下拉菜单中选择相应的类型，设置后，点击“确定”即可。

◆内部编辑器。

选择文件类型为“内部编辑器”后，进入如图 8－3－23 所示的内部编辑器，点击工具栏中的按钮可执行文字排版、插入图片、插入表格、插入视频、设置模板、保存、退出等操作。编辑过程中，可点击左下角的“源文件”选项查看当前 HTML 源码，也可点击“预览”查看当前效果。编辑完成后，点击“保存”和“退出”即可。

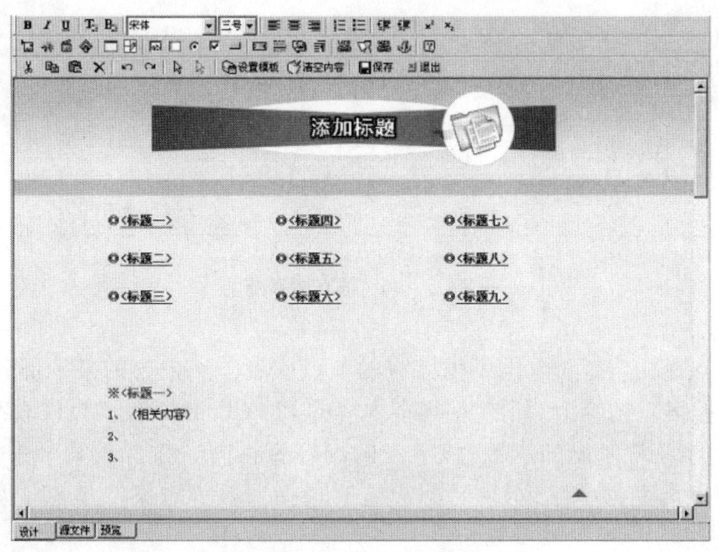

图 8－3－23　内部编辑器

◆外部编辑器。

选择外部编辑器可创建 Word、PowerPoint、Excel 及其相应的 HTML 格式的文件。创建时，系统启动相应的外部编辑器，如 Word，供用户编辑内容，编写完毕后，保存并退出。

◆外部文件。

可以将已经做好的文件导入课程之中，对于文件的类型没有限制。如图 8－3－24 所示，点击“浏览”按钮选择外部文件进行插入。

图 8－3－24　外部文件

小提示

对于 Office 文件，系统将询问是否将其另存为 HTML 页面。选择“是”，则将之转为网页。如果希望今后使用相同的设置，可以勾选“始终使用此设置”，如图 8－3－25 所示。

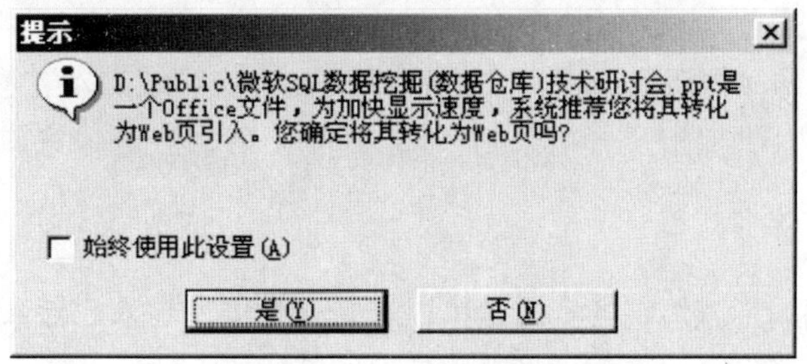

图 8－3－25　导入 Office 文件

◆外部链接。

用于创建指向外部网站的节点。注意要输入网站完整的 URL 地址。

图 8-3-26　添加外部链接

◆站内链接。

用于将该节点的内容定位到网站内已有的节点或者节点内容的某一部分。如图 8-3-27 所示，“授课教案”内容为一个包括很多内容的 PowerPoint，在“授课教案”下建立子节点“第一章　操作系统基础知识”，该节点的内容想指向“授课教案”中的“操作系统”部分。所以该节点类型为“站内链接”，设置时选择“授课教案”节点，并点击“操作系统”部分完成创建。

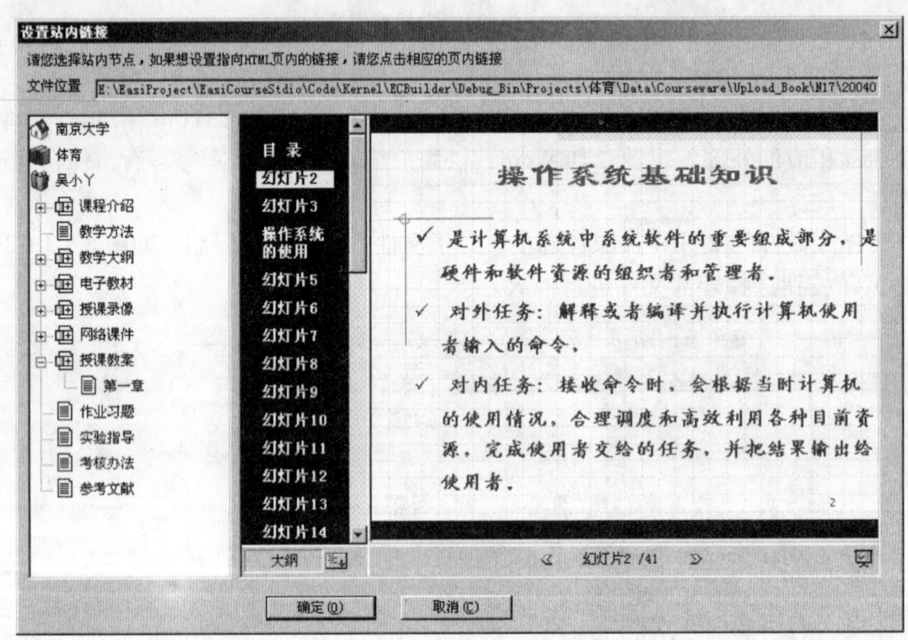

图 8-3-27　设置站内链接

◆新建视频。

用于创建 PowerPoint 授课实况，需要有摄像头支持。系统启动“视频授课录制工具”，选择需要录制的幻灯片，点击“开始录制”，录制完毕后，点击“完成”，系统自动播放刚录制的视频和 PPT 的内容。

◆导入站点。

对于已有的按网站形式组织的资源，可以选择这种类型导入。导入时需选择网站所在的文件夹和网站的首页文件，这样就可将整个外部网站导入系统。

◆导入目录。

如果教师在本地硬盘上已经按文件夹方式组织好课程网站目录，那么适用该类型。导入目录可以按创建顺序将整个目录按其树性结构导入目录树中。例如，在图 8 - 3 - 28 中，导入目录后结果如图 8 - 3 - 29 所示。

图 8 - 3 - 28　导入目录设置

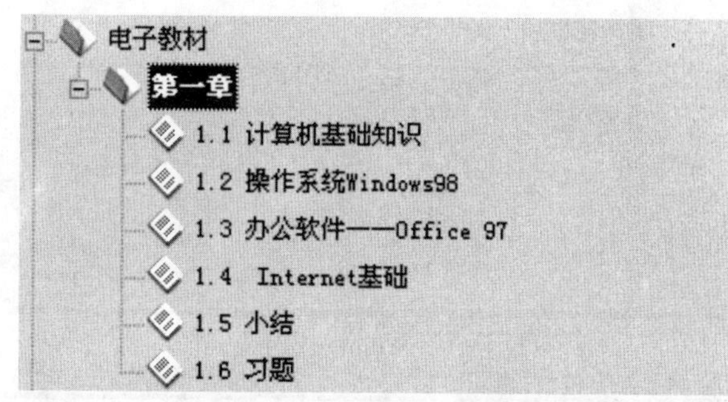

图 8 - 3 - 29　导入目录结果

（4）编辑节点文件。

如果已经建立了节点文件，想修改其内容，可以选中节点后，选择菜单命令“编辑”→“编辑节点文件”，或点击鼠标右键，在下拉菜单中选择“编辑节点文件”，或者点击工具条中的按钮，就可以编辑节点文件。对于内部编辑器节点，系统将打开内部编辑器供用户编辑；对于其他类型的节点，系统将启动外部编辑器供用户编辑。

（5）设置模板。

网站的目录与内容都编辑完后，可以通过“设置模板”来选择网站的表现样式。选择菜单中的“文件”→“设置模板”，系统弹出设置模板窗口，如图 8 - 3 - 30 所示。在窗口上方的“请您选择模板”下拉列表框中选择自己喜欢的模板，界面将显示已选模板的预览，选择喜欢的网站外观，点击“确定”即可。

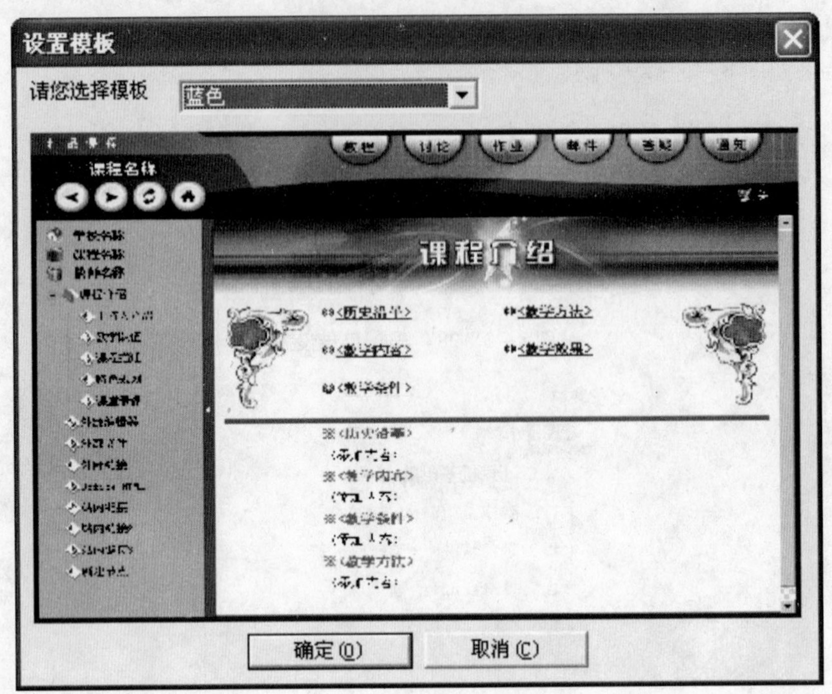

图 8－3－30　选择网站表现模板

（6）将课程网站合成 HTML 格式。

课程网站制作完成后，要合成为 HTML 格式以便发布。选择菜单命令“文件”→“合成”→“合成 HTML 格式”进行打包，或者选择工具栏中的 合成 按钮，在弹出的菜单中选择 合成HTML格式(H)，系统将弹出合成向导。

◆在“合成向导——课程网站设置”中无须填写内容，直接点击“下一步”继续，如图 8－3－31 所示。

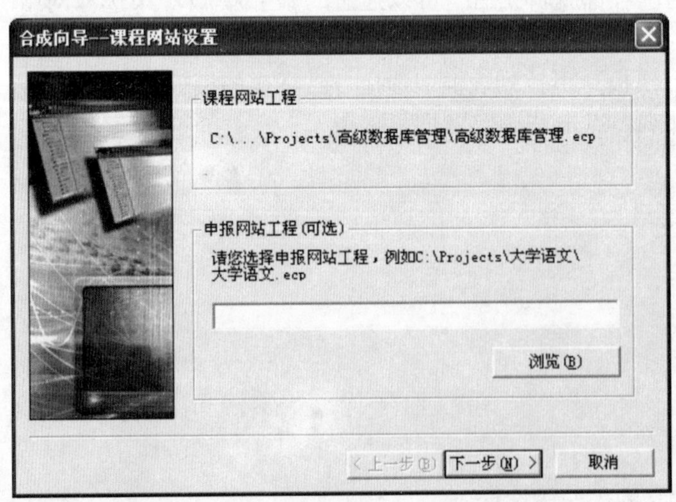

图 8－3－31　合成向导——课程网站设置

◆进入“合成向导——选择目标文件夹”中，点击“浏览”按钮选择网站合成后放置的路径，如H盘，系统自动以申请的课程名作为合成网站的文件夹名称，然后点击“开始合成”按钮，如图8-3-32所示，系统将执行合成操作，并显示合成进度条。

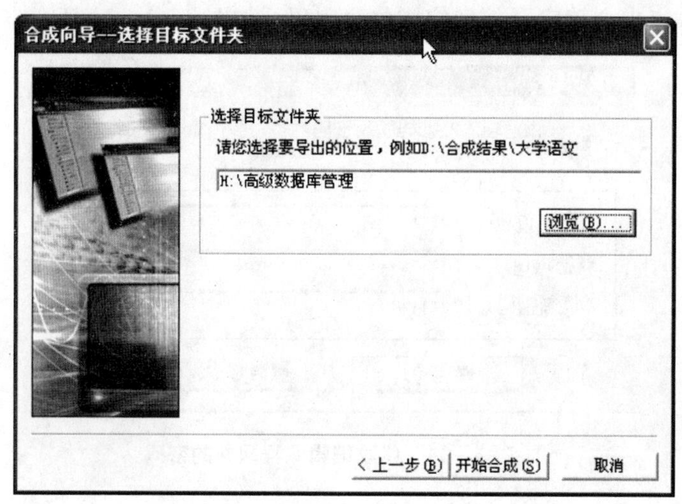

图8-3-32 合成向导——选择目标文件夹

◆执行完毕后，选择“查看合成结果”，可以浏览课程网站最终成品。点击“完成”，如图8-3-33所示。课程网站已经生成HTML格式，随时可以发布到网上了。

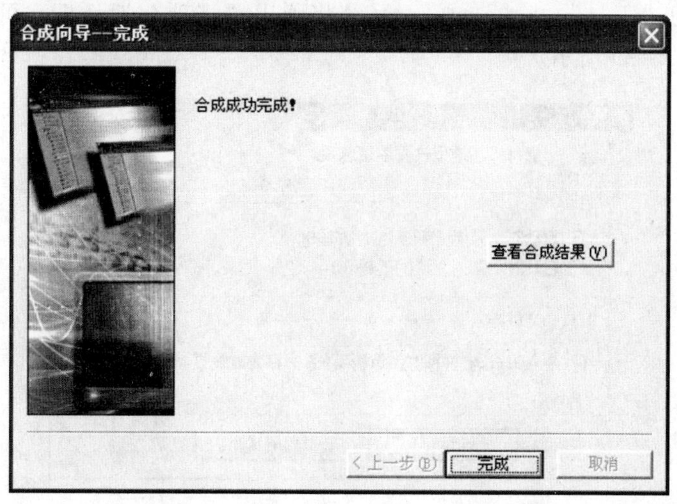

图8-3-33 合成向导——完成

小提示

合成后的文件夹里存放的是课程网站的最终成品，文件夹名称为申请课程时所用的名称。其与前述的源文件（可编辑）所在的文件夹的区别在于文件夹里的内容，文件夹里有index. htm文件的是最终成品，有课程名. ecp文件的则是源文件夹。

(7) 其他设置。

◆修改密码。

选择菜单中的“工具”→“修改密码”，在“修改密码”对话框中输入原密码、新密码和确认新密码，点击“确定”按钮完成修改密码，如图8-3-34所示。

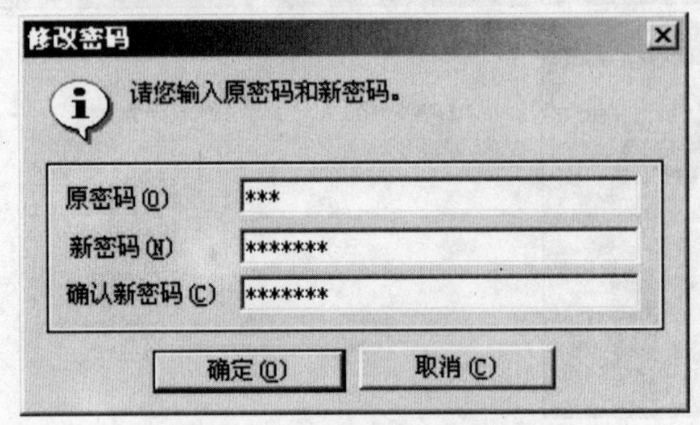

图8-3-34　修改编辑课程网站的密码

◆服务器设置

选择菜单中的“工具”→“服务器设置”，可以重新定位服务器地址。在对话框中输入正确的服务器地址“http：//cai. jnu. edu. cn/ec/”，然后点击“确定”按钮即可。

◆选项设置。

选择菜单中的“工具”→“选项”，系统将弹出“选项”对话框，可以设置系统的一些选项，如图8-3-35所示。

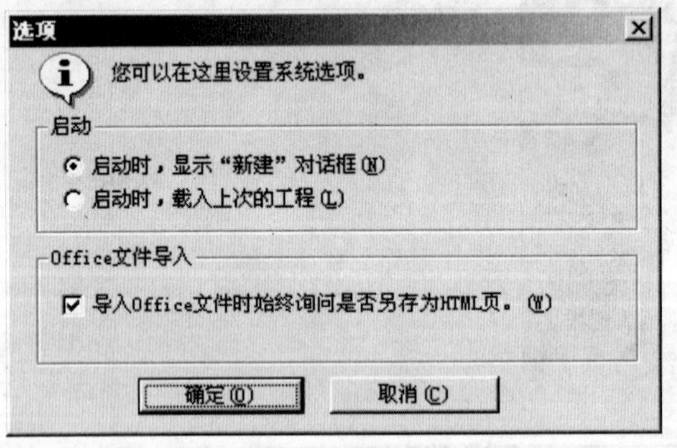

图8-3-35　系统选项设置

【练习题】

一、填空题

1. 在Dreamweaver CS4站点中建立一个文件，它的扩展名应是__________。
2. 在网页中插入文本框、单选框、多选框或跳转菜单时，要先插入空白的______。
3. 在Dreamweaver CS4中，模板文件存放在__________文件夹中。
4. 在表格的__________中可以插入另一个表格，这称为表格的嵌套。

5. 建立锚链接时，在属性面板的链接文本框中应输入________+定义的锚名称。

二、选择题

1. 设置一个当鼠标指向页面中的图像时显示另外的图像，当鼠标离开页面中的图像时显示原图像的功能，应使用 Dreamweaver CS4 的____功能。

A. 导航图像　　B. 鼠标经过图像

C. 轮换图像　　D. 预载图像

2. 打开 Dreamweaver CS4 窗口后，如果没有出现属性面板，可执行____菜单中的“属性”命令将其打开。

A. 插入　　B. 修改

C. 窗口　　D. 命令

3. Dreamweaver CS4 中通过____面板管理站点。

A. 站点　　B. 文件

C. 资源　　D. 结果

4. 超级链接是网页中最重要的组成元素，关于创建超级链接叙述正确的是____。

A. 可以给空格创建超级链接

B. 选中文本或图像，选择右键菜单中的“创建链接”命令

C. 一幅图片可以创建多个超级链接

D. 选中文本，在其属性栏就会出现链接框，输入文件地址即可创建

5. 利用 Dreamweaver CS4 中的____技术，可以让网页上的内容随心所欲地放置在任何位置上。

A. 表单（Forms）　　B. 框架（Frames）

C. 层（AP Div）　　D. 图像（Image）

三、思考题

1. 试述网站的一般制作流程。

2. 为文本添加超级链接的步骤是怎样的？

3. 如何在网页中插入一个视频文件？

4. 试述相对路径与绝对路径的区别和用途。

9　教育信息资源的获取与利用

【学习提要】

本章论述了教育信息资源的含义、特点和类型。对教育信息资源的建设和技术规范进行介绍，并以暨南大学学习资源中心为例，通过讲述数字资源平台的利用来介绍如何更好地利用教育信息资源。

【重点难点】

本章的重点是了解什么是教育信息资源，知道如何获取教育信息资源；难点是掌握教学资源平台的应用。

9.1　教育信息资源概述

物质资源、能源资源和信息资源是现代社会经济与技术发展的三大支柱性资源。教育信息资源作为信息资源的重要组成部分，在提高教育教学质量、挖掘教育的发展潜力上发挥着重要的作用。

9.1.1　教育信息资源的含义

教育资源是指支持教育、教学的资源，包括支持教与学的系统、教学材料与环境。它不仅指用于教与学过程的设备和材料，还包括人员、预算和设施，包括能帮助个人有效学习和操作的任何资源。广义的教育信息资源是指在以网络和计算机为主要特征的信息技术环境下，为教学目的而专门设计的或能用来为教育目的服务的各种资源，包括教育环境资源、教育人力资源和教育信息资源。

1. 教育环境资源

教育环境资源是指构成教育教学系统的各种硬件设备，如计算机设备、网络设备、通信设备等，以及维持教育教学系统正常运行的各类系统软件、应用软件、工具软件、教学软件等。

2. 教育人力资源

教育人力资源包括教育教学机构人员、任课教师、教辅人员、行政管理者，以及能通过互联网等现代通信工具联系到的各个领域的专家、学者等。

3. 教育信息资源

教育信息资源是指经过数字化处理，可以在多媒体计算机上或网络环境下运行的多媒体信息材料，它能够激发学生通过自主、合作、创造的方式来寻找和处理各种信息，从而使数字化学习成为可能。

通常，教育信息资源也可以狭义地理解为信息技术环境下的教育信息资源，以及为达到某种教学目的的教学支撑系统软件与资源管理软件系统等，包括数字视频、数字音频、多媒体教学软件、教育网站、电子邮件、在线学习管理系统、计算机模拟、在线讨论、数据文件、数据库等等。下面介绍的教育信息资源主要是指狭义的教育信息资源。

9.1.2 教育信息资源的特点

1. **多样性**

教育信息资源的内容以超媒体形式组织，其超媒体界面可以通过网络超级链接连到多个与主题相关的网站。教育信息资源形式包含精美的画面、优美的音乐、逼真的动画和视频图像等，图文声像并茂，极大地丰富了信息内容的表现力。

2. **便捷性**

教育信息资源的检索简单、快捷、方便，可通过网络终端随时随地获取，这就避免了其他形式的媒体信息资源在查找时所受到的时间、空间等因素的限制。

3. **共享性**

教育信息资源除了具备一般意义上的信息资源的共享性外，还能以网页的形式发布，供所有的网络用户随时访问，不存在传统媒体信息由于副本数量的限制所产生的信息不能获取现象。

4. **时效性**

教育信息资源传播的时效性远远超过其他任何一种信息，网络媒体的信息传播速度及影响范围使得教育信息资源的时效性增强，更新频率加快。因此，用户常用因特网查找最新信息资料。

5. **交互性**

教育信息资源具备同步与异步双向传递的交互功能，用户在接收到相关的信息后可针对该信息随时向其信息源提供反馈。

6. **广泛性**

教育信息资源包含的内容丰富，可为各个学科领域的教与学提供参考。网络教育信息资源更为丰富，如最新的教学大纲与构思、教学资料，众多形式的教学软件、网上教程，丰富的课程参考文献、课程开发工具和图像资料，一线教师的教学经验。还包括校园外的教育信息资源，如世界各地学校的概况，教育管理部门的各种教育政策措施、研究项目、网上期刊、印刷品以及各种网上新闻、动态报道等。

7. **创造性**

教育信息资源可用于多层次的探究，可以通过计算机网络工具对教育信息资源进行整合处理，富有创造性。

9.1.3 教育信息资源的类型

教育信息资源主要包括媒体素材、试题、试卷、案例、教学软件、网络课程、文献资料、常见问题解答、资源目录索引、网络教学支持系统、教育资源管理系统等类型。

1. **媒体素材**

媒体素材是传播教学信息的基本材料单元，可分为五大类：文本类素材、图形/图像类素材、音频类素材、视频类素材、动画类素材。

2. 试题

试题是测试中使用的问题、选项、正确答案、得分点和输出结果等的集合。

试题素材是评价学生和知识掌握情况的依据，也是教学过程中必不可少的一种教学资料。试题素材没有固定的存储格式，通常是以试卷或题库的形式存储的。试卷是用于多种类型测试的典型成套试题。题库通常是根据某些测量理论的数学模型建立起来的，一般包括试题的组织和试题的管理两个部分。试题的组织包括对试题的编写要求、入库要求、组织要求的描述。试题的管理包括对试题的查、录、删、改的管理，对组卷的管理和试卷分析的管理等。

3. 试卷

试卷是用于进行多种类型测试的典型成套试题。

4. 案例

案例是指由各种媒体元素组合表现的有现实指导意义和教学意义的代表性事件或现象。

简单地说，案例是对某事件的过程与结果的描述，以及对原因和效果的分析。案例通常是在教授某理论、原理或规律时作为典型实例提供给学生的，它能够启发和促进学生对教学内容的掌握。

5. 教学软件

在教育技术领域，教学软件泛指各种媒体化学习材料及相关的使用说明资料，如计算机辅助教学程序、教学音像带、教学投影片、幻灯片、电子讲稿等。

6. 网络课程

网络课程是通过网络表现的某门学科的教学内容及实施的教学活动的总和，它包括按一定的教学目标、教学策略组织起来的教学内容和网络教学支撑环境。

7. 文献资料

文献资料是指有关教育方面的政策、法规、条例、规章制度，对重大事件的记录，以及重要的文章、书籍等。

8. 常见问题解答

常见问题解答是针对某一具体领域最常出现的问题给出全面的解答。

9. 资源目录索引

资源目录索引是列出某一领域中相关的网络资源地址链接和非网络资源的索引。通过资源目录索引可以为学习者在信息海洋里提供清晰的导航，促进学习的顺利进行。

10. 网络教学支持系统

网络教学支持系统是网络教学正常开展的保障，可为网上教育的施教者和学习者提供完整的教学辅助、教学管理与学习指导工具，包括网络课件制作工具，多媒体素材集成软件，网上答疑、网上讨论、在线测试等系统软件，工具软件以及应用软件等。

11. 教育资源管理系统

教育资源管理系统是通过对教育资源产生、教育资源分享、教育资源使用、教育资源评价的动态循环管理，对原始数据（如视频、音频、动画、图片等）、半成品（如课件）、成品（如教案）等形式的教育资源进行全面整合，实现了校内资源管理、区域网络管理、Web资源管理、教师评估管理和资源共建共享管理的多层次、全方位的管理功能。

9.1.4 网络教育信息资源

因特网是世界上最大的信息网络系统，也是最大的教育信息资源库。网络教育资源是指将经过数字化处理的文字、图像、声音、动画等多种形式的教育信息存放在光碟等非印刷物质的载体中，并通过网络通信、计算机或终端等方式再现的教育信息资源。

1. 网络教育信息资源的类型

网络教育信息资源的类型基本上可以分为电子书籍、电子期刊、数据库、虚拟图书馆、电子百科、教育网站、电子论坛、虚拟软件库等。

2. 网络教育信息资源的获取

网络教育信息资源的获取方式很多，学习者可以通过浏览主题目录、搜索引擎查找等多种方式获取信息资源。获取网络教育信息资源的方式主要有以下两种：

（1）主题目录。主题目录也称主题指南。它是按照登记排列的主题类索引，排列的方法有字母顺序法、时间顺序法、地点法、主题法等，或是综合运用各种方法。主题目录可以让学习者通过主题浏览 Web 站点列表，检索相关信息，适用于一般性、比较笼统的主题的浏览与检索。

（2）搜索引擎。互联网有许多提供信息查询、搜索的站点，这些网站就称作搜索引擎（search engine），如 Google、百度等。它将各站点按主题内容组织成等级结构，用户可以依照这个目录逐层深入，直至找到所需信息；也可以在它们的各种程序中键入要查找的关键词，引擎就会在自己的数据库中找出与该词相匹配的 URL，并将结果显示给用户，用户可根据显示的结果选择并访问相关的站点。

9.2 教育信息资源建设及技术规范

9.2.1 教育信息资源建设的含义

教育信息资源建设可以有四个层次的含义：一是素材类教育资源建设，主要分为八大类，即媒体素材、试题、试卷、文献资料、课件、案例、常见问题解答和资源目录索引；二是网络课程建设；三是资源建设的评价；四是教育资源管理系统的开发。在这四个层次中，网络课程和素材类教育信息资源建设是基础；第三个层次是对资源的评价与筛选，需要对评价的标准规范化；第四个层次是工具层次的建设，网络课程和素材类资源的具体内容千变万化，各具特色，对应的管理系统必须适应这种形式的变化，充分利用它们的特色。

9.2.2 教育信息资源建设技术规范

教育资源的复杂性和多样性使得人们对它的理解各不相同，会出现大量不同层次、不同属性的教育资源，因而不易于管理和利用。为了更有效地建设好各级各类教育资源库，促进各资源库系统之间的数据共享，提高教育资源检索的效率与准确度，保证资源建设的质量，必须按照国家制定的技术规范进行教育信息资源建设。

1. 教育资源建设技术规范的目的

其目的是为资源的开发者提供一致的标准，以统一开发者的行为，达到资源基本属性结构的一致性，以实现资源在区域内的广泛共享，并使学习者或教育者在教育资源的查找、评估、获取和使用方面能获得最大效率的支持。同时也为不同资源库系统实现数据的共享和互操作提供支持，规范提供强制的资源技术最低要求和推荐的资源评价指标，以保障教育资源的质量和使用价值。

2. 教育资源建设技术规范的适用范围

（1）适用于学习对象中与教育资源开发、应用和管理有关的领域。

（2）适用于定义教育资源元数据实例的结构，所界定的教育信息资源是指以数字信号在互联网上进行传输的教育信息，它属于学习对象的一个子集。

（3）规范以学习对象元数据规范为核心，并对教育资源的特性建立了分类数据元素。

（4）规范中，教育资源的属性用于描述该资源的相关特征。各类资源的统一特征是使用学习对象元数据进行描述，资源的特色属性主要根据资源特性分类描述。

（5）规范可以被别的标准所引用，如用于定义数据模型实现（即绑定）的标准。这样，教育信息资源属性实例就能被各种学习教育系统所使用，如管理、定位、评估和交换教育资源等等。

9.3 教育信息资源库建设实例

随着我国高等学校现代教育技术的广泛应用和数字化校园建设、教育资源建设的不断发展，各种形式的网络教育资源越来越丰富，高等学校正面临着网络教育资源现状明显不能满足教师和学生教学活动需求的矛盾，例如，教师个人制作的教育资源规模小而分散，各学科、各院系的教育资源不能充分交流共享等。

因此，各高校纷纷聚焦于如何建设一套满足学校教育资源存储和管理的资源建设与管理系统，以方便学校师生对教育资源的管理、检索、分配、保存和共享，从而为学校的教学、课程资源制作及教育资源应用奠定基础。

9.3.1 国内资源库建设的动因

1. 国家政策的推动

1998 年，教育部提出的《面向 21 世纪教育振兴行动计划》明确指出教育资源建设是重点。2004 年 3 月，教育部启动“国家现代远程教育资源库工程”，并颁布《现代远程教育工程教育资源开发标准》，指导教育资源制作标准化。广东省在“十五”期间以资源建设为核心，开展了“151 工程”，内容包括在全省高校建设 50 个专业公用资源库，以促进优质教学资源共建共享。

2. 高校自身发展的需要

各高校为了提高校内现有网络教学资源的组织性和利用率，方便教师和学生免费使用教学资源，促进自身特色资源的积累，为实现分散在各院系或个人手中的教学资源的广泛共享建立基础，也有必要建设基于校园网的教学资源库，其原因主要体现在以下几个方面：一是教学资源库可以对网络教学提供良好的数字化学习内容支持。二是教学资源库可以实现教学资源的共享与知识的共享。三是教学资源库可以支持数字校园其他应用支撑平台；可以方便、快速地与数字校园的科研、管理等平台进行整合，从而有效地促进高质量的教学资源、信息资源和智力资源的共享与传播，支持其他系统或平台对学习资源的应用。

9.3.2 高校教学资源库建设的方式

以建设人员为区分标准，目前高校教学资源库的建设大体上有如下几种方式：

1. 专业教师个人或若干人之间的“单一作战式”

采用这种方式的高校往往拥有一个公共资源平台，但资源库的建设主要依靠专业教师的个人热情和爱好，同时也受到教师自身计算机水平的约束。优点在于教学资源的选择与教学内容结合较好。例如教学过程中图片、案例、习题的收集、选择和设计，专业教师往往能够根据教学内容、教学模式进行整合。资源的教育教学目标性较强、个性化好。但是教学资源的整合对手段和方式要求较高，特别是多媒体资源的整合，要求有较好的专业素材采集技术和较高的计算机处理技巧。这往往制约了资源整合的质量和水平。由于专业教师单一作战时缺乏有效的现代教育技术和计算机技术支持，导致资源库中的资源经常是低水平的重复，整合的有效性、系统性差。

2. 教育技术人员个人或小组的“单一作战式”

采用这种方式的高校，资源库的建设主要是依靠学校的教育技术机构来独立完成。专业教育技术人员的优势在于他们掌握了较高的多媒体处理技术，对现代教育技术和课程教学的结合有较高的理论和系统认识，因此在资源采集处理、加工上规范性好。但是，涉及不同学科、专业资源的选择和专业性处理时，这种方式的目标性和个性化较差，导致整合的专业教学资源在专业教师之间的认同性差，资源的有效性和共享性不好。

3. 专业教师和教育技术人员的“有机组合式”

采用这种方式的高校在进行资源库的建设时主要是依靠学校的教育技术机构和学科教师合作完成。这种方式避免了上述两种方式的弱点，既做到整合的资源目标性强和个性化好，又能够保证资源的处理和加工的规范性和标准化，有效地提高了资源整合的质量，在整合资源中起到良好的促进作用。理论上这是一种比较好的组织方式，但实际运行中两者如何实现有机组合，使它们既能各司其职又能相互补充？探讨一个协调机制是必要的，一个强有力的领导机制必不可少。

4. 依托公司的“整体打包购买式”

采用这种方式的高校在进行资源库的建设时则是将资源库平台及库内资源一起向公司购买。这种方式可以短期内见效，但缺陷也非常明显。公司往往拥有比较强大的计算机技术，在资源的数字化、流媒体传输和数据系统化上极具优势，但是，其最大的缺陷是不了解教学资源，对于资源在教学过程中的利用和地位往往认识不足，导致开发出来的资源犹如生产车间的流水作业，虽然资源的规范、标准性好，但目标性、个性化和有效性严重不足，从而使得资源的认同度低、共享性差，并且不能激发教师在教学活动中自主创建数字化教学资源，进行教学改革的热情。

9.3.3 暨南大学教学资源中心的特点

图 9-3-1 暨南大学教学资源中心首页

暨南大学教学资源中心从体系结构上划分为资源上载、资源管理、资源应用三层，它具有以下特点：

1. 分级式的管理

系统将使用者分成系统管理员、资源管理员、教师、学生四个不同角色，分别授予不同的权限，将资源存储空间划分为个人资源区（教师和学生）、准备区（资源上传缓冲区）、共享区（可取消）和公共区，方便资源的存储和管理。

2. 简单、方便、稳定的资源上传、下载和浏览

资源的上传是基于客户端的 Windows 操作系统，类似于资源管理器，只要经过简单培训就可以掌握，上传操作简单、方便。资源的上传过程以打包的形式进行，即使对于大容量的数据，一般也不会中断，保证了系统的稳定性。对于发布到浏览者一级的资源，系统有严格的审核制度，没有经过管理员的审批，任何资源都不可能发布到公共区中。资源的下载和浏览可自动调用客户端的相关应用程序，减轻了服务器的压力。

3. 丰富的资源类型支持

系统支持多种资源类型，用户可以自己定义新的资源类型和本地关联程序，这样就使得系统具有丰富的资源类型支持。系统支持的多媒体教学资源主要可以分成若干种类。文档类：TXT、DOC、WPS、PDF 等；演示文稿：PPT、FLASH、AUTHORWARE 等；图片：BMP、JPG、PSD、GIF、TIF 等；视频：ASF、WMV、CSF、RM、AVI、MPG 等；音频：WAV、MP3、WMA 等；动画：3DMAX、GIF、FLASH 等；网页网站：HTML、JSP、ASP 等；课件：WEB 课件、情景课件、AUTHORWARE、计算机 Windows 操作类资源等。

4. 资源的集中与分布式存放

系统采用 Web 向导方式，可以根据需要将资源部署在一台或多台不同地域的服务器上，资源的存储也可以是在一台或多台不同地域的存储介质中，系统会自动根据资源的部署以及管理员设置的上传条件，找到相应的资源服务器进行上传。系统支持 NAS、SAN 等不同存储模式。

5. 跨平台设计，开放的数据库接口

系统的跨平台特性使得系统可以快速部署在 AixTM、SolarisTM、Linux 和 Windows 等各种操作系统平台上，支持多种关系型数据库（如 MS SQL Server、Oracle）。这使得系统适合运行在各种网络与服务器架构上。

6. 提供数据挖掘技术

系统采用数据挖掘技术可为学校提供智能分析手段，从庞大的资源库中按照一定的挖掘条件智能、自动地从资源中分析、挖掘出结果，并可以在结果中再次进行挖掘。技术包括自然语法的分析、资源属性的匹配、资源关联性分析等。

9.3.4 暨南大学教育资源中心应用介绍

暨南大学教育资源中心的建设是为了方便教师与学生更好地使用学校丰富的网络教学资源，下面将以几种不同身份的用户为例，介绍平台的使用。

平台中提供了四种不同身份的用户，分别是：

（1）系统管理员：系统级的基础数据维护以及系统运行参数设置。系统管理员一般不对具体的资源进行管理，但是可以在必要的时候调整系统中的资源信息。系统管理员可以设置不同的参数使平台运行于不同的条件下，从而达到系统运行的最佳状态。具体管理模块包括系统管理、资源服务、系统设置及系统维护。

（2）资源管理员：具体的资源管理者。资源管理员可以在一定的范围中，对组织结构中的资源、教师等信息进行管理。同时，资源管理员也是资源的组织者，他可以上传或同步资源。具体管理模块包括资源管理、教师管理及检索统计。

（3）教师：资源的主要积累者，也是资源的主要利用者。教师可以在平台中上传、点播及管理资源；可以把资源共享给别的教师查看；可以将资源推荐到公共区，让资源管理员进行审核；可以对所教授班级的学生进行管理。

（4）学生：资源的主要利用者。学生可以查看公共区的资源；可以在相应的教师个人目录下查看教师开放的资源，以及在教师指定的目录下上传资源。

因资源管理员、教师、学生三级用户应用较广，本书将对这三级用户进行详细解述。

1. 资源管理员

资源管理员的工作主要分资源管理、教师管理、检索统计三个大类，具体包括资源审核、资源组织、上传与同步、分配班级、教师信息管理、统计查看、资源检索。

（1）资源审核。

对于资源管理员来说，最重要的工作就是对资源进行审核。资源管理员对自己所管理结构下教师推荐的资源有审核的权限。操作界面如图 9－3－2 所示。

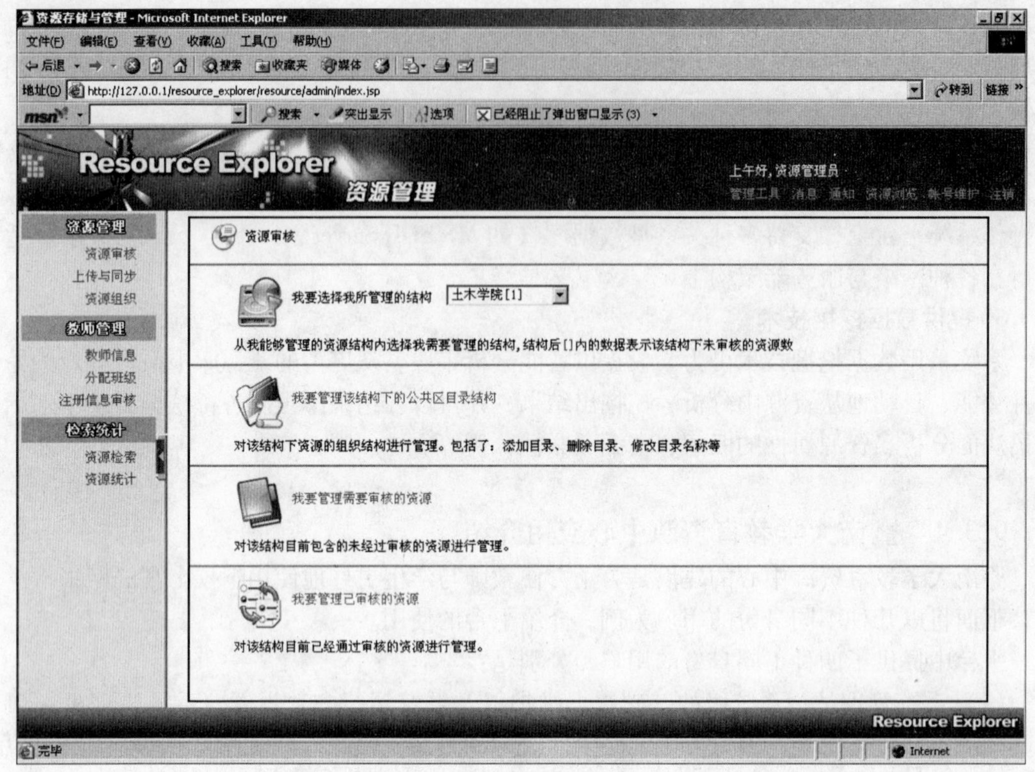

图 9－3－2　资源审核界面

这些结构是由系统管理员分配给资源管理员的，否则资源管理员将无法对资源进行管理。“结构”后面文本框中的内容即该结构下目前等待审核的资源，如“土木学院［1］”。

◆管理公共区目录结构。

资源管理员可以在自己所管理的结构下建立子目录、删除子目录或对已有的子目录更改顺序。这些目录就是公共区的目录。图 9－3－3 是资源管理员建立的结构图例。

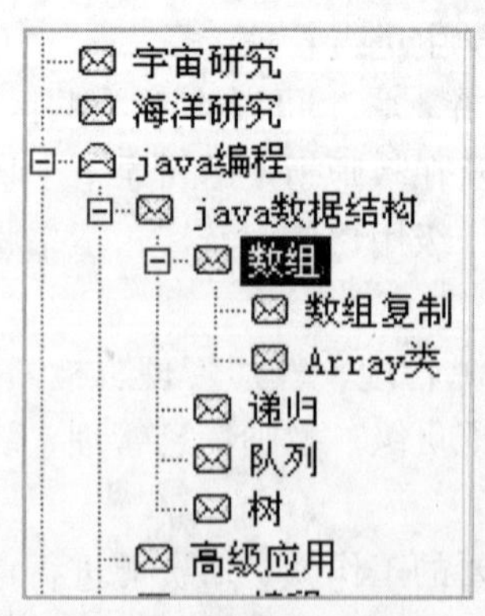

图 9－3－3　资源库公共区结构目录

◇建立：可以在自己所管理的结构下建立子目录。

◇删除：当删除结构时，该结构下所有发布的资源将变为未审核状态。

◇改变顺序：可以改变目录的结构。如果未选择结构，或者选择的是目录结构的根节点，那么就将改变第一层子目录的排列顺序，如果选择了某子目录，将改变该子目录下层的结构。

小提示

如果该子目录下层的结构不足两个，将无法进行改变结构顺序的操作。

改变顺序中除了“上移”、“下移”外，平台还提供将两个结构相互转移位置的“转移”功能。移动之后，被移动的结构下的子结构依然保持原来的排列顺序。

◇添加：如果不选择结构，那么所添加的结构将会附加在根节点下；反之，将在选择的节点下添加结构。

◇改名：选中某节点后，将在改名前方的文本框中显示此节点的名称，可以修改该名称，并点击“改名”按钮以完成改名操作。

◆管理需要审核的资源。

资源审核是资源管理员主要的工作，平台提供两种审核的方式。“快速审核”：当确认所审核的资源已经完全符合审核条件，而不需要一一进行查看，可以选择“快速审核”，并允许批量审核。“审核”：当需要审核的资源比较特殊，需要对其属性进行进一步的查看时，可以选择这样的方式，该操作不允许批量审核。如图 9－3－4 所示。下面将对这两种审核方式分别进行说明。

资源审核 － 审核流程

取消推荐状态　快速审核　审核　查看所有资源　点播　社科部

资源名称	资源状态	资源大小	资源类型	上传人	审核人	推荐时间
导言	未审核	29.5KB	文本	hyq	huangyq	2006年08月12日02点32分47秒
中国传统文化概论导言(快速浏览).swf	未审核	5.42MB	视频	hyq	huangyq	2006年08月12日10点55分28秒
问题一：中国古代，近代和现代的分歧.doc	未审核	110.0KB	文本	hyq	huangyq	2006年08月12日10点54分54秒
问题二：学习本课的意义.doc	未审核	83.5KB	文本	hyq	huangyq	2006年08月12日10点54分54秒
问题三：中国传统文化面临的挑战和问题.doc	未审核	23.5KB	文本	hyq	huangyq	2006年08月12日10点54分54秒
普天之下1.wmv	未审核	62.12MB	视频	hyq	huangyq	2007年03月18日13点22分09秒
普天之下2.wmv	未审核	62.50MB	视频	hyq	huangyq	2007年03月18日13点22分09秒
盛世之旅1.wmv	未审核	66.68MB	视频	hyq	huangyq	2007年03月18日13点22分09秒

页面导航：共11条记录,8条/页，1/2页　跳转到页：1 2

资源检索

图 9－3－4　审核流程

◇快速审核：当确认所审核的资源已经完全符合审核条件，而不需要一一进行查看，可以选择这样的方式，并允许批量审核。选择一条或者多条资源记录，点击“快速审核”，需要选择资源审核后存放的公共区位置（这些位置就是在“管理该结构下的公共区目录结构”中建立的）。以下就是选择结构的页面。注意：选择的目录是在“选择您所管理的结构”操作中选择的结构下的目录。通过这些操作，平台就可以将该结构下教师所推荐的资源发布到所指定的公共区目录下，也就完成了快速审核的工作。

◇审核：当需要审核的资源比较特殊，需要对其属性进行进一步的查看，可以选择这样的方式，平台将提供该资源的具体信息，以便于审核工作。该操作不允许批量审核。当查看属性后，点击“审核资源”，平台将显示选择子目录的页面（这个页面与“快速审核”中的选择子目录的页面相同），选择资源存放的位置后，就完成了“审核”的流程。

◇查看所有资源：作为整个结构的资源管理者，资源管理员可以随时查看该结构下的各种资源，以及该资源目前的状态（已审核/未审核/已删除）。

◇点播：资源管理员通过点播操作，查看资源的具体内容。

◇取消推荐状态：资源管理员可以取消教师对某资源的推荐，这种取消并不删除资源的物理文件，教师也可以继续推荐该资源。

◆管理已审核的资源。

◇资源上传与同步：平台向所有的资源管理员有条件地提供“资源的上传与同步”功能，以方便资源管理员建立自己的资源信息。操作界面如图 9-3-5 所示。

资源上传与同步

欢迎进入资源上传与同步流程，请您选择您要进行的工作。

管理员直接将本地的资源上传到资源服务器

点击进入资源上传流程

管理员为资源服务器硬盘上的资源建立数据库的信息

点击进入资源同步流程

资源上传与同步是资源管理员组织资源的重要形式：

如果您拥有对公共区资源的上传权限，那么，您所上传或者同步后的资源就可以被允许放在公共区，否则，只能放在共享区。

您也可以将资源放在待准备区，以便日后进行资源的组织

图 9-3-5　资源的上传与同步

◇上传：若系统管理员赋予了资源管理员“资源管理员可以上传资源到公共区”的权限，资源管理员就可以进行上传资源的操作。进入上传资源流程后，首先需要选择资源存放的位置。

小提示

能选择的公共区位置是用户所能管辖的公共区目录，而并非所有目录。

点击“下一步”后，需要填写或选择上传所需的信息，如图 9-3-6 所示。

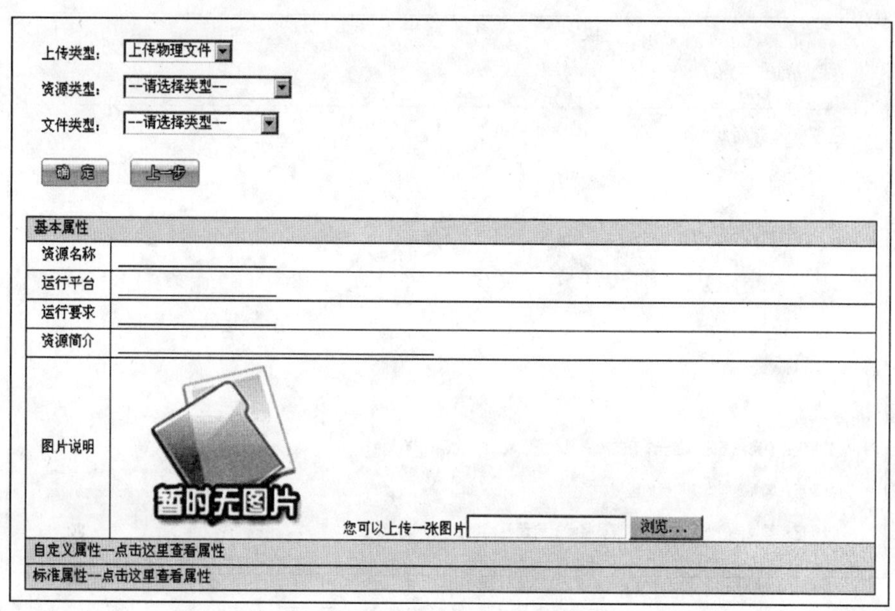

图 9－3－6 资源上传信息

◇上传类型：平台提供两种上传类型，一种是物理文件，另一种是链接地址。链接地址适用的范围是：已经将某 Web 内容发布，这时候就可以直接将访问该 Web 的地址作为一个资源进行上传。

◇资源类型：在平台中，资源类型除了是资源检索时的重要条件外，也是教师共享区内资源组织的依据。（有关资源类型的设置是由系统管理员来完成的，请参看“系统管理员”部分的说明）

◇文件类型：物理文件的类型。

◇资源属性：资源属性是资源的说明，在平台中，资源属性由多种信息组成。资源属性包括基本属性、自定义属性、标准属性三个大的方面。在平台中，可以根据需要，设置自定义的属性（关于自定义属性的设置，请参看“系统管理员”中系统设置——自定义资源类型里的说明），以更好地说明资源。平台里还支持对资源的图片说明。对于自己上传的资源，可以另外上传一张图片对该资源进行说明。

◆资源组织。

作为一个资源存储与管理系统，平台提供了一个方便的资源组织功能。而对于资源管理员，可以对所能管理的目录结构下的资源进行管理。图 9－3－7 所示是资源组织的主页面。

图 9-3-7　资源组织的主页面

◇公共区：也称浏览区，是一个开放的资源浏览区域，对浏览者没有限制。在公共区，资源是按照设置的结构进行组织的。这些结构是由管理员/资源管理员根据实际需要建立的。

进入公共区后，左侧是资源管理员所能管理的公共区的结构，点击某个节点后，右侧将显示该结构下存放的资源，如图 9-3-8 所示。

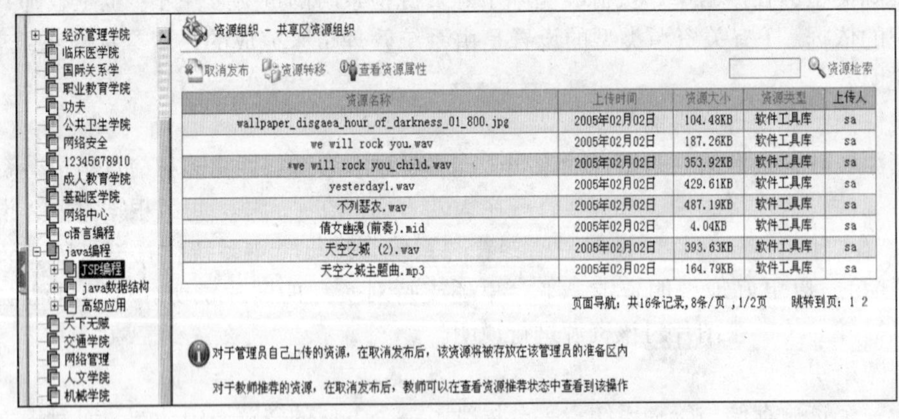

图 9-3-8　节点下面的资源

◇资源转移：平台向资源管理员提供资源的转移功能，通过这个功能，可以将资源存放到其他的结构下去。首先，选择需要转移的资源，点击“资源转移”，将显示资源转移的目的地。选择目的地后，点击“确定”，就成功地完成了资源的转移。

◇取消发布：对于管理员自己上传的资源，在取消发布后，该资源将被存放在该管理员的准备区内；对于教师推荐的资源，在取消发布后，教师可以在查看资源推荐状态中查看到该操作。取消发布后的资源，其物理文件还存在，只是无法在公共区查看。

◇资源属性：资源属性是资源的说明，在平台中，资源属性由多种信息组成，图 9-3-9 所示即资源属性页。

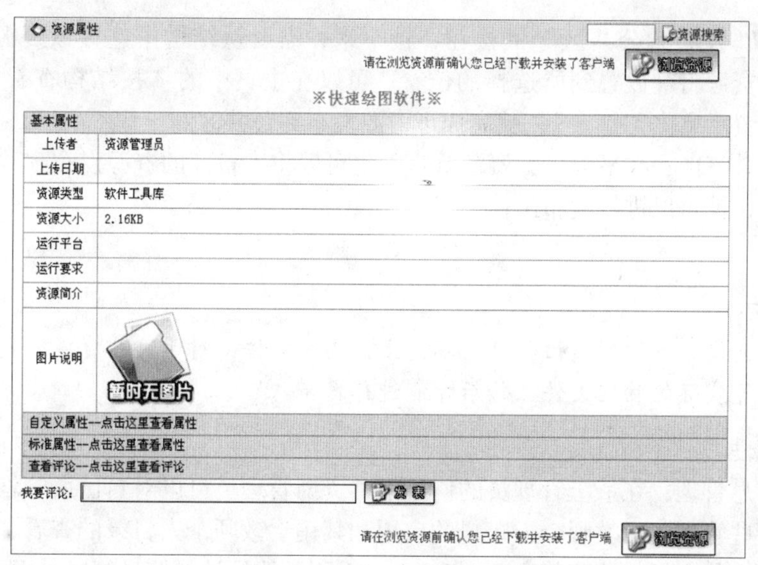

图 9－3－9　资源属性页

资源属性包括基本属性、自定义属性、标准属性三个主要方面。在平台中，可以根据需要，设置自定义的属性，以更好地说明资源。平台里还支持对资源的图片说明。对于自己上传的资源，可以另外上传一张图片对该资源进行说明。

◆教师共享区。

教师共享区是面向教师的一个资源存放区域，教师可以在这个区域查看到其他教师（当然也包括系统管理员和能够管理该结构的资源管理员）所提供的共享资源。共享区的资源是按照资源类型进行组织的，图 9－3－10 所示的是“教师共享区”的界面。当然，点击这里的“取消共享”也不会删除资源的物理文件。

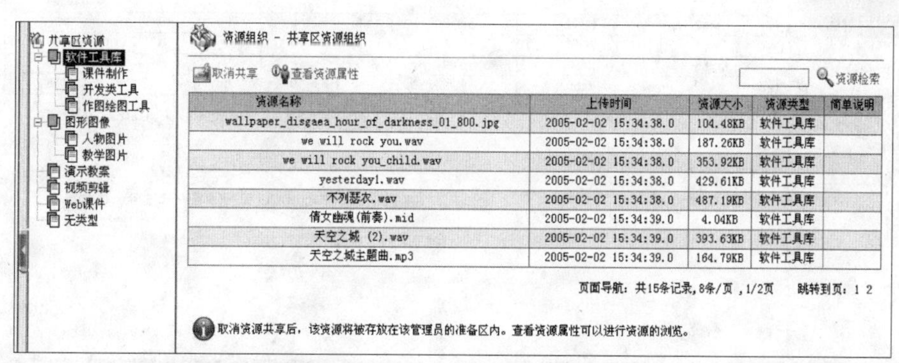

图 9－3－10　教师共享区界面

◆准备区。

每个资源管理员都有独立的资源准备区，这里是管理员存放自己上传资源的空间。在这里，资源管理员可以对资源进行属性上的修改，也可以选择将资源发布到公共区或共享区。也可以对资源进行删除的工作，注意：在这里，一旦执行删除操作，将删除资源的物理文件。

◇发布到公共区：资源管理员可以将准备区的资源发布到公共区。选择一条或多条资源，然后点击“发布到公共区”的按钮，接下来，需要从结构中选择该资源存放的位置，然后所选择的资源将被放置到所选择的位置。可以在主页中的“按结构查看”中查看到该资源，选择位置后点击“确定”，就完成了资源发布到公共区的工作。

◇发布到共享区：在平台里，资源管理员也可以将准备区的资源发布到共享区。选择一条或多条资源，就可以进行发布工作。

小提示

平台允许先建立资源的属性信息而不先上传物理文件，对于这些资源，是不能进行发布工作的，需要等实际的物理文件上传后才能进行发布。

◆教师管理。

◇教师信息管理：在系统管理员的许可下，资源管理员可以对自己所管辖结构下的教师进行管理。这些管理包括教师个人账户的启用和禁用、教师个人目录的查看、教师个人信息的修改、教师上传空间的分配管理。图 9－3－11 所示的是教师信息管理界面。

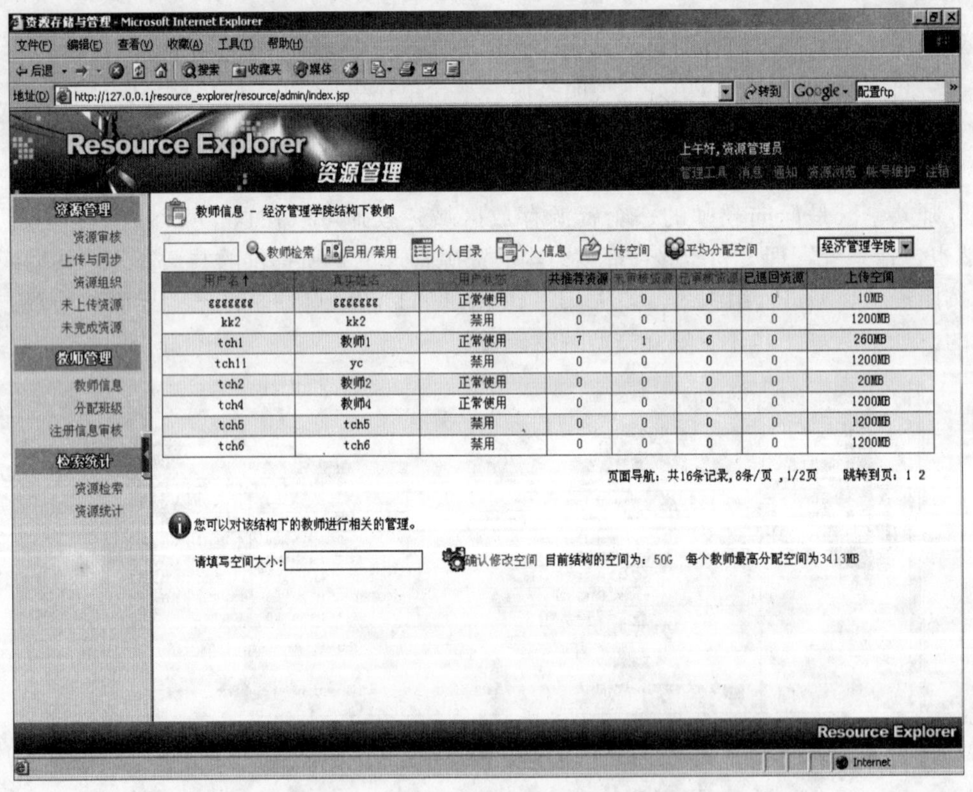

用户名↑	真实姓名	用户状态	共推荐资源	未审核资源	已审核资源	已退回资源	上传空间
ggggggg	ggggggg	正常使用	0	0	0	0	10MB
kk2	kk2	禁用	0	0	0	0	1200MB
tch1	教师1	正常使用	7	1	6	0	260MB
tch11	yc	禁用	0	0	0	0	1200MB
tch2	教师2	正常使用	0	0	0	0	20MB
tch4	教师4	正常使用	0	0	0	0	1200MB
tch5	tch5	禁用	0	0	0	0	1200MB
tch6	tch6	禁用	0	0	0	0	1200MB

图 9－3－11　教师信息管理界面

◇启用/禁用：可以设置该用户账户的启用状态。

◇上传空间：从系统的安全性上考虑，平台为资源管理员提供了可以设置自己所管辖范围内教师上传空间的功能。（上传空间的显示中，蓝色表示默认的空间大小，该空间大小由系统设置中上传空间大小的设置决定，如图 9－3－12 所示）选择单个或者多个教师，并点击“上传空间”，将在列表下方显示空间填写栏。

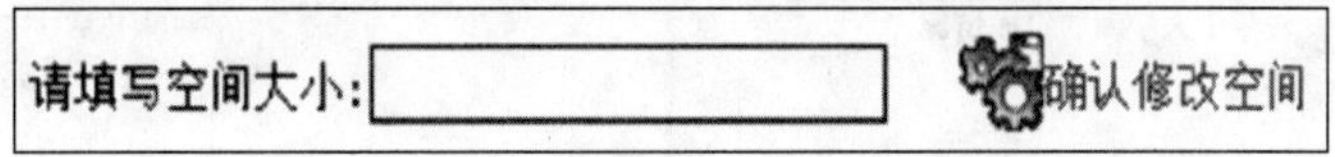

图 9－3－12 修改上传空间大小

填写规则：如果不填写，则表示按照系统设置的大小；填“0”，则表示无限制（对于学生，则表示无空间）。当然，这需要资源管理员获得系统管理员的授权。

◇个人信息：资源管理员可以对所管辖结构下的教师的个人信息进行修改，如图 9－3－13 所示。

系统管理 － 用户管理 － 修改用户信息

用户名称：fuguizhang

用户密码：□修改密码

真实姓名：张富贵*

用户类型：教师

帐户状态：正常使用

确 定　重 置　返 回

属性后的“*”表示可以更改，若要修改密码，请点击修改密码。

图 9－3－13 教师个人信息修改

◇个人目录：如果资源管理员具有“资源管理员可以管理教师个人资源”权限，那么就可以对教师个人区的资源进行查看与管理。资源管理员此时主要的操作包括资源属性的查看与修改、资源的删除、资源的点播、资源的检索。

选择某条资源记录，点击“属性”则显示资源属性页面。（有关资源属性页面，请参看有关资源属性的说明）

选择一条或者多条资源记录，点击“删除”后，将删除资源记录。（注意：这里的“删除”是指删除资源物理文件）

点击“资源检索”后，将打开资源检索栏。可以对资源进行检索工作。

◇平均分配空间：资源管理员通过这种方式为所选结构下所有的教师平均分配空间。平台将告诉资源管理员目前该结构的空间容量和每个教师最多可以分配的空间数。当在文本框中填写完空间数字后，点击“确认修改空间”，完成空间的平均分配工作。

◇分配空间：资源管理员可以选择一个或多个教师，然后分别进行空间分配工作。

平台提供两种查看教师空间的方式，都是用饼图加以表示。一种是按照空间的组成情况（也就是由哪些结构分配的空间），另一种是按照教师空间的使用情况。在改变完空间大小后，可以用不同的查看方式查看空间的变化，如图 9－3－14 所示。

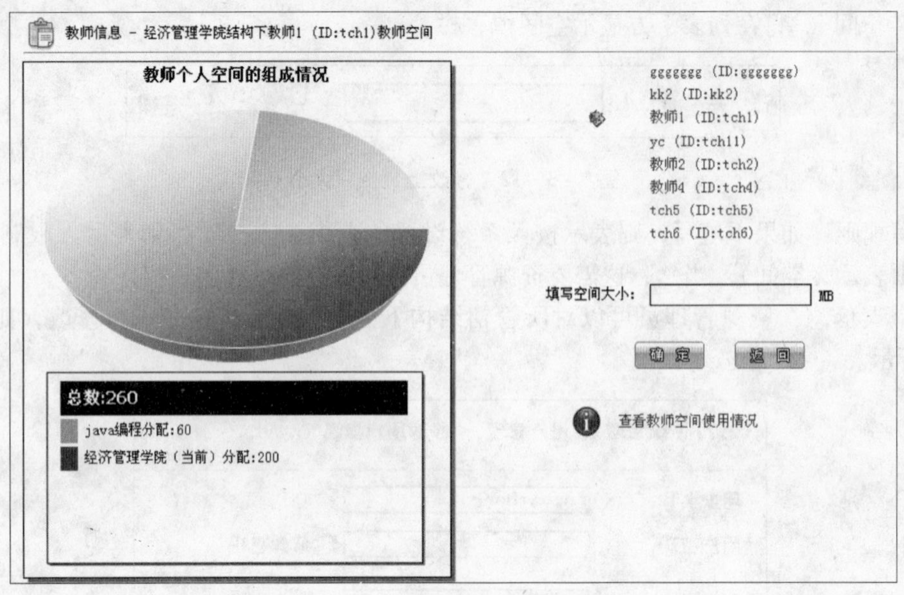

图 9－3－14　教师空间使用情况

（2）分配班级。

为教师分配教授班级有两个作用：第一，教师所教授的班级中的学生在默认情况下，可以浏览教师所开放的个人目录；第二，在教师的许可下，学生可以将资源上传到教师的个人目录中。

为教师分配教授班级时，首先选择需要管理的结构（在进行分配工作的时候，也可以随时改变当前所操作的结构），如图 9－3－15 所示。

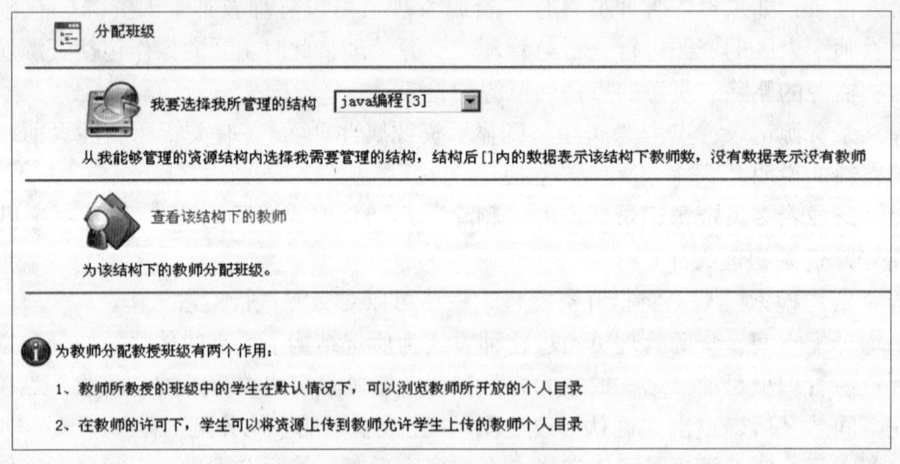

图 9－3－15　选择分配结构

选择结构后，可以查看该结构下教师的情况，如图 9－3－16 所示。

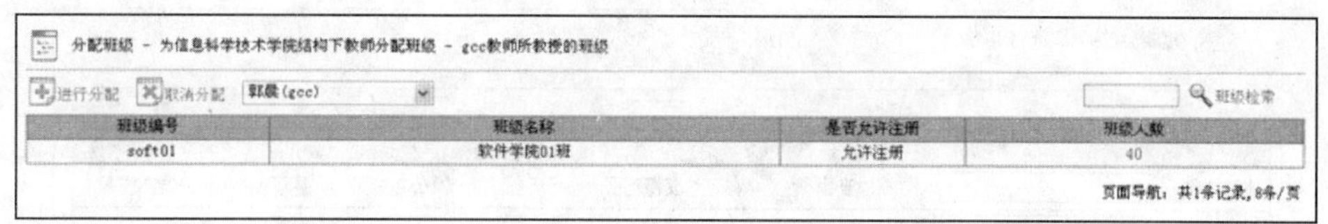

分配班级 - 为信息科学技术学院结构下教师分配班级 - gcc教师所教授的班级

进行分配　取消分配　郭[illegible](gcc)　　班级检索

班级编号	班级名称	是否允许注册	班级人数
soft01	软件学院01班	允许注册	40

页面导航：共1条记录，8条/页

图 9－3－16　查看教师情况

注意：教师所教授班级内的学生被默认的设置为允许访问由教师公开的个人资源。

选择某个教师然后点击“分配班级”或者直接点击教师所教授班级数字后的“设置”将查看该教师目前所教授的班级情况。

管理员可以通过下拉框改变当前所管理的教师。

◇取消分配：选择一条或者多条班级记录，然后点击取消班级，以取消该教师对班级的教授。

◇进行分配：点击进行分配，将弹出窗口，如图 9－3－17 所示。

分配班级 - 为java编程结构下教师分配班级

教师检索　分配班级　　java编程

教师名	真实姓名	用户状态	教师所教授班级
tch1	教师1	正常使用	10[设置]
tech	tech	禁用	0[设置]
tttttt	ttttttttt	正常使用	5[设置]

页面导航：共3条记录，8条/页

教师所教授班级内的学生被默认的设置为允许访问由教师公开的个人资源；

图 9－3－17　为教师分配班级界面

这里列出的是该教师没有教授的班级，如图 9－3－18 所示。

选择班级 - tch1教师没有教授的班级

班级检索

班级编号	班级名称	是否允许注册	班级人数
339011	电子商务339011	不允许注册	7
339012	电子商务339012	不允许注册	1
ad	管理员	允许注册	11
admin	辅助管理班	允许注册	1
english	英语	不允许注册	1
gg	组啊	允许注册	15
gggss	sss	不允许注册	0
sdsdffsd	fssdfsdf	不允许注册	1

页面导航：共21条记录，8条/页 ，1/3页　　跳转到页：1 2 3

确　定　　关　闭

图 9－3－18　选择对应的班级

（3）注册信息审核。

◆资源检索。

平台提供了对教师信息和资源信息进行检索的功能，如图 9－3－19 所示。

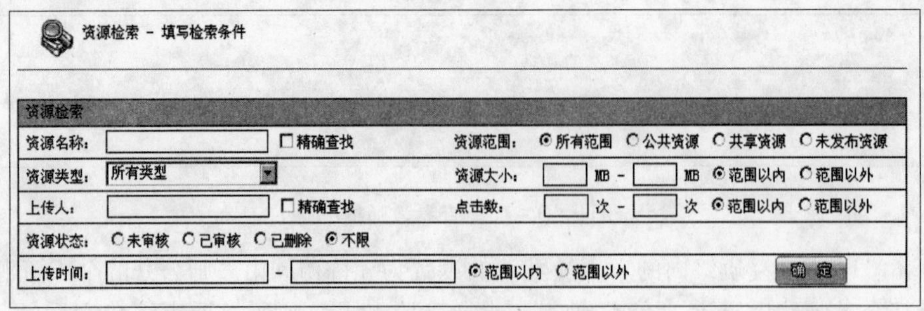

图 9-3-19　资源检索页面

填写完检索的条件后，点击“确定”，将显示所有符合条件的记录，如图 9-3-20 所示。

资源检索 - 根据条件检索资源

删除　发布到公共区　发布到公享区　查看资源属性

资源名称	资源状态	资源类型	资源大小	上传人	点击数	资源范围	上传时间
CAD补丁	不限	开发类工具	37.79KB	tch1	0	所有范围	2005年02月16日15点12分21秒
CAD补丁	不限	开发类工具	37.79KB	tch1	0	所有范围	2005年02月16日15点12分21秒
sample.jpg	不限	Web课件	91.32KB	tch1	12	所有范围	2005年02月17日10点13分11秒
sample.jpg	不限	Web课件	91.32KB	tch1	12	所有范围	2005年02月17日10点13分11秒
CAD效果	不限	教学图片	14.60KB	tch1	0	所有范围	2005年02月17日10点27分34秒
CAD效果	不限	教学图片	14.60KB	tch1	0	所有范围	2005年02月17日10点27分34秒
CAD效果2	不限	作图绘图工具	14.60KB	tch1	1	所有范围	2005年02月17日10点27分08秒
CAD效果2	不限	作图绘图工具	14.60KB	tch1	1	所有范围	2005年02月17日10点27分08秒

页面导航：共26条记录，8条/页，1/4页　跳转到页：1 2 3 4

图 9-3-20　资源检索结果

然后，可以对这些信息进行相应的管理。

下面填写的是检索教师的条件，图 9-3-21 所示的是检索教师页面，检索结果如图 9-3-22 所示。

教师检索
用户名称： 精确查找
真实姓名： 精确查找
所属结构： 所有我管理的结构 确 定

图 9-3-21　检索教师页面

资源检索 - 根据条件检索教师

启用/禁用　个人目录　个人信息　上传空间

用户名称	真实姓名	用户状态	共推荐资源	未审核资源	已删除资源	已退回资源	上传空间
5155	51324	正常使用	0	0	0	0	无限制
fuguizhang	张富贵	正常使用	1	1	0	0	无限制
gggg	gggg	正常使用	0	0	0	0	无限制
ggggggg	ggggggg	正常使用	0	0	0	0	无限制
hrrr	hrrr	正常使用	0	0	0	0	无限制
kk2	kk2	禁用	0	0	0	0	无限制
tch1	教师1	正常使用	6	1	5	0	150MB
tch11	yc	禁用	0	0	0	0	无限制

页面导航：共30条记录，8条/页，1/4页　跳转到页：1 2 3 4

图 9-3-22　检索教师结果

2. 教师

教师作为资源的组织者，其主要工作是进行资源的准备和上传。登录平台后，教师将准备好的资源上传到个人资源库中的素材库和课件库中。

(1) 素材库。

教师可以将准备好的素材上传到这里，为以后制作课件作准备。点击登录后的教师桌面上的“素材库资源”按钮进入素材库。

◆目录管理。

编辑目录的目的是为了教师能将准备的素材按照一定的类型放到不同的地方，这样便于管理和查找。编辑目录的具体方法是：

首先在目录树上选择一个节点，如图 9－3－23 所示。

然后在右边的下拉菜单中选择对于该节点的操作，如图 9－3－24 所示。

图 9－3－23　选择节点

图 9－3－24　选择对节点的操作

例如，现在要添加一个名为“课堂教案素材”的子目录，按照以上步骤操作后，在弹出的对话框中（如图 9－3－25 所示）输入子目录名称，然后点击“确定”，这个操作就完成了。结果如图 9－3－26 所示。

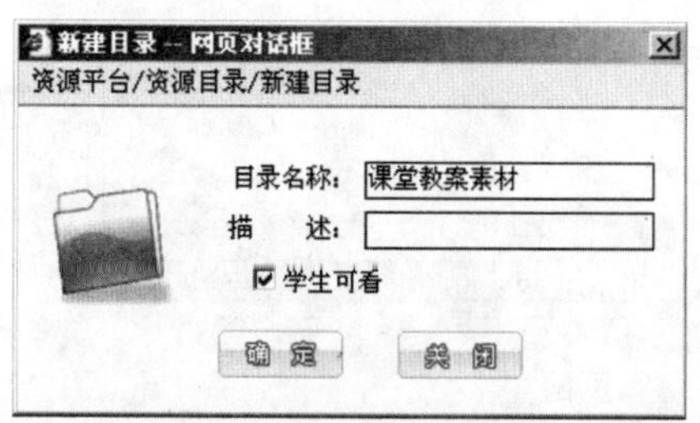

图 9－3－25　添加子目录

图 9－3－26　添加子目录结果

◆资源上传。

平台提供了将本机文件上传到服务器上的功能，上传之前需要安装资源上传点播客户端软件，这个软件的下载地址链接在资源中心首页中。只需要点击“下载客户端”进行安装即可。安装步骤直接选择“下一步”直至完成安装。安装完资源上传点播客户端后，点击上传按钮，进入上传文件的属性设置页面，如图 9－3－27 所示。

素材库资源
我的教案
课堂教案素材
我的收藏
欢迎您进入资源管理... [下载客户端(V2.6)]
以下是资源列表，可对资源进行管理。对当前资源目录的操作：选择操作
选择上传资源的类型和属性
上传类型：上传物理文件
资源类型：图形图像[PI]
文件类型：图片
确 定　返 回
我要填写资源属性

图 9－3－27　上传文件属性设置页面

在这里需要选择上传的类型，是上传物理文件还是链接一个 http 地址，选择上传物理文件后需要选择资源的类型和上传的文件类型，这些信息的设定是为了对教师上传的资源作一个整体的定位，为了教师在点播该资源之前能够对该资源的内容有所了解，还可以填写更具体的信息。将“我要填写资源属性”选项前的复选框打“√”后，展开会有如图 9－3－28 所示的页面。

我要填写资源属性
基本属性
资源名称
资源状态　共享资源　学生可见
运行平台
运行要求
资源简介
图片说明　暂时无图片　您可以上传一张图片　浏览...
自定义属性--点击这里查看属性
标准属性--点击这里查看属性

图 9－3－28　资源属性填写页面

这里的属性包括基本属性、自定义属性和标准属性，后两个属性通过点击“查看属性”链接展开。属性信息填写完成后点击“确定”按钮会有上传文件的对话框弹出，如图 9－3－29 所示。

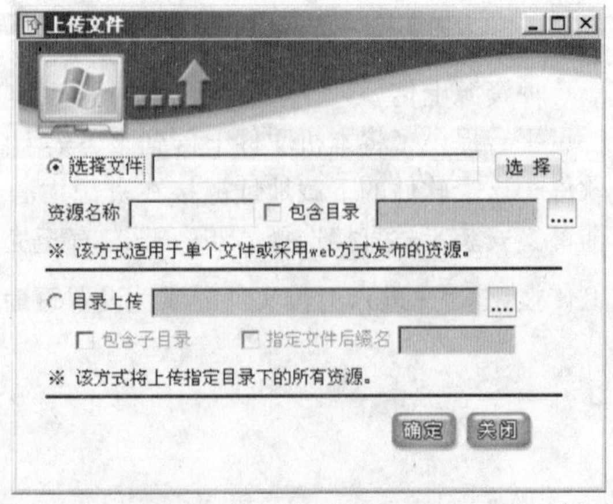

图 9－3－29　上传文件界面

◆共享资源。

共享资源是为了实现教师之间资源的共享，可以将想给别的教师使用的资源共享出去，这样所有教师都可以点播查看该资源。具体操作是：首先选中已经上传的一个资源，然后点击“共享”按钮，将该资源的状态变成共享状态，这样其他教师就可以在共享资源中

的资源浏览中找到该资源。共享后的资源名称前面会多出一个图标。

◆推荐资源。

该功能是将教师已经上传的资源推荐给所有平台的用户使用。具体的操作方法和资源共享类似，唯一不同的是选中资源后点击“推荐”按钮。推荐后的资源并不是立即被发布，而是要经过资源管理员审核后才真正发布，供所有人使用。资源推荐后尚未被发布时，该资源前面的图标显示为。已通过审核的资源前面的图标显示为。

（2）课件库。

课件库的操作和素材库的操作完全一样，要放入的内容是教师利用素材进行处理后形成的对于教学有使用价值的课件。

◆资源上传。

在该页面中的下拉菜单中选择需上传的类型、资源的类型、文件类型后，选择需上传文件的存放目录，点击“确定”上传资源。这里上传的资源将被放入素材库。

◆课件导入。

在该页面中的下拉菜单中选择需上传的类型、资源的类型、文件类型后，选择需上传文件的存放目录，点击“确定”上传资源。这里上传的资源将被放入课件库。

◆推荐资源。

这里显示了已经推荐的所有资源。在这里可以对已推荐的资源取消推荐状态，或者删除它。操作方法是选中该资源，然后通过点击相应的操作按钮来完成。

◆共享资源。

在这里，教师可以查看其他教师共享的资源，并对好的资源进行收藏。

◇资源浏览。

点击“资源浏览”链接后可以查看共享区中的资源，如图 9－3－30 所示。

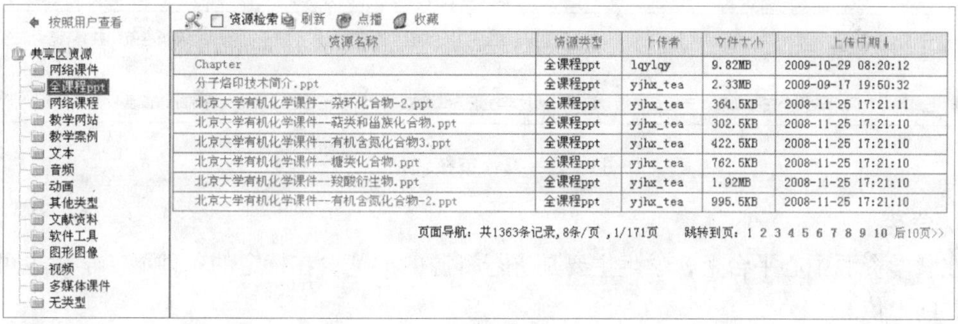

资源名称	资源类型	上传者	文件大小	上传日期↓
Chapter	全课程ppt	lqylqy	9.82MB	2009-10-29 08:20:12
分子焰印技术简介.ppt	全课程ppt	yjhx_tea	2.33MB	2009-09-17 19:50:32
北京大学有机化学课件--杂环化合物-2.ppt	全课程ppt	yjhx_tea	364.5KB	2008-11-25 17:21:11
北京大学有机化学课件--萜类和甾族化合物.ppt	全课程ppt	yjhx_tea	302.5KB	2008-11-25 17:21:10
北京大学有机化学课件--有机含氮化合物3.ppt	全课程ppt	yjhx_tea	422.5KB	2008-11-25 17:21:10
北京大学有机化学课件--糖类化合物.ppt	全课程ppt	yjhx_tea	762.5KB	2008-11-25 17:21:10
北京大学有机化学课件--羧酸衍生物.ppt	全课程ppt	yjhx_tea	1.92MB	2008-11-25 17:21:10
北京大学有机化学课件--有机含氮化合物-2.ppt	全课程ppt	yjhx_tea	995.5KB	2008-11-25 17:21:10

图 9－3－30　教师资源浏览界面

左侧是资源的存放目录，教师可以根据自己的需要查看相关的资源，对这些资源进行点播和收藏操作。具体的操作方法是：选中一个资源，然后点击“点播”或者“收藏”按钮。收藏后的资源被放到素材库中的“我的收藏”目录中。

◇我的共享。

在这里显示了教师已经共享的资源，教师可以对这些资源作取消共享、删除或点播操作。操作方法也是先选中一个资源，然后点击相应的操作按钮来完成。

◆学生管理。

教师可以对学生的上传情况进行设置。

◇学生信息。

可以查看学生信息以及学生的账户状态。

◇上传管理。

教师可以在个人的上传目录分配学生组或单个学生，如图 9 - 3 - 31 所示。

个人目录
我的教案
课堂教案素材

当前目录下可浏览可上传的用户或用户组信息

添加用户 添加用户组 删除

用户(组)名↑	用户(组)名称	用户(组)状态	上传状态
bb(用户组)	宝贝	正常	可以上传[改变]
bbs(用户组)	聊天123asd	正常	只能查看[改变]
heihei(用户组)	三年级二班	正常	只能查看[改变]
yy1	yy1	正常	只能查看[改变]

页面导航：共4条记录，8条/页

图 9 - 3 - 31　教师分配学生组界面

被添加的学生可以对该教师目录下的资源作上传和查看的操作，通过点击“改变”按钮来更改上传状态。

◇注册管理。

管理审核注册到该教师所在院系、班级的学生，管理界面如图 9 - 3 - 32 所示。

选中一个学生，点击“审核”按钮即可完成审核。

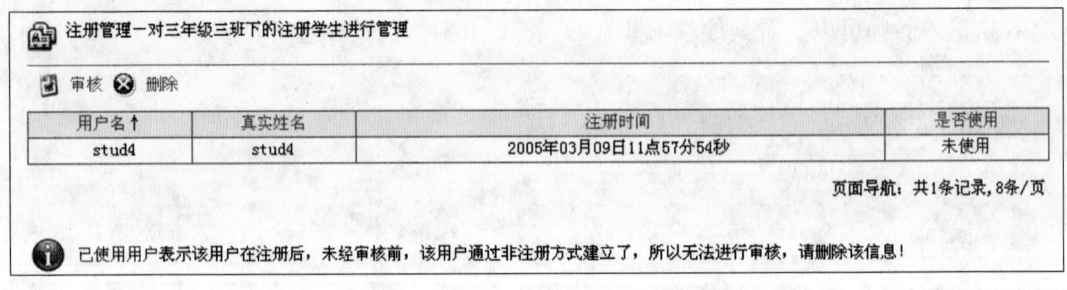

图 9 - 3 - 32　审核注册学生

3. 学生

在教学资源中心平台上，学生主要是进行资源的浏览，在特定的条件下，学生也可以进行资源的上传。

（1）登录。

进入主页后，输入用户名和密码。点击登录按钮后，系统将进入学生的主页面，在主页上显示当前可查看的教师列表，右上方为个人的管理区。在这里，学生可以查看消息、通知和发送消息，以及对个人信息进行修改。

（2）教师资源浏览。

在登录主页面中点击要浏览的教师登录名后，系统将进入教师的个人资源区，如图 9 - 3 - 33 所示。

在这里，学生可以浏览教师开放的资源，同时对于教师允许上传的目录，学生也可以在指定的目录下进行上传的操作。

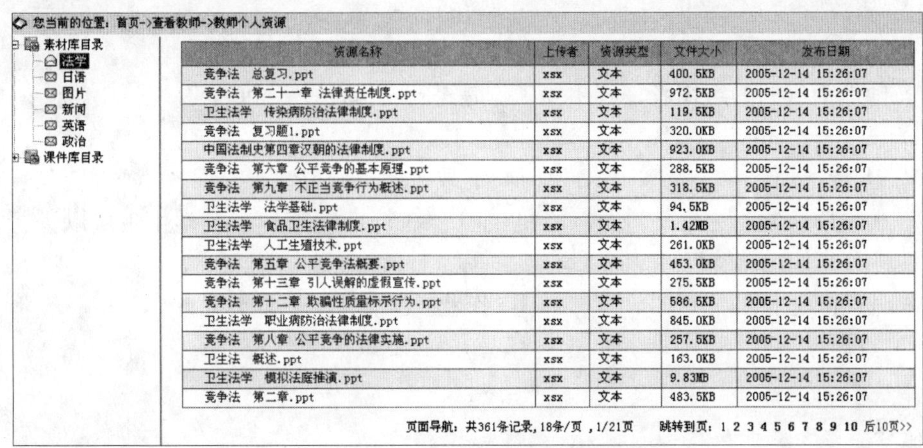

资源名称	上传者	资源类型	文件大小	发布日期
竞争法 总复习.ppt	xsx	文本	400.5KB	2005-12-14 15:26:07
竞争法 第二十一章 法律责任制度.ppt	xsx	文本	972.5KB	2005-12-14 15:26:07
卫生法学 传染病防治法律制度.ppt	xsx	文本	119.5KB	2005-12-14 15:26:07
竞争法 复习题1.ppt	xsx	文本	320.0KB	2005-12-14 15:26:07
中国法制史第四章汉朝的法律制度.ppt	xsx	文本	923.0KB	2005-12-14 15:26:07
竞争法 第六章 公平竞争的基本原理.ppt	xsx	文本	288.5KB	2005-12-14 15:26:07
竞争法 第九章 不正当竞争行为概述.ppt	xsx	文本	318.5KB	2005-12-14 15:26:07
卫生法学 法学基础.ppt	xsx	文本	94.5KB	2005-12-14 15:26:07
卫生法学 食品卫生法律制度.ppt	xsx	文本	1.42MB	2005-12-14 15:26:07
卫生法学 人工生殖技术.ppt	xsx	文本	261.0KB	2005-12-14 15:26:07
竞争法 第五章 公平竞争法概要.ppt	xsx	文本	453.0KB	2005-12-14 15:26:07
竞争法 第十三章 引人误解的虚假宣传.ppt	xsx	文本	275.5KB	2005-12-14 15:26:07
竞争法 第十二章 欺骗性质量标示行为.ppt	xsx	文本	586.5KB	2005-12-14 15:26:07
卫生法学 职业病防治法律制度.ppt	xsx	文本	845.0KB	2005-12-14 15:26:07
竞争法 第八章 公平竞争的法律实施.ppt	xsx	文本	257.5KB	2005-12-14 15:26:07
卫生法 概述.ppt	xsx	文本	163.0KB	2005-12-14 15:26:07
卫生法学 模拟法庭推演.ppt	xsx	文本	9.83MB	2005-12-14 15:26:07
竞争法 第二章.ppt	xsx	文本	483.5KB	2005-12-14 15:26:07

页面导航：共361条记录，18条/页，1/21页　跳转到页：1 2 3 4 5 6 7 8 9 10 后10页>>

图 9-3-33　学生资源主页

【练习题】

一、填空题

1. 广义的教育信息资源是指在以网络和计算机为主要特征的信息技术环境下，为教学目的而专门设计的或者能用来为教育目的服务的各种资源，包括__________、__________和__________。

2. 教育信息资源的特点有______________、______________、____________、____________、__________、__________和__________。

3. 教育信息资源主要包括媒体素材、试题、试卷、________、教学软件、__________、文献资料、常见问题解答、资源目录索引、网络教学支持系统、教育资源管理系统等类型。

4. 暨南大学教学资源中心的用户分为系统管理员、______________、____________和__________。

5. 登录平台后，教师将准备好的资源上传到个人资源库中的________和________中。

二、选择题

1. 媒体素材是传播教学信息的基本材料单元，____不属于媒体素材。

A. 文本类素材

B. 图形/图像类素材、动画类素材

C. 音频类素材、视频类素材

D. 计算机设备

2. ____是暨南大学资源管理平台中的用户。

A. 校长、系统管理员、教师、学生

B. 校长、教师、学生、资源管理员

C. 系统管理员、资源管理员、教师、学生

D. 系统管理员、教师、学生、访客

3. 教学平台中，资源管理员的工作不包括____。

A. 资源管理　　B. 教师管理

C. 检索统计　　D. 分数统计

4. 教师作为资源的组织者，其主要工作是进行资源的____和____。

A. 准备、上传　　B. 上传、下载

C. 上传、加密　　D. 下载、加工

5. 在平台中，学生主要是进行____的浏览，在特定的条件下，学生也可以进行资源的____。

A. 资源、上传　　B. 作业、上传

C. 资源、下载　　D. 作业、下载

三、思考题

1. 你如何理解教育信息资源？
2. 资源管理平台的作用是什么？
3. 以暨南大学资源管理平台为例，说明在资源管理平台中如何发布一个资源。

10　网络教学平台的使用

【学习提要】

网络教学平台是近年来迅速发展起来的，为教学提供全面支持服务的软硬件系统。本章以比较通用的 Blackboard 网络教学平台为例，详细介绍了教师如何在网络教学平台上建立课程菜单、添加课程内容、布置和批改作业、组织交互讨论、发布通知、查看学生学习情况，以及学生如何浏览课程内容、完成作业和查看成绩、参与讨论和交互、开展小组协作学习等内容。通过本章的学习，教师和学生应能达到熟练使用 Blackboard 网络教学平台的目的。

【重点难点】

本章学习重点在于如何合理组织课程结构、添加课程内容、组织学生交互讨论和控制学生学习进程；难点是作业、习题的布置与批改。

10.1　网络教学平台概述

随着信息技术的迅猛发展，教育信息化的步伐也在不断加快，在教育教学中应用信息技术改变教学模式，提高教学质量已经成为教育发展的必然趋势。网络教学平台在这个时代背景下应运而生，得到了越来越广泛的应用。

一般地说，网络教学平台是指建立在 Internet/Intranet 基础设施之上的，用计算机网络编程技术实现的基于双向多媒体通信的远程教学环境和教学支持系统。

在功能上，网络教学平台构建了一个基于网络的教学环境，教师可以利用网络教学平台建设多媒体的课程，链接课程资源，发布教学内容和信息，并通过作业、习题、网络交互等功能模块实施教学环节。学生可以根据自己的学习情况，随时随地利用网络平台有选择性地进行学习，并通过网络交互模块与教师和同学进行实时或非实时的讨论、交流。利用网络开展的教学打破了时间和地域的限制，极大地拓展了教学的空间和时间，更易于发挥学生的主体作用，也更适合研究性学习和协作学习等新型教学模式的开展。

网络教学平台通常包含课程开发与资源管理子系统、网上教学实施子系统、教务管理子系统等。

（1）课程开发与资源管理子系统：一般提供模板化或模块化的、简单易用的课程开发环境，使用户能比较轻松地组织课程资源，创建多媒体课程，实现对教学资源的管理、使用和共享。

（2）网上教学实施子系统：提供一系列的网络教学支持工具。从用户角度又可以分为教师教学系统和学生学习系统。教师教学系统的主要功能包括发布教学内容、发布教学信息、网络授课、布置作业与习题、网络讨论与答疑、虚拟课堂、成绩批改与学习评价、查阅学生信息与学生学习状况跟踪等。学生学习系统主要功能包括课程内容学习、查阅资料与下载、完成作业、参与讨论、网上协作学习、成绩查询、网上评教等。

（3）教务管理子系统：主要用于实现网络平台用户管理、课程管理、权限认证等系统管理和运行维护工作。

目前的网络教学平台主要分为三类：第一类是通用商业系统，比如 Blackboard 教学平台、清华在线、天空教室网络教学平台等；第二类是基于开放源代码开发的，比如 Moodle（魔灯）、Sakai 等；第三类是各学校根据自己教学的需要自行研制开发的网络教学应用系统。其中商业平台具有注重技术标准、发展稳定、支持多种教学模式、功能比较完善、技术与服务支持能力强等优势，但往往价格也相对较高。开源软件是免费的，其源代码是开放的，它具有良好的可扩展性和兼容性，但也因为是在源代码的基础上自行开发的，维护和技术支持的工作也需要开发者自行解决。此外，有的开源平台在大用户的支持方面不如商业平台。自行开发的平台从学校自身的需要出发，有很强的实用性和针对性，但往往也因此有一定的局限性，不利于大面积推广。

网络教学平台还是新生事物，它还处在不断发展、不断改进的阶段，有关它的架构、功能及教学应用还有许多问题需要在实践中深入地探索和研究。

10.2 Blackboard 网络教学平台基础操作

Blackboard（简称“BB”）网络教学平台是目前应用最广泛的商业平台之一，它操作简便，模块划分清晰，可以支持百万级的用户。下面具体介绍 BB 网络教学平台的有关操作。

10.2.1 访问网络教学平台

一般地说，网络教学平台都有一个独立的网址。在 IE 中输入网址（例如：http://study.jnu.edu.cn）进入网络教学平台的首页。首页根据每个学校的设置不同，呈现的栏目可能有所不同。但通常都有登录窗口、课程展示、统计信息、语言选择等栏目。

正式用户输入用户名和密码，点击“登录”按钮即可进入网络教学平台。以访客身份登录只能看到开放的课程。

图 10－2－1　登录网络教学平台

10.2.2 修改个人信息

（1）用户登录后，点击“我的机构”选项卡左侧工具栏中的“个人信息”按钮，如图10－2－2所示。

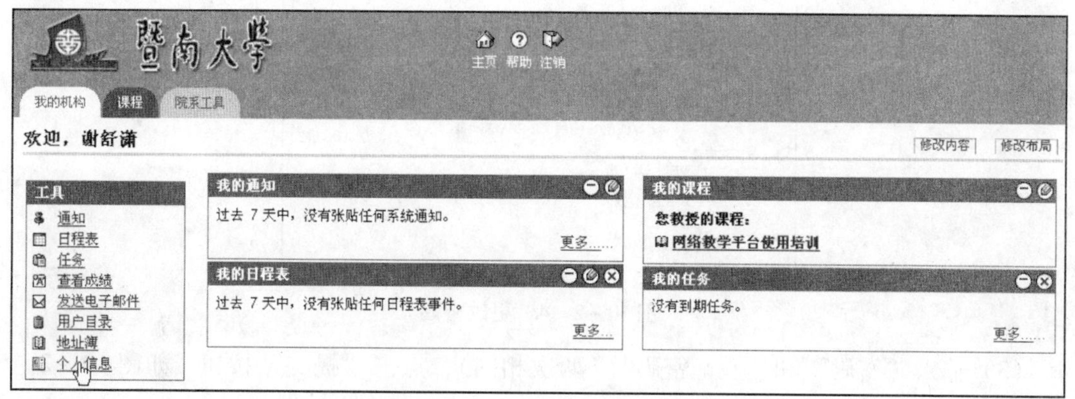

图10－2－2 修改个人信息

（2）点击“编辑个人信息”，如图10－2－3所示。

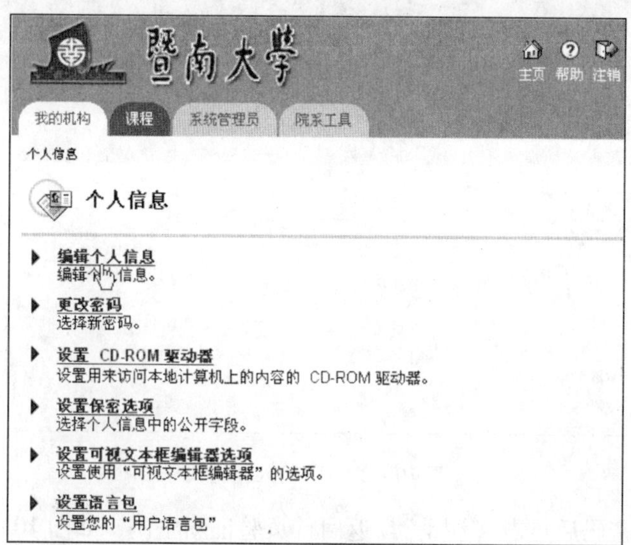

图10－2－3 编辑个人信息

（3）输入相关信息，点击“提交”、“确定”按钮，个人信息修改完毕。

10.2.3 修改密码

（1）用户登录系统后，点击“个人信息”，如图10－2－2所示。

（2）在弹出的对话框中选择“更改密码”选项，如图10－2－4所示。

图 10-2-4　更改密码

（3）输入“密码”和“验证密码”（两次相同），点击“提交”按钮，如图 10-2-5 所示，再点击“提交”按钮。

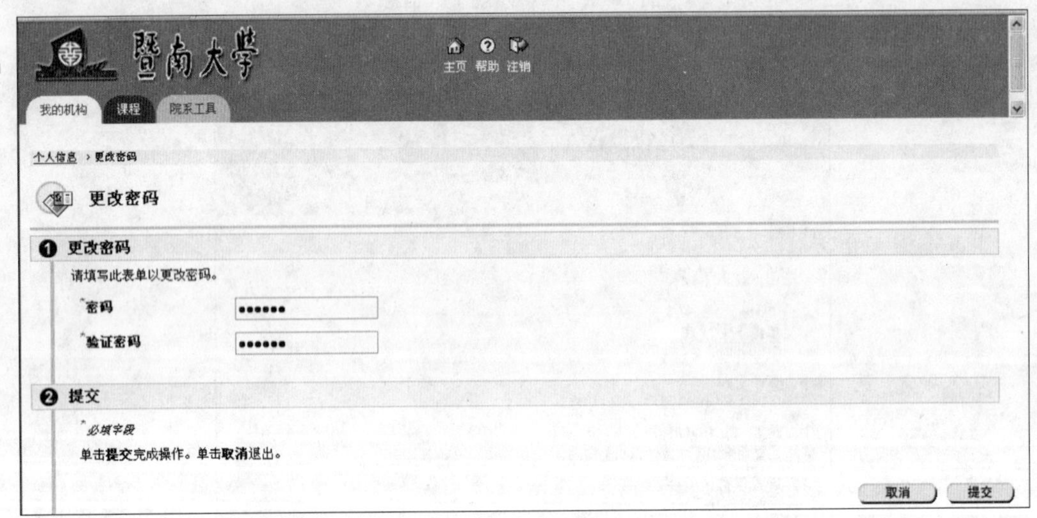

图 10-2-5　输入新密码

（4）设置完新密码后点击“注销”，返回首页验证新密码，如图 10-2-6 所示。

图 10-2-6　注销

小提示

BB 系统不能显示用户密码，因此修改密码后，如果用户不慎忘记密码，BB 系统不能查询，只能帮助用户重设密码。

10.2.4　设置不同的语言显示

BB 网络教学平台支持多语言的选择，目前支持简体中文、繁体中文、英语、日语、法语、西班牙语、意大利语、希伯来语等，具体支持语言的种类可由平台的系统管理员设置。用户设置自己的语言界面有两种方法：

方法一：在中国，默认为简体中文，用户如需选择其他语言（如英语）界面，可以在首页的语言选择栏选择所需的语言，如图 10 -2 -7 所示，选择后系统会切换到相应的语言界面。

图 10 -2 -7　语言选择

方法二：用户登录到系统，在“我的机构”选项卡点击“个人信息”，在弹出的对话框中选择“设置语言包”，如图 10 -2 -8 所示。

图 10 -2 -8　设置语言包

在弹出对话框的下拉菜单中选择所需的语言，如图 10－2－9 所示，然后点击“提交”按钮，完成设置。

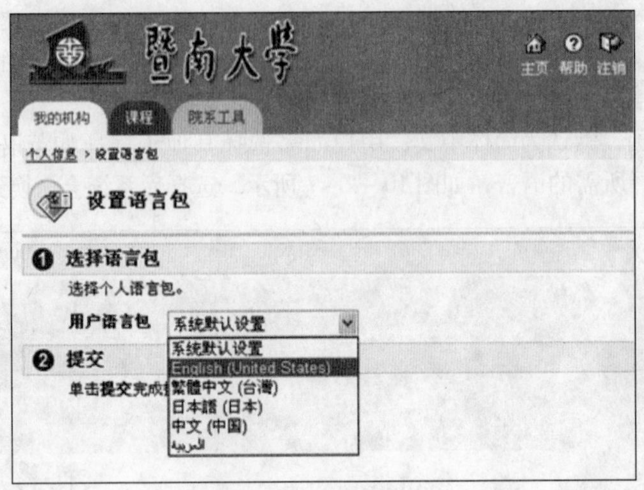

图 10－2－9　选择语言包

小提示

因系统中部分内容是由图片制作的，不会因为语言的设置而改变，有些课程因为没有添加其他语言，也不会因语言的设置而自动改变。

10.2.5　修改“我的机构”中的显示内容

在 BB 网络教学平台中，用户可以根据需要自定义登录后看到的“我的机构”选项卡的内容。设置方法如下：

（1）用户登录后在“我的机构”选项卡中点击“修改内容”标签，如图 10－2－10 所示。

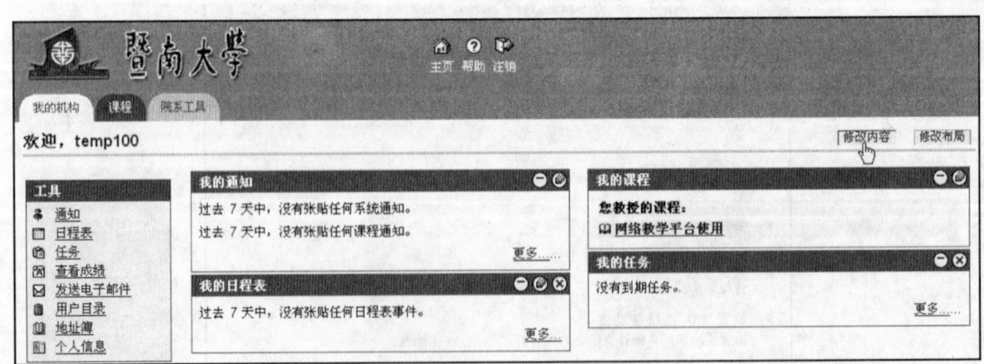

图 10－2－10　修改内容

（2）在弹出的对话框中选择、取消相关模块，如图 10－2－11 所示，点击“提交”，再点击“确定”。

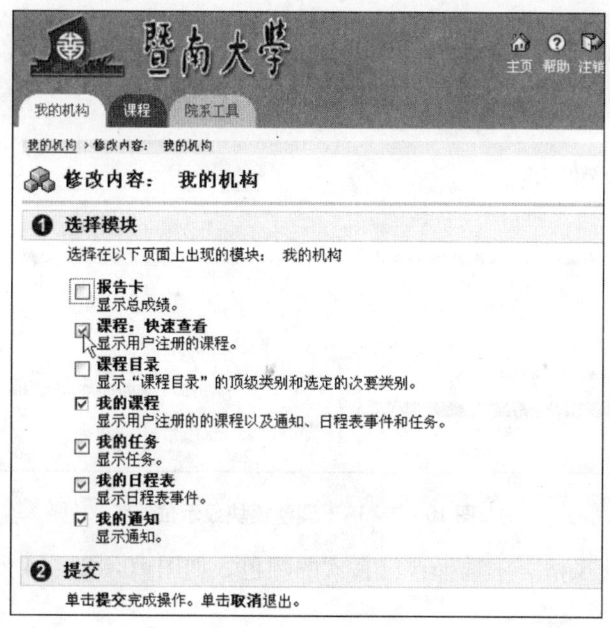

图 10－2－11　选择模块

10.2.6　修改"我的机构"中的显示布局

BB 网络教学平台允许用户自定义"我的机构"的布局，具体设置如下：

（1）登录系统后在"我的机构"选项卡中选择"修改布局"标签，如图 10－2－12 所示。

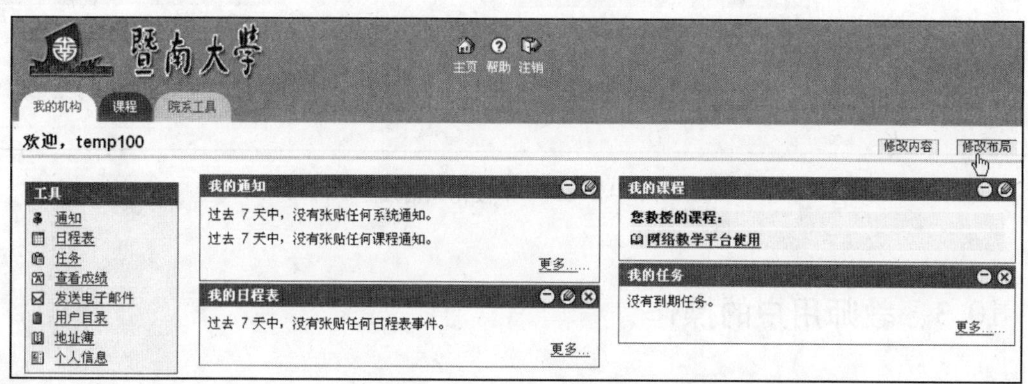

图 10－2－12　修改布局

（2）在"个性化页面布局"通过上下左右箭头，调整模块在页面的上下左右排列位置，如图 10－2－13 所示。

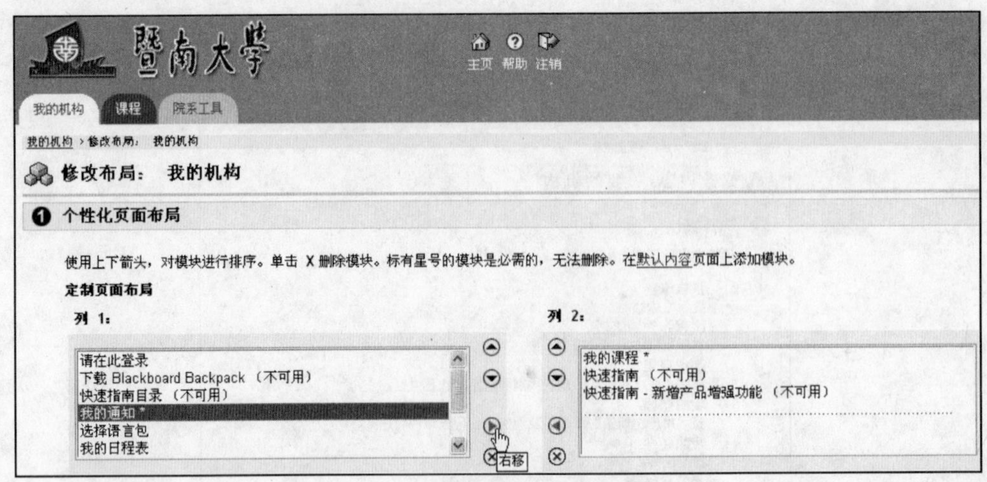

图 10－2－13　调整模块显示位置

（3）在“个性化风格”中选择自己喜欢的颜色，如图 10－2－14 所示，点击“提交”，再点击“确定”，完成设置。

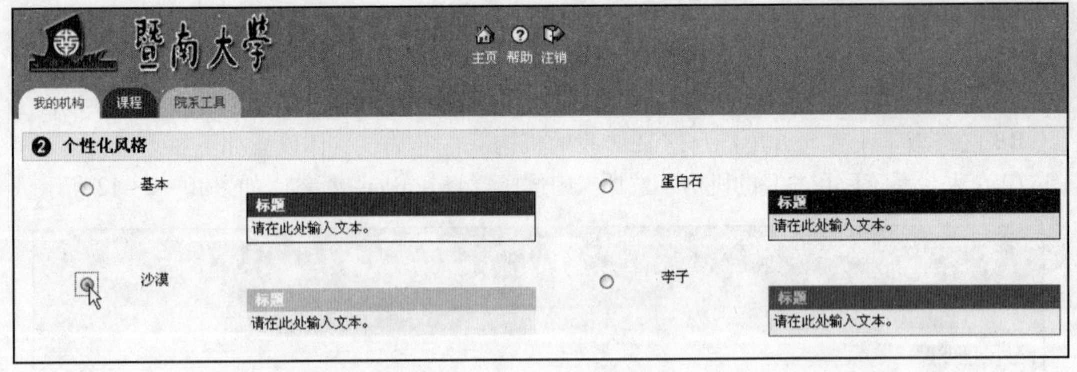

图 10－2－14　个性化风格设置

10.3　教师用户的操作

10.3.1　进入自己教授的课程

BB 网络教学平台中课程一般由系统管理员根据学校的具体情况设立。教师用户登录后可以从“我的机构”或者“课程”选项卡中，点击“您教授的课程”的名称，进入到自己的课程中，如图 10－3－1 所示。

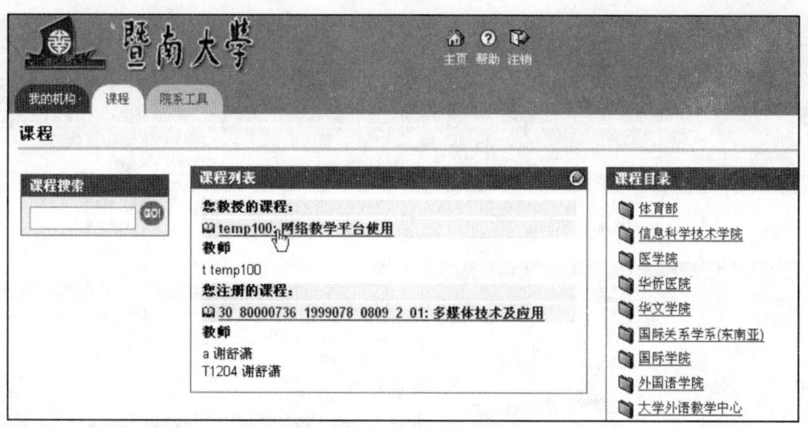

图 10－3－1　进入教授的课程

10.3.2　进行课程的个性化设计

细心的教师可能发现，在网络教学平台中默认的课程都是一个样式，下面就对课程进行一些个性化的设计。

◆添加课程横幅。

（1）用户登录系统后，进入教授的课程，点击“控制面板”，如图 10－3－2 所示。

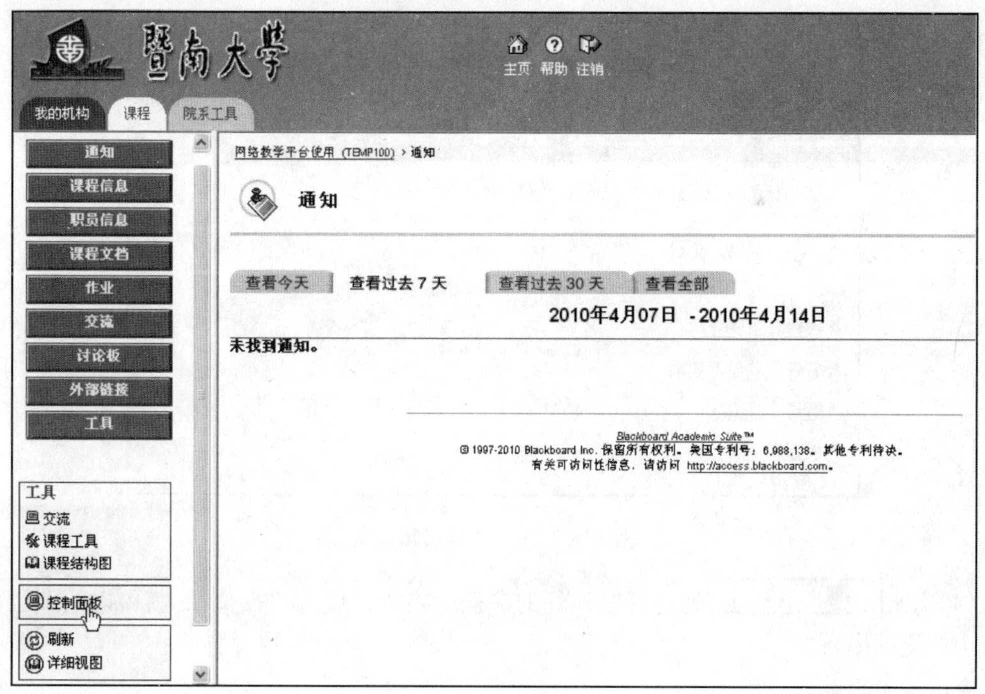

图 10－3－2　进入控制面板

（2）在控制面板中选择“课程选项”下的“课程设计”，如图 10－3－3 所示。

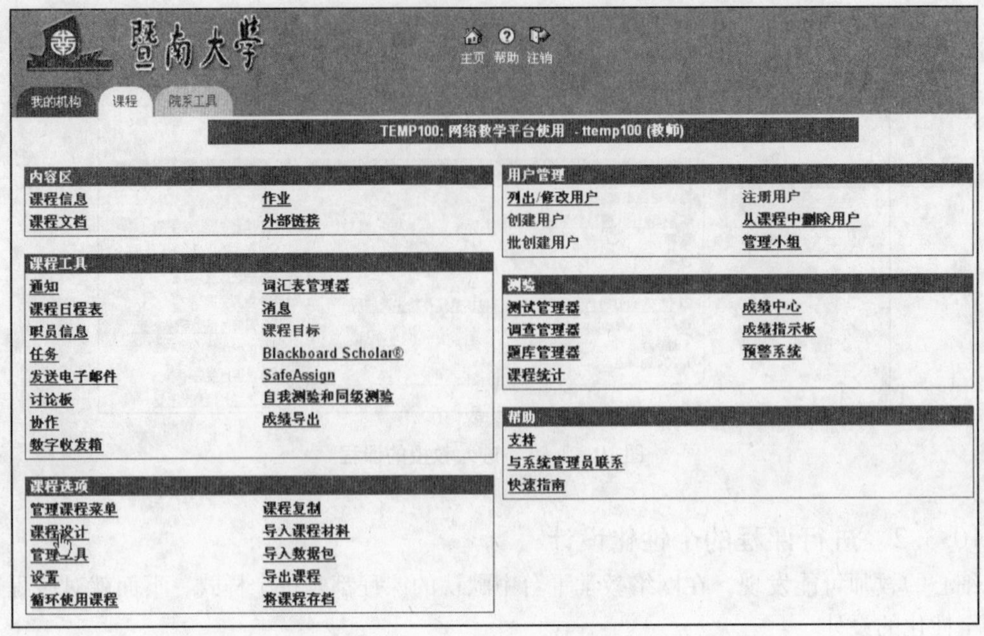

图 10－3－3　课程设计

(3) 点击“课程横幅”，如图 10－3－4 所示。

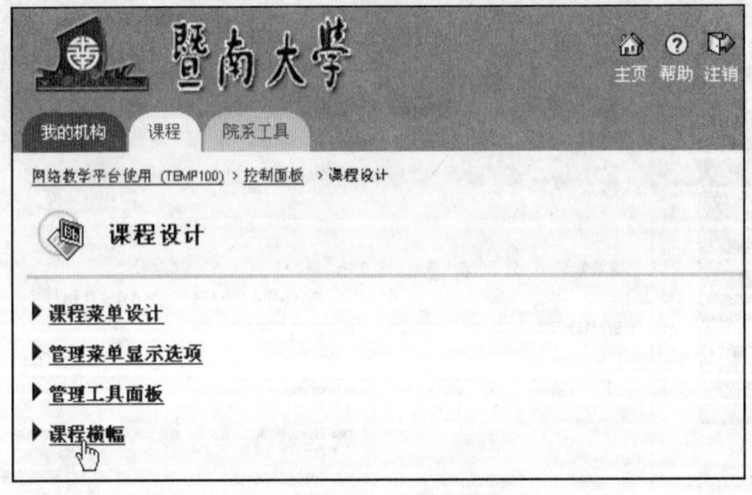

图 10－3－4　课程横幅设置

(4) 点击 浏览... 按钮选择制作好的课程横幅图，点击“提交”，就可以给课程添加一个个性化的横幅。

◆课程菜单的设计。

(1) 进入“控制面板”，点击“课程选项”下的“课程设计”，选择“课程菜单设计”，如图 10－3－5 所示。

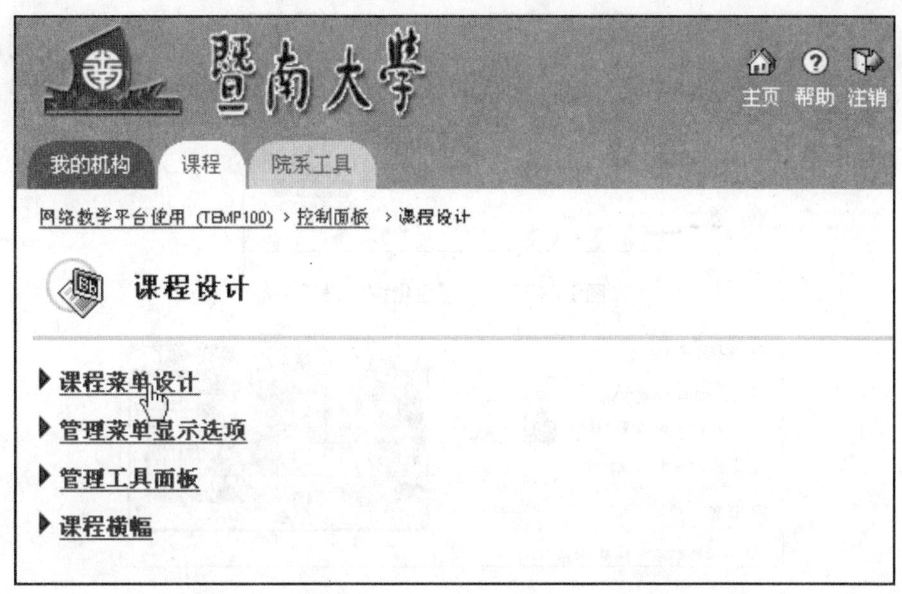

图 10－3－5　课程菜单设计

（2）在菜单样式中选择“按钮”或“文本”，如图 10－3－6 所示。

图 10－3－6　选择课程菜单显示形式

（3）在“选择样式属性”中选择一种按钮的样式，如图 10－3－7 所示。或者在文本状态点击“选择‘菜单’的背景颜色”与“选择‘菜单’的文本颜色”的 选取 按钮，如图 10－3－8 所示，选择背景和文字的颜色，点击“提交”，完成个性化的设置。

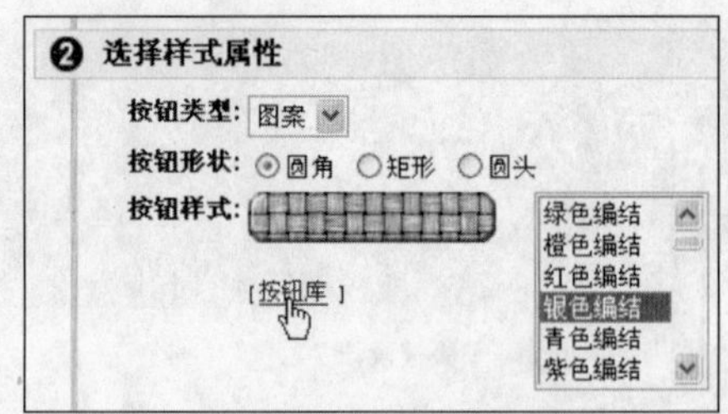

图 10－3－7　个性化按钮设置

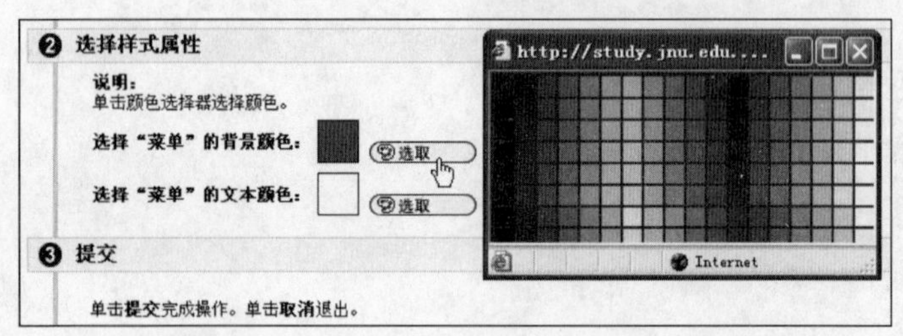

图 10－3－8　课程菜单与文本颜色设置

10.3.3　课程菜单模块的设计与规划

BB 网络教学平台的课程模块放置在页面的左侧，教师可以通过添加、删除、修改构建自己的课程菜单模块。

◆添加菜单模块。

（1）进入自己所教授的课程，点击“控制面板”。

（2）在控制面板的“课程选项”中点击“管理课程菜单”，如图 10－3－9 所示。弹出的对话框会显示现有的模块，这些模块是系统的默认模块，教师可以根据需要对课程的模块进行添加、删除和修改等操作。

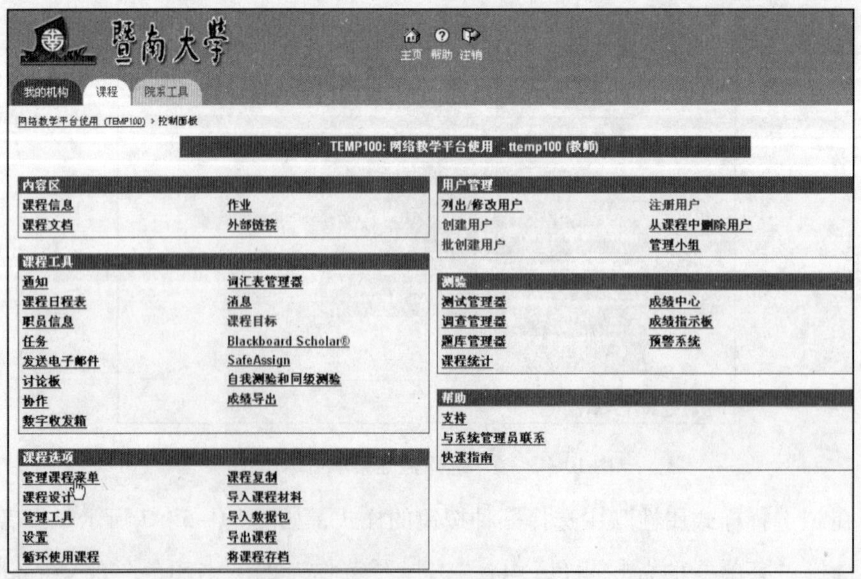

图 10－3－9　进入管理课程菜单

（3）点击“内容区”按钮，如图 10－3－10 所示。

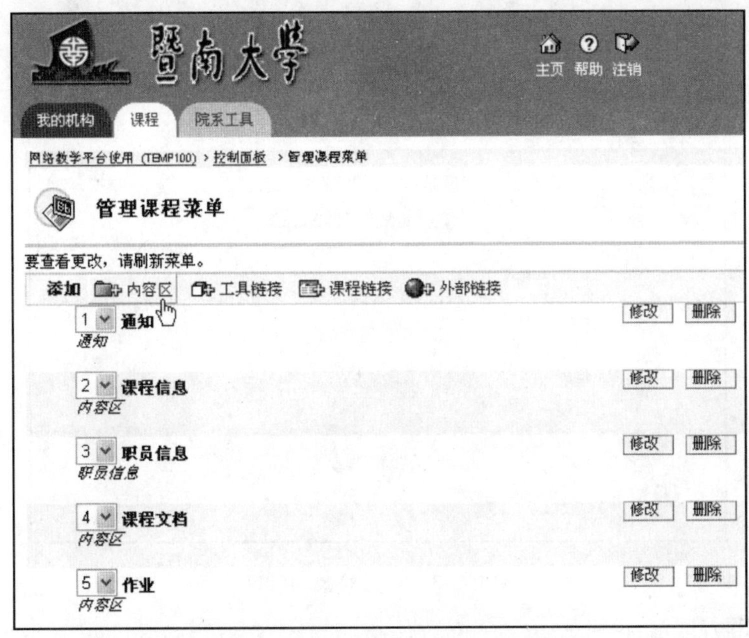

图 10－3－10 添加内容区按钮

（4）在弹出的对话框中的“名称”处填写需要添加模块的名称，如“教学大纲”，对“允许访客访问”等选项进行设置（一定要选择“学生/参与者准予使用”），如图 10－3－11 所示。点击“提交”，再点击“确定”，新的内容模块则添加成功。

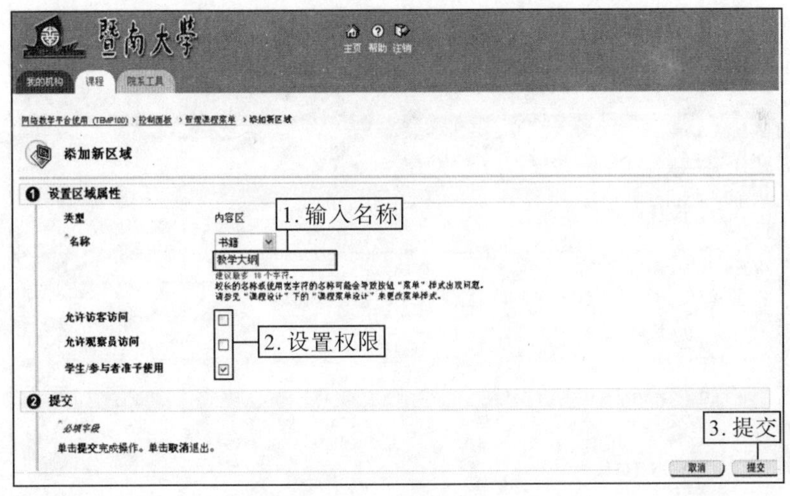

图 10－3－11 添加新的内容区

◆修改菜单模块。

对现有模块可以通过修改名称将其改变为需要的模块。下面以“职员信息”改为“教师信息”为例，说明具体操作步骤：

（1）点击“修改”按钮，如图 10－3－12 所示。

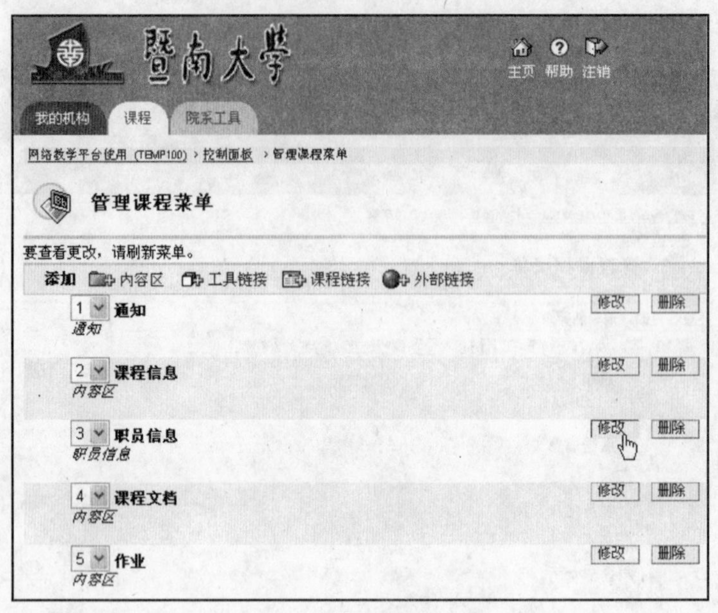

图 10－3－12　修改内容区

（2）在弹出对话框的“名称”栏将“职员信息”改为“教师信息”，设置相关访问权限，点击“提交”，再点击“确定”，完成修改。

◆删除菜单模块。

对于不需要的模块，教师可以删除。直接点击要删除模块后的“删除”按钮，如图10－3－13所示。

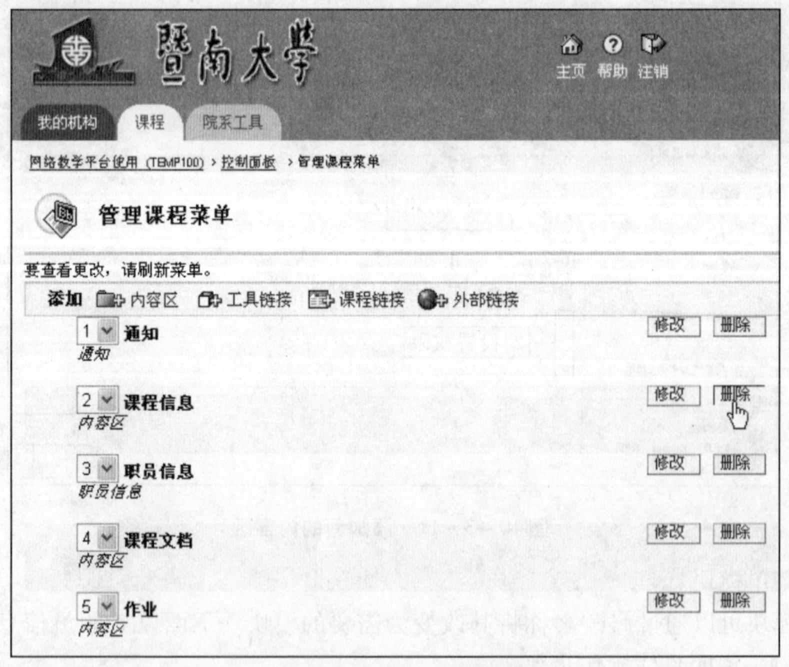

图 10－3－13　删除内容区

系统弹出警告对话框，选择“确定”，删除该模块，如图 10－3－14 所示。

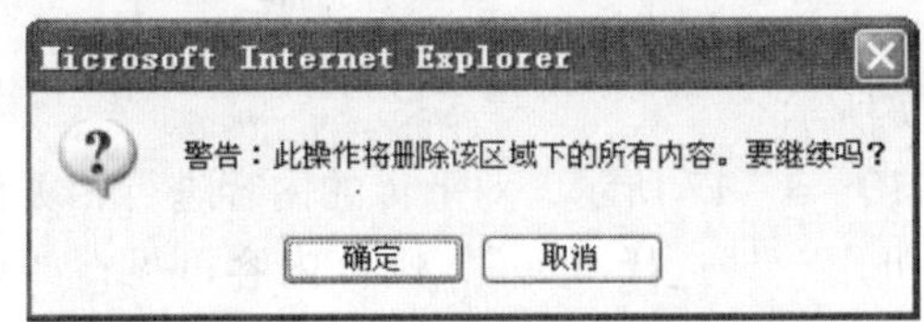

图 10－3－14　警告对话框

小提示

可以通过菜单模块名称前的数字下拉菜单调整模块的前后排列顺序。

10.3.4　课程内容的添加

设置好课程模块后，就可以添加课程内容。

(1) 点击要添加具体教学内容的模块名称，如“课程文档”，在弹出窗口的右侧点击“编辑视图”按钮，如图 10－3－15 所示。

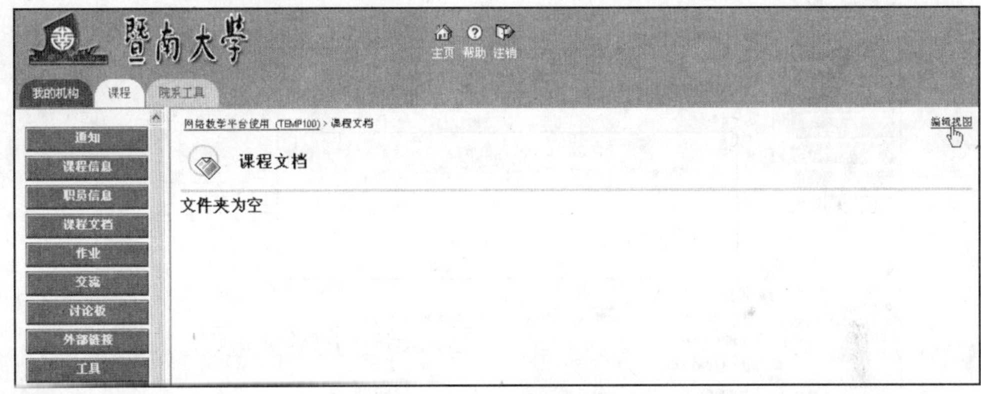

图 10－3－15　编辑视图

(2) 在弹出的对话框中，根据需要利用功能按钮组织和添加具体学习内容。点击“项目”按钮，如图 10－3－16 所示。

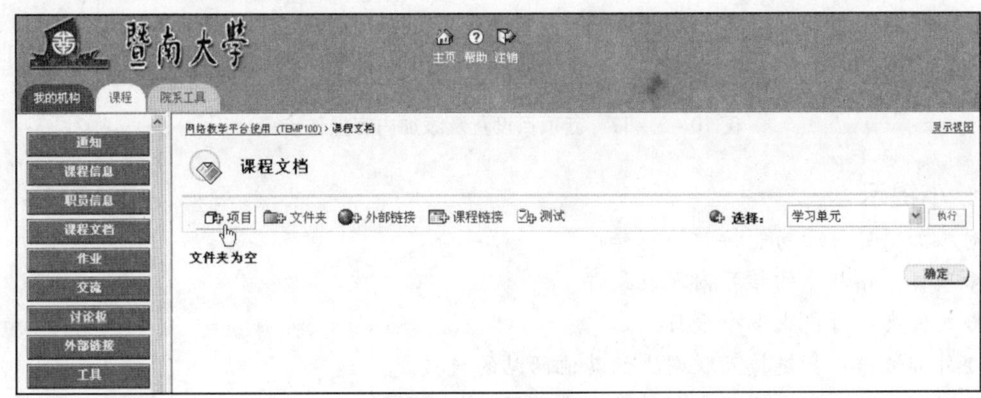

图 10－3－16　添加项目

（3）在弹出的对话框的“名称”处添加具体教学内容的名称，可以利用文本编辑器进行文字输入和粘贴，也可以点击附加本地文件中的 浏览... 按钮，选择本机上的已有文件直接上传，如图 10－3－17 所示。

（4）在选项栏，如图 10－3－17 所示，对上传的内容进行相关设置。

◆在“将内容设置为可用”处选择“是”，则该内容可见；如果选择“否”，学生将看不到该内容。

◆在“跟踪查看次数”处选择“是”，平台将跟踪记录学生的学习状况；如果选择“否”，则无法记录学生的学习状况。

◆在“选择数据和时间限制”处，教师可以通过选择“显示开始时间”和“显示截止时间”控制该内容的显示时间。

（5）设置好后点击“提交”，再点击“确定”，完成内容的添加。

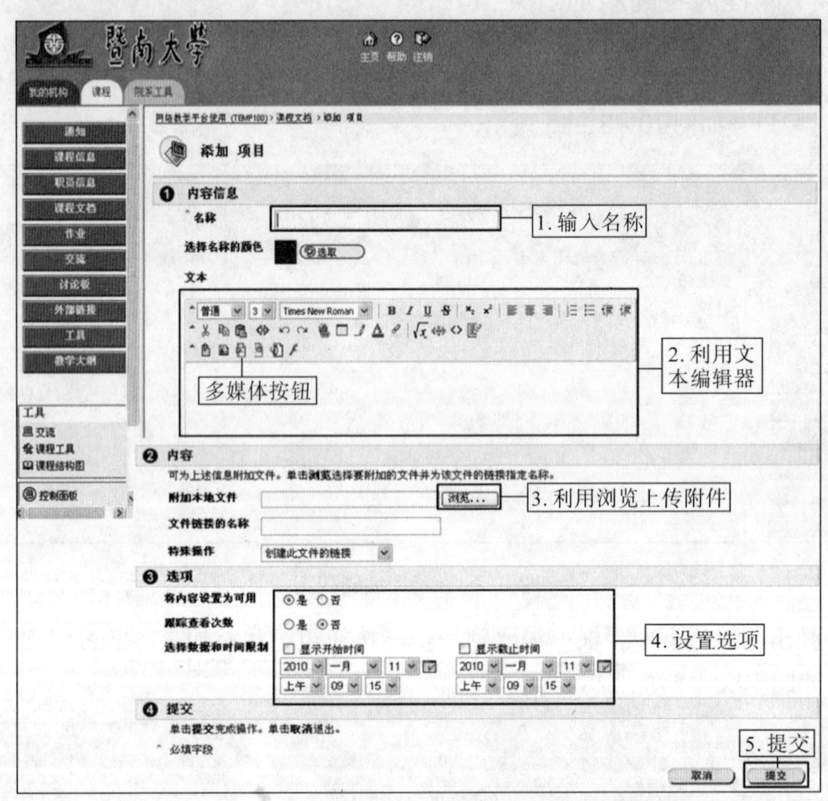

图 10－3－17　新项目设置及添加内容操作步骤

小提示

对添加项目页面功能按钮的解释：

◆项目：指具体的学习内容或文件。

◆文件夹：可包含多个项目。

◆外部链接：指链接互联网上的其他网站的链接。

◆课程链接：指本课程内部学习内容之间的相互链接。

10.3.5　作业的布置

(1) 点击要布置作业的模块名称，如“作业”模块，在弹出的窗口中，点击“编辑视图”按钮，如图 10 – 3 – 18 所示。

图 10 – 3 – 18　“编辑视图”按钮

(2) 在弹出的窗口中点击“选择”下拉菜单中的“作业”，点击“执行”，如图 10 – 3 – 19 所示。

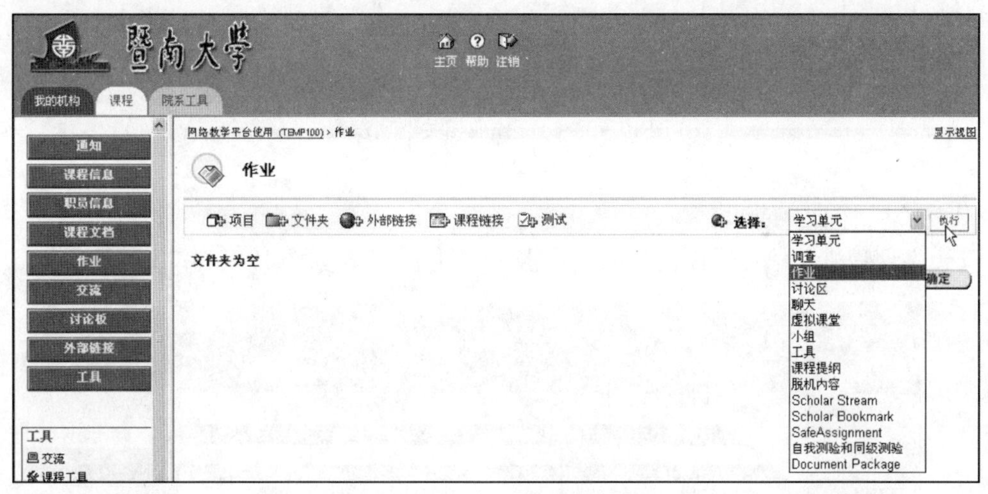

图 10 – 3 – 19　布置作业

(3) 在“作业信息”的“名称”处输入文字，如“第一章作业”，在“满分”处输入分数，在“说明”栏输入有关的作业要求和相关文字，如图 10 – 3 – 20 所示。也可以通过附加本地文件中的 浏览... 按钮附加相关文件。

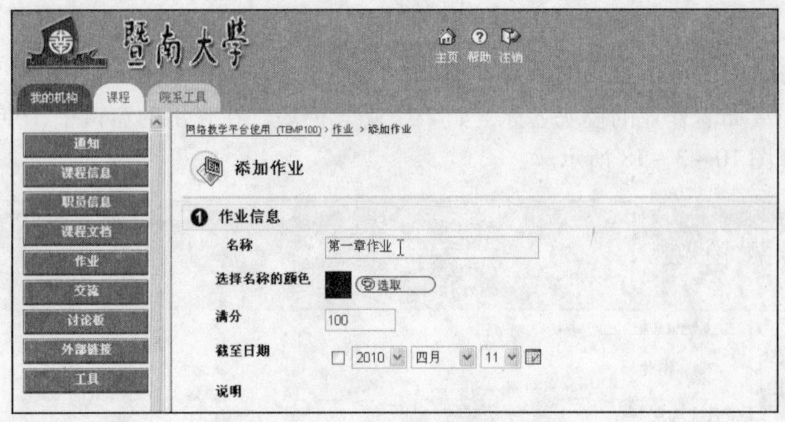

图 10－3－20　作业相关选项设置

（4）在“选项”中设置作业为可用，设置跟踪、显示时间等选项，如图 10－3－21 所示。点击“提交”，再点击“确定”，完成作业的布置。

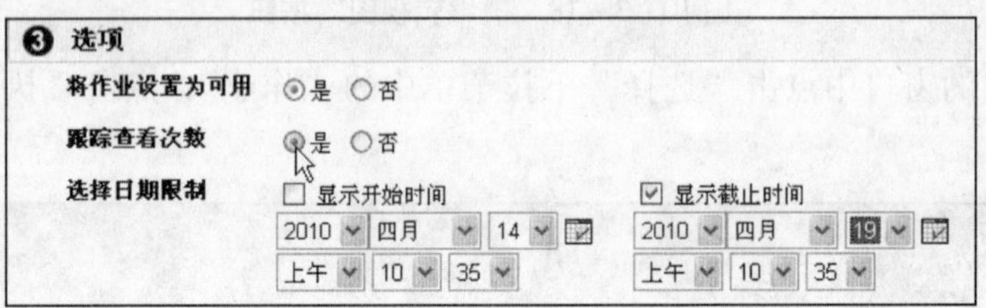

图 10－3－21　作业相关选项设置

10.3.6　作业的批改

（1）在课程进入“控制面板”后，点击“成绩中心”，如图 10－3－22 所示。

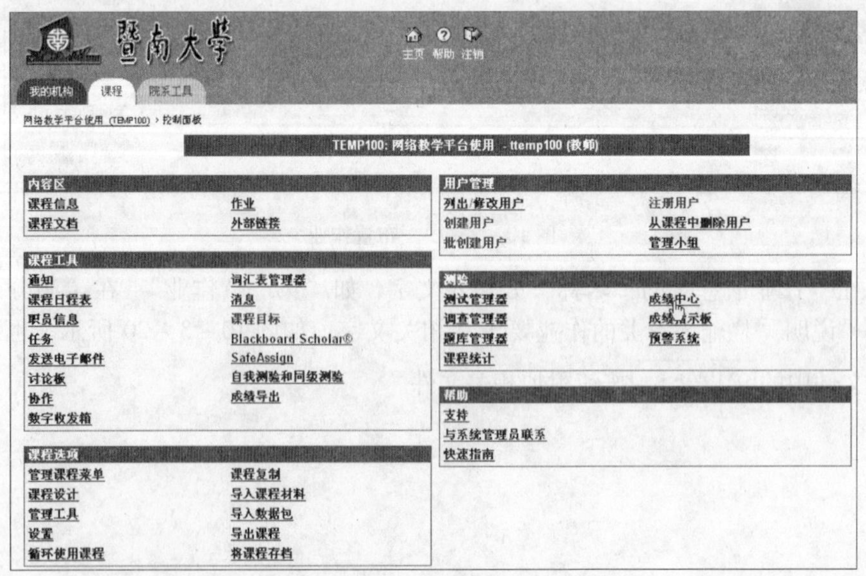

图 10－3－22　进入成绩中心

（2）当学生提交作业后，平台会显示一个绿色的感叹号图标，表示需要评分。点击图标旁的下拉菜单按钮，在下拉菜单中选择“成绩详细信息”，如图 10－3－23 所示。

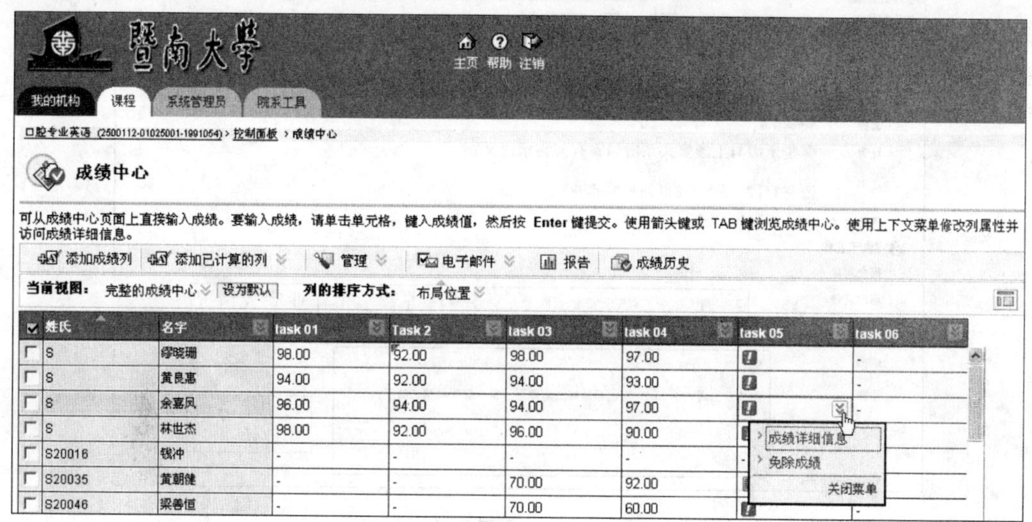

图 10－3－23　进入成绩详细信息视图

（3）在弹出的窗口中点击“查看尝试”按钮，如图 10－3－24 所示。

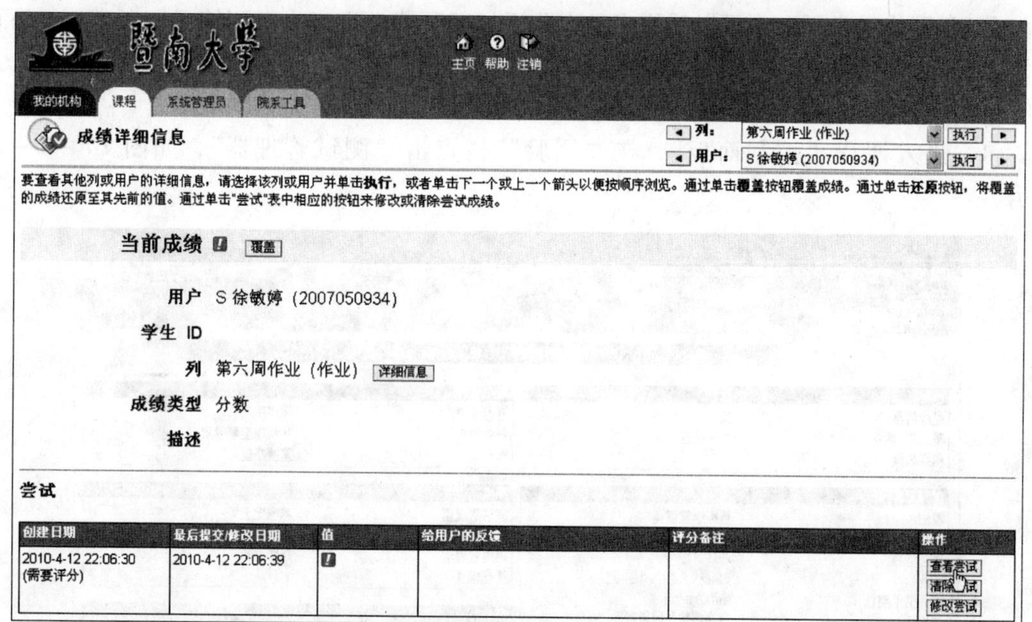

图 10－3－24　查看尝试

（4）在弹出的评分窗口中的“用户工作”处查看学生作业情况，在“给用户的反馈”处给出具体的分数和评语。然后点击“提交”，再点击“确定”，如图 10－3－25 所示。

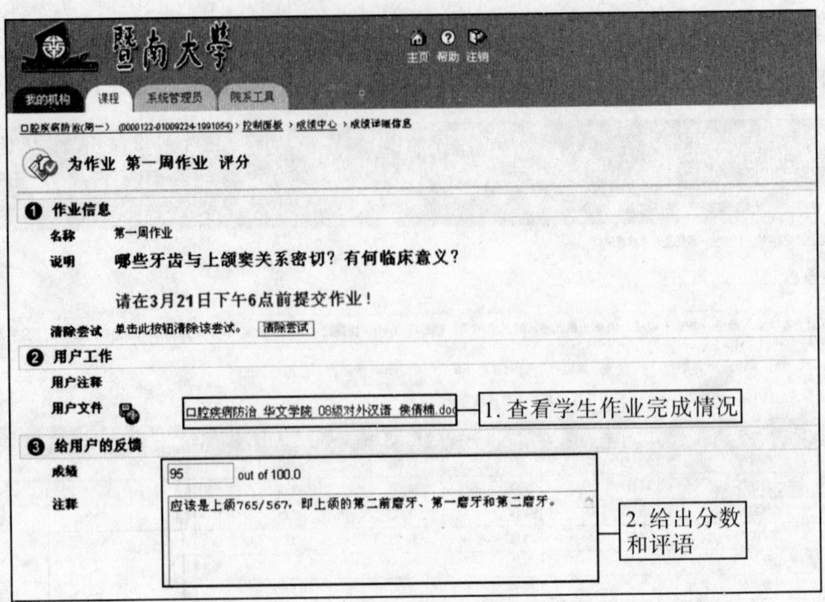

图 10－3－25　查看作业并批改

10.3.7　习题测试的添加、发布与批改

在 BB 网络教学平台中可以采用多种方法添加习题给学生当作自测练习和考试用，下面具体介绍。

◆利用测试管理器添加习题。

(1) 进入课程“控制面板”，在“测验”栏点击“测试管理器”，如图 10－3－26 所示。

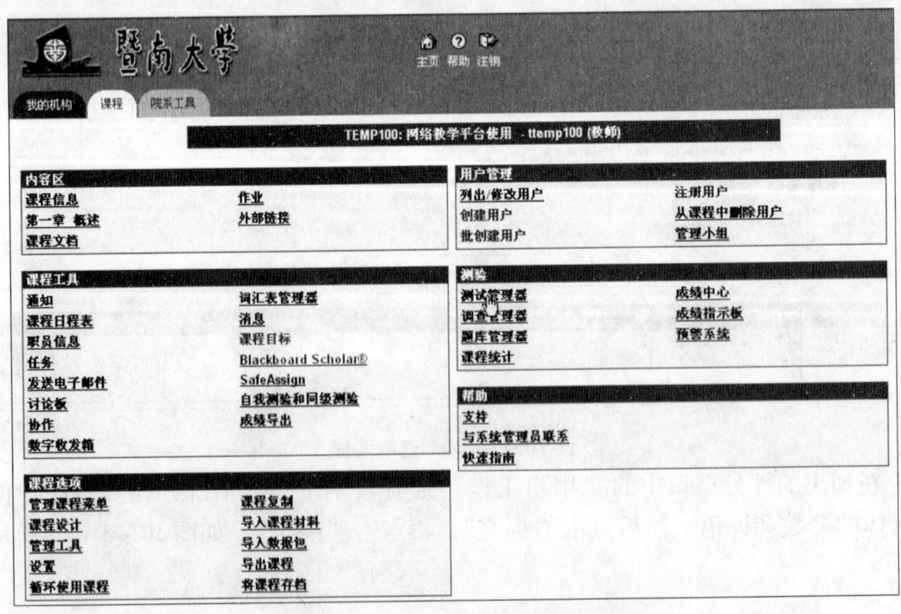

图 10－3－26　进入测试管理器

（2）点击“添加测试”按钮，如图 10－3－27 所示。

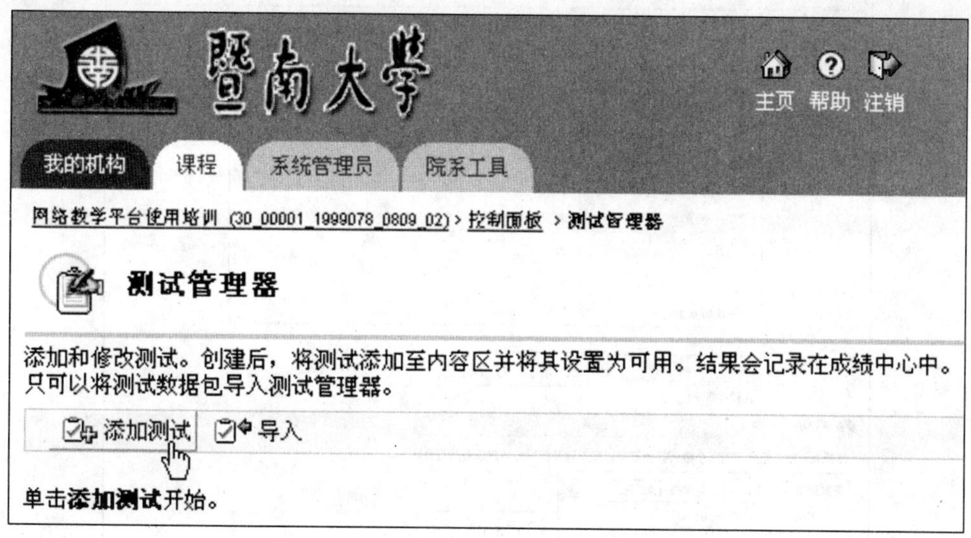

图 10－3－27　添加新测试

（3）输入“名称”、“说明”及“描述”后，点击“提交”按钮。

（4）系统弹出“测试画布”窗口，在“添加”下拉菜单中选择要添加的题型，如“单项选择题”，点击“执行”按钮，如图 10－3－28 所示。

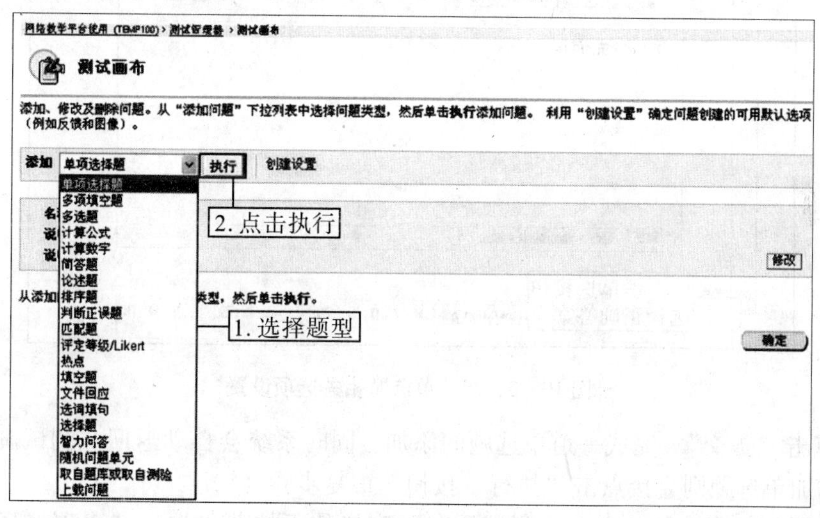

图 10－3－28　选择题型

（5）在弹出的窗口中的“问题文本”中输入题目，在“分值”中输入分数，在“选项”栏设置“答案编号”、“回答方向”、是否“允许部分记分”等选项，随后在“答案”栏设置“答案数”，在答案 A、答案 B 等处输入各备选答案，并在“正确”答案栏，点选正确答案按钮，如图 10－3－29 所示。如在学生正确回答或错误回答后需要给出反馈，可以在“反馈”栏给出正确回答和错误回答的反馈意见。

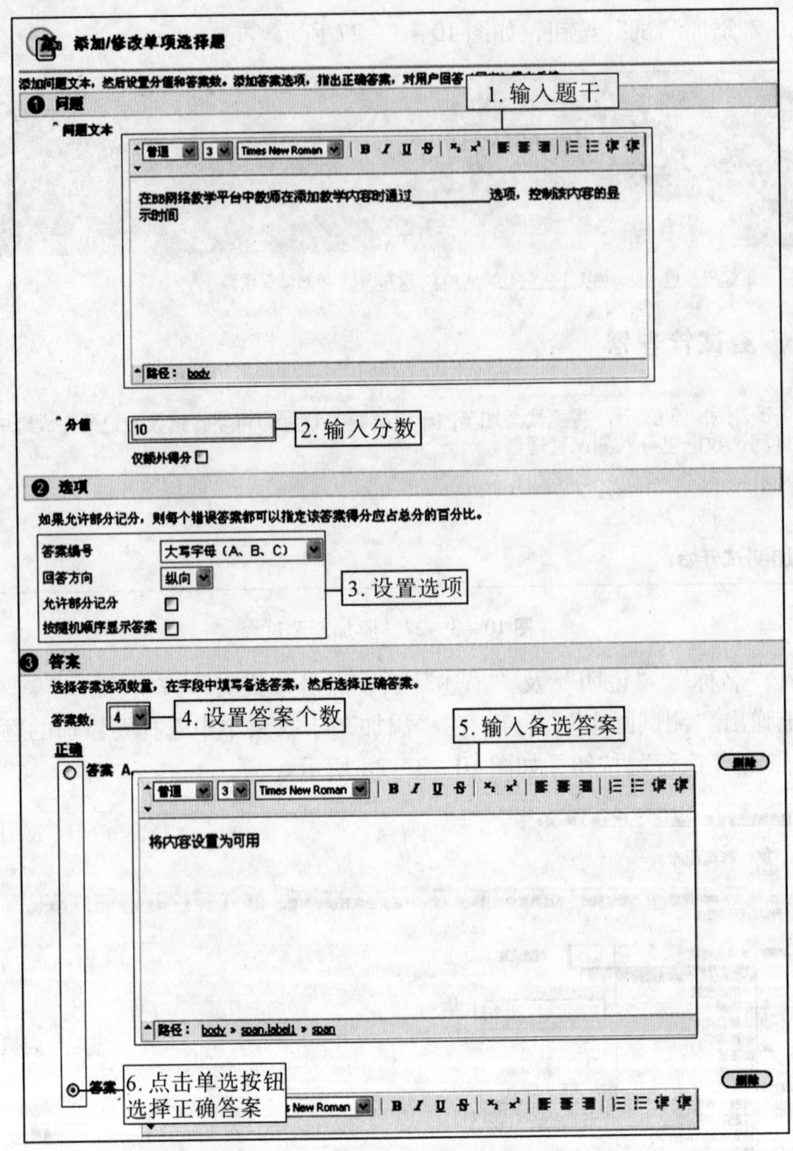

图 10－3－29 单选题相关选项设置

（6）点击“提交”。完成一道单选题的添加。同时系统会自动返回“测试画布”窗口。如需继续添加单选题则直接点击“执行”按钮，重复步骤（5）。

（7）如需添加多选题，则在“测试画布”窗口的下拉菜单选择“多项选择题”，点击“执行”按钮，如图 10－3－30 所示。

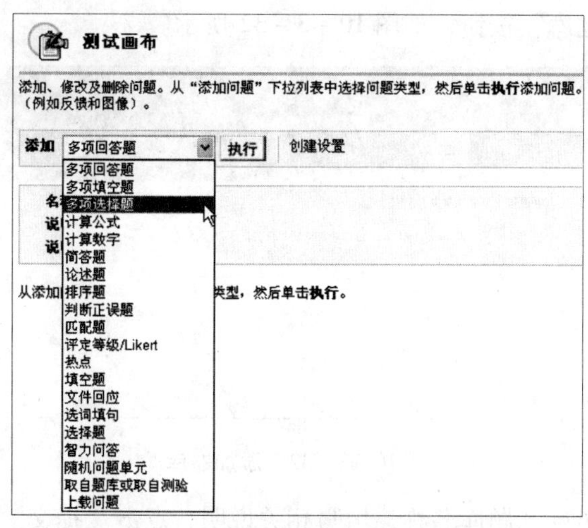

图 10 - 3 - 30　选择“多项选择题”

（8）同单选题类似，依次在添加/修改“多项选择题”设置窗口分别输入题目、输入分数、设置选项、输入备选答案、设置正确答案和反馈等（可参看图 10 - 3 - 29），点击“提交”。

（9）如果继续添加多选题，则直接点击“执行”按钮进行添加。如添加其他类型的题目，则在“测试画布”页面选择相应题型后，点击“执行”按钮，根据所选择的题型，进行相关题目和选项设置。

◆利用题库管理器添加习题。

除了测试管理器外，还可以利用题库管理器存储和添加习题。题库管理器与测试管理器的运作方式基本相同，我们可以理解为用测试管理器添加试题是直接作为一张试卷，而题库管理器则是试题的集合，在题库管理器中的试题需要通过测试管理器才能组成一张试卷。此外，题库管理器可以支持“随机问题单元”，但测试管理器则不能支持。

（1）进入课程控制面板，在“测验”选项中点击“题库管理器”。

图 10 - 3 - 31　进入题库管理器

（2）点击“添加题库”按钮，如图 10－3－32 所示。

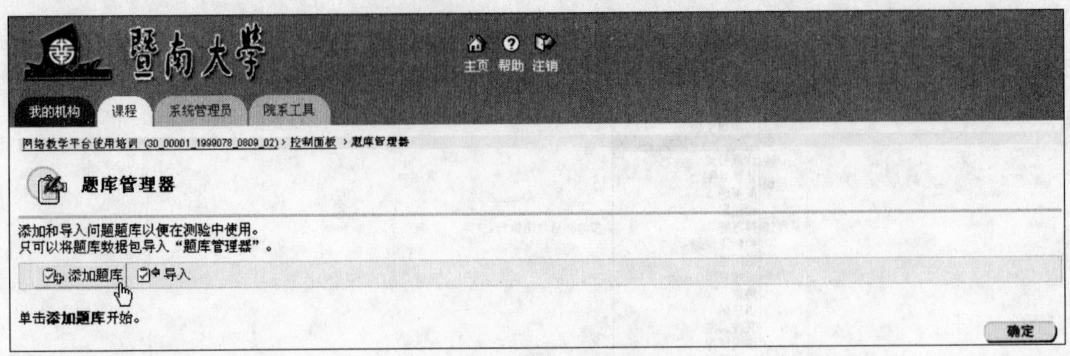

图 10－3－32　添加题库

（3）在“名称”处输入题库名称，填写相关说明，点击“提交”按钮。

（4）在“题库画布”窗口的“添加”问题下拉菜单选择所需题型，点击**执行**按钮后，进行相关题目和选项设置，再点击“提交”，如图 10－3－33 所示。

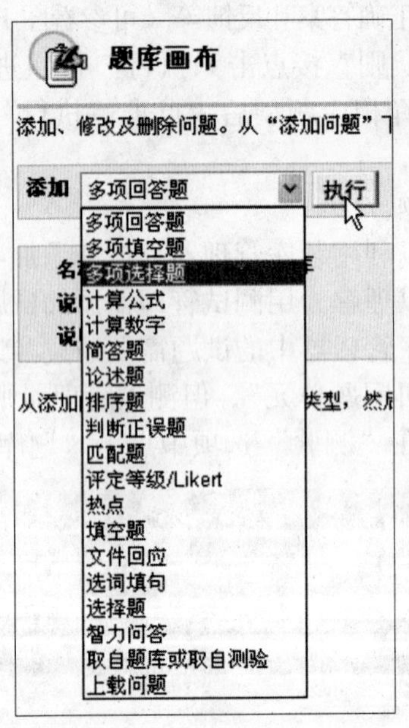

图 10－3－33　选择题目类型

（5）重复步骤（4），添加多个题目，题目添加完毕后，点击“确定”按钮。此时添加的题目是存储在题库管理器中的一道道分散的题目，并不能用于测试和练习。

（6）当需要将题库中的题目作为测试和自测练习时，要利用测试管理器的“从题库选题功能”。在“控制面板”中点击“测试管理器”，点击“添加测试”按钮，新建一个测试或者对于已经存在的测试点击“修改”按钮，如图 10－3－34 所示。

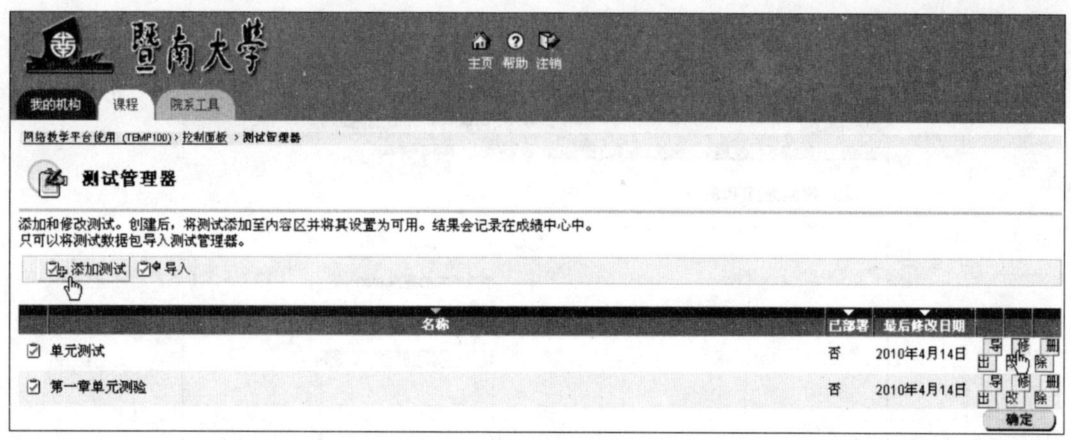

图 10－3－34　添加新测试

（7）在“测试画布”页面，选择“添加”问题下拉菜单中的“取自题库或取自测验”，点击“执行”按钮，如图 10－3－35 所示。

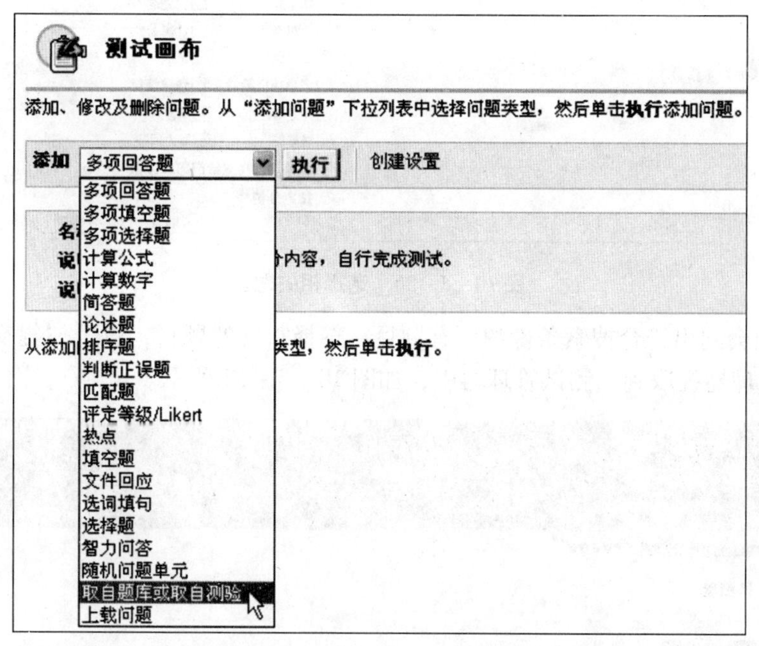

图 10－3－35　“取自题库或取自测验”选项

（8）在弹出的“搜索题库和测验”窗口会列出现有的题库和测验名称，选择所需的题库名称，在“问题类型”中选择“全部”或者指定的某几种问题类型，也可以通过指定分数选择固定分数的问题，然后点击“搜索”按钮，如图 10－3－36 所示。

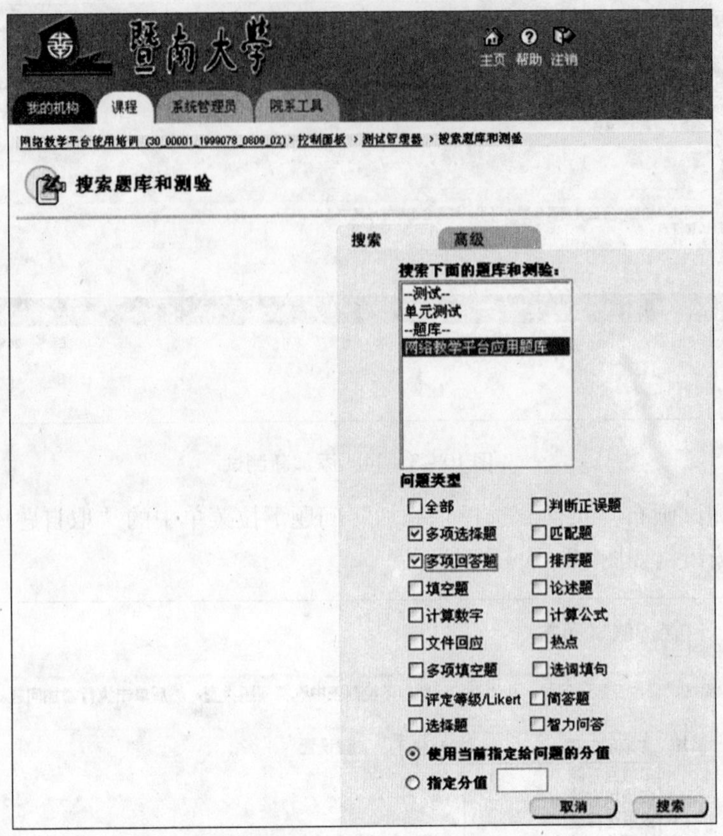

图 10－3－36　选择相关题型

（9）系统会列出符合搜索条件的所有题目，选择需要的题目，点击“提交”。此时，题目就从题库管理器提取到了测试管理器中，如图 10－3－37 所示。

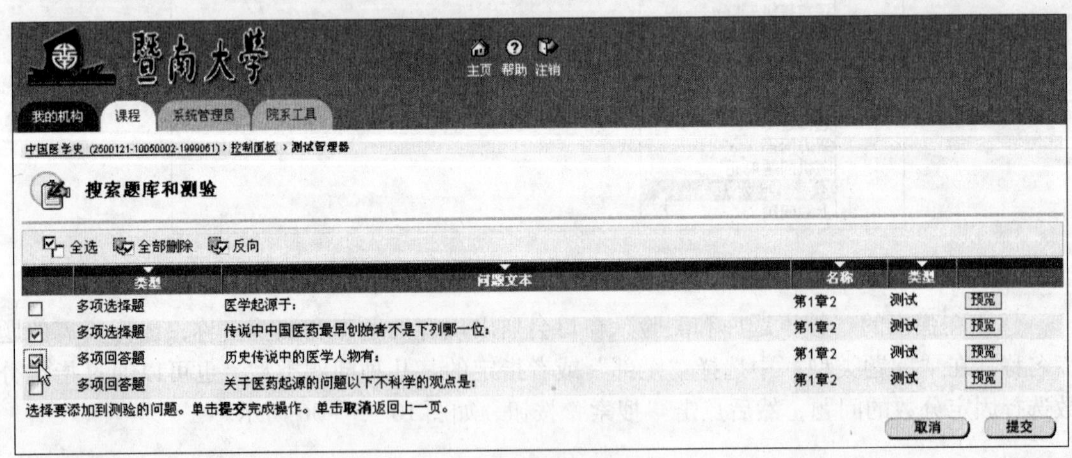

图 10－3－37　选择题目

◆测试的发布。

当创建了一个测试后，题目存储在测试管理器中，它并没有在课程的任何浏览模块中出现，也就是说学生并不能看见和完成测试。如果需要让测试变为学生可见和可用的，还需要教师对测试进行发布。具体方法如下：

（1）教师登录课程后，点击需要发布测试的模块名称，如想在“作业”模块发布测试，则点击“作业”，在右边弹出的页面点击“编辑视图”按钮。

（2）在弹出的窗口，点击“测试”按钮，如图 10－3－38 所示。

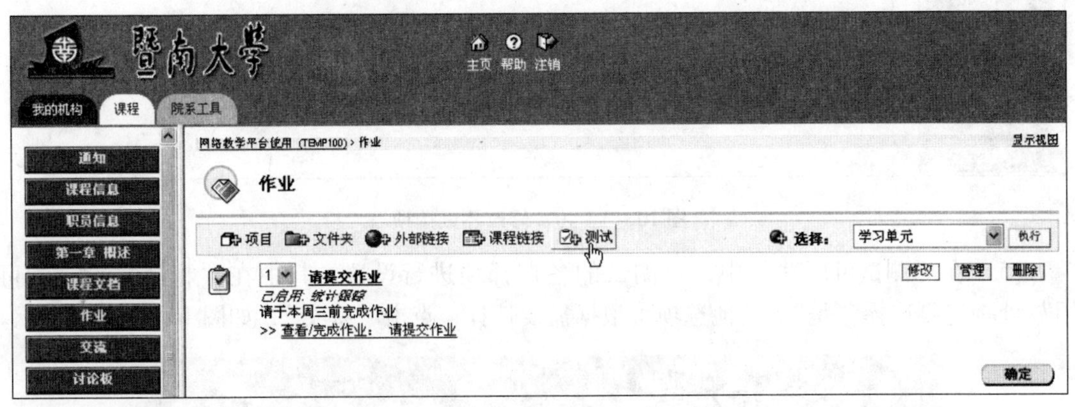

图 10－3－38　添加“测试”按钮

（3）系统会列出目前测试管理器中存在的所有测试，选择要添加的测试名称，如“第一章单元测验”，点击“提交”按钮，如图 10－3－39 所示。

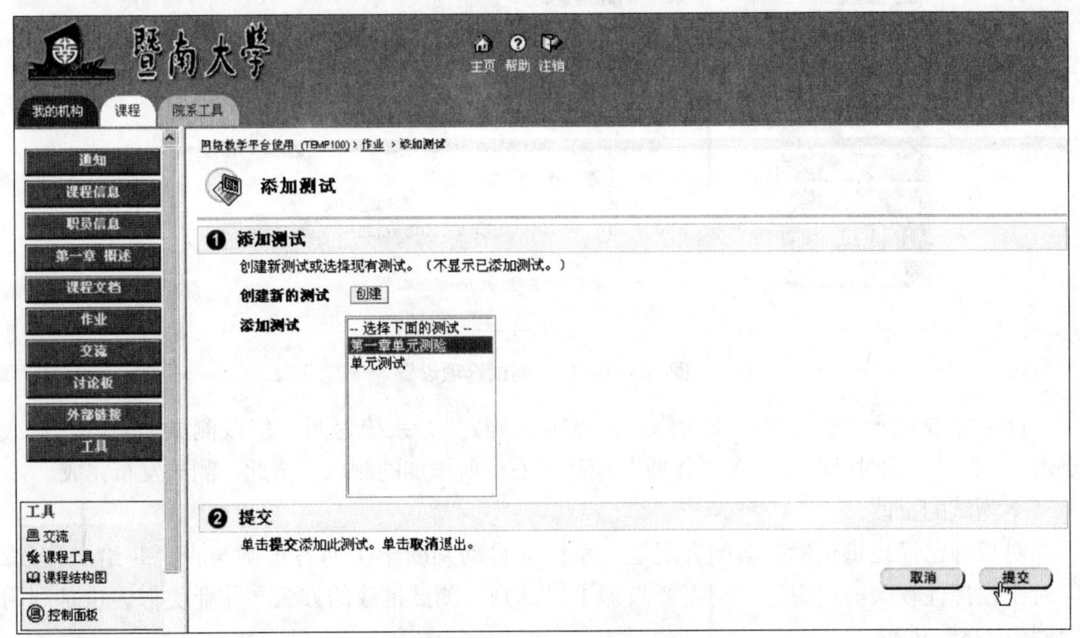

图 10－3－39　选择测试

（4）系统提示已添加测试信息，点击“确定”。此时，系统弹出修改测试页面，点击“修改测试选项”，如图 10－3－40 所示。

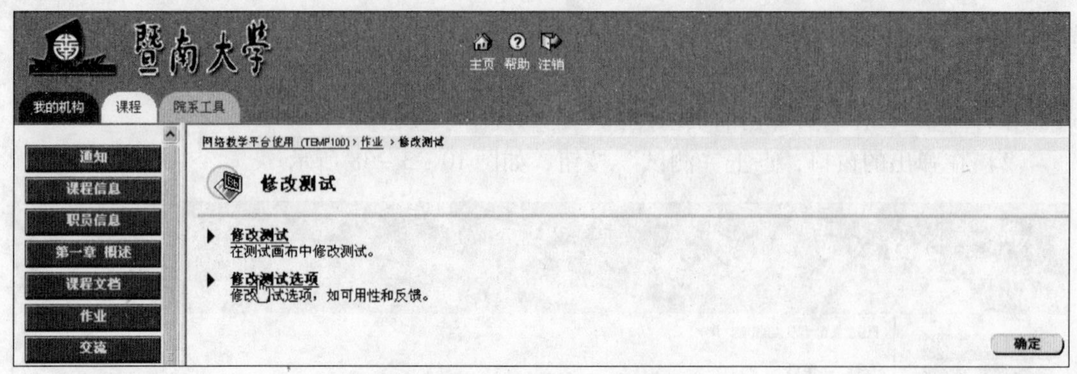

图 10－3－40　修改测试选项

（5）在“测试可用性”中，对测试的各选择项进行设置。其中在“将链接设置为可用”处一定要选择“是”。其他选项可根据需要选择，点击“提交”，如图 10－3－41 所示。

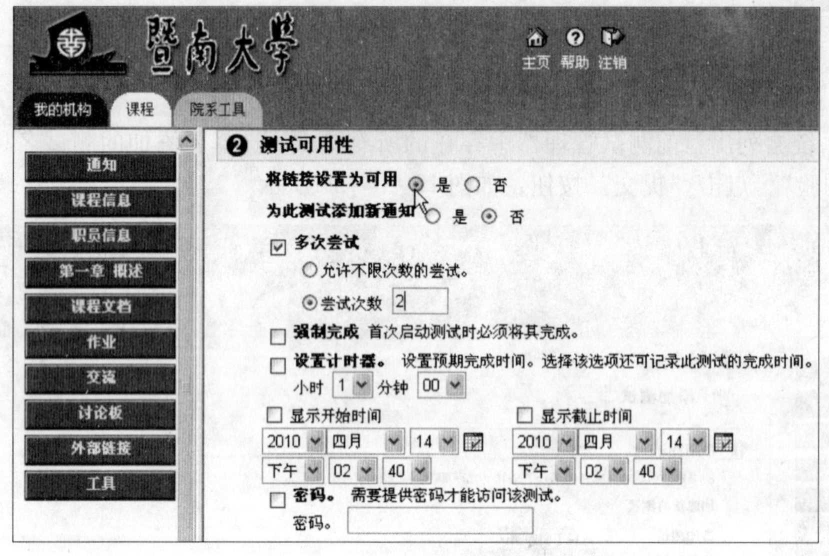

图 10－3－41　测试选项设置

（6）系统提示测试选项已成功修改，点击“确定”，系统返回“修改测试”页面，再次点击“确定”，此时已经可以在“作业”模块中看到所添加的测试。至此，测试发布完成。

◆测试的批改。

对教师已经提供正确答案的客观题，系统会自动判断学生回答正确与否，并给出分数。但对于发挥性较大的主观题，则需要教师予以评判。测试批改的方法与作业类似，也是利用“成绩中心”进行。

（1）进入课程“控制面板”，在“测验”栏点击“成绩中心”，在成绩中心中通过拖拉滚动条找到要批改的测试列，根据系统提示点击该测试列中 ! 旁的菜单按钮，在弹出的下列菜单中，点击“成绩详细视图”。

（2）下拉滚动条，在“尝试”栏点击 查看尝试 按钮。

（3）进入该页面可以看到，教师给出正确答案的客观题，系统已经自动打出分数。拖动滚动条到需要评分的主观题处，在“得分”处给出分数，在“反馈”处给出教师的评语。以此类推，批改完所有主观题后，点击“提交”。系统返回“成绩详细信息视图”，点击“确定”，完成测试的批改，如图 10－3－42 所示。

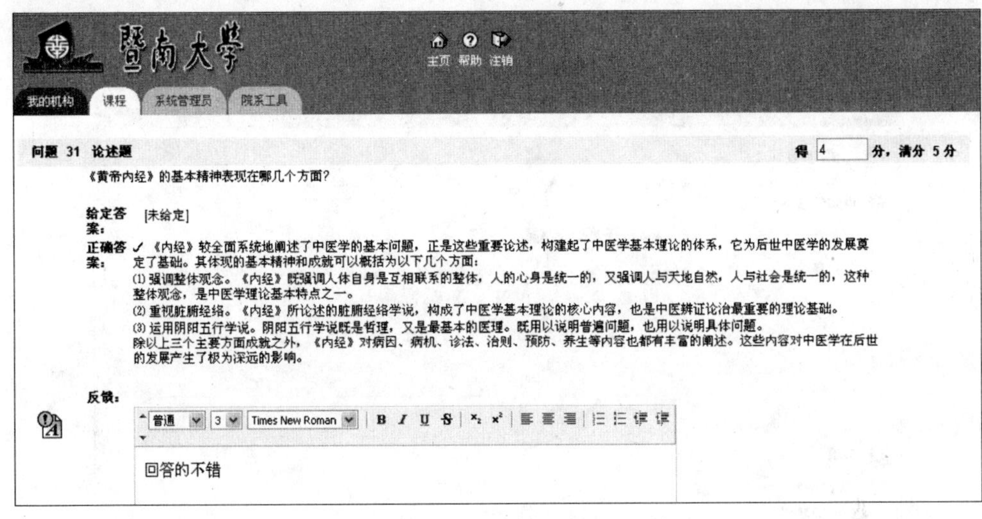

图 10－3－42　批改题目

10.3.8　教学交互的设置

在网络教学平台中交互是非常重要的教学环节，在 BB 网络教学平台中提供通知、讨论板、小组学习、消息、邮件、虚拟课堂等方式的交互。

◆发布通知。

(1) 进入课程的控制面板，在“课程工具”中点击“通知”，如图 10－3－43 所示。

图 10－3－43　通知

（2）点击 添加通知 按钮。

（3）在弹出的对话框中填写通知“主题”和“内容”，在“选项”中设置是否是永久通知或通知的具体日期，如图10－3－44所示。

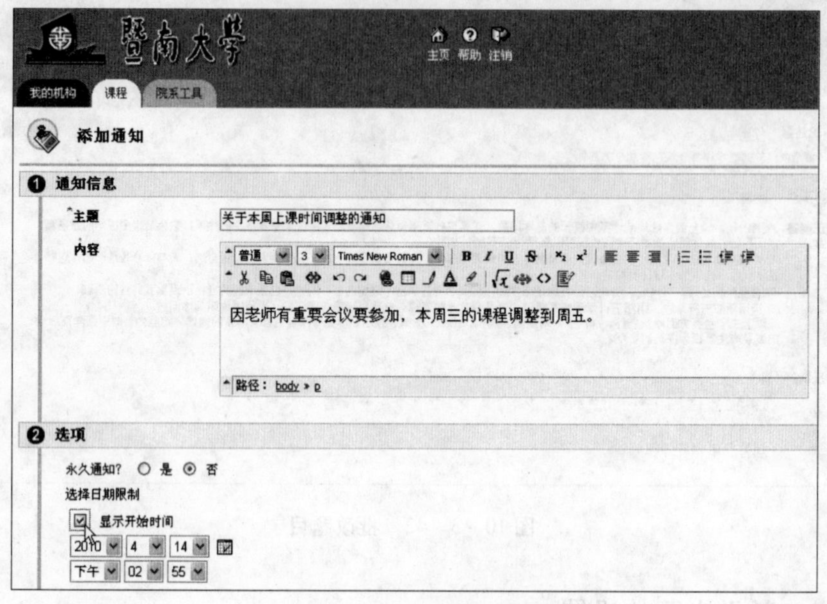

图10－3－44　通知选项设置

（4）如发布通知的同时需要让学生浏览课程内容，请在“课程链接”处点击 浏览... 按钮，平台会弹出本课程的目录，选择需浏览的内容即可。

（5）如在发布通知的同时需发电子邮件给学生，请在“电子邮件通知”中选择“将此通知以电子邮件的形式发送至所有课程用户”。设置好通知内容和属性后，点击“提交”。

◆讨论版的设置和应用。

（1）论坛的建立和话题的发布。

①在课程菜单中点击“讨论版”，在弹出的窗口中点击“论坛”按钮，如图10－3－45所示。

图10－3－45　添加论坛

②输入论坛名称和描述，对论坛的相关属性进行设置，如图 10－3－46 所示，点击“提交”。

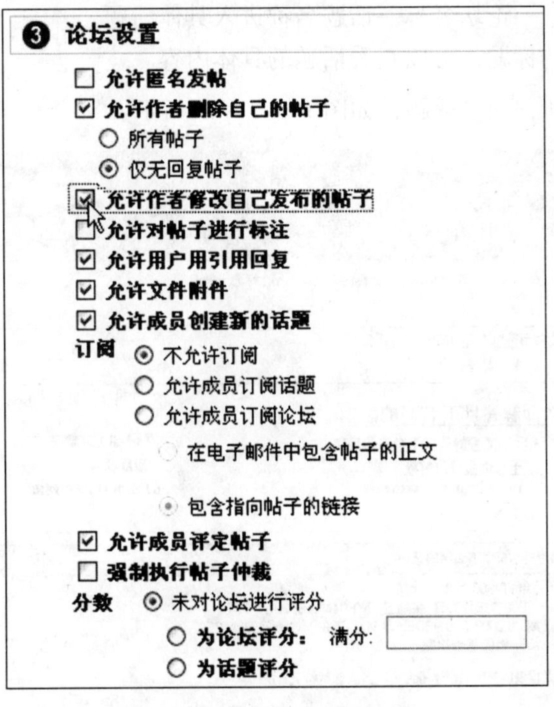

图 10－3－46　论坛选项设置

③系统会显示新设置的论坛名称。点击论坛名称，进入论坛，如图 10－3－47 所示。

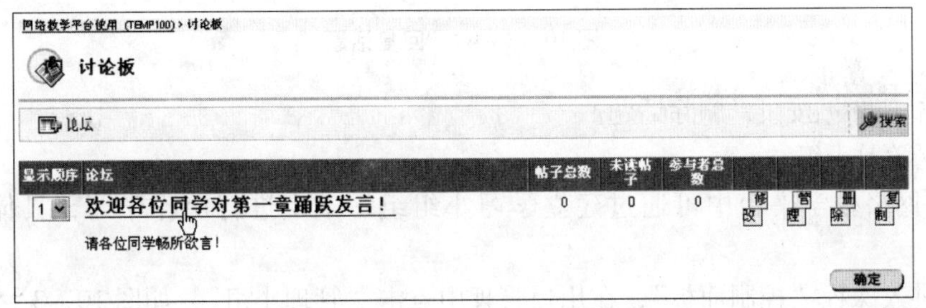

图 10－3－47　进入论坛

④点击“话题”按钮，如图 10－3－48 所示。

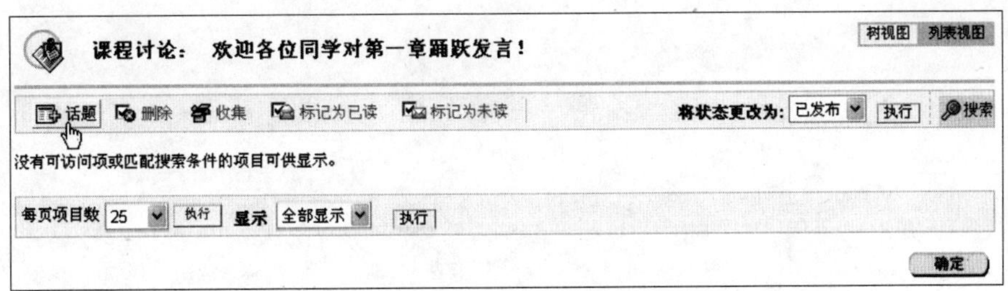

图 10－3－48　添加话题

⑤输入话题的名称、内容和需要添加的其他附件材料，点击“提交”，完成话题的发布。

（2）查看论坛内容、回复和删除话题。

①点击“讨论版”→论坛名称→话题名称进入具体话题。

②点击“话题”的标题，可以查看话题的具体内容。

③点击 回复 按钮，回复话题，如图 10－3－49 所示。

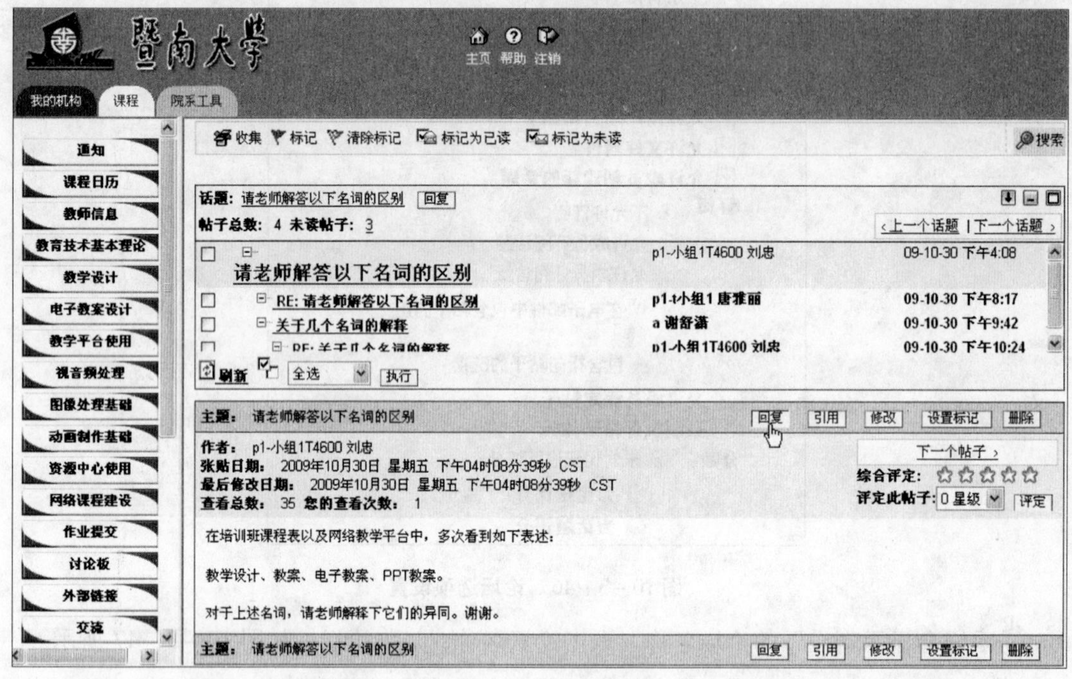

图 10－3－49　回复话题

④点击 删除 按钮，删除话题。

◆建立学习小组。

在 BB 网络教学平台中可通过建立学习小组组织学生进行协作学习，具体设置方法如下：

（1）进入课程“控制面板”，在用户管理中点击“管理小组”，如图 10－3－50 所示。

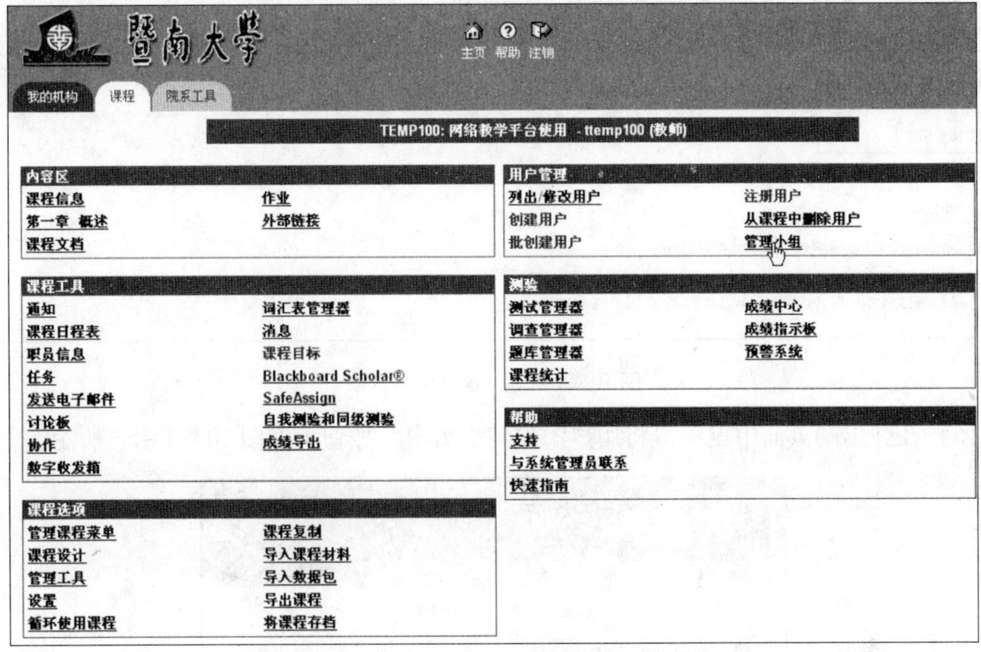

图 10－3－50　“管理小组”按钮

（2）点击 添加小组 按钮。

（3）填写小组的名称、说明，设置“小组选项”。点击“提交”，再点击“确定”，如图 10－3－51 所示。

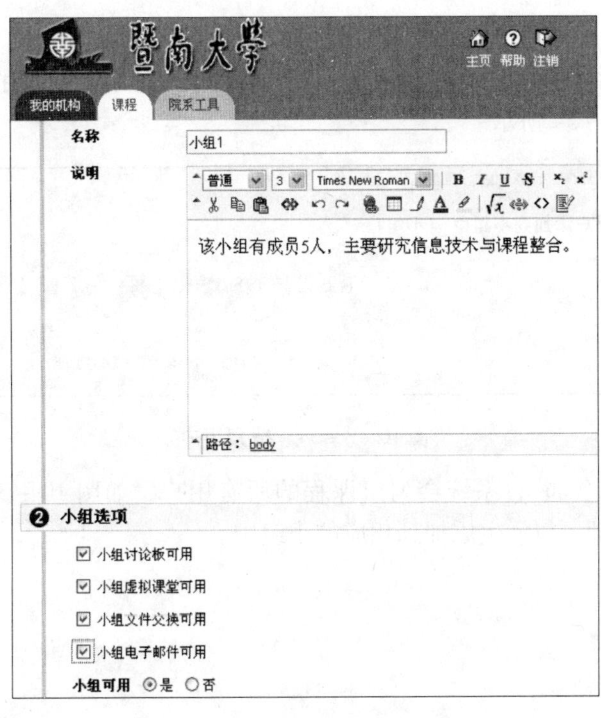

图 10－3－51　小组选项设置

（4）在小组页面点击“修改”按钮，如图 10－3－52 所示。

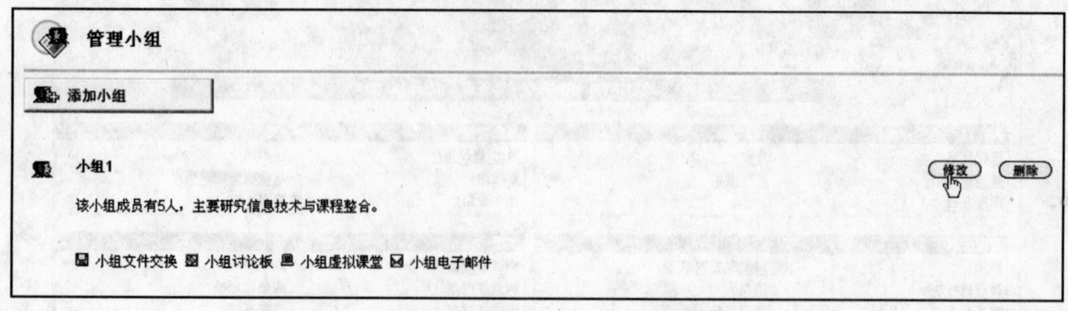

图 10－3－52 修改小组选项

（5）在弹出的页面中点击“将用户添加到小组中”按钮，如图 10－3－53 所示。

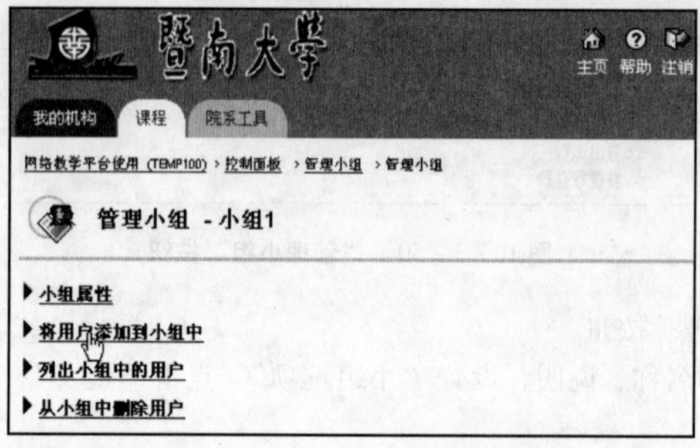

图 10－3－53 添加用户到小组

（6）在搜索对话框中的搜索条件中选择“用户名”，输入学生的用户名（学号），点击“搜索”，如图 10－3－54 所示。

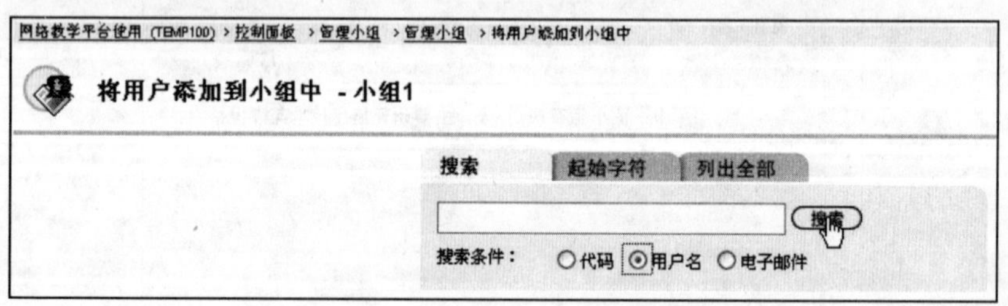

图 10－3－54 搜索用户

或者选择“列出全部”，系统会列出课程的所有用户，如图 10－3－55 所示。选择用户，点击“提交”，即可将学生添加到相应的小组中。

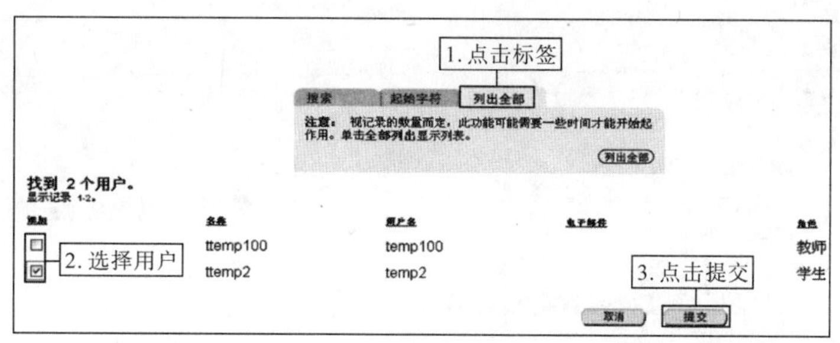

图 10－3－55　选择用户

◆发送消息。

教师可以利用消息发送个性化信息和通知给学生，消息的功能类似于电子邮件。

（1）点击进入“控制面板”，点击“消息”，如图 10－3－56 所示。

图 10－3－56　“消息”按钮

（2）点击 新消息 按钮。

（3）点击 收件人 按钮，系统列出课程的所有用户，通过左右箭头选择用户。根据需要选择“抄送”和“密送”，如图 10－3－57 所示。

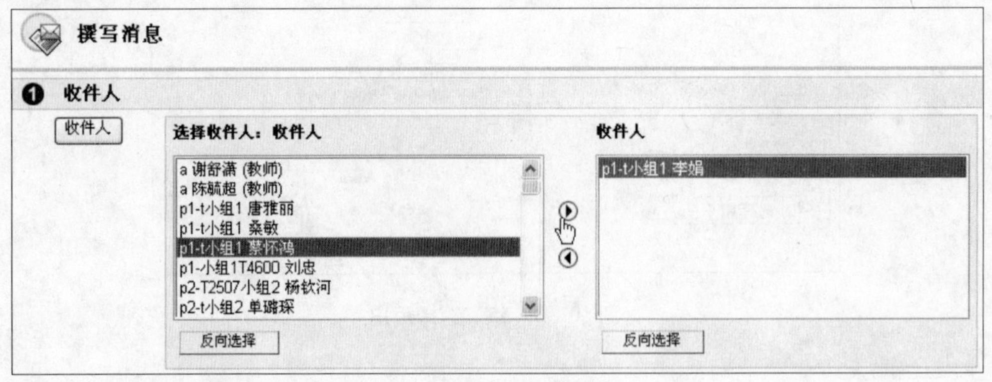

图 10－3－57　选择收件人

（4）撰写消息主题和正文，并点击“提交”按钮。

10.3.9　课程的备份、存档和导入

在 BB 网络教学平台中允许教师将建设的课程内容备份并下载保存，并在需要的时候导入到平台中。

◆课程的备份、存档。

（1）选择要存档的课程，进入课程的“控制面板”，在课程选项点击“将课程存档”，如图 10－3－58 所示。

图 10－3－58　课程存档

（2）点击“存档”按钮，如图 10－3－59 所示，在弹出的对话框中，点击“提交”，再点击“确定”，等待 2～10 分钟（根据课程内容的大小和网络传送的速度、时间不等），系

统会生成一个数据包。

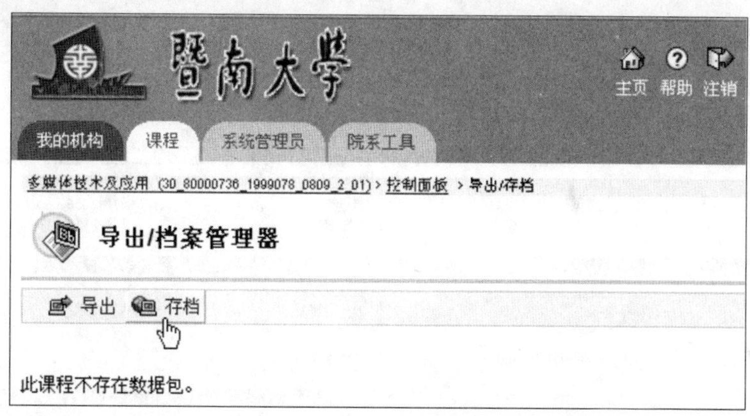

图 10-3-59　存档

（3）在数据包的名称上点击鼠标右键选择“目标另存为”，将数据包下载到本地硬盘，保存，如图 10-3-60 所示，但要注意不要修改文件的名称。

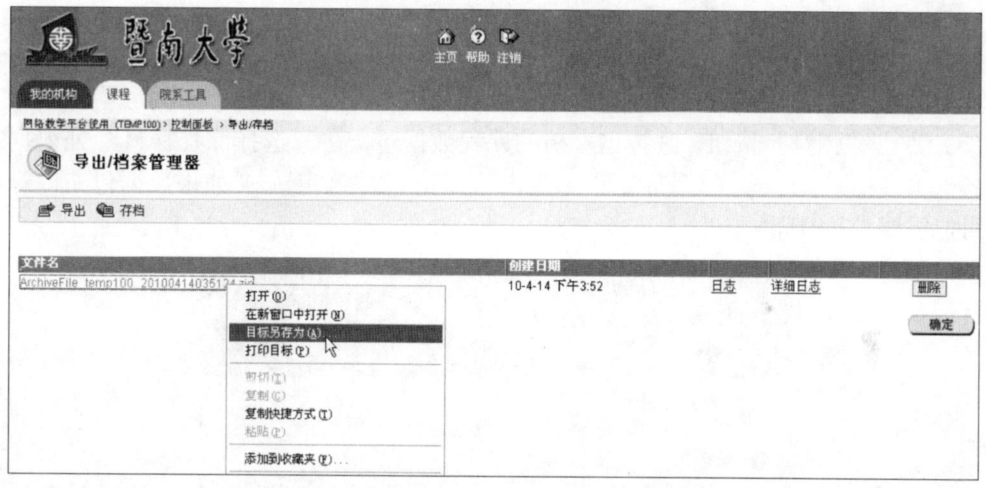

图 10-3-60　下载数据包

◆已备份课程的导入。

（1）点击准备导入数据包的课程，进入“控制面板”，点击“管理课程菜单”，删除所有的内容模块，为导入数据包做准备。

（2）返回该课程“控制面板”，点击课程选项中的“导入数据包”，如图 10-3-61 所示。

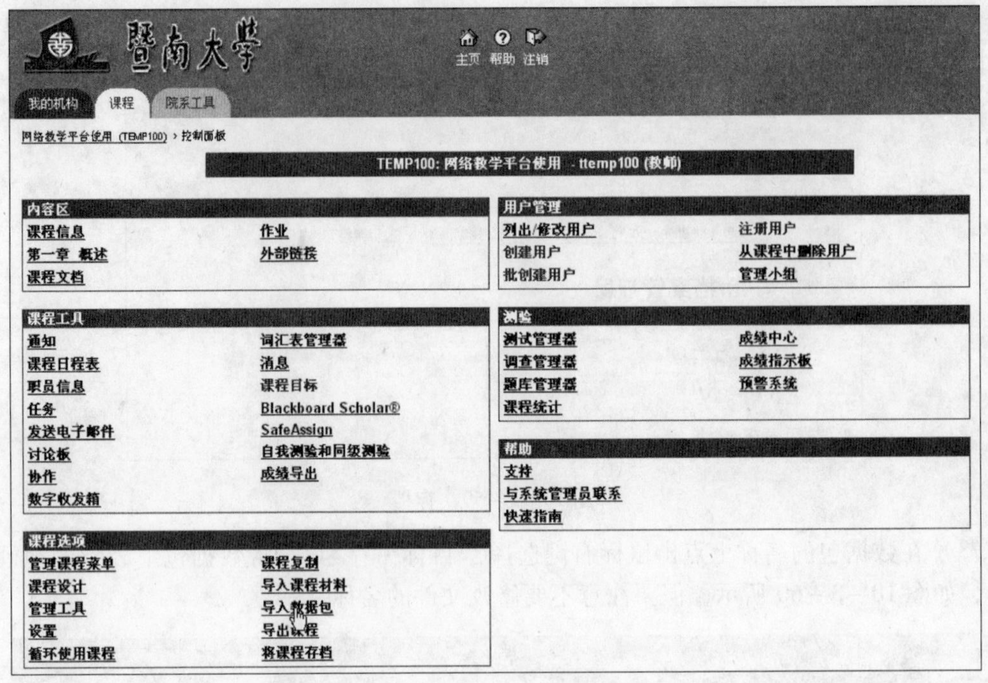

图 10－3－61　导入数据包

（3）点击“浏览”按钮，选择已存档的课程数据包，在“选择课程材料”处根据需要点选各选项，如图 10－3－62 所示，然后点击“提交”、“确定”。（如果数据包文件容量较大，可能需要较长时间）

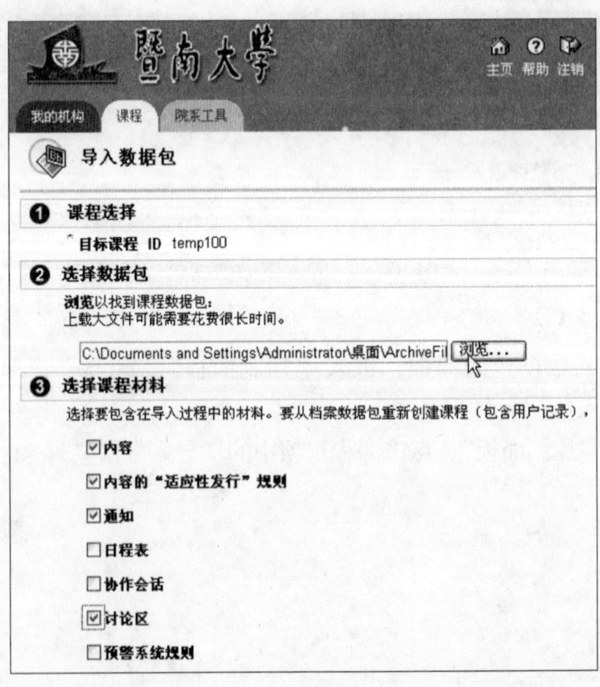

图 10－3－62　选择数据包文件和选项设置

10.3.10　查看学生的学习状况

BB网络教学平台可以详细记录学生的学习情况，教师可以通过课程统计信息了解有关课程的使用情况和活动情况。

（1）进入“课程”面板，在“测验”栏点击“课程统计”按钮，如图10－3－63所示。

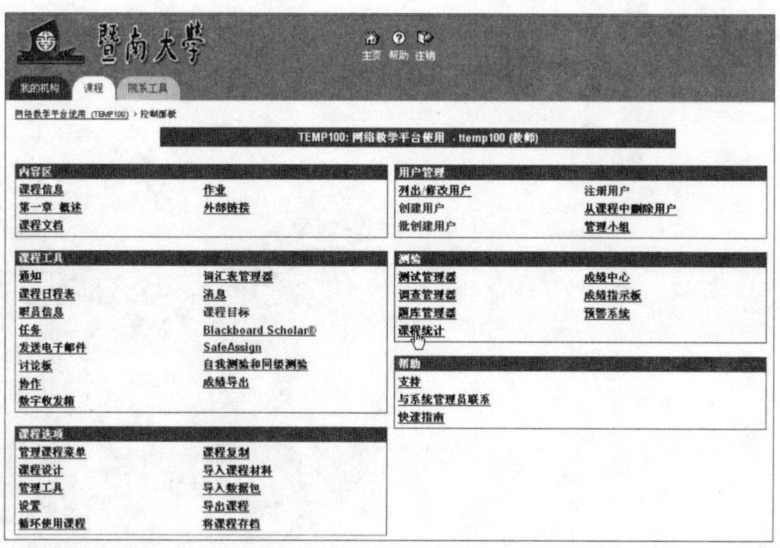

图10－3－63　课程统计

（2）根据需要设置相关选项，点击“提交”，如图10－3－64所示。

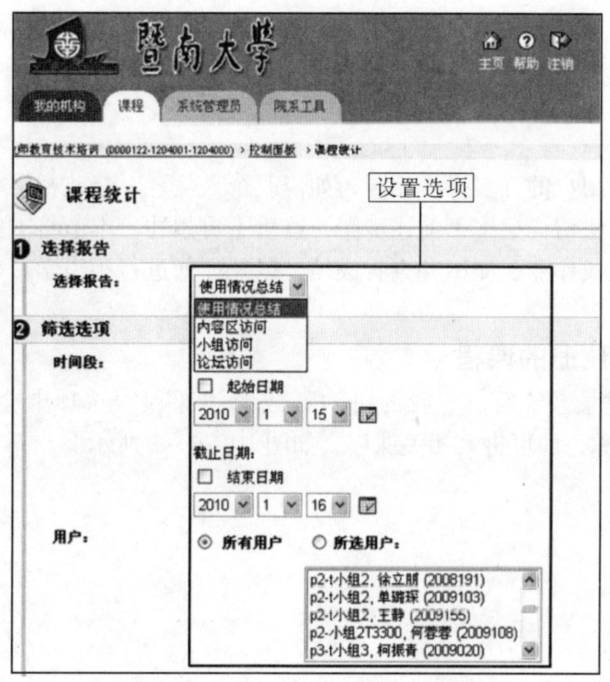

图10－3－64　统计选项设置

(3) 系统会列出具体统计数据，如图 10－3－65 所示。

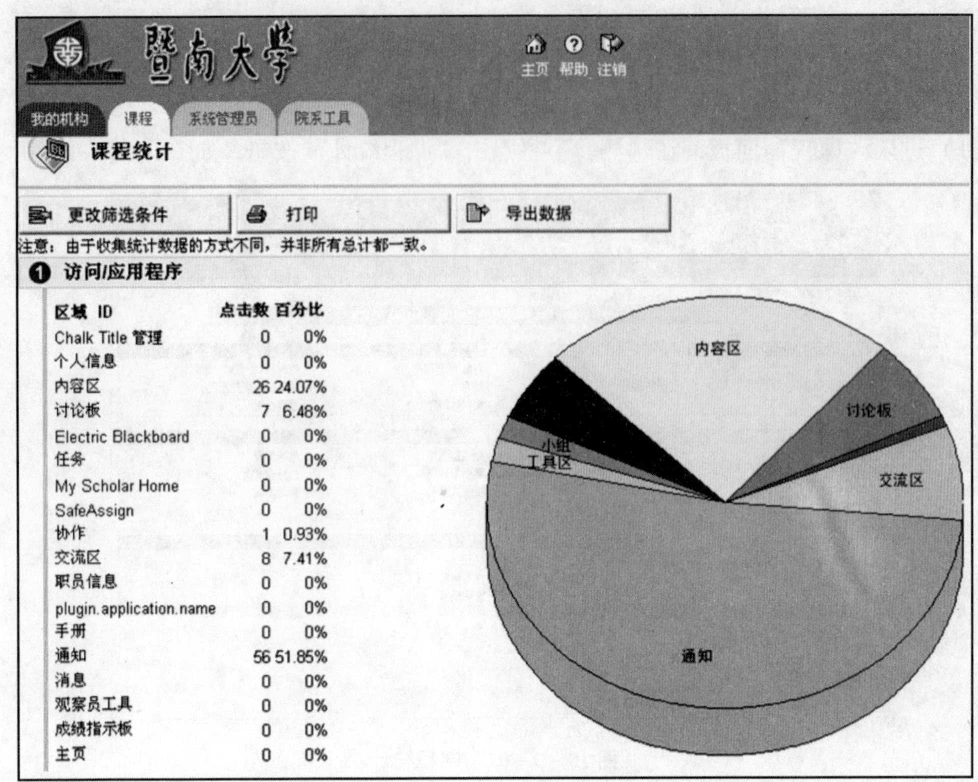

图 10－3－65　学生学习情况统计图

10.4　学生用户的操作

学生用户与教师用户的许多操作相同，如修改个人信息、修改密码、讨论版、发送消息等，这些具体操作方法请详见本书前述步骤，这里不再累述。本节将主要介绍学生如何进入和浏览课程内容、完成作业、测试并查看成绩，以及如何进行小组学习等内容。

10.4.1　进入注册的课程

(1) 学生用户登录系统后，“我的机构”或者“课程”选项卡会列出“您注册的课程”，点击课程的名称，即可进入相关课程，如图 10－4－1 所示。

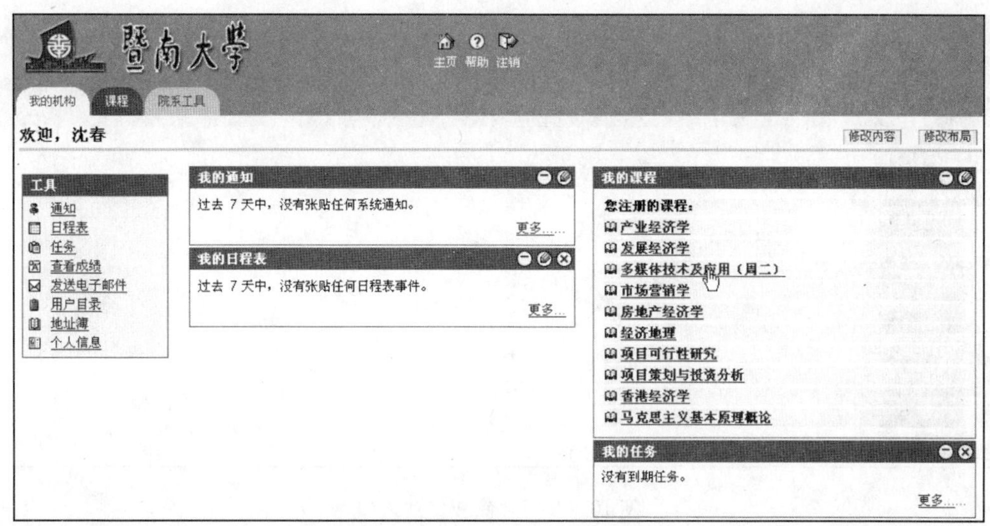

图 10－4－1　进入注册的课程

（2）进入课程首页后，一般左边是课程菜单，右边是课程通知。点击课程菜单中的菜单模块，即可在右边页面看到该模块的具体内容。点击具体内容的名称，就可以打开和下载该附加文件，如图 10－4－2 所示。

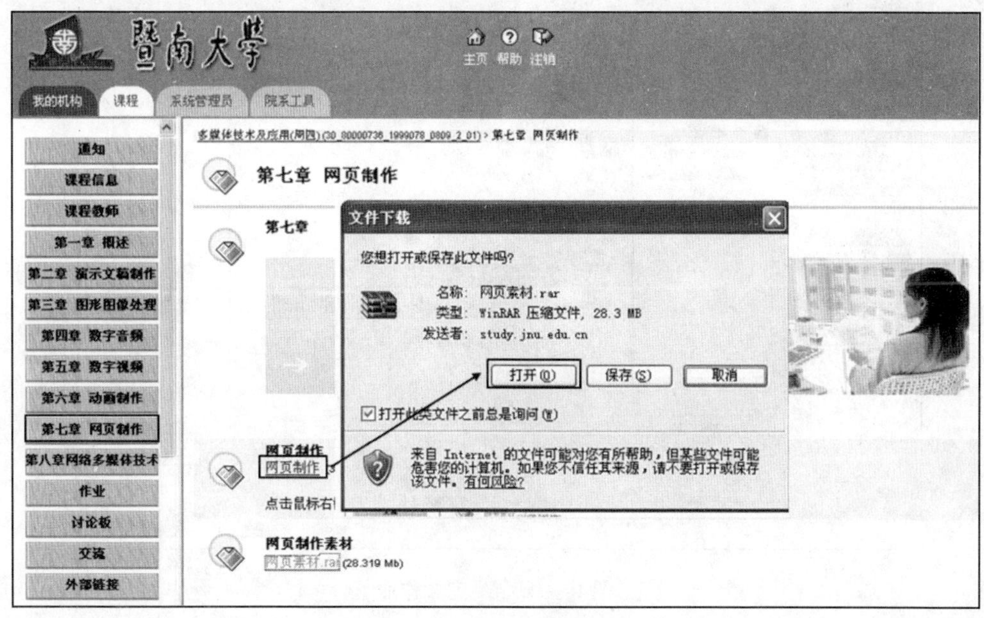

图 10－4－2　查看课程内容

10.4.2　完成作业和查看教师批改情况

教师布置作业后，学生即可进入课程完成作业。操作步骤如下：

（1）进入课程，在课程菜单中点击布置作业的模块，如“作业”，在右边点击“查看/完成作业”，如图 10－4－3 所示。

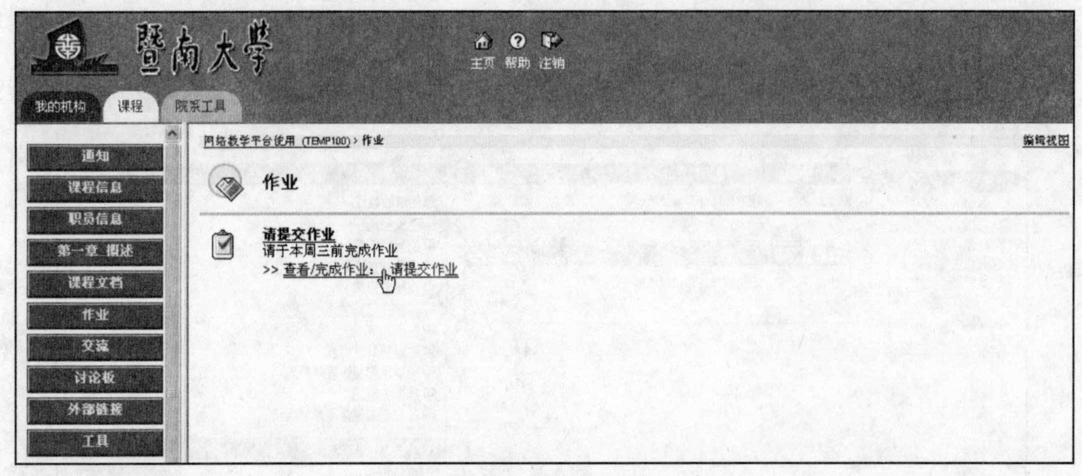

图 10－4－3　完成作业入口

（2）在弹出的上载作业页面，可以在“作业资料”栏输入具体作业答案，也可以点击“浏览”按钮，在弹出的菜单选择作业文件，点击“提交”。要注意的是作业默认只能提交1次，如果作业没有全部完成，只完成部分内容，则可以点击“保存”，将完成部分存入平台，等全部完成后再点击“提交”，如图10－4－4所示。

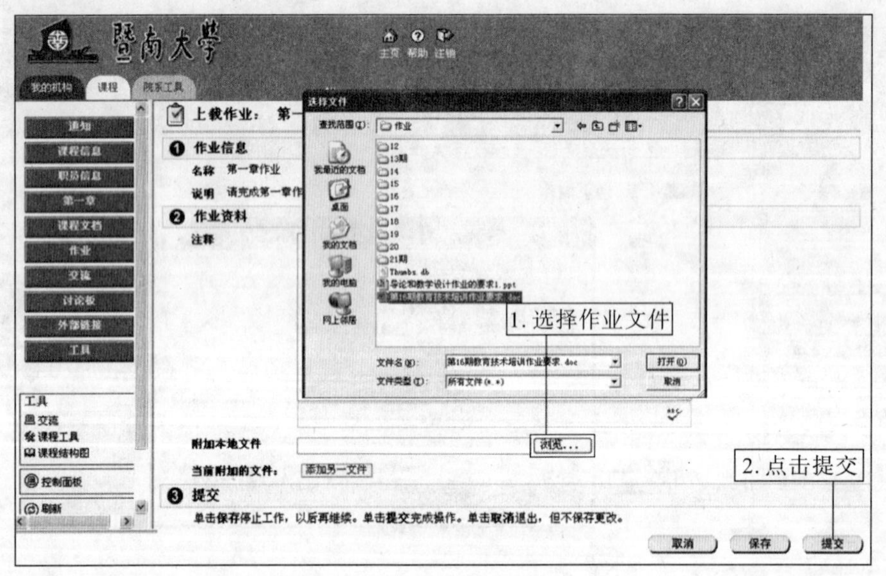

图 10－4－4　完成作业

（3）学生对已提交的作业不能修改，只能查看作业提交和教师批改的情况。当再次点击“查看/完成作业”，点击“确定”按钮，系统就会显示出作业提交的情况，如果教师已经评分和给出评语，就会在“教师反馈”栏显示出来，如图10－4－5所示。

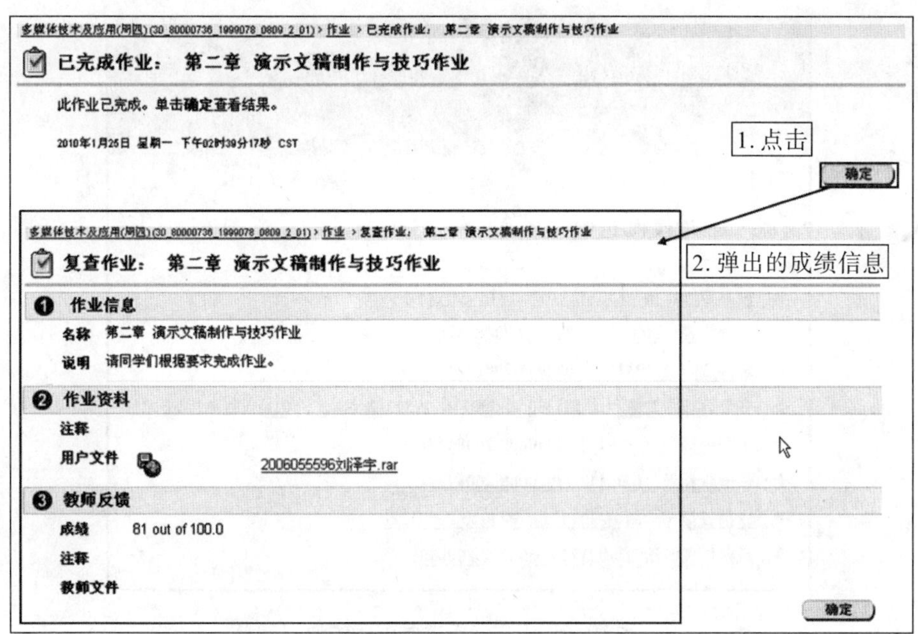

图 10-4-5　查看作业成绩

（4）此外，学生还可以在进入系统后通过“我的机构”选项卡点击“查看成绩”，查看作业的批改情况，如图 10-4-6 所示。

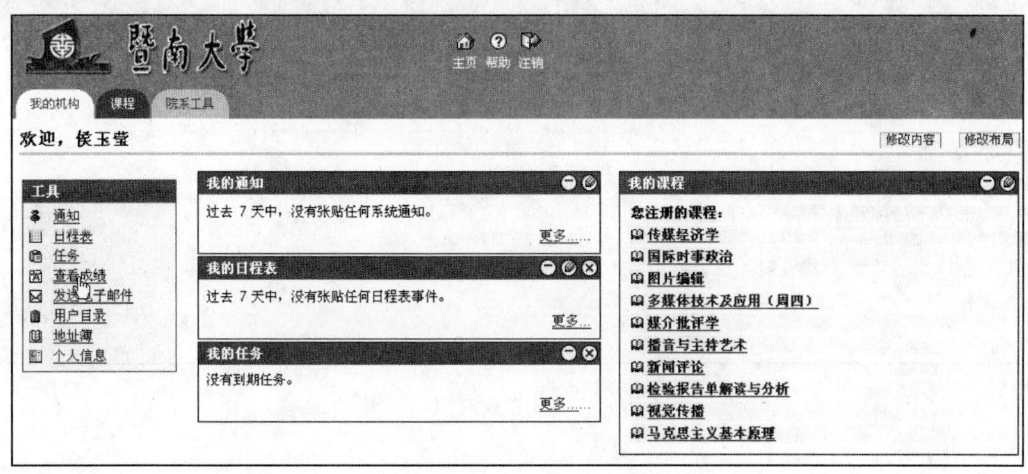

图 10-4-6　查看成绩

（5）系统列出了学生注册的所有课程，点击需要查看的课程名称，如图 10-4-7 所示。

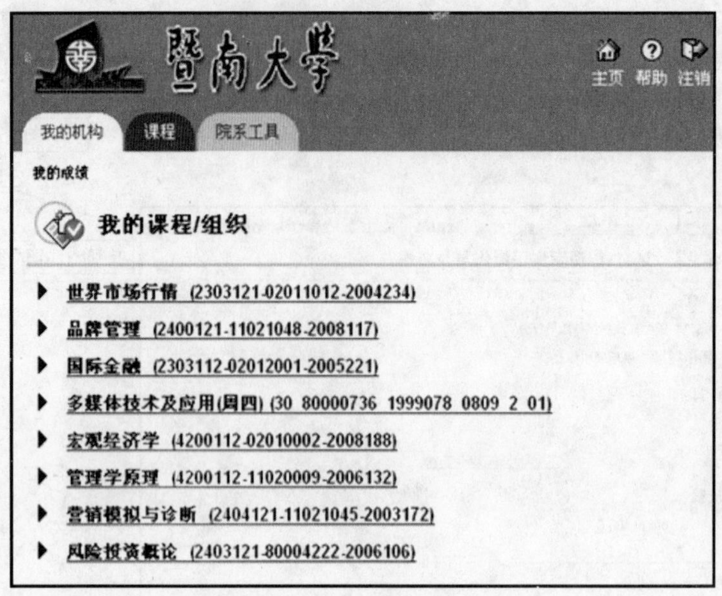

图 10－4－7　选择需要查看的课程

（6）系统会列出该课程所有的作业成绩和教师评语，如图 10－4－8 所示。

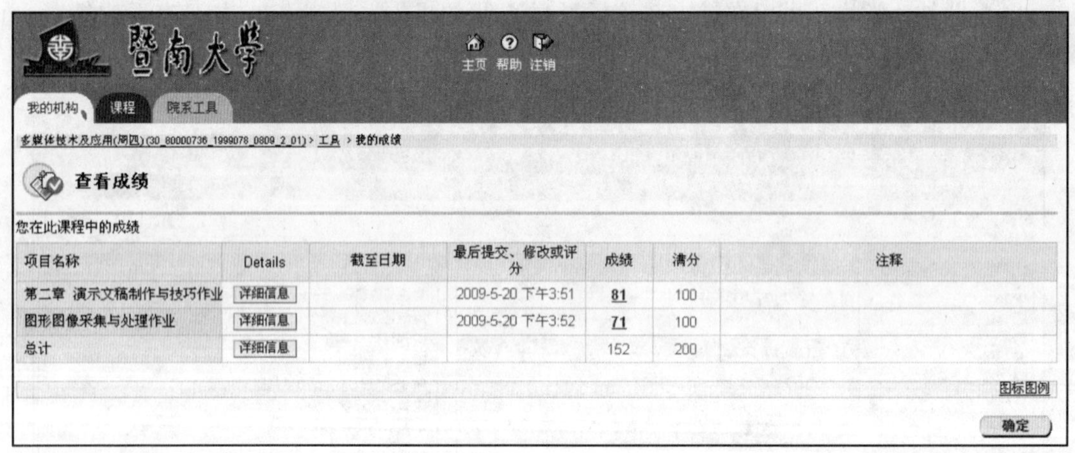

图 10－4－8　作业成绩和评语

10.4.3　完成测试和查看成绩

（1）学生登录课程后，点击“测试”模块的名称，在右边弹出的页面点击测验的名称，如图 10－4－9 所示。

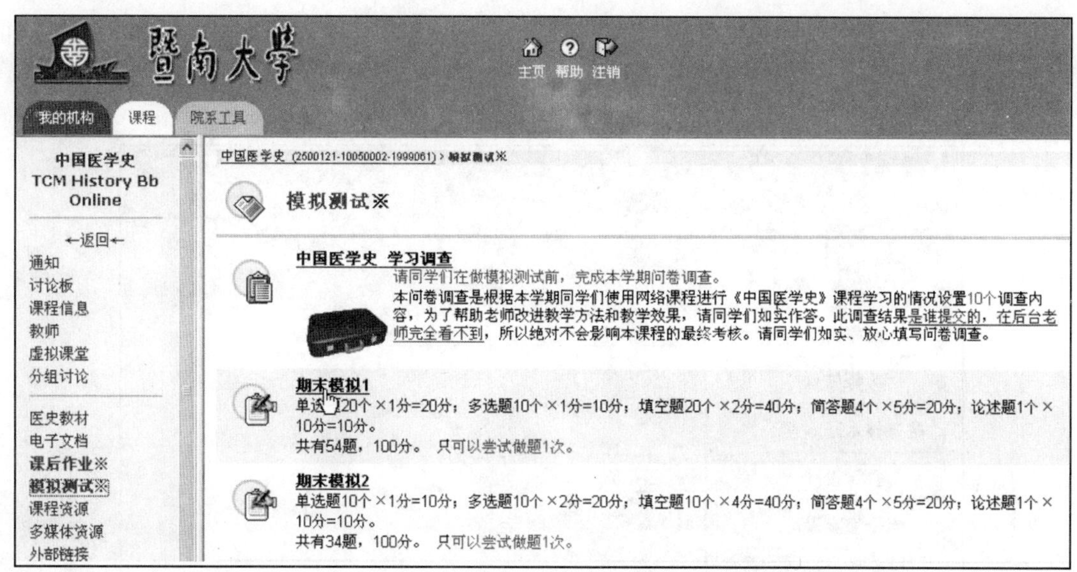

图 10－4－9 选择需完成的测试

（2）在弹出的对话框中点击 确定 按钮，开始测试。测试完成后，点击“提交”按钮。

（3）系统会显示已成功提交测试的信息。如果只是客观题，提交后系统就会自动判读对错，并给出分数，此时只需点击 确定 按钮，就可以查看分数，如图 10－4－10 所示。

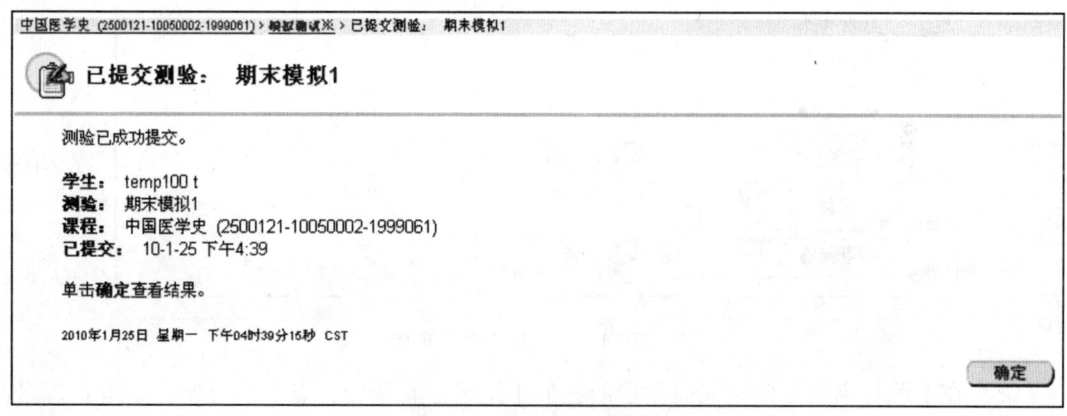

图 10－4－10 查看自动评分

（4）如果有主观题，则需要教师评判。可以在“我的机构”选项卡点击“查看成绩”，如图 10－4－6 所示，查看测试的成绩。

10.4.4 如何进行小组学习

学生可以利用小组功能

进行网上小组协作学习，在小组中进行讨论、协作、交换文件和发送电子邮件，只有本小组成员能够看到，非本小组的该课程其他成员看不到。

（1）进入课程后，在左边菜单点击“交流”，在右边弹出的页面点击“小组页面”，如图 10－4－11 所示。

图 10－4－11　进入小组页面

（2）在系统弹出的页面中只有自己所在的小组名称有链接，点击自己所在小组的名称。

（3）在弹出的菜单中可以通过点击各功能按钮，实现讨论、协作、文件交换、电子邮件的发送等，如图 10－4－12 所示。

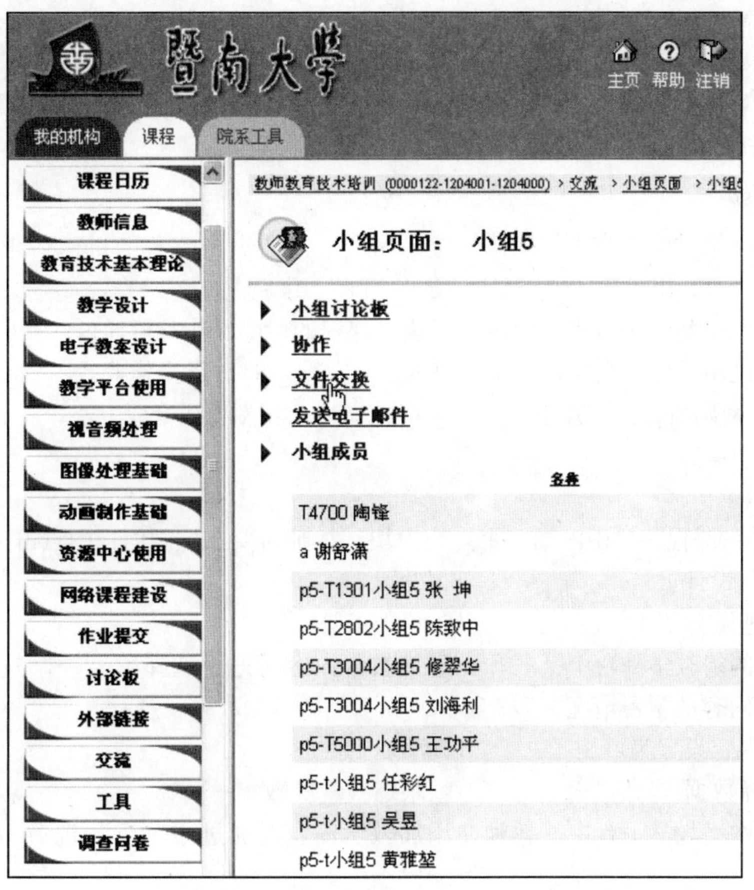

图 10－4－12　使用小组的功能

（4）下面介绍一下文件交换的操作步骤：点击“文件交换”，在弹出的对话框中点击 添加文件 按钮，在弹出对话框中的“名称”处输入文件名称，点击 浏览... 按钮，选择要提交的文件，在返回的页面中点击“提交”，点击“确定”，完成交换文件的上传，如图 10－4－13 所示。

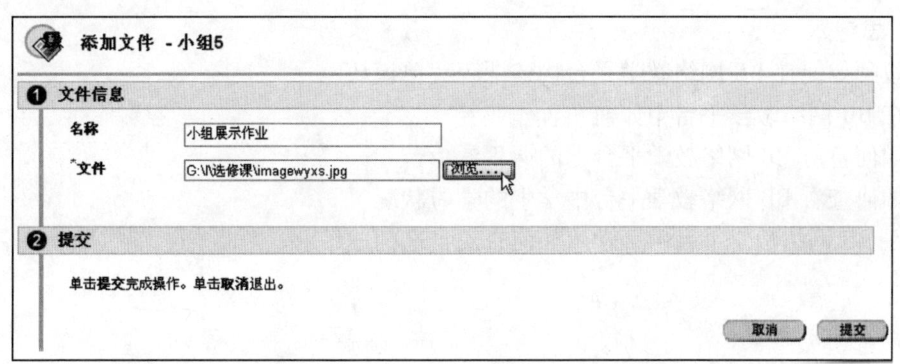

图 10－4－13　使用小组中的“文件交换”

本章从教师和学生两个角度讲解了网络教学平台的基本操作，有关网络教学平台更多的细节和更详细的应用，还需要广大教师和学生在实际教学过程中不断实践，共同探索网络辅助教学的新方法、新模式，以提高教学的质量和效益。

【练习题】

一、填空题

1. 在 BB 网络教学平台中如果修改登录密码，需要点击“我的机构”中__________下的“更改密码”。

2. 在 BB 网络教学平台中，教师对所建设课程的命令操作都可通过__________实现。

3. 在 BB 网络教学平台中，教师需进入__________批改学生作业。

4. 当修改密码后，需要点击__________按钮后，用新密码登录。

二、选择题

1. 如果要在课程菜单中添加一个内容模块，教师需要在控制面板中点击“____”选项。

   A. 课程设计　　B. 设置

   C. 管理课程菜单　　D. 管理工具

2. 在 BB 网络教学平台中，教师在添加教学内容时通过选择“____”选项后，平台会记录学生对该内容的学习情况。

   A. 将内容设置为可用　　B. 添加附件

   C. 选择数据　　D. 跟踪查看次数

3. 在 BB 网络教学平台中，教师在添加教学内容时通过“____”选项，控制该内容的显示时间。

   A. 特殊操作　　B. 选择数据和时间限制

   C. 附加本地文件　　D. 修改

4. 如想改变课程菜单按钮的样式，需要在控制面板中选择课程设计中的“____”选项。

   A. 管理菜单显示　　B. 课程菜单设计

   C. 课程横幅设计　　D. 管理工具面板

三、思考题

1. 教师如何在 BB 网络教学平台构建课程菜单模块？
2. 在 BB 网络教学平台中如何布置作业？
3. 如何备份 BB 网络教学平台上的课程？
4. 如何查看 BB 网络教学平台中学生的学习状况？
5. 在 BB 网络教学平台中，学生如何查看自己的成绩？

参考文献

1. 全国高等学校教育技术协作委员会．教育技术理论导读——信息时代的教学与实践．北京：高等教育出版社，2001

2. 吴疆．现代教育技术教程（一级）．北京：人民邮电出版社，2008

3. 吴疆．现代教育技术教程（二级）．北京：人民邮电出版社，2009

4. 阮新新．多媒体技术与应用．北京：清华大学出版社，2006

5. 张正兰等．多媒体技术及其应用．北京：北京大学出版社，2007

6. 李克东等．混合学习的原理与应用模式．电化教育研究，2004（7）

7. 何克抗．信息技术与课程深层次整合的理论与方法．电化教育研究，2005（1）

8. 桑新民．教育技术学研究方法通论．电化教育研究，2008（11）

9. 黄荣怀，Jyri Salomaa．移动学习．北京：科学出版社，2008

10. 张辉宇等．高校教师教育技术培训的六大关键因素．中国教育网络，2005（6）

11. 李庆品．高校教师信息技术培训现存问题及思考．中国成人教育，2006（8）

12. 卞锋等．虚拟现实及其应用进展．计算机仿真，2007（6）

13. 黄臻臻．虚拟现实技术及应用进展．科技信息，2009（21）

14. 马池珠等．现代教育技术前沿概论．北京：北京师范大学出版社，2009

15. 上海师范大学教育技术系．“教育技术领域新界定”的再解读．电化教育研究，2005（1）

16. 乌美娜．教学设计．北京：高等教育出版社，1994

17. 杨九民，梁林梅．教学系统设计理论与实践．北京：北京大学出版社，2008

18. 李龙．教学过程设计．呼和浩特：内蒙古人民出版社，2001

19. 李克东，谢幼如．多媒体组合教学设计．北京：科学出版社，1992

20. 罗伯特，加涅等．教学设计原理（第五版）．王小明等译．上海：华东师范大学出版社，2007

21. 何克抗，郑永柏，谢幼如．教学系统设计．北京：北京师范大学出版社，2002

22. 皮连生．教学设计——心理学的理论与技术．上海：高等教育出版社，2001

23. 中华人民共和国国家教育委员会电化教育司．教学媒体与教学设计．北京：高等教育出版社，1990

24. 迪克等．系统化教学设计（第六版）．庞维国等译．上海：华东师范大学出版社，2007

25. Cisco Systems 公司．思科网络技术学院教程（第一、二学期）（第二版）．韩江，黄海译．北京：人民邮电出版社，2002

26. 赵光力．计算机组网技术．北京：电子工业出版社，2009

27. 张少军．最新网络通信实用技能操作教程．北京：机械工业出版社，2009

28. 潘明. 大学计算机基础与实验指导. 北京：清华大学出版社，2007

29. 杰诚文化. PowerPoint 2007 多媒体演示从入门到精通. 北京：中国青年出版社，2007

30. 王曼珠，张强，王德元等. PowerPoint 2007 多媒体演示典型实例. 北京：电子工业出版社，2009

31. 华信卓越. PowerPoint 2007 幻灯片制作. 北京：电子工业出版社，2008

32. 刘小伟，刘晓萍，胡乃清. PowerPoint 2007 演示文稿制作实用教程. 北京：电子工业出版社，2007

33. 卓越科技. PowerPoint 2007 幻灯片制作培训教程. 北京：电子工业出版社，2008

34. 蔺丹等. PowerPoint 2007 完全掌握. 北京：清华大学出版社，2009

35. http：//www. microsoft. com

36. ACCA 专家委员会 DDC 传媒 . Adobe Photoshop CS4 标准培训教材 . 北京：人民邮电出版社，2009

37. Adobe 公司 . Adobe Photoshop CS4 中文版经典教程 . 张海燕译 . 北京：人民邮电出版社出版，2009

38. 吉祥 . Photoshop CS4 数码照片处理经典 200 例 . 北京科海电子出版社，2009

39. 全国高等学校教育技术协作委员会 . 计算机媒体素材的制作与使用 . 北京：高等教育出版社，2002

40. 吴青，刘凤，沈剑 . 多媒体技术实用教程 . 北京：清华大学出版社，2008

41. 王华，赵曙光，李艳红 . Adobe Audition 3. 0 网络音乐编辑入门与提高 . 北京：清华大学出版社，2009

42. Corel 公司北京分公司 . 会声会影 X2 标准培训教程 . 北京：人民邮电出版社，2009

43. 朱印宏，田蜜等 . Flash CS4 基础与案例教程 . 北京：机械工业出版社，2010

44. 宗思生，胡仁喜，熊慧等 . Flash CS4 入门与提高实例教程 . 北京：机械工业出版社，2009

45. 胡菘，于慧 . Dreamweaver CS4 中文版从入门到精通 . 北京：中国青年出版社，2009

46. 薛欣 . ADOBE DREAMWEAVER CS4 标准培训教材 . 北京：人民邮电出版社，2009

47. 李方，叶谷平 . 现代教育技术学 . 广州：广东高等教育出版社，2006

48. 李克东 . 新编现代教育技术基础 . 上海：华东师范大学出版社，2002

49. 李运林，徐福荫 . 教学媒体的理论与实践 . 北京：北京师范大学出版社，2003

50. 何克抗，李文光 . 教育技术学 . 北京：北京师范大学出版社，2002

51. Blackboard 公司 . Blackboard 教师手册，2005

52. 刘兰娟 . Blackboard 教师操作手册 . 上海：上海财经大学出版社，2008